珍藏本·增订本

纪念版

汉译世界学术名著丛书

英国宪法研究导论

〔英〕A. V. 戴雪 著

何永红 译

商务印书馆
The Commercial Press
SINCE 1897

A. V. Dicey

INTRODUCTION TO THE STUDY OF THE LAW OF THE CONSTITUTION

中译本根据英国麦克米伦出版公司 1915 年版译出

汉译世界学术名著丛书
（120年纪念版·珍藏本）
增订本出版说明

2017年10月，为纪念商务印书馆创立120周年，本馆推出“汉译世界学术名著丛书”（120年纪念版·珍藏本），计七百种。近五六年来，仰赖学界同人倾力支持，订正旧译，增补新译，拓展新著，积累日多。为满足读者需要，本馆在七百种的基础上，继续推出“汉译世界学术名著丛书”（120年纪念版·珍藏本·增订本）三百种。至此，“汉译世界学术名著丛书”累计出版已达千种。

今后，本馆将继续推进丛书的翻译出版工作，在积累单本名著的基础上陆续分辑刊行，汇印出版。为促进中外文明互鉴、推动我国学术发展，使“汉译世界学术名著丛书”这项对我国学术文化有基本建设意义的重大工程发挥更大作用，诚望海内外学术界、翻译界继续给予支持，帮助我们把这套丛书出得更好。

商务印书馆编辑部

2024年2月

汉译世界学术名著丛书
(120年纪念版·珍藏本)
出 版 说 明

2017年2月11日，商务印书馆迎来120岁的生日。120年前，商务印书馆前贤怀揣文化救国的理想，抱持“昌明教育，开启民智”的使命，立足本土，放眼寰宇，以出版为津梁，沟通中西，为中国、为世界提供最富智慧的思想文化成果。无论世事白云苍狗，潮流左右激荡，甚至战火硝烟弥漫，始终践行学术报国之志，无改初心。

迻译世界各国学术名著，即其一端。早在20世纪初年便出版《原富》《天演论》等影响至今的代表性著作，1950年代后更致力于外国哲学和社会科学经典的译介，及至1980年代，辑为“汉译世界学术名著丛书”，汇涓为流，蔚为大观。丛书自1981年开始出版，历时三十余年，迄今已推出七百种，是我国现代出版史上规模最大、最为重要的学术翻译工程。

丛书所选之书，立场观点不囿于一派，学科领域不限于一门，皆为文明开启以来，各时代、各国家、各民族的思想与文化精粹，代表着人类已经到达过的精神境界。丛书系统译介世界学术经典，引领时代思想，为本土原创学术的发展提供丰富的文化滋养，为推动中国现代学术和现代化进程做出了突出的贡献。

为纪念商务印书馆成立120周年，我们整体推出“汉译世界学术名著丛书”120年纪念版的珍藏本，寄望既利于文化积累，又便于研读查考，同时向长期支持丛书出版的译者、编者和读者致以敬意。

两甲子后的今天，商务印书馆又站在了一个新的历史时间节点上。我们不仅要铭记先辈的身影和足迹，更须让我们的步伐充满新的时代精神。这是商务人代代相传的事业，更是与国家和民族的命运始终紧密相连的事业。我们责无旁贷，必须做好我们这代人的传承与创造，让我们的努力和成果不仅凝聚成民族文化的记忆，还能成为后来人可以接续的事业。唯此，才能不负前贤，无愧来者。

商务印书馆编辑部

2017年10月

中译本体例说明

本书虽然论点明确、条理清楚，但以今日眼光来看，其体例则不大规范。首先，结构上有不均衡之处，如论述法治的部分，第十一章极其短小，而第十二章又特别冗长；其次，原书正文部分附有若干简短的旁注，而第八版导言和附录部分又没有旁注；再次，正文只分章而未分节，也就是说，章标题下没有进一步的编号及标题（少部分除外）。这跟原书在讲稿基础上形成，并经多次修订有莫大关系。为读者方便计，在不损及原意的前提下，译者在体例上略微做了一点修订工作，说明如下：

第一，第八版导言、附录部分未作任何变动。

第二，所有旁注均放入正文，置于段前，并以括号标示（但旁注用作标题时不再保留括号）；因作者的旁注基本上都是对段意的高度概括，所以这样处理有明显的提示作用，对于理解文意是有帮助的。

第三，原书第一、二章正文中本来就有标题和编号，故无需作分段处理；第十二章中的标题和编号原来在旁注中，所以译者只是将旁注连同编号放入正文（此时不加括号标示），也无需作分段处理；第十一章内容简短，未作处理。正文其他部分，译者在认为适合的旁注前添加了若干编号，并使用原旁注内容作为标题的内容，如将第四章分为六部分：一、法治；二、外国评论家所提到的英国法治；三、法治概念的三层含义；四、英国宪法与外国宪法的对比；五、法治含义的总结；六、“法治”对重要宪法规定的影响。

在少数情况下，原旁注内容不能或不宜作为标题使用的，译者便根据自己的理解，另拟了标题，它们是：

第五章：一、比利时宪法与英国宪法的比较；

第六章：一、法国宪法、比利时宪法与英国宪法的比较；二、诽谤法；

第七章：一、比利时宪法中的规则；三、两个限制或例外；四、对个人自由的限制及其界限；

第十五章：二、不正确的答案。

译　者

2019 年 4 月 4 日

目　　录

第一版序言 …… 1

第八版序言 …… 4

导言要点 …… 6

导言 …… 9

本书概要

宪法的真正性质 …… 107

第一篇　议会主权

第一章　议会主权的性质 …… 141

第二章　议会与非主权立法机构 …… 183

第三章　议会主权与联邦制 …… 226

第二篇　法治

第四章　法治的性质及其一般应用 …… 265

第五章　人身自由权 …… 285

第六章　言论自由权 …… 312

第七章　公众集会权 ······ 339
第八章　戒严法 ······ 352
第九章　陆军 ······ 362
第十章　岁入 ······ 377
第十一章　大臣责任 ······ 387
第十二章　法治与行政法的比较 ······ 390
第十三章　议会主权与法治的关系 ······ 453

第三篇　宪法性法律与宪法惯例的关联

第十四章　宪法惯例的性质 ······ 461
第十五章　宪法惯例得以实施的约束力 ······ 479

附录一　法国宪法的刚性 ······ 507
附录二　联邦国家中的分权 ······ 515
附录三　议会制政府与非议会制政府之间的区别 ······ 521
附录四　自卫权 ······ 531
附录五　公众集会权诸问题 ······ 543
附录六　军人奉命解散非法集会时所负之义务 ······ 564
附录七　“违宪”法律的含义 ······ 570
附录八　瑞士的联邦制 ······ 571
附录九　澳大利亚的联邦制 ······ 586
附录十　英国战争或者叛乱时期的戒严法 ······ 597
附录十一　法国权限争议法庭的组成 ······ 621

附录十二　针对君主的诉讼 …… 623
附录十三　1911 年议会法 …… 625

索引 …… 630
译后记 …… 684

第一版序言

正如书名所示，本书只是一篇英国宪法的研究导论；它连宪 v
法概要都谈不上，更不用说是对宪法的全面研究，因为它只论及
贯穿现代英国宪法*的两三条指导性原则。我将原稿付印，是想给
学生提供一本指南，也许能使他们将这些主要原则牢记在心，从
而可以帮助他们研读布莱克斯通的《英国法释义》和其他围绕此
类法律主题的类似著作。英国宪法就是由所有这些著作构成的。
为了达到这一目的，我不仅强调了现行宪法的基本原则，如议会
主权，而且还反复将英美或者英法的宪政加以比较，以突出英
国立宪政体的特点。至于在何种程度上达到了这一目的，则应该
让读者来评判。也许应当提醒读者的是，本书虽在出版前几经校 vi

---

* “Constitution of England”，直译应为“英格兰宪法”。但本书中戴雪经常用“England”一词来代指“英国”。有学者指出，19 世纪的英国学者如戴雪和白芝浩，所论述的宪法严格来讲是“大不列颠及爱尔兰联合王国宪法”（通常所谓“英国宪法”），但实际上撰写的却是“英格兰宪法”，这样，在戴雪的宪法学说中，“英格兰”常常被用作“大不列颠”或“联合王国”的意义不明确的同义语（参见〔英〕布拉德利、尤因:《宪法与行政法（第 14 版）》（上），程洁译，商务印书馆 2008 年版，第 67、105 页）。这不免给人一种错觉，以为整个联合王国都由英格兰法主导。但是，对戴雪而言，由此导致的问题似乎不像后来爱尔兰和苏格兰民族主义兴起之后那般严重。因此，在本书中，除有特意区分和强调之必要外——如在英格兰和苏格兰联合等问题上，“England”一般径直译作“英国”。——译者

订，但毕竟是部演讲稿，因此不可避免地会出现一些口语化表述；再者，它是一部论述宪法原则的专著，因而在研究范围和意图上，不同于英国宪法史著作以及白芝浩那本无与伦比的《英国宪法》。白芝浩分析的是我国复杂的现代议会政府制度实际上是如何运作的。

然而，我强调本书有自己的特殊目的，绝不是要轻视前人的学术和影响。实际上，有些法学家和历史学家对英国宪法的论述让我受惠良多。要不是经常参考诸如布莱克斯通、哈勒姆（Hallam）、赫恩（Hearn）、加德纳（Gardiner）和弗里曼（Freeman）等人的著作——这些著作学生们可是人手一本，我的讲稿一页也写不出来。尤其是其中的三位作者对我的帮助最大，因此我乐意而且应当致以特别的谢意。首先是赫恩教授，他的《英国政府》（*Government of England*）比其他任何一本著作都更能让我认识到一点，即在早期，律师们是如何通过自身的工
vii 作确立起构成宪法基础的基本原则的。其次是加德纳先生，他的《英国历史》（*History of England*）启发我得出一个结论，即都铎王朝和斯图亚特王朝的刑事律师有关特权的看法，与当今法兰西第三共和国中那些仍用以维护法国行政法*的法律和行政观念，有着显著的相似性。我发现这个结论，可以通过我所能收集到的有关法国行政法全部资料得到证实，因此，我会在下文中予以反复强调。再次是我的朋友兼同事弗里曼先生，他对我的影响多少又

* "Droit administratif"，法语中的"行政法"，对应于英文中的"administrative law"。作者之所以直接用法语来表达，是因为他认为"行政法在英国不存在"。详论参见本书第十二章。——译者

有些不一样。他那本《英国宪法的生长》(*Growth of the English Constitution*)一直是我写作的典范，原本枯燥而深奥的主题，经过他阐述之后，就会令人印象深刻且通俗易懂(这种方式钦佩容易，模仿起来却很难)。而且，该书在所谓“成文法”和“我们的惯例性宪法”之间的明确区分，最先引导我去思考这样一个问题，即那些不是法律的宪法默契，它们的约束力究竟源自何处？同时，书中关于宪法生长的论述同样有力，只是他作为一个历史学家所论述的那些方面，使我意识到，观察我国制度的视角，有着史学与法学的基本区别，同时也让我去思考，过分专注于宪法历史发 viii
展阶段的习惯，是否会妨碍学生对目前实际存在的宪法给予足够的关注？换言之，研究制度生长的史学方法，至少具有一个潜在缺陷，那就是，它会导致人们一味思考制度的演进过程，因而不去认真考虑长成之后的现行制度究竟是怎样的。

A. V. 戴雪

1885 年于牛津大学万灵学院

第八版序言

ix 《英国宪法研究导论》首版于1885年，此后多次再版。现在读者看到的是第八版，确切说是第七版的重印本，只不过新加了一篇导言。该导言有两个目的：一是追踪和评论我此前所阐述的英国宪法主要原则，在1884年至1914年这30年间，因法律变迁或者宪法运行方式的改变而受到怎样的影响；二是叙述和分析主要的新兴宪法思想，之所以说是新兴思想，是因为它们要么在最近30年才出现，要么直到这期间才开始产生显著影响（更多的是这种情况）。

我在撰写这篇导言的过程中，一如此前写作所有已出版的著作之时，幸得国内外众友人不吝指教，我因之受益匪浅。在此，谨向协助诸君致以诚挚谢意。我不得不——当然也乐意——特别感谢其中的两位友人，他们都是享有很高权威的法学家，都从不同角度对英国宪法进行过探究。一位是亡友威廉姆·安森爵士（Sir William Anson），对他的友情我不胜感激。正如他的著作所表明的那样，安森爵士对整个英国宪法的细节及其运行方式的
x 了解，较之当今任何一位专家都更胜一筹。自一开始，在我力图确立在我看来构成英国宪法的基础的几个一般性原则时，他就一直给予我鼓励与支持，尤其是在本书后来几版的修订过程中，这

位不仅对于英国宪法和惯例的原则有所探究，而且对于其中所有细小规则都有所钻研的学者，还提供了若干建议并改正了许多错误。另一位是好友 A. 贝里代尔·基思教授（A. Berriedale Keith），我对他的感激稍有不同。自从他的《自治领中的责任制政府》（*Responsible Government in the Dominions*）出版以来，基思教授就被公认为是英国与其殖民地关系这一领域的权威。本书导言中涉及殖民帝国的部分，他从头至尾阅读过一遍，我由此颇受教益；他在殖民事务上的学识和阅历，无疑使我免于不少错误，否则，我可能会陷于谬误而不自知。

我必须明确声明：导言中的观点概由本人负责，否则，对于所有帮助过我的朋友有失公允。那些给我提供可靠资料的人很可能并不赞同我从所评论的事实中得出的某些结论，当我意识到这点之后，我就愈发觉得，他们当时所具有的诚意与细心十分可贵。

A. V. 戴雪

1914 年于牛津大学

导 言 要 点

主旨

一、议会主权

可能的变化

（一）议会主权者组成上的可能变化（《1911 年议会法》）

1.《议会法》通过前的情况

2.《议会法》的直接效果

（1）财税法案：上院没有否决权

（2）其他公法案：上院只有搁置性否决权

（3）下院具有无限立法权

（二）议会主权的地域范围所实际发生的改变（帝国议会与各自治领之间的关系）

第一个问题：上述关系在 1884 年与 1914 年时有何区别？

第二个问题：导致上述关系发生改变的舆论有什么变化？

二、法治

（一）对法治的尊崇减弱

（二）英国现行公职人员法与法国现行行政法之间的比较

三、宪法惯例

第一个问题：是否有变迁？

第二个问题：新惯例的趋势是什么？

第三个问题：过去 30 年的经验是否证实了之前提出的有关惯例与法治的关联的学说？

四、过去 30 年间出现的新宪法思想

（一）关于新宪法思想的两项总体评论

第一个评论：政治或者宪法发明的缓慢生长

第二个评论：这些新思想没有考虑到良好法律所应达到的任何一个目标

（二）对四种新宪法思想的逐一评论

1. 妇女选举权

（1）成因

（2）论辩要旨

（3）第一种理由：所有公民都有资格参与选举

（4）第二种理由：性别差异不构成政治权利差别的理由

2. 比例代表制

（1）有三个命题据以支持英国引入比例代表制

（2）前两个命题具有真实性

（3）对第三个命题的异议

第一个异议：选举制复杂化会增加幕后操纵者的权力

第二个异议：下院不是一个单纯的辩论会

第三个异议：比例代表制会增加议会中党派的数量和弊端

3. 联邦制

（1）联邦政府的主要特征

（2）联邦政府的特征与帝国联邦制之间的关系

第一，企图为帝国建立一个联邦宪制，充满困难与危险

第二，为帝国建立任何新的联邦宪制实无必要

（3）联邦政府的特征与全面自治（即联合王国联邦化）的关系

支持联合王国联邦化（全面自治）政策的思想含混不清

反对全面自治的具体理由：

首先，联合王国的任何一个部分都没有实行联邦制的愿望

其次，联合王国联邦化不会促成帝国联邦制

再次，联合王国联邦化有悖于英国宪制的全部历史

4. 公民复决

（1）公民复决的含义

（2）要求实行公民复决的原因

（3）反对公民复决的主要理由

（4）赞成公民复决的主要理由

五、总结

导　言

导言主旨

《英国宪法研究导论》首版于1885年。当时，我正在牛津大 xvii
学担任瓦伊纳英国法讲座教授*，这本书就是根据那时的讲稿整理而成。讲课和写作本书的唯一目的，是对英国现行宪法的三个主要特征进行解释和说明；现在一般称之为议会主权、法治和宪法惯例。可见，本书所要研究的是1884年至1885年间（也就是30年前）英国宪法的主要特征。本书业已发行七版，每一次再版（包括第七版在内）都像通常所说的那样与时俱进，对内容适时修订，以体现自上版发行以来宪法中的或者涉及宪法的所有变革。但在第八版也即最后一版刊行时，我认为采取另外一种修订方式更为可取。因为一本书在30年里频繁修改并多次再版，容易让它本可能具有的文学价值损失殆尽；换言之，反复修改会破坏一本书原有的风格与灵气，使之不再可能被归为文学作品之列。所以，第八版实质上只是对第七版的重印，但在前面加上一篇新撰写的导

* 戴雪担任瓦伊纳英国法讲座教授的时间为1882年至1909年。——译者

言，目的是对运行于 1884 年的宪法与现存于 1914 年的宪法进行比较。由此即有可能概观 30 年来因法律和公共舆论变化所引起的
xviii 宪法发展。[①] 读者也就能够看到，1884 年作为整个英国宪法体系之基础的那些原则，这 30 年间的立法或者宪法惯例在多大程度上扩大或者限制了（多半如此）它们的应用。因此，这篇导言主要是历史回顾。不过，作者在回顾过去之时，不禁要对未来有所预期（即便可以做到无所预期，也未见得这就是可取的）。

所以，本导言的论题可概括如下：一、议会主权；[②] 二、法治；[③] 三、宪法性法律与宪法惯例；[④] 四、新的宪法思想；[*] 五、总结。[⑤]

一、议会主权[⑥]

从法律角度而言，英国政治制度最为重要的特征即是议会主权。读者应记住的是，议会由国王、上议院和下议院三者共同组成。因此，议会主权原则完全就是指，“议会”有权“制定或者废

① 比较《十九世纪英国的法律与公共舆论》（*Law and Public Opinion in England during the Nineteenth Century*）第二版导言（作者自引时常简称《法律与公共舆论》；该书中译本参见〔英〕戴雪：《公共舆论的力量：19 世纪英国的法律与公共舆论》，戴鹏飞译，上海人民出版社 2014 年版。——译者）。

② 参见本书第一篇第一至三章。

③ 参见本书第二篇第四至十三章。

④ 参见本书第三篇第十四、十五章。

* 参见本书第 lviii 页（注释中所涉的参见本书上文、下文页码均指原书页码，即本书边码。下同。——译者）。

⑤ 读者若要理解本导言的论述，就应仔细阅读它们所评论的正文内容。比如，导言中有关议会主权的文字，就应该结合正文第一篇第一至三章的内容来阅读。

⑥ 参见本书第一至三章。

除任何法律；而且英国法不承认任何个人或者团体享有推翻或者废止议会立法的权力”①。不仅如此，议会的这项权利或者权力，及于王国的全部领域。② 这些主张，我在1885年的第一版中即已提出，xix
后来每一次再版时都予以重申，直至现在。其真实性从未遭人反对。不过，就1914年的情形而言，它们是否是对议会主权的准确描述，我们现在必须予以重新考察。这里应该注意的是，议会主权有可能往两个不同的方向发生了变化，对此应当加以辨别。第一种可能是，主权权力的性质或者组成发生了变化。比如，假设国王和议会两院通过一部法律，将上议院予以废除，从而把最高立法权留给国王和下议院，那么每一个人都会认为，现在享有议会主权的那个主权者，实质上已不再是1884年时享有最高权力的由国王和议会两院组成的主权者。第二种可能是，自1884年以来，帝国议会对于某些隶属于国王权力的国家，实际上一般不再行使最高立法权（尽管理论上依然可以行使）。让我们对此分别详加考察。

（一）议会主权者的性质或者组成所可能发生的改变（《1911年议会法》* 的效果）

我们所讨论的问题，其实就是《议会法》③ 是否已经将立法权从

① 参见本书第一章，第38页。议会自身可以通过议会法明示或者默示授予附属立法机关或者其他机构修改或者增加某个议会法的权力。比如，根据《联邦法》（维多利亚第63、64年第12章）的规定，帝国议会即授予澳大利亚联邦议会对《联邦法》的许多条文进行修改的权力；又如，根据《1911年国民保险法》的规定，帝国议会授予保险委员会和贸易部对保险法的某些条文进行修改的权力。

② 参见本书第98—116页。

* 《1911年议会法》本身在1949年被修改，称《1949年议会法》。本导言中的《议会法》指前者。——译者

③ 参见本书附录十三“1911年议会法”，尤其参见该法第一至三条。

国王[1]和两院手中转移至国王和下院？

xx 要回答这个问题，最好首先将上议院在1911年8月18日的《议会法》通过之前所享有的立法权作一个大致说明，然后分别指出该法对于上院和下院的立法权而言，主要产生了哪些直接而明确的效果。

1.《议会法》通过前的情况

任何类型的议会法，没有议会两院的同意，是不可能获得通过的。上院的确很少修改或者否决任何一个财税法案，尽管上院一直主张其有权修改或者否决这种法案，但这项权力实际上只在非常特殊的情况下才行使，这一点是毫无疑问的。同样可以确定的是，至少自1832年以来，贵族议员们深知，凡国民渴望通过的法案，他们必须予以通过；同时也接受一个比较令人信服的假定，即代表国民意志的一般是下院，因而对于下院通过的法案，即便贵族议员不赞同，上院通常也必须予以同意。但上院一直坚持认为，如果有充分理由证明选民实际上并不希望这种议案成为法律，上述假定是可以被推翻的。不过可以非常肯定的是，在《议会法》通过之前，没有上院的同意，无一法案可获议会通过。对于上院有权否决它不赞同的任何法案，也无人能够否认。但是，有两个因素必须考虑。第一，至少自1832年以来，上院在行使这个否决权的时候，一般只是搁置性否决*。1832年的《大改革法》本身被贵

① 《1911年议会法》绝没有减损国王在该法通过之前所享有的特权；而且该法第六条明确规定："下议院的现有权利及特权，不因本法之成立而有任何减损或受限。"

* "Suspensive veto"，又译"延宕性否决"。——译者

族议员拖延了差不多两年的时间，人们很可能会怀疑，自 1832 年之后，对于选民确想通过的法案，他们是否曾运用其立法否决权来进行拖延，使其在长达两年的时间里还未获通过。第二，至少在近些年来，对于已获下院多数赞同，但事实证明并未得到选民 xxi
支持的法案，上院有时会拒绝通过。可见，上院的行动有时保护了国民的权力，这一点不容否认。

2.《议会法》的直接效果[①]

如果用通俗易懂的语言而非专业术语来讲，这些效果可概括如下：

（1）《议会法》剥夺了上院对于一切财税法案的所有立法权。上院可以在一个月的时间内对这种法案进行讨论，但一个月届满之后，上院不得阻止该法案成为一部议会法。[②]

（2）《议会法》剥夺了上院对于一切公法案（财税法案除外）[③]的最终否决权，但保留或者赋予上院一项搁置性否决权。[④]

这项搁置性否决权，上议院尚能享有。因为根据《议会法》第二条的规定，任何不能取得上院同意的公法案，必须满足下列四个条件才能通过。

其一，该法案在呈送国王御准之前由下院在连续三次会期之

---

① 关于“间接效果”，参见本书第 li 页。

② 参见《1911 年议会法》第一、三条。

③ 将议会最高任期延长至五年以上的法案也除外。参见《1911 年议会法》第二条第一款。

④ 参见《1911 年议会法》第二条。

内通过，但上院却在每次会期之中均将其否决；[1]

其二，该法案于每次会期结束前至少一个月的时间送达上院；[2]

其三，就该法案而言，下院在连续三次会期中的第一次会期

xxii 之内进行二读之日，与在连续三次会期中的第三次会期之内通过该法案之日，其间至少相隔两年；[3]

其四，呈送国王御准的法案，在所有重要方面与在连续三次会期中的第一次会期之内送达上院的法案完全一致，但经上院修正或者上院同意修正的除外。

关于《议会法》所规定的这一特别程序，《1914 年爱尔兰政府法》（通称《地方自治法》，本导言一般也如此称谓）的历史即是一个很好的例证。地方自治法案在连续三次会期中的第一次会期之内向下院提出，时间为 1912 年 4 月 11 日；它由下院在这次会期之内通过二读，时间为 1912 年 5 月 9 日；上院却在连续三次会期中的每个会期之内实际否决或者推定否决[4]了该法案。因此，该法案在 1914 年 6 月 9 日之前，是不可能呈送国王御准的；实际上直到 1914 年 9 月 18 日才呈送国王御准。那一日，也正好在议会第三次会期实际休会之前，该法案在未经上院同意的情况下获得御准，

① 参见《1911 年议会法》第二条第一款。

② 同上。

③ 参见《1911 年议会法》第二条第一款。根据这一规定，上议院可以要求对一个公法案延搁两年零一个月，如果遭下议院强烈反对，延搁时间可以更长。

④ 推定否决的成立条件，《1911 年议会法》第二条第三款有明确规定。原文如下："一个法案如果上议院未予修正且未予通过，或者作出了只有经过两院同意方能作出的修正时，应视为已被上议院否决。"地方自治法案被上院分别在第一次和第二次会议投票否决，到了第三次会议上院并未有实际否决行为，仅是根据它未获上院通过这一事实，而推定其被上院否决。

因而成为《1914 年爱尔兰政府法》。国王最后批准的这部议会法，与 1913 年 1 月 16 日（在连续三次会期中的第一次会期之内）送达上院的法案实质上完全相同。但是，我们在这里遇到一个难题：一个议案在第三次会期内送达上院之后，根据《议会法》应如何修改？到 1914 年 6 月的时候，有人认为应该对地方自治法案中有关乌尔斯特（Ulster）地位的问题进行修改。6 月 23 日，政府向上院提出一个议案，要求修改当时尚为法案的《地方自治法》，但是 xxiii
为修改一个尚未收入《制定法汇编》* 的议案而通过一部法律，当时难以找到这样的先例。政府的这一意图最终落空了。1914 年 9 月 18 日，地方自治法案未经任何修改即变成了《地方自治法》（严格说来应称《1914 年爱尔兰政府法》），但是，也就是在该法最终通过的这一天，它实际上被另一部“中止法（Suspensory Act）”所修正，据此，《1914 年爱尔兰政府法》自 9 月 18 日算起至少 12 个月之后才发生效力，甚至很可能在本次世界大战结束之后才会生效。可见，这部“中止法”规避了《议会法》的效力，但对新近通过的制定法的效力予以规避这一事实本身就说明，对《议会法》所创设的立法程序实有修改之必要。

（3）对于任何符合《议会法》第二条之规定，或者经下院议长按照该法所规定的方式证明符合《议会法》第二条之规定的法案，下院能够在未经上院同意的情况下呈送国王批准。

---

* “Statute-book”，通常译为法令全书。根据《麦克米伦英语词典》“Macmillan English Dictionary”的解释，它实际上是指一国制定法的汇编；议案未收入《制定法汇编》即意味着未正式形成于法律。另外，议会的书记官将其解释为“所有现行议会法的总称”，参见：Rorbert Rogers & Rhodri Walters, *How Parliament Works*, Routledge, 2015, p. 402。所以，译为《制定法汇编》。——译者

一个简单的事实是，根据《议会法》的授权，下院（简单说来即下院多数）可以通过符合该法第二条之规定的任何法案。但是，第二条保留了上院的搁置性否决权，于是，一个议案可被拖延两年多（甚至远多于两年）的时间才成为议会法。[1]

xxiv 在这些情况下，有争议的是，《议会法》是否已将议会主权转变成国王和下院的主权。但总体而言，一个比较合理的观点是，主权仍然属于国王及议会两院。其理由在于两点：第一，国王及两院联合起来，肯定能够制定或者废除任何法律，而不至于与《议会法》有丝毫之抵触；第二，上院虽然事实上不能阻止下院根据《议会法》通过任何改变宪法的法案——前提当然是《议会法》的规定得到了遵守，但是只要《议会法》继续有效，对于一切延迟通过即不生效的法案，上院均能加以阻止。

所以，总体而言，对实际状况的正确法律判断是，主权仍属于议会，即合在一起的国王及两院，不过《议会法》对下院所享有的主权份额大为增加，而对上院所享有的主权份额却大为减少。

① 《1911 年议会法》保留了下院现有的权利及特权（参见该法第六条），但是对于所谓的国王“否决权”却只字未提。国王否决权毫无疑问是存在的，只是至少两个世纪以来从未行使。不过，在这个问题上应谨记柏克的名言：“国王对于议案的否决权，是最无争议的国王特权之一，无论任何情况下都可以行使。倘若某些法律真遭到这一王权否决，我不敢确定公众是否会因此蒙受巨大损失。但这一权力之行使当否，不成问题，因为它本身极为克制。它的休眠能够保全其存在，而它的存在可备不时之需，以拯救宪法本身于危亡。”参见柏克，“致布里斯托尔郡长书”，载《柏克集》（1808 年版），第 3 卷，第 180、181 页；又载于《柏克集》（1872 年版），第 2 卷，第 28 页。柏克言之有理，可以经验证实。国王否决权的存在，非常有助于维护英国与其自治殖民地之间当前的良好关系，也能够使英国和殖民地的政治家将两件事情创造性地结合起来，一是帝国的统一，二是殖民地的半独立。这种结合最终会拯救不列颠帝国。

（二）议会主权的地域范围所实际发生的改变（帝国议会与各自治领之间的关系[①]）

“自治领”一词是指加拿大自治领、纽芬兰自治领、澳大利亚 xxv
联邦自治领、新西兰自治领和南非联邦自治领。每一个自治领都是一个自治殖民地，这就是说，每个自治殖民地既设有议会或者代议制立法机关，又设有责任制政府或者对前述立法机关负责的政府。

此主题引发两个问题。

第一个问题是，帝国议会与新西兰等自治领之间在1914年时的关系，较之其与新西兰等自治殖民地之间在1884年时的关系有何区别？

在直接回答这个问题之前，我们先要指出一点，即自1884年

① 关于自治领概念在这里的含义，须参考《1914年英国国籍和外国人身份法》（乔治五世第4、5年第17章）附件一。尤其要比较本书第98—116页中论“实行代议制和责任制政府的英国殖民地”的内容。

自治领主要包括，一个处于自治殖民地地位的国家，或者在1884年是几个分别处于自治殖民地地位的国家。但是，这一陈述并不能准确地应用于一切自治领。比如，西澳大利亚现在是澳大利亚联邦的一个州，但直到1890年才实行责任制政府；又如，纳塔尔（Natal）现在是南非联邦的一个州，但直到1893年才实行责任制政府。南非联邦本身由若干国家组成，1884年，这些国家在某种程度上是奉英国为宗主国，但（在布尔人统治下）基本上处于独立地位。

在本篇导言中，除非有相反的明确说明或者上下文中隐含着相反的意思，否则不涉及下列三类殖民地的地位问题：一是英国直辖殖民地；二是巴哈马（Bahamas）、巴巴多斯（Barbadoes）和百慕大（Bermuda）这三处有代议制却无责任制政府的殖民地；三是英属印度。简言之，本导言在讨论帝国议会和殖民地间关系的时候，基本上只以帝国议会和五个殖民地之间的关系为限。

以来，帝国议会[①]与自治殖民地（无论是否称作自治领）之间的关系，有两个重要方面从未发生变化。

首先，帝国议会在1914年仍然主张在大英帝国全境之内享有绝对主权，一如在1884年之主张；该权力主张无疑及于所有自治领，帝国内任何一个声称奉国王命令行事的法院，都会承认这是
xxvi 一项合理的法律原则。实际上，自治领宪法通常都源于帝国议会通过的一部或者几部法律，其有效性也通常都取决于后者；而且对这些宪法性的制定法，帝国议会当然可以随时加以更改。

其次，议会其实远在1884年之前，就承认下述原则的真实性：主权之行使，不仅受到人定法律的实际限制，还受到事物本性的实际限制；而且不论是议会还是其他任何主权者，想要在一个庞大帝国的全部领域内行使同等程度的权力，注定是徒劳的。这个原则，柏克[②]当初曾极力主张。他认为，英国议会企图在美洲的马

① “帝国议会”这个概念，英国宪法学者一般简称为“议会”，即联合王国议会。但是，当我们要讨论联合王国议会和自治领议会之间关系的时候，就像在本导言中那样，“帝国议会”就是一个很方便的概念。因为每一个自治领都有自己的代议制立法机关，它们一般也被称为议会，王国议会法中有时也有这样的称谓。另外，“帝国议会”一词也用于殖民地的制定法中，比如1902年的《澳大利亚联邦解释法》（二）即是一例。

② 他说：“你是谁，竟敢怀着焦躁与愤怒，撕咬自然打造的锁链？你的遭遇并不比任何一个拥有庞大帝国之民族更坏；换言之，无论以哪种形式组成的帝国，都要发生同样的事情。在庞大的肌体中，权力运行至末端，力量势必减弱。这是自然规律。土耳其人统治埃及、阿拉伯和库尔德斯坦（Curdistan），不及他统治色雷斯（Thrace）有力；他在克里米亚和阿尔及尔（Algiers）的统治效果，也不及在布鲁萨（Brusa）和士麦那（Smyrna）的。专制政体本身不得不以物易物、讨价还价。苏丹尽可能地取得服从。他采取宽柔政策，才得以统治整个帝国；他在中心的统治权威强大而有力，完全是源于对边远地区之统治审慎而宽和。西班牙得不到南美各省之良好服从，或许和您的情况一样。她也在顺从，在屈服，在等待时机。对广阔而分

萨诸塞行使绝对权力，如同在英国的米德尔塞克斯一般，简直是愚蠢。奈何当时的人们置若罔闻。这一承认是很彻底的，从一个显著的事实即可看出：在 1884 年，甚至远在这之前，帝国议会就不再为了母国利益而向英殖民地行使征税的权力。[①] 简言之，议会享有无限权力，这点理论上可予承认，但也只是针对联合王国而 xxvii
言才完全成立。

学生可能会问：既然承认对于这个基本上是虚构的所谓无限权力，议会在联合王国之外从未充分行使，甚至可能永不再行使，那么强调议会对于自治领享有绝对主权又有何用？我的答复是：诸位，若不能谨记议会对于在大英帝国全境之内享有绝对主权的权力主张，必不能理解这个主权权力何以有时竟运用于联合王国之外，也不能理解至少就自治领而言，就像英国和殖民者的政治家们都完全承认的那样，议会虽理论上享有无限权力，何以在实际行使中却受到限制——尽管这个说法听起来自相矛盾。而且，你们还会发现，帝国议会享有为整个帝国立法的权力，即便对于自治领自身而言有时也是有利的。比如，至少在那些具备

散的帝国来说，情况永远如此，这就是铁律。”参见柏克，“论与美洲的和解”，载《柏克集》（1808 年版），第 3 卷，第 56、57 页（中文参见〔英〕爱德蒙·柏克：《美洲三书》，缪哲选译，商务印书馆 2003 年版，第 95—96 页。——译者）。

① 帝国议会放弃对殖民地（无论自治与否）的征税之权，经历了两个发展阶段。1783 年之后，必须是为了殖民地的利益才能通过帝国法律向殖民地征税，而且，所征之税收也必须交予殖民地，即便对于英国直辖殖民地而言也是如此。但是，在《1849 年航海法》废止之前，议会出于维系航海系统之需要，保留了向输入殖民地的货物征税的做法，只不过所征之税收仍交予殖民地。自 1849 年以来，帝国不再为了向殖民地征税而制定法律，从此再无殖民地被帝国议会强迫缴纳赋税，以弥补联合王国统治之开销或者保卫大英帝国之费用。

帝国议会至今仍然对马恩岛征收关税（参见乔治五世第 3、4 年第 18 章）。

多数文明国家所通行的道德观念的思想家看来，帝国议会能够于1834年禁止任何一个附属于英王的国家蓄奴，以及今天能够在整个帝国境内禁止恢复奴隶贸易或者严刑拷打，这不能不说是一个进步。

现在，让我们回到前面那个问题上来，即帝国议会与自治领之间在1914年时的现有关系，较之其与自治殖民地之间在1884年时的关系有何区别？

第一，1884年时，帝国议会与新西兰等自治殖民地的关系。

其实在30年前，帝国在英国政治家的领导下明确承认，诸如
xxviii 新西兰之类的自治殖民地，应该被允许就本地事务为自己立法。不过，议会确实偶尔也为新西兰或者任何其他自治殖民地立法。比如，根据现行的《1883年英国破产法》，破产人的财产，甚至包括位于大英帝国境内的任何一处不动产，都应交由破产管理人处理；[①] 依据该法，破产人在大英帝国任何一个地方（如新西兰或者澳大利亚联邦）所发生的债务，都必须予以清偿。[②] 再如，在1884年以及在这之后，殖民地立法机关批准的法案，尽管已取得殖民地人民的同意，但有时可能与英国人的道德情感或者信念相违背，于是，就会运用各种形式[③] 的国王否决权，以阻止该法案通过。例

① 参见戴雪，《论冲突法》（第2版），第329—333页。

② 同上书，第441页，以及"埃利斯诉麦亨利案"（*Ellis v. M'Henry*，1871），载《英国枢密院上诉案件判例汇编》（*L. R. 6, C. P.*），第6卷，第228页起，第234—236页；但比较《冲突法》中第342页曾引用过的一个案例，即1898年"新西兰借贷等公司诉莫里森案"（*New Zealand Loan, etc. Co. v. Morrison*），载《上诉案例汇编》（*A. C.*），第349页。

③ 参见本书第111—116页。

如，承认一个男子与亡妻之姐妹，或者一个女子与亡夫之兄弟的婚姻合法的殖民地法案，有时会被国王否决——其实是依据得到帝国议会支持的大臣的建议而否决。不过，可以确定的是，对于自治殖民地通过的只涉及其本地事务的立法，英国政治家以国王否决权或其他形式加以干预的愿望，随着时间的推移而减弱。但这种干预的确是存在的。在司法和行政方面，1884 年的情形是，所有殖民地最高法院的判决，均可上诉至英国枢密院；英国政府如果认为殖民地内阁的行为不符合英国人的公平观念，就可随时加以干预。在外交方面，1884 年时英国有一条明确的管理原则，即殖民地人不应直接或间接参与和外国势力的缔约谈判。再者，在 30 年前，不论英国或殖民地，都没有意识到帝国会议的重要性，
召开这种议会现在却是英国公共生活中的常规做法，会上英国大 xxix

臣和殖民地大臣可以就殖民地的政策进行磋商，这实际上就是承认在事关全帝国福利的所有事情上，殖民地有其自身的利益。最后，英国政治家在 30 年前肯定料想不到，当英国与外国交战时，其殖民地竟然可能处于中立。

第二，1914 年时，帝国议会与自治领之间的关系。①

我认为，这种关系现在可大致概括为以下四个规则。

规则一：在任何直接关乎帝国利益的事项上，帝国议会可以（尽管日趋谨慎地）制定适用于自治领的法律，或者在该自治领直接行使主权权力。

但是，这一规则基本上只适用于确实直接涉及帝国利益的

① 关于自治领的含义，参见本书第 xxiv 页注释 ①。

事务。[①]

规则二：议会没有赋予任何自治领或者自治领立法机关下列权利——

1. 撤销帝国议会制定的适用于自治领的法律（帝国议会法授权撤销的除外）；

2. 自行与某外国缔约；

3. 在英王与某外国交战时处于中立，或者在任何情况下，接受外国所给予的并非提供给整个大英帝国的任何利益；[②]

应该注意的是，根据前述两个规则，帝国议会在直接影响自治领繁荣的问题上，仍然享有立法权，并偶尔运用之；在某些情况下，也会大幅度削减自治领议会的立法权和自治领内阁的行政
xxx 权。简言之，就目前状态而言，帝国议会在上文所列举的范围内，仍然将所有自治领都视为是帝国议会主权的属地。

规则三：帝国议会不但承认而且实行下列原则：每一个自治领都享有道德上的独立权利，至少就发生于该自治领版图内的事情而言是如此，这种独立从事物本性上说，是任何一个仍构成大英帝国之组成部分的国家都应该具有的。

这种内部独立所涉及的范围，可举例加以说明。

议会对于只涉及某自治领（如新西兰）自身利益的事项不予立法（经自治领要求的除外）。[③]

---

① 参见基思（Keith），《自治领中的责任制政府》（*Responsible Government in the Dominions*），第1316页。

② 参见基思，《自治领中的责任制政府》，第1119—1122页。

③ 同上书，第1316—1328页。

这就是说，任何一个自治领的立法机关在该自治领的领土范围内，有权就所有只涉及该自治领自身利益的事项进行立法。

国王（即不列颠政府）所享有的对自治领立法机关通过的任何议案以任一方式[①]加以否决或不予批准的权力，现在行使得非常审慎，其实，除非该法案直接涉及帝国利益，或者殖民地立法机关超越自身权限，这一权力将来也基本上不会使用。因此，现在国王（也即不列颠政府）不会以自治领立法机关通过的任何法案间接违背联合王国的利益，或者与英国所通行的法律原则（如自由贸易原则）相抵触，而将其否决或者不予批准。

假设刑事诉讼程序完全在新西兰境内进行，英国政府不会干预自治领（如新西兰）政府之赦免或者不赦免犯罪的行为。[②]

所有自治领现在都确切无疑地享有为防卫本土而招募海陆军
的全部权利。而英国的政策大抵是，一方面撤回自治领驻军，另 xxxi
一方面鼓励所有自治领招募自卫海军，以加强大英帝国之防御。

帝国政府现在准备根据自治领的意愿，把自治领人民所享有的将当地最高法院判决上诉至枢密院的权利，从该自治领宪法中部分地或全部地废除掉。[③]

帝国政府现在还准备根据自治领的意愿，赋予该自治领依法修宪的权力，尽管该宪法是由帝国议会法所创设。[④]

规则四：现在已形成一种惯例，即英国应该时常召集帝国会

---

① 参见本书第 111 页。

② 参见基思，《自治领中的责任制政府》，第 1583 页。

③ 参见《澳大利亚联邦宪法》第 74 条；《1909 年南非法》第 106 条。

④ 尤其参见《1909 年南非法》第 106 条。

议，会上须有英国首相和每个自治领的首相出席，以协商和讨论所有关于帝国利益与政策的问题。在我看来，帝国会议的不时举行，可以说是每个自治领的一种道德权利。

30年前，从未有人想过会召开这种会议，而且目前的这种会议形式直到1907年才形成。帝国会议的不时召开，标志着英国和自治殖民地之间的关系在经过逐步演变之后，现已发生了显著而重大的变化。

讨论至此，前述[①]关于英国（严格而言是帝国议会）与自治领之间在1914年时的关系，较之其与自治殖民地[②]之间在1884年时的关系有何不同的问题，现可概括如下：在1884年时，英国尽量赋予自治殖民地为真正管理其内政或者本地事务所需的一切自主权力。但是，在那一时期，英国政治家有意为帝国议会以及代表该议
xxxii 会的帝国政府保留实际有效的控制权力，以控制所有自治殖民地内阁和立法机关的行动，当然这种控制以不显著妨害该地管理真正属于本地事务的自主权为限。在1914年时，英国的殖民政策是，准许所有自治领实行绝对的、不受限制的、完全的地方自治，[③]但是，这种彻底自治的前提是没有明显减损其对帝国的忠诚。这个概括，有人可能会提出不同意见，认为英国和自治殖民地（现称为自治领）之间的所谓不同关系，其实是一回事，只不过用不同的话来表述而已。该异议看似有理，实则无理。我是要尽力将看待同一种关

---

① 参见本书第xxv页“第一个问题”。

② “自治殖民地”与“自治领”这两个术语之间的区别值得注意。前一个适用于1884年时的情形，而后一个则适用于1914年时的情况。

③ 参见《1911年帝国议会议事录》（*Cd. 5745*），第22页。

系的两种不同视角描述出来，而不同之视角所导致的结果具有实践上的重要性。不可否认，和今天一样，1884 年时的自治殖民地必须具有各种自治权利，但当时任何一个殖民地行使其自治权，都要受到英国议会和国王的实际控制，因为殖民地的立法有可能与英国利益或者英国有关政治审慎的理想相违背。而在 1914 年，以新西兰为例，自治意味着绝对的、不受限制的、完全的自治，不需要顾及英国人有关利害关系甚或道德义务的观念。这种在地方治理上的彻底自治只有一个限制，那就是只能处理真正的本地事务，且不能减损对帝国的忠诚。简言之，现今自治领只要不与作为帝国之组成部分的地位相悖，即可享有完全的独立性。

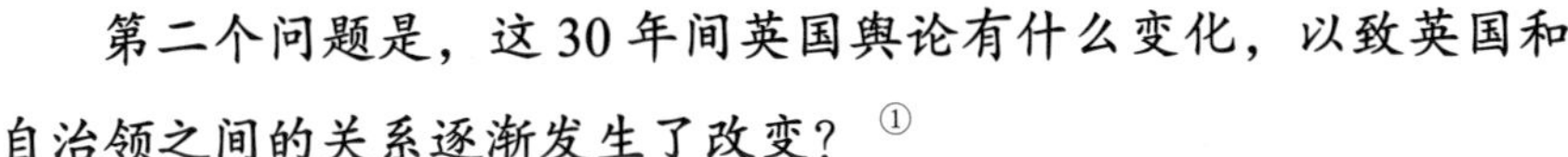

第二个问题是，这 30 年间英国舆论有什么变化，以致英国和自治领之间的关系逐渐发生了改变？[①]

在维多利亚时代早期（甚至是在中期），对于当时英国政治家所急切视为的“殖民地问题”，有两个鲁莽但管用的解决方法。一是集权化，即除相对琐碎的事情之外，帝国所有边缘 xxxiii
地区都由唐宁街进行管理；二是解体，即默许甚至鼓励接二连三的“分离”行为，由此每个共同体只要政治成熟，即可在无胁迫之危险或者痛苦的情况下，效仿美洲殖民地，谋求自身之独立与主权。但从 70 年的帝国发展经验来看，我们可以有把握地说，这两种理论不论在英国国内，还是在任何一个自治殖

① 参见《法律与公共舆论》，第 450—457 页。

> 民地，一点也没有得到支持。它们之所以没有被采用，有人可能会说，是因为我们这个民族具有先见之明，或者用一句讨喜的话说，是出于我们这个民族的政治本能。集权化的方案日见荒谬，而解体的办法又越来越不可能。不论是在联合王国，还是在你们所代表的任何一个大共同体中，我们每个人都是或者都谋求是自家的主人。对于英国和整个自治领而言，这是我们政体的生命线。这是帝国兴衰之所系。[①]

阿斯奎斯先生的这些话是对显著事实的真实陈述，但仔细考察后你会发现，在英国与各自治领之间的关系问题上，英国和自治领的舆论近年来所发生的变化，比漫不经心的读者对该演讲词所表面理解的要复杂些。[②] 直到 19 世纪最后 25 年，甚而迟至 1884 年，包括大量老一辈政治家在内的许多英国人都认为，殖民地问题的解决，完全在于英国是否心甘情愿地允许甚至促使任何一个
xxxiv 想要独立的自治殖民地从帝国中分离出去，当然前提是这种分离不致引起英国与其所谓的附属地之间的恶感。可以肯定的是，至少到 19 世纪中期都还有一部分有经验的官员认为，只要英国的殖民体系依然存在，就意味着英国对殖民地事务的积极控制。但这些人对于维持这样一个殖民帝国是否真的对英国有益在很多情况下表示怀疑，因而认为至少对任何一个自治领而言，总的来说听

---

① 会议主席（阿斯奎斯先生）所致开幕词，见《1911 年帝国议会会议事录》（*Cd. 5745*），第 22 页。比较“国王致自治领人民及政府书”，载《泰晤士报》1914 年 9 月 10 日。

② 比较《法律与公共舆论》，第 450—457 页。

其自然才是审慎之举，直到友好分离的时机显然来临。但在自治领这边，至少在1884年之前，它们受到的干预越来越少，能够自由管理自己的事务，正因为如此，尽管它们偶尔也反感英国政府对殖民地立法的干预，但总体上对现状还是感到满意。可以肯定，它们没有表现出想要脱离帝国的明显愿望。当然，它们更没有表现出想要积极参与帝国决策或者分担帝国防务费用的愿望。对自由放任政策的真诚信念产生了一个自然的和就其本身而言有益的结果，即消除了不满的缘由，阻止了英国与其自治领之间的恶意。但这本身也并未产生一种对帝国的爱国之心。读者应予注意的是，情感上的变化直到19世纪行将结束之际才变得非常明显。这就是帝国主义（此系当前流行用语）的生成。但是该术语就像所有流行词汇一样，若不对其进行准确界定，必将因其高度的模糊性而对使用这一术语的人产生误导。就大英帝国而言，这个词应看成既无褒义亦无贬义，而只是对一个本身极为重要的观念的称谓。这个观念就是，大英帝国是一个值得维持的制度，这并非纯粹是基于情感，而是有非常明确而具体的理由。大英帝国给英国和所有附属于英王的国家带来两大好处：一是能够确保世界上最大多 xxxv
数居民的长期和平；二是能够保卫（或者应当保卫）这个巨大的共同体绝对不受外敌侵略。我们认为，帝国资源几乎是取之不尽的；只要英国能够保证自身之完全，那么一个由所有附属于英王的国家通过岁入和军队所维持的统一舰队，就足以防范欧洲任何一个军事强国对大英帝国进行侵犯。一个统一的帝国是庞大而有力的，这本身就足以说明，作为帝国之组成部分的国家如果各自为战，就会很容易受到任何一个具有强大的陆海军武器的国家的

攻击，或者受到如此武装的国家联盟的攻击。简言之，不论是英国还是它的任何一个自治领都不能不看到，帝国一旦解体，母国及其最强大的自治领赖以维护自由与独立的手段将不复存在。对帝国的忠诚（以忠诚于国王为象征）态度，总的来说随着晚近的整个历史发展而变化。感情或者信念的变化，使得英国与各自治领之间的关系发生变化。这就能够很好地解释，1850 年（甚至很大程度上在 1884 年）英国和自治领所接受的殖民政策与 1914 年英国及其所有自治领（独立者除外）所能接受的殖民政策之间何以具有如此重大的差别。一方面，英国政治家现在给每一个自治领提供（甚至近于强加）一切不妨碍帝国之维系的自由，但当他们发现某个自治领有退出帝国之意图与迹象时，必不能泰然自若。另一方面，自治领不愿也不惧对本地事务的干预，不论这干预是来自帝国议会立法，还是来自帝国议会之臣仆即“唐宁街官员”

xxxvi 的行政行为。然而，自治领的政治家都表示愿意分担帝国国防费用，同时在各次重要帝国会议中一次比一次更明确地表示，自治领想要更加积极地参与帝国政策的决定。在本导言中，我的目的不是要考察理性帝国主义者的愿望在多大程度上能够得到满足；任何一个明白人，此时也不应对帝国主义情感最后在多大程度上会被增强或者减弱，给出某种确定的意见。我的直接目的，是要揭示这种新帝国主义实际上是历史发展所导致的自然结果。不过，我们最好是谨记若干易于为今日英国人所忽略的事实。帝国会议中所表现出来的友善帝国主义，本身是过去自由放任政策的优质果实。这种听任自治殖民地自由发展的政策首先是安抚了殖民地的不满情绪，其次是让友好情感得以生长，进而使得在各自治领

中的英国居民和某些外国居民认识到帝国带给自治领的益处，也使得本土的英国人看到，自治领有助于维护英国的安全以及整个帝国的繁荣。[①] 但是，我们又必须承认，为许多19世纪的英国人至少在名义上所支持的任凭殖民地退出帝国的政策，现已不复存在。南非战争实际上是一场由英国和自治领所进行的阻止殖民地退出帝国的战争；而且，承认南非联邦享有作为一个自治领所应有的全部权利，与阻止其退出帝国并不矛盾，这就好比美国内战之后，南方各州被恢复享有作为合众国之州所应有的全部权利一样。最后，还必须指出，虽然英国和各自治领的居民在各次帝国会议上坦率地表达了想要帝国协调一致的愿望，但帝国主义的生长已让许多爱国人士对有件事情感到失望，那就是，目前看来，要在整个帝国之内确立全不列颠臣民的平等公民身份，证明是很困难的，甚至没有这个可能，这种平等身份为联合王国的臣民所享有，也是19世纪中期的英国人希望在整个帝国境内所确立的。[②] xxxvii

① 正如现在（1914年）的情形一样。

② 要理解英国人希望在整个帝国内确立全不列颠臣民的平等（不论其明智与否）所指为何，只需看看在英国已存在多年且至今仍存在的那种平等即可。概括来讲，目前在英国的所有不列颠臣民，均享有与本国出生的英国人（即父母定居在英国且本人出生在英国）同等的政治权利。因此，一个不列颠臣民，不论其出生于何地，也不论其属于何种民族，现在或许还可以说，不论其信仰何种宗教，均享有与本国出生的英国人一样的在英国定居或者贸易的同等权利，鲜有例外。而且，他还享有与后者完全相同的政治权利。他如果符合英国选举法的条件，可以选举议会议员；如果能够获得英国某个选区选民的认可，也可被选为议会议员。法律上并没有禁止任何不列颠臣民（不分出生地和民族）成为英国阁员甚至首相。当然，可能有人会说，这里所提到的这些职位由实际上并不属于英吉利民族的人担任，其实是极不可能的。这个观点某种程度上是对的，但也不完全正确。不管怎样，在英国或者更确切地说在联合王国，所有不列颠臣民均享有理论上的平等政治权利，这种平等是某些不列颠臣民在某些自治领所不享有的。

二、法治[①]

本书正文中所描述的法治，至今仍然是英国宪法的一个显著特征。在英国，一个人不能因为做了法律并未明确禁止的行为，而受到惩罚或者被要求赔偿；所有人的法律权利或法律责任几乎都是由王国的普通法院来判定，每个人的个人权利不仅不是英国宪法运行的结果，而且还是英国宪法得以建立的根基。

本书总结的有关法治和行政法性质的诸原则无需作大的更改。
xxxviii 所以，我在本导言中的目的只有两个，一是指出现代英国人对法治的尊崇明显减弱；二是提请读者注意法国行政法的某些变化。[②]

（一）对法治的尊崇减弱

在过去 30 年里，英国人古老的法治尊重感已明显减弱。这一论断可从三个方面得到证实：一是立法的实际状况；二是某些阶层对法律和法官的某种不信任；三是一种为实现社会或政治目的而采用不法手段的明显趋势。

1. 立法

最近的立法赋予官员司法的或准司法的权力，[③] 而这些官员又与当时的政府具有不同程度的联系，从而可能受到后者的影响，

---

① 参见本书第二篇，尤其是第四章。

② 参见本书第十二章。

③ 关于这点的概况，参见缪尔（Muir），《贵族与官僚》（*Peers and Bureaucrats*），尤其是第 1—94 页。

于是，立法有时就排除了法院的管辖权，或者间接削弱了法院的管辖权。这种将法律统治范围加以缩小的趋势，可以从法律所赋予的司法权中看出来。比如，《1902 年教育法》将司法权赋予教育委员会委员，[①]《1911 年国民保险法》和《1913 年国民保险法》将司法权赋予各种官员，[②]《1910年财政法》将司法权赋予国内税务专员和其他官员。[③] 另外，还可从《1911 年议会法》第三条中看出来，该条规定："下议院议长根据本法所作的任何证明，在一切场合下都是终局性的，不得在任何法院中提出质疑。"该规定如果作严格解释的话，任何一位议长，不论出于党派偏见抑或某种个人私利而作出一个显著错误的证明，都会得到保护而不受任何一个法院的惩罚。[④] 毫无疑问，下院历史上一直对依据该院的授权而行事的人的任何干预抱有警惕，因而下院多次主张自己在某种意义上超越于王国法律之上。这里要说的是，这种主张不会给下院带来什么益处或者声望，而且目前下院消减法律认可的司法权不合时宜。但是，公正地讲，赋予政府官员某些司法职责而致法治被破坏，这部分是源于现在整个的立法舆论都在支持扩展国家权力的范围。如此大范围地增加政府义务，必将导致国家公职人员不得不越来 xxxix

① 参见该法第七条，以及"R 诉教育委员会案"（即"斯旺西案"）[*R. v. Board of Education*（*Swansea Case*）]，载《英国高等法院判例汇编》（*K. B.*），1910 年，第2卷，第167页；"教育委员会诉赖斯案"（*Board of Education v. Rice*），载《上诉案例汇编》（*A. C.*），1911 年，第 179 页。

② 参见《1911 年国民保险法》第 66 条、67 条和第 88 条第 1 款；另可大致参阅《法律与公共舆论》，第 2 版，第 41—43 页。

③ 尤其参见该法第 2 条第 3 款，以及第 33、96 条。

④ 如果议长作出了一个他明知是错误的证明，该规定能够保护其不受弹劾吗？

越多地管理大量公共事务，对大多数公民的公学教育即是一例。但法院就其性质而言是不适合办理这类事务的。法官的主要职责是依据严格的法治来办事。他首先应避免使任何人遭受不公。有一句著名的但常被无理滥用的谚语：“与其让一个无辜者被无端定罪，不如让十个罪犯得以无罪释放。”这终究是提醒我们，法官的首要职责不是惩罚犯罪，而是不无公正地惩罚犯罪。一个善于办事的人，不论受雇于私人公司还是担任公职，他的主要目标一定是使其关心的事务得以有效处理。如果他受到那些正当地制约法官行动的规则的束缚，这一目标即无从实现。官员做事必须有证据，证据尽管可能有力，但根本不是决定性的。他对下属通常必须严格惩戒，后者的蠢行（非故意的错误行为）会导致其被解职。相比之下，法官对法律是否被严格执行的关注，多过于对个人情况的关切。谚语云：“疑难案出恶法。”简言之，处理事务殊不同
xl 于作出裁判：交给公务员处理的事务越多，扩大官员的裁量权进而阻止法院干预不适于作出法律判决的事情的诱惑通常也就越多，这个趋势通常也就越强。

2. 对法官和法院的不信任

如果下院在那些自己认为（其中的真实性非常可疑）只关乎下院的事务上，有意排除任何法院的干预，我们就不能惊讶于手工业工人对司法判决没有好感。一个简单的事实是，每个具有强烈自尊本能的人，都想为自己及其所属的阶级争取公平待遇，而且几乎所有的人都渴望自己拥有多于和不同于邻人所拥有的公平。下面这种情况就必然如此：工会会员试图实施公会规则，尽管实施得还颇为成功，但这些规则通常引起公众的强烈反对，有

时甚至与王国的法律完全冲突。工贼可能是一个卑鄙小人——人们也可以怀疑他通常就是这样的人，他为了一己之私利而破坏工友们认为是有利的且对整个工会普遍有利的规则。比如，他只要得到合理付费，就不拒绝和任何未加入工会的人一起工作。但是，工贼基本上始终遵守王国的法律，而且不打算做出与普通法或《制定法汇编》中所确立的任何原则相背离的事情。他所冒犯的工会会员深知，该工贼从法律的视角来看并不是一个违法者，因而他们觉得法院是他的保护者，但是基于某种原因，工会必须保护自身不受法官的干预。于是，一个自相矛盾的“和平纠察”概念就发明出来了，这个概念就像“和平战争”和“非压迫性的压迫”一样不能真实存在；然而，《1906 年劳资纠纷法》[①] 第四条竟承认此类合法的错误行为。尽管如此，我们绝不能认为，当法 xli
官作出的判决或者立法机关通过的法律与社会中某部分人的道德信念相冲突的时候，只有手工业工人阶层才经常贬低法官或者立法机关。

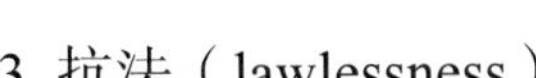

3. 抗法（lawlessness）

就现在活着的人的记忆所及，无论男女，基本上没有人不承认，违反王国的法律一般而言也是不道德的行为。不论什么时候，就像现在一样，无疑存在大量经常违法的人，但尽管骗子、扒手或者夜盗者经常违法，我们也不能推测说，这些人所主张的是这样一种学说，即违法本身是值得称道的或者是道德的。然而，在过去 30 年里，在英国以及在其他许多文明国家，已发展出一种关

① 参见《法律与公共舆论》，第 xlv—xlvi 页，并比较《1913 年工会法》，同前引，第 xlviii 页。

于抗法的新学说。新近出现的让道德家和政治家感到困惑的现象是，大量一向令人尊敬的人现在却持有这样一种信念，并根据这一信念来行事，即如果违法者是在追求某个在他或她看来似乎是正义且可取的目标，违反王国的法律不仅是可原谅的，甚至是值得高度赞扬的。这种观点并不局限于某一阶层。英国的许多神职人员（这批人的确值得尊敬）认为国法与教会法相抵触的时候，就毫不犹豫地对国法加以抵制和违反。消极抵抗者如果遇到基于某种他们反对的目的而征税的情况，就会毫无顾忌地抵制征税。出于宗教或道义原因的反对者正想方设法使种痘法失效。激进的妇女参政权论者甚至对违法予以称颂；在他们看来，高尚的目的能够证明他们用以实现妇女选举权的那些无望而背理的违法是正当的。

这种对抗法的热情源自何处？这是一个让人困惑的问题，下面的思考将给出答案，尽管只是部分答案。

英国的民主政府已赋予公民选举权——尽管并非严格意义上的最高权力。某种意义上，因为法律在大不列颠的一代又一代人中得到公正而规律地实施，所以这些公民意识不到背离法治隐含
xlii 着风险，藏埋着祸根。而且，民主情感（尽管不是民主原则）要求法律在总体上必须与公共舆论保持一致；但若有大量公民不仅对法律表示反对，而且质疑国家强制实行或者维护某部法律的道德权利，一个忠实的民主主义者便深感不知所措。他实际上不知道该如何处理因公共舆论的根本差异而产生的违法。[1] 因为这种

① 尤其参见罗威尔（Lowell），《公共舆论与民众政府》（*Public Opinion and Popular Government*），第7章。

差异使得法律实际上不可能在某个特定问题上与公共舆论保持一致。于是，许多英国人在抵制一个民族要求成为一个独立国家的问题上，长期以来感到一种道德上的困境，尽管承认这样一种主张可能预示着一个强国的没落，而且还可能违背该国多数公民的愿望。还有，大量的英国人想要参与议会选举，这是一个毋庸置疑的事实，因而在许多杰出人士看来，这似乎表明选举议员是英国人的道德权利。在这两种情况下，以及在一个聪明读者可能碰到的其他许多情况下，英国的民主主义者在反对某些他们可能出于利益或者常识的原因而不大赞同的主张时，就遇到一个很大的难题。这些人的困惑是源于这样一种思想，即至少就在民主国家而言，凡与大多数公民的真实看法或者坚定信念相悖的法律都是不公正的。但是，这样一种看法或者信念，几乎就会让那些觉得自己正遭受一部不公正法律的人确信（尽管通常是虚妄的），对于民主政府下的任何一种不公正，都可以正当地以武力来反抗。但如今我们必须承认一个明显的事实：任何政府都必须让个人或者阶级都处于国家的强制力之下，这为一个文明社会的繁荣所必需，甚至是该文明社会存在的前提，所以，政府与现有的这种信念不能长期共存，即遵从公共舆论在一切情况下都构成民主唯一的或必要的基础。此外，至少在英国，政党政府的恶性发展即便没有直接导致违法成为正当，也是间接表明了这一点。政党统治不能与国家权威或者爱国主义要求永久地保持一 xliii 致。最近有个突出的现象，那就是，我们发现有些杰出思想家的言论中确实透露出这样一种观念：国家权威或者主权，甚至是国家意志这个概念，都是一种政治上的或者形而上学的拟制，因而

智者最好是弃之不顾。幸而历史上一个大国发生危机之时，大多数人因国家的存在或独立处在危险之中，反而感到国家权威是一个显而易见的和确切无疑的政治事实。关于抗法的原因，除上述几个方面之外，我们还得诚实地补充一个原因，但这个原因是所有忠诚的公民都特别不希望出现的。任何一个有判断力的人都不得不承认，危机偶尔（尽管非常罕见）是在这种时候发生的，即武力反抗不公正的和压迫性的法律可能具有道德上的正当性。任何一个有理智的人，且赞成现代自由党人从1688年辉格党人中所承继来的原则者，必定会作出这种承认。但是，这种承认通常受到误解，有时它被误解为：一个人只要认为他受到不公正对待且并非出于一己之私利，对法律的反抗都不应该受到指责或者惩罚。

（二）英国现行公职人员法与法国现行行政法之间的比较[①]

过去30年，尤其是进入20世纪的这14年以来，在英国或可称为公职人员法的制度与法国的行政法之间，出现了较为微小的但颇引人注目的相似性。今日英国对国家公职人员的义务和权力之扩展，或者英国官僚制（借用一位有才华的作家的术语）[②]的生长，使得在管理英国官僚的法律中自然产生了某种特点，这些
xliv 特点让我们隐约想起法国行政法的某些标志性特征。实际上，英

① 参见本书第十二章，尤其是第364—401页；《法律与公共舆论》，第xxxii—liii页。

② 参见缪尔，《贵族与官僚》。

国的公职人员（civil servants）* 严格说来迄今并未处于法院的控制之外，但在某种程度上，尤其是在许多关涉《1911年国民保险法》的问题上，与政府具有密切联系的公职人员被赋予了某些非常类似于司法权的权力。① 可以不夸张地讲，受社会主义思想影响的制定法，正在将英国的法律官僚化（officialised）——如果这个词可以这样用的话。而更为确定的是，法国行政法一年比一年更加司法化。国家政务院（我们或可简称为“国政院”），正如本书第七版的读者所看到的，是法国重要的行政法院，而普通法院和国政院之间的相互关系，就像许多年以来的情况一样，至今仍然取决于权限争议法庭的组成，② 这个法庭中的部分成员，从国政院和审监法院 ** 中分别以同样的人数选出。假设我们认为国政院在处理行政法问题时的裁决本身，其实不是严格意义上的司法判决，因而现在就不能非常接近于司法判决，这无异于废话。现在不管怎样，国政院以一个司法机构工作的时候，作为内

---

* 公职人员，该词严格而言是指“文官”，这是一个与“政务官”相区别的概念，并且文官不包含法官、军官、警察以及地方政府和公法人的职员等。但是戴雪在导言以及在全书中并不是在这个意义上使用这一概念的，因此它常常和官员（official）、公务员（public servant）、国家职员（state's servant）等概念相混用，这些词都指向“公职人员”这一层含义，以和没有职位尤其是没有公职的普通人区别开来。——译者

① 参见《法律与公共舆论》，第xxxix—xliii页。

② 关于权限争议法庭的组成，参见本书第360页；以及附录十一，第555页。

** “Cour de Cassation”，即普通司法系统的最高法院（参见本书第336、348、360页）；该法院有权撤销下级法院的判决，其主要职能是保证法国法院系统内法律解释的一致性，故《元照英美法词典》将其译为“撤销法院”。——译者

阁成员的司法部长是不能任院长的。[1] 然而，如果承认英国公职人员法的生长和国政院作为一个行政法院逐渐的司法化，会让英国人认为本国目前存在着某种真正的行政法院或者某种真正的行政法，那就大错特错了。在法国，[2] 人们确实是想方设法地赋予权限争议法庭和作为行政法院的国政院很高的权力，但是，国政
xlv 院的官员不像英国高等法院的法官或者法国普通法院的法官（如果用英语中的“judges”一词的话）那样，能够终身任职。国政院的官员极少被解职，但理论上仍然是可以被解职的。还必须注意的是，司法部长仍是权限争议法庭的法定庭长，虽然一般并不主持法庭工作。不过，当权限争议法庭的法官在裁决案件时，出现赞成票和反对票相同的情况，司法部长就会出来主持庭审并投出决定性的一票。我们认为，其实这种案件必定是疑难案件，也很可能是很重要的案件，它不仅由司法部长再次审理，而且实际上是由他作出决定。一个不了解法国法律制度实际运行状况的外国人，如果断定国政院或者权限争议法庭的判决基本上独立于当时司法部长的愿望或者意见，那是非常轻率的。即便是同样能够给出意见的法国人自己，对于国政院或者权限争议法庭是否应该更加彻底地司法化这样的问题，也是见仁见智，外国评论家对此就更加疑惑了。从国政院和权限争议法庭的组成来看，一个外国评论家会认为，这两个机构虽然不会受到当时司法部长的极大影

① 参见庞加莱（Poincaré），《法国是如何统治的》（*How France is Governed*），迈阿尔（B. Miall）译，费舍尔·昂温出版社（T. Fisher Unwin），1913 年版，第 272 页。

② 在其他某些欧陆国家（如德国），行政法远没有如此司法化。

响，但相比于任何一个英国法院，它们所代表的更多的是官员或者政府的意见。此外，我们始终要记住，在法兰西共和国中，一如在所有的法兰西政体之中，政府以及全部公职人员（法语称“fonctionnaires”）享有一种英国的国王臣仆所不享有的权力，[①]尤其是，法国刑法之执行程序完全受到政府的控制。国政院具有很 xlvi
高的声望，在一个外国人看来，行政法也广受欢迎，这一点显然可以从国政院近年来成功扩展以下学说的适用范围中看出来：对于因公职人员的过错（如过失行为）而遭受损害的人，以及因实施法律而遭受特定损害且损害程度为其邻人所不能承受的人，国家均应予以赔偿。[②]另外，国政院享有很大的权力，这可以从它广为扩展下列原则的适用范围中看出来：一个公职人员做出的任何一个没有法律依据的行为，只要其非法性被证实，国政院即可宣布其无效。应该注意的是，国家责任的这种扩展，其实是为公职人员提供了新的保护；因为如果国家承认自己有责任对因政府公职人员的行为而遭受损害的人给予赔偿，这种承认就一定会促使遭受不法行为之侵害的人放弃向直接的侵权人（如邮递员或者警察）寻求救济，转而向国家索偿。

有一个事实，与法国行政法的影响密切相关，英国人不可不注意。在法学大师有关法国宪法的专著中，我们发现学者提

① 比如，法国没有任何《人身保护法》之类的法律，在所谓“警察政制”（régime de police）之下，许多宽泛而专断的权力尚由警察享有；以及公职人员在某些情况下仍可以奉行上级命令为由而得到保护，见狄骥，《宪法论》（*Traité de Droit Constitutionnel*），第2卷，第24—26页、第33—45页。

② 参见本书第393—396页。

倡一种新的分权形式，即所谓“部门分权”（décentralisation par service），[①] 它似乎意味着赋予政府各部门的公职人员某种程度的独立性。例如，邮政部的行政由所有对邮政系统之管理负责的公务员处理。这个机构诚然是要受到国家的监督，但它只根据自身的经验与判断来管理；在我看来，邮政部的公务员还可以分享因管理有方而带来的收益；而且，邮政部的职员因过失或不当行为造成损害，邮政部会以本部收入如数赔偿受害人。另一方面，这些
xlvii 职员因属于国家的公务员，从而对国家负有某种义务，故禁止其组织罢工，也绝对禁止其妨碍邮政部正常工作。但是，这种方案为何被称为“分权”却有点难以解释，因为这个术语迄今具有一个非常不同的含义。对英国人来说，这个方案的整个过程是极其让人困惑的，但从某种意义上讲也不无启发。这种所谓的分权似乎是把法国人传统上对行政管理值得推崇的信念以一种新的形式加以复活。这种对古代信条的再现很可能表明，法国思想家已丧失对代议制政府的全部热情，因而想为行政机构开辟一个新的领域，以使法国从中获益。这就说明法国的知识人现在所思考的问题，让其他国家的思想者或者立法者感到困惑。以铁路部门的职员和其他负有义务的人（充分履行该义务乃国家繁荣之本）为例，究竟可以在多大程度上允许这些公职人员在他们认为停工便有涨薪之可能的时候停工？读者可能认为，这种对法国行政法的晚近发展的考察离题太远。我则以为这一批评没有道理，因为法国行

① 参见狄骥，《宪法论》，第 1 卷，第 460—467 页。

政法的当前状况反映出许多问题，而这些问题与我们的主题密切相关。这一考察表明，英国公职人员法和法国行政法之间日渐相似的情况绝不能掩盖以下事实，即行政法所体现的理念与英国有关法治的信念，尤其是有关普通法院至上的信念格格不入。它也表明，法国可能出现的像所谓“部门分权”的思想，与英国所理解的法治是几乎不相容的。此外它还表明，当前的形势已经给法国提出了一个紧迫的问题（英国也正面临这个问题），这个问题 xlviii
英国人目前无法给出满意的答复，那就是：究竟可以在多大程度上允许公职人员或者其他负有义务的人（充分履行该义务乃国家繁荣之本）运用他们所占居的职位，并通过罢工或者积极的政治煽动来迫使国家牺牲自身利益而向他们让步？这种问题一经提起，就不得不想到，英国有可能从借鉴法国的经验中有所启发。公职人员（或者缪尔先生所称的“官僚”）的权力渐增，确能通过扩大公职人员法的适用范围来应对吗？[①] 法国已富有智慧地使它的最高行政法院基本上被司法化，并使其在很大程度上独立于当代政府。而现代英国可以从扩大公职人员法的适用范围中获益，这一点至少是可以想象的。我们不能肯定的是，英国的普通法院在任何情况下都是裁判公职人员之违法行为的最佳机关。可能需要考虑的是，某一类既有行政经验又有法律知识同时又完全独立于当代政府的人，是否能够比任何一个高等法院的法庭更有效地实施公职人员法。

① 参见《官方秘密法》（*Official Secrets Acts*）。

三、宪法惯例[①]

这部分有三点值得注意，并且可以概括为如下三个问题和答复。

第一个问题：最近30年，宪法惯例是否发生了显著变化？

答复：肯定是发生了某些重要的改变；这些改变基本上可归为两类，为清晰起见，应将其区分开来：一类是新的规则或者习
xlix 惯，但它们仍是纯粹的宪法默契或者惯例；另一类宪法默契或者惯例，则自1884年以来要么已转化为法律，要么与法律的变更密切相关，[②]因而它们可恰当地称之为“法定的惯例”。

关于纯粹的惯例。

这类惯例的产生，没有引起王国法律的任何变更，因为它们能够满足新时代的需要。这类公认的惯例不难举例。在1868年，保守党内阁在改选中大败。迪斯雷利先生（Mr. Disraeli）甚至未等议会开会就立即辞职了。这一做法，在1874年得到当时的首相格拉斯顿先生（Mr. Gladstone）的遵循，并在1880年和1886年相继得到迪斯雷利（那时已进爵为贝肯斯菲尔德勋爵）和格拉斯顿的沿袭。此类辞职行为，是在大选结果出来后做出的，显然推翻了皮尔（Peel）在1834年确立的重要先例。当时皮尔领导的保守党内阁尽管已公认为在大选中败选，但直到在新当选的下院中被

---

① 参见本书第十四章和第十五章。

② 尤其参见本书第li页所论《议会法》的直接效果。

真正挫败之后才予以辞职。这里不妨补充一句，在这种特定场合下，皮尔尽管领导的是少数党，但能够抵制议会中迫使其辞职的企图，这为保守党赢得了声望；因为在这场议会斗争中，皮尔能够使选民清楚地认识到，处于少数的保守党，尽管已在大选中败选，但反而从中获得了力量。而且，皮尔还能够向国人展示，他本人及其追随者虽然打算抵制宪法中任何进一步的变革，但完全接受 1832 年《改革法》；虽然拒绝一切反动政策，但准备给予国家以开明的行政。这个新的惯例，即大选失败的内阁几乎是被迫辞职，明显就是要承认在政治上选民才掌有真正的主权。[①] 而且，该惯例有助于将一次大选转化为一个决定，即某个政党应在新选 1
举产生的议会任期内执政，而且在某些情况下，还将大选转化为一次对首相的选举，即某个政治家应在该议会任期内担任首相。[②] 从这个新的惯例中，我们可以看出许多次要的政治或宪法变革的迹象，比如，因新惯例产生之故，政治家不论在职还是在野，都经常向某些选民甚至全国发表演讲，这种做法不仅那些较早的政治家如皮特（Pitt）闻所未闻，而且就是皮尔、约翰·罗素勋爵或者帕麦斯顿勋爵亦十分陌生。

政治习惯或惯例中的有一个改变，不仅没有导致任何法律的革新或者修改，而且变化过程缓慢，内容模糊，因而尚未引起人们的注意，但因其固有的重要性而值得关注。凡在位国王或女王

---

① 关于“法律”主权和“政治”主权之间的合理区分，参见本书第 70—73 页。

② 在 1880 年大选中，支持自由党的选民获胜，他们的确是认为贝肯斯菲尔德勋爵应该辞职，而格拉斯顿先生应该担任首相。

对英国臣民的道德感不但应怀有同感，而且还须将这种道德感表达出来，现在已是一条确立的习惯。英国王室想要赞同英国人的仁慈、慷慨或者爱国之情的这种愿望，是晚近才显现出来的。公正地讲，这要归于维多利亚女王，这是她对国家和帝国治理所作的独创而伟大的贡献。王室表达同感的这种做法，乔治三世或者继任其王位的儿子即便不是不了解，也是殊少采用。[①] 它属于维多利亚时代，但又不止于这一时代。实际上，这种习惯之用处自维多利亚去世之后大为扩展，实乃其长期统治的大部分时间内所不能。在这个问题上，唯有模糊之表述方能强调一个极端重要但又
li 无法精确界定的政治事实。当联合王国发动第一次重要的帝国战争时，人民记得国王是整个帝国的象征和唯一被认可的代表，这在许多方面都是非常重要的。[②]

另外一个新的政治惯例，出现在下院自 1881 年以来所实行的议事规则中。这些规则主要是为了排除障碍，减轻下院少数派对辩论的拖延，进而让某些受到大量议员反对的议案能够更容易地在较短时间内通过。诸如通常所谓终止辩论程序（the Closure）、审议截止程序（the Guillotine）、跳议法（Kangaroo）这类措施，使得受纪律严明的多数党支持的各届政府能够完成相当数量的立法工作。若没有这类措施，某些立法是无法获得下院通过的，这是毋庸置疑的事实。至于为此付出的代价，从议程简化和讨论减

① 国王在议会开会时致开幕词的频率越来越高，而且众所周知，国王所表达的也越来越多的是内阁意见而非王室意见，所以，国王必须要寻求某种其他的方式来表达他自己对人民的欢乐尤其是悲伤的同情。

② 参见本书第 xci 页，注释 1。

少方面来讲是否太高，则是另外一个问题，暂时无需考虑。这里要说的是，这些议事规则并非严格意义上的法律，其实只是下院所赞成的习惯或者协议。[①]

关于法定的惯例。

法定的惯例这个概念，是指因被议会法承认而获得法律效力、[②]或者因法律的改变而产生的政治默契或者惯例。这种法定的惯例，[③]其最佳例证可见于《1911年议会法》的某些多少有些间接的效果之中。[④]

1. 这部有关上下两院在立法事务上之关系的议会法，某种程度上在英国创建了一部成文的——更准确地说是法定的——宪 lii
法（constitution），取代了之前不成文的——更准确地说是未法定的——宪法。[⑤]

2. 这部法律极大地限制了——即便不是绝对废除了——君主特权，即君主为了“击退上院”而册封新贵族，以使遭多数贵族议员反对的议案得以通过的权力。这种特权实际上只运用过一次，也就是安妮女王在1712年行使的那次。不过，还有两次是君主可

① 关于宪法性法律和宪法惯例之间的本质区分，参见本书第23—30页。

② 参见《1913年临时征税法》。

③ 批评者也许确实会——蕴含真理地——说，既然一个惯例已由制定法转化为法律，那么严格说来，它就根本不再是惯例，而是宪法性法律的一部分。对此，我不否认；但是，这种法定化的惯例会间接影响其他惯例性默契或者惯例性安排的运行，因而在处理宪法惯例问题时，就会顺便对这种惯例的间接效果加以讨论。

④ 关于该法的直接效果，参见本书第xxi页。

⑤ 关于这个区分，参见本书第27页；尤其要注意《1911年议会法》的第一条第二款和第三款，这两个条文在法律上界定了什么叫财税法案，同时还包括一个如何确定某法案为财税法案的特别规定。

以运用而最终没有用。在 1832 年，如果《改革法》遭到上院的抵制，威廉四世必定会运用该特权加以反击，因而《改革法》得以通过。同样，在 1911 年,《议会法》也正是因为如果遭到抵制乔治五世就必定会运用该特权而得以通过。在这两种情况下，内阁建议国王无限制地册封新贵族所依据的理由是为了迫使上院遵从国民意志，宪法中所能采用的手段，除了在例外状态下行使或者滥用君主特权之外，别无他法。但《议会法》通过之后，这一理由不再成立。将来如果大臣要求国王击退上院，国王就可以回答说："如果人们真的希望通过上院所反对的法案，你们完全可以不经上院同意，在两年左右的时间里将其转变为议会法。"[①] 因此,《议会法》推翻了在 1832 年和 1911 年用以表明击退上院是正当的——甚或能够要求击退上院的——唯一理由。

3. 根据《议会法》，每届议会将存续至其法定任期届满，即差不多五年时间，这很可能成为一个惯例。研究该法律的学者，对于以下这些众所周知的事实应该牢记在心。第一，如果议会中多数党意识到民心渐失，那么下院就会因此而反对解散，原因在于，只要议会不解散，该多数党就能够通过任何一部其希望通过的法
liii 律，可是在解散之后，这一权力就可能会丧失。第二，所有未在政府中任职的议员，每年会获得 400 镑的薪水，这会促使议会少数党中的许多议员欣然默许这个能够确保他们获得充裕收入的议会任期届满。第三，在 1688 年光荣革命至 1784 年间，除了国王去世（现在已不构成解散议会的理由）或者依照《七年任期法》

① 参见《议会法》第七条："《1715 年七年任期法》中所规定的议会最高任期七年，应改为五年。"

任期届满之外，很少——如果有的话——有其他原因导致议会解散，在这段时间里，辉格党人——尤其是柏克——否认国王具有随意解散议会的宪法权利，而1784年的解散被指责为是“应受惩罚的解散”。法兰西共和国议会每届任期四年，但可以随时被总统在征得参议院同意之后解散。不过，这一权力在过去37年间只运用过一次，这唯一一次总统特权之行使，也就构成一个特例，后来的法国政治家不会去效仿。因此，因为君主突然解散议会而使下院直接诉诸选民这样的事，在英国从此以后极有可能成为历史。然而，一个知道自己受到拥戴的首相，掌握着这种能够推翻把他送上首相职位的下院并转而诉诸国民的权力，被白芝浩（Bagehot）看成是英国宪法的特征之一，也是英国宪法优于美国宪法之所在。

4.《议会法》使得下院多数党能够对抗或者否决选民——或者说国民——的意志。该法所产生的这种实际效果不容否认。比如，可以肯定，《地方自治法案》就曾为大量选民所极力反对。同样可以肯定的是，它还为少数具有影响力的爱尔兰人所憎恶。一个地方自治法案在30年的时间里遭到两次否决，且得到选民的支持，这也是公认的历史事实。但普遍要求诉诸人民的呼声并未引起下院多数党的注意，这一点确切无疑。因此，一个公正的评论者所不能否认的是，英国宪法的重大变更，即便在违背国民意志的情况下也有可能发生。

5.《议会法》可能对下院议长的地位和性质产生了重大影响。liv
迄今为止，主持议会辩论的议长，尽管是由某个政党选出，但在一个多世纪里始终努力成为——通常而言也确实是——整个下院的代表和向导，而非某个政党的领袖或者仆从，这一直是下院的莫大荣耀。凡极为杰出的议长，莫不致力于扮演一种类似于司法的因而是中立的角色。一般认为，他们的这种努力在英国取得了其他任何国家的议长所不及的成功。这种精神上的胜利，可以从宪法上的一个常规做法（practice）——你现在可以说，这几乎就是一个宪法规则——得到确认，即一个议员一旦被选为议长，不管以后各届下院的政治性质如何，都会在各届议会继任之初继续当选。比如，自由党多数选出的议长，在下院改选后由保守党多数统治的情况下，仍可继续占居议长一职；同样，由保守党统治的下院选出的议长，在下院多数党是自由党且下院由自由党内阁主导时，仍能得到公众的认可而继续当任。但是，就法案须按照《议会法》规定的程序通过而言，该法极大地增加了议长的权力。除非议长一次又一次地亲自书写证明且附亲笔签名说:《议会法》的条文已得到严格遵守，否则没有一部法案可获通过。这件事取决于他自身的知识与良心。不消说，对于议长能否公正地给出必要的证明这个问题，可能会存在某种分歧。从此以后，哪有下院多数党不希望议长人选是与本党政见相符的？但这并不是说，一群英国绅士想要一个无赖来主持议会；这只是说，他们心仪的议
lv 长不是一个法官而是一个本党的忠实拥护者。所以,《议会法》有害于议长一职所具有的司法性质。在美国国会中，众议院议长是一个有品格且有魄力的人，但他是一个公开的党派分子，几乎可称为是众议院中之多数党的国会领袖。

第二个问题：这些新的惯例总的趋势是什么？

答复：可以肯定有两个趋势，一是逐渐增加任何一个拥有议

会之多数的政党的权力，这个政党即下院多数党，至于它是否为联合多数则可不论；二是最终将这个国家的立法乃至政府都置于内阁的掌控之中。在英国，内阁是议会多数党得以行使手中权力的唯一工具，同时作为议会多数党的执行者，它也是这个国家中能够领导和控制议会多数党的唯一机构。那些详细而深入地分析过英国现行政治制度的学者，都持有一个坚定的看法，那就是：在英国，政党制度——美国则称之为政治机器——的严密性和力量逐代得到加强。[①]

如今，几乎所有的政治活动都有一个共同的发展趋势，即议会中的领袖人物控制着各自的政党机器。一方面，内阁在任何时候实际上都是由执政党的若干领导人组成。另一方面，反对党的领导人则带领自己的政党努力去赢得执政地位。简言之，英国的政党斗争是在那些重要的议员之间进行的，一方是现任的阁员，另一方则是未来的阁员。选民其实只是在名义上具有至上地位，他们无非是在普选中将本国政府从一个政党手中转移到另一个政党手中。我们似乎有理由认为，在《议会法》所创设的五年议会 lvi
制下，英国选民所做的，不过是每五年选择一个政党或者首相，由其在接下来的五年里对这个国家实施统治。内阁在议会中尽管不一定能够赢得明显多数，但至少可以赢得稳定的多数，因而它

① 参见罗威尔（Lowell），《英国政府》（*Government of England*），第二部分，第 24—37 章；洛（Low），《英国的统治》（*Governance of England*），第 1—7 章。对于这两人的论断，拉姆齐·缪尔（Ramsay Muir）显然会表示赞同，尽管他认为，目前在英国宪法之下，权力正逐渐从议会内阁转移至常任文官的手中（参见缪尔论官僚制的论文《贵族与官僚》，第 1—94 页）。

的权力在议会中几乎没有任何限制。与50年前相比，在议会中发表演讲的议员人数确有增加。但也许正是因为这种雄辩的机会唾手可得，所以那些既没有进入内阁也不是反对党领导人的议员，其影响力已不如从前。至少在帕麦斯顿时代，有少数这一类的人物，在议院内外所具有的影响力，是今日任何一个既未进入现任内阁也无望将来入阁的议员所不具有的。任何一个评论家，若还能回忆起60年前克里米亚战争（Crimean War）* 时代的政治状况，就会记得在当时的情境下，罗巴克、朗德尔·帕尔默和科布登所发表的演讲，尤其是布赖特在危急时刻中发表的言论，** 可谓举足轻重，不但政府不敢轻视，反对党亦不敢小觑。另外，我们似乎还可以说，现在的立法事务已为内阁所垄断。一个局外人都看得出，一个得不到内阁支持的无公职议员（private member）***，想要使自己的议案得以在议会通过，其希望即便存在，那也是非常之渺茫。在议会立法的过程中，任何一个议员都可以发表演讲，但只

* 克里米亚战争，一场在1853年至1856年间发生的、由英国、法国、奥斯曼帝国和萨丁王国组成的诸国联盟与俄罗斯之间的战争。——译者

** 作者这里提到的这些政治家分别是：约翰·阿瑟·罗巴克（John Arthur Roebuck，1802—1879年），英国政治家和议员，与激进的功利主义改革者们关系密切；朗德尔·帕尔默（Roundell Palmer，1812—1895年），英国律师和政治家，两次担任英国大法官一职；科布登（Cobden，1804—1865年），英国政治家，自由贸易的领导者与支持者，保护贸易主义的反对者；布赖特（Bright，1811—1889年），英国政治家和著名演说家，反谷物法联盟的奠基人之一。——译者

*** 无公职议员，不担任政府或其所属政党公职的议员，英国大部分的法案都是由内阁送呈下院，故作者有此说。另，"Private Member's Bill"，即以个人名义而非以政党成员的名义提出的议案，一般译为普通议员议案或者议员个人议案。——译者

要是首相觉得不合时宜，便可以将他的演讲时间大为缩短。* 下院没有声明要实行讨论自由，实际上也确实没有这种自由，而且，在关乎国家利益的重大问题上，下院想要从在任内阁口中得到答复，也没有什么可靠的办法，如此奇观，从宪法的视角来看让人无法处之泰然。但一个明显的事实是，在英国现行宪法之下，内阁手中所掌握的权力实际上可用以任何事情，但唯独不能用以服务民众政府。所以让人不安是有原因的。我们至少可以主张说，即便宪法在今日不必变动，但宪法惯例可能迫切需要重大变革，不过，让人担忧的理由并非是英国政府太过强大——因为弱政府通常意
味着劣行政，而是我们的英国政府总体而言，越来越成为某个政 lvii
党的代表，而非整个国家的领导者。每一个公正的人——尤其是在当下——绝不会怀疑，民族独立的强烈热情可以把一个党派性政府转变成一个致力于确保民族荣誉和安全的政府。但是，这一事实尽管意义非凡，但仍不足以向我们掩盖政党制度的固有趋势，即本应完全属于国家的权威，现有归于党派之倾向。①

* 缩短甚至剥夺议员的演讲时间这一权力，目前属于下院议长而不是首相。参见〔英〕罗伯特·罗杰斯、罗德里·沃尔特斯:《议会如何工作》，谷意译，广西师范大学出版社 2017 年版，第 60—62 页。——译者

① 最近发生的几件事表明，偶尔会出现一些可能会减少而非增加政党制度的刚性的思想和做法。比如，“关于斯图亚特·塞缪尔爵士案”［(*In re Sir Stuart Samuel*)，载《上诉案件判例汇编》，1913 年，第 514 页起］足以证明，根据《1833 年司法委员会法》第四条之规定，与议员在议会中的议事权相关的法律问题，可提交至枢密院由一批著名律师来公正而恰当地裁决。这一思想本身就表明，其他有关议员之行为与品行的问题，由下院的任何一个委员会来调查都是不公正的，因而应交由上述高等法庭来处理。此外，基奇纳勋爵（Lord Kitchener，1850—1916年，英国军事家，殖民地官员，曾于 1898 年指挥埃及军团夺回苏丹，结束布尔战役，第一次世界大战期间任陆军大臣。——译者）公开表明，他并非以一个党人身份就职，而只

第三个问题：过去30年的经验是否证实了本书所提出的有关宪法惯例的学说，即迫使宪法惯例得以遵守的约束力，要在这些惯例与法治之间的紧密关联中去寻找？ ①

答复：我所主张的学说现可作如下说明与解释。为什么每届议会都要维持《军纪法》（Mutiny Act）的效力 *，以及为什么在威斯敏斯特不召集议会的时间从未超过一年，其中的缘由仅在于，只要忽视了这两个惯例性规则的存在，就会使得所有公职人员承担违背王国法律的风险——甚至可以说，必然导致其违背王国的
lviii 法律。管制军队的法律从效力上讲，属于年度法律，如果不是每年通过一次的话，维持军纪就是不可能的——除非不断地违背法律。如果在威斯敏斯特不召集议会的时间超过了一年，有大量的税款将停止缴付，已经收入帝国财政署的税收，因为没有法律依据也将无从支出。晚近所发生的事情就充分说明，因为宪法惯例

是以军官身份就职，所以他的职责在于指挥作战，所关注的也只是国家的福祉与荣耀，此言论不啻在军务上确立了一个先例，也足以为其他领域的人所效仿。试问：一个有天赋的外交大臣，先后在自由党内阁和保守党内阁中任职数年，且丝毫不伤其品行，这本身有什么难以置信的吗？一个精于法律、明于裁判、受人尊重的大法官，以最高法官的身份服务于国家，向他不认可其政见的阁员提供法律知识，这又有什么荒谬的地方吗？对于不断增加的政党权力加以制约，对于英国人民来说有利而无害。

① 参见本书第441—450页。

* 《军纪法》，英国议会在1689年到1879年期间每年通过的，旨在惩治兵变和开小差等行为，同时也为军队自身及其营房建设争取开支提供依据的法律。因《1688年权利法案》规定，和平时期在王国境内维持常备军是违法的，所以为了维持军备，从那时起议会历年都要通过法律形式授权组建和维持军队。故作者有“维持《军纪法》的效力”一说。参见《元照英美法词典》“*Mutiny Act*”词条。——译者

已然许可了没有法律根据的系列行为，所以违反宪法惯例或者违反法律之后仍会带来不便与危险。比如，1919 年上院为迫使议会解散，便否决了预算案。上议员的行为在当时尚在其法律权限内，但还是造成了很大的麻烦，只是后来通过选出新议会而得到补救。所以，有几年所得税的征收，并不是根据议会的法律而是下院的决议进行的，也就是说，所得税是在正式法律尚未成立的情况下提前征收的。曾有一个善于用法的人，想要给政府的征税行为制造麻烦，于是就向法院起诉，请求英格兰银行返还从其银行应支付给他的收入中扣除的所得税款。这位勇敢的原告立马就重新获得了政府在没有法律根据的情况下所征收的税款。可见，吉布森·鲍尔斯先生个人的胜利，是法治力量的绝佳展示。①

四、过去 30 年间出现的新宪法思想

这些新的思想是：妇女选举权、比例代表制、联邦制和公民复决。

（一）两项总体评论

由于篇幅所限，本导言对上述四种新兴思想只能逐一简要评论，因而在这之前给予两个总体评论是有必要的，这两个总体评 lix
论基本上适用于人们所提出的前述四种改革或者创新。

① 参见“鲍尔斯诉英格兰银行案”（*Bowles v. Bank of England*），载《英国判例汇编 衡平分院》（*Ch.*），1913 年，第 1 卷，第 57 页起。

第一个评论：

进步或者文明国家的公民在政治领域的发明创造，一般而言，远没有像在其他领域那样具有原创性。比如说，现代思想家之所以赋予代议制政府以极端重要性，部分是源于这种政府形式几乎是雅典或者罗马公民所唯一不了解的宪法发现或者发明。[①]不过，也要注意的是，不论是代议制政府或者罗马帝制，甚或世界上所发生的绝大多数重大宪制变革，严格说来都不能称之为一种发明或者发现。这些制度若非源于模仿，通常就是自然生长出来的，反正并非人造而成；而且，每一种制度的生成，都不是因为人们想要实现某个新颖的政治理想，而是因为要去解决现实生活中所遇到的诸多难题或者需求。就新宪法思想的徐缓发展而言，英国历史上没有哪个时段比整个维多利亚时代（1837—1901 年）更为显著或自相矛盾。这是一个思想活跃且富有成就的时代，一个充满想象且科学发达的时代，也是一个历史知识长足进步的时代，但与此同时，它又是一个对现有有限的政治或宪法思想无所贡献的时代。这个评价在 20 世纪以来的十来年里同样适用。因此，本导言胆敢称宪法思想之新者，主要不在其原创性，而在其过去 14 年间重新开始引起了人们的兴趣。

第二个评论：

这些新兴思想极少甚或说没有考虑到良好的法律所应达到

① 可以不夸张地讲，除了代议制政府的思想之外，几乎没有什么其他现代政治观念是天才人物亚里士多德所没有评论过的。只不过，这里要补充一句：罗马帝国庞大的行政体制是任何一位希腊哲学家都从未设想过的。

的——如果可能的话——任何一个目标。但这点尚需详加解释。

在所有民众政府形式之下，当然也包括在英国现行的大体上 lx
民主的宪制之下，凡是立法，至少要达成两个同等重要却彼此完全不同的目标。第一个目标是，所通过或者维护的法律，须是良法或者明智之法，即这些法律一旦付诸实施即可真正增进一国之福祉，因而其本身就是值得向往的，也是符合事物的本性的。这样的法律之可取，凡理智者皆不会怀疑。比如，如果贸易自由有助于英国人民获取物美价廉的食物，同时又不会产生其他足以抵消其价值的严重恶果，那么常人便不会否认如下主张，即废止谷物法是一次明智的立法*行为。如果种痘能够防止国内天花病毒的传播，同时又不会产生其他与其正面效应相当的重大后果，那么包括莱斯特市在内的全国公众舆论都会认为，强制种痘的法律是一部良法。前述两个不同目标中的第二个则是，要确保一国之中（如英国）没有任何一部法律的通过或者维护，是在（英国）人民的舆论谴责中进行的。立法要尽可能实现这一目标，这本身是值得向往的，对此每一个深思远虑者都会承认。一部法律如果完全与一国居民的愿望与情感相悖，或者一个规则如果人人都厌恶，人人都不遵守，那么这样的法律或者规则在事实上会归于无效，或者说实际上压根儿就不是法律；如果君主制定了一部有违人民意愿的法律，因迫于国王之威权，该法竟在一定程度上得以实施，那么强制实施的后果，可能会使一次本身堪称明智的立法所带来

* “Legislation”，作者在这里用以指广义的立法活动，即包括修法和废法在内。——译者

的正面效果荡然无存。在这个意义上，英国政府容忍印度境内存在某些虽为英国公众舆论甚或精英意见所谴责却受印度人支持的制度——如种姓制度——的存在，是具有非常充足的理由的。同样，英国政治家不愿禁止殉夫自焚*的陋习，也就从上述思想中得到了解释、辩护甚至正当化。因此，大多数人都会承认，合理的立
lxi 法应该符合事物的本性，或者简单说，应该是“明智的”；同时，也应该符合公众舆论的要求，换句话说，应该是“受欢迎的”，起码不应是“不受欢迎的”。但是，英国人很少能充分认识到，这两个目标并不一定能够达到，尤其是难以同时达到。不过，英国立法史上从来不缺乏真正所谓困难重重之立法。比如，1832年《改革法》[①]在英国多数历史学家和思想家看来，都是一部明智之法，在制定之初也是一部广受欢迎的法律。托利党人对该法的反对意见，数量之多，影响之大，辉格党人或许有过低估，但《改革法》最后还是在人民的踊跃支持下获得通过，亦是现代史上不可磨灭之事实。又如，1707年所通过的《联合法》，事实证明是《制定法汇编》中最为明智的法律之一。它对英格兰人和苏格兰人都大有裨益。它创造了大不列颠，赋予这个联合的王国以力量，使之能够抵制路易十四的威胁，继而能够反抗和推翻拿破仑的霸权。在1832年的改革氛围下，不论辉格党人、托利党人或者激进分子，

---

* “Suttee”，根据《美国传统词典》的解释，是指印度旧时寡妇为完成作为妻子的真正职责在其丈夫葬礼上以柴堆自焚。现在是一种非法行为或做法。——译者

① 参见巴特勒（J. R. M. Butler），《大改革法案的通过》（*The Passing of the Great Reform Bill*），朗文格林公司出版社（Longmans, Green & Co.），1914年。在历史叙述和研究方面，该书堪称杰作。

都没有提出废止《联合法》的要求，足见该法多么成功。不过，《联合法》当初通过的时候，在苏格兰人中间并不受欢迎，在英格兰选民中也未得到坚定支持。还如，1834 年的《新济贫法》使得乡村地区免于衰败，它的通过最能体现辉格党人的英明和爱国心，但是这部法律本身却不受欢迎，甚至还受到那些真正受益的乡村工人的憎恨。在《改革法》通过之后的两年时间里，《新济贫法》使得改革者们原本指望可以持久的受欢迎状况不再出现。事实上，立法是否明智与是否受欢迎之间，不存在必然联系。如今，对 1914 年的宪法改革家或创制者而言极为珍贵的所有新兴宪法思想，导致他们基本上只看重那些在立法问题上能够充分表达民意的方案，即确保议会通过的任何法律都应是受欢迎的，最起码不 lxii
应是不受欢迎的。至于立法本身是否更加明智，或者能否真正增进本国福祉，这类方案却几乎不作考虑。“人民的声音即上帝的声音”这句格言体现出的特别迷信的观念，在这个误称为科学的时代，出乎意料地再次流行起来。现在复兴的这种相信人民具有超常智慧的思想，很可能因其契合于民主情感而获得新的力量。难道我们不可以推断说，一种错误观念之所以再次盛行起来，部分和间接的原因是功利主义影响的衰微？对人民声音的信任难道不是与“自然权利”学说密切相关？自然权利的教义，在英国已为边沁及其弟子所轻视和驳斥。[①] 因而，功利主义学派的影响式微似乎就给予这一教义以新的力量。人们忘记了，自然权利信条不只是为边沁所驳斥，还为十八、十九世纪那些并不同情功利主义的

① 参见《法律与公共舆论》，第 309、171、172 页。

深刻思想家们所驳斥。

（二）对四种新宪法思想的逐一评论[①]

1. 妇女选举权

主张妇女有选举议员的权利，或如现在所极力呼吁的，妇女应与男子处于绝对平等的政治地位，并非一种新兴的主张。它在18世纪末的英国即已出现，[②]但是有组织的（至少是引人注目的）为妇女争取选举议员权利的运动，不早于1866年至1867年之间，这是詹姆斯·斯图亚特·密尔在下院支持妇女选举权的年份。

lxiii

下文首先给读者介绍一下起因，即这场在1866年相对而言尚未引起公众注意的运动为何现在却活跃起来；其次阐述论辩要旨，即争取妇女选举权的正反双方所依据的理由或者看法。[③]

（1）成因

可将该运动的成因概括如下。自19世纪初，联合王国中未婚且能自食其力的妇女人数大为增加；这个阶层在文学及其他领域已经成功取得了一年比一年更大的影响力。在联合王国，目前女

---

① 本导言不可能对所有支持或者反对这些新思想的意见加以叙述，即便是简单概括亦不可行，我也意不在此；我的目的只有一个，即对支持或者反对这些新思想背后的主要思想或者情感进行阐明。

② 参见玛丽·沃斯通克拉夫特（Mary Wollstonecraft）1792年所著《为女权辩护》（*Vindication of the Sights of Women*）。未曾听闻法国大革命期间有人主张这类权利。也未曾听闻罗兰夫人（Madam Roland）为自己及其女性同胞争取过议会选举权。

③ 对双方提出的所有主要论据的阐述，参见本人所著《为妇女选举权事致友人书信集》（*Letters to a Friend on Votes for Women*）。

性的实际人口数要超过男性，而且因为男性向英殖民地和其他地方移民的缘故，超过之比例比实际比例还要大。在妇女与男子存在竞争的任何一项工作当中，妇女只能获得相较男性而言较低的薪水，这点已引起广泛关注。可以通过立法来增加工资这样一个普遍信念——或者如过去曾认为的那样，这样一个普遍幻觉——自然就隐含着如下推断，即妇女因缺乏议会选举权，故金钱上蒙受严重损失。国家权力的增加，以及社会立法的巨大增长，使得国家的日常立法关乎每一个妇女的切身利益。在一个和平的社会改革年代，选民自身为了被某些人（至少是被党徒们）视为会引起重大道德或者宗教争议的利益，也不断要求妇女的支持和积极合作。因此，争取妇女选举权的呼声，时常得到传道士尤其是英国神职人员的支持，他们认为——不论正确与否——妇女获得政治权力，事实上会增加英国国教会在政治上的权威。所有这些因
素，以及读者记忆或想象中所可能意识到的其他情况，足以解释 lxiv
这场要求赋予妇女议会选举权的运动所以引人瞩目的缘由。

（2）论辩要旨

下文把论辩思路归为两类；然后在每一类中，分别叙述主张妇女选举权者所持理由和反妇女选举权者的反驳意见或者论据，这样整个论辩要旨就会非常清晰而简洁地展示出来。

（3）第一种理由

根据联合王国的法律，所有纳税的公民——或者如通常所称的自然人，作为一项权利，都有资格选举议员。这样就可以得出一个显而易见的结论：由于所有妇女都依照联合王国的法律纳税，因此所有妇女至少初看起来都应有选举权。

反驳意见：

上述理由太过牵强。这必然就会推出一个结论，即任何形式的民众政府都应建立在严格的普选权基础之上。一个主张妇女选举权的极端主义者会说，这个结论并非荒谬无稽。但是，目前成千上万的有判断力的英国男子和妇女，不仅对英国实行成年男子普选权的适当性表示怀疑，而且坚决认为推断出下面这个结论是不具有说服力的，即所有成年的英国男子和妇女都应当享有选举议员的权利。不过，若不稍微探究一下事物的本质，反妇女选举权者的驳斥就不会充分显示其力量。一个公正的打算深究事理的人，首先会承认，许多民主准则——如“纳税义务以代表权为条件”的格言——的确在言辞上包含了妇女应有议会选举权这样一层含义。然后，他真正的回应是，许多所谓的民主原则，如同许多所谓的保守主义原则一样，其实根本不是什么原则，而只是一些战斗口号或者陈词滥调，其中可能包含不少相对真理，但混杂着大量错误信息。他最终还会说，拥有选举权是一个人的权利这种观念实为错觉。实际上，这是为了履行一种公共职责所负的义务，至于是否应该赋予或者拒绝给予妇女这种被误称为权利的东

lxv 西，完全要根据她们拥有议会选举权之后是否有助于增进本国福利而定。

（4）第二种理由

性别之不同，不成其为可用以否决英国妇女应享有与男子同等的政治权利的明显或必然理由。主张妇女选举权的人还会补充说，从经验中可以发现，妇女在许多方面比男子的施政能力甚至还要大。这个理由如果像通常情况那样，以问题的形式提出

来，就会显得非常具有说服力：弗洛伦斯·南丁格尔（Florence Nightingle）[*]不享有选举议员的权利，这难道是合理的吗？如同她的传记中所显示的那样，这是一位拥有许多政治家一样的品质，一位在某些行动中事实上发挥了较之多数议员更大的政治影响力，一位总是大公无私且她的所作所为公认为有福于国家的女性，就是这样一位女性，居然不能行使一种即便是当时他的男仆或者马车夫——如果碰巧是一位占有10英镑房产的户主或者拥有价值达40先令的自由地产保有人[**]——都能行使的权利，难道是合理的吗？可以确切无疑地说，这个问题所包含的论辩（不论其以何种形式表达出来），似乎在许多的妇女、大量的议会选民以及众多的议员看来，对于应赋予妇女议会选举权的问题，给出了一个无可辩驳的理由。

反驳意见：

现在英国所提出来的有关妇女议会选举权的这个主张，实际上是要求两性绝对的政治平等。不管提倡者是否有自觉意识，该主张其实是在为妇女争取议会及内阁席位。它的意思是，英国妇女应该进入陪审团席，还应该担任法官。总之，性别差异毕竟是一种能够将两类人相互区分开来的最基本和普遍的差异，该主张却认为在多数情况下是无关紧要的——因而掩盖了问题的实质。

* 弗洛伦斯·南丁格尔（1820—1910年），英国护士，在克里米亚战争期间，曾帮助大量受伤士兵恢复健康。护理事业的创始人和现代护理教育的奠基人。——译者

** 关于选举人资格的问题，在英国历史上非常复杂。若要阐述清楚，不仅要区分阶段（1832年之前，1867年之前，1884年之前和1884年之后），而且还要区分财产关系（占有、租赁等），详细论述可参见〔英〕梅特兰：《英格兰宪政史》，李红海译，中国政法大学出版社2010年版，第227—234页。——译者

在过去30年甚至更长的时间里，所有的英国读者及选民都已见识
lxvi 过这种论证，因而这里再三重复是没有必要的。不过，有一件事
情可以确定：反对妇女选举权的整个保守主义主张，其真正的说
服力及重要性在于，这种论证思路似乎符合事物的本性。柏克及
其时代不会了解有关妇女选举权的争论，但他的话却能够引起反
妇女选举权者的共鸣："指导我们公共与私人生活的诸原则，并非
我们自己的发明，它们已塑造成了事务的性质与本质，与日月同
寿。什么辉格党、托利党、斯图亚特王朝和不伦瑞克（Brunswick）
（主张妇女选举权的男子、主张妇女选举权的女子以及反妇女选举
权者——作者），当前所有这些糟糕的泡沫玩偶烟消云散之后，这
些原则都会一直地、永久地存续下去。"[①]

2. 比例代表制[②]

（1）将比例代表制引入英国的主张是否成立，取决于以下三个命题的真实性。[*]

第一个命题

在有些问题上，如有关妇女选举权的问题，下院通常不能精确代表英国选民的真实意见。换言之，下院通常不能成为——如

① 柏克（Burke），《通信集》（*Correspondence*），第1卷，第332—333页。

② 参见汉弗莱斯（Humphreys），《比例代表制》（*Proportional Representation*）；费希尔·威廉姆斯（Fischer Williams），《比例代表制与英国政治》（*Proportional Representation and British Politics*）；罗威尔，《公共舆论与民众政府》，第122—124页。

* 要理解作者这里阐述的比例代表制及其意义，就需要明白英国迄今依然实行的最高票者当选制或者相对多数制（first past the post）。对英国本身而言，百年前的争议今日仍旧没有答案。——译者

有时所表达的——“国民心理的镜子”，或者说不能准确反映选民的意愿。

第二个命题

通过某种比例代表制而产生的下院，很有可能比现在更加符合国民或者选民的意见。

第三个命题

选民的所有真实意见在下院中得以代表的比例，必须尽可能接近其在选民——用流行语来说即国民——中的实际比例，这是极为可取的。

（2）前两个命题具有真实性

依我看，必须承认这三个命题中的第一个和第二个具有相当的真实性。首先，以妇女选举权为例，没有人怀疑会存在以下可能性，甚至这样一种大概率事件，那就是，目前下院赞成这一运 lxvii
动的票数有可能过半，而选民的赞成票却达不到半数。但另外一种情况也绝非不可想象，即在其他某个时期，这一运动拥有半数以上选民的支持，却又在下院中得不到过半数的赞成票。其次，我认为也没有人会合理地怀疑，在进入公众视野的众多比例代表制方案中，有某种甚至多种方案趋向于把目前的下院变成一个更完整地反映所谓国民心理的机构；不过，还是有必要指出，承认这一点并不意味着要相信在任何一种形式的民众政府中，都能建立一个随时会绝对地、精确地反映英国各阶层人民意见的代议机构。我虽然相信上述三个命题中的前两个具有相当的真实性，但至少对于本导言所要达到的目的而言，却没有必要去考虑它们在何种限制条件下才可能具有绝对的真实性。总之，出于论辩之需

要，我暂且认它们是正确的。我对比例代表制的反对，主要是高度怀疑前述第三个命题的真实性，即：对于任意数量的选民而言，他们的任何意见在下院中得以代表的比例，必须尽可能接近其在这部分选民中的实际比例，这一点本身是可取的。

然而，在我尝试着说明具体的反对意见之前——依我看反对的是将比例代表制引入英国的代议政制之中，有必要先行区分因笼统要求比例代表制而混淆的两种不同思想。第一种思想是，为数众多的英国人所持有的每一种意见都应该在下院中表达出来，或者用一个粗俗而生动的政治俚语来讲，由下院中的某个或者某
lxviii 些议员“代为出声”，这是值得向往的事情。比如，自由党的领导人就曾经说过：“如果下院成为国民心理的真实映像和镜子，那么任意数量的国王臣民所真诚怀有的任何一种意见，都将在那里得以代表并发出声来。这样的话真是再好不过。”[①] 这个信条，对于任何一个曾受到洛克、边沁和密尔学说影响的人来说，是很容易接受的，因为我们都知道，在任何一个国家，尤其是实行民众政府的国家，人民所怀有的那些即便是邪恶或愚蠢的思想，国家立法机关都应该知晓。举一个极端的例子，我要表达的意思就非常清楚了。比如，如果一个国家的人民憎恶犹太人或者犹太教，鉴于知晓人民的错误或者幻觉对于实行正义的统治或者良好的行政而言可能是必不可少的，所以这种可恨的偏见就应该在该国议会中得到某种支持或者拥护，这一点肯定是可取的。不管怎么说，无知绝非是智慧或者正义的源泉。此为第一种思想，支持比例代表

① 参见阿斯奎斯先生于1906年2月19日发表的圣安德鲁斯（St. Andrews）演说，引自费希尔·威廉姆斯，《比例代表制与英国政治》，第17页。

制的人有关这一制度的第二种思想或者意思是，凡是有影响力的意见，不仅应该在下院中得到表达，而且最重要的是在下院中被代表的比例，应与其在大选中获得选民票数的比例相同。* 这样，上述那位主张每一种意见都在下院得以表达具有可取性的杰出人士，在另外的场合讲了这样一句话："我们的政策有一个最基本的特征，那就是要去完成把下院建设成为不仅是国民心理的代言人而且国民心理的镜子这样一个任务。"[①] 如此解释的比例代表制学说，一个持论公允的人可能就要拒绝接受了。它的真实性大有疑问，容易受到各种反对，现择要简明叙述如下。

（3）对第三个命题的异议

第一个异议：

任何一种民众选举制，搞得愈复杂，权力就愈多地进入选举代理人或者幕后操纵者之手。这本身会增加政党机器的权力，而降低它的品质；而且，英国现在所面临的最大政治危险就是政党制度的影响力过于强大。这个异议，白芝浩在很久以前就一再提出过。[②] 这也解释了——即便不是完全证明了——约翰·布赖特（John Bright）为何谴责空想出来的选举权。

* 作者在这里的抽象表述，读者可能不易理解。举例而言，在 2010 年的大选中，工党总共得到 8 606 517 票，得票率为 29%，但该党却取得下院 647 个席位中的 258 席，席次比例为 40%——如果按照得票率为标准的话，工党则只能取得 189 个席位（该数据来源于《议会如何工作》一书，参见〔英〕罗伯特·罗杰斯、罗德里·沃尔特斯:《议会如何工作》，谷意译，广西师范大学出版社 2017 年版，第 33 页）。可见，在得票高者当选制下，下院的代表性的确成为一个问题。——译者

① 参见阿斯奎斯先生于 1910 年 12 月 5 日发表的伯恩利（Burnley）演说，引自费希尔·威廉姆斯，《比例代表制与英国政治》，第 17 页。

② 白芝浩，《英国宪法》（*English Constitution*），第 148—159 页。

第二个异议：

下院不是一个单纯的辩论会。它是一个被委以重大间接执行权的会议；它实际上（或者说应该）关乎内阁的任命与批评。出于论辩的考虑，姑且承认凡是有影响力的意见都应该在下院中得到表达。此目标在下述条件下即可达成，即下院中有这么一两个人，每当其发言之时，一定有机会支持某种意见。比如，有关妇女选举权的主张，没有谁比代表威斯敏斯特市时的密尔在议会中所表达的效果更好的了。就论辩效果而言，倘若不具备密尔一般的逻辑能力和表达能力，即便是有上百位与密尔观点相同的议员为之发声，该主张也不会引起更多的关注。况且，组成下院的这样一群人，在任何情况下都与政府有各种牵连。因而，行动的统一比意见的多样化来得更为重要。实际上，代表的思想有可能——通常是——被扭曲了。没有人会真的认为，一般情况下政府可以由对立而均势的两党组成。另外，如果执政党中有 1/3 的人持有某种观点，那么要求一定要有 1/3 的内阁来代表，这通常说来也是不可取的。即便是在所任命的至少其部分目的在于调查的
lxx 委员会中，我们也怀疑：极端对立的观点得到认可是极为可取的。1834 年的那个为济贫法改革确立了基本方向的委员会，对英国改革是大有帮助的。要是该委员会中加入了一些极力反对改革旧济贫法的人，会有这种效果吗？

第三个异议：

正因为比例代表制寻求的是意见的代表，而不是人的代表，所以它会逐渐使下院中形成众多的党派，还会养成互投赞成票这样一种公认的恶习。英国的议会制政府得以成功运行，一半在于

有两大相互对抗的政党存在，而且只有这两大党存在。让我们沿用两个虽有些过时却依然易于理解的术语，称其为托利党和辉格党。[1]这两个政党都是有倾向性的，泛泛而言的话，其中一个倾向于支持由有钱有势的因而总体上属于社会中更有教养的阶层来统治，而另一个因扩大了数量上的优势，故它的目标在于增加较为贫穷因而较为愚昧者的政治权力。每一种倾向都明显具有某种正面的和负面的效果。如果我们现在运用现代的说法，但姑且抛开其中所隐含的褒贬色彩，就可以说，在任何一个实行民众政府的国家中，保守主义和自由主义双方在增进国家福祉方面都起到了各自的作用。比如，英国存在且只存在两大政党，实有助于其宪政的发展，这点是毫无疑问的。但还有一点也可以肯定，即在19世纪英国的公共生活中，有一个很显著的趋势：议会中逐渐产生一些单独的团体或者党派，它们大体上独立于托利党和辉格党，并且几乎是全力投入于某种目标明确的变革事业。其中，奥康内尔领导的联合撤销派（Repealers）[*]，以及科布登[2]领导的自由贸易者， lxxi

① 我之所以选择这两个至少自1689年起一直到今天都在使用的旧词语，是因为这两个词不易卷入1914年的激烈争议。

* 奥康内尔（O'Connell，1775—1847年），爱尔兰民族主义运动领袖。1823年创办了天主教协会，为天主教解放和爱尔兰政府的改革而不懈努力。在1829年允许天主教徒进入议会的《解放法》获得通过之后，他当选为下院议员；所谓联合撤销派，是指奥康内尔在1839年组织的旨在废除《1801年与爱尔兰联合法》的团体。——译者

② 科布登（Cobden，1804—1865年，英国政治家，自由贸易的领导者与支持者，反对保护贸易主义。——译者）对于凡是承诺废除谷物法的首相，不论其属于托利党还是辉格党，都会表示支持。而奥康内尔则是对任何一个保证废除《与爱尔兰联合法》的首相给予支持；但是他的立场却很奇怪。奥康内尔热情参与英国政治，他是一个边沁式的自由主义者，但在部分职业生涯中却与辉格党结成联盟。

就是这种党派的早期例子。这些党派成功达成为之奋斗的目标，较之托利党人或者辉格党人成功保持执政地位，具有更加深远的影响。即便是在1845年，他们也足以打乱英国宪法的运行；不仅如此，他们竟然打破了一个非常重要的常规：一个劝说议会采用其政策的政党，应该准备上台执政然后实施这一政策。实际上，自由贸易者们之所为，是英国历史上一个有组织的团体迫使议会采用其所信奉的观点、学说或者理论的最佳例证——即便不是最早的例证。如果观察一下过去60年以来事件的发展进程，你就会立即发现，下院中的这种团体数量日见增加。如今，我们有内阁支持者和联合主义者（大致相当于旧辉格党人和旧托利党人），还有爱尔兰民族主义者和工党。这些党派各有其组织。然而，你不难发现，甚至有更小的团体存在，它们都有自己所投身的运动或事业，比如主张戒酒的改革者、妇女选举权的提倡者，或者主张今日之问题在于政教分离者。这种情况业已使我们的种种宪法习惯失效。可以肯定，此时不管引进哪种合理的比例代表制，议会中的党派数量都必然会增加，因为比例代表制主张者的目标就在于，使具有相当之数量的英国选民中所具有的每一种意见，得到议员支持的票数，恰与得到选民支持的人数成正比。比如，假设有十分之一的选民是反对种牛痘的人，在理想的比例代表制中，
lxxii 这些人就应该获得下院中的67张选票。不过，需注意的是，虽然同是67个反接种者，但由下院保守党人或者自由党人偶然组成的67人团，与选送到下院以专门实现反接种之目标的67人团，是非常之不同的。其不同之处在于，在前一种情况下，每一个反接种者通常会认为，有些事情比反对接种更为紧要；但是，根据比

例代表制选出来以实现种痘法之彻底废除的这 67 人，几乎必然会把废除种痘法当成是他们议会行动中的首要目的。如果说党派的增加有可能削弱英国整个的议会政府体制，还只是一种推测，那么，比例代表制会加剧互投赞成票的恶习蔓延，基本上是可证实的。现假设已经有了 67 个反种痘者，还假设——很可能出现这种情况——他们所以当选是因为具有坚定的反种痘信念，而且出于自身的立场与信条，他们觉得废除种痘法这个重要目标是任何一个好人都应该追求的。但他们很快发现，自己的 67 票虽说尤为重要，但仍不足以拯救国家。这种情况下，这些爱国者会采取何种措施，便一眼而知了。他们本来是不怎么关心地方自治、政教分离以及工党目标问题的。现让他们承诺对这些党派所倡导的运动表示支持，以换取各个党派的帮助，使得在反种痘者看来肇始

于詹纳（Jenner）[*]之幻想的法律被废除。如此，将上演一场政治之 69
奇迹。反对种痘的多数票得以达成；狂热分子的声音最终挫败国民的常识。为了进一步说明我的观点，请让我重提一件已被大家忘记的事实。大约在 40 年以前，有这么一个被当时的人们视为英雄的权利请求人——现在很少有人记得他叫亚瑟·奥顿（Arthur Orton）[**]。他被定罪并判处 14 年或者 15 年的监禁，但许多人为之抱不平。甚至有一名——也只有一名——下院议员为之申诉。如 lxxiii

---

* 詹纳（1749—1823 年），英国内科医生和牛痘接种法创始人。他发现可以通过接种牛痘来预防天花。——译者

** 亚瑟·奥顿（1834—1898 年），英国 19 世纪六七十年代的“名人”，被法律史家称之为“蒂奇伯恩请求权人”（Tichborne Claimant）。因欺骗法庭主张自己是蒂奇伯恩的继承人而被判刑。——译者

果是在一个适当组织的比例代表制下，加之我们当前的户主选举权（Household Claimant）* 制度，他很可能获得 20 票的支持。难道有人怀疑这 20 票在任何执政党的党鞭看来都很重要吗？一旦得到这样的支持，该权利请求人即便得不到重审的机会，也会被减轻处罚，这难道还有什么疑问吗？这是一个民众愚昧的极端例证。正因为如此，这个例子恰可用来检验比例代表制的理论是否合理。我倒不是认为，比例代表制不能获得任何有价值的辩护，而是说这一制度容易受到一些严重异议，而这些异议至今仍未得到充分回答。①

3. 联邦制 ②

1884 年时，联邦政府所具有的特性与优点，尚未引起英国公众的注意。一个关注英国与各殖民地关系的政治家，偶尔也意识到，有些自治殖民地若采用联邦宪制会比较有利。议会在 1867 年间，很快就同意创建加拿大自治领，从而将英国治下的各殖民地转变成美洲大陆上的一个联邦国家。实际上可以说，美国内战时期北方各州的胜利，第一次让英国人对如下信念留下深刻印象，

---

* 户主选举权，因占有房屋并缴纳济贫税而享有的选举权。——译者

① 比例代表制在密尔的时代被称为少数代表制（minority representation，在此种选举制度中，未取得过半数的少数派选民，仍可通过累计或限制性选举方式，选出赞同他们的政治主张的候选人为代表。——译者）。名称变动背后有深意。在 1870 年提出少数代表制，主要是要借此让少数知识分子获得发言机会，否则他们的温声细语很容易就被无知多数派的大呼小叫所淹没。在 1914 年建议采用比例代表制，则主要是要以此确保国民的真实声音能够被听到。这一制度，曾被视为是对民主的限制，现在却证明是实现民众真实意志的最佳方式。

② 关于联邦政府，尤其参见本书第 134 页。

即一个民主的和联邦的国家，若因国内某些州声称有权退出共和国而开战，也许会取得这场内战的胜利。然而迟至 1884 年，几乎还没有一个有分量的英国政治家提倡要创设一个联邦制度，以弥补英国宪制的种种缺陷——不管这些缺陷是什么，或者联合那 lxxiv
些广泛分布的属于大英帝国之组成部分的国家。沃尔特·白芝浩是当时——至今依然是——非常有名的现代英国宪政主义者。他对英美两国的宪法作过比较分析。但比较的结果——在几乎所有的情况下——都只是表明，英国宪法中具有某些迄今尚未注意的优点，而这些优点是伟大的美利坚共和国的宪法所没有的。亨利·梅因爵士也是当时非常杰出的作家，他偶尔也思考一些宪法问题。他在出版于 1885 年的《民众政府》一书中，对美国联邦制的刚性或者保守性欣赏不已。但他从未流露出这样一种信念——很可能他就从不相信这一点，即联合王国或大英帝国倘若改行联邦制，对自身会有益处。30 年前，有关联邦制的性质，在英国还没有什么研究。[①] 正是在这一点上，正如在其他事情上一样，1914 年和 1884 年之间形成奇异的对照。因为现在英国人普遍认为，考验英国政治家的所有宪法问题，都能在联邦制中找到答案。有人问：为什么不构建一个庞大的新帝国联邦，这个联邦由一个名副其实的帝国议会统治，而这个议会又是所有服从于国王政府的国家（包括英格兰在内）之代表，以此在联合王国与其全部殖民地之间建立更加密切的联系、维持和平友好的关系？为什么不把联

---

① 在本书第三章中，笔者（于 1885 年）对联邦制的分析，是为了通过比较的方式来说明英国议会主权问题，正是议会主权使得英国成为最典型的单一制国家。

合王国转变成一个联邦王国，其中，英格兰、苏格兰、爱尔兰和威尔士，也许还有海峡群岛和马恩岛，都是独立的成员国，以此在英格兰和爱尔兰之间建立长久的和解关系？联邦制具有内在优点这种新兴宪法思想，是一种新的信念或者幻想，值得详细考察。lxxv 因此，我的目的是考察两个不同的问题：第一，联邦制的总体特征；第二，这些特征与通常称之为帝国联邦制的提议——把英格兰[①]与五个自治殖民地整合在一个联邦宪制之内——之间具有何种关联，以及这些特征与通常称之为各地方自治的提议——将联合王国联邦化——之间具有何种关联。

（1）联邦政府的主要特征[②]

对于若干想要联合却又不想统一的国家来说，联邦制就是一个自然的政体。有些国家，如美国、英国的联邦式殖民地、瑞士联邦和德意志帝国，就表现出这种情感状态。与这种特殊舆情形成对照的是，虽然联邦制对意大利而言显然颇为有利，但却遭到意大利所有爱国者的有意拒斥；虽然瑞典和挪威这两个斯堪的纳维亚民族在种族、宗教和语言上，或者在保持本国对于邻国或者强国的独立性这一共同利益上，二者之间几乎没有差异，但由于他们没有联合的想法，甚至没有建立持久的政治联系的念头，所以这两个国家最后没有联合起来。

要组成一个新联邦的那些国家在地理上相邻，对于联邦政府

① 在讨论帝国联邦制的时候，一如本书其他地方的各种讨论，我特意采用日常用法，经常以“英格兰”一词来代指联合王国。

② 尤其参见本书第三章第 134 页。需要注意的是，本章内容在格拉斯顿首次提出爱尔兰地方自治法案之前即已刊行。

的成功运行而言，肯定是一个有利条件，也可能是一个必要条件。

一个联邦的不同成员国，在财富、人口和历史地位上大致平等，纵然不是成立联邦政府的绝对必要条件，也会极其有利于它的成立。联邦制的核心思想是，每一个单独的国家应该具有大致平等的政治权利，从而应该可以保持必须通过联邦才能争取到的  lxxvi
“有限独立”（如果可以这样表述的话）。因此，根据美国宪法的规定，各个州不分大小，不管它是否像纽约州那样人口众多、面积巨大和富有丰裕，还是像罗得岛州那样面积狭小、人烟稀少，都有且只有两个参议员的名额。白芝浩确实说过，参议院中不论大小州都具有相同的权力，从某种角度来说是一个弊端。但是，这种安排明显是与联邦情感相宜的。如果联邦中的某个州在人数和财力方面明显超过了其他各州，更有甚者，如果这个“优先合伙人（Predominant partner）”*（时下习惯称谓）在人口和财富方面明显超过了联邦中其他所有的州，那么联邦本身就会遭遇两种危险。一方面，这个优先合伙人可能行使一种几乎有悖于联邦平等的权力。另一方面，如果其他各州依据宪法所行使的权力，竟能与这个优先合伙人手中的权利或者政治权力相抗衡，那么它们很可能就会联合起来，以征税或者其他方式将过多的负担加诸这个最强大的州。

成功实行的联邦制，通常是走向单一制政府的一个阶段。换言之，联邦主义有助于演变成民族主义。史上两次最为成功的联邦制实验无疑就具有这种效果。美国，至少就其现在的实际情形

* 优先合伙人，指英格兰在联合王国这个“合伙”中占有重要地位。——译者

而言，有理由被描述为一个隐藏在联邦形式之下的民族。这种情况也完全适用于瑞士。世界上似乎没有哪个国家比瑞士更难以形成民族统一。瑞士各个州因其种族、语言和宗教之不同而相互分割开来。这些区别直到19世纪中期左右都还在瑞士人民中造成了某种分裂，这在1914年几乎是难以置信的。这些区别妨碍了币制的统一，但它们允许各个州都保护自己公民的经济利益，以对抗其他各州居民的竞争。在1847年，分离主义联盟（Sonderbund）* 几
lxxvii 乎就要破坏瑞士的统一、瑞士的民族性和瑞士的独立。历代爱国者实际上已经意识到，瑞士结为联邦为他们国家的持续存在提供了一个潜在保证。但是，争取瑞士统一的一次又一次的尝试，最终都归于失败。瑞士联邦主义者在分离主义联盟战争中的胜利赋予瑞士以生机：这无疑是一场直接源于1847年至1848年运动的胜利。当然，幸运的是，联邦军队的胜利发生在法兰西君主制崩溃之前，而且，二月革命加之扰乱欧洲的其他运动，使得瑞士可以随心所欲地管理自身事务。瑞士人的爱国精神与温和节制的性情得到了回报。瑞士开始掌握自己的命运。这个新联邦国家后来每前进一步，就在从一个联盟迈向民族统一的道路上更进了一步。

联邦宪制较之单一制宪制，是一种更虚弱的政府形式。在1884年时，很少有思想家否认这一命题的真实性。但在1914年，人们谈及这个问题的时候，却经常暗含着这样一层意思：联邦政府就其本身而言，优于法国或者英国式的单一制宪制。然而，联

* "Sonderbund"，又译独立联盟，由瑞士七个信奉天主教的州所组成（1845年），在1847年的独立联盟战争中被镇压。——译者

邦制比较虚弱绝非偶然。一个真正的联邦政府是以纵向分权为基础的。于是，政治家们就要不断地在联邦各州之间努力维持平衡。瑞士委员会（用英国人更熟悉的术语即瑞士内阁）的诸位委员将一个复杂的制度运行得如此成功，我本人高度赞赏。不过，在瑞士的制度安排中，你到处都能发现那种保持各州间利益平衡的愿望。比如，委员会由七位委员组成；每位委员必须来自不同的州。联邦议会在伯尔尼开会；联邦法院却在沃州的洛桑开庭；联邦大学则建立于第三个州，即苏黎世。这类规则或者做法，如今必然会束缚瑞士内阁，使之无法把全国最佳政治人才招揽进来。这种制度若是适用于英国或者法国内阁，最终基本上是不可行的。再 lxxviii
者，在任何一个英国思想盛行的国家中，联邦制会导致恪守法律的精神占据支配地位，或者说，法院的权威得到普遍自愿服从。比如，美国人总体对美国最高法院的尊重，可谓无与伦比，凡公正的评论家无不称赞有加。同时，我们也不应忘记，美国各州公民总体上具有一个特点，那就是尊重他们自己法官的意见，哪怕法官所裁决的是让人们政治情绪高涨的问题，亦是如此。例如，马萨诸塞州的最高法院有可能被公民请求，以裁决本州立法机关所通过的某一法律实际上是否合宪；该裁决一经作出，就一定会得到服从。这里要强调的是，这种能够促使法治发育的守法精神，并非在所有国家都同样地表现出来。法国从未有一个法院曾明确宣告本国立法机关通过的某一法律无效，据说比利时的情形亦是如此。至于英国的选民现在是否信赖法官，非常乐意将那些引起强烈政治情绪的问题委托给法官来裁决，则是不能确定的。然而，在每一种联邦制度中，几乎必然存在着这么一群人，他们能够裁

决联邦协议中的条款是否得到遵守，这一点并非无关轻重。但是，如果这种权力落入行政人员手中，可能就会有一种危险，即法律屈从于一个暂处执政地位的政党的意志。如果这种权力是由法官来掌握——他们宣称践行司法公正，也很可能想要践行司法公正——那么可能就非常难以确保一个有违执政党利益和原则的判决得到普遍尊重。最后，联邦制常造成效忠分化。联邦国家中的公民对本州的忠诚与对整个联邦的忠诚可能发生冲突，这是联
lxxix 邦制最严重也最无法避免的弱点。作为军人的英格兰人、苏格兰人和爱尔兰人，始终效忠于共同的旗帜。但瑞士分离主义联盟和美国内战的整个历史却表明，当高尚的军人要在忠于联邦和忠于本州之间作出选择之时，是多么的困惑与痛苦。只需举出一个例子，我的意思就很清楚了。斯科特将军（General Scott）和李将军（General Lee）同为美国训练有素的军官；两人都是弗吉尼亚人；两人自内战爆发以来都决心听凭良心差遣；两人都面临着只有富于勇气和荣耀的军人才可能面临的痛苦境地；两人都是联邦制通常所固有的双重效忠的受害者。斯科特将军顺从了效忠联邦的内心冲动。而李将军却感到，他有义务遵从效忠弗吉尼亚的内心情感。

评价联邦政府之优劣时，绝对不要把联邦主义和民族主义混同起来，尽管这种混同现象非常普遍。一个真正的联邦政府，对联邦各州的民族独立是持否定态度的。美国联邦中没有哪个州是一个单独的民族；甚至可以说，也没有哪个州（如纽约州）像五大自治领[①]中的新西兰或其他任何一个自治领那样，享有如此大的

① 关于“自治领”的含义，参见本书第 xxiv 页，注释①。

内部独立性。当然，在某种意义上，在联邦成员国之中，民族传统和民族情感肯定是可以培养的。魁北克的法国居民是地道的法国人，但他们忠于大英帝国这一点却毋庸置疑。他们之所以对帝国忠诚，一个无可争辩的缘由是，帝国若是分裂，照目前情形来看，可能导致加拿大与美国的联合。但是，如果魁北克不再是自治领中的一个省，而变成“加美联邦”中的一个州，法国人将更加难以保持其法国人的身份。其实，并非像英国人通常所认为的那样，某种意义上的民族特性与政治制度之间具有必然联系。以 lxxx
为沃尔特·斯科特爵士（Sir Walter Scot）[*]不同情苏格兰民族主义，那才是真正的傻子；但他的天赋所以能在全欧洲产生影响，得益于苏英之间的联合，在某种意义上甚至就是这种联合所致。但是，向往或者追求事实上的民族独立，与联邦政府的前提条件不相容，正如其与单一制政府的前提条件不相容一样。一个人只要意识到，企图建立一个奥地利帝国联邦，让意大利成为其中的一个州，这种想法是多么的愚蠢，就会发现前述判断是正确的。联邦制朝着更紧密的民族统一的确是更进了一步，但自历史经验观察，它却不能用以逐渐促成政治统一的目的。

（2）联邦政府的特征与帝国联邦制之间的关系

今日，许多英国人主张建立一种大联邦政体，其中包括联合王国（或者大众所说的英格兰[**]），至少还包括五个自治领。这种

---

[*] 沃尔特·斯科特爵士（1771—1832年），苏格兰人，19世纪最伟大的小说家之一，曾被人称为“傻子之王”。——译者

[**] 在本导言论“联邦制”的部分，鉴于作者的有意区分，“England”有时译为英格兰。——译者

对英格兰与其自治殖民地之间因加强一致行动而带来好处的灿烂憧憬，似乎是有一些明显而重要的事实依据的。帝国议会每成功一次，英格兰与各殖民地之间的好感（正如当前之强烈好感）即增加一分，足见每一步可增进相互友好的举措都是明智的。帝国的存在本身，必能保卫英格兰及其殖民地，使其免遭任何国外势力的攻击，这对英国人和帝国的其他居民来说，已是再明显不过的了，而且还会日益明显。今天，凡大英臣民所居住的国家，其内部和平与秩序都因帝国之存在而得到维持。此外，最令人向往的是——不久以后很有可能成为现实——帝国内每一个国家以适当比例分担帝国国防开支。关于这一点，还必须补充一句，1914年，英格兰及其殖民地对帝国的日益忠诚与友好，这是一个极好的范例，随着数百万大英臣民从英帝国权力中获得的实际利益逐
lxxxi 渐增加，今后就会越来越具有这种特点。任何一个人，倘若具有这样一种正当信念，即英格兰建立的帝国能够促进大英全体臣民的繁荣与幸福，就会以帝国的爱国主义为傲。[1] 我们承认，大英帝

① “但是，我们的这个帝国因其独特性与影响力而不同于（其他帝国）。自外部来看，帝国的成员国没有共同的地理边界，甚至不相邻近，即便是在那些以完全实行自治的共同体中，其气候、土壤、人民和宗教亦各式各样，今日在座各位代表的这些国家，也不是仅仅靠相同的种族或者语言而获得统一的和凝聚的力量。然而，你们只要有这样一个政治组织的存在，就足以阻止全人类差不多1/3的人之间发生战争。自身条件与处境如此之不同的共同体，其组织方法、社会政治制度与思想是有相当差异的，而且必然如此。但我们姑且就今日在座各位代表的这部分国家而言，在十分不同的内外条件之中，到底有什么共同点将我们团结在一起？自治的大英帝国中有两件事情，为历来庞大的政治组织所未见。一是法律的统治：凡国王令状所到之处，专制权力即告终止，公民权利得以保障，帝国的法院也能够维护令状并将其付诸实施；二是绝对的、不受限制的和完全的地方自治与忠于共同元首

国之存在，会给世界上各个地方不同国家的居民带来好处，即便是最热烈的帝国主义者所作的此类主张，我们也都一一承认，但即便如此，一个冷静的观察者很有可能还是会怀疑，所谓的大英帝国联邦，是否应当是英格兰或者自治领的政治家所要达成的目标。如果联邦制的意思是指为帝国（确切说是为英格兰及其自治领）建立联邦宪制，那么对联邦制主义的种种异议可概括为这么一种主张：这种关于新式联邦制的信念其实不过是一种妄想，而且，对英格兰以及整个大英帝国而言都是一种危险的妄想。但是，这个一般性的主张可以解析成两个具体的反对意见，其合理性可 lxxxii
由此得到证明。

第一，企图为帝国建立一个联邦宪制，目前危险重重。这不仅对英格兰和各自治领而言是如此，很可能对维持大英帝国之存在而言也是如此。

不列颠和殖民地的政治家所肩负的这个任务，是一件无比困难的工作。众所周知，美利坚合众国的创建，对13个独立殖民地来说是绝对必要的。但是，要将13个不同的国家改造成一个联邦国家，哪怕是一国之中所有最能干的领导人运用其最高超的政治技艺，亦不足以担此重任。即便对于那些种族、宗教和历史差异不大的国家而言，要在现有国家权利的基础之上，再创设一个全

及为了共同之利益与目的而自发自愿的合作相结合，或许还可以结合一个共同的托管制度，即不论在印度、直辖殖民地、被保护国，或者在本国境内，那些尚未达到——或许在某种意义上永远达不到——完全自治状态的同胞们，其利益和财产能够得到共同的管理。”参见H. H. 阿斯奎斯阁下（帝国会议主席）的演说，载《1911年帝国会议议事录》（*Cd. 5745*），第22页。

国性的中央权力，也简直是不可能的事情。一个人如果考虑到大英帝国的成员国所具有的无穷差异，也就是说如果他认识到，这些国家居住着不同种族的人，其风俗与文明产生于完全不同的历史，帝国中的不同国家之间又一点都不相邻，而且在很多情况下与英格兰是相互隔开的，这些国家彼此之间也是远隔重洋、相距万里，他就会对联邦帝制的信奉者所怀揣的大胆梦想感到诧异，而不会相信帝国联邦化的希望有可能实现。不过，也许有人（不无道理地）提醒说，即便是最乐观的帝国联邦设计者，也绝不想把它建造成一种联邦政体，即联合王国、各自治领、各直辖殖民地以及英属印度都是这个联邦的成员国。以下事实是必须时常谨记在心的，那就是我们的帝国主义者的真正目标，并非在于将英格兰与帝国其他部分之间的关系联邦化，而只是将英格兰与五个自治领之间的关系联邦化。然而，承认这一点，虽然使某些围绕着被误称为“帝国”联邦制的政策的难题得以消除，但与此同时，
lxxxiii 它又产生了一大堆几乎无法回答的难题。乐观的改革者们在谈论联邦制时，颇为自信地把它视为一切最紧迫宪法问题的解决方案，所以这些难题是他们必须予以回答的。这里仅举数例。比如，新建立的这个由英格兰与五个自治领组成的联邦国家，它与英属印度之间是一种什么关系？居住在印度的数百万人民会欣然服从一个新的且不熟悉的统治者，或者说，新联邦的成员国会同意帝国中除英格兰之外的其他部分仅仅由英格兰的议会及其政府统治吗？帝国防务的所有开支都由联邦成员国来承担，或者说，自身享有权威的新联邦为了本联邦的利益，将会向印度和各直辖殖民地课税吗？最重要的是，英格兰和自治领之间的友好关系，真的

是发展到了必须建立联邦制的地步吗？不错，英格兰和那些出席帝国会议的国家，怀抱一个真诚的热烈愿望，那就是，大英帝国应该强盛，从而在抵御外敌的时候，甚至在反对退出帝国的时候，能够调用全帝国的资源以保卫和维护帝国。然而，每一个自治领都是希望自身的独立性有所增加而不是减少。比如，新西兰虽然完全忠于帝国，但尚有丝毫的迹象表明，它会容许一个帝国议会或国会来干预其内部事务吗？会有那么一点点像美国国会对于纽约，或者加拿大自治领议会对于魁北克行使权力那样吗？可是，如果自治领不容许位于威斯敏斯特的某个议会（不论其名称是什么）干预其内部事务，难道有丝毫的理由认为，现有的帝国议会（Imperial Parliament）* 会同意成为整个帝国的议会，其中，英格兰（确切说是联合王国）和五个自治领均能分别得到公正代表？这里涉及一个更进一步的问题，我们的新联邦主义者似乎从未考虑过，那就是，旧的帝国议会在整个英格兰历史上一直沿袭传统，通常也实际行使了主权权力，他们将如何处理这个旧的帝国议会？在 lxxxiv
我们的新联邦下，帝国议会将会变成一个联邦国会，其中，每一个国家都有适当的代表？这个联邦国会对英格兰人而言仍是英格兰议会，还是在古老的英格兰议会之外或者为了代替这个古老的议会，再设一个新的地方性英格兰议会来仅仅管理英格兰内部的事务？这个问题本身就困难无比，但它还内含着那么几个问题，让理论家们感到困扰而难以回答，即便答案真能够找到，那也会在英格兰乃至大英帝国内引起无穷争议。我们的联邦主义者，对

* 帝国议会，英国议会的曾用名，即位于威斯敏斯特的那个议会。——译者

于联邦政府下，一个面积有限，但势力仍然巨大，因一个庄严的英格兰国名而特别闻名的小国（不是指联合王国），具有怎样的实际地位这个问题，从未有过清晰的或者明白易懂的主张。这难道不是任何一种帝国联邦制方案都会遇到的困难之例证？难道不是他们在碰到困难时表现出思想轻率之例证？爱尔兰的宿怨、威尔士的宗教不满，进一步认可苏格兰民族性的要求，凡此种种现象，没有一个理智的英格兰人表现出或者禁不住要表现出轻视，它们都应该得到极大的关注，其实也得到了太多的关注。但是，正因为英格兰人将英格兰自身的伟大与联合王国的繁荣、帝国的伟大与善治等而视之，英格兰以及英格兰人的利益目前反遭忽视。我敢向我所有的读者保证，对英格兰的这种忽视——这里的英格兰是指法律意义上的大不列颠，或者联合王国诞生之前的那个被称为英格兰的著名国家——是一种有违常识与普遍正义的做法，恰如一切有违事物本性的做法一样，它们都终将没有结果。[1] 我所提
lxxxv 到的问题是很多的，也颇为复杂。但我还必须说，目前非常不宜于创建一个新的联邦式的帝国宪制。联合王国的议会与政府也许犯过许多大错，从而应当受到责备。不过，它们却从未忘记——

① 约瑟夫·沃德爵士（Sir Joseph Ward）是一名出色的殖民政治家，同时也是一位热心的殖民地式的帝国主义者。在他设计的帝国委员会的方案中，换言之，在他有关代表联合王国（毋宁说现在组成联合王国的各个国家）和诸自治领的帝国议会的方案中，他若有其事地提出：英格兰人会欣然同意将联合王国分解成四个分别由其地方议会统治的国家。也就是说，他理所当然地认为，英格兰人会同意英格兰政府的激进变革，没有任何一个理智的英国首相考虑过要让各自治殖民地（现在成为加拿大自治领或者澳大利亚联邦）议会执行的变革。参见《1911 年帝国会议议事录》（*Cd. 5745*），第 59—61 页。

也相信它们绝不会忘记——它们拥有一个“共同的托管制度，这是指，不论在印度、直辖殖民地、被保护国，或在本国境内，那些尚未达到——或许在某种意义上永远达不到——完全自治状态的同胞们，其利益和财产能够得到共同的管理”。[①] 现有的帝国议会基本上已学会从帝国的角度来思考问题，也在英格兰维护了全体大英臣民的平等的政治权利，如果新设一个帝国国会，该国会的部分议员是由自治领的各位代表组成，不过，这些自治领势必不能实行这个扩大化的大英公民身份思想；于是，认为印度人民在看到上述托管职责从帝国议会转移至新设的帝国国时会表现得满不在乎，这难道可信吗？[②]

第二，帝国之统一，并不是一定要创建一个联邦宪制，或者其他任何一种全新的宪制。

对大英帝国之伟大、强盛、光荣与道德统一的热爱，我不落后于任何人。[③] 像成千上万的英格兰人一样，我在过去和现在都赞同南非战争，因为它是一场禁止脱离大英帝国的战争。但是，我是一名不列颠宪法的学者；我有一个坚定信念，那就是帝国宪法的发展，其方式应当与英格兰宪法的生长相同，正如它事实上正在以那样的方式发展一样。[④] 英格兰与各自治领之间的关系，乃 lxxxvi
至英格兰与那些至今仍不属于自治国家的殖民地之间的关系，无

① 参见阿斯奎斯先生的演说，引自本书第 lxxxi 页，注释①。

② 参见本书第 xxxvii 页，注释①。

③ 参见《愚人的乐园》，第 24 页（该书为戴雪 1913 年所著，全名为《愚人的乐园：一个宪政主义者对 1912 年地方自治法案的批评》。——译者）。

④ 眼前所发生的这些事实更是强化了我的这一信念。

需以艰巨的立法之举来发展。它应该在适当的默契与习惯影响之下自然生长。如同我提示过的那样，[①] 有两个目标是每一个帝国主义者都应密切关注的。一是帝国内的所有国家分担帝国防务费用；二是英格兰与各自治领之间的持续磋商。英格兰的纳税人不会也不应该一直支付全部的帝国防务费用。各自治领也不能无限期地承受战争的风险，同时对于是否开战以及在何时何种条件下结束战争却没有发言权。帝国统治正在沿着正确的方向迅速前进。我们希望，帝国会议制度[②]，以及英格兰与各自治领之间相互交流的其他方式，将会产生两个效果：调节各自治领所应分担的帝国防务费用；找出最佳的办法，以收集殖民地对于任何一场可能具有帝国特性的战争政策的意见。我完全相信，几年之内，一个基于善意和公平的帝国宪制将会成为现实，那时，多数英国人还不会意识到帝国统一的必要基础业已牢固确立。我之所以如此确信，是因为人们会发现，帝国宪法就如同英格兰宪法一样，更多是基于逐渐生长的、常无人察觉的习惯，而不是议会的那些制定法。

lxxxvii （3）联邦政府的特征与全面自治的关系

提倡所谓的“联邦制方案”的人似乎相信，若把我们目前的单一制宪制改成某种形式的联邦政府，整个联合王国就会受益。至少在 1880 年以前，所有英格兰政治家都普遍认为，英格兰与苏

① 参见本书第 lxxx、lxxxi 页；以及《愚人的乐园》，第 25 页。

② 想想从 1887 年的会议到 1911 年的最后一次会议，这些会议是逐渐地、富有希望地和颇为成功地发展起来的。1887 年举行了某种形式的会议，而 1897 年和 1902 年的会议则是因有其他庆祝活动而顺便举行。单纯为商讨国事而举行的第一次常规会议是在 1907 年，在这个会议中，帝国会议通过决议的形式获得一个明确的组织形式。1911 年会议是在 1907 年议定的方案下举行的。

格兰的联合是英国政治家们取得的最明智也最幸运的成就，现在依然有英格兰人这样认为，在这些人看来，联合王国的联邦化会给大不列颠的每个居民带来好处这种新的信念，是非常难以理解的。[①] 对于不赞同的政治信条，一个公正的评论家也能对其存在给予解释。

对全面自治的信奉，即便主要不是由30多年来有关爱尔兰自治政策的争议所造成，也是由这些争议所激发出来的。不列颠的爱尔兰自治论者总是急于掩盖这一事实：创设一个单独的爱尔兰议会，以及一个单独的由该议会产生的爱尔兰内阁，实际上就是废止《大不列颠与爱尔兰联合法》。这种拒绝面对明显事实的做法，是通过使用“全面自治”这一模糊至极的术语而促成的。联邦制在过去30年乃至50年的时间里，无疑赢得了巨大的声望。

美国的繁荣和德意志帝国的军事强权，可能会被联邦主义者归因于联邦政府的信用，尽管就实际情形而论，不管在具体内容还是 85 lxxxviii
总体精神上，世上没有哪两种宪制，比美德两国的宪制差异更大，因为一边是民主的、总体非军事的宪制，另一边是独裁的、帝制

① 没有提及《1914年爱尔兰政府法》中所包含的爱尔兰自治政策，乃有意为之。该法的真正性质与实际效果直到多年以后才显现出来。它本身所处的地位，是历史上任何一部影响深远的制定法所不及的。它可能永远不会见诸实施。该法的提案人在它开始实施之前就预见到它要修改。当前，这部法律受到乌尔斯特新教徒的憎恶，于是，乌尔斯特人就得到一个模糊却有约束力的保证，即该法除非经过他们的同意，否则不会在那里强制施行。大不列颠人民会坚持要求认真践行这一誓言。对一个立宪主义者而言，这部法律目前具有可批评之处，但更有令人惊异之处。有兴趣了解我对地方自治看法的读者，可参见1887年出版的《英格兰反对爱尔兰自治的理由》一书，其中有对该问题的一般性评论；至于对最后一次地方自治法案的评价，请可参见1913年出版的《愚人的乐园》一书。

军权政府。此外，我们发现联邦政府这种形式，也适合于某些不列颠自治领。比如，它在加拿大自治领无疑就是成功的。它在澳大利亚虽一直处于摸索之中，但也不能说它已经失败了。对于加入南非联邦的各个国家来说，它可能已经成为最佳的政府形式，英格兰人也倾向于如此认为。但是，稍加思索即可发现，这些联邦国家从历史发展和现实状况来说，没有一个与英格兰宪制具有相似性。再者，有人认为，虽然英格兰的政治家对于大不列颠与爱尔兰之间的关系问题感到棘手，但他们如果采用某种政治戏法，着手改造整个联合王国，使其成为一个至少包含四个不同国家的联邦政府，这一问题就会容易得多。最后，还有人认为，虽然前述推断所依据的理由并不十分充分，但联合王国的联邦化，对于发展出帝国联邦制是必要的或者是有益的。

总之，目前的联邦主义，恰如欧洲一度盛行的英格兰议会宪制主义，以及在另一时期盛行的法国革命共和主义，具有一种朦胧的因而强烈而虚幻的吸引力。因此，一个研究过联邦政府性质的人，可以比较准确地指出，全面自治或联邦制方案无论如何都有益于联合王国的任何部分，这种主张何以如此的荒谬。

首先，整个联合王国都没有联邦精神存在的迹象。比如，英
lxxxix 格兰毕竟还是王国迄今最重要的部分，但在这里，联邦制思想目前还是闻所未闻。政治家也许出于政党利益的缘故，偶尔谈论过这一思想，但对于人民大众来说，我敢断言，联邦思想现在还不为人所知，也几乎不可理解。苏格兰人有时抱怨说，大不列颠经常被称作英格兰。他们言语之间似乎是觉得，本应分享大不列颠联合所带来的好处，但却被不知不觉地

剥夺了。任何一个研究过 19 世纪初以来不列颠实际政治过程甚至是不列颠社会生活的人，都会认为这种抱怨似乎是毫无根由的。约翰逊博士（Dr. Johnson）[*]时代把苏格兰人与英格兰人区分开来的那种偏见，事实上已经不见了。举一个二者差别已消失的例子：议会中若苏格兰人议席出缺，许多重要的英格兰人可以递补，反之，许多苏格兰人也可以补英格兰人的缺。真实的情况是，蒸汽机和电报机虽然拉近了世界各地的距离，但这样的发展却不易产生卓越之处，这种卓越性曾是一些独特的地区可以达到的，或者说，是少数与国家生活的总体进程保持某种距离的团体可以达到的。这种变化，如同所有其他变化一样，也有其弱点。昔日，爱丁堡曾拥有大不列颠或爱尔兰中最有思想的群体，现在真的很可能只有惋惜的份儿了。19 世纪初期，利奇菲尔德和诺里奇有一个不出名的文学小圈子，现在可能真的也只能徒抱希望而已。因此，庞大国家的出现，对于较小团体中的个人生活而言，某种意义上是有害的。罗马共和国和罗马帝国没有产生希腊哲学家、历史学家和诗人那样的，对人类进步作出重要贡献的思想家或者作家，而希腊天才的成就又主要是源于雅典在不超过一个世纪里所取得的智力成果。爱尔兰的大部分居民对英爱联合不满。但若是推测说，爱尔兰曾希望实行联邦制，就如同建立美利坚合众国的那 13 个殖民地所曾希望的，或者如同加拿大自治领中现在称之 xc
为省的那些地区的居民所曾希望的，那么，这个推测将毫无意义。

* 约翰逊博士，原名为塞缪尔·约翰逊（Samuel Johnson，1709—1784 年），英国作家，辞书编纂者。他是 18 世纪下半叶最重要的文学界人物，著有《英语辞典》和《诗人传记》。——译者

奥康内尔有那么一小段时间，的确倾向于选择联邦制，而不是废除英爱联合，但他很快发现自己的错误，而复归废除路线，这在其更具革命性的追随者那里，就意味着民族主义。凡读过最近的，也最不同寻常的那本《帕内尔*传记》者，无人会怀疑“爱尔兰自成一民族”这句口号，不但符合他自己的直觉，而且也满足了追随者们的愿望——除非他们的愿望指向了土地保有权的革命性变化，而非对民族独立的要求。

其次，完全有理由担忧，联合王国的联邦化——它被认为是地方民族主义的破坏力量，因而是有刺激性的——很有可能引起忠诚感的分化。这个主题，我不打算详细阐述，但是，任何一个有判断力的人，只要思考过美国内战史或者瑞士分离主义联盟史，或者依然记得奥地利帝国不同部分之间关系极其不稳定，依然记得挪威不惜一切代价、一心想要割断与瑞典的联系，他都不可能忘记联邦制下存在的这个问题。所谓联合王国的联邦化有利于帝国联邦制的生长，我们也看不到这种可能性存在。

再次，联合王国施行联邦制，就等于自身的解散，这绝对有悖于英格兰立宪主义者的历史政策，也可以说有悖于他们的本能政策。自爱德华一世以来，每一代统治者都努力造成完全的政治统一，这种统一体现在现在位于威斯敏斯特的那个议会所享有的绝对主权上。我们要记住，任何一种宪政安排或者拟制都无法消除这一事实，即英格兰在全面自治确立以后，一如在全面自治确

* 帕内尔，全名为查尔斯·斯图尔特·帕内尔（Charles Stewart Parnell，1846—1891年），爱尔兰民族主义领袖，并领导了爱尔兰自治运动，曾任英国议员（1875—1891年）。——译者

立以前，就其资源与人口而言，依然是整个联合王国之内的优先合伙人，而且是根据事物的本性（而不是根据任何制定法或者其他文件的文字）而被赋予主权的合伙人。位于威斯敏斯特的英格兰议会，不但主张享有而且实际行使主权权力，要想阻止这样的 xci
事情发生，实际上是很困难的；除前述这一切困难之外，还必须提出一个不祥的却重要的想法。一个国家，不论它是我们的同盟还是对手，在它看来，大不列颠的联邦化足以证明英格兰和大英帝国之衰落。[①]

4. 公民复决 [②]

（1）公民复决的含义

公民复决这个词是一个外来语，源自瑞士。30 年前，尽管英

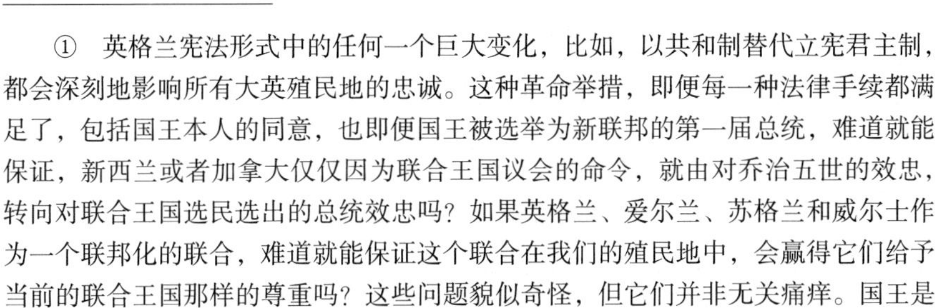

① 英格兰宪法形式中的任何一个巨大变化，比如，以共和制替代立宪君主制，都会深刻地影响所有大英殖民地的忠诚。这种革命举措，即便每一种法律手续都满足了，包括国王本人的同意，也即便国王被选举为新联邦的第一届总统，难道就能保证，新西兰或者加拿大仅仅因为联合王国议会的命令，就由对乔治五世的效忠，转向对联合王国选民选出的总统效忠吗？如果英格兰、爱尔兰、苏格兰和威尔士作为一个联邦化的联合，难道就能保证这个联合在我们的殖民地中，会赢得它们给予当前的联合王国那样的尊重吗？这些问题貌似奇怪，但它们并非无关痛痒。国王是帝国各部分完全统一的象征，而帝国议会却从来就不是。

② 罗威尔，《公共舆论与民众政府》，第三部分，第 11—15 章，尤其是第 12 章和第 13 章（有关这一主题的最好文章）；罗威尔，《英国政府》，第 1 卷，第 411 页；戴雪，“公民复决及其批评者”（The Referendum and its Critics），载《评论季刊》（*Quarterly Review*），第 423 期，1910 年 4 月；霍布森（J. A. Hobson），《自由主义的危机》（*The Crisis of Liberalism*）；洛，《英国的统治》，导言，第 xvii 页；戴雪，“英国应该引入公民复决制吗？”（Ought the Referendum to be introduced into England?），在《当代评论》（*Contemporary Review*），1890 年，及《国民评论》（*National Review*），1894 年。

国人对政治理论感兴趣，但它几乎不为英国人所知。20年前，它对不列颠选民而言也颇为陌生。这个词现在已十分流行，但却经常遭受误解。因此，对于本导言中使用的以及适用于英国的“公民复决”一词，或许有必要界定（确切说是描述）一下它的含义。我所使用的公民复决，是指这样一个原则：议案尽管已获上下两院通过，[①]但只有在提交选民投票且得到投票选民之多数批准或者同意之后，才能成为议会法。公民复决有时被称之为“人民否
xcii 决”，一般来讲，这也是一个恰当的称谓。之所以说它恰当，是因为它提醒我们，公民复决的主要用途在于阻止任何一个未得到选民许可的重要法律被通过。“否决”一词也提醒我们，提倡把公民复决制引入英国的人，实质上是在提出这样的要求：应该允许现在已公认为是英国政治主权者的选民，在国王或者女王其实并不是英国的绝对主权者，但又的确是议会主权者中非常重要的组成部分的这样一个时代，行使君主（如伊丽莎白女王）在立法过程中（经人民同意）所实际行使的权力。[②]本导言所讨论的公民复决或者人民否决，只涉及那些已获上下两院同意，但尚未得到国王批准的议案。本篇所论绝不会面面俱到，而只着眼于两个任务：阐述要求在英国采用公民复决制的原因；分别对目前反对和赞成将公

① 根据《1911年议会法》之程序，未经上院同意而获通过的议案，更有理由包括在内。

② 需指出的是，公民复决可以为不同的目的并以不同的方式而适用于立法。比如，它可以只用于涉及宪法根本变革的议案，如影响君主制之存废的议案，也可以用于任何一个通常称之为改革法案且已获上下两院通过的议案。在这个意义上，公民复决的目的是要确保任何一部极其重要的法律在未获选民的明确同意之前不得通过。此外，公民复决还可用于（如澳大利亚联邦所用）防止形成人们所称的“僵局”，即某议案获得议会之一院反复通过，但遭另一院反复否决这种局面。

民复决制引入英国宪法的最具说服力的主张予以仔细考察和分析。

（2）要求实行公民复决的原因

过去40年里，人们对议会制政府的信念经历了一次非同寻常的衰减，或者像某些人说的，已暂时性地衰退。[①]这种变化可见于所有文明国家。比如，法国的议会共和制政府中，瑞士或者美国的联邦共和制政体中，德意志帝国的貌似议会主义实则军国主义 xciii
的体制中，甚至大英帝国的君主的和历史的宪政之中，显然都存在着对代议制立法机关的贬低或者轻视。这种公共舆论状况，不论暂时的或者长期的，都会让目前健在的尚能记得维多利亚中期之情感的少数立宪主义者感到极为困惑，因为这个时代有一个普遍的信念，那就是，给任何文明国家的人民同时带来秩序与进步之福祉的最佳方式，就是去效仿英国宪法的形式，至少是认可它的精神。要深入阐述公众舆论的变化，非撰写一部篇幅上可能超过本书、思想上也要深于本书的专著不可。不过，有一两件事实是要注意的，它们虽不足以解决当前的问题，但至少可以提示解决问题的思路。议会制政府在有利的条件之下，对于确保普遍的人身自由和表达自由一类的福祉，大有帮助。但是，不但议会制政府，就是任何一种形式的宪制——新造的或者发现的——本身消除不了人类的一切或者半数痛苦。乌托邦之所以令人失望，正因为终究是乌托邦。宪法政府的扩展本来让人寄予厚望，但这样的扩展最终令人失望；这是因为有些国家的宪法，是在不适于民众政府的情况下靠模仿建立起来的。更重要的是，议会制政府经

① 比较《法律与公共舆论》，第2版，第440—443页。

过不断的发展，已显露出两个缺陷，这是1832年至1880年间的欧洲（至少是英国）的自由党人或者改革者所未曾料想到的。我们现在比较清楚的是，民众政府只要有英明的领导，可以成为一部消除现行弊端的良好机器，但对于建构新制度或实现新思想而言，或许结果就是一件糟糕的工具。我们还知道，政党政府在许
xciv 多最为明智的现代立宪主义者看来，似乎是英国闻名遐迩的宪法之实质，因而不免产生党派偏见，并最终形成这样一种体系：很容易产生政治腐败，一旦这个弊端消除之后，它又会导致一个奇怪的却公认的结果，即一个非正当选出的立法机关可能曲解选民的长期意愿。这个事实在评价英美两国的政治中，给我们留下很深刻的印象。以上这些因素，总体上解释了何以要求采用这个源于瑞士但实质上已盛行于美利坚合众国的几乎所有州的公民复决制。

（3）反对公民复决的主要理由

反对公民复决的依据，对几乎所有的英国人来说是如此之明显，对许多持论公允的人来说也是如此之确凿，以至于我们必须先行提出反对论并仔细分析之，然后才请读者思考我们宪法中的这个重大变革所可能带来的好处。反对论可陈述如下：

反对论强调说，将公民复决制引入英国就意味着，政治权力从有识之士那里转移至无知者手中。让我们加以具体说明。在下院的670名议员与上院的各种议员[①]中，有教养的人所占的比例，即富有智力且有运用较高政治美德之经验的人所占的比例，较之在超过800万选民中只是偶然凑集的1270个人所占的比例，通常

① 准确说是638名上议员，参见《惠特克年鉴》（*Whitaker's Almanack*），1914年版，第124页。

要大得多。这一断言的真实性几乎不容否认；由此还可得出一个推论，即用选民的权力来取代上下两院的权力，就是使这个国家从智性统治转向愚昧统治。这种说理的思路可以不同形式提出来。但不管以何种形式出现，它都是那些最能干的反对公民复决论者所依据的推理。十分奇怪的是——尽管尚有解释之余地，像梅因这样富有思想的保守主义者，以及那些希望用专断立法来迫使英 xcv
国接受社会主义思想的革命家，都毫不犹豫地采用了这种论证方式。梅因将公民复决视为一切理性改革之障碍。令读者印象深刻的是，他说民主本身不是一种进步的政府形式，这个观点体现在下面这段话中，值得引用和注意："一旦民主政体把一切事情都玩弄于股掌之中，就会产生民主政体是一种进步的政府形式的幻觉，这种幻觉深深地扎根于一个特别的政治学派的信念之中；但这真是一个十足的幻觉……英国之所以蜚声海外、富饶丰裕，只是少数人甚至是极少数人的功劳。在我看来，颇为肯定的是，如果四个世纪以来，英国早有非常普遍的选举权，以及极为庞大的选举团体，那么宗教改革、王朝更替、不奉国教之宽容，甚至连准确的日历都不会出现。打谷机、动力织布机、珍妮纺纱机、可能还有蒸汽机都会遭到禁止。即便是在今天，种痘都几乎不能实行；我们大致可以说，大众逐渐掌权对于一切建基于科学意见的法律来说，是一个不祥之兆，因为这种立法既要求缜密的思维以求理解，也要求自我否定以求服从。"① 他实际上由此推出一个结论，即

---

① 梅因（Maine），《民众政府》（*Popular Government*），第 97—98 页（译文参照了汉译本，并核校英文原文作成；参见：〔英〕梅因：《民众政府》，潘建雷、何雯雯译，上海三联书店 2012 年版，第 54—55 页。——译者）

英国现行之民主，加之公民复决制，很可能会让一切理性的改革受到致命打击。[①]总之，对梅因而言，公民复决是民主发展的最后一步，他对公民复决的批评，是一个理智的保守主义者对于他怀疑和憎恶的民主政府的有力抨击的一部分。当前那些自认为是民主主义者的革命家近年来对复决制的抨击，所立论之根据可能都是受到梅因的启发。据社会主义作家们告之，公民复决制之稳定
xcvi 运行不利于自由党。[②]他们还质问说：难道反改革的报纸不会恶意撒谎、挖空心思地误导人民？这些意见以及其他同类性质的看法，均可概括为一个从社会主义者的视角来看相当有力的主张。据说，人民愚不可及，不足以委以复决权；有些问题即便名义上应由选民来决定，但交由他们公断时，也绝不能呈现得非常清晰，以免他们懂得真正的问题所在。新民主主义者则认为，可以利用政党机器这件工具，来迫使英国人民接受某些改变，对于这类变化，革命激进主义者或狂热者深知属于改革之举，但多数选民若是知道其间真实情况，可能就会谴责这是一种革命或者充公行动。可见，保守主义者的攻击与社会主义民主派的攻击在一定程度上相互抵消，但它们在某一方面都有些道理。公民复决不过是一种人民否决。它的确经常阻碍有益的改革，但是却也可以拖延或者阻止那些为有分量的愚昧之见与有识之见所共同反对的革新。因此，至少可以这样说，如果主张赋予妇女选举权的这个要求交由当今的选民来公决，得到的极可能是一个否定的答案，而且这样一种

① 参见同上，第 96—97 页。

② 参见“反对公民复决”（Against the Referendum），《评论季刊》，第 423 期，1910 年 4 月，第 551、552 页。

否决，很可能使妇女选举权运动的发展被阻碍若干年。总之，我们必须承认，立法否决权不管是归于国王、上院或下院，还是归于 800 万选民，一旦运用起来，必然是有好也有坏。比如，它有可能禁止种痘法律在英国的实施或者发展；也可能禁止赋予英国妇女议会选举权；《1914 年爱尔兰政府法》也许就不能获得通过；当初的联合王国谷物进口税，也很可能就不准征收了。我们现在要说的是，如果你就公民复决问题，随便询问一个英国人，不论 xcvii
男女，他或她或许会认为，上述例证中的个别或某些问题，采用公民复决的话，是不好的，而另外一个或另外一些则是很好的。因此，所有反对公民复决的主张，或可归结于一个推论：人民否决权，如同其他任何一种否决权一样，用起来可能是时好时坏。不过，一个公允的公民复决反对者，肯定会竭力主张说，存在着这么一种可能性，即议会两院合在一起，较之对某个问题予以公决的众多选民，会展现出更好的立法智慧。但一个理性的公民复决支持者，即便承认有这种可能性，也依然会认为该主张没有什么说服力。议会法赋予议会多数——确切说是下院多数——以无限权力。因之，上院的智慧或者经验，对于长期立法的问题，便不产生任何的影响。下院多数的行动，越来越只受到政党利益的影响。可以肯定的是，公民复决若是引入英国，不受任一政党信条约束的选民，其权力就会增加。不过，我们始终要记住，本文所讨论的公民复决，不管怎样，是无法实施任何一部下院未予同意的法律的。它既有否决权的优点，也有否决权的弱点。它最为可取的地方在于，它能够限制现在政党机器所具有的无节制的权力。

（4）赞成公民复决的主要理由

公民复决是这样一种制度，如果引入英国，它的力量足以限制一个拥有议会多数的政党的绝对主义。同时，它也是这样一种制度，若在英国实行，政党政府明显而重大的缺陷有望大为减少。先考察一下公民复决制的力量。它之所以具有力量，是在于这样一个事实，即人民否决既是一种民主的制度，同时因其纯粹的否
xcviii 定性质，也是一种极为保守的制度。之所以说它民主，是因为它诉诸人民，不光表面如此，事实上也的确如此。而之所以说它保守，是因为它能满足多数选民的愿望，使其真正想要维持的法律或者制度得以继续存在。凡研究当前英国社会状况的人，都不会真正相信，不论在哪种体制之下，受到人民特意指摘的制度还会长期存在下去。简言之，公民复决只是明确承认否定形式的国民主权而已，而这种主权在任何一个民主政制下都存在，凡重要的政治家都会予以承认。不过，某个特定的制度只是与“人民主权”之类的某种普遍原则相一致，在一个富有思想的人看来，除非它符合流行的看法，而且这些看法预示着人们建议的改革能够施行，或者对人们有益的制度得以长期存在，否则这个制度一定没有多大的力量。接下来，让我们考察一下公民复决使政党制度的缺陷得以减少的这个趋势。一个民选的立法机关很可能曲解国民的意愿。这点已多次被瑞士或者美国各州的经验所证实。曲解国民意愿的这个危险，甚至可能存在于一个公正的、通过正当程序选出的立法机关之中。当普选越来越接近于这样一种选举，即选出的某个人或者某个政党将要任职五年，如同英国的情形那样，这种曲解就可能发生，甚至一定会发生。在这种体制之下，党争就比

爱国精神更具重要性。有待选民进一步决定的问题，在无公民复
决制的情况下，就会一年比一年复杂，一年比一年混乱。在政治
的世界里，混乱自然会导致阴谋，甚至于欺骗。正如上述，对民
选立法机关的信任，正日渐消失于所有形式的民众政府之中。美
国具有公共精神的公民是带着怀疑的眼光，甚至时常怀着憎恶的
心理来看待政党机器的。联合组阁、互投赞成票以及搞议会阴谋
这些事，正在挫败英国人对下院的道德与政治之信心。于是，在
英国很多人就认为，必须要找出一些办法来，以减轻一个拥有庞 xcix
大选民的国度中由我们的政党制度所自然——即便不是必然——
导致的弊端。对此，一个明显的矫正方法，就是赋予人民以否决
权，如此可以限制议会多数党的不受约束的权力。当然，公民复
决制之运用，必须保持警惕并审时度势。要维持一个合理的民众
政府，一个必然的代价就是所有正直的公民都要一直保持警觉。
公民复决也会在选民中间有助于促进一种在英国现行宪法下正迅
速消逝的理智上的诚实。因为这一制度的实行，使得把两个完全
不同的问题区别开来成为可能：一个是某部法律（如推行某种关
税改革制度的法律）是否会通过；另一个是，张三或李四是否会
当选为任期五年的英国首相。在公民复决制下，一个选民便有机
会根据自身对某法律之优劣的判断而支持它或反对它，同时又不
必因为知晓这样一种情况而苦恼不堪，即他如果投票反对一部其
良知与看法都予以谴责的法律，他也就将同时作出一个表决：张
三，一个他认为最适合担任英国首相的人，不应再担任首相，而李
四，一个碰巧不被这位选民信任的人，应该立即担任首相。也就是
说，如果公民复决制确立于英国，它一定就会像瑞士的这个制度

一样，具有如下效果，即一个总体上得到选民支持的大臣或者内阁，即便首相及其同僚提出的且为上下两院认可的某些提案，受到选民以公决方式表示的谴责，也仍然有可能诚实而公开地继续任职。这种潜在的效果，对于认为我们的政党制度无可指摘的人来说，无疑是可憎的。然而，正如我自始至终都在强调的那样，公民复决制最为可取的地方，在于它有助于改正——最起码也是极大地减少——政党政府种种最糟糕也最明显的弊端。

关于公民复决制的反对与支持理由，我并未花精力去详细阐述。我在本导言中的目的，只是提示读者，对于英国宪法中引入公民复决制，最强有力的反对与支持理由分别是什么。可以肯定，一个十分满意于英国政党制度之运作的人，绝不会对一个旨在改正政党政府之缺陷的制度予以支持。也有这样一种可能——即便对此不能肯定——即任何一个人，只要认识到议会制政府因自身与政党机器日益增长的权力过于紧密地纠缠在一起而正在大幅度丧失其信用，就会持有与我一样的看法，即公民复决制如果审慎运用的话，至少就英国的情况而言，可以对政党机器的无限权力有所限制，也可以使人们对于英国宪法史上一直享有荣光的议会制政府恢复信心。

五、总结

（一）议会主权仍是英国立宪主义者的基本原则。但是，上院的权力已大为减少，而下院（确切说是某届议会之多数党）的权力已大为增加。因能操纵政党机器之故，现在唯有内阁才可有效行使主权中这部分新增的权力。因此，首相作为议会多数所支持的那个政党之一员，就成为了法律上的负责人，若有真本事，同时还是名副其实的领导人。[1] 内阁与首相权力的这种逐渐增长，是英国宪法运行过程中的一个变化。这至少可归因于两个相互关联的因素。一个是因为1867—1884年间确立户主选举权而导致的民主发展；另一个是政党制度的逐渐定型。这种情况下，就会产生一个在议会内外均未得到充分认识的结果：内阁在一个深谙现 ci
代议会斗争技艺的领导人的指挥下，对于一些极其重要的事务，都能够违背国民潜在的或者现有的意愿。罗威尔这位才华卓著的英国政府评论家就曾提出，政党政府并非我国宪制的偶然产物或者对我国宪制的败坏，而可以说它数代以来一直是我国宪制的基础；[2] 如果我们接受这一观点的话，这种由控制政党机器的人获得的权力之生长，就愈发显得可怕。英国议会政府运行中的这种变化几乎无人意识到，若欲估量该变化之程度，最佳方式莫过于观察帕麦斯顿时代——也就是差不多60年前的1855—1865年间——表面上没有变化的宪制实际上是如何运行的。他在1855年成为首相，在1857年深受欢迎，为历代首相所不及。经过与反对派联盟的一番争斗之后，他解散了议会；改选的结果是支持他的议员赢得了决定性的多数。他因为一次失去理智，而暂时失去了下院的信任。选民中亦发出了反对他的呼声，尽管这呼声并无任何实质内容。于是，他在1858年辞去首相职位；但在1859年议会再次

① 罗威尔，《英国政府》，第24—27章，尤其是第441—447页；《公共舆论与民众政府》，第二部分，第57—110页。

② 同上。

解散之后，这位受人民喜爱的人又恢复原职。此后，他在为数众多的多数选民支持下，一直担任首相，直到 1865 年去世。这些政治活动在帕麦斯顿时代是颇为自然的，但在 1914 年却几乎不可能发生。帕麦斯顿以及后来的格拉斯顿，都不是凭借政党机器掌权的。《1911 年议会法》是政党政府最近的与最大的胜利。

（二）政党制度在英国乃至整个大英帝国的影响力不断增加，与此同时，君主所可施加的道德影响力也在增长，二者非常一致。自维多利亚继位以至今日，君主所掌握的道德力量已经增加了。一个明显的事实是，英国君主的道德权威如今具有两个渊源，但宪法作家却未着眼于未来而充分注意到这两个渊源：其一，君主不管由谁担任，他都是整个大英帝国内唯一一个超然于——即便

cii 不是高于——政党制度的人；其二，君主在联合王国之外，是公认的实际上也是唯一的帝国代表与中心人物。[①]

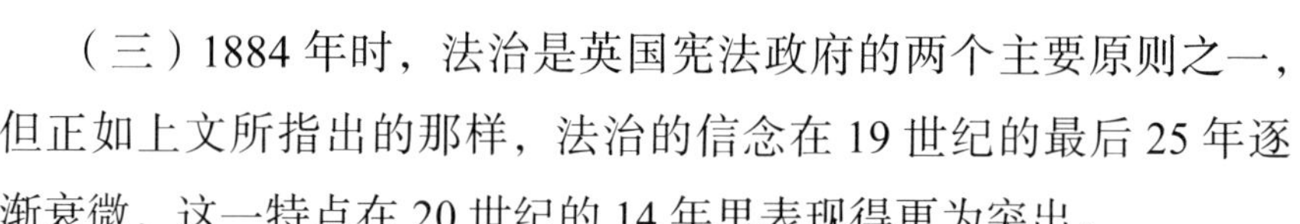

（三）1884 年时，法治是英国宪法政府的两个主要原则之一，但正如上文所指出的那样，法治的信念在 19 世纪的最后 25 年逐渐衰微，这一特点在 20 世纪的 14 年里表现得更为突出。

（四）现在，改革家们脑子里所据有的各种改进宪法之思想，无一例外都是针对立法不得人心的状况而提出来的，但大多数构想并非出于使立法变得更为明智这样一个目的。当然，其中的某些方案具有一种间接的效果，那就是让不明智的立法受到遏制的可能性得以增加。比如，比例代表制有时可以确保那些虽含有大量真理却相对不受欢迎的意见有机会在下院中得到表达。又如，公民复决制，据改革家之期望，可以减少我们政党制度中那些公认的且越来

① 参见本书第 1 页。

越大的弊端。尽管如此，正如我所强调的那样，倡导政治变革者的主要目的，很大程度上是为了确保立法与公众意见相符。[①]

我之所以作出上述总结，目的无疑是为了唤起英国人中有判断力且有爱国之心者的忧虑感。凡具有公共精神的公民不得不问自己一个问题：如今英国所确立且盛行的民主宪政，其结果将会怎样？他一定要记住，悲观主义如同乐观主义一样，有可能对当代的评论家形成误导。他会发现，一位立宪主义者在1872年所作的告诫或者预言，最接近于这个问题的答案，这位立宪主义者即便在那时就意识到了42年前我们的重要政治家们很大程度上未予察觉的可能性与严重危险。且听白芝浩如何言论：

> 在此期间，我们的政治家拥有多年来最好的机遇，同时也负有多年来最大的责任。他们必须指导新选民如何行使选 ciii
> 举权；但指导过程中不得明言所为何事，只是暗中指导而已。一个自由国家的政治家，在极短的时间即可拥有巨大的力量。他们能够规定人类的行为方式。正是他们的一两次重要演讲，就决定了今后很长时间里人们将会说些什么和写些什么。他们与其顾问一道确立政党的纲领——美国人称其为“政纲”，有了这一纲领，他们与党内同志便可从事政治选举运动。正是通过党纲，以及不同政治家的不同党纲之间的比较，世人才形成了自己的判断。一个普通人的头脑，必不能自行决定应该关注哪些政治问题；它充其量只能对政治家们已经提出

① 参见本书第 lix—lxii 页。

的问题被动地作出判断；它几乎是从不设置话题，而只能就这些话题中的争议点予以判定。如果政治家提出的问题会激起下层社会的兴趣，那么他们在选择设置何种问题之时，就负有特别重大的责任；如果他们提出的问题有可能让下层社会受到误导，以及如果他们提出的问题使得下层社会的利益与整个国家的利益不符或者冲突，那么他们的行为将会贻害无穷。这个国家的前途有赖于一场棘手实验的成功进行，而他们却竭尽所能地去破坏这场实验。对于愚昧无知、对政治感到陌生的人，最好是提给他们一些有益的问题，而且只有这些有益的问题，但恰恰就在这个时候，这些政治家偏偏可能提出一些有害的问题。他们有可能提出让穷人联合为一个阶级的话题，引诱他们反对富人的话题，以及这样一些话题，即穷人在听到这些话题的讨论之后，只会让他们以为唯有制定新法才足以让其富有——也就是说，现行法律使其生活窘迫——而政府所拥有的财库是用之不竭的，因而可从中拨付一些给那些现在正需要的人，同时又不会造成其他地方更为短缺。如果穷人选民们的首要任务是力图建造一个“穷人的
civ 天堂”——穷人往往对此充满渴望，也常常自以为能够将它建成——那么现在开始的这场重大实验会彻底失败。广泛赋予选举权不仅对整个国家来说将是一场巨大灾难，而且对于任何一个获得选举权的个体而言，也会是一场巨大灾难。[①]

---

① 白芝浩，《英国宪法》，第 2 版，第 xvii—xix 页（译文参照了汉译本，并核校英文原文作成；参见：〔英〕沃尔特·白芝浩，《英国宪法》，夏彦才译，商务印书馆 2005 年版，第 14—15 页。——译者）。

这段话出自一个天才人物，斯人已逝却言犹在耳。他的言论无疑含有警告之意，但这种警告是否必要，或者他对灾难的隐晦预言是否业已部分实现，或者说即便在不远的将来也不会完全实现，诸如此类的问题，必须由公平正直的读者经过深思熟虑之后来予以答复。不过，要得到完整的答案，还须等到今后如 1950 年或者 2000 年，由知识渊博且基本公正的历史学家对英国民主政府的最终结果予以总结之后才有可能。然而，一个在 1914 年写作的作家，尽管多半会被所处时代的无知与偏见所蒙蔽（这是每一个评论当代的评论家所无法避免的），但向读者指出这一点是没问题的，即现在如同过去与未来，有其自身的经验教训。民族危险是对民族伟大性的检验。尽管和平总是很可贵，但战争的教训比和平的经验更给人以深刻印象。整个王国，或者准确说整个帝国，这一次在精神上团结起来，与一个拥有现代世界最庞大也最训练有素的军队的国家，展开了一场激烈而艰巨的战斗。这本身就是一个极其重要的事实。英国和整个大英帝国一起拿起武器战斗，因而也就冒着失去财富、繁荣乃至政治存在的风险。英国在我们君王治下的所有人民的热烈支持下，就这样以战争的危险与辛苦来换取和平与繁荣，但是这种斗争并非是为了扩充版图或者博取军事荣耀，因为这些东西她已绰绰有余，而是为了执行有关国际正义的朴素规则，实施有关普遍人性的简单原则。这是一个好的 cv
征兆，它预示着民众政府的蓬勃发展，并预示着人类沿着真正的刚毅与正直之路前行，尽管是缓慢前行。这些事实会重新激发出英法两国青年的一种感觉，那就是年轻真是妙极了；也会给老者以慰藉，他们本不该承受的政治幻灭与失望，可能会让他们陷入

绝境；还会让老者感到欣慰，庆幸自己依然健在，得见今日之情形：呼唤人们履行重大国家义务的庄严号召，已将我们共同的国家中的所有人和所有阶级都团结起来，决意去抵抗一个军国主义化国家的力量、妄想与傲慢，并且不惜一切代价地去争取自由、仁爱与正义在文明世界的胜利。

本书概要

宪法的真正性质 1

一、对于英国宪法的乐观看法

柏克在1791年写道：

> 伟大的评论家曾教给我们一条基本规则……那就是，诸如李维（Livy）、维吉尔（Virgil）、拉斐尔（Raphael）和米开朗琪罗（Michael Angelo）之类的作家或艺术家，世间学人无不仰慕，但是，假如我们发现自己无意欣赏他们，那就不可随意猜想，而应予以探究，直到弄明白我们何故欣赏以及所应欣赏者实为何事；如果不能将欣赏建立在了解基础之上，那我们宁可自认愚钝，也不要一味盲从他人。这条规则，至少也同样适用于世人称赞的英国宪法。因此，我们应当根据自己的标准来理解它；对于暂时不能理解的部分满怀崇敬。[①]

哈勒姆（Hallam）在1818年也写道：

① 《柏克文选》（*Burke, Works*），第3卷，1872年版，第114页。

> 凡享受人类福祉的无成见的观察者，都会承认，英国长
> 久持续、日甚一日的繁荣，是人类历史上最为美好的景象。
> 世上可能有更宜人的气候，在生活上给人们带来更大的乐趣；
> 但没有哪个地方能够像英国这样，能让全体居民如此广泛地
> 2 享有政治制度所带来的益处，也没有哪个民族能像英国人这
> 样，能够将财富、秩序和自由这三个不协调的因素如此完美
> 地调和起来。英国的这种优势，当然不是源于本岛的土壤，
> 或者它所处的地理位置，而是源于它的法律精神。正是有了
> 这种法律精神，我们的民族才得以通过各种方式养成独立而
> 勤劳的独特品质。因此，英国宪法必定会引起世界各国充满
> 好奇心的人的极大兴趣，其程度甚至超过我们自己；这主要
> 是因为，它在历经数个世纪之后，不仅没有显露出无可挽回
> 的衰败迹象，反而更加地充满活力，这有别于历史所记载的
> 其他所有强大民族建立的自由政府。[①]

上述两段引文，出自两位声望相当却性质迥异的名流，它们让人清晰地意识到，这就是我们的先辈看待本国制度的精神。在他们看来，英国宪法用乔治三世的古雅语言来说，即是“人世间形成的最完美事物”[②]；它不纯粹是一种可比之于任何其他国家的政府形成的政体，而可以说是一个体现政治家才能的神圣奥秘；恰如我们青

① 哈勒姆（Hallam），《中世纪》（*Middle Ages*），第12版，第2卷，第267页。英国人在18世纪行将结束之际对宪法还有特殊情感，戈德史密斯（Goldsmith）在《世界公民》（*Citizen of the World*）中对这种民族自豪感进行了讽刺，没有谁的描绘比它更为生动。参见原书第四封书信。

② 参见斯坦诺普（Stanhope），《皮特传》（*Life of Pitt*），第1卷，附录第10页。

少年时代就已听说的一句话，即它“不是人为建造的，而是自然生成的”；它也不是抽象理论的结果，而是直觉的产物，据说这种直觉使得英国人，尤其是尚未开化的英国人，能够逐步建立坚实而持 3
久的制度，这与蜜蜂筑巢非常类似，蜂巢结构精妙，胜于人工之巧，但蜜蜂并不至于要事先懂得什么建筑原理。英国宪法具有许多非凡的特质，在我们祖先的心目中，它远不是过去一百年来在整个文明世界业已建立的那些仿制品或者伪造品可以比拟的；无法算出它的确切诞生日期，也无法确定究竟由谁创造，甚至也无法指出包含宪法条款的文件；一句话，它是自我生成的，不论英国人或者外国人，都应当“对于暂时不能理解的部分满怀崇敬”。

二、现代宪法观

当代人看待英宪的心态，当然与 1791 年或者 1818 年时的不一样。我们不会拥有柏克对英宪的那种虔诚，事实上，由于柏克对于当时正以恐怖政策复兴野蛮统治的“现代派大学者们”深恶痛绝，这种虔诚甚至到了一种狂热崇拜的地步；我们也完全不会效仿哈勒姆的那种自我陶醉，实际上，在那个外国的改革者试图调和自由与秩序，但最终归于失败的时代，一个目睹英国制度持续繁荣的英国人，表现出这种自满是很自然的。如今，研习英宪的学生，不是想要批评它，也不是想要推崇它，而是想要理解它；而一个职责在于讲授宪法的教授，也一定会意识到，自己所要扮演的角色，既不是一个批判家或者辩护士，也不是一个赞颂者，而只是一位解释者；他的职责不是对英宪作出抨击或者捍卫，而 4

只是对其中的法律作出解释。他也一定会感到，不论神秘的英宪有多么吸引人，他都有足够的理由去羡慕法国、比利时或美国的同行，因为这些国家所具有的宪法，其条款可以在印刷文献中找到，它们为一切公民所认识，也为每一个有阅读能力的人所理解。一个所谓的“不成文”宪法，不论它具有怎样的优点，这种不成文的特性，都会让致力于阐述其中条款的教师感到特别的困难。任何一个人，只要把美国宪法评注家，如肯特（Kent）或斯托里（Story），和每一个着手讲授英国宪法的教授比较一下，看看二者的处境有何不同，就会认识到这一点。

（注解英国宪法特别的困难）

这些杰出的法学家以讲演的形式对美国宪法进行评注的时候，清楚地知道自己讲授的主题是什么，以及以什么方式来讨论才是恰当的。实际上，他们讲授的主题，是美国法中一个可明确限定的部分；这部分记录在一个向所有人开放的特定文件之中，即“美利坚合众国人民制定的美国宪法”。其实这部宪法的条文，在逻辑安排上远非尽善尽美，它的词句也不够十分明晰；但无论如何，这些条文以一种明白易懂的方式，包含着美国联邦的根本法。要注意的是，这部法律的制定或修改，只能以不同于其他法律之制定或修改的方式进行；因此，它作为单独的研究对象而存在；它涉及立法机关、行政机关和司法机关，并且通过有关自身修改的条款，间接规定了美国的立法主权所归属的机构。所以，斯托里和肯特清楚地知道，他们所要评注的那个法律部门，其性质和
5 范围是什么；也知道讨论这一主题应当采用什么方法。他们评注

宪法的工作，与评注美国法律制度中其他任何一个分支的工作，在性质上非常相似。美国法学家查明宪法条款的含义，与弄清任何其他法律条款的含义一样，都必须借助语法规则和他的普通法知识，偶尔还要借助立法中的历史启示，最后还要仔细研究司法判决，以从中推出的结论为指导。简言之，美国杰出的宪法评注家的工作，就是根据公认的法解释原则对一个确定的法律文件进行解释。他们的工作不管怎样困难，其实与法学家们通常所做的也没什么两样，都可以用普通的法律方法来完成。实际上，斯托里和肯特才华出众；但我们自己的布莱克斯通也是如此，至少他著作的其中一位编辑也是这样。如果说——事实确实如此——美国法学家对美国宪法的评注，完全不同于，也完全可以说大大优于，英国法学家对英国宪法的评注，那么美国法学家的这种成功， 6
部分是因为他们具有英国评注者或讲授者所没有的便利。英国评注者面临的情形完全不同于美国的同行。他搜遍整个《制定法汇编》，也查不到一个表明含有宪法条款的立法；他也没有任何用以区分宪法或根本性法律与普通法律的标准；他会发现，“宪法”（constitutional law）这个布莱克斯通从未使用过（如果我没记错的话）的术语，它的出现是比较现代的事；总之，在对英国宪法进行注解之前，他必须下决心确定英国宪法的性质和范围。[①]

① 法国的布特米先生（Monsieur Boutmy）所著《宪法研究》（*Études de Droit Constitutionnel*），把这一点阐述得非常清楚，参见原书第2版第8页；英译本，第8页。布特米先生恰当地指出，英国宪法渊源可归为以下四类：一、条约或准条约，即诸《联合法》（*the Acts of union*）；二、普通法；三、正式协议（或契约），如《权利法案》（*the Bill of Rights*）；四、制定法。这种分类方法并不当然为英国学者所采用，但它提醒我们注意英国宪法不同渊源之间的区别，这是我们常常忽略的。

三、评注者求助于宪法学家、宪法史家和宪法理论家

评注者必然要采取的策略，是求助于宪法、宪法史或宪法惯例领域的学术权威。毋庸讳言，他会发现这些领域有很多优秀的指导者，他可以利用布莱克斯通等法学家的著作，哈勒姆和弗里曼等历史学家的研究，以及白芝浩和赫恩等哲学理论家的理论。从各类专家那里，这位评注者都会学到很多，但出于我即将提请你们考虑的理由，在他试图确定其研究范围与方法的时候，他容
7 易被这些学者引入某种歧途；他会发现，除非他能得到某种行动指南，否则整个所谓的“宪法”领域就是一种迷宫，漫游者会被那些虚饰浮词、古董陈迹和传统惯例搞得茫然无措。

1. 法学家的宪法观；它的非真实性；布莱克斯通

让我们首先求教于法学家，这人当然是布莱克斯通。

诸如“宪法”一类的词，在他的《英国法释义》中一个也找不着。似乎属于宪法的那些问题，他基本上是在“人的权利”标题下进行讨论的。在这部分中，作者（除了别的内容以外）论述的是：议会、国王及其资格、雇主与雇员、丈夫与妻子，以及父母与子女。这种安排令人不解，肯定无法揭示宪法的真正范围或性质。但这点本身不重要，毕竟这部著作里含有许多关于我国政府制度的真知灼见。它真正的缺陷在于，在讨论所有宪法问题的时候，其语言和思维上存在无可救药的含混，他习惯于——这是当时所有法学家

的通病——用不相干的旧术语来指称新制度，尤其是习惯于把征服者威廉（William the Conqueror）* 所实际拥有和运用的一切权力（甚至比这还大），在言辞上归属于一个现代的立宪君主。

布莱克斯通写道：

> 接下来，我们讨论国王特权部分：国王特权赋予国王陛 8
> 下大量的职权和权力，使其具有完美的、不朽的政治身份；政府的行政部门就依靠这类权力来行使职权。不列颠宪法很明智地将这种权力置于一人之手，以实现团结一致、坚强有力、迅速敏捷。倘若该权力由多人执掌，它就必须服从多种意志，一旦这些意志不能趋于一致或出现分离，就会造成政府的虚弱无力。而将它们统一起来并使其合而为一，又要大费功夫、拖延时日，在紧急状态下，是经不起这样的耽搁和拖延的。因此，英格兰国王不仅是国家的首席行政长官，严格来讲更是国家唯一的行政长官；所有其他官员都根据他的授权行事，并应当隶属于他。这和罗马大革命时期的情形相似，共和国古老的公职文官的所有权力都集中在新皇帝手中，正如格雷维纳（Gravina）所言：以前共和国的权力与威严都通过行政官员们权力的统一，被集中于一人之手。**

---

* 征服者威廉，又称威廉一世（1027—1087 年），法国诺曼底公爵（1035—1087 年）、英格兰第一位诺曼人国王（1066—1087 年在位）。——译者

** 布莱克斯通（Blackstone），《英国法释义》（*Commentaries*），第 1 卷，第 250 页。（中译本参见：〔英〕布莱克斯通：《英国法释义》，游云庭、缪苗译，上海人民出版社 2006 年版，第 277 页。其中，格雷维拉那句话的译文引自该中文版。——译者）

这段话的语言令人印象深刻；它还出现在斯蒂芬的《新英国法释义》* 之中，虽文字有删减但大义未变。但其中有个缺陷，即这些说法刚好与事实相悖。英国的行政部门实际上掌握在一个名为内阁的委员会手中。如果存在着国家权力被置于某一人之手
9 的这种情况，那这个人也不会是国王，而是该委员会的主席，即所谓首相。也不能竭力主张说，布莱克斯通对王权的描述，是对他写作时代的国王权力的真实描写。乔治三世较之他的任何一位后代，享有多得多的现实权力。但是，认为上引文字是对他真实地位的描写，仍然是荒谬的。故布莱克斯通的这些说法是不真实的，这点当时就有人知晓。① 如果衡诸此后的一个多世纪，这种

* 这里的斯蒂芬，是指亨利·约翰·斯蒂芬（Henry John Stephen，1787—1864 年），英国法学家和高级律师，著有《论民事诉讼中的诉答原则》（1824 年）、《刑法概论》（1834 年）、4 卷本《新英国法释义》（在布莱克斯通的《英国法释义》基础上写成，1841—1845 年）。——译者

① 下面这段话即可证明，它出自佩利（Paley）于 1785 年出版的《道德哲学》（*Moral Philosophy*）："在英国宪法中——或许包括其他所有宪法，政府的实际状况和理论之间存在巨大反差。现实和理论互为因果，但它们仍然是不同的。当我们仔细考虑英国政府的理论时，我们发现，国王被赋予了下列权力：本人绝对免受法律惩罚，否决议会两院表决通过的法律，给他自己喜欢的一批人颁发特许状；还被赋予了这样的特权，即选派代表进入议会之一院，正如他可以直接任命他中意的人进入另一院。外国人可能会问：这算什么？不就是一种更为间接的专制吗？然而，当我们从英国法律中的王权转向现实中的王权时，我们就会发现，这些可怕的特权已渐渐沦为仪式；取而代之的是，一种源于特殊恩典的稳固支配力，这种恩典已由领土扩大、财富丰裕的帝国交由国内行政首长来处理，可宪法似乎完全无视之。"参见佩利，《道德哲学》，第六卷，第七章。这段话所在的整个第七章都值得研究。关于当时实行的宪法的真正性质，佩利比布莱克斯通看得清楚得多。而且，值得注意的是，在 1785 年，创建议会自治市（parliamentary boroughs）的权力，在理论上仍被视为君主现存的一项特权。那时君主的权力依然很大，它实际上是建立在君主拥有巨大的职务任命权的基础之上的。

不真实的程度就更多一点儿了。在另外的地方，布莱克斯通又写道：

> 在国内事务中，国王被认为是正义的源泉，王国和平的最高守护者。……所以只有他才有权设立法院：尽管王国宪法已将全部的法律执行权授予国王，但他不可能也不便于亲 10
> 自来履行这项重要而广泛的职责，所以有必要设立法院予以协助，同样必要的是，法院的设立须经国王授权。因此，法院的所有管辖权都直接或间接地源自国王，法院中的诉讼通常以国王的名义来进行，不但要获得国王的批准，还要由他的官员来实施。[①]

这段文字尽是虚构。无论是国王还是行政部门，都和法院之设立没有关系。我们可以作出一个正确的论断：要是明天的政府公报刊载一条未获制定法授权的枢密院令，内容是创设一个新的上诉法院，整个内阁肯定是失去理智了。这里值得注意的是，布莱克斯通和其他不那么有名的宪法学家，固守这种不真实表述之癖好，给法律研究究竟带来了怎样的伤害。害处不只是它们对君主权力的夸大。因为这些常见的夸张之词，读者倒能够体谅，就像我们能够体谅出于尊重或者社交礼仪而使用礼节性用语一样。所造成的伤害在于，不真实的文字会模糊或掩盖国王和政府权力的真实范围。实际上，除了小孩，没有人会幻想，头顶

① 布莱克斯通，《英国法释义》，第1卷，第267页。

王冠、端坐于威斯敏斯特王位的国王会亲自给他的臣民主持正义。但是，许多有学识的人所持有的一种观点，即英国表面上由
11 国王或女王统治，实际上却不参与任何政府事务，与下述这种观点一样，都与事实相去甚远，即爱德华七世在所谓“他的法院”里行使过司法权。事情之古怪在于，对大多数英国人来说，君主所实际行使的权力，其范围只能靠猜测——在很大程度上，这一评论同样适用于首相和其他高级官员所行使的权力。布莱克斯通及其同类作家，如此频繁地采用与事实并不十分吻合的表述，从中所有人都可以得知，我们自己没有办法搞清楚，那些有几分虚假的措辞（事实因之被掩盖），在多大程度上符合宪法政府的真相。例如，说国王任命内阁是不正确的；说国王创设法院当然也是不正确的；但是，这两种不正确的说法，与事实不符之程度却大不相同。此外，理论上属于君主的权力，实际上一部分由政府行使，另一部分君主和内阁都没有行使。最终结果是，因为布莱克斯通将所有权力都虚假地归属于政治万能的主权者，所以君主的真实地位和政府的真实权力被掩盖了；《英国法释义》第一卷的读者，几乎无法辨别出法律事实，它们已被虚构浮夸的文字所掩埋。

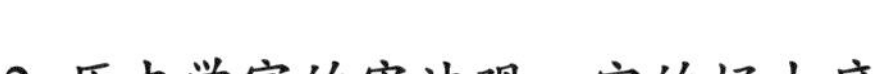

2. 历史学家的宪法观；它的好古癖

让我们从法学家的形式主义转向宪法史家的真实性。

12 在这个领域，困惑于宪法性质的学生或者教授，会发现杰出的指导者不乏其人。他可以利用哈勒姆的公正论断，也可以探究牛津主教的渊博学识，还能够从托马斯·梅爵士（Sir Thomas

May）[*]的著作中了解无穷的议会惯例，从弗里曼先生的《英国宪法的生长》中感受丰富的常识和透彻的分析。让我们把弗里曼先生的这本书选作历史宪法论的杰出代表。这本书人人熟知。它那些公认的优点，包括叙事简明、分析严谨、说理透彻等，凡从头至尾认真读过的学生，都有了解或者应当了解，毋庸赘言。但其中有一点，值得特别注意。弗里曼先生最大的优点在于，他具有一种非凡的才能：对于所讨论的每一个问题，他都能归结成一个明确的要点。这就使得读者只能赞同或否认：若是否认，就必须给出充分的否认理由；这种对作者的理性反对，如同对作者的毫不犹豫的赞同一样，会让读者受益匪浅。因而，欲知历史学家如何看待宪法，《英国宪法的生长》一书即为最佳样本。但是，一个旨在获得法律知识的法学家，从中能够学到什么呢？从该书前两章大量精彩的眉批中引用少许内容，即可回答这一问题。

眉批如下：

> 乌利（Uli）和阿彭策尔（Appenzell）的邦民大会；它们与英国宪政史的关系；整个日耳曼民族所共有的政治特点；从

* 托马斯·梅爵士，全名为托马斯·厄斯金·梅（Thomas Erskine May）；戴雪在这里及下文中所指的著作，是指《厄斯金·梅论议会之法则、特权、议事程序与惯例》，通常简称《议会惯例》，或者以《厄斯金·梅》代称。该书首版于1844年，最先由英国宪法理论家，同时也是英国下院历史上最负盛名的书记官托马斯·厄斯金·梅所撰写，并由他编辑了前9版，在他1886年去世之后，后人又修订了15版，最新版是由律商联讯博慧分部（LexisNexis Butterworths）于2011年所出的第24版。该书是有关议会程序和宪法惯例的权威著作，有时甚至被誉为“议会圣经”，在英国以及其他议会制国家中具有持久的影响力。——译者

13 初始阶段即可发现的君主、贵族和民主政治的因素；三个阶级：贵族、普通自由民和奴隶；奴隶制的盛行；整个雅利安人家庭所共有的日耳曼习俗；荷马的证据；塔西佗所描述的日耳曼人集会；英国制度的连续性；英语民族性的呈现；英国征服者给不列颠带来的日耳曼习俗；定居对征服者的影响；奴隶制的可能发展；伯爵和最下层自由民；国王权力的扩大；王权的性质；国王的神圣性；远古时代国王与方伯[*]（Ealdormen）的区别；……英国宪法的逐渐生长；很少适用的新法；先例的重要性；现代立法中对早期原则的恢复；古国民大会的萎缩；贤人会议[**]（Witenagemót）的组成；延续于贵族院的贤人会议；诺曼征服后的会议；国王的召集权；终身贵族；平民院的起源；英国国民大会和法国国民大会的比较；英国史和法国史的总体比较；特殊人物影响事件的过程；西蒙·德·蒙福特；……爱德华一世；最终由爱德华一世完成的宪法；后来变革的性质；英国立法机关和欧陆立法机关的差异。

所有这些饶有兴味、博大精深，具有重要的史学价值，对于一部仅仅关注宪法“生长”的著作，这样的内容也是十分恰

* 方伯，根据《元照英美法词典》的解释，即为“ealdermen”，意为方伯，是盎格鲁-撒克逊时代对郡的高级官员的称谓。这一官员与郡长和主教成为每一郡的三大主要官员，方伯的管辖权有时越过郡的范围，有时他的职位类似于总督。诺曼人征服英格兰后，这一职位不复存在，但其名称在中世纪被借用，称为“alderman”，指伦敦市政府的议员或行政官员，至今仍在使用。——译者

** 贤人会议，盎格鲁-撒克逊时代的最高国家会议，它是当时国王的顾问委员会，大约由100个贵族、高级教士和其他官员组成，间歇性地开会讨论行政和司法事务。后来逐渐演变为议会（parliament），但其性质发生了显著变化。——译者

当；但是，就英国法和宪法而言，所谓乌利的邦民大会，荷马的
证据，方伯，贤人会议的组成，以及更多引人入胜的材料，都只 14
不过是一些古董陈迹。但不要以为，这是要否认历史和法律之间的关系。在目前情况下，被指责持有异端邪说，较之被认为有下列之嫌疑，即缺乏历史意识，或怀疑历史方法之普遍有效，要好得多。可以断定，同时又不至于受到如此严重非难的是，这种宪法史在于研究英国古代的习俗与制度，它与宪法规则没有直接关系，这里所谓的宪法规则，是在它能够作为法律评注之对象的意义上而言的。我们可以热切地重温有关贤人会议的知识，也可以更急切地学习所不了解的内容。但应当谨记的是，古物不是法律，受过专业训练的法学家，其职责也不是去探求英国过去的（更不用说数世纪以前的）法律是什么，或者未来的法律应当是什么，而是去了解和阐明，英国目前实际存在的法律原则是什么。鉴于此，去理解乌里邦民大会的性质，或者贤人会议的组成（如果能够理解的话），对宪法研究毫无用处。这一切，对于一个法学家的目的而言，纯粹是考古的学问。这种学问之于美国宪法的解释，与之于英国宪法的解释，其意义是一样的，也就是说，从法律的视角来看，它对于解释英国或美国的宪法都没有作用。

（法律宪法观和历史宪法观的比较）

美利坚合众国的国名，足以让我们想起宪法史家和宪法学家
之间的真正关系。他们都关注宪法，但视角却不一样。史学家主 15
要想探求的，是宪法从古至今的发展阶段。他强烈甚或过分关注

“起源”问题。他也会去探求1908年的宪法规则是什么[*]，但也只是间接涉及。然而，法学家的首要研究对象，则是现行有效的法律；至于它是如何形成的则在其次。这一点，只要对比一下美国历史学家和法学家的不同立场，就非常清楚了。合众国史学家的研究，不会从1789年入手；他会大量涉及殖民史和英国制度；或不免要追溯到贤人会议，亦未可知；也可料想，除了乌利邦民大会一类的制度，他会不断往前追溯。但是，讲授美国宪法的法学家，一定会从美国宪法本身入手。不过，他很快会发现：要解释宪法条文，就需要了解《十三州邦联宪法》(*Articles of Confederation*)[**]；而且，华盛顿、汉密尔顿，或者美国人有时所称的“国父”的观点，会使宪法各条款的含义显得更清楚；最后，任何人，如果不考虑以下三点，就无法充分理解宪法的含义：各殖民地在独立于
16 英国之前的状况，普通法的规则，以及英国殖民者从先辈那里所继承的有关法律和正义的一般观念。这就是美国法学家与史学家之间的差别，这种差别不独美国如此，英国亦然。因此，即便英国法学家涉及制度的发展，正如他们通常所必须做的那样，历史的宪法观和法律的宪法观之间，仍会产生进一步的差别。史学家对一切可考的历史无不珍视，酷爱探究我们制度的起源，但似乎不太关注它们以后的发展；在法学家看来，如此热爱未免过度。

---

* 本书第七版刊行于1908年。戴雪生前改定的最后版本是1915年的第八版，即译者所据版本，但第八版除新增一篇导言之外，其他内容并无改动（见第八版序）。戴雪这里的意思是，史学家也会间接涉及现行宪法的规则。——译者

** 美国十三州邦联宪法，1781年为最初加入的十三州所通过，于1789年为现行美国宪法所替代。——译者

弗里曼在他的书中，对于近代斯图亚特王朝的事情，只安排了 1/3 的篇幅。自通常所谓“光荣革命”以来，迄今已逾两百年，其间本有许多变化和发展，但似乎引不起作者的兴趣；对我们的近代宪法史没有述及，不是因为缺乏相应的知识，而只是因为他无意为之。法学家看待问题的方式必有不同。对于现行法律之研究，唯有英国的后期历史才帮助最大。即便斯塔布斯博士（Dr. Stubbs）[*] 后来没有出任牛津主教，而是把一生的精力和才能全部用于大学学术，我们从他的著作中能够获得多大教益，也尚待证明。但是，就事实本身而言，史学家中最能满足法学家需要的，是加德纳先生。十七世纪的斗争，詹姆斯一世和柯克之间的冲突，培根的特权理论，以及查理一世企图以个人意志来取代英国国王的法律意志，所有这一切，都和现行法律问题毫不相关。不过，理解这些事情至少让我们不被假象所迷惑——必须称之为假象：现代宪法 17
自由之确立，所用之方法是令人震惊的倒退式发展；每向现代文明迈进一步，即向我们蒙昧祖先的简单智慧回归一步。这种观点所依据的假定是，我们的撒克逊先人拥有一种近乎完美的政体，但这种假设掩盖了法律以及历史的真相。倘若要问“一个参与推选爱德华和哈罗德的人，和一个归还戈德温土地的大会上推搡叫喊的人，会如何看待”[①] 法律的大量细微之处，就是在问一个含有不当假设的问题；这就如同问，一个切诺基族印第安人，对于乔治三世将税收与代表问题分开的要求，他作何感想。这样的问题隐

* 斯塔布斯博士，即威廉·斯塔布斯（William Stubbs，1825—1901），以中世纪英格兰的宪法史研究而著名。——译者

① 参见弗里曼：《英国宪法的生长》（1 版），第 125 页。

含的前提是，一个野蛮人以其单纯之特点，即可公正解答一个连其中的术语都无法理解的问题。文明社会能够进行法律拟制，野蛮状态下则不能；我们可敬的撒克逊先人，较之我们自己，以及与我们类似的柯克和黑尔（Hale）等人，都只是可敬的野蛮人而已。此外，有人猜测，正是狡诈的律师借由法律拟制之发明，使得我们原始宪法的简约特质被破坏，但是，这种揣测低估了律师
18 的政治才能，同时也高估了早期社会的优点。法院的拟制经由柯克之类的法律人之手，有利于实现自由和正义的目标，而且这种作用，是在其他手段不足以达到目的之时发挥的。因为在某些社会情势之下，只能通过法律的拟制或者法律的微妙性，才能确保平等而确定的法律之统治，而法律的统治，是英国文明的真正根基所在。当初，詹姆斯一世企图把案件从法院撤回，然后交由国王陛下亲自审理，柯克却劝说或迫使国王放弃这一意图，但就柯克所依据的理由而言，天下事理中之最学究气、浮夸性和无史据者，莫过于此。[①] 然而，正是这位伟大的首席法官，通过他的固执和谬论，推行了一条生死攸关的宪法原则，就此而言，任何理论家的合理论证，或者政治家的高超统治，都达不到这样的效果。很奇怪的是，理想宪法为律师们的专门技术所破坏，这种观念本质上是因法律想象而造成的幻觉。倒退式发展的思想，不过是诉诸先例的一种表现形式。英国历史每到危急关头，总有人这样诉诸先例；实际上，没有人比我的朋友弗里曼先生自己，更令人信

① 参见《柯克英格兰王座法庭判例汇编》(*Rep.*)，第 12 卷，第 64 页起；赫恩（Hearn），《英国政府》(*Government of England*)，第 2 版，第 3 章。

服地指出过，所有英国人都有一种企图扩大自由范围的特性，即
凡是企图革新的时候，他们采取的形式是诉诸先在权利。但是，
诉诸先例在法院中只是一种有用的拟制，司法判决转变成司法立
法的过程由此被掩盖；之所以说是一种拟制，是因为它产生于法 19
院，却又进入政治或者历史的领域。因而，在这里，法学家以其
精明利用了史学家的简明。可以说，形式主义与好古癖最终联合
起来，共同对探求宪法的学者形成误导。

3. 政治理论家的宪法观，它的缺陷是只讨论宪法惯例

现在，让我们转向政治理论家。

最能作为这类思想者之代表的，是白芝浩（Bagehot）和赫恩教授。可以确切地说，关于英国政府的复杂运行方式，现代作家中没有谁比白芝浩解释得更清楚。他的《英国宪法》非常简明、新颖和风趣，反而少有学者意识到，它同时也是一部富有知识、智慧与洞察力的著作。比如，在描绘现实中的内阁政府时，白芝浩只要轻轻一笔即可妙趣横生，以至于读者不觉忘记了，白芝浩竟是根据事实来解释内阁的真正性质，以及它与君主和议会的真实关系的第一人。简言之，他是少数几个具有下述能力的教授之一，即能够把复杂的事情解释得如此清楚透彻，以至于大家都忽略了，现在如此清晰的东西竟然需要解释。至于赫恩教授，则可视为是白芝浩的先导。不管怎样，他同样是从一种新的视角来探讨英国制度，也是以一种新的眼光来看待它们的；要不是因为这样一种情况，即他是在墨尔本大学而不是在联合王国的任何一个高等学府，赢得作为一个教授的声誉，他一定会获得普遍的认可，

在解释英国宪法之谜上，他被认为是最杰出、最具独创性的阐释者之一。白芝浩和赫恩这两位作家，我们期待从中获得教益，也
20 的确获得了教益，但是，正如弗里曼先生一样，尽管从这些导师中，我们能够学到许多重要的知识，但是却了解不到法学家所要探求的那些内容。事实是，不论是白芝浩，还是赫恩教授，他们探讨以及打算探讨的，主要是政治默契或惯例，而不是法律的规则。比如：一个明智的立宪君主能够发挥怎样的道德影响力？内阁大臣在何种情形下有权解散议会？为了某个特定目的，同时创设大批贵族在宪法上是正当的吗？根据何种原则，才能对内阁提出公开质询？诸如此类的问题，只有专注于宪法惯例的作家才会提出并给予解答，我们可称其为“惯例主义者”。这些问题有许多是颇为重要的，但在法庭辩论中永远都不会涉及。如果首相建议创设 500 名贵族，可以肯定，大法官法庭不会签发禁止令予以制止；如果他被提出不信任动议后拒不辞职，王座法庭也一定不会签发权利开示令（Quo warranto）*，要求他解释继续担任首相的理由。作为法学家，我发现这些问题太过复杂。实践中如何解决，当由深邃睿智的两院议员考虑；理论上如何解答，则是政治理论家的事情。

（惯例的宪法观没有解释惯例是如何实施的）

21 一个纯粹的法律学者，也许可以给出这样的意见：默契是宪

* 开示令，根据《元照英美法词典》的解释，是指英国法中一种为国王利益而颁发的带有权利令状性质的特权令状，它主要针对那些主张或盗用公职、特权及司法管辖权者，要求他们说明其权利依据和行使上述特权的理由。——译者

法的重要组成部分，那些强调并解释这些默契的惯例性质的作者，对一个需要解释的问题，没有作出解释。也就是说，对于这个问题，即为何政治默契至少有时候可以像法律命令一样得到严格的遵守，他们没有给出令人满意的答案。[①]这是一个十分有趣的问题，但是诉诸舆论和权益考量远不足以解答。合同之履行，为舆论所赞成，也为公众利益所要求，然而，合同并不总是得到履行，假使法律并不惩罚违约行为，或者并不强迫当事人履约，违约行为大概就会比现在频繁得多。同时可以肯定的是，默契不是法律；如果“宪法”确指严格意义上的法律，那么也没有一个惯例主义的体系可以解释宪法的全部性质。

（宪法果真都是“法”吗？）

这个时候，一个常常让研习宪法的学生们感到困惑的问题就会再次出现。有无可能是这样：所谓的“宪法”是历史和惯例的混合物，它根本不适合称之为法，也不属于法学教授的研究范围，因为对法学教授的要求是，他只能研习或者讲授英国真正的毋庸置疑的法律？难道托克维尔那句含糊不清的话，即“英国宪法实际上并不存在”（elle n'existe point）[②]，道出了所有实情？假使这样 22
的话，对于一个连名称都无法准确界定的学术领域，法学家们会很乐意地将它让出来。其中属于历史的那一半，应当交给我们的史学教授；而属于惯例的另一半，也就是阐明法律生长的那部分，

① 关于这一问题的进一步评论，请参见本书第三篇。

② 《托克维尔全集》（*Tocqueville, Oeuvres Complètes*），第1卷，第166、167页。

要么转给我的朋友“基督圣体学院法理学讲座教授”，因为他专职于研究法律科学中冷僻、古怪的内容，要么交由我的朋友“奇切利国际法讲座教授”，他名为法律教师，却不讲授法律，他所习惯阐释的那些规则，被误称为国际法，实则是公共伦理学，所以，他会发现自己精通于政治伦理的解释，这些内容基于刚才的假定，被误称为宪法。*

然而，在我们承认“宪法”根本不是法律这一假定的真实性之前，有必要对宪法这个术语的准确含义做进一步的辨析，并考察它在多大程度上适于作为法律解释的对象。

四、宪法包括两种不同的规则

“宪法”（constitutional law）这个术语，就其在英国的使用而言，似乎包括直接或间接影响国家主权权力之分配或行使的所有

---

* 作者这里提到的是牛津大学讲座教授职位。其中，担任过基督圣体学院法理学讲座教授（Corpus Professor of Jurisprudence）的有：H. J. S. 梅因爵士（1869—1883年）、F. 波洛克（1883—1903年）、P. 维诺格拉多夫（1903—1926年）、W. 阿什伯纳（1926—1929年）、C. K. 艾伦（1929—1931年）、A. L. 古德哈特（1931—1952年）、H. L. A. 哈特（1952—1968年）、罗纳德·德沃金（1969—1998年）、约翰·加德纳（2000—2016年）、张美露（2019年—　）。

担任过奇切利国际法讲座教授（Chichele Professor of International Law）：M. 伯纳德（1859—1874年）、T. E. 霍兰（1874—1911年）、H. 厄尔·理查兹爵士（1911—1922年）、J. L. 布赖尔利（1922—1947年）、C. H. M. 沃尔多克（1947年—　）。

戴雪当时担任的则是瓦伊纳英国法讲座教授（Vinerian Professor of English Law，1882—1909年）。参见：〔英〕F. H. 劳森，《圣殿：1850年至1965年的牛津法学教育》，黎敏译，法律出版社2010年版，第271页。——译者规则。[1] 因此，宪法（除其他规则外）包括所有这些方面的规则：界定主权权力的组成部分，调整前述各部分的相互关系，确定主权 23
权力或各组成部分的行使方式。这些规则规定王位继承顺序，规制行政首长的特权，确定立法机关的形式及其选举方式。它们还涉及各大臣的责任和行动范围，界定国家主权所及之领域，解决臣民或公民的范围问题。请注意，这里所用的词是规则（rules），而不是法律（laws），如此使用乃有意为之，目的是让读者注意以下事实：宪法，就其在英国的使用而言，它的规则包括两套性质完全不同的原则或者准则。

（A 真正的法律规则，即宪法性法律）

第一套规则是严格意义上的“法律”，因为不论成文的还是不成文的，也不论是由制定法规定的，还是源于大量的习惯、传统，或者法官创制的准则而被称为普通法者，它们都是由法院实施的规则；这些规则构成真正的“宪法”，为了区别起见，可被统称为“宪法性法律”。

（B 非法律的规则，即宪法惯例）

第二套规则由惯例、默契、习惯或常规组成，尽管它们也可

[1] 参见霍兰（Holland），《法理学》（*Jurisprudence*），第 10 版，第 138、139、359—363 页。另外佩利曾说：“一个国家的宪法，意指与下列事项有关的法律：一是立法机关的组成与任命；二是立法机关各部门的权利和职责；三是法院的组织、职位和管辖权。宪法是公法中一个重要的分支或部分，仅仅因为它探讨的主题极为重要，所以又和公法的其他部门有所区别。”参见佩利：《道德哲学》，第 6 卷，第 7 章。

以规制主权权力各组成部分的行为，内阁的行为，或其他官员的行为，但因为不是由法院实施的规则，所以其实根本不是法律。宪法的这部分内容，为了区别起见，可被称为“宪法惯例”，或者宪法道德。

24 换一个稍微不同的表述，即是，按照英国公众和权威作家的使用方式来说，“宪法”由两部分组成。一部分是这里所称的“宪法性法律”，即大量的确切无疑的法律；另一部分是这里所称的“宪法惯例”，由准则或者常规组成，它们尽管也规制君主及其大臣的日常行为，以及受宪法监督的其他人的日常行为，但根本不是严格意义上的法律。宪法性法律和宪法惯例的这个区别，最好是以实例来说明。

128 **（属于宪法规则的例证）**

下列规则属于宪法性法律：

第一，“国王无过”（The king can do no wrong）* 这条格言，根

---

* “The king can do no wrong”，常译为“国王不为非”或“国王无过”。它既不是指国王“不应当”犯错，也不是指国王在主观上没有“过失”或“过错”，更不是指国王的一切行为都是合法的。实际上，这条古老的法律格言所意指的是，国王作为主权者，不对其作为或不作为承担法律责任，不能在国王自己的法院里被起诉，不受自己臣仆的裁判。正是由于任何的违法行为（在法律上）都不可归咎于国王，所以指示作出这种行为的命令，也不可认为是出自于国王——参见赫恩，《英国政府》（墨尔本：乔治·罗伯森），1886 年版，第 10 页。但需指出的是，英国于 1947 年通过《王权诉讼法》之后，这一原则有很大改变。该法规定国王根据契约，以及其雇员或者代理人的特定侵权行为，应与公民个人一样承担责任。

特别指出一句，上述解释其实已经是比较现代了。其含义并非是一成不变的，它有一个演变的过程，而且早期还充满了模糊性和神秘性。——译者

据现在法院的解释，首先是指法律中没有任何诉讼程序，可用以
使国王对其任何行为亲自承担责任；举一个荒诞的例子，假设国
王本人用枪射穿了首相的头部，这一行为，英国是没有法院能够
审理的。这条格言其次是指，没有人能够以国王或者任何上级官
员的命令为借口，来为自己在其他方面没有正当法律理由的行为
进行辩护；需要指出的是，这个原则在上述两种情形之下，都是
一条法律，而且是宪法性的法律，尽管它不是一条成文法。第二，
“国王无权免除守法义务”。这种对豁免权的否定或废除，现在有
赖于《权利法案》而存在；这也是宪法性的法律，不过是一条成
文法。第三，“凡国王之行为均须有人代负法律责任”。这种大
臣责任制，在国外似乎是明定于宪法的；在英国则是若干法律原
则综合作用的结果。这些原则包括：国王无过的格言；国王的行
为凡不以特定形式做出者，法院不予认可，即一般要求由部长盖 25
上个人印章或副署，或作出相当于副署的签押；部长盖上个人印
章或副署之后，就表示他赞同国王的行为，因而应当对该行为负
责。[①] 该规则也是宪法的一部分，一条法律，一条不成文的法律。
除此之外，人身自由权、公众集会权，以及其他许多权利，也是
宪法性法律的一部分，尽管大多数这样的权利，都是以下这个更
一般的法律或原则，在实行之后所产生的效果，即任何人，除非
依照法律规定的方式证明（即经王国法院审判），其本人违反了法
律（即犯罪），否则不能受到惩罚。

下列准则则属于宪法惯例：

① 参见赫恩，《英国政府》，第 2 版，第 4 章。

“国王必须同意，或者（不准确地说），不能‘否决’[1]任何已由上下两院通过的法案”；“上议院不能提出任何的财税法案”；“当上议院扮演上诉法院的角色时，不属于司法上议员的贵族，不能
26 参与上议院对案件的判决”；“内阁大臣在失去下院的信任之后必须辞职”；“议案获下院通过之前，必须经过一定次数的读会”。这些格言相互之间也有许多区别；[2]存在一部新宪法或成文宪法的情况下，其中有一部分可能会采取实在法的表现形式，而另一部分则可能不会。在英国宪法中，它们却有一个共同点：没有一条是

① 关于“否决”的含义，参见赫恩，《英国政府》，第2版，第51、60、61、63、548页；以及最近一版《不列颠百科全书》[欧列里（Orelli）教授编]中“否决”词条。

② 这些格言中，有部分从未被违反，也普遍被认为是不可违反的。但是，另一部分只得到少量习惯的支持，因而其效力是成问题的。我们认为，关于这两种不同的惯例性规则，其主要区别可作如下概括：其中一部分规则是不能违反的，否则将中断和平有序的政治进程；另一部分若是被违反了，除了对违背该规则的部长或其他人加以谴责或者使之失去人心之外，没有任何其他后果。

可以发现，这个区别从根本上说，取决于某个惯例性准则被违反之后，违反者在多大程度上陷入与王国法律的直接冲突之中。比如，在政府的建议之下，议会已超过一年未被召集开会，那么，由于《军纪法》(*Mutiny Act*)等法律会失效（因为这些法律必须由议会年年通过。——译者），该政府因其代理人的行为而与法院发生冲突。假使这样的话，违反一条宪法惯例，就会导致暴力革命或反动暴行。但是，以下这条规则，即议案获下院通过之前，必须经过一定次数的读会，尽管是一条确立已久的宪法原则，却是一个即便被漠视之后，也不会导致政府与普通法律相抵触的惯例。假设某个内阁说服下院在一读之后就通过某一部法律，如“中止人身保护法”，或者说服下院改变有关议案读会的必要次数的规则，这种行为虽然违反了宪法惯例，但绝不至于与普通法院相冲突。在拨款案和《军纪法》获通过之后，政府因为其他事项失去下院的信任，但大臣们竟仍然解散下院并继续留任长达数月，这样的行为可能会，也可能不会严重不得人心，但无论如何并不必然违背法律。关于这个问题的详细论述，请参见本书第三篇。

真正意义上的“法律”，因为如果任一或者全部格言被违反，法院都会置之不理。

不无遗憾的是，这些格言必须说成是“惯例性的”规则，而 27
这个词暗含着不重要或不真实的意思。但是，这个意思是任何一位教师都最不愿意传递给听众的。在宪法惯例或者常规做法中，有一部分的重要性堪比法律，而另一部分可能无足轻重，就像真正的法律有时也无足轻重一样。尽管如此，我的目标不是辨别真假，而是区分法律与惯例，它们是所谓“宪法”的两个组成部分。

（法律与惯例的区别，不同于成文法与不成文法的差别）

应当注意的是，法律和惯例的区别，本质上不同于“成文法”（或制定法）和“不成文法”（或普通法）的区别。有一些宪法性法律，如《权利法案》《王位继承法》和《人身保护法》等，是可见于《制定法汇编》中的“成文法”，或者说“制定法则”（statutory enactments）。也有一些非常重要的宪法性法律（部分上文已提及）是“不成文法”，也就是“非制定法则”。还有一些宪法性法律，比如，规制王位继承的法律，曾经是不成文法或普通法，现在已变成了成文法或制定法。但是，宪法惯例是不可能记录于《制定法汇编》的，尽管它有可能形成于正式文字。比如，我们的全部议会程序，不外是一些惯例性的法；但它是以成文的或者印刷文字出现的规则。简言之，成文法和不成文法之间的区别，绝不等同于宪法性法律（真正的宪法）和宪法惯例之间的区 28
别。后一种区别，正是我们最要关注的，因为它不仅自身至关重要，而且还解释了宪法研究的全部对象应当是什么。此外，这种

区别也存在于成文宪法或法定宪法国家。[①] 比如在美国，总统和参议员的法律权力、选举总统的方式，等等，就法律而言，全部都由宪法来调整。但是，与法律一道，某种严格的惯例性规则发展出来，尽管它们不会引起任何法院的注意，但在实践中几乎与法律的效力相当。比如，总统从未连任超过两届：关于总统的再次当选资格，民众赞同这种惯例性的限制（宪法中没有这种限制），事实证明，这是格兰特将军（General Grant）[②] 第三次竞选的致命障碍。又如，宪法惯例彻底改变了总统选举人的地位。他们按照宪法缔造者的意图，应当成为真正的选举人，即决定或挑选总统的
29 人；简言之，共和国的行政首长依法应当从复选制度中产生。可这个意图落空了；“选举人”已沦为一件选举某特定候选人的纯粹的工具；他们不过是一张张用以选举共和党或民主党候选人的选票而已。选举人不是真的要去选举，这种默契现在已牢固确立，以至于如果有选举人行使他的法定选择权，他就会被视为违背了

---

① 美国宪法中的惯例要比大多数英国人所设想的多得多。关于这一主题，可参见威尔逊（Wilson）的《国会政府》（*Congressional Government*），以及布赖斯（Bryce）所著《美利坚共和国》（*American Commonwealth*）（第 3 版）第 34 章和 35 章。可以毫不夸张地说，美国宪法中的惯例现在与英国宪法中的一样多。但是，在美国制度中，“惯例性规则”和“法律”之间的界限十分清晰，这在英国几乎是不可能做到的。

在法兰西共和国的现行宪法之下，宪法惯例或默契发挥着相当大的作用。例如，宪法文字授予总统的大量权力，宪法惯例极大地限制了它在实际中的运用。参见夏东（Chardon），《法国行政机关及公职人员》（*L'Administration de la France Les Fonctionnaires*），第 79—105 页。

② 格兰特将军，美国内战时期的将军，第 18 任总统（1869—1877 年）；他 46 岁时代表共和党参加总统竞选并取得成功，为美国史上最年轻的总统，并连任两届。——译者

政治节操，即便是最无耻的政客也不会犯下如此严重的错误。* 在海斯先生和狄尔登先生的竞选过程中，假设有少数共和党选举人可以自由选举民主党的候选人，那么公共难题（虽说不上公共危险）也许就得以避免。但他们中没有一个人改变立场。美国选举人的选举权被宪法惯例彻底废除，正如英王对上下两院通过的法案不予同意的权利被宪法惯例所废止一样。总之，无论在成文宪法还是在不成文宪法之下，我们发现，宪法性法律和宪法惯例之间的区别，都是切实存在的。

五、作为法律研究对象的宪法，仅仅指宪法性法律

如此来强调这个区别，可能稍显冗长，之所以如此，乃是因为它是当前问题之根本所在。一旦理解“宪法”（constitutional law）这个词所潜在的歧义，而且，与本书研究对象相关的一切问题都各归其位，那么，一个应当把宪法当作英国法的一个分支来讲授或研究的法律学者，对于他所研究对象的性质和范围，就不 30
可能没有一个清晰的认识。

惯例或者默契不是他的直接关注对象。它们因时代而异，甚

* 美国总统并不是由全国选民直选产生，而是先由各州选出选举人团，然后再由这批“精英”选举总统。这就是戴雪所谓的复选制度。但由于政党的迅速崛起，选举人团制度其实并没有按照制宪者们所设想的那样去运作，选举人只能按照赢得地方选举的政党的要求，而不是按照个人的意愿去选举总统。所以戴雪说他们只是一件纯粹的工具和一张张选票而已。——译者

至几乎是因年而异。例如，一个在选举中被打败的政府，是应当在选举结果公布当天引退，还是可以继续留任，直到在议会中被挫败，这个问题也许就只具有实践上的重要性。关于这个问题的看法或默契，据说今日之流行，较之三十年前甚或十年之后所盛行者，均有不同。这是个棘手的问题，因为两边都不乏重要先例和权威依据；罗素和皮尔的言行是一回事，比肯斯菲尔德（Beaconsfield）伯爵[*]与格拉斯顿的言行又是另一回事。然而，这个问题属于政治学而非法学，因而不会让法律人或任何一个法学教授感到困扰。如果法学家真要关注这个问题，他也仅仅只需要去揭示宪法惯例和宪法性法律之间的关联——如果有的话。

唯有这个真正的宪法，才是法学家实际关注的对象。他所固有的职责，是指出英宪各组成部分中，究竟有哪些法律规则（即法院所认可的规则）。这些规则或者法律，可谓比比皆是。确定
31 国王的法律地位、国王大臣的法律权利、上下两院的组成的规则，以及管理国教、确定非国教会的地位、控制军队的法律，上述这些和许多其他的法律，构成宪法性法律的一部分，也真正是王国法律的一部分，就如美国的宪法条文是联邦法律的一部分一样。

（宪法解释，类似于英国法的任何其他分支的解释）

简而言之，英国法学教授的任务，首先是确定作为英宪之组成部分的法律是什么，其次是整理它们的门类，解释它们的含义，

* 比肯斯菲尔德，即迪斯累利，是与格拉斯顿同时代的政治和作家，两度出任英国首相（1868 年和 1874—1880 年）。——译者

然后可能的话，还要阐明它们的逻辑关系。他必须以斯托里和肯特阐述美国宪法中的成文法律一样的方式，来阐述英国不成文的或部分不成文的宪法。这个任务特别艰巨，但在阐述英国法的每一个分支时，都会碰到这种难题，只是程度有所不同而已。你必须部分地涉及制定法，部分地涉及法官造法；必须仰仗议会法则、司法判决、权威的法官附带意见，在许多情况下，还不得不依靠不过是从司法原则中得出的推论；在普遍的习惯和公认的权利之间作出区分，也常常是一件困难的事。这一点，不仅是在试图解释宪法时是这样，在试图解释我们的合同法、侵权法和不动产法时，差不多也是如此。

此外，宪法教师在目前做研究，具有相当之便利。这是因为，
宪法问题近年来[①]变得非常的现实和紧迫。这些年，凸显出许多 32
新的宪法问题，很多情况下也给出了解决方案。譬如，与布拉德洛先生（Mr. Bradlaugh）的名字联系在一起的系列诉讼案[②]，对于澄清我们公法领域中的许多费解之处，起到了很大作用，就如同十八世纪时，与约翰·威尔克斯（John Wilkes）的名字联系在一起的系列诉讼案，也起到了同样的作用。由此，有关赡养和抚养的法律得以重新发现，有关亵渎神明的法律得以重新解释。现在，每个人都了解刑事诉讼的性质。准确界定下院和各级法院之间的关系成为可能；宣誓仪式及其法律性质已世人皆知，至少是为

① 本书首版于 1885 年。此后的法律判决和公共讨论使人们理解了许多宪法问题，比如公众集会权的限制和戒严法的性质等。

② 这句话写于 1885 年。有关布拉德洛的政治经历，参见《英国人物传记辞典》（*Dict. Nat. Biog.*）补编，第 1 卷，第 248 页。

愿意阅读《判例汇编》的那些人所知。与此同时，与布拉德洛先生不相干的那些情形，也迫使公众注意有关公众集会权的各种问题。比如，这个权利在法律中有规定吗？它的行使有什么限制？“非法集会”的准确定义是什么？合法集会的公民在多大程度上可以用武力来维护自己的集会权？英国宪法在何种程度上承认自卫
33 权？这些问题会随时在法院中提出来，而且有一部分已经提了出来。它们触及我们公法之根本。得到准确的回答，对每一个公民来说都十分重要。这些问题尚未解答之前，宪法的研究必乃当务之急。然而，该法律的规定经常体现在案例之中，这些案例曾轰动一时，并激起强烈的政治偏见，这一事实有可能造成严重误解。无知的学生可能会推断，宪法仅仅是从这些著名案例总结而来，因为它们保存着重大宪法或政治冲突的结果。其实不然。许多不引人注目的案件，如“比利时议会号案”（*Parlement Belge*）[①]或“托马斯诉女王案”（*Thomas v. The Queen*）[②]，均涉及或者裁决宪法原则问题。实际上，针对警察和收税员的每一次诉讼，都会实施所有这类原则中最重要的一个，那就是，在民事或者刑事诉讼中，服从行政命令不能作为越权行事的抗辩理由。总之，真正的宪法正是从英国法其他分支所从出的资料中收集而来；尽管它没有得到充分探索，但如同任何其他法律部门一样，也构成一个独特而有

① 《遗嘱检验、离婚及海商分院判例汇编》（*P. D.*），第 4 卷，第 129 页起；以及第 5 卷，第 197 页起。比较“沃克诉贝尔德案”（*Walker v. Baird*），载《上诉案例汇编》（*A. C.*），1892 年，第 491 页起，第 497 页。

② 《英国判例汇编》（*L. R.*）；《王座法庭判例汇编》（*Q. B. D.*），第 10 卷，第 31 页起。

趣的法律研究或解释领域。这个研究对象，其范围目前尚未完整地标示出来，因而，这会让老师和学生都感到不便，尽管对他们来说，探索一个尚未完全有序化的法律领域也是一种乐趣。[1] 34

但是，这种不便也有一个很大的好处。那就是它迫使我们去寻求重要原则的引导，随着我们在错综复杂的论题中寻找启示，如下三个指导性原则便渐渐呈现出来：其一，议会的立法主权；[2]其二，普通法律在整个宪制中的普遍统治或至上性；[3]其三，宪法惯例的约束力最终取决于宪法性法律（尽管此时更多的是基于不确定的和猜测性的理由）。[4]对这三个原则的分析、解释和检验，不论最后得出什么样的结论，至少构成一部合适的宪法研究导论。

① 这段文字写成之后，威廉姆·安森爵士的杰作《英宪中的法律与惯例》问世。这本书从此为英国宪法研究提供了一个完整的方案。

② 参见本书第一篇。

③ 参见本书第二篇。

④ 参见本书第三篇（根据本书的论述，这个原则的意思是，宪法惯例最终需要宪法性法律来保障实施，换言之，宪法惯例的约束力最终源自宪法性法律。——译者）。

第一篇

议 会 主 权

第一章　议会主权的性质 37

从法律角度而言，议会主权是我国政治制度的主要特征。

（**本章的目的**）

本章有三个目的：第一，解释议会主权的性质，并阐明它的
存在是一个法律事实，完全为英国法所承认；第二，证明对议会
主权的那些所谓的法律限制，没有一个是成立的；第三，指出并
解决某些理论上的难题，这些难题有碍人们欣然承认以下原则， 141
即根据英国宪法，议会是绝对的最高立法机关。

（**议会主权的性质**）

一、议会主权的性质

议会在律师和法官（lawyer）* 口中，是指君主、上议院和下议院的集合（尽管它在日常会话中通常具有不同的含义）；合在一起

---

* “律师和法官”所对应的英文词是“lawyer”一个词；“法律人”是一个不严谨和不确定的概念；考虑戴雪的授课对象和英国的司法体制，尤其是英国法官仍然保有律师资格这点，经慎重考虑，选择“律师和法官”来对译之。——译者

的这三个机构，可恰当地称之为“王在议会”（King in Parliament）*，它们共同构成议会。①

议会主权原则的准确意思，是指如此定义的议会根据英国宪
38 法，有权制定或者废除任何法律；而且英国法不承认任何个人或者团体享有推翻或者废止议会立法的权力。

就当前的主题而言，我们可以把法律界定为“任何由法院实施的规则”。因而，议会主权原则从正面来讲，可以这样描述：任何一部议会法，或者一部议会法的任何一部分，不论它们是成为新的法律，还是废除或修改现行法律，都会得到法院遵守。这一原则，如果从反面来看，则可如此表述：根据英国宪法，任何个人或者团体，都不能制定出撤销议会法或贬损其权威的规则，换

* 王在议会，又译“君临议会”。这一短语的内涵微妙而深刻，它既表达出律师和法官口中的议会是由国王和上下两院三者共同组成这一事实，又用以表达国王在议会中的作用以及国王与议会两院的关系。但是，国王与议会两院的关系并非一成不变。大致说来，在爱德华三世至亨利七世期间，因王权的地位常常凌驾于议会之上，故国王和议会是两个彼此分离的政治实体，这种时候，所谓“王在议会”是真正意义上的“君临议会”。在都铎王朝时期，英国宪法中慢慢发展出“王在议会”原则，这一原则是就国王在实际立法中的作用而言的，即一方面国王必须参与立法，另一方面国王又不能随意立法，故其实质是王权的有限性（关于“王在议会”这一短语所包含的立宪思想，可参见阎照祥所著《英国政治制度史》，人民出版社 2012 年版，第 111—118 页）。在斯图亚特王朝之后，国王除了在加冕和议会开幕典礼时与上下两院议员相见，就不再参加议会——主要是不再参加上议院，因为国王从未出席下议院。这个阶段的“王在议会”就只是在形式上或者礼仪上而言了。所以，译成“王在议会”似乎更能表达这一短语的准确含义；至于“王在议会之中”究竟起主导或支配作用，还是只扮演一个仪式上的角色，则视具体的历史情境而论；戴雪在下文引用托德（Todd）的文字中也论及这一点（参见本书边码第 65 页相应注释）。目前，中国历史学界和政治学界也多译为“王在议会”。——译者

① 参见布莱克斯通:《英国法释义》，第 1 卷，第 153 页。

言之，不能制定出违反议会法但法院却予以实施的规则。关于这
一原则，很容易想到一些明显的例外。比如，高等法院的法官制
定出废除议会制定法的法院规则[*]。但是，这些明显的例外可以作
这样的解释，即属于议会直接或间接批准从属立法的情形。这里
并不是要详细探讨司法立法的性质，[①]之所以提到这个问题，仅仅
是为了消除某些学生心中可能浮现的一个显然的疑虑。在接下来
的讲稿中，必然会对议会主权进行深入讲解，但这里只需要像上 39
文那样，大致描述一下它的性质就足够了。重要的是要澄清，议
会主权原则不论从正面或反面来看，都完全为英国法所承认。

（议会的无限立法权）

（一）议会的无限立法权

关于这个主题，布莱克斯通的《英国法释义》中有一段经典论述。现摘录如下：

> 爱德华·柯克爵士[②]说，议会的权力和管辖权是至高无上的、绝对的，所以，对于案件或者个人，它都不受任何限制。

---

* 所谓法院规则（rules of court），是指有关法院诉讼程序的规则，如民事诉讼规则、刑事诉讼规则、证据规则等。——译者

① 读者若想深入了解有关法官造法的性质，可参考笔者所著《法律与公共舆论》，附录四，第 481 页，以及弗雷德里克·波洛克爵士（Sir Frederick Pollock）的《法理学和伦理学论文集》（*Essays in Jurisprudence and Ethics*），第 237 页。

② 《英国法总论·第 4 卷》（*Fourth Institute*），第 36 页。

他还补充说，对于这个高等法院，确实可以这样说：“论年代之久远，它是最古老的；论地位之尊贵，它是最崇高的；论管辖权之范围，它是最大的。”对于一切种类的事务，不论宗教的或世俗的、民事的或军事的、海事的或刑事的，议会都拥有最高的和不受控制的权力，来制定、批准、废止、撤销和解释法律，或使法律恢复生效，或扩大或限制它的适用范围。这种绝对专制的权力，在所有的政体中必然属于某个人或某个机构，它如果被这些王国的宪法委托给某个人或机构，就是属于这种情况。所有超出普通法律程序的损害、冤情、行动或救济，都在这个特别法院的管辖范围之内。它能够规制或重新安排王位的继承，就像在亨利八世和威廉三世统治时期所做的那样。它也可以改变王国的国教，就像在亨利八

40 世及其三个子女统治时期的种种情况下所做的那样。它甚至能够改变和重新创造王国宪制和议会自身的组成，就像《联合法》或者若干有关每三年或七年选举的制定法所做的那样。简言之，只要没有违背自然，议会能够做一切事情。因此有人毫无顾忌地将它的权力称为议会万能，尽管这样描绘未免过于冒失。但事实就是，议会所做的事情，世上无任何权力可以撤销。所以，对本王国的自由来说，最重要的事，莫过于把如此重任委派给那些最为卓越的议员，即那些正直、坚韧、富有学识的议员。伟大的财政大臣伯利（Burleigh）勋爵曾有一句著名警句：“除了议会，没有谁能够摧毁英格兰。”马修·黑尔爵士也曾评论说，议会是本王国最高最重要的法院，王国中再无其他法院对它拥有管辖权，如果它真要实施恶政，

王国臣民无论如何是没有办法寻求救济的。孟德斯鸠议长的预言也表达了相同的意思，尽管我认为这种预测太过草率：正如罗马、斯巴达和迦太基失去自由并走向毁灭一样，英国宪法必不免重蹈覆辙，也会最终丧失自由并走向毁灭——立法权比行政权更为腐败之日，便是英国宪法毁灭之时。[①]

德·洛尔默（De Lolme）把这个问题概括成一句荒诞的表述， 41
它几乎已变成了一句谚语：“对英国律师和法官而言，这是一个基本原则，即议会除了不能把女人变成男人，把男人变成女人之外，什么事情都可以做。”

（议会主权的历史例证）

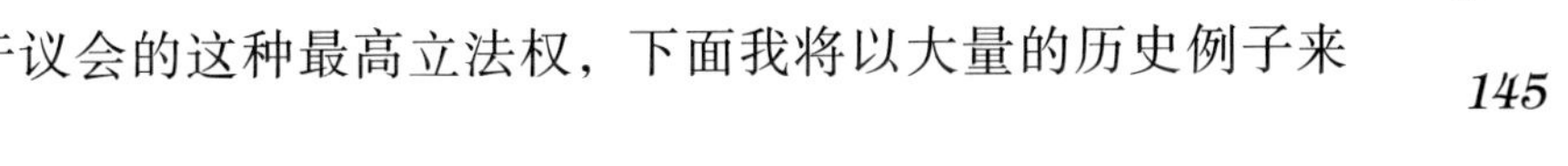

对于议会的这种最高立法权，下面我将以大量的历史例子来证明。

（《王位继承法》）

王位继承规则曾变动不居，但最终确定于《王位继承法》，即威廉三世第 12 和 13 年，第 2 章法（12 & 13 William III., c. 2）；国王在议会拥戴之下坐上王位；他的统治权取决于并来自于一部

① 布莱克斯通：《英国法释义》，第 1 卷，第 160、161 页（中译本参见：〔英〕布莱克斯通，《英国法释义》，游云庭、缪苗译，上海人民出版社 2006 年版，第 181—183 页。——译者）。关于议会主权，试比较托马斯·史密斯爵士（Sir Thomas Smith）所著（L. Alston 编辑），《论英格兰共和国》（*De Republica Anglorum, A Discourse on the Commonwealth of England*），第 2 卷，第 1 章，第 148 页。该书首版于 1583 年。

制定法。这个主张，如今已无人想要捍卫或者质疑；但只要看一眼《制定法汇编》即会发现，至多两个世纪以前，议会对于自身合法的至上性原则，还不得不奋力抗争。安妮第6年，第7章法第1款除了其他事项之外，还作出如下规定：

> 如果一个人或者一些人，以书面或印刷品形式，蓄意直接主张和支持下列各项，这个人或者这些人就犯有重叛逆罪；一经合法证明，就会被判为卖国者并处以死刑、没收财产和褫夺权利，一如其他各种重叛逆罪犯所受刑罚。
>
> 1. 我们当前的最高统治者、女王陛下不是这些王国合法的和正当的女王。
>
> 2. 那个假冒的威尔士亲王，即现在自称为大不列颠国王，或英格兰国王詹姆斯三世，或苏格兰国王詹姆斯八世的人，有权利或者资格成为这些王国的国王。
>
> 3. 其他任何一个人或者一些人有权利或者资格成为这些王国的国王，但根据下列议会法作出前述主张者除外：
>
> （1）于已故君主威廉和玛丽陛下在位之神圣而光荣的第一年，英格兰议会制定的《宣告臣民权利和自由并确定王位继承法》；
>
> 42 （2）于已故国王威廉三世陛下在位之第十二年，英格兰议会制定的《进一步限制君权并更加确保臣民权利和自由法》；
>
> （3）出于合并英苏王国之目的，英格兰议会和苏格兰议会最近制定的法律。
>
> 4. 本王国的国王或者女王，在议会授权之下，不能够制

定具有充分效力的用以限制和约束君主、事关君主之继承、权限、遗产或统治的法律。[①]

（各《联合法》）

各《联合法》就是议会行使其权力的显著例证（布莱克斯通曾提到其中之一部）。尽管如此，关于英国的宪法理论及其运行状况，没有哪部法律比《七年任期法》[②]的意义更为重大。因此，这部法律的制定背景，以及法律本身的性质值得特别关注。

（《七年任期法》）

1716年时，根据1694年的一部法律规定，议会的任期为三年，而且，至迟于1717年必须举行大选。但是，国王和内阁合理地认为，选民中有许多人是詹姆斯二世党人，倘若改选，不但内
阁，而且整个国家的安宁都会面临危险。所以，当时正在开会的 43
议会被内阁说服，通过了《七年任期法》，把议会的法定任期由三年延长至七年，这样，那届下议院的权力实际上延长了四年，超过了当选时所设定的期限。较之通过这样的法律，即，使未来的议会无需大选即可存续七年而不是三年，这次行动就更加富有力量。以权谋和权宜的角度而言，这部法律是合理的。而且，《七年任期法》的这个理由，在任何一个理智的人看来，似乎都如此充足，以至于当一个人读到下述文字时，不免会感到惊讶，因为公

① 除安妮第6年第7章法之外，参见安妮第6年第41章法第一款。这部法律至今依然有效。

② 乔治一世第1年法案二，第38章（*George I. st. 2, c. 38*）。

正、审慎如哈勒姆或斯坦诺普勋爵者，对于这一立法权力的最高展示，都试图贬低它的意义。哈勒姆写道：“愚昧之徒有时自信地认为，立法机关如此立法是在越权行事；即便在法律上不能这样说，它至少也是辜负了人民的信托，打破了古宪法传统。依我看，没有比这更过分的说法了。”他的这个评论建立在如下基础之上，即“规定议会任期为三年的法律，本身不过存续了二十来年。正如通常主张的那样，它是一场实验，事实证明是不成功的。它像其他任何法律一样，都是要被彻底废除或任意修改的对象”。[①]

斯坦诺普勋爵说：“我们可以把这个愚蠢的看法丢在一边：议
44 会延长它的任期超越了自身的合法权限。这个看法实际上为当时的党派精神所力主，可能还不时地在亢奋的民众中肆意流传，但已经遭到了最优秀宪法作家的彻底蔑视。”[②]

（《七年任期法》的宪法意义）

上述评论没有抓住《七年任期法》所受抨击的要害，也掩盖了这一制定法在宪法上的重要性。当初，那31个上议员之所以反对这部法案，是因为（除其他理由之外）：“人们认为，下议员必须由人民选举产生，唯有如此，他们才是人民的真正代表；但是，当其实际任期超过当选时所规定的期限，他们就不能再被恰当地称之为人民代表。因为自此以后，他们是由议会而非人民选举产生，这样人民就被剥夺了唯一的救济措施，以反对那些因不了解

① 哈勒姆，《英国宪法史》（*Constitutional History of England*），1872年版，第3卷，第236页。

② 马翁勋爵（Lord Mahon），《英国史》（*History of England*），第1卷，第302页。

或者腐败而有意辜负人民的信托的人，该救济措施就是把更好的人选进下院。”[①] 上议员的这段话，准确地道出了理论上反对《七年任期法》的理由。这部法律的独特性，不在于它改变了议会的法定任期，或者废止了《三年任期法》；[②] 实际上，较之 1694 年通过《三年任期法》，仅仅是 1716 年通过《七年任期法》这个事，没有也永远不会更为令人吃惊，或者遭受更严厉的谴责。真正令人吃惊的是，现存议会运用自己的权力延长了自己的法定任期。因此，对于普里斯特利（Priestley）提出（实际上反对的上议员也提出过）的这一主张：即“议会把任期延至七年，首先就是对人民 45
权利的直接侵犯；因为，既然可以将自身的权力延至七年，它同样可以延至十四年，或者干脆像 1641 年的议会那样，把自己变成永久性的”，[③] 我们不能视之为一个愚蠢错误，以为它只是建立在“无知的假设”之上，即《七年任期法》延长了议会的原有期限。[④] 就其实质而言，普里斯特利和其他一些人的论点是，从宪法上讲，当选后任职三年的议员，至少到目前为止，仍是选民的代表或者代理人，因此，他们不能延长自身的权力期限，以致超过了委托人即选民所授予的期间，否则就是侵犯宪法。在许多国家，尤其在美国，《七年任期法》这样的法律，会被裁定为无法律效力；没有一个现代英国议会，为了让一个政府或政党继续执政，而敢于通过一部延长自身任期的法律，如《七年任期法》；所以，这个

① 索罗尔德·罗杰斯（Thorold Rogers），《上院的异议》（*Protests of the Lords*），第 1 卷，第 218 页。

② 威廉和玛丽第 6 年，第 2 章法。

③ 参见《普里斯特利论政府》（*Priestley on Government*），1771 年，第 20 页。

④ 哈勒姆，《宪法史》（1872 年版），第 3 卷，第 236 页注释。

观点，即沃波尔（Walpole）及其追随者通过《七年任期法》违反了宪法默契，从表面上看没什么荒谬的。议会这样行使权力，虽没有先例，却是合法的。低估这项权力的运用，就是否认《七年任期法》所具有的真正宪法意义。这部法律事实上证明：从法律的视角来看，议会既不是选民的代理人，也绝不是选民的受托人。
46 议会在法律上享有国家最高立法权，因而，《七年任期法》既是该议会主权的产物，也是它存在的永久证据。

（议会对私权利的干预）

到目前为止，我们是从公权利方面来考察议会在法律上的无限权力。现在让我们考察议会在私权利方面具有怎样的地位，这些私权利，各文明国家都理所当然地给予特别保护或奉为神圣。需指出的是，柯克还特意把干预私权当作议会权力的实例。

> 但有些例子尚待列举。根据议会法，一个男人或者女人的女儿和当然继承人，在被继承人生前也可以继承。
>
> 议会可以判定婴儿、未成年人为成年。
>
> 一个犯有轻叛逆罪的人死后，议会可对此人判决褫夺法权。
>
> 议会可以归化纯粹的外国人，并视之为本国出生臣民。它可以把一个合法的子女，即丈夫在外时，与奸夫所生子女，视之为私生子。
>
> 议会可以把一个确属婚前所生的非婚生子女，视之为婚生子女。而且这样做，并非仅凭自己的力量而是有所根据。[①]

① 柯克，《英国法总论·第4卷》，第36页。

柯克选择这些例子是明智的。实际上，议会对公权的干预，
较之它对重要得多的私人权利的干预，更能突显议会的绝对权力；
一个统治者可能会认为，推翻国家宪法没有什么了不起，但在损
害私人财产，或者干预平民的合同之前，多半都会犹豫再三。但
是，议会惯常为了公共利益而干预私权。其实，这些干预（极大
程度上是出于共同体的利益）现在已变得如此理所当然，以至于 47
几乎不会引起任何评论，也几乎无人想到，这种干预正是议会至
上的标志！《制定法汇编》中存在大量这样的法律：议会据此授予
个别人以特权或权利，或者施加给另一些人以特定的义务或责任。
每一部铁路法都是这种情况的显著例证，但是，倘若不仔细查阅
一两卷所谓的《地方和私人法》（*Local and Private Acts*），就没有
人会认识到议会主权的全部行动一般是非常有益的行动。这些法
律正如王国的任何制定法一样，都是议会制定的法律。它们涉及
一切领域，诸如铁路、海港、码头、私人产权纠纷之解决，等等。
除此之外，你还可以列举一些法律，比如，宣告形式上具有瑕疵、
无恰当仪式的婚姻为有效婚姻，或者一度非常普遍但现在却很少
通过的、专门调整离婚行为的法律。

在这方面，还有一类制定法应当得到更多的关注，那就是“豁免法”（Acts of Indemnity）。

（“豁免法”）

“豁免法”也是制定法，它的目的是使原本非法的事项合法化，或以此法免除违法个人的法律责任；这类法律年年通过，几乎从未间断，时间长达一个多世纪（1727—1828 年），其目的是为

了让不从国教者免受处罚，因为他们没有按照英国圣公会的仪式
48 领受圣餐，原本没有资格来担任市政职务。不过，关于“豁免法”的问题，要留待下文讨论。[①] 现在只需注意一点，这类可谓将非法行为合法化的法律，是主权权力的极端运用和完美证明。

到目前为止，我们是从正面来讨论议会主权，现在让我们从反面来对它进行考察。

（不存在任何对立的立法权）

（二）不存在任何对立的立法权

国王、上下两院、选民和法院，都曾主张过或似乎主张过独立的立法权，但详加考察后就会发现，这些权力主张没有一个是成立的。

（国王）

1. 国王

立法权最初属于御前会议，[②] 甚至在议会立法发端之后，仍有一个王室立法体系与之并行不悖。王室立法先是采用法令（Ordinances）[③] 的形式，后来则用公告（Proclamations）。

---

① 参见本书第五章。

② 参见斯塔布斯，《宪法史》（*Constitutional History*），第 1 卷，第 126—128 页；第 2 卷，第 245—247 页。

③ 参见斯塔布斯，《宪法史》（*Constitutional History*），第 2 卷，第 15 章（法令与议会立法不同，特指未经上下两院和国王一致同意，仅由其中一方或两方同意而制定的法令。英国于 1642—1660 年内战期间通过的法令就是这种形式。参见《元照英美法词典》。——译注）。

（公告令）

这些都具有法律的效力，而且在1539年，亨利八世第31年第8章法正式授予国王以公告立法的权力。该制定法非常简短，而且非常重要，应当全部引用：“国王在此一时期，经御前会议全体或多数成员之建议，遇有施加某人或某些人以刑罚或痛苦之必 49
要，得发布公告，此类公告必须受到遵从，如同它们是议会法一样；但不得损害任何人的遗产、职位、自由、财物、动产或生命；如果有人故意违反上述公告中的任何一条，都将根据公告之规定，相应地处以剥夺权利或监禁；若罪犯竟要离境，企图逃避法律责任，他将被判作卖国者。”①

这部法律标志着国王的法律权力达到顶峰，可能正是因为它与英国法的精神不相符合，后来在爱德华六世时期被废止了。试想一下，假若它今日仍然生效，不知会产生何等的革命效果。它一定会造成两个后果：一是英国国王已差不多像法国君主那样暴虐；二是制定法已被进一步区分为两种类型：“法律”和“法令”，前者是立法机关制定的严格的法律，后者是行政部门的政令，而不是议会制定的法律，因而后者不是严格的法律但具有法律效力。这种区分以各种形式存在于大多数的欧陆国家，而且具有很强的实用性。在外国，立法机关通常只限于制定一般的法律原则，具体事项则由行政部门通过政令或规章来补充，这对民众是极有利的。英国制定法的冗长烦琐，很大程度上要归于议会的徒劳之举，它企图将未来的一切事项都囊括在立法之中。这一弊 50

① 亨利八世第31年，第8章。

端已如此之明显，以至于到了现代，议会经常在法律中明文授予枢密院、法官或者其他机构根据法律制定细则，以明确议会无法确定的具体事项。但是，这不过是对一个公认弊端的拙劣弥补；[①]只有当英国的政府像法国的政府一样，通过政令、法令和具有法律效力的公告这些方式，来确定议会立法中的一般性原则如何具体适用时，法律的实质和形式才可能得到大幅度改进。[②]在这方面，一如其他方面，我们的祖先对王权增长施加的大量限制，如今造成了对行政行为的过度束缚。因为亨利八世第31年第8章法
51 的废除，使得政府立法不再可能——不论它具有何种缺陷与优点，让公告只能具有普通法上的地位。其实，这一权力的确切范围在一段时间内是有疑问的。但在1610年，法官通过一份严正的异议声明书[③]确立起一项现代原则，即王室公告绝对没有法律效力；它们有助于引起公众对法律的注意，但本身不能给任何人施加普通法或议会法所未设定的义务或责任。1766年，查塔姆勋爵（Lord

---

① 曾有批评者反对此处“对一个公认弊端的拙劣弥补”的说法，其理由是，英国的法律体系蜚声海外、具有很强的实用性，当不至于如此无用。但我要说，这个表述自有其根据。在英国的法律体系中，制定法详尽而精细，因此，只有当对制定法规则再行细化已明显不合适或不可行之时，才需要引入某个权力，让它根据制定法以枢密院令或者其他的方式来制定相应的细则。在外国尤其是法国的法律体系中，立法者和法律起草人在制定法律（或制定法）时会意识到，任何法律都将由政令来予以补充，这种思想必然会影响到他们的法律形式。英国的制定法试图事无巨细地规定法律的实施细则，但罕有成功。而法国法只做法律该做的事，即规定一般性的原则。

② 参见狄骥（Duguit），《法国公法指南：宪法》（*Manuel de Droit Public Français—Droit Constitutionnel*），第140、141节。

③ 参见柯克，《柯克英格兰王座法庭判例汇编》（*Rep.*），第12卷，第74页起；以及加德纳的《英国史》，第2卷，第104、105页。

Chatham）* 试图通过公告来禁止小麦出口，议会因此而通过“豁免法”（乔治三世第 7 年第 7 章），该法可视为是议会对于国王以公告方式立法之主张的最终立法处置。

在现代，公告或者枢密院令具有法律效力的主要情形[①]是：在普通法中，公告被用作一种宣告国王行政意志而非立法的常规方 52
式，比如，通过公告来召集议会；或者，枢密院令因议会法授权而享有权威。

* 查塔姆勋爵，即皮特·威廉（William Pitt，1708—1778 年），又称“老皮特”。英国政治家领袖和演讲家，在七年战争（1756—1763 年）时曾指挥其国内战事，两次担任事实上的首相（1756—1761 年，1766—1768 年）。——译者

① 在罕见的情况下，国王才凭借其特权履行其立法职责。这是古代遗留下来的一项权力，那时英格兰国王是真正的、严格法律意义上的“主权者”。因此，国王能够通过公告或者枢密院令为一个新近征服的国家立法——参见“坎贝尔诉霍尔案”（*Campbell v. Hall*），载《库珀英格兰王座法庭判例汇编》（*Cowp.*），第 204 页起；也曾声称有权通过枢密院令来为海峡群岛立法，尽管这一权力的有效性值得怀疑——参见“泽西群岛问题”（In the Matter of the States of Jersey），载《穆尔议会案例汇编新编》（*Moore P. C., n. S.*），第 9 卷，第 184 页起，第 262 页，以及斯蒂芬的《释义》（第 8 版），第 1 卷，第 100—102 页。

詹金斯（Jenkyns）说：“海峡群岛实际上声称征服了英格兰（实则是征服者威廉将其并入英格兰王国。——译者），它是诺曼底公爵的领地中唯一由英王（作为公爵的继承人）仍然占有的部分。由于这个原因，在英国的所有领土中唯有这些群岛产生了一个难题，即帝国的议会法在该群岛上是否具有约束力。实际上，每当议会打算将法律适用于该群岛的时候，法律中都会附入一个条款，授权御前会议签发君令以在这些岛屿上适用该法律，并规定该命令必须在岛上登记，于是国王便会签发枢密院令并由群岛政府登记备案。”参见 H. 詹金斯爵士（Sir H. Jenkyns），《英国在海外的统治与权限》（*British Rule and Jurisdiction beyond the Seas*），第 37 页。

但是不管海峡群岛产生怎样的疑问，每个英国律师都知道，英国法院将会作出如下裁定：议会法无论是否已由群岛政府登记备案，只要议会将它适用于这些群岛的意图显而易见，那么该法在岛屿上就自动生效。关于国王在非自治的殖民地的立法权问题，请进一步参见詹金斯前引著作，第 95 页。

（上下两院）

2. 上院或下院的决议

至少下院似乎是偶尔主张，它的决议具有某种法律权威。可以肯定，这一要求得不到支持，但是，法院究竟承认上院或下院决议具有何种效力，则比较难以精确界定。

不过，有两点是相当确定的。

（上院或下院的决议）

第一，议会任何一院的决议都不是法律。

这是“斯托克代尔诉汉萨德案”（*Stockdale v. Hansard*）[①] 的实质效果。该案判决的要旨在于，一份诽谤性的文件，即便是根据下院的指令发表，或者，下院随后作出决议：发表含有诽谤性文件的报告，是议会宪法职责中所必然附属的一种权力，也仍然改变不了这份文件的诽谤性质。

第二，议会的任何一院对于自身的行动，具有绝对的支配权，
53 如果有人对它有任何的损害或者冒犯，还有权通过判处其藐视罪来保护自己，法院也不会查问，上下两院是如何行使其合法享有的权力的。[②]

---

① 《阿道弗斯和埃利斯王座法庭判例汇编》（*A. & E.*），第 9 卷，第 1 页起。

② 参见“斯托克代尔诉汉萨德案”，载《阿道弗斯和埃利斯王座法庭判例汇编》，第 9 卷，第 1 页起；“米德尔塞克斯郡长案”，载《阿道弗斯和埃利斯王座法庭判例汇编》，第 11 卷，第 273 页起；“伯德特诉阿博特案”（*Burdett v. Abbot*），载《伊斯特英国王座法庭判例汇编》（*East*），第 14 卷，第 1 页起，第 111、131 页；“布拉德洛诉戈塞特案”（*Bradlaugh v. Gossett*），载《王座法庭判例汇编》，第 12 卷，第 272 页起（此注在原正文中不知所注何处，译者根据语境注在此。——译者）。

实践中的难题在于，如何把第一点和第二点中的各个命题调和起来。最满意的解决方式是，彻底贯彻法官斯蒂芬先生所提出的一个类比，即把下院的决议类比于不可上诉的法院判决。

他在判决书中写道：

> 我并不是说，下院的决议就是不可更改的法院判决；而是说它与此类判决有许多相似之处。下院的确不是法院；不过，当它不得不将议会法条文适用于特定情形时，按理是在运用它的特权来管理自身内部事务，但实际效果却是赋予该特权以司法性质。我们必须假定，下院在法律的制定过程中负有很大一部分责任，因而它会正确地履行上述职责。下院的决定不符合法律，就如同不可上诉的法官判决中出现错误一样。这种错误是可能的，承认这一点没什么好惊奇的。比如，如果刑事诉讼中的陪审团作出了一个有悖常理的裁断，法律上也没有任何救济措施。法律格言“无一错误没有救济”的意思，不是像我们有时所理解的那 54
> 样，对每个道德或政治上的错误都存在一个法律救济。如果这样理解，明显是不正确的。在下列情况下就没有任何法律救济：违反一个未盖印且无对价的郑重允诺；许多致使他人身败名裂的口头诽谤；几乎使人沦为奴隶的压迫性法律；极不义、极残酷的战争所带来的十分严重的人身和财产损害。这条法律格言只是意味着，法律错误和法律救济是两个相关的术语；如果反过来叙述的话，就会更好理解也更加准确，那就是：“如果不存在法律救济，就不存在

法律错误。”[①]

（关于上院或下院决议之效力的法律）

由此可见，关于决议法律持如下立场：一方面，上下两院对于自身的行动，具有绝对的支配权，而且，它们还可以向法院一样，根据自身的判断，对于任何侮辱或冒犯议会的人判处藐视罪。下院在“米德尔塞克斯郡长案”（*Case of Sheriff of Middlesex*）[②]中把这一权力用到了极致。在该案中，根据议长签发的令状，郡长被判藐视罪并处监禁。但所有人都知道，所谓藐视，不过是郡长服从了王座法庭在“斯托克代尔诉汉萨德案”中所作的判决，而且，郡长之所以被下院监禁，是因为他根据这个判决没收了被告汉萨德的涉案财物。然而，当郡长以人身保护令被带至王座法庭

55 后，法官却裁定，他们无权查问下院判处的藐视罪是怎么回事。换句话说，对于下院判处的藐视罪，即便这个所谓的藐视，不过是一个服从法院的行为，法院也没有主张它具有某种保护自己的法官* 免受监禁的权利。但另一方面，上下两院的声明或决议绝不是法律。现假设，某甲根据下院的命令在院外殴打了某乙（某乙在院内所做何事在所不计），而且也没有判处某乙藐视罪的令状；或者假定，某甲实施了违法行为，因而根据某个议会法被处以罚金，

① “布拉德洛诉戈塞特案”，载《王座法庭判例汇编》，第12卷，第271页起，第285页。

② 《阿道弗斯和埃利斯王座法庭判例汇编》，第11卷，第273页起。

* 在一定时期内，郡长不仅是各郡的首席官员，同时主持郡法院，裁断民事及刑事案件，故而此处有“自己的法官”一说。——译者

而且某乙作为一般起诉人（Common informer）* 可以获得这笔罚金。那么，在对某甲提起的民事或刑事诉讼中，任何指令或批准某甲行为的下院决议，均不能作为某甲法律上的抗辩理由。[①] 如果需要证据的话，维多利亚第 3 和 4 年第 3 章法可以提供。这部法律之所以出台，是由于“斯托克代尔诉汉萨德案”引起了争议，它的目的是用简易手续来保护被雇以刊行议会文件的人，须注意的是，这些文件是在上院或下院的指示下刊行的。这样一部法律的出台，本身就清楚不过地证明：对于出版原本具有诽谤性的文件，议会指令本身不足以成为法律上的抗辩理由。下院“为了赋予他们在斯托克代尔诉汉萨德一案中的无效答辩以有效性，不惜诉诸整个立法机关的权威，但是却不对王座法庭的判决提出上诉，这实际 56
上是承认了这一判决的正确性，同时也确认了它所依据的重要原则，即立法机关的单个部门不论怎样主张它所谓的特权，都不能修改、中止或者取代王国任何一个已知法律，也不能妨碍一个英国人去寻求法律救济，或者行使和享有他的每一项合法权利”。[②]

* 一般起诉人，即根据法律的规定，为获得罚金而对犯罪人提起诉讼的人。英国《1951 年一般起诉人法》（*Common Informers Act*）废止了由一般起诉人提起诉讼的做法。——译者

① 参见“总检察长诉布拉德洛案”（*Attorney-General v. Bradlaugh*），载《王座法庭判例汇编》（《上诉案件汇编》），第 14 卷，第 667 页起。

② 阿尔努（Arnould），《登曼勋爵回忆录》（*Memoir of Lord Denman*），第 2 卷，第 70 页。最难的事情莫过于根据法律或特权以及议会惯例的条目，来界定上院或下院所拥有的模糊的权力或权利范围。议会两院所行使的权力，尤其是下院实际行使的权力，近乎超越国家日常法律的权威。就事物本性而言，议会特权绝不适于进行准确的法律定义。但值得注意的是，下面几点是非常明确的。

第一，议会任何一院均可判处藐视罪，法院对此不会予以深究，也不会查问议会所指控的藐视是否属实。因此，只要上院或下院认为某人犯有藐视行为，即可判

57 （选民）

3. 议会选民的票决

政治讨论过程中所经常采用的一些表述，常常暗含着这样一层意思，即根据英国宪法，有权选举议员的那批人享有某种立法权。正如我们即将看到的那样，这类说法并非毫无意义；[1] 因为它指出了一个重要问题：选民的意愿会影响议会的行动。但是，任何这一类的表述，即认为议会选民在法律意义上参与了立法进程，

处此人藐视罪并监禁之。

第二，上院有权将冒犯者判处指定期限的监禁，即便期限超出会期（参见：梅，《议会惯例》，第 11 版，第 91、92 页）。但是下院不能判处确定期限的监禁，如果被下院判处监禁的囚犯，没有被很快释放的话，就必须在休会期解除监禁。如果这些囚犯被超期监禁的话，他们就会被法院以人身保护令解除监禁（参见：梅，《议会惯例》，第三章）。

第三，诽谤上院、下院或者上下议员（仅以议员身份为限），通常被视为藐视（同上书）。

第四，议会两院及其议员享有为履行职责所需的一切特权，如言论自由等（参见梅的《议会惯例》第三章）。有关议会特权，试比较“沙夫茨伯里案”（*Shaftesbury's case*），载《豪威尔国家审判》（*St. Tr.*），第 6 卷，第 1269 页起；“弗劳尔案”（*Flower's case*），载《税收判例汇编》（*T. R.*），第 8 卷，第 314 页起；“阿什比诉怀特案”（*Ashby v. White*），载《伊斯特王座法庭判例汇编》（*East*）第 1 卷，第 163 页起；“国王诉克利维案”（*Rex v. Creevy*），载《莫尔和塞尔温王座法庭判例汇编》（*M. & S.*），第 1 卷，第 273 页起（“M. & S.”这个法律缩略语，也可能指《曼宁和斯科奇英国民诉法庭判例汇编》第 9 卷，或者《莫尔和斯科奇英国民诉法庭上诉案例汇编》，下同。——译者）；“克拉克诉布拉德洛案”（*Clarke v. Bradlaugh*），载《王座法庭判例汇编》第 7 卷，第 38 页起，第 8 页，及《判例汇编上诉案例集》（*App. Cas.*），第 354 页；“总检察长诉布拉德洛案”，载《王座法庭判例汇编》，第 14 卷，第 667 页起。

① 参见本书第 70—74 页。

都与一个选民的法律地位严重不符。根据英国宪法，选民唯一的法律权利就是选举议员。他们没有任何的法律手段来发起、批准或废除议会立法。法院从来不会考虑这样的主张：一部法律与选民意见相左因而无效；选民的意见在法律上能够通过议会来表达，但也只能通过议会来表达。然而，在代议制政府下并非必然如此。在瑞士，如果没有事先提交全体男性公民票决并达成多数，便不能提出任何宪法修正案；[1] 即便是一部不涉及宪法变更的普通法律，在联邦议会通过之后，经一定数量公民的请求，也可以付诸全民票决，如果它未获多数支持，就会被宣告无效。[2] 58

（法院）

4. 法院

很大一部分英国法事实上都是法官造出来的，无论是谁，只要想了解英国司法立法的性质和范围，都应该阅读波洛克那篇令人钦佩的论文《案例法科学》。[3] 不过，这个论题太过宽泛，无法在本讲稿中展开。这里，我们只需要注意一点：法官对先例的信奉，更确切地说，他们根据适用于先例的原则或假定原则来断案的习惯，必然会导致法院逐渐创造出一些确定的裁判规则，这些规则其实就是法律。初看起来，这种司法立法似乎与议会的至上

① 《瑞士联邦宪法》第 118—121 条；亚当斯（Adams），《瑞士联邦》（*The Swiss Confederation*），第 6 章。

② 《瑞士联邦宪法》第 89 条。

③ 波洛克，《法理学和伦理学论文集》，第 237 页；另参见戴雪，《法律与公共舆论》（第 2 版），第 361、483 页。

性相冲突。但事实并非如此。英国的法官从未主张或者行使这样的任何权力：对一部制定法予以废止，然而，议会法却可以废除，事实上也经常废除法官造的法。总之，司法立法是一种从属立法，经议会同意才能进行，而且必须接受议会的监督。

（所谓的限制）

二、对议会立法主权的所谓法律限制

关于理论上对主权施加任何限制的难题，凡是能够提出来的，奥斯丁和霍兰教授都已竭力提出来了。[①]但是，这类难题我们暂时
59 不予讨论。也没有必要去考察如下论断是否正确，即所有国家中，必定存在某个人或某些人的联合，他或他们不论具有何种形式，依据宪法都能够合法地变更所有法律，因而在法律上构成国家主权。我们现在的全部任务是进一步证明，根据英国宪法，议会的确就构成这样一个根据奥斯丁和其他法学家的论述，必定存在于一切文明国家的最高立法权或者主权；为此，我们要去查明，有时提出来的有关议会权力可能存在限制的各种主张是否成立，并且最后要证明，这些主张没有一个能够得到英国法的支持。

---

① 参见奥斯丁，《法理学讲演录》（第 4 版），第 1 卷，第 270—274 页；及霍兰：《法理学》（第 10 版），第 47—52、359—363 页；刘易斯（Lewis）也曾简洁而清晰地阐明过主权的性质，参见刘易斯所著《政治术语的使用和滥用》（*Use and Abuse of Political Terms*），第 37—53 页。不同观点请参见布赖斯（Bryce），《历史和法学研究》（*Studies in History and Jurisprudence*），第 2 卷，第 9 篇，“论服从”；及第 10 篇，“主权的性质”。

学者提出的限制有三种。[①]

（道德法）

第一，有人断言，如果议会法与道德准则或者国际法原则相抵触，即为无效。这无异于宣称，议会不能制定有违私德或者公德之律令的法律。例如，布莱克斯通就毫不含糊地说："自然法 60
与人类相伴而生，并由上帝亲自制定，故约束力当然高于其他任何法律。这种约束力无所不在，无时不有：所有与之抵触的人定法均归于无效；某些有效的人定法，其全部效力和所有权威均直接或间接地源于自然法。"[②]现代法官的表述中也暗含着这样一层意思：法院可以拒绝适用超越议会固有权限（从国际法的角度来讲）的制定法。[③]然而，对于布莱克斯通的上述言论，以及法官判决中的附带意见，我们必须给出一个十分谨慎的解释。法官作为道德的阐述者可以推翻议会法，这一理论没有任何法律根据。凡是含有这样一种意思的说法，实际上只不过是断言：每当法官想要查明一部议会法含义的时候，他们都会推定，议会不打算违

① 柯克等法官还比较明确地提出过另外一种限制（《柯克英格兰王座法庭判例汇编》，第12卷，第76页起；赫恩，《英国政府》（第2版），第48、49页），他们的论述中暗含着这样一层意思：议会法不能推翻普通法原则。这个学说虽然曾有现实意义（参见梅因《制度的早期历史》，第381、382页），但从未获得系统化的司法约束力，故今日已属过时。参见《1865年殖民地法律效力法》，维多利亚第28和29年，第63章。

② 布莱克斯通：《英国法释义》，第1卷，第40页；另见赫恩，《英国政府》（第2版），第48、49页。

③ 参见卡顿法官（Cotton, L. J.）在布莱恩（Blain）依单方申请程序诉讼案中而作出的司法意见，载《衡平分院判例汇编》（《上诉案例汇编》）[*Ch. D.*（*C. A.*）]，第12卷，第522页起，第531页。

反[1]日常的道德规则或者国际法原则，因此，只要有可能，法官就会把制定法解释得与私德原则或国际道德原则相一致。一个现代的法官是绝不会听取出庭律师的如下意见的：某议会法无效，因
61 为它不道德，或者超越了议会权限。显而易见的是，我们的法院一贯遵守这一原则，即一部法律哪怕被称作恶法，但仍要假定它是法，从而应当得到法院的遵从。

（特权）

第二，论者有时主张的学说，切近于否认议会有减损特权的权利。[2]

在斯图亚特王朝时期，[3]有一项原则不仅为国王所坚持，而且也为律师和培根之类的支持扩大王权的政治家所赞成，那就是，国王以“特权”的名义保有大量可谓广泛而不确定的权利或者权力，而且，这一特权或者主权权力的剩余部分高于国家的普通法律。由此推断，国王能够暂停实施制定法，至少可以对不遵守法律给予特许。这个推断与上述原则两相结合，必然给人造成一种印象：这一“大功率”的特权在某种程度上为议会法律的效力所不及。尽管如此，我们现在没有必要考虑当时的政治论争。这里唯一要注意的是，虽然某些权力如缔约权，在法律上仍然保留给国王，并实际上由政府来行使，但是没有一个现代律师会认为：这些权力或王权中

① 参见“卡胡恩诉布鲁克斯案”（*Colquhoun v. Brooks*），载《王座法庭判例汇编》(《上诉案例汇编》)，第 21 卷，第 52 页起；试比较伊舍法官（Lord Esher）的说法（第 57、58 页）与弗莱法官（Fry, L. J.）的司法意见（同上，第 61、62 页）。

② 参见斯塔布斯:《宪法史》，第 2 卷，第 239、486、513—515 页。

③ 加德纳:《英国史》，第 3 卷，第 1—5 页；关于培根的特权论，请参见埃德温·阿博特（Edwin A. Abbott）:《培根》，第 140、260、279 页。

的其他任何权力，是议会法所不能控制或者废除的；换言之，对于这样的制定法，如规定缔约方式，或者规定两院的同意是条约生效 62
的要件，法官竟然可以在法律上视之为无效。①

（前届议会的法律）

第三，议会法的文字中有时含有这样一层意思，即本届议会制定的法律，后面任何一届议会都不能变更，因此，现有议会的立法权受到前届议会法的限制。②

（各《联合法》）

议会曾多次尝试，力图制定出捆绑继任者手脚的法律，这样的事确有发生，但都以失败告终。试图妨碍未来立法进程的制定 63
法中，最著名的是这两部法律，一部为缔结与苏格兰联合条约的

① 请比较这一议会惯例：凡涉及君主特权或利益的议案，提出之前须获君主同意或建议。

② 这项法律原则之前培根就认为是错误的。“本届议会制定的这部重要法律具有奇怪的性质，公平但不合法，宽大有余但远见不足。该法规定：凡曾以武力或其他方式协助国王渡过难关者，此后皆不受控告，也不能被日常法律或议会法褫夺法权；此类褫夺法权的法律即便偶尔制定出来，也会是无效的，不具备任何法律效力……但是，就这一规定的后半句而言，它的效力和约束力本身是虚幻的（因为先前的议会法约束或妨碍后来的议会法）。理由在于，一个最高的和绝对的权力不能限制自身，也不能使本质上可撤销的事物固化下来；这就如同一个人不能在遗嘱中指定或声明，此后他所立的任何遗嘱都是无效的。就议会法而言，亨利八世统治时期曾有一个著名的先例，当时亨利八世怀疑自己在儿子尚未成年之前便将去世，于是特立一部法律规定，国王未成年时制定的任何法律均不能对他或其继承人构成约束，除非国王成年后亲盖御玺加以确认。然而，爱德华六世时期通过的第一部法律便废除该法，而此时国王仍未成年。可见，不作任何限制的事物反能满足眼下的需要。”见《培根全集》，斯佩丁（Spedding）、埃利斯（Ellis）和希斯（Heath）编，第6卷，1861年版，第159、160页。

法律，[①]另一部为缔结与爱尔兰联合条约的法律。[②]这两部法律的立法者，确实是想要赋予其中一些条款以特别的法律效力。然而，它们的立法史强有力地证明，一个主权立法机关企图约束另一个同样的主权机构，注定只是徒劳。比如，《与苏格兰联合法》实际上规定：苏格兰大学的每位教授都必须公开承认、声称信奉并亲自签署《信纲声明》，以此立誓信教，而且还相当于作出了这样的规定：本条款将永久成为联合条约根本且必要的条件。[③]但是，就是这一条，其主要内容被《1853年苏格兰大学法》[④]所撤销，从此，苏格兰大学的大多数教授不必再行签署《信纲声明》。而且这部法律绝不是侵犯《联合法》条款的唯一例证；至少从某一个角度来看，恢复平信徒圣职推荐权之行使的那部法律，即安妮第10年第12章法，[⑤]就是对《联合条约》的直接侵犯。这些法律或条约本打算保持不变，但实际上容易受到议会的更改，这一点在《与爱尔

64 兰联合法》的历史中表现得更为突出。该法第五条作出如下规定："本法第五条应是，目前依法确立的英格兰国教会与爱尔兰教会从此合并成一个新教圣公会，并称作英格兰和爱尔兰联合教会；此联合教会的教义、礼拜、教规和体制，如同目前依法确立的英格兰国教会一样，将永远保持完全有效；而且此联合教会的持续和保存，也如同英格兰国教会和爱尔兰教会一样，应当被视为是两个王国联合的根本且必要的条件。"

---

① 《1706年与苏格兰联合法》，安妮第6年，第11章。

② 《1800年与爱尔兰联合法》，乔治三世第39和40年，第67章。

③ 参见安妮第6年，第11章，第25条。

④ 维多利亚第16和17年，第89章，第1条。

⑤ 比较英尼斯（Innes），《苏格兰有关信条的法律》（*Law of Creeds in Scotland*），第118—121页。

从这些文字中明显可以看出，草拟和通过这一条文的政治家想要约束未来议会的行动。不过，这一企图终告失败，凡是熟悉《1869年爱尔兰教会法》内容的人，皆能一目了然。

（限制议会向殖民地征税的权利的法律）

事实上以历史的眼光来看，不列颠议会制定的有一部法律，或许称得上特别的神圣。它无疑是这样一部法律：我们可以有把握地预测，其条款绝不会被撤销，其精神也绝不会被违反。此法就是《1778年殖民地税收法》。[①] 它规定：议会“不得在北美洲或西印度群岛中向国王陛下的任何一个殖民地、领地或原始拓居地施加任何义务、征税或摊派费用等；除非此类义务之设定可能有利于商业管理；此类税负既已征收，就必须一直交给并用于该殖民地、领地或原始拓居地，而且各地所征收的数额，所征收的方式，必须与这些 65
地区的参事会或者州议会通常所征其他税收的方式相同”。[②]

这段文字，若与《1776年美洲殖民地法》[③] 对照之后，给人的印象会更加深刻。当年通过这部法律，是为了废除征收印花税的法，它小心地避免把议会向殖民地征税的权利放弃掉。这两部法律是对历史事件的正式记载，但是我们不必详述其中的过程。需要注意的一点是，即便出于政策与审慎计，不应废除《1778年殖民地税收法》，也不应制定任何与该法精神不符的法律，但是，根据我们的宪法，在撤销或废除该法的过程中，不会碰到任何法律上的难题。如果议会明天要对新西兰或者加拿大自治领课税，那

① 乔治三世第18年，第12章。

② 乔治三世第18年，第12章，第1条。

③ 乔治三世第6年，第12章。

么设定税负的制定法是合法有效的。正如一位很有见识的作家所简要指出的那样：“可以肯定，议会不能通过制定法的条款来约束它的继任者，进而限制未来议会的裁量权，因此使未来的立法机关丧失完全的行动自由；在未来的任何时间里，都有可能需要议会的介入，为了公共福利而立法。”[①]

① 托德（Todd）：《英属殖民地的议会制政府》（*Parliamentary government in the British Colonies*），第192页。尽管议会曾多次想要制定出不可更改的法律，但事实上这一限制自身立法权的努力从未取得成功，何以至此？思考这个问题既有趣又有益。

这个问题，可以从逻辑和历史两方面来考察。

从逻辑上讲，议会企图制定不可更改的法律之所以终告失败，是因为一个至上的权力，不可能一面保持至上的特征，另一面却以某一法律来限制自身的权力。一部法律，无论其作出何种规定，由议会制定之后，可以在后来的某一个会期甚至是同一会期废除，而且，没有任何理由说，废除法律的那个议会所拥有的权力，比当初想要制定出这部不可变更的法律的权力要小一些。简言之，“有限主权”这一术语用来描述议会或任何其他主权者，是一种自相矛盾。之所以频繁而又方便地使用这一术语，实际上是它含有下列意思，而且准确用词的人也懂得这层意思，那就是，某个人如一个国王，曾经是一位真正的主权者或独裁者，但是，现今在名义上虽被看作是事实上的主权者，但实际上只拥有这个国家法律上最高权力的一部分。可以补充一句，这就是绝大多数立宪君主制中君主的真实地位。

但是，读者应当注意到，不可能限制主权之行使，在逻辑和事实上都绝不意味着禁止主权者退位。之所以说值得注意，是因为有人时常提出一种奇怪的论断，说一个主权者，如联合王国的议会，绝不能自己立法来解除自身的主权。这个观点明显是站不住脚的。诸如俄国沙皇的独裁者毫无疑问能够退位；而一个国家的主权或者最高权力，无论掌握在沙皇还是议会手中，它们的性质总是完全相同的。所以，沙皇能退位，议会也就能。因为主权者不受限制（为真），就持这样一种主张或者暗含这样一层意思，即它也不能放弃权力（此明显为假），是对两种不同观点的混淆。这就如同说，没有人在活着的时候能够做他想做的事，而放弃自己的自由意志，所以也就没有人能够自杀。主权可用两种方式解除自身的权力，（我认为）也只有这两种方式。一种方式是，它可以简单地将自身予以终结。议会可以依法解散自身，并使后来的议会无法找到法律上的召集途径（参见布赖斯，《美利坚共和国》，第1卷，第3版，第242页注释1）。1653年的巴尔本议会（Barebones parliament）把权力交到克伦威尔的手中的时候，差不多就走到了这一步。另一种方式是，一个

因此，议会主权是一个毋庸置疑的法律事实。

从正反两方面来讲，它都是绝对的。议会在法律上能够就任何一个议题进行立法，只要在它看来那是一个适于立法的议题。

主权者还可以将它的最高权力转让给某个人或者某个团体。英格兰议会于1539年授权国王采用公告立法时，就非常近似于这种情形；还有一个事实尽管通常被忽略，但也属于这种情况：联合时期的英格兰和苏格兰的议会，分别将自己的最高权力转让给一个新的最高机构，即大不列颠议会。不过，正因为这个新的议会获得了组成它的两个立法机关的所有权力，它反而成为了法律上至上的或者主权的立法机关，因此有权修改或废除该新议会得以建立的《联合法》，尽管这种做法或许与新议会创造者当初的意图相悖。假设当时《联合法》保留英格兰议会和苏格兰议会，哪怕只是出于一种考虑，就是让它们在必要时对《联合法》进行修改，并授权大不列颠议会制定不违反或不撤销《联合法》的任何法律，那么，《联合法》就变成了一个不能为大不列颠议会所合法更改的基本法；但在这种情况下，大不列颠议会就不是一个主权的，而是从属的立法机关，最终的主权机构——就该术语的准确含义而言，也就只能分别是这两个，即英格兰议会和苏格兰议会。这两个王国的政治家认为建立一个新的主权议会是恰当的，但是企图束缚这个机构手脚的尝试必然会失败，既要授予它绝对的立法权，但又对该权力予以限制，这从逻辑和实践上来讲是不可能的，果能如此的话，它也就不成其为绝对权力了。

从历史上讲，议会制定不可更改的法律之努力从未取得成功，或者说，议会之所以一直保有主权立法机关的特征，其原因根植于英国人民的历史和英国宪法的独特发展之中。至少自诺曼征服以来，英国就一直由一个绝对的立法者统治着。这个立法者起初是君主，而且英国宪法的演进过程之所以独特，正在于君主的立法权从未受到削减，只是它开始由君主单独行使（确切地说是由御前会议行使），随后由君主与上下两院联合行使，最后是从属于上下两院的立法权。因此，议会（或者用专门术语来讲是王在议会）逐渐变成了——或许应当说一直是——一个主权的立法机关。特别值得注意的是，历史上曾有那么一次，英国改革家打破了英国历史发展的常规进程，建造了一部成文宪法——这在许多方面都先于美国的立宪政体，并把宪法置于普通立法机关的控制之外。十分清楚的是，根据1653年的《政府约法》，克伦威尔打算确立几项为议会权力所不及的基本原则。还应当注意的是，1653年的宪法将政府置于立法机关的监督之外。护国公根据该宪法享有的地位堪与美国总统或德意志皇帝相媲美。参见哈里森（Harrison）:《克伦威尔》，第194—203页。另外，有学者的主权论虽然某种程度上与本书提出的观点不太相同，但富有兴味与启示，请参见西季威克教授的《政治学原理》（*Sidgwick's Elements of Politics*），第31章“主权与秩序”。

英宪中没有任何一项权力能够与议会的立法主权相抗衡。

对议会绝对权力的所谓法律限制，没有一项是真实存在的，或者说，没有一项能从《制定法汇编》或者法院的惯常作法中得到支持。

议会立法至上的这个原则，属于宪法的根本原则。但是，我们必须承认，这个信条并非人人都乐意接受，因而，有碍我们承认其真实性的那些难题，非常值得注意并研究之。

（关于议会主权的两个难题）

三、关于议会主权原则的两个难题

许多人难以接受议会主权原则，原因有二。

（源于奥斯丁理论的难题）

这个信条听起来像是对奥斯丁主权理论在不列颠宪法中的简单运用，可是聪明的奥斯丁研究者一定会注意到，他本人关于不列颠宪法赋予某些人主权的论点，与本讲稿中根据英国律师和法官们的意见而提出的观点不一致。因为其他认为，主权属于“议
69 会”，即由国王、上院和下院共同组成的机构，而奥斯丁却认为，主权属于国王、上院和下院或者选民。[①]

① 参见奥斯丁，《法理学讲演录》，第1卷，第4版，第251—255页。比较奥斯丁关于美国宪法下的主权机构的论述，同上书，第268页。

（源于议会权力之实际限制的难题）

另外，每一个具有常识的人都知道，无论律师和法官如何解释，议会的主权权力都不是无限的；而且，国王、上院和下院即便联合起来，也不会拥有类似于“有限万能”（如果可以这样讲的话）的权力，这可是一个人类的机构所能拥有的最大权力。有许多法律，即便本身不是十分愚蠢或者专制，议会也绝不会通过，坦率地说是绝不能通过。如果议会主权原则含有将无限权力归于议会的意思，那么这个原则不过是一个法律拟制，当然也就不值得在这里强调。

这两个难题的确存在，也合乎情理。但读者将会发现，它们某种程度上是相互关联的，应当给予仔细分析。

（对奥斯丁理论的评论）

关于奥斯丁主权理论与不列颠宪法的关系。

主权，像奥斯丁的许多概念一样，基本上是对英国法的一个概括，正如与奥斯丁同时代的经济学家的思想，在很大程度上是受英国商业环境的启示而概括出来的一样。在英国，我们习惯于
一个主权的立法机构，即一个能够制定或者废除一切法律，因而 70
不受任何法律约束的机构的存在。从法律的视角来看，这是一个真正的主权概念，绝对主权理论之所以为英国法学家轻易接受，原因要归于英国宪法的独特历史。因此，如果认为议会主权是从抽象的法学理论演绎而来，肯定与事实相去甚远，但是，如果一位评论家持有这样的主张，即奥斯丁的主权理论是受到英国议会地位的启示而概括出来的，正如他对“法律”概念的分析，实际

上只是对一种典型的法律即英国刑事制定法的分析一样，那么他会更加切近于事实。

然而，我们必须谨慎地指出："主权"这个术语，只要严格按照奥斯丁有时[①]所使用的方式来应用，就只是一个法律概念，它仅仅是指不受任何法律限制的立法权。如果这样来使用"主权"概念的话，根据英国宪法，主权权力显然属于"议会"。但是，"主权"这个词有时是在政治意义上，而非严格法律意义上来使用的。如果一个国家中有一个团体，它的意志最终得到该国公民的服从，这个团体即为"政治上"的主权者。在这个意义上，大不列颠选民加之国王和上院——严格说来，独立于国王和上院的大不列颠选民自身——即可称为是主权权力所属的团体。因为照目前
71 的情形来看，全体选民的意志——无疑是结合了国王和上院之后的全体选民意志，最终一定会劝说全体国民接受不列颠政府的决定。其实，这个问题再讲明确一点，即可这样说：当前宪法如是安排，正是为了确保选民意志以常规的和宪法的方式自始至终在国家中显示出支配性的影响力。然而，这只是一个政治的而非法律的事实。虽然从长远来看，[②]选民总能推行自己的意志，但法院

① 比较奥斯丁，《法理学讲演录》，第1卷，第4版，第268页。

② 宪法运行之顺畅程度受到政治主权者意志实现之快慢的极大影响。对此，我们可以分别将美国、瑞士联邦和联合王国的宪法加以比较。在这三个国家中，人民，更确切地说是选民，乃政治主权者。美国人民变更联邦宪法的行动会遇到许多障碍，实际上也非常缓慢；联邦宪法自成立至南北战争前的一个世纪里，一直未有重大变更。与美国的宪法条款相比，瑞士邦联的宪法条款有更大的修改余地，因此自1848年以来它已经过了大幅度的修改。但是，尽管从某个角度来说，修订于1874年的现行宪法可以被视为一部新的宪法，但它与1848年宪法相比，又没有任

是不会理睬选民意志的。法官根本不知道有什么人民意志，除非 72
该意志以议会法的方式表达出来，也永远不会以一部制定法的通过或生效与选民的愿望相悖为由，就让该制定法的效力遭受质疑。“主权”一词的政治含义，较之它的法律含义，的确一样重要，甚至有过之无不及。不过，这两种含义虽然紧密相关，但还是有本质的区别，奥斯丁在他的著作中，有时显然是将二者混同起来了。他写道：

> 在采用之前论述不列颠宪法的某些作家的说法时，我通常假定，现存议会或者目前议会拥有主权；换言之，我通常假定，国王、上院和下议员构成一个三方机构，这是一个主权的或至上的机构。但准确地讲，下议员只不过是选民选举和委派的受托人。因此，主权总是属于国王、上院和下院的选举团体。委托人设立信托，受托人履行受托义务，似乎是“委托”和“代理”这两个相关术语所要表达的含义。如果认为委托人授权受托人违背或放弃委托人所委托之目的，比如，
> 认为英国平民授权他们在下院的代表放弃其与国王和上院共 73
> 享主权中的一部分权力，那是很荒谬的。[①]

何根本上的不同。就目前的情况而言，英国人民可以极为迅速地改变本国宪法的任何一部分。从理论上讲，对议会的行动没有任何制约，因此也就可以推测，在实践中，只要经过某一届下院的同意，或者议会解散之后得到新选举产生的下院的支持，无论多么重大的宪法变更都可以立马实现。因此，这个似是而非的主张，即英国的统治较美国和瑞士更为民主，确含有几分真理；联合王国的绝对多数选民的直接愿望，较之美国或瑞士多数人民的直接愿望，能够更为迅速地转化为法律。

① 奥斯丁，《法理学讲演录》，第1卷，第4版，第253页。

奥斯丁承认，他在这里提出的学说，与之前论述不列颠宪法的作家所使用的说法不一致。而且它也绝对无法解释《七年任期法》所具有的效力。毫无疑问的是，没有一个英国法官曾承认，或者说，根据现行宪法也没有一个英国法官能够承认，议会是任何法律意义上的选民“受托人”[1]。对这个虚构的“信托”，法院一无所知。显而易见，从法律的视角来看，议会是国家的主权者；奥斯丁认为不准确的“假定”恰恰是法律事实的正确陈述，这个事实构成我们整个立法和司法体系的基础。但同样显而易见的是，在政治的意义上，选民是主权者中最为重要的部分，甚至可以说，选民事实上就是主权者。这是因为，根据目前的宪法，选民的意志一定会得到最终的服从。所以，奥斯丁的说法，就“政治”主权而论是正确的，但就我们或许可称之为的“法律”主权而言，则是错误的。选民是政治上的主权者的一部分，而且是其中最重要的部分。但是，法律上的主权者，正如一切杰出的宪法学者所主张的那样，确实只能是议会。

74 我们也可以推测，在律师和法官眼中，奥斯丁所犯的错误源于他的一种看法，凡不局限于字面含义的人都必定持有这种看法，那就是议会绝不是一个万能的机构（正如上文所述[2]），它的权力实际上受到各种限制。当奥斯丁说下议员受制于选民设立的信托时，他表达出了限制的意思，尽管不是非常恰当。这就引导我们进入第二个难题：议会主权原则何以能够与议会权力实际上受到

---

① 这一点，奥斯丁自己是承认的，但如此一来，他的这个论点就难以成立：议会不是严格意义上的主权者。参见奥斯丁，《法理学讲演录》，第 252、253 页。

② 参见本书第 69 页。

很多限制的事实相并存？

（对议会权力的实际限制，与议会主权相矛盾）

关于加诸议会主权权力的实际限制。

任何一个主权者尤其是议会，在实际行使权力的过程中，都要受到两种限制的制约或者控制：一种是外在限制，另一种是内在限制。

（外在限制）

对一个主权者实际权力的外在限制，存在于这样一种可能性或必然性中，即主权者的臣民，或者说大量的臣民将会不服从或者抵制它的法律。

这种限制即便在最专制的君主制下也会存在。一个罗马皇帝，或者 18 世纪中期的法国国王，如同今日之俄国沙皇，就是一个严格法律意义上的“主权者”。他享有绝对的立法权。他制定的任何法律都具有约束力，帝国或者王国中再无其他权力能够宣布它无效。这样说也是正确的——尽管此时我们正从主权的法律含义转向它的政治含义：绝对君主的意志一般都会得到大多数臣民的服从。但 75
是，这样认为却是错误的：历史上最为专制的统治者实际上能够随意制定或者修改一切法律。它所以必定是错的，是源于休谟很久以前就指出过的理由。他教导说，力量在某种意义上总在被统治者的一边，因此政府在某种意义上始终要依靠舆论。他写道：

对于以哲学家的眼光考察人类事务的人来说，没有什么

> 比下列事实更令人惊讶的了：多数人居然轻易为少数人所统治；而且人们竟能压抑自己的情绪和爱好，无保留地顺从统治者的喜好。我们如果探索这种奇迹究竟是如何发生的，就会发现：由于力量总在被统治者的一边，统治者除了舆论的支持，别无所依。因此，唯有舆论才是政府的基础；这个准则既适用于最自由、最民主的政府，也适用于最专制和军事化的政府。埃及的苏丹和罗马的皇帝对待自己的善良百姓就像对待牲畜一样，不顾他们的感情和愿望，任意驱使他们；但至少在率领自己的马穆鲁克或者禁卫军时，必须像对待人一样，尊重他们的意见。①

（主权行使的外在限制的例证）

这就是说，即便是一个暴君，他的权威也取决于他的所有或部分臣民服从命令的意愿；但这种服从的意愿现实中必定总是有限的。这一点已经为那些最为著名的历史事实所证明。譬如，早
76 期的罗马皇帝没有谁能够随意破坏罗马世界的基本制度或崇拜对象；君士坦丁所以能成功推行宗教革命，是因为得到了大多数臣民的赞同。苏丹不能废除伊斯兰教；路易十四在他的权力巅峰时期能够废除南特敕令（Edict of Nantes）*，却无法确立新教的至上地

① 休谟，《政治论文选》，第 1 卷，1875 年版，第 109—110 页（马穆鲁克是中世纪的一个军事集团的成员，该集团原本是由土耳其的奴隶组成，约从 1250 年至 1517 年，这个集团控制着埃及的政权，直到 1811 年仍有影响力。——译者）。

* 南特敕令，法国国王亨利四世于 1598 年签署颁布的一条敕令，承认法国国内胡格诺教徒的信仰自由及公民权利，于 1685 年被路易十四国王废除。——译者

位，就如同詹姆斯二世无法确立罗马天主教的至上地位一样。他们一个是严格意义上的专制君主，另一个也像英国的任何君主一样富有权力。但是，他们的力量受限于人民不服从或反抗的必然性。臣民不愿服从，不仅表现在重大变革问题上，甚至也表现在小事情上。1871 年的法国国民议会显然是法国的主权者。据说有多数议员准备复辟君主制，但他们却不愿意恢复白旗——因为军队可能会默许波旁王朝的复辟，但可以预料，却不会容许反革命的旗帜飘扬：倘若白旗一竖，“后膛步枪便要自动射击”。由此可见，法律主权的行使是要受到严格限制的；对专制者或者制定或修改宪法的国民代表大会的权力来说是这样，对议会主权来说就更是这样；它处处受限于人民反抗的可能性。议会可以合法地建立苏格兰圣公会；也可以向殖民地合法地征税；还可以毫不违法地改变王位继承顺序或废除君主制；但所有人都知道，在当 77
前的世界形势之下，不列颠议会是绝不会这样干的。尽管在每一种情况下，议会的立法在法律上是有效的，但实际上已超出了议会的权力范围，因而会招致人民的普遍反抗。不但如此，有些事情议会过去能做，而且做得还很成功，今日却不敢冒险一试。比如，议会目前不会通过法律来延长现有下院的任期；议会剥夺广大议会选民的选举权不能不十分犹豫；一般来讲，议会也不会启动反动立法程序；那些真诚地指责天主教徒解放运动，惋惜爱尔兰教会与国家的分离的人，也不会梦想着议会能够废除 1829 年或 1869 年的制定法。这一二十个例子足以证明，理论上无限的议会主权在实际行使过程中，其权力范围因外在限制而有所削减。

（内在限制的例证）

主权行使的内在限制产生于主权者自身的性质。即便一个专制者，也是按照他的个性来行使权力，而个性本身又由他所生活的环境塑造，包括他所在时代和社会阶层的道德情感。如上所述，苏丹纵然愿意改变伊斯兰教世界的宗教，他也不能够这样做；但是，如果他能够这样做，那么，作为伊斯兰教的首领，同
78 时又希望废除穆罕默德所创立的宗教，这种可能性是微乎其微的；可见，制约苏丹行使权力的内在限制至少和外在限制一样强大。人们时常提出一个无意义的问题：教皇为何不引入这样或那样的改革？正确答案是：一个革命家是不可能成为教皇的，而一个做了教皇的人，必不愿再做革命家。正如上述，路易十四不大可能把新教确立为法国的国教；但是，设想他希望推行新教改革，简直就是把他想象成一个完全不同于“伟大君主”（*Grand Monarque*）[*] 的人物。这种情况下，也是内在限制和外在限制一起发挥作用。内在限制对于一个议会主权者的作用，与在任何其他情形下的作用一样大；甚至可能更大。议会固然能够轻率地向殖民地征税；但是，简直不能想象，当十八世纪的教训犹在眼前的时候，一个现代议会竟然还想要向殖民地征税。关于立法主权之内外限制的联合作用，莱斯利·斯蒂芬在他的《伦理科学》中有过精彩论述，该书“法律与惯例”这一章，对于理论上万能的主权立法机关被事物的性质所加诸的限制，有一段迄今所能见到的最佳表述。

* “*Grand Monarque*”，法国国王路易十四的称号。——译者

法学家往往把立法机关说成仿佛是万能的，以至于不感到有必要对该结论深究一番。不错，由于法律是指立法机关制定的任何规则，故而它能够随意地制定法律，在这个意义上它的确是万能的。但以科学的眼光来看，立法机关的权力 79
当然是严格受限的。可以说，限制既来自内部也来自外部；之所以说来自内部，是因为立法机关是某种社会条件的产物，受到决定社会条件的那些因素的影响；而所以说来自外部，是因为把法律加诸人民的权力，依赖于人民的服从本能，而服从本能本身却是有限的。假如立法者规定，凡蓝眼睛的婴儿都必须杀掉，那么保留蓝眼睛的婴儿就是非法的；可是，立法者除非失去理智，否则不至于通过这样的法律；臣民除非愚蠢透顶，否则也不至于遵守这样的法律。[①]

（两种限制不可能重叠）

尽管主权受到内外双重限制，但它们的边界却难以精确划定，两种限制也不一定完全重叠。一个主权者希望做的许多事情，可能根本做不到，或者只能冒着遭到严重反抗的巨大风险去做；而从多方面而言都值得注意的是，外在限制发挥作用的节点根本无法精确界定，也就是说，臣民在哪一个节点上才开始严重而决绝地反抗一个他们通常会服从的统治者的命令，这是无法精确界定的。对帝国议会来说，废除苏格兰的法院，把苏格兰法同化为英

① 莱斯利·斯蒂芬（Leslie Stephen），《伦理科学》（*Science of Ethics*），第143页。

格兰法，是十分轻率的。但是没有人能够确定，苏格兰人对这种改变的反抗，在哪一个节点上会变得怒不可遏。美国内战之前，美国的主权者不发起内战就无法废除奴隶制；内战之后，主权者
80 不仅废除了奴隶制，还授予了黑人选举权而没有激起实际的反抗。

（代议制政府导致内外限制的重叠）

关于主权之内外限制的关系，代议制政府呈现出一个显著的特点。具体而言，这种政府的目的和作用，正是为了使主权权力在行使过程中所受到的内外限制相重叠，至少是减少二者的偏差。腓特烈大帝曾希望推行——事实上已经成功推行与臣民意愿相悖的改革。路易·拿破仑确实开始实行了自由贸易政策，若有一个真正代表法国民意的国民议会，则是不会容忍的。在这两种情况下，两位君主都没有达到对其主权权力之限制的外部节点，不过，达到这一节点并因而激起臣民的严重反抗，也是极有可能的。简言之，内在限制和外在限制有可能发生偏差。所存在的这种偏差，或者说，主权者（或在主权者的构成中居支配地位的君主）的长久愿望与国民的长久意愿之间的这种差异，可见于英国自詹姆斯一世即位至 1688 年光荣革命的这一整段历史时期。这种差异的补救办法，存在于权力从君主向议会两院转移的过程；也存在于把这样的统治者置于王位上的过程，即他们就自身的地位而言，被引导着使自己的意愿与通过下院表达的国民意愿相一致；也就是
81 说，主权者的意志与国民意志之间的差异，因为一种真正的代议政府制的建立而消弭。如果议会的确代表人民，这两种限制之间的偏差，即主权在行使过程中所受到的外在限制和内在限制之间

的偏差，几乎无从发生，即便发生，也必定很快消失。大体上说，议会中具有代表性的那部分的长久愿望，从长远看，几乎不会不同于英国人民的意愿，起码不会不同于英国选民的意愿；下院多数所要求的，通常就是多数英国人所想望的。总之，避免主权者的意愿和国民意愿之间产生歧异，正是一个真正的代议政府的效果所在，也是其唯一可靠的效果所在。就我们当前的目的而言，没有必要去断定这一效果是好是坏。开明的主权者往往走在时代的前头实施改革，这不仅对主权者国王而言是如此，对主权者议会而言也是如此，尽管后一种情形更为少见。但是，这种情况下的主权者，无论是国王还是议会，都没有真正代表它的国民。[①] 这里有必要强调的是，代议制政府的本质特征就在于使主权者的意愿和国民的意愿相一致，也就是使主权在行使过程中所受到的内外限制完全重叠。这一点适于所有真正的代议制政府，尤其是英国下院。

在这个问题上，柏克曾写道： 82

> 最初，下院被认为“不属于我国常设政府的一部分”，而是被视为一种“制约”，“直接”来自于人民，然后又迅速消逝在他所来的民众之中。就此而言，它是政府中较高级别的部分，恰如陪审团是政府中较低级别的部分。公职文官的身份是临时的，但公民的身份则是终身的，人们自然希望公民身份在所有商议中都占有绝对优势，这不仅是指人民和享有

① 比较戴雪，《法律与公共舆论》，第 4、5 页。

永久权威的君主之间的商议，而且是指人民和享有短暂权威的议会本身之间的商议。下院的性质介于臣民与政府之间，所以，人们希望它与立法机关中那个更疏远、更长久的部分相比，能够更悉心、更体贴地照顾人民关心的每一件事。

不论时光怎样推移，世事为之如何改变，下院都必须牢记全体人民的真实愿望，否则它的这个性质是断不能保存下来的。下院因此染上人民的一切狂热流行病，固然是不幸，但与它对院外人民的意见和感情完全不闻不问之不幸相比，前者要更加自然，更可容忍。因为这多少表明，它与自己的选民还有着亲缘关系，还有着本能的同情。倘若连这种同情都没有，下院也就不成其为下院了。①

① 《柏克全集》，第 2 卷，1808 年版，第 287、288 页。关于议会主权的深入阐述，请参见本书附录三“议会制政府与非议会制政府之间的区别”。

第二章　议会与非主权立法机构

（本章的目的）

前一章中，我论述了议会主权的性质；在本章中，我的目的 83
是把一个像英国议会那样的主权议会所具有的本质特征与非主权立法机构的特征之间作个比较，以阐明议会主权的所有特征。

（议会主权）

一、议会主权的特征

议会主权的特征，可以从这一术语自身中推断出来。但是，这些特征往往为英国人所忽略，因为他们已经习惯于生活在一个至高无上的立法机构的统治之下，以致近乎想当然地以为，所有的立法机构都是至上的，从而几乎不能清晰地认识到一个主权立法机构较之一个非主权立法机构所具有的特征。在这个问题上，外国的观察者自然比英国人更具洞察力。德·洛尔默、格奈斯特（Gneist）和托克维尔一下子就把握住了英国宪法的显著特征就在于议会主权，并且意识到我们制度中的这一显著特征所具有的深远影响。

84 托克维尔写道："在英国，人们公认议会有权修改宪法；因而，宪法可以不断变更，所以它实际上并不存在；议会既是一个立法机构，同时又是一个立宪机构。"[①]

尽管他的表述有欠准确，也会引起一些批评，但是他把英国议会描述成"既是一个立法机构，同时又是一个立宪机构"，倒是用一个程式化的句子概括出了议会能够改变任何法律这一事实。作为一个"立法"机关，它能够制定普通法律；而作为一个"立宪"机构，它制定的法律足以变动宪法的根基。由这一事实，我们可以得出三个结论。

（没有哪部法律是议会不能变更的）

第一，没有哪部法律是议会不能变更的，换句话说，根据我国宪法，根本性的或所谓宪法性的法律的变更，一如其他普通法律的变更，都是由作为普通立法机关的议会以普通法律程序来进行的。

比如，改革下议院的法案、废除上议院的法案、赋予伦敦自治市地位的法案，以及承认如下婚姻有效的法案，即在一个假冒的神职人员主持结婚仪式之后，发现此神职人员属于冒充，等等，均在议会的权限范围内。这些法案实质上都可以同样的方式来通

85 过，而且它们一经通过，从法律上来讲，一点都不比其他法律更

① 《托克维尔全集》，第1卷，第166、167页；另见英译本，第1卷，第96页。

神圣或更不可变，因为每一部法律都是不折不扣的议会法，它的废除正如它的通过一样，都能够由议会进行，但不能由其他任何权力进行。

（宪法性法律与普通法律之间没有区别）

第二，根据英国宪法，在非根本性或非宪法性的法律和根本性或宪法性的法律之间，没有显著的或明确的区分。因此，上述用以区分“立法”机构（能够变更普通法律）与“立宪”机构（既能变更普通法律又能变更根本性或宪法性的法律）的表述，不得不借用外国的政治术语。

（议会主权与不成文宪法的关系）

宪法性法律和普通法律之间不存在区分，与英国没有成文的或法定的宪法典或宪章问题密切相关。托克维尔其实与其他作家一样，显然认为不列颠宪法的非成文特点构成了它的本质：“英国没有成文宪法，故谁能说它变更与否？”[①] 但托克维尔在这里犯了一个错误，此乃法国人的通病，拥有非凡天赋如托克维尔者亦未能避免。他把宪法形式视为宪法实质的原因，这是颠倒了因果关系。他似乎是认为，宪法之所以易受更改，是因为它不具备成
文的或法定的形式。其实，这样说才更接近真相：宪法从未成文 86
化或法定化，是因为它的任何一部分都能为议会随意变更。如果一个国家的统治，想要基于一部不可更改，或至少更改起来特别

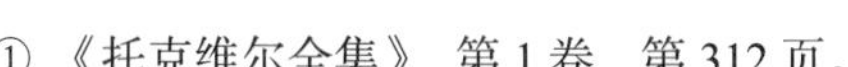

① 《托克维尔全集》，第1卷，第312页。

困难的宪法，其实就是想让宪法具有永久性或不变性，这样就必须将宪法成文化，或者用英国的术语来说，将它形成为一部制定法。但是，如果每部法律的更改在法律上都同样容易或同样困难，就没有太大必要把宪法成文化，甚至没有必要把其中某些法律视为宪法的专门组成部分。在英国，宪法性的法律（constitutional laws）之所以一直不被承认为是“宪法性的法律”，而且它们在许多情况下也不具备制定法的形式，主要是因为一部法律不论有多么重要，其制定和变更的方式都与其他所有法律完全一样。但是，如果认为英宪中的所有法律都不能成文化，不能制定成宪法典，那也是错误的。事实上，比利时宪法几乎就是成文形式的英国宪法，而英国宪法也可以在它的特征不作重大改变的情况下轻易地变成一部议会法——唯一的前提是英国议会依然享有修改或废除该宪法典的无限权力（顺带提一下，比利时议会没有这种权力）。

（没有人宣布议会法无效）

87　第三，大英帝国上下，任何个人或者团体，无论是行政的、立法的，还是司法的，对于不列颠议会通过的任何法律，都不能基于它违背宪法或者任何其他理由，宣布它无效，当然，由议会撤销的除外。

综上，英国的议会主权有三大特点：一、立法机关有权变更包括根本法在内的任何法律，而且变更的方式与权限对于一切法律完全相同；二、宪法性的法律和其他法律之间没有法律上的区别；三、不论司法的或其他机构，均无权废除议会法、宣布它无效或者违宪。

（宪法的柔性）

这些特点就是“柔性”宪法[①]的全部例证——这是我的朋友布赖斯先生对不列颠宪法的恰当称谓。它的每一部分都可以同样容易地扩展、缩减、修改或废除。它是现有的最柔性的政体，因而在性质上完全不同于“刚性”宪法（仍用布赖斯先生的术语）。而“刚性”宪法，是指宪法整体或部分内容的变更，只能通过某种特别的立法方式来进行。

（非主权立法机构的特征）

二、非主权立法机构的特征

从一个主权立法机关的特性中，可以逆向地推断出一个非主权立法机构所具有的全部或部分特征——也可称之为从属立法机 88
构的特点或标志。

一个立法机构的从属性得以辨识的标志是：首先，有一些法律对该机构的组成产生影响，但它必须遵守并且不得改变；因而其次，在普通法律和根本法律之间形成了明确的区分；再次，某个人或某些人（司法的或其他的）有权宣告该立法机构制定的法律是否有效或是否合宪。

一个特定的立法机构，无论在什么情况下，只要具备上述任何一个从属性特征，就证明它不是一个主权立法机关。

---

① 参见布赖斯,《历史和法学研究》，第 1 卷，第三篇“柔性宪法与刚性宪法”。

（“立法机构”的含义）

请注意“立法机构”这个词语的用法。

这同一个术语在这里用的时候可以包含两类机构：[①] 一是地方

① 这种用法已招致许多批评。

反对理由似乎来自三个方面。

第一，有人认为，比利时议会和英国学校委员会在重要性和尊贵性上均如此不同，把它们归于一类有点不合情理。但是，这个反对意见是基于一种误解。忽视权威的立法机关和低微的法人之间的巨大差别是很荒谬的，不过，注意到二者之间的共同点则合情合理。因此唯一要考虑的问题是，所主张的那种相似性是否真的存在。对于外观上和尊贵性上均不相同的事物，如果指出它们之间的相似之处，无疑会立即产生一种荒谬感，但是，表面上看起来荒谬，不等于该相似性不存在，或者不值得重视。这就好比说，人和鼠是不同的，但二者都是脊椎动物这一点，不能说不真实，或不值得注意。

第二，有人极力主张，一个英国法人所具有的权力，一般来讲只能合理行使，只要是不合理行使，就没有法律效力；但是，英殖民地议会所制定的法律就不是这样。

这条反对意见很容易反驳。我们不能一概而论，说法人制定的内部章程必须是合理的，否则便不具有法律效力。为了论辩的考虑，让我们承认，法人制定规则时总是受到这种限制，事实上也的确如此。但是，这一让步并不意味着内部章程不带有法律的性质。由此得出的结论是无可置疑的，即一个非主权立法机构的权力，可能受到各种不同程度的限制。

第三，还有人极力主张，一个法人制定的内部章程不是法律，因为该规则只适用于特定的一类人，比如，铁路公司制定的规则就只适用于乘坐火车的旅客。因此它不像殖民地立法机关制定的法律，可以适用于该立法机关权限下的所有人。换言之，这一反对意见是要主张，铁路公司的内部章程只适用于使用铁路的人群——这些人除此之外还受国家一般法的约束，而殖民地（如新西兰）议会制定的法律则普遍适用于该殖民地中的所有人。

这样的异议听起来言之有理，但它还不足以表明，我所强调的那种相似性，即一个法人的地位和一个殖民地立法机关的地位之间的相似性是虚构的。无论是法人还是立法机关，它们所制定的法律，都只适用于有限的一类人，也都可能遭到上级立法机关的撤销。即使是在像新西兰那样几近独立的殖民地，那里的居民首先要受到帝国议会法的约束，然后才受到新西兰议会法的约束。法人制定的那些内部章程，如果直接由议会制定的话，无疑就是法律。但是，它们的性质不因下列事实而的市镇机构，如铁路公司、学校委员会、镇委员会等，它们虽享有有限的立法权，但一般不称之为立法机关；二是英殖民地议会、比利时议会和法国议会一类的机构，它们虽被称为“立法机关”，但实际上不是主权机构。 89

之所以将如此不同的“立法”机构归在同一名称之下，是因为要消除我们有关立法会议性质的疑虑，最好的办法是对英国铁路公司之类的团体进行分析，看看它们具有何种特征。这些立法会议用外国术语来说，[①] 是“立法的”而非“立宪的”机关，因而也就不是主权立法机关；而铁路公司之类的团体虽然拥有一定的立法权，但该权力显然是由上级立法机关授予的，当然也就受上级立法机关的约束。 90

因而，如果把非主权立法机构分为两大类，会有助于思想的澄清：一类是法人和印度委员会之类的明显具有从属性质的机构，另一类是独立国家中享有立法权却无制宪权的立法机关，即非主权的立法机构。

至于联邦政府这种复杂的政府形式之下，非主权立法机关具有何种地位的问题，最好是另辟一章来讨论。[②]

改变，即它们经议会许可而由一个从属的立法机构所制定。自治市委员会的例子比铁路公司更能清楚地表达我在这里的意思。该委员会根据议会的授权，制定了一部地方性法规，禁止在星期天伴着音乐列队行进。同样的禁止性条款，如果是在议会法中规定的话，会被公认为是法律。如果它是由议会所准许立法的机构所制定的，它仍然是法律。

① 参见本书第 84 页。

② 参见本书第三章。

（一）从属的立法机构

（从属机构）

1. 法人

（法人）

关于从属的立法机构，英国铁路公司是一个再好不过的例子。该公司是一个真正意义上的立法机构，因为根据相关议会法的授权，它能够就许多事项立法，尤其是管理铁路乘坐事宜的法律
91（称作内部章程），[①] 也能够对违反这些法律的行为加以处罚，且能够通过法院中的诉讼来执行。因此，公司在议会法的授权范围内制定的规则或内部章程，是严格意义上的“法律”，以至于任何人在乘坐火车从牛津旅行至帕丁顿的过程中，只要故意违反大西部铁路公司正当制定的内部章程，他就会付出代价。

但是，尽管英国铁路公司的确是一个立法机构，但它明显是一个非主权立法机构。它的立法权具有从属性的一切特征。

首先，公司必须遵守法律，对于设立本公司的议会法，它尤

① 尤其参见《1845 年公司条款统一法》（*Companies Clauses Consolidation Act*），维多利亚第 8 和 9 年第 20 章，第 103 条、108 条至 111 条。这部法律常常出现在有关公司设立的特别法之中，因此它的条文构成了铁路公司章程的一部分（“Bye-law”这个词，实际上具有三种含义，一种是指团体组织的内部章程，如公司章程；另一种是指市镇等地方政府制定的地方性法规；还有一种则是指在联邦制之下，相对于宪法而言的其他法律，可译为附属法或从属法；关于第三种含义，可参见第三章相关论述。——译者）。

其要遵守，且无权变更。这一点显而易见，无需赘述。

其次，在设立本公司的议会法与公司章程之间，存在着极为显著的区分。前者是公司一句都不能改的，而后者只要是在议会法的授权之内，既可以制定也可以修改。这正是一个很小范围的宪法性法律与普通法律之间的区分，对前者一个从属的立法机关（即铁路公司）无权变更，但对后者则可以变更。如果我们可以用宪法上的术语来讲的话，公司就不是一个制宪机构，而是某种界限内的立法会议；而这些界限是由公司章程来确定的。

再次，法院不仅有权而且有义务判断公司章程的有效性；也 92
就是说，对于公司以立法机构身份制定的法律，法院不仅有权而且有义务判断它的有效性，或者用政治术语来讲它的合宪性。特别需要注意的是，宣布某个铁路公司章程无效，或直接予以废除，这并不是一个法院或法官的职责所在。法院的职责仅仅在于，当任何一个案件诉至法院之后，且该案件之胜负取决于某一铁路公司章程的时候，法院就该案件本身来裁定该章程是否在议会法所授予的权限之内；换言之，此时由法院来裁定该章程是否有效，并根据自己对章程有效性的判断，最后对该案件作出判决。值得仔细分析的是，英国法院究竟是如何来处理这一问题的，即某公司章程是否在议会法所授予的权限之内，因为理解这一点，就有助于我们理解，英国或美国的法院是如何来判定一个非主权立法机关所制定的法律是否合宪的。

例如，伦敦和西北铁路公司的章程中，有一条这样的规定："若无本公司正式授权的职员之特许，乘客只能按车票既定车厢乘车，否则会被处以四十先令以下的罚款，并且还会按照该乘客所

乘坐的车厢等级，责令其补缴自本趟列车起始站计的车费；但乘
93 客能够证明没有欺诈意图的除外。”某甲试图欺骗铁路公司，本持二等座车票，而乘坐头等座车厢，后公司发现，指控他违背了公司章程，并对他处以十先令的罚款，勒令补缴相应费用。某甲不服，于是向法院上诉。法院裁定，铁路公司的这条规定与维多利亚第 8 年第 20 章第 103 条不符，实际上也和设立该公司的议会法条款[①] 不一致，因而是非法的，应被视为无效；因此不能证明某甲犯有公司所指控的违法行为。

又如，东南铁路公司的章程规定：若本公司职员要求验票，乘客必须出示；倘有人无票乘车或拒不出示车票，则应补缴自本趟列车起始站至该乘客行程终点站的车费。某甲持票乘坐该东南铁路公司的列车，在出站转车时，拒绝按乘务员的要求出示车票，但是没有任何欺诈的意图。公司因此宣布某甲违反了该公司章程，并勒令其补缴自起始站计的费用。高等法院王座分庭裁定：东南铁路公司的处罚是错误的，理由是该公司章程没有获得议会法的授权（尽管声称已获授权），因而从各方面来看都是无效的。[②]

94 可见，在上述及其他案例中，铁路公司或学校委员会之类的机构，有权制定可通过惩罚来实施的内部章程；如果法院判断其

① “戴森诉伦敦和西北铁路公司案”（*Dyson v. L. & N. W. Ry. Co.*），载《王座法院判例汇编》，第 7 卷，第 32 页起。

② “桑德斯诉东南铁路公司案”（*Saunders v. S. E. Ry. Co.*），载《王座法庭判例汇编》，第 5 卷，第 456 页起。比较“边沁诉霍伊尔案”（*Bentham v. Hoyle*），载《王座法庭判例汇编》，第 3 卷，第 289 页起，以及“伦敦布赖顿和南海岸铁路公司诉沃特森案”（*L. B. & S. C. Ry. Co. v. Watson*），载《民诉分庭判例汇编》（*C. P. D.*），第 3 卷，第 429 页起；《衡平法院上诉案例集》[*C. P. D.*（*C. A.*）]，第 4 卷，第 118 页起。

中某个章程的有效性，那我们自然会说法院是在宣告其有效或者无效。但严格说来并非如此。法官所裁定的不是某一章程无效，因为撤销或废除铁路公司的章程，并不是法院的职责所在；但是，法官对案件的如下判决，即要求公司返还某甲因违反该公司章程所缴付的罚款，必须基于该章程超越公司权限因而无效这一理由。确实可能有人认为，直接废除某公司章程，与裁决案件时假定该章程无效，这二者之间的区别是一种“无差异的区别”。其实不然。即便在处理某甲（某公司宣称他违反了该公司章程）是否应受处罚这样的问题时，上述区别也并非毫无意义；而当法院需要考虑宪法问题的时候，比如说，枢密院通常需要裁定这样的案件，即该案涉及自治领议会或加拿大某省议会制定的法律的有效性或合宪性，这种情况下，上述区别就具有头等的重要性。随着我们讨论的深入，该区别的意义会逐渐明朗；现在只需留意这种区别的性质，并意识到法院在裁决某一特定案件时，考虑某个公司章程是否有效，绝不同于宣告该章程本身是否有效。 95

（英属印度委员会）

2. 英属印度立法委员会①

英属印度立法委员会享有非常广泛的立法权，制定了许多法律。该委员会若用法律术语来讲，应称作“总督亲临委员会”（Govern-General in Council），它制定的法律，其重要性堪比不列

① 参见伊尔伯特（Ilbert），《印度政府》（*Government of India*），第 199—216 页；《制定法汇编》（*Digest of Statutory Enactments*），第 60—69 条。

颠议会法。但是，它在立法方面的权力，完全从属于（更多是取决于）议会法，正如伦敦和西北铁路公司制定章程的权力一样。

总督及其委员会的立法权源于各议会法的明确规定。[①]就印度立法委员会而言，这些议会法可称为印度的宪法。目前要注意的是，根据这些议会法，印度立法会是一个严格意义上的非主权立法机构，不仅如此，总督亲临委员会制定的法律法规可以被国王废除或否决；另外，印度立法委员会的地位显示出从属立法机构所具有的一切特征或标志。

96 首先，立法委员会受到大量规则的约束，而这些规则不能为印度立法机构自身所更改，但上级的帝国议会可以更改。

其次，授予立法委员会权力的那些议会法本身，不能为该委员会所更改，因此就印度立法机构而言，它们就是一套宪法性或根本性法律，这些法律由于不能为该委员会所变更，所以显著区别于该委员会有权制定的那些法律法规。但必须补充一点，这些根本性的规则对于该委员会的立法主题，作出了大量的明确限定。比如，总督亲临议会无权制定如下法律：可能损害议会的权威，或损害联合王国宪法或各种不成文法的任何一部分——任何人对联合王国君主的效忠，或者王国君主对印度各地区的统治，在很

---

① 《1833 年印度政府法》(*The Government of India Act*，威廉四世第 3 和 4 年第 85 章，第 45—48 条，第 51、52 条;《1861 年印度委员会法》(*The Indian Councils Act*)，维多利亚第 24 和 25 年第 67 章，第 16—25 条;《1865 年印度政府法》(*Government of India Act*)，维多利亚第 28 和 29 年第 17 章。

根据某些议会法的授权，如维多利亚第 24 和 25 年第 67 章、维多利亚第 28 和 29 年第 17 章、维多利亚第 32 和 33 年第 98 章，印度委员会在某些情况下可以为居住在印度以外的人立法。

大程度上可能取决于这些法律。①

再次，在印度或英帝国境内的其他任何地区，法院在有些场合下，可以对印度立法委员会制定的法律是否有效或合宪作出判断。

法院对待印度立法委员会制定的法律的方式，一如王座分庭
对待铁路公司制定的内部章程。印度或其他地方的法官，没有谁
作出过这样的裁定，即宣布总督亲临委员会制定的某法律或法规
无效，或直接将它撤销或废除。但是，当有某个民事或刑事案件
起诉至法院，且任何一方当事人的权利和义务都受到印度立法委 97
员会所立法律影响的时候，法院就不得不为了该案而考虑并裁定，
这样的法律是否在立法委员会的法律权限之内，这和法院为了该
案而裁决上述法律的有效性或合宪性，完全是一回事。现假设，
某甲以违反立法委员会制定的某法律或法规为由被提起公诉，且
假设他违法的事实已被证实。在常规情况下，该案显然必须由某
印度法院管辖。这样，受理此案的法院就必须考虑，某甲所违反
的那个法规，是否在组成印度宪法的那些议会法所授予的权限之
内。如果该法尚在权限之内，或者说是合宪的，法院就会作出不
利于某甲的判决，从而将该法付诸实施，正如铁路公司将某违法
者起诉到法院之后，法院判决公司对他的处罚合法有效，从而将
公司章程付诸实施一样。但是，如果印度法院认为，立法委员会
制定的法规越权无效，或者说不符合宪法，法院就会拒绝实施该
法，并基于该法无效或没有法律依据之理由，作出有利于被告的

① 参见维多利亚第 24 和 25 年第 67 章，第 22 条。

判决，从而将该法视为是无效的。关于这一点，“女皇诉布拉案”[1]最富启示性。此案的细节并不重要；但有一点却值得注意：高等法院裁定，总督亲临委员会制定的某一法规，超越了帝国议会所
98 授予的权限因而无效；基于这一理由，该法院受理了两个囚犯的上诉；倘若该法是有效的，法院无疑没有资格受理。后来案件又上诉至枢密院，枢密院裁定，该法尚在立法委员会的权限之内因而有效；但是，加尔各答高等法院有义务考虑总督立法是否合宪的问题，对此枢密院不予质疑。[2]换个角度来看的话，印度法院处理总督亲临委员会立法的方式，截然不同于任何一个英国法院处理帝国议会法的方式。印度法院可能不得不说：总督制定的某部法律违宪或无效，因而不必遵守。但英国法院不能作出，也不曾作出这样的判决，即某议会法违宪，因而不必遵守。这就是从属立法权与最高立法权之间的本质区别。[3]

（英殖民地）

3. 实行代议制和责任制政府的英国殖民地

99 许多英殖民地，特别是新西兰自治领，都设有地位有点特殊

① 《印度判例汇编·加尔各答卷》[*Ind. L. R.*（*Calcutta Series*）]，第3卷，第63页。

② “女王诉布拉案”（Reg. V. Burah），载《判例汇编上诉案例集》，第3卷，第889页起。

③ 尤其是“女皇诉布拉和布克·辛格案”（*Empress v. Burah and Book Singh*），载《印度判例汇编·加尔各答卷·1878年》，第3卷，第63页起，第86—89页，参看马克比法官（Markby J.）的判决。

的代表大会。为清晰起见，我们的讨论最好限于新西兰自治领。

（殖民地议会行使的权力）

新西兰自治领议会在全国范围内[①]行使着许多日常权力，如同联合王国议会这样的主权议会。它不仅制定和废除法律，建立和罢免内阁，还控制新西兰政府的总体政策，通常还在实际事务中行使其意志，一如威斯敏斯特议会之所为。一位普通的观察者，如果只着眼于新西兰立法机关的日常议程，就没有理由不断言，它在新西兰境内的权力丝毫不小于联合王国议会。殖民地法案转变成法律无疑需要经过总督同意，但这位观察者深究一下即可发现，殖民地法律的生效不仅需要总督同意，还要经过国王明示或默示批准。但是，总督或国王通常一定会给予这种同意，因而可
以把这种同意权比之于国王的所谓“否决权”，或拒绝批准上下两 100
院通过之议案的权利（尽管这个比较并非十分恰当）。

（权力的限制）

尽管如此，只要深入考察即会发现，自治领议会连同其他殖

① 对于殖民地领土范围之外的事项，任何殖民地立法机关本身都无权管辖。这一点是对殖民地议会权力的极大限制。殖民地立法机关制定的法律，如果没有帝国议会法授权扩展适用，在殖民地领土之外是不发生效力的，因此大量帝国立法都是应殖民地的这种需要而制定的。

但在很多情况下，帝国议会法确实是增加了殖民地立法机关的立法权。有时帝国议会法还授权殖民地立法机关就某一特定事项制定出在该殖民地领土之外生效的法律，比如《1894 年商船法》（*the Merchant Shipping Act*）第 478 条、735 条和 736 条。有时，殖民地立法机关制定的法律还被授权在整个英国自治领内具有法律效力。比较詹金斯，《英国在海外的统治与权限》，第 70 页。

民地议会是一种非主权立法机构，因而具有从属立法机构的所有关键特征。自治领议会的行动受到它自身所不能变更的法律的限制——这些法律只能由帝国议会来变更；而且，对于新西兰议会法，即便它们已获得国王的同意，在新西兰以及其他不列颠自治领中，法院也可能以它们抵触其无权过问的帝国议会法为由，将其视为无效或违宪。[①]

一旦我们认识到殖民地法和帝国法之间的确切关系，殖民地议会的权力限制问题就明白易懂了。无论就其本身而言，还是为了阐明议会主权，这个问题都值得再作些探究。

101　保障殖民地立法独立的宪章是《1865年殖民地法律效力法》。[②]

（《1865年殖民地法律效力法》）

颇为奇怪的是，这部制定法似乎未经讨论就获议会通过了；不过，它永久地界定和扩展了殖民地的立法权。其主要条文意义重大，应当逐字引用：

---

① 法官也可以基于如下理由：这些法律明显越权了，即超越了自治领立法机关被授予的权限。这就是为什么一部殖民地法想要在其领土之外实施，一般会被视为无效。“新西兰于1863年颁布了一部《外国刑事犯逮捕法》（*Foreign Offenders Apprehension Act*），规定若有人被指控在其他殖民地犯有可予起诉的非重刑罪，他将被驱逐出境。新西兰最高法院于1879年裁定，该法超越了新西兰立法机关的权限，理由是新西兰立法机关只能在殖民地的领土内为了和平、秩序和良好政府之目的而立法，而这部法律却涉及立法机关无权批准的在公海拘留的问题。”见詹金斯在《英国在海外的统治与权限》第70页中引自的“关于格莱克案”（*In Re Gleich*）。另见奥利维耶·贝尔和菲茨杰拉德（Ollivier Bell and Fitzgerald）编《新西兰上诉法院判例汇编》（*N. Z. Rep.*）中的类似案例（S. C.），第39页。

② 维多利亚第28和29年第63章。对该法的评论，参见詹金斯，《英国在海外的统治与权限》，第71、72页。

第二条　任何一部殖民地法律，如果在任何方面与扩展适用于该殖民地且可能与该法相关的任何议会法相抵触，或者与根据该议会法的授权而发出的命令或制定的法规相抵触，或者与在该殖民地具有该议会法之效力的命令或法规相抵触，其法律效力将被视为低于该议会法、命令或法规，而且就其已经发生抵触而非其他方面而言，这些法律将会一直绝对无效且不能施行。

第三条　殖民地法律除非与前述议会法、命令或法规的规定相抵触，否则不能以它与英国法相抵触为由，而被视为从未生效或不能施行。

第四条　任何一部殖民地法律，若得到该殖民地总督合作或同意之后通过，或通过之后仍得到总督的同意，均不能仅仅因为女王陛下或女王陛下的代理人通过任何一种法律文书向该总督下达了与该法或其中内容相关的指令，而被视为无效或不能施行；除非前述法律文书是英皇制诰[*]，或其他授权 102
该总督联合通过或同意通过为维护该殖民地的和平、秩序和良好政府的法律的文书，即便该英皇制诰或最后那种文书对这些指令有所提及，亦不足为凭。

第五条　所有殖民地立法机关都具有或应当被视为在其管辖范围内始终享有下列绝对权力：设立、废除或改组法院，修改法院的组织法，以及对司法活动作出规定。而且，所有

* 英皇制诰（letters-patent），殖民地的成文“宪法”，如我国香港在回归之前便适用包含21条条文的英皇制诰。——译者

> 代议制立法机关都具有或应当被视为在其管辖范围内始终享有下列绝对权力：就该立法机关本身的组织、权力和程序制定法律；但是，如果议会法、英皇制诰、枢密院令或者该殖民地现行有效的法律对法律制定的方式或者形式有规定的，应当从其规定。

《1865 年殖民地法律效力法》的重要性确实有可能被夸大或者被低估了。一方面，该法没有初看起来的那么重要，因为在它通过之前，它所规定的那些原则差不多已被视为（尽管不那么明确）是有效的，并规范着殖民地法律的效力。另一方面，该法又非常之重要，因为它将此前从未准确界定因而容易遭受质疑的诸项原
103 则确定下来，并形成于议会法。[①] 总之，这部法律通过之后，殖民地议会的立法权限才得以明确规定。

自治领议会可以制定与英国普通法相冲突的法律，而且这些法律（按规定获得批准之后）是完全有效的。

比如，一部新西兰法，如果改变普通法中有关财产继承的规则，或者赋予总督禁止公众集会的权力，或者废除陪审团审判，可能属于不当或不公，但它却是完全有效的，而且大英帝国中的所有法院都会承认它完全有效。[②]

---

① 直到 1865 年，英国人似乎还普遍认为，任何法律只要严重背离英国法的各项原则，就是与英国法相抵触，殖民地的法律有时就是由于出现了这里所谓的抵触和无效而被否决。

② 当然，前提是这些法律不能与适用于该殖民地的帝国制定法相抵触。比较“罗宾逊诉雷诺兹案”（*Robinson v. Reynolds*），载麦卡西（Macassey）编《新西兰上诉法院判例汇编》，第 562 页。

但是，自治领议会制定的每一部法律，都不能与帝国议会制定的打算适用于新西兰的任何法律或其中的任何一部分相冲突。

比如，假设帝国议会制定的某一法律规定，在新西兰犯下的某种罪行必须按照特定的方式来审判，在这种情况下，如果某殖民地议会法规定，此类犯罪应当以不同于帝国法所规定的方式来审判，它就不具有任何的法律效力。因此，如果某新西兰法将奴隶贸易合
法化，全然不顾《1824年奴隶贸易法》(乔治四世第5年第113章) 104
的禁止性规定，即在所有不列颠自治领内都不能进行奴隶贸易，那它也不具有法律效力；《1894年商船法》拟适用于各个殖民地，但如果自治领议会制定的法律，将其中若干条款予以撤销或废除，同样是无效的；帝国议会制定的《英国破产法》中，含有关于债务免除的条款，据此，在不列颠自治领的任何一个地方所负的债务均可依法免除，但如果自治领议会的法律使这一规定丧失效力，这样的法律也不能生效。总之，任何殖民地立法机关均无权废除意在各殖民地适用的帝国法律。至于这一意图是直截了当地表达出来，还是只能从该法的一般范围和性质中推断出来，则是无关紧要的。一旦确定某帝国法律打算适用于某特定的殖民地，该殖民地与之相悖的任何法律就都必然是无效或违宪的。[①]

（殖民地立法机关的法律，可由法院宣告无效）

因此，新西兰自治领的所有法院，就像大英帝国其他地区的

① 参见塔灵(Tarring)，《关于殖民地的法律》(*Law Relating to the Colonies*)，第2版，第232—247页。书中列出了与各殖民地大体相关的帝国法律，这些法律除非经某帝国议会法授权，否则不能为任何殖民地法所违反。

法院一样，有时需要对自治领议会的某部法律的有效性或合宪性进行裁判。这是因为，如果新西兰的某部法律的确与适用于新西兰的某议会法条款相冲突，那么从法律上说，不列颠自治领境内的任何法院显然都不能将这部法律付诸实施。这是帝国议会行使
105 立法主权的必然结果。在这种假定情形之中，自治领议会要求法官这样做，而帝国议会却要求他们那样做。这两个相互冲突的命令中，帝国议会的命令是必须得到遵从的。这正是议会主权的含义所在。因此，无论何时，只要有人向法院提出异议，指出自治领议会的某部法律与适用于该殖民地的某帝国议会法条款相抵触，法院就必须对该殖民地法的有效性或合宪性作出裁判。[①]

（殖民地议会既可是“立宪”机构也可是立法机构）

新西兰宪法是根据《1852 年新西兰宪法法》（维多利亚第 15 和 16 年第 72 章）及其若干修正法案所创制的。因此可能有人预测，新西兰自治领议会（可简称为新西兰议会）一定会显现出“从属性的特征”，那就是：它虽然是一个立法机构，却不能改变那些根本性或宪法性的法律，换句话说，在立法机关能够改变的普通法律和它不能改变的宪法性法律之间，存在一个明确的界限，至少当它作为一个普通立法机关来立法的时候是如此。但是，对创制新西兰宪法的那些议会法进行分析之后，就会发现这种预测是不准确的。因为如果把《1865 年殖民地法律效力法》第五条与

① 参见“鲍威尔诉阿波罗蜡烛公司案”（*Powell v. Apollo Candle Co.*），载《判例汇编上诉案例集》，第 10 卷，第 282 页起；“霍奇诉女王案”（*Hodge v. The Queen*），载《判例汇编上诉案例集》，第 9 卷，第 117 页起。

《新西兰宪法法》及其后来的修正法案作一番比较，我们就会发现，新西兰议会能够改变该宪法的条款。当然，这种源自帝国制定法的权力，绝不能与帝国议会的法律主权相冲突。[①] 因此人们完 106
全可以断定，新西兰议会与许多其他的殖民地立法会一样，尽管是一个“从属”议会，但它既是一个立法议会也是一个立宪议会。说它是“从属”议会[②]，是因为它的权力受到帝国议会法的限制；说它是立宪议会，是因为它能改变新西兰的宪法条款。新西兰议 107
会的这一改变其宪法条款的权力，从多个角度来说都值得注意。

（值得注意的理由）

首先，我们在这里得到一个确凿的证据：宪法的成文性与不

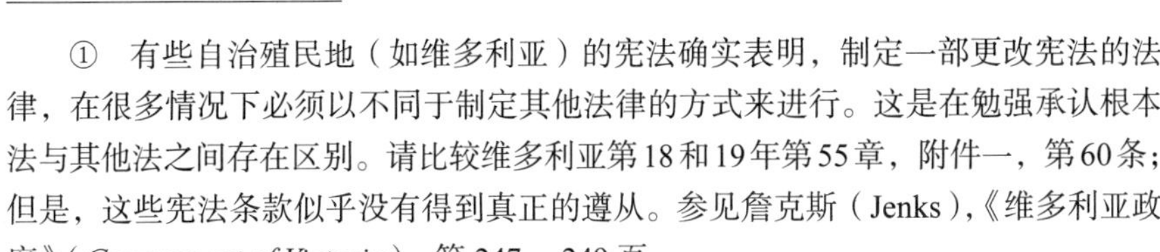

① 有些自治殖民地（如维多利亚）的宪法确实表明，制定一部更改宪法的法律，在很多情况下必须以不同于制定其他法律的方式来进行。这是在勉强承认根本法与其他法之间存在区别。请比较维多利亚第18和19年第55章，附件一，第60条；但是，这些宪法条款似乎没有得到真正的遵从。参见詹克斯（Jenks），《维多利亚政府》（*Government of Victoria*），第247—249页。

② 像新西兰这样的自治殖民地，一般都以某种形式享有改变该殖民地宪法的权力。但是，这一权力的具体范围和行使方式，取决于议会法条款、创设或修正该殖民地宪法之特许状的规定，不能一概而论。比如，新西兰议会能够改变几乎所有的（尽管不是全部的）宪法条款，而且改变的方式，一如殖民地的普通法律。但加拿大自治领的议会就不能改变该自治领的宪法。而澳大利亚联邦议会的地位则比较独特。它能根据宪法条款本身的规定，以普通的立法方式对宪法的某些条款（如《联邦宪法》第65条和67条）进行修改，但对于宪法的其他条款，它却不能以普通的立法方式进行更改。但是，根据《联邦宪法》第128条的规定，不能以议会普通立法方式改变的所有宪法条款，可以经议会两院同意或者联邦人民表决之后予以更改或废除——当然须经国王批准。特别要注意的是，帝国议会一般都会授权自治殖民地改变它们的宪法。加拿大似乎是个例外，其实不然；如果该自治领的居民强烈要求对他们的宪法进行某种改变的话，帝国议会无疑就会按照他们的意愿进行修改。

可更改性之间没有必然联系。新西兰宪法载于书面文件，是帝国议会颁布的一部制定法。但是，这部宪法性制定法的条款却能够被创制它的议会所改变，而且改变的方式一如任何其他的法律。这一点似乎再明显不过，但在许多著名作家的文字之中，却经常隐含着这样一层意思，即法律一旦以制定法的形式表达出来，它的性质也就随之改变，所以我们应当注意，一部法定的宪法并非必定是不可更改的宪法。其次，英国议会轻易地把制宪权赋予殖民地的立法机关，足以表明存在于几乎所有的欧陆宪法以及美国宪法中的根本法与非根本法之间的这一区分，对英国人的影响微乎其微。其中的原因似乎是，我们英国人早已习惯于把议会视为是这样一种机构，即它能够轻易地改变其中的任何一种法律。因此，当英国政治家把议会制政府赋予诸殖民地的时候，他们差不多也就把处理所有法律的权力授予这些殖民地的立法机关，不论

108 这些法律是不是宪法性的，均无不可。但是，这一与殖民地相关的授权行为，必然隐含着一个没有明示的前提，那就是，所授之权力在行使的过程中，绝不能与不列颠议会的至上性相冲突。简言之，各殖民地立法机关在自身领域之内，都是帝国议会的再现。也就是说，它们在自身领域之内都是主权机构；但它们的行动自由因自身所具有的从属性而受到联合王国议会的限制。

（如何避免帝国法与殖民地法之间的冲突）

有一个问题自然会被提起：新西兰之类的国家被赋予如此大量的“殖民自由”，它们在法律上是怎样与帝国主权相兼容的？

此问虽说有点离题，但也并非毫不相干，完全应当给予答复。

而且，只要我们考虑到真正的困难所在，答案也不难寻找。

其实，问题不在于英国政府是如何征服各殖民地，或联合王国是如何维护它的政治主权的。这是一个政治学的问题，本书不予关注。

真正的问题是：殖民地立法机关的自由如何与议会的立法主权相兼容（假设法律在整个大英帝国之内都得到服从）？以及如何防止帝国议会与殖民地立法机关互相侵犯对方的领域？

如果有人注意到，在联邦国家之中，如美利坚合众国或者加拿 109
大自治领，法院经常忙于判定中央政府的立法权与州或省立法机关的立法权之间的边界，那么就没有人会认为上述问题是多余的。

（避免冲突的途径之一：不列颠议会的至上性）

有一个主张看似自相矛盾，实际上却非常真实，那就是，公认的议会法律至上，是殖民地议会被赋予广泛立法权的主要原因。

各殖民地宪法直接或间接地取决于帝国制定法。没有哪个律师或法官会怀疑，议会在法律上有权废除任何一个殖民地宪法，或者随时为殖民地立法以及废止或撤销任何的殖民地法律。不仅如此，议会有时还会通过涉及殖民地的法律，而且殖民地法院[①]与英国法院一样，完全承认以下原则：一部帝国议会的法律，对于它意欲适用于其中的不列颠自治领的任何一部分，都具有约束力。不过，一旦这一原则得到承认，很显然，就没有必要去界定或限制殖民地的立法范围。如果新西兰议会通过的一部法律违反了某

① 参见托德，《英属殖民地的议会制政府》，第 168—192 页。

帝国制定法，它在法律上就是无效的；即便它没有违反任何的帝国制定法，但只要有悖于帝国的利益，因而本不应通过，那么不列颠议会就可以再通过一部法律，使该殖民地法归于无效。

110 **（避免冲突的途径之二：否决权）**

然而，上述做法即便曾经有过，也是很少采用；因为对于殖民地的法律，议会其实可以通过对君主行使“否决权”的控制，来施加它对殖民地立法的影响。这一点本身需要稍作解释。

君主对于议会两院通过的法案不予批准的权利实际上已经废弃了。[①] 但君主对殖民地立法机关的法案行使否决权，则是基于一种不同的考虑。它实际上是帝国议会用以限制殖民地立法独立的

① 这一说法虽然遭到质疑（参见赫恩，《英国政府》，第2版，第63页），但我依然认为它是正确的。所谓的“否决权”，自汉诺威王室即位以来，就从未在任何公法案上行使过。乔治三世当初想要阻止福克斯（Fox）的《印度法案》通过，但他有意回避国王对议案的反对权问题，只是利用自己在上议院的影响力，以达成拒绝该法案通过之目的。这非常有力地证明，否决权在一个多世纪以前就已废弃了。但是，说一项权力实际上已经废弃，并不等于宣称它不能在任何情形下再次生效。关于否决权这个问题，以及它在实际使用中的不同意义，读者需参阅苏黎世的欧列里教授的一篇优秀文章，见《不列颠百科全书》（第9版）中“否决权”词条，第14卷，第208页。

说来也怪，君主否决权的历史说明，让实践中似乎已经废弃的特权在理论上依然保持存在，这有时是非常有利的。比如，君主的立法“否决权”的确好久没有在英国行使过了，但是，对于调整联合王国和各殖民地之间的关系而言，它被发现是一个很有用的方法。如果君主对上下两院已经通过的法案拒绝批准的这一权利，当初被制定法废除了，那么现在对于已由自治殖民地（如新西兰）议会通过的法律，君主再要否决或者拒绝，即便不是不可能，也是非常困难的。换句说话，已经很难再创设一个对殖民地法律的议会否决权。然而，这样一个否决权的存在——它应当谨慎使用，事实上也是如此——有助于让称之为大英帝国的这个联盟团结起来。

一种权利——尽管名义上不是如此，所以这种权利经常被使用。

限制殖民地立法的方式有两种。[1] 111

① 若欲了解对殖民地法律行使否决权的方式，最好是参阅下面从殖民部于数年前印刷的《规则和规章》中所摘录的部分内容：

规则和规章

第三章

§ 1. 立法委员会和立法会议

48. 所有的殖民地总督，对于立法机关中的其他分支或者成员已经通过的法律，均有权表示同意或拒不同意；除非总督表示同意，这些法律不会生效或具有约束力。

49. 在某些情况下，通过的法律中含有效力中止的条款；即，已获总督同意的法律，须至女王陛下专门批准之后，才在该殖民地付诸实施或发生效力，在另外一些情况下，议会基于同样的目的授权总督保留法律以追君主批准，而非总督本人对该法表示同意或不予同意。

50. 所有法律一经总督同意（除非其中含有一个暂缓实施的条款），便立即实行，或在该法指定的时间实行。但是，君主保有否决该法的权力；如果这一权力得以行使……那么自该否决在殖民地发布之日起，该法停止实行。

51. 在设有代表会议的殖民地，对某一法律的否决，或君主对一部保留法案的同意，均以枢密院令的形式来表示。批准一部含有一个暂缓实施条款的法律，则不用枢密院令，除非该暂缓实施的条款本身或者该殖民地宪法中的专门规定要求必须采用这种批准方式。

52. 在直辖殖民地，对某一法律的同意或否决通常以急件的方式来表示。

53. 在某些情况下，法律规定有时效限制，地方性法规的时效期满之后，即使实际上未被否决，在该殖民地中也不再具有法律效力，除非在期限届满之前，女王陛下对法律继续生效已表示同意；但是，一般情形下是没有时效限制的。

54. 在设有代表会议的殖民地，法律被声称是在立法委员会或立法会议的建议和同意之下，由女王或者代表女王陛下的总督制定，或者有时在没有明确表示代表女王陛下的情况下由总督单独制定。这些法律基本上总是被称为议会法（Acts）。但在不设此类会议的殖民地，此类法律会被称作条令（Ordinances），它们被声称是在立法委员会［对英属圭亚那来说则是资政院（the Court of Policy）］的建议和同意之下，由总督制定。

由此可见，“否决权”可以分别用两种根本不同的方式来行使：其一，总督拒不同意；其二，即便总督已经同意的法律，君主亦可行使其否决权。此外，鉴于总

（“否决权”是如何行使的）

其一，在新西兰之类的殖民地，总督可以直接拒绝同意新西兰议会两院通过的法案。这种情况下，法案最终会流产。这就如同一部法案由殖民地立法会自身予以否决，或一部法案由英国上下两院通过，但君主运用他那早已废弃的拒绝同意特权，而使法案最终流产一样。此外，总督也可以不予否决，将法案保留下来以迨君主定夺。这种情况下，该法案除非获得君主同意，否则不会生效。所谓君主同意，实际上是英政府的同意，因而是帝国议会的间接同意。

112 其二，总督也可以代表君主，直接批准新西兰议会的法案。该法案于是就在新西兰境内生效。但是，因为君主可以在总督作

督可以保留法案迨至君主定夺，以及殖民地法律有时含有一个“暂缓实施直至君主表示同意”的条款，对殖民地立法的限制可以采取以下四种不同的方式：

第一，总督拒不同意法案。

第二，总督保留法案迨至君主定夺，但君主拒不同意，或在法定期限内君主未表示同意，该法案随即失效。

第三，在法案中插入一个条款以阻止它生效，直至君主表示同意为止，但君主一直未予同意。

第四，殖民地议会通过的法律获得总督同意，但遭到君主的否决。

但读者应当注意的是，前三种方式与第四种方式之间存在本质区别。在前三种情况下，一部法案虽经殖民地立法机关通过，但在该殖民地却从未生效；在第四种情况下，一部法律已经在该殖民地生效，只是自君主否决之日起，该法被宣告无效。如果君主的否决涉及一个以上的殖民地，根据《宪法法》或英皇制诰之规定，此类否决必须在两年内作出。参见《1867 年英属北美法》，第 56 条。比较《1842 年澳大利亚宪法法》（维多利亚第 5 和 6 年第 76 章），第 32、33 条；《1850 年澳大利亚宪法法》（维多利亚第 13 和 14 年第 59 章；以及《1855 年维多利亚宪法法》（维多利亚第 18 和 19 年第 55 章），第 3 条。

根据《澳大利亚联邦法》的规定，君主可以在总督对法律表示同意后的一年之内将该法否决。参见《澳大利亚联邦宪法法》，第 59 条。

出同意之后而将殖民地法予以否决，所以，这样的法案尽管一度生效，但即便是在新西兰也不是最终的法律。正如托德先生所言：
“尽管一个代表君主的总督，被赋予御准法案的权力，但由总督批 113
准的法律不具有终局性和决定性；因为事实上君主自身享有二次否决权。所有的制定法，除非含有一个暂缓实施的条款，直至枢密院中的女王发布表示同意的公告方能生效，或另有相反的具体规定，否则一经总督批准便立即生效；但是，总督批准之后须将法律副本呈送至殖民部大臣；而枢密院中的女王在收到该副本后的两年之内，有权否决这一类的任何法律。”[①]

因此，这种情况所导致的结果就是，殖民地的立法确实会遭到帝国政府的否决，任何一部法案，即便已经获得新西兰或其他殖民地的立法机关通过，但在英政府出于帝国利益之考虑而认为应当将它否决之后，它最终就不会生效。任何的殖民地法律，无论在文字上还是在精神上，只要与帝国议会法相冲突，母国政府就一定会将其否决掉。事实上也存在大量这样的法律，是基于各
种理由而被君主否决或者拒绝同意的。比如，1868 年，君主拒绝 114
同意一部减少总督薪金的加拿大法律。[②]1872 年，君主拒绝同意《加拿大版权法》，因为其中的某些内容与帝国法相抵触。1873 年，某加拿大法因为与《1868 年英属北美法》的几个明示条款相抵触而被否决；1878 年，基于类似的理由，《加拿大航运法》也被否决。[③] 此外，君主实际上还否决了澳大利亚的几部限制华人移民的

① 托德，《英属殖民地的议会制政府》，第 137 页。

② 同上书，第 144 页。

③ 同上书，第 147、150 页。

法律。[①] 还有，殖民地立法机关通过的某些法律，允许妻子仅仅因为丈夫通奸而离婚，或者承认丈夫与亡妻姊妹的婚姻或妻子与亡夫兄弟的婚姻为合法婚姻——这种情形是在《1907 年与亡妻姊妹的婚姻法》（爱德华七世第 7 年第 47 章）通过之前，它们有时也被君主（其实也就是被母国政府）否决，尽管这与我们殖民政策的总体思路不一致，亦所不计。

因此，对于前述问题，即殖民地的立法自由如何在法律上与帝国主权相容，我们现在可以概括答案如下：对议会至上的绝对认可，并不需要对殖民地立法机关的权力予以精确限制；同时，代表帝国议会的母国政府，因为可以行使君主否决权，所以保留
115 着防止殖民地法与帝国法发生冲突的权力。但是必须补充一句，那就是，帝国的条约对殖民地也具有法律约束力，而“缔约权”（借用美国的术语）属于君主，因此是由母国政府根据上下两院（严格说来是下院）的意愿来行使；除非议会法中有明确授权，否则，任何的殖民地政府都不享有缔约权。[②]

但需要注意的是，对于帝国政府与外国缔结的条约，自治殖民地的立法机关可以自由决定是否制定为实施该条约所需的法律；而且，如果条约中的某些条款，如关于罪犯之引渡，有违殖民地人民的情感，那么此条约事实上就非常难以在该殖民地之内实施。不过，以下法律原则不会因此而受影响：一个殖民地必须受到帝

① 关于澳大利亚殖民地限制华人移民的法律，就我所知，它们迄今为止是以如下方式被否决的：这些移民法案保留给君主表态，但君主始终未表示同意，以致它们就从未生效。

② 参见托德，《英属殖民地的议会制政府》，第 192—218 页。

国政府所缔结条约的约束，而且除非议会法中有特别规定，否则它无权与任何外国政权缔结条约。

（帝国政府的政策是不干预殖民地的行动）

任何一个人，若要理解大不列颠对殖民地立法实施控制的性质和范围——有这种想法是理所当然的，都必须将以下两点牢记在心。第一，在政策上，帝国政府的一个总体趋势是，逐渐减少
对殖民地行动的干预，不论此种干预是以立法[①]还是以其他方式[②] 116
作出。第二，正如上述，即便殖民地的法律最终得到了君主批准，但它们只要与适用于该殖民地的议会法相抵触，也会归于无效。因此，帝国的政策是不干预不列颠附属地的内部事务；与此同时，帝国议会的至上立法权使得联合王国议会和殖民地议会对于对方

① 例如，以下三部法律都得到了君主的批准：新西兰联邦议会于1900年颁布的承认妻子与亡夫兄弟的婚姻为合法婚姻的《与亡夫兄弟的婚姻法》（第72号）；于1901年制定的《限制移民法》；南非德兰士瓦立法机关于1907年制定的《限制移民法》（第15号）。其中，第三部法律表明，母国政府会在某些情况下授予殖民地议会极大的立法权。印度事务大臣摩尔利先生（Mr. Morley）说："很遗憾的是，德兰士瓦的这部法律，不可与此前已获批准的其他自治殖民地法律等同视之……德兰士瓦法的第二条第四款采用的这项原则，是先前的法律所没有的。该规定……会阻止一些不列颠臣民进入德兰士瓦境内，这些人只要最终能够通过专为移民设置的教育测试，就可以自由进入任何其他殖民地。比如，那些具有亚洲血统，但是受过良好训练的职业人士或者毕业于欧洲大学的毕业生，即便将来想要进入该殖民地，也会因为这一规定而被永久排除在外。"参见《议会文件》（Cd. 3887），"关于德兰士瓦有关亚洲人立法的通信"，第52、53页；比较第31、32页。另参见本书导言第xxxvii页。

② 除《海牙公约》之类的政治条约外，如今帝国政府不再以条约来约束殖民地，但一般会在条约中插入若干条款，允许各殖民地自愿接受该条约的约束。

的立法领域，甚少侵犯。[①]

117 （二）外国的非主权立法机关

（独立国家的非主权立法机关）

我们现在不难理解，即便是加拿大自治领或澳大利亚联邦一类的近乎独立国家的殖民地，它们的议会实际上也仍然不是主权立法机关。这一点之所以容易理解，是因为联合王国的主权议会，一直存在于幕后，并为整个大英帝国立法；而且，各殖民地不管实际上享有多大的行动自由，在对外关系上都不能以独立国家行事，因而附属国的议会本身不可能是一个主权机构。对英国人来说，较难理解的是，一个独立国家的立法会议也可能不是一个主权机构。我们的政治思维习惯其实建立在议会万能的假定之上，于是，当我们发现某个议会虽然代表着主权国家，但它本身却不是主权者时，就倾向于把它视为一种例外或异常情况。然而，只要对诸文明国家的宪法进行考察，就会发现众多国家的立法会议在许多情况下，一直都是能够立法但不能立宪的机构。在特定的情况下，要确定某外国立法机关是否为一个主权者，我们就必须研究该立法机关所属的国家宪法，进而确定这个地位待定的立法机关是否具有某种从属性特征。这种研究在大多数情况下都会表明，一个表面上的主权立法会议，其实是一个非主权立法机构。

---

① 各殖民地政府如若不服殖民地法院的判决，有权向枢密院上诉。这是加强各殖民地与英国之间联系的另一纽带。但近年来，在商船航运的问题上，帝国法律与殖民法律之间存在大量的冲突。

（法国）

在过去的一百三十年内，法国至少试用了十二部宪法。[①] 118

这些不同的政府形式虽然各有特点，但大体上具有一个共同之处。那就是，它们大多都建立在这样一个基础之上，即承认宪法或“根本”法与“普通”法之间存在本质区别。前者被认为是不可改变的，或者改变起来特别困难，而后者则可由普通立法机关以普通立法程序加以改变。因此，根据法国历次所采用宪法之规定，普通的议会或立法机构从来都不是主权立法机关。

（路易·菲利普的立宪君主制）

路易·菲利普的立宪君主制，至少从外表上看，是以英国的立宪君主制为模型的。在1830年宪章之中，没有一个字是明确限制君主和上下两院的立法权的，这对英国人来说，似乎可以认为奥尔良王朝时代的议会是享有主权的。然而，这样的观点却不为法国的法学家所接受。托克维尔写道：

> 法国宪法的这种不可变更性，是我国法律的必然结果……因为国王、贵族议员和众议员都从宪法那里获得权力，这三方面的权力结合起来也不能对他们所唯一依靠的法律进行更改。离开了宪法，他们就什么地位也没有了。那么，在什么条件下他们才能修改宪法呢？以下两个选项必择其一： 119

① 德蒙比内（Demombynes），《欧洲宪法》（*Les Constitutions Européennes*），第2卷，第2版，第1—5页。参见本书附录一“法国宪法的刚性”。

> 要么他们无力改变宪法，因而宪法继续存在，在这种情况下，他们只能以宪法的名义进行统治；要么他们改变宪法成功，他们借以存在的法律被撤销，因而他们自身也就不复存在。他们破坏了宪法，便自取灭亡了。关于这一点，1830 年的宪法比 1814 年的宪法表现得更清楚。在 1814 年宪法中，国王特权居于宪法之上或之外；但 1830 年的宪法则公开宣称，王权由宪法产生，必赖宪法而存在。因此，法国宪法的各个部分都是不可变更的，因为它们与一个家族的命运联系在一起了；法国宪法的整体也是不可变更的，因为尚不存在改变它的法律手段。这些论述都不适用于英国。英国没有成文宪法，谁能判定它的宪法何时修改过呢？[①]

托克维尔的推理[②]对英国人而言是没有说服力的，但他论证上的弱点本身就是强有力的证据，表明法国人有意支持的以下学说对法国人的看法具有很大影响，那就是议会主权不是法国宪政中
120 公认的组成部分。议会主权这一信条，如此自然地得到了英国人的赞同，但它却与大多数外国政治家和立法者所坚定信奉的思想

---

① 托克维尔，《论美国的民主》，第 2 卷（英译本），附录第 322、323 页［中译本参见：〔法〕托克维尔，《论美国的民主》（上卷），董果良译，商务印书馆 1988 年版，第 503—504 页］。《托克维尔全集》，第 1 卷，第 311 页。

② 他的观点无疑是自相矛盾的；参见狄骥，《法国公法指南》（*Manuel de droit Constitutionnel Français*），第 149 节，第 1090 页。事实上，当时《法国宪法》第 23 条对贵族院议员之任命方式与程序的规定，就是通过普通立法程序改变的。参见 1831 年 12 月 29 日法律，埃利（Hélie），《法国宪法》（*Les Constitutions de la France*），第 1006 页。

相悖，即宪法和其他法律之间具有本质区别。

（1848 年共和国）

1848 年共和国明确承认这一区分；1848 年 11 月 4 日公布的宪法中，没有哪一条是可以像普通法律那样来修改的。每一届立法会议任期三年。在且只能在它存在的最后一年，经四分之三以上的多数（不能少于四分之三）通过，得以召集立宪会议以修改宪法。这一制宪的和主权的会议，在人数和其他方面均不同于普通的非主权立法机关。

（现今的共和国）

法兰西共和国的国民议会所直接行使的权力，至少和英国议会的一样大。它的众议院和我们的下议院相比，对于内阁大臣的任命，至少具有同样的影响力，而对于政府行为的控制则至少一样严格。而且，法国总统甚至连理论上的否决权都不具有。然而，法国的议会并不是一个主权议会，它要受法国宪法的约束，而我们的议会则不会受到这种约束。法国宪法或“根本法”条文所具有的地位，是该国普通法律所完全不能比的。根据宪法第八条之规定，这些根本法中任何一个条文的变更，都必须遵照以下条件：

> 第八条　凡参议院和众议院，在各自的议会中，分别取得
> 绝对多数之同意，两院即有权自行决定或应共和国总统之请，121
> 宣布修改宪法。此后，两院当根据上述决议，联合起来组成国民议会以着手修改。——宪法之修改，无论全部或部分，须取

得该国民议会全体议员绝对多数的同意，才能通过。[①]

可见，当今共和国中最高立法权不属于日常的参众两院，而是属于一个由参众两院联合组成的“国民议会”或国会。

（柔性宪法和刚性宪法的区别）

122 简言之，法国的各部宪法，在这方面正是欧陆宪法的典型例子，[②] 与英国制度所具有的可扩展性或“柔性”相比，它们展现出

① 狄骥与莫尼埃（Duguit et Monnier），《1789年以来的法国宪法》（*Les Constitutions de la France depuis 1789*），第320、321页。根据法国宪法的规定，参众两院联合起来时是否有权修改宪法？法国的宪法专家对此有两种截然不同的回答。正是从这两种不同的回答中，我们可以发现英法两国宪政之间的显著区别。对一个英国人来说，这个问题几乎没有什么讨论的余地，因为宪法第八条已经明确规定，参众两院联合起来组成一个国民议会时，以本条规定的方式，可以对这些法律进行修改。因此，法国的许多宪法论者，就像英国的任何法学家那样，会主张国民议会既是一个立法机构，也是一个立宪机构，因而有权修改宪法［狄骥，《宪法学教程》，第151节；莫罗（Moreau），《宪法基本理论》（*Précis élémentaire de droit constitutionnel*），巴黎，1892年，第149页］。但也有许多著名的专家认为，这种观点是错误的；不论宪法作出了何种规定，最终的修宪权必须由法国人民直接行使，因此国民议会对宪法的任何修改，除非由选民直接投票加以批准，否则至少在道德上缺乏正当性［其中一方的观点，请参见狄骥，《宪法学教程》，第151节；巴尔和罗比凯（Bard et Robiquet），《1875年法国宪法》（*La Constitution française de 1875*），第2版，第374—390页；另一方的观点，请参见艾斯曼（Esmein），《宪法》（*Droit Constitutionnel*），第4版，第907页；博尔若（Borgeaud），《宪法制定与修改》（*Etablissement et Revision des Constitutions*），第303—307页］。

② 在这一方面和在其他方面一样，最值得研究的宪法是比利时宪法。尽管该宪法是以英国宪法为模型制造出来的，但它却摈弃或排除了议会主权原则。普通议会不能对宪法作任何更改，它是一个立法机构，而不是一个立宪机构；它可以宣布某个宪法条文有修改的必要，但一经宣布，议会就此解散（après cette déclaration les deux chambres sont dissoutes de plein droit）。于是，选举产生的新议会才有权对前议会宣布应予修改的条文进行修改。

一种可恰当地称之为“刚性”[①]的特征。

为了理解我们自己国家的宪法，在这里，应当把前文已提及的“柔性”宪法和“刚性”宪法之间的区别完全搞清楚。

（柔性宪法）

所谓“柔性”宪法，是指根据这种宪法，所有类型的法律都可以合法地由同一个机构以同一种方式同样容易地加以修改。我国宪法的“柔性”，在于君主和上下两院有权变更或废止任何的法律；它们能够改变王位的继承顺序，或者撤销英苏或英爱联合法，正如它们通过一部法律，授权某公司新建一条自牛津至伦敦的铁路一样，其方式是完全相同的。在我们看来，有些法律之所以被称为是宪法性的，是因为它们的调整对象被认为是关乎国家的根本制度，而不是因为它们在法律上较之其他法律更为神圣或更加难以修改。事实上，“宪法性的”这个词，其含义在英国是非常模 123
糊的，因此，在对任何一个英国制定法的性质进行准确描述之时，很少采用“宪法性法律或宪法性成文法”这个术语。

（刚性宪法）

所谓“刚性”宪法，是指根据这种宪法，某些通常被称之为宪法或根本法的法律（laws）*，不能按照普通法律的修改方式来修

① 参见本书附录一“法国宪法的刚性”。

* 作者在这里以及相应的段落中，所使用的“law”或者“laws”并非指作为单行法的法律，而是指某个或某些法律规则。所以，在讨论刚性宪法的时候，“宪法性法律”这个词，就不是指“宪法”之外的作为单行法的普通法律，而是指作为“宪法”之组成部分的法律规则。——译者

改。以比利时或法国的宪法为例，它们的“刚性”，就在于比利时或法国议会以常规身份行事的时候，对于那些被明确称为宪法性或根本性的法律，无权进行变更或废止。在刚性宪法之下，“宪法性的”这个术语用以指称某个法律时，其含义是非常确切的。它意味着，某一成文规则属于宪法条款，在法律上，它不能以普通法律的修改方式来修改，也不能像普通法律那样轻易地被修改。宪法条款中包含着一个国家最重要和最根本的法律规则，尽管并非绝对如此，但一般来讲确实是这样。当然，我们的确不能说，只要宪法是刚性的，它的所有条款就都非常重要。法国议会必须在凡尔赛开会这条规则，曾经就是法兰西共和国的宪法性法律之一。这个规定尽管在实践中很重要，但绝不会是因其自身性质而被称为“宪法性的”；它之所以是“宪法性的”，仅仅是因为它包含在宪法条款之中。[①]

124 英国宪法的柔性与几乎所有外国宪法的刚性之间的对比，会引出两个有趣的问题。

（宪法的刚性能否确保它的永久性）

第一，宪法的刚性能否确保它的永久性？能否赋予国家的根本制度以实践上的不变性？

---

① “柔性”和“刚性”这两个术语，最初是我的好友布赖斯先生提出来的。需要说明的是，本书对它们的使用，绝无褒贬之意。英国宪法的柔性和可扩展性，或者美国宪法的刚性和不可变更性，在不同的评论家眼里，均有可褒或可贬之处。不过，这些评论家的观点并不是本书关注的对象。我的目的是向读者清楚地阐释柔性宪法和刚性宪法之间的确切差别。换言之，我的目的不在于对某一特定的柔性或刚性政体是优是劣的问题发表意见。

对于这个问题，历史的经验只能给出一个不明确的答案。

把一个国家的某些法律或制度划在政治争论的领域之外，有时显然会阻止英国式的渐进变革——英国这六十年间的进程改变了其原有政体。比利时宪法在半个多世纪里从未经受任何重大改变，至少形式上是如此。美国宪法已经存续了一个多世纪，但它没有经历英国宪法自乔治三世逝世以来一直所经历的那些改变。[1] 125
但是，如果说宪法的刚性，在某些情况下会阻止渐进的、不易察觉的，足以动摇一个国家之根基的改革进程，那么这种宪法形式上的刚性，在另外一些情况下就会激起革命。法国的十二部不可更改的宪法，每一部的存续时间平均不超过十年，它们频繁地被暴力所摧毁。当托克维尔说，没有任何权力可合法地对法国的宪法条款作出修改，之后不过七年，路易·菲利普的君主制即被摧毁。历史上至少有一个著名的例子说明——当然，法国的革命史上还可以找出其他的类似例证，宪法的不可更改性会成为暴力颠覆活动的理由或者托词。1851 年政变的最佳托词就是，法国人民想要改选总统，但按照现有规定这是不可能的，而宪法又明文规定，对这条规定的修改，须经立法会四分之三的多数通过方可，这有碍人民主权者意志的实现。倘若当初共和国议会是一个主权议会，路易·拿破仑就无从借口。有了这个托词，引诱他犯罪的某些动机和 12 月 2 日的罪行似乎都是正当的了。

1848 年的政治家赋予宪法不可更改性，法国因之被置于危险

① 自 19 世纪初以来，美国宪法虽然形式上没怎么改变，但实质上无疑发生了很大变化；不过，因形式上制定出宪法修正案而引起的改变，较之因惯例或制度的生长所引起的要小得多。后者没有改变宪法的条文，却改变了宪法的运行方式。

之中，但这一危险不可视之为偶然；因为这是刚性宪法固有的缺
126 陷所致。企图创造不可更改的法律，就是试图妨碍主权权力之行使；因而易于导致法律文字与国家中真正的主权者意志相冲突。根据法国宪法，真正的主权者是法国的多数选民；但是，那条阻止依法改选总统的规则，实际上导致王国法律与多数选民意志的冲突，于是就造成法律文字与主权者意愿的对立，这是一部刚性宪法所必然导致的结果。如果说法国宪法的刚性引起了革命，那么英国制度的柔性至少一度使得它们不被暴力颠覆。今日之学者，在事件发生如此长时间之后，再来冷静研究第一部改革法案的历史，就会很容易发现，在1832年，议会的最高立法权使得国民能够假借法律改革的名义来推行一场政治革命。

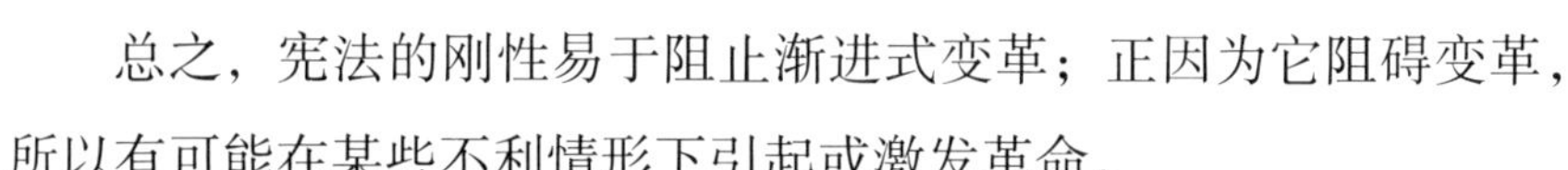

总之，宪法的刚性易于阻止渐进式变革；正因为它阻碍变革，所以有可能在某些不利情形下引起或激发革命。

（防止违宪立法的措施是什么？）

第二，在刚性宪法之下，有什么措施来防止违宪的立法？

对此，大致可以这样回答：制宪者为了使违宪的法律无法制定或无法实施，有两种办法可以且曾被采用。当然，这个答案不适用于像英国这样的由一个主权议会来统治的国家。

127 一是依赖公众舆论的压力，以及政治权力之间的巧妙平衡，来限制立法机关制定违宪的法律。这种方法依靠道德制裁来对抗违宪立法，所以最后凭借的是公众情感的影响。

二是授权某个人或某个团体，当然最好是法院，对制定法的合宪性进行裁判，如果该法与宪法的文字或精神相抵触，就宣布

其无效。这种方法并不试图事先防止违宪的立法，而是在法律通过之后，通过法院的干预来使之不至于为害，因而它最终凭借的是法官的权威。

这两种办法均试图确保宪法的刚性。但是，若不作进一步解释，上述一般性说明就不易理解。而解释的最好方式，莫过于比较两类不同的立宪主义者对于立法机关所奉行的不同原则。

（欧陆立宪主义者所提供的保护措施）

如前所述，法国的制宪者及其欧陆的追随者总是把根本法和其他法之间的区分看得极为重要，因而时常创设出具有“立法权”却无“立宪权”的立法机构。所以，法国政治家就不得不设法把普通立法机关控制在适当范围之内。他们所采用的方式和步骤呈 128
现出某种一致性；他们在宪法条文中宣告立法权的确切界限；在宪法中明文规定指导和控制立法过程的所有原则；还规定在特定情形下以特定方式创设一个修宪机构，唯有该机构才有权修改宪法。总之，他们把注意力集中于一点，即遏制普通立法机关产生任何侵犯国家根本法之企图；但是，为了促使立法机关遵守对其权力的限制性规定，他们通常依靠的是公众情感，[①] 或者至少是政

① “无论宪法整体或部分，任何由宪法创设的机关均无权更改；但按照上述第七编规定的修改方式进行的修改不在此限。

国民制宪议会将宪法的重任寄托于立法院、国王和法官的忠诚，寄托于家长的警惕，妻子和母亲的关怀，青年公民的热忱和全体法兰西人的勇敢。”——《1791 年宪法》，第七编第八条（作者在此引用的条文序号似乎有误，应该是“第八编”而非“第七编第八条”，参见《法兰西宪法典全译》，周威译，法律出版社 2016 年版，第 40—41 页。——译者）。参见狄骥与莫尼埃，《1789 年以来的法国宪法》，第 34 页。

129 治因素，故而一般没有设置某种机构以撤销违宪的法律或宣布其无效。

（法国革命宪法）

法国宪政的上述特征尤为明显地体现在其最早的三场政治试验中。1791 年的君主宪法，1793 年的民主宪法和 1795 年的督政宪法虽然各有特点，但是却有两个共同特征。[①] 其一，每部宪法实际上都把立法机关的权力限制得非常狭窄；比如，在督政宪法之下，宪法共有 377 个条文，但是无一条可由立法机构自身进行修改，而且，组织修宪会议的规定如此之严格，以致对任何一个宪法条文进行哪怕是最小的更改，在少于九年的时间内都是不可能实现的。[②] 其二，对于一部被指称违宪的法律，每部宪法都没有提及相应的处置措施。事实上，制宪者们似乎没有认识到，即便立法机关的法律并未直接与宪法相抵触，但它仍可能存在合宪性问题，因而，这就需要具有相应的手段，以判定某一法律是否与宪法原则相冲突。

从这些条文中可以看出，国民议会把 1791 年宪法的守护委托给国民。条文中提到了法官，这可能是想要给出一个暗示，即法院应当宣布违宪的法律无效，但未必真是如此。根据共和八年宪法，参议院有权撤销违宪的法律。但是，这一权力与其说是对正式制定的法律的撤销权，不如说是对在英国应称为法案的那种文件的否决权。参见《共和八年宪法》，第二编第 26 条、28 条（作者在此引用的条文序号也有错误，应该是“第三章”而非“第二编”，参见《法兰西宪法典全译》，第 109 页。——译者），埃利，《法国宪法》，第 579 页。

① 参见本书附录一“法国宪法的刚性”。

② 参见 1795 年宪法，第 13 章，第 338 条，埃利，《法国宪法》，第 463 页。

（现行共和宪法）

革命宪法的这些特征，后来法国的立宪主义者在其著作中反复阐述。在现今法兰西共和国中，有一些（的确不是非常多）法 130
律是议会所不能更改的；也许更重要的是，所谓的国会[①]可以随时增加根本法的数量，这就大大削弱了未来议会的权力。但是，普通议会有可能在明显超越宪法权限的情况下完成立法，对此宪法并未规定相应的防范措施。事实上，任何人只要考虑到，自大革命时代以来，事实政府的法律及法国司法传统所受到的尊重，他就会满怀信心地认为，凡经议会通过和总统公布，并刊登于《法律公报》的法律，共和国的所有法院都会裁定它有效。

（欧陆的宪法条文是"法律"吗？）

于是，一个奇怪的结果随之发生。在法国宪法之下，对于立法活动的那些限制实际上并不是法律，因为它们最终不是由法院实施的规则。它们其实具有政治道德准则的性质，所具有的力量源自两个方面，一是宪法的正式记载，二是公众舆论的支持。法国宪法的这些特点，基本上也体现在受法国思想影响而建立的其 131
他政体之中。例如，比利时宪法对议会行动所施加的限制不少于法国的共和宪法，但是，至少有一点是令人怀疑的：比利时的立宪主义者是否提供了某些措施，以此使得那些减损或者剥夺向比利时公民"保证的"各种权利（如言论自由权）的法律无效？比

① 国会（Congress）这个术语虽被法国作家使用，却未见于法国宪法。或许可以这样断定，所谓国会的恰当称谓应该是"国民议会"（L'Assemblée Nationale）。

利时的法学家至少在理论上认为，凡与某一宪法条款相抵触的议会法，均应被法院判为无效。但是，在比利时的整个独立时期，据说没有一个法院曾对一部议会法的合宪性问题发表意见。也许可以说，这表明议会是遵守宪法的，但它也确实在某种程度上证明，在某种有利的条件之下，正式的权利宣言对公众情感的影响力，在比利时比通常在英国所具有的要大；不过，这也间接表明，在法国和比利时，对议会权力的限制主要是依靠道德或政治情感来实施的，因而这些限制实际上是宪法“默契”而不是宪“法”。

其实，对一个英国评论家来说，欧陆政治家尤其是革命家对普通立法机关的态度带有一种自相矛盾的意味。他们似乎既担心让普通立法机关拥有无限制的权力，同时又害怕采取措施以防止
132 立法机关超越自身的权限。对于这种明显矛盾心态的解释，可以从以下两种情感中找到，它们自法国大革命爆发之初就影响着法国的制宪者：一是高估一般性权利宣言所产生的效果，二是始终警惕法官介入任何的政治领域。[①] 在下文中我们将会发现，法国公法仍然受到如下信念的深刻影响，那就是，法院绝不允许以任何方式介入国家事务，即与政府机器相关的任何事情，这种信念即便是在今天，也几乎是为法国人所普遍持有。[②]

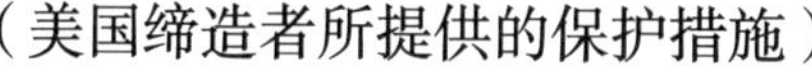

（美国缔造者所提供的保护措施）

较之法国的政治家，美国的制宪者出于下一章将要谈到的理由，更急于限制共和国中各个立法机构的权力。他们也和欧陆的

① 《托克维尔全集》，第 1 卷，第 167、168 页。

② 参见本书第十二章。

政治家一样，相信一般性的权利宣言具有重要作用。但是，与法
国的制宪者不同的是，他们把注意力更多地集中于发明何种方法
才能使违宪的法律无效，而不是如何防止国会或其他立法机关越
权立法；这一目的是这样达成的，即他们赋予联邦中每位法官一
种职责，凡违宪的法律均应宣告为无效。这样，他们就使得宪法
中对国会或各州立法机关的立法权的限制措施成为了真正的法律，
即由法院实施的规则。这一制度使法官成为宪法的守护者，它是 133
迄今为防止违宪立法所设计出来的唯一有效措施。

134 第三章　议会主权与联邦制

（本章的目的）

本章的目的，是比较英国的议会主权与联邦制，即存在于文明世界的不同地区尤其是美国的那种政府体制，以此来阐明英国议会主权的性质。[①]

一、要理解联邦制莫如研究美国宪法

其实除了美国，目前还有三个值得注意的联邦制国家：瑞士联邦，加拿大自治领和德意志帝国。[②]逐一研究这些国家的制度，会有助于阐明我们的主题，但在本章中，我们最好是把注意力主要集中在伟大的美利坚共和国之上。这样做有两个理由。第一，美利坚合众国代表着最为成熟的联邦制。这种政府体制的所有特征，尤其是法院对立法机关的限制，在美国那里得到了最为完美

---

① 关于美国联邦制的整个主题，读者应参考布赖斯先生的《美利坚共和国》，若着眼于本章所论，则应精读其第一卷第一部分。

② 除此之外，现在（1908 年）还应包括澳大利亚联邦。参见本书附录九“澳大利亚联邦”，以及《1909 年南非法》，爱德华七世第 9 年。

和最为突出的体现；而瑞士联邦[①] 和加拿大自治领近乎是对美国联 135
邦制的模仿，而德意志帝国则因历史和现实原因，存在许多反常现象，不宜作为任何已知政府形式的代表。第二，美国宪法与英国的各种制度有着非常独特的关联。权力分配原则决定宪法的形式，正是在这一原则上，美国宪法与英国宪法截然相反，因为后者的本质在于议会的无限权力——我希望现在已经把这点讲清楚了。尽管从某种角度来看，美利坚共和国宪法与英国君主制宪法在形式上存在巨大差异，但美国的制度在精神上其实是对英国政治和法律制度之根本思想的重大发展。简言之，我们的政府体制在形式上所依据的原则，以一个外来却很方便的术语来讲是“单一制”，或者说，是由一个中央权力，具体而言即由不列颠议会来行使最高立法权。但是，美国政体中各个部分所贯穿的原则，是
将有限的行政权、立法权和司法权分配给三个既互相独立又互相 136
协作的机构；这一原则，我们马上就会看到，构成联邦制的本质。因此，这两个政体之间的差别是极为明显的，而且由于下列原因这一差别所生之效果就更加明显：在其他所有方面，大西洋两岸的英语民族的各种制度，在有关法律、正义、个人权利与政府或国家权利之间关系方面，都是建立在同一种思想基础之上的。

若要充分理解联邦制的性质，以及联邦制宪法与英国议会制

① 瑞士联邦制直到最近几年才受到关注，但是值得注意。瑞士联邦的基本特征在于，它是一个真正的和自然的民主国家，但这种民主体制是建立在欧陆而非盎格鲁–撒克逊的自由和政府思想之上的。

澳大利亚联邦宪法至少有一种特征是受到瑞士联邦制的启示。参见本书附录九“澳大利亚的联邦制”（瑞士联邦旧称瑞士邦联，但在 1848 年制定宪法之后已实行联邦制。故戴雪把瑞士既说成是“Confederation”又说成是“Federalism”。——译者）。

宪法的区别之处，就应当注意以下三点：其一，联邦国家存在的必要条件及其建国宗旨；其二，联邦国家的本质特征；其三，联邦制所具有的源于其固有性质、同时又足以区别于议会主权制的某些特征。

二、联邦制的存在条件与建立宗旨

凡联邦国家之建立，须具备两个条件。[①]

（可组成联邦的国家）

137 第一，必须有大量邦国（country）存在，如瑞士各州（Cantons），美洲各殖民地（Colonies）或加拿大各省（Provinces），它们因位

① 关于美国，参见斯托里，《美国宪法评注》（第4版）；布赖斯，《美利坚共和国》。

关于加拿大，参见《1867年英属北美法》，维多利亚第30年第3章；布里诺（Bourinot），《加拿大自治领的议会程序与惯例》（*Parliamentary Procedure and Practice in the Dominion of Canada*）。

关于瑞士，参见《1874年5月29日瑞士联邦宪法》（*Constitution Fédérale de la Confédération Swisse du 29 Mai 1874*）；布卢默（Blumer），《瑞士联邦宪法手册》（*Handbuch des Schweizerischen Bundesstaatsrechtes*）；罗威尔（Lowell），《欧陆政府与政党》（*Governments and Parties in Continental Europe*），第2卷，第11—13章；亚当斯爵士（Sir F. O. Adams）的《瑞士联邦》；以及本书附录八“瑞士的联邦制”。

至于澳大利亚联邦，它的宪法值得认真研究。对此，读者当参见奎克和加兰（Quick and Garran），《澳大利亚联邦宪法注疏》（*The Annotated Constitution of the Australian Commonwealth*）；摩尔（Moore），《澳大利亚联邦》（*The Commonwealth of Australia*）；布赖斯，《历史与法学研究》，第1卷，第8篇“澳大利亚联邦宪法”；另见本书附录九“澳大利亚的联邦制”。

置、历史和种族等因素而紧密联系在一起，从而在其居民眼里得以具备共同的民族性。我们通常也会发现——如果诉诸经验的话，如今已成为某联邦国家之组成部分的那些邦国，在其历史上的某个阶段，因为紧密联盟或者服从于一个共同的统治者而联系在一起。但是，若因此断言，这种早期联系是组建一个联邦国家的必要条件，则不免言之过当。不过可以肯定的是，凡联邦制成功实行之处，一般而言，它都是从早期较松散的联系开始而后逐渐养成的。

（联邦情感的存在）

第二，在意欲联合的各邦之中，它们的居民必须具有一种非常独特的情感状态，这对于建立一个联邦而言，是一个绝对必要的条件。他们一定是想要联合（union），但又一定不希望统一（unity）。如果居民没有联合的愿望，显然就不存在组建联邦之基础；比如，据说曾有一个不切实际的计划，试图将英吉利共和国和尼德兰联合省组成一个联邦，但这不过是政治家们所常常怀抱却永远不会实现的一个梦想。但是，如果居民希望统一，这种愿 138
望自然只能通过单一制而非联邦制得到满足；譬如，18 世纪初英格兰与苏格兰合并的历史，以及 19 世纪中期意大利诸邦统一的历史表明，若各方有非常强烈的共同利益感或民族感，那就不容许既联合又分离的状态存在——而这却是联邦制的基础。简而言之，凡联邦国家之建立，一个必然的情感条件就是，意欲联合的诸邦人民基于种种目的，一定是想要组成一个单一的国家，但又一定是不希望放弃各邦或各州的个别存在。也许可以再进一步说，除

非各州许多居民对于本州的忠诚感，比对于那个由一个共同政府所代表之联邦的忠诚感要强烈一些，否则联邦政府几乎不可能建立。18 世纪末的美国，19 世纪中期的瑞士无疑都属于这种情况。1787 年，一个弗吉尼亚人或马萨诸塞的公民，对弗吉尼亚或马萨诸塞的归属感要比对合众国整体的强烈得多。1848 年，卢塞恩的居民对本州的忠诚感要比对瑞士联邦的强烈得多，这种情况在相对较低的程度上，无疑也适用于伯尔尼人和苏黎世人。所以，创建一个联邦国家的情感状态就是：在大体上已联合起来的各邦国居民中，普遍存在着两种某种程度上相互矛盾的心理，即既想要国家统一，又决意保持各州的独立性。联邦制的目的就是尽可能
139 地满足这两种要求。

（联邦制的宗旨）

联邦国家这一政治发明，旨在协调国家的统一和权力与“州权”之维护之间的关系。这一目的决定了联邦制的基本特征。至于如何协调国家主权和各州主权这两个明显冲突的权力主张，其方法就是制定一部宪法，据此，主权的各项常规权力得以在共同或全国政府与各州之间精心划分。[①] 尽管分权的细节因联邦宪法之不同而不同，但它所依据的一般原理则是一致的。那就是，凡关乎整个国家的事务，皆由全国政府来掌管；凡基本不涉及共同利益的事务，则由各州保留。美国宪法序言是这样叙述的：“我们合众国人民，为建立一个更完善的联邦，树立正义，保障国内安宁，

① 参见本书附录二“联邦国家中的分权”。

提供共同防务，增进公共福利，并使我们自己和后代得享自由的幸福，特为美利坚合众国制定本宪法。”它的第十条修正案规定：“本宪法所未授予合众国或未禁止各州行使的权力，皆由各州或人民保留之。”这两句话略经改动后再现于瑞士联邦宪法，[①] 指出了建立联邦的目的，规定了联邦制的根本思想。 140

三、联邦制的基本特征；美国

根据一部共同的宪法，把权力在全国和各州之间进行分配，从而做到既国家统一又各州独立，这是联邦制的目的所在，从这一思想之中，就可总结出充分发展的联邦制所具有的三个基本特征：宪法至上；政府的不同权力在享有同等而有限权威的各个机构之间进行分配；法院享有解释宪法的权力。

（宪法至上）

一个联邦国家源于宪法而存在，正如一个法人源于创设它的许可而存在一样。因此，每一种权力，不论它是行政权、立法权，还是司法权，也不论它属于联邦还是属于各州，它都服从于宪法并受宪法的控制。美国的总统或者国会、马萨诸塞州的州长、立法机关或者议会，在法律上均不能行使一项与宪法条款相抵触的权力。对于宪法至上这一原则，美国人是很熟悉的，但在英国，即便是训练有素的法学家也难以理解它的真正意义。之所以如此，

① 参见《瑞士联邦宪法》序言和第三条。

是因为根据英国宪法，任何与下列准则（它对联邦制而言是绝对必要的）相类似的原则，都是不被承认的，即宪法构成“全国之
141 最高法律”[①]。在英国，也有一些法律可称为是根本性的[②]或宪法性的，那是因为它们涉及一些重要的原则，如王位继承、与苏格兰联合的条件等，这些原则是我国制度的根基之所在；但是，在我们这里却没有最高法一类的法律，也不存在检验其他法律是否有效的法律。其实有一些制定法是很重要的，如实施《与苏格兰联合条约》的法律[*]——除非政治上以至于癫狂，否则不会遭到无端更改；也有一些制定法无足轻重，如《1878 年牙科医生法》——议会可以任意地修改或废除；但是，不管是《1707 年与苏格兰联合法》，还是《1878 年牙科医生法》，两者都没有资格被视为一部最高法。每一个都体现着主权立法者的意志，都能够由议会加以合法地修改或者废除，两者中也没有一个能够检验对方的有效性。假设《1878 年牙科医生法》不幸与《与苏格兰联合法》的条款相抵触，而《联合法》竟至于被废除，也没有任何一个法官会认为，《1878 年牙科医生法》应当被视为无效或者违宪。这是因为，英国宪法中有一个根本的信条，就是王在议会的绝对立法主权或者专制统治。而这一信条是无法与一个根本协议共存的：该协议条款控制根据宪法而存在的一切权力。[③]

---

① 参见《美国宪法》第六条第二款。

② “英国的根本法”这个短语，曾在关于船费支付的论战期间（1635 年）流行一时。参见加德纳，《英国史》，第 8 卷，第 84、85 页。

* 即英格兰议会制定的《1706 年与苏格兰联合法》。——译者

③ 尤其参见肯特，《宪法评注》（*Commentaries*），第 1 卷，第 447—449 页。

（推论；成文宪法） 142

由宪法的至上性又可推出三个结论。

第一，宪法基本上必须是“成文”宪法。

联邦国家赖以存在的基础是一份复杂的契约。该契约所包含的各种条款，是组成联邦的各州通常在深思熟虑之后所达成的共识。如果这种协议是建立在默契或者惯例的基础之上，必定会产生误解或者分歧。所以，协议或者说宪法的条款必须书写下来。宪法必须是一份书面文件，而且还要尽可能地使其中的条款不易被误解。美利坚合众国的缔造者至少留下了一个重要的问题没有解决。宪法上的这个漏洞后来成为冲突之肇始，并构成南北战争的借口——如果不是正当理由的话。①

（刚性宪法）

第二，宪法必须是我在上文所称的“刚性”② 或“不可扩展”宪法。

宪法在法律上必须是不可更改的，或者即使能够更改，也只
能由某一个高于普通立法机关的机构来进行，而宪法之下的普通 143
立法机关，无论联邦的或各州的，都无权修改宪法。

---

① 完全可以想见，一个联邦可以在惯例的推动下逐渐形成，各个邦国达成的协议也不必书写下来；古代的亚加亚同盟（the Achaean League）在多大程度上是由一个相当于成文宪法的文件而联合在一起，就显得很可疑。但无论如何，在现代，一个联邦国家的建立，竟然无需拟定一个文件，以调整联邦政府和组成联邦的各州之间的权利义务关系（无论该文件怎样称谓，其实质就是一部成文宪法），此事即便不是实际上不可能存在，那也是极不可能发生的。

② 参见本书第 87、121、124 页。

尽管以下原理曾为某些法学家所阐述，即每个国家都必定存在某个人或某个团体，能够依法对它的任何一个制度进行改变，但是一个国家组织的缔造者故意不提供任何手段以依法更改它的基础，仍然不是不可思议的。[①]其实，就联邦的缔造者而言，如此有意疏忽并非不正常，因为各州缔结契约的一个主要目的，就是防止各自的权利受到进一步的侵犯；《美国宪法》第五条仍可理解成是对如下意图的记载，即赋予某些条文暂时的不变性。然而，联邦宪法中是否必然存在着一个有权修改自身条款的主权权力，这个问题只具有思辨的乐趣，因为在现行联邦政府之下，宪法都具备自我改善的方法。[②]至少可以肯定的是，只要联邦政府的缔造
144 者把维护联邦体制看得头等重要，宪法之下的任何普通立法机关就都不可能被放心地授予最高立法权。[③]其理由是，如此授予立法主权与联邦制的宗旨不相符，即永久划分全国政府和各州政府之间的权力范围。如果国会能够合法地修改宪法，那么纽约州和马

---

① 美国有一些杰出法学家，其观点应给予极大尊重。他们认为，根据美国宪法，任何一个人或者多人组成的团体，均不享有奥斯丁意义上的法律主权。这个观点持之有理，一点都不荒谬。请比较《美国宪法》第五条。此外，德意志帝国的宪法似乎也是如此。在该宪法之下，由某个州保留的某些权利，不经该州之同意，是不能被剥夺的。参见《德意志帝国宪法》第 78 条。其理由在于，一部联邦宪法具有条约的性质，因此完全可以想见，除了经条约的所有缔结者同意之外，宪法的起草者可能不打算提供任何的宪法手段来修改其条款。

② 如《1909 年南非法》第 152 条。

③ 根据《德意志帝国宪法》，帝国的立法机构有权修改宪法。但是，联邦议会（Bundesrath）的性质使得它能够充分保障各州的权利。如果联邦议会中有十四票反对，那宪法就不能作任何更改。这个规则实际上赋予普鲁士和其他各州的各种组合一项对更改的否决权。在联邦体制下，爱国热情和爱州之心哪一个更占上风，可以从修宪权的性质中推测出来。参见本书附录二“联邦国家中的分权”。

萨诸塞州依宪保有的那种独立性就没有任何法律保证，如此一来，它们就从属于国会的主权权力，就像苏格兰从属于英国议会主权一样；合众国也就不再是一个联邦国家，而变成一个单一制的共和国。但是，如果南卡罗来纳州的立法机关自身即可修改宪法，那么从法律的视角来看，中央政府的权威就只是一个幻觉；合众国也就从一个国家沦为一批国家，它们只是因为差不多永久性的结盟而联系在一起。因此，修宪权可以说是被置于宪法之外，就目前讨论的话题而言，我们可以非常准确地说，合众国的法律主  145
权属于作为一个集合体的各州政府——这个集合体在任何时候都由合众国中四分之三的州所代表。[①] 既然必须将终极的法律主权置于宪法之外的某个团体，就可从中得出一个引人注目的结论：如同在单一制下，联邦制中也存在一个主权权力，只是这个专制者在联邦国家中难以唤醒。他不像英国议会那样，是一个始终清醒的立法者，而是一个酣然沉睡的统治者。合众国的主权者也曾被唤醒，并采取过重大行动，但一个多世纪以来也就醒过一次。它需要内战的雷声才能惊醒，若无迫在眉睫的革命，它是否会醒来采取行动，可能还是个疑问。但是，一个统治者若经年累月长睡

① 《美国宪法》第五条规定：“国会遇两院议员各三分之二人数认为必要时，得提出本宪法之修正案，或应全国三分之二州议会之请求，得召集会议以提出修正案。以上任一情况下提出之修正案，经全国四分之三州议会或经四分之三之州修宪会议批准，即成为本宪法之一部分而发生实际效力，其批准方式得由国会提出；唯在 1808 年以前所制定之修正案，不得在任何程度上影响本宪法第一条第九款第一项与第四项，且无论何州，不经其同意，不得被剥夺其在参议院中的平等投票权。”比较奥斯丁，《法理学讲演录》，第 1 卷，第 278 页；参见布赖斯，《美利坚共和国》，第 1 卷，第 3 版，第 32 章“论宪法修正案”。

不醒，就好比从未存在一样。因此，虽然联邦宪法能够更改，但因主权者熟睡之故，它往往就是无法更改的。[①]

146 **（联邦宪法下，所有立法机关均为从属立法机构）**

第三，联邦宪法之下，所有的立法会议都只是[②]一个从属的立法机构。这些机构制定的法律具有附属法的性质，它们在宪法授予的权限之内是有效的，如果超越了这一权限，则是无效或者违宪的。

把美国的立法机关与英国的铁路公司或者市政法人进行比较，看起来很荒谬，[③]但实际上是合理的。国会在其法律权限内制定的法律，对美国境内的所有人都具有约束力；而大东部铁路公司以相似方式制定的法律，对不列颠自治领境内的所有人也都具有约束力。国会所立的法，如果超越其法律权限，就会因为违反宪法而无效；大东部铁路公司所立的法，如果超越议会法所授予的权限，或者说，超越公司法律章程所授予的权限，也是无效的。国会所立的法可称为国会“法”（Act），若越权则可说成是“违宪的”；大东部铁路公司所立的法，可称为“公司章程”（bye-law），若越权虽不说是“违宪的”，但可说成是“无效的”。然而，用语

---

① 然而，应当注意的是，美国的宪法条文曾被 1913 年通过的第 17 条修正案所轻易更改，这一条是关于参议员选举的，自此之后，他们由各州立法机关选举改为各州人民直选。

② 在美国就是这样，但也不必然如此。比如，联邦的立法机关可能是一个主权者，但在组织结构方面，它能做到让宪法之下的各州权利得到实际保护；这种情况就存在于德意志帝国。

③ 参见本书第 88 页注释 1。

上的不同绝不能掩盖本质上的相似性。不论是国会法，还是纽约州或马萨诸塞州立法机关所立的法，实际上都不过是“附属法”（bye-laws）而已，其效力取决于它们是否超越宪法授予国会或者 147
州立法机关的权限。大东部铁路公司制定的章程，对乘坐该公司火车的无票乘客科以罚金，也是法律，不过它们的效力取决于其是否超越议会法（即公司的宪法）授予公司的权限。国会和大东部铁路公司事实上都不过是从属立法机构。它们享有的权力不同于联合王国的主权议会所拥有的权力，差别不在于权力大小，而在于权力种类。[①]

（权力分配）

联邦制的第二个基本特征是权力分配。建立联邦制的目的就是在全国政府和各州之间进行分权。授予联邦政府的权力实际上对各州的权力构成若干限制，而且为了不给中央政府侵犯各州保留的权利留下机会，联邦政府的行动范围就必将受到严格的界定。例如，美国宪法把严格限定的专门权力分别授予合众国的行政机关、立法机关和司法机关，或实际上授予合众国自身，同时却规定：“本宪法所未授予合众国或未禁止各州行使的权力，皆由各州

① 市政法人所制定的地方性法规，其效力取决于授予该法人的权限。关于这一点，请参见“约翰森诉克里登市市长案”（*Johnson v. Mayor of Croydon*），载《王座法庭判例汇编》，第16卷，第708页起；“国王诉鲍威尔案”（*Reg. v. Powell*），载《伦敦法律时报判例汇编》（*L. T.*），第51卷，第92页起；“芒罗诉沃森案”（*Munro v. Watson*），载《伦敦法律时报判例汇编》，第57卷，第366页起。另见布赖斯，《美利坚共和国》，第1卷，第3版，第244、245页。

148 或人民保留之。”①

（分权原则事实上超过了必需的界限）

这就是联邦宪法所必不可少的分权的全部意义。权力限定原则与联邦精神是如此之吻合，以致它贯彻起来通常比纯粹宪法逻辑所要求的还要远。比如，宪法分配给合众国的权力不会集中于任何一个官员或者官员团体。总统所明确享有的权利，不容国会和司法部门侵犯。而国会享有的立法权是有限的——实际上是非常有限，因为它只能就十八个主题立法；然而，在其权限范围内它又独立于总统和联邦法院。同样，司法部门也享有自身的权力；它们与总统及国会处于同等地位，其权力直接源

149 于宪法，不受行政机关和立法机关的侵犯，否则就是明显地违反法律。此外，各州结合成一个联邦之后，有关政策或正义的某些原则，必须被授予整个联邦及其各组成部分；正是联邦宪法所具有的刚性，诱使立法者将一些不具有宪法性质但特别值得尊重和遵守的行为准则列入宪法条文中。于是，联邦和各州

① 原文见《美国宪法》第10条修正案。亦可参见《瑞士联邦宪法》第3条之类似规定。另比较《加拿大自治领宪法》，即《1867年英属北美法》，第91、92条。

但是，美国宪法与加拿大自治领宪法在原则上具有一个显著差别。美国宪法实质上让没有明确授予全国政府的所有权力皆由各州保留；而加拿大宪法实质上将没有绝对转让给各省的所有权力皆授予自治领政府。在这个意义上，瑞士宪法仿效的是美国宪法。

其实，澳大利亚联邦宪法仿效的也是美国宪法。联邦议会被授予的权力尽管非常之大，但却是明确的；由各州议会保留的权力却不明确。参见《澳大利亚联邦法》第51、52条和第107条；本书附录二“联邦国家中的分权”和附录九“澳大利亚的联邦制”。

的权力就受到许多额外的限制。比如，美国宪法禁止国会[①]和各州[②]通过任何褫夺公权的法案或者追溯既往的法律，或授予任何贵族爵位，实际上还禁止对各州输出的货物征税；[③]它还要求各州对其他所有州的法令和司法程序给予足够的信任，禁止各州通过损害契约义务的法律，[④]以及禁止各州缔结任何条约、结盟或组织邦联；因此它还规定，基本的司法原则、贸易自由和个人财产权在整个合众国境内都必须受到绝对尊重；最后，它还确保人民收藏和携带武器的权利不受侵犯，并规定两院议员非有
本院全体三分之二的同意不能被除名。其实在这个问题上，其他 150
联邦宪法有过之而无不及，它们把一些被认为具有法律神圣性的原则或者琐细规则列入宪法条文；瑞士宪法就充满了“保障的”权利。

但是，对一位英国评论家来说，关于联邦制与“限权”之间的关系，最为显著的例证，莫过于联邦宪法诸原则在美国各州宪法中的贯彻。任何一州的立法机关都绝不享有共和国宪法保留给各州“主权”中的所有权力，而且各州立法机关均从属于州宪法。[⑤]纽约州或马萨诸塞州的普通立法机关不能改变州宪法，正如

① 《美国宪法》第 1 条第 9 款。

② 《美国宪法》第 1 条第 10 款。

③ 《美国宪法》第 1 条第 9、10 款。

④ 《美国宪法》第 1 条第 9 款。

⑤ 根据《澳大利亚联邦宪法法》第 106、107 条的规定，由各州议会保留的权力没有明确限定，这与美国宪法形成对比。澳大利亚的立宪主义者当初组建联邦时受到英国议会主权传统的影响，犹如美国的立法者在处理州宪法问题时受到联邦制精神的影响一样。

它们不能改变合众国宪法本身一样；这一话题此处不宜详论，不过我们敢于断言，合众国之各州政府都建立在联邦政府的模式之上。值得注意的是，凡人民认为重要的规则，州宪法皆有赋予其宪法上的不变性之倾向，这一趋势远甚于共和国宪法。如伊利诺
151 伊州就将有关升降机的管理办法列入宪法，与其他根本法并列。[①]

不过，犹如在其他情况下一样，这里亦颇难分辨究竟孰因孰果。如果说联邦政体影响了各州宪法——很可能确实影响了，同样可以肯定的是，联邦宪法复制了各州宪法最初具有的一些特征；而且，正如我们即将看到的那样，美国最具特色的制度，即联邦法院，至少不是共和国缔造者的原创，而似乎是受到州法院和州立法机关早在 1789 年前即已存在的那种关系的启示而建立的。[②]

（分权使得联邦制政府区别于单一制政府）

联邦制倾向于限制政府的一切活动，并且把国家权力分开，然后由几个地位平等但又相互独立的机构来行使。这一点特别值

---

① 参见“芒恩诉伊利诺伊州案”（*Munn v. Illinois*），载《奥托美国联邦最高法院判例汇编》（*Otto*），第 4 卷，第 113 页起。

② 正如法国一位杰出作家所敏锐观察的那样，欧洲的政论家在评论美国的联邦制时，一般很少注意各州宪法的运行方式及其效果，他们忽视了各州立法机关的行动所具有的重要意义。参见布特米，《宪法研究》，第 2 版，第 103—111 页。

布赖斯曾评论道：“完全可以这样说，联邦宪法中几乎所有有效施行的条款，都是从某州宪法借鉴而来，或者是受到了后者的启发；几乎所有运行不佳的条款，都是制宪会议因无先例可参考而不得不自创出来的。”参见布赖斯，《美利坚共和国》，第 1 卷，第 3 版，第 35 页。布赖斯先生这本著作的重要价值在于，即便对于那些早就研究过美国制度的人来说，它也是第一次揭示出这一点，即美国的制宪者究竟在多大程度上是受到各州政府特点的启示而赋予美国宪法那些主要特征的。

得注意，因为它构成了以美国和瑞士为代表的联邦制与以英国和
俄罗斯为代表的单一制之间的本质区别。其实，我们谈论英国宪 152
法时，也说它依赖权力平衡，说它在行政、立法和司法三个机构
间保持一种区分。这些表述也有其真正含义，但是它们用于英国
与用于美国时，所具有的意义颇为不同。英国将一切权力都集中
于帝国议会，而所有政府部门在法律上均服从于议会的专制统治。
我们所谓的法官独立，不过是指他们终身任职，且不受国王和政
府的直接支配；司法部门并不敢自称与议会具有同等地位；它的
职责可能随时受到议会法的更改；而且如此更改并不违反任何法
律。相较之下，联邦法院与总统和国会的地位是平等的，除非爆
发革命，否则它的任何权力都不能被总统或国会剥夺。另外，在
我们这里，行政机关和立法机关是有区别的，但不是美国意义上
的那种区别，因为它的总统和国会既互相区别又互相独立。英国
下院会干涉行政事务，政府实际上由下院任命和控制。一个现代
内阁如果遭到改选产生的下院谴责，就必须在一个星期内下台。
美国则不然，即便最为激烈的反对者在参众两院都已赢得多数席
位，总统仍可继续任职，行使他那至关重要的职责。简言之，单 153
一制意味着国家力量全部集中于一个可见的主权者，如英国的议
会或者俄国的沙皇；而联邦制则意味着国家力量在若干同等的机
构之间进行分配，且每个机构都由宪法产生，受宪法支配。

（法院的权威）

但凡一国有一部近乎刚性的宪法，如在比利时和法国一样，其条款不能由普通立法机关来修改，就会产生一个难题：如何防

止普通立法与宪法相抵触？因为比利时和法国的政治家并没有建立任何机构来解决这一问题，所以我们可以推断，在他们看来，宪法的遵守是完全可以由道德或政治制裁来确保的，而且对议会权力的限制只是一些有关政策的行为准则，而不是真正的法律。据说，在一段时间里——至少超过六十年，比利时没有任何一个法官曾宣告议会法违宪。在法国，如前所述，只要法律曾经国民议会通过，复由《法律公报》刊载，并为政府力量所支持，无论它如何违宪，也没有任何一个法院会随意弃之不顾；法国的政治家很可能是认为——正如托克维尔所认为的那样：在法国，议会对宪法的潜在侵犯，较之法官对政治冲突的介入，其中的危害要小一些。总之，法国和比利时由单一制宪法所统治，它们的立法
154 机关具有非主权的属性，但都只是一种偶然，并不是它们那种体制的必然特征。联邦制下的情况则不然。宪法在法律上的至高性，对一个联邦国家来说是绝对必要的；美国缔造者的荣耀，正在于他们设计或采用了一些制度，使宪法由此在名义和实质上都成为全国之最高法律。这一目标所以达成，是因为他们信奉一条非常显著的原则，而且为了将这一原则付诸实施而创造一种适当的机构。

（法院的权力是如何行使的）

这条原则明确载于《美国宪法》，该法第六条规定：“本宪法及依本宪法制定之合众国法律……皆为全国之最高法律；即使其条文与任何一州之宪法或法律抵触，各州法官仍应遵守。”[①] 这些表

① 《美国宪法》第 6 条。

述的含义是明白无误的。首席法官肯特先生写道：“国会的任何一部法律，以及各州立法机关的任何一部法律，甚至是各州宪法中的任何一个部分，只要与美国宪法不一致，就必然是无效的。这是我们宪法学中一条明确不变的原则。”[①] 可见，任何一位法官，不论他属于纽约州法院还是联邦最高法院，其法律职责都是明确的。
凡是这样的法律，不管是出自国会还是州立法机关，只要它与美 155
国宪法相冲突，他都必须视之为无效。他的职责，与一个必须对大东部或任何其他铁路公司的章程是否有效作出裁定的英国法官所负职责一样，都很明确。美国法官作出判决时，必须遵守美国宪法条款；正如他的英国同行在判案时也必须遵守与该案有关的所有议会法一样。

（创设最高法院，以确保宪法至上）

把原则明确规定下来是很重要的，但最大的问题是如何确保这个原则得到遵守；因为此中存在一种危险：依赖于联邦政府的法官有可能为支持中央权力而曲解宪法，而各州政府任命的法官又有可能为支持各州权利或利益而曲解它。这一问题最终通过最高法院和联邦法官的创设而得到解决。

（最高法院的性质与行动）

就当前主题而言，最高法院的性质和地位本身就值得注意。该法院由宪法产生，因而与总统和国会的地位是平等的；该法院

① 肯特，《宪法评注》，第 12 版，第 314 页；另参见该书第 449 页。

的法官——所有联邦法院的法官均是如此，如忠于职守，得继续任职，在其任职期间，俸给不得削减。[①] 最高法院位于整个联邦司法部门之首，它在美国各地均设有下级法院，故可以通过自己的
156 官员来执行判决，而无需各州官员的协助。最高法院尽管享有大量初审管辖权，但其重要性却在于它是受理上诉的法院；在涉及宪法解释的所有问题上，它都是最高的和最终的上诉法院，可以受理针对所有判决的上诉，不论该判决出自联邦法院还是州法院。事实上，它是宪法的最终解释者；对于国会或某州（如纽约）立法机关通过的法律是否违宪，它作为一个上诉法院，有权作出最终的宣告。要理解最高法院的地位，我们必须记住以下两点：第一，美国存在两套法院系统，每一套都具有初审管辖权。其中一套是联邦下级法院，其权力源自美国宪法；另一套是各州（如纽约或马萨诸塞）法院，它们由各州宪法创设，受各州宪法的支配。第二，联邦法院和州法院的管辖权在许多情况下是并存的，这是因为：联邦法院的管辖权虽然主要限于依联邦宪法或法律提起诉讼的案件，但它也常常取决于双方当事人的性质；另外，尽管有很多案件州法院不能过问，但这些法院往往受理联邦法院也可受理的案件，因而经常不得不考虑某国会法或州法是否违宪的问题。对于联邦下级法院的判决，联邦最高法院应为上诉法院，这不足
157 为奇。值得注意的是，各州（如纽约）亦设有最高法院，对于它们根据宪法条款或国会法作出的判决，或者对其作出解释的判决，联邦最高法院也是一个上诉法院。一方当事人如果受到某州法院

① 《美国宪法》第 3 条第 1 款和第 2 款。

判决的侵害，有权上诉至美国最高法院，这种情形由 1789 年 9 月 24 日的一部国会法所规制，该法第 25 条规定："某州普通法或衡平法的最高法院在任何诉讼中所作的最终判决或裁定，可因法律要点上的错误上诉至合众国最高法院，但此类上诉案件须满足下列条件之一：（一）某个条约、合众国的某部制定法或某个权力的合法性在州法院中受到质疑，且该法院的判决不承认其效力；（二）任何一项州权力因为与联邦宪法、条约或法律相抵触，故其合法性令人生疑，但该法院的判决承认这项权力的效力；（三）对合众国宪法、条约、法律或委任状的任何条款的解释是成问题的，该法院的判决又不承认当事人的资格、权利、特权或豁免权，特别是当事人主张其权利时所依据的是合众国的权威。"[①] 这条规定若除去其中的专门术语，它的意思就是下文这样。在州（如纽约）最高法院的某个案件中，根据某宪法条款或依宪制定的某个法律条款而主张权利或作出答辩的一方当事人，具有如下法律地位：若判决对他有利，则他无法再行上诉；若判决对他不利，他便享有
上诉至联邦最高法院的权利。任何法学家一望便知，这一安排在 158
鼓励各州法院履行其作为宪法守护者的职责这一点上，设计得多么的恰当；联邦最高法院因而成为一切有关宪法事项的最后仲裁者。

但是，绝不能有这种错觉：每一个法院，当然最终是最高法院，它们所享有的宣告立法是否合宪，以及宪法之下各种机构是否享有权利的权利，实际上很少行使。事实上，这一权利法院行

① 肯特，《宪法评注》，第 12 版，第 299、300 页。

使得很频繁，对此美国公民早已司空见惯，正如英国的王座法庭将某铁路公司章程判为无效不会让英国人感到惊讶一样。美国联邦法院处理的事务都极为重要；比如，它们曾判定：国会有权赋予联邦债务以优先权，[①] 可以依法建立银行，[②] 享有征款或征税的一般权力，除受宪法明确规定的统一性原则之约束外，没有任何限制；它们解决了国会对民兵享有何种权力以及谁有权统帅民兵的问题，[③] 而且还最终决定，国会在内战时期发行纸币属于权力的合
159 法行使。[④] 再者，法院对各州权力的彻底控制，可谓不遗余力，一如它们对合众国权力的限定。凡追溯既往的法律，对各州输出的货物征收即便非常轻微的税收的法律，法官都宣告了它们违宪；凡各州损害契约义务的法律，法官也都剥夺了它们的效力。总而言之，正义之维护、国内自由贸易之存在，以及财产权之普遍尊重，均应归功于法官；最近的一份判决亦表明，如果法律禁止了在法官看来有违公共利益的私有财产使用方式，法院就准备着维护这样的与宪法相符的法律。[⑤] 此外，法院有权把宪法条款当成全

---

① 肯特，《宪法评注》，第 12 版，第 244—248 页。

② 同上书，第 248—254 页。

③ 同上书，第 262—266 页。

④ 参见斯托里，《美国宪法评注》（第 4 版），第 2 卷，第 1116 和 1117 小节。另见“赫伯恩诉格里斯沃尔德案”（*Hepburn v. Griswold*），载《华莱士判例汇编》（*Wallace*），第 8 卷，第 603 页起，1869 年第 12 月；“诺克斯诉李案”（*Knox v. Lee*），载《华莱士判例汇编》，第 12 卷，第 457 页起。

⑤ 参见“芒恩诉伊利诺伊州案”（*Munn v. Illinois*），载《奥托美国联邦最高法院判例汇编》，第 4 卷，第 113 页起。尤其要参见马歇尔首席大法官的判决书，收于《约翰·马歇尔论联邦宪法文集》（*The Writings of John Marshall upon the Federal Constitution*），1839 年版。

国普遍适用的法律*来维护，由此使得各种权力都被控制在适当的范围之内，这项权力行使起来是如此的轻松与平常，以致让欧陆的评论家感到震惊和困惑。对此，可以这样来解释：美国法官虽然控制着宪法行为，但他们只是履行纯粹的司法职责，因为除了案件之外，他们并不对任何事情作出决定。说联邦最高法院宣告国会法无效显得很自然，但事实上并非如此。法院绝不会直接针对某一国会法发表任何意见，它所要做的只是去判定某一案件中甲是否有权获得不利于乙的判决；但法院在裁判该案件的过程中，有可能裁定某国会法因超越宪法授予的国会权限而不予考虑。[①] 160

（合众国缔造者的真正功绩）

如果有人认为，这是一种无差异的区别，那表明他对政治有些无知，也不理解法院的权威会因为将自身的行动限制于纯粹司法的事务而大为增加。但托克维尔一类的人物，充分意识到政治家创建合众国的智慧，但似乎又高估了他们的独创性。国父们真正的功绩在于，他们把自己继受自英国法的思想极为巧妙地运用在新共和国的不同形势之中。对于任何一个深受英国诉讼程序传统影响的人来说，要让法院对它所受理的案件之外的其他事情进行裁决，似乎是不可能的事。对于任何一个居住在由特许状统治的殖民地，且该特许状对殖民地法律效力的影响定会为枢密院所考虑的人来说，对以下这点也没有什么好惊讶的：授权法官在某

---

* 所谓“全国普遍适用的法律”，即“the law of the land”；另见本书（边码）第161、164页；以及本书（边码）第467页译者注。——译者

① 参见本书第二章，第91—95页。

一案件中宣告议会制定的法律是否合宪——该议会的权力受到宪法的限制，正如殖民地立法机关的权力受到特许状或帝国议会法的限制一样。实际上，对于一个深受法国议会传统影响的法国法学家而言，这一切很可能都是不可思议的，但是英国法学家却很容易看到，共和国的缔造者看待美国国会法的方式，就如同英国法院看待公司章程或地方性法规的方式，他们在建立联邦最高法
161 院的过程中，心中所想的很可能是枢密院的职责。更何况，他们眼前确实就有很多这样的例子：有些州法院将州立法机关制定的违反州宪法的法律视为违宪，进而宣告其无效。据说，宣布一部法律违宪的案件，最早是出现在1786年的罗德岛。当时的罗德岛正受到查理二世的特许状统治，且该统治一直持续到1842年。一部州立法机关的法律被宣布违宪的情况，分别发生在1787年的北卡罗来纳州法院[①]和1788年的弗吉利亚法院[②]，然而，合众国宪法直到1789年才被批准生效，而联邦最高法院处理合宪性问题的第一个案件，即马伯里诉麦迪逊案，直到1803年才发生。[③]

不过，虽然合众国缔造者的思想是源自英国法，但伟大的合众国政治家使陈旧的思想得到全新的发展，并在世界史上第一次制定出真正应被称为“全国普遍适用的法律”的宪法，由此使得现代联邦制得以创建。因为联邦制的三个基本特征——宪法至上、

① 《马丁北卡罗来判例汇编》(*Martin*)，第421页起。

② 《弗吉尼亚判例汇编》(*Va. Cas.*)，第1卷，第198页起。

③ 《克兰奇联邦最高法院判例汇编》(*Cranch*)，第1卷，第137页起。关于州法院宣布州立法违宪的早期诉讼之事实，我的已故好友、杰出宪法学家、哈佛大学塞耶（Thayer）教授提供了不少帮助，以及许多其他有用的批评，特此致谢。

权力分配和司法权威——再现于每一个真正的联邦制国家（再现时自然是有所改变）。

四、［其他联邦制国家］

（加拿大自治领）

现在，让我们转向加拿大自治领。《1867 年英属北美法》的
序言以一种不准确的外交辞令称，本自治领之各省一致要求联合 162
成一个“有一部原则上类似于联合王国宪法的宪法”的自治领。如果序言想要说出全部真相的话，“王国”（Kingdom）一词就应当被替换为“众国”（States）：因为自治领宪法就其本质特征而言，显然是效仿的美利坚合众国宪法。这一点其实为加拿大的优秀评论家所否认，但在我看来，这一否认并无充分根据。[①] 当然，美国制度和自治领制度之间的差异是非常之大且值得注意的。但

① 关于加拿大宪法的特征，我自己的判断与那些优秀而友好的加拿大评论家的判断是有差别的，但这一差别很容易概括和解释。如果就自治领宪法的联邦制特征而言，我们必然把它看成是一件美国宪法的复制品，尽管它并非毫无独创性。本书就把加拿大宪制完全视为联邦制。因此，我的这个断言，即加拿大政府以合众国为模型，我仍然认为是正确的。但是，如果我们把加拿大政府与美国政府进行对比，立马就能意识到，加拿大政府是以英国式的议会内阁制政府为模型建立起来的，因而不管怎么说，它仿效的绝不是美国总统制。这就是加拿大评论家看待问题的视角，也是《1867 年英属北美法》的序言对自治领宪法作如此描述的理由所在。关于这一点，我也是受一个朋友的启发才意识到的，他对加拿大的各种制度非常熟悉，因而他的建议很合理也很有价值；鉴于此，我对本书前几版中的某些表述作了稍许修改。

是，凡阅读过《1867年英属北美法》条文的人都能看出，该法之起草者时常参照美国宪法；不仅如此，如果加拿大是一个独立国家的话，它也许就由一部颇类似于美国宪法的宪法来统治，而成为一个联邦国家。宪法乃自治领之最高法律；自治领议会[①]和各
163 省议会[②]均不得更改，但在《1867年英属北美法》所允许的狭窄范围之内除外；它只能为不列颠议会的主权权力所更改。[③]但这并不是源于加拿大自治领是一个附属国。新西兰像加拿大一样，也是一个殖民地，但新西兰议会在国王同意的情况下，能够做加拿大议会所不能做的事情，即更改殖民地宪法。所以，在整个自治领境内，宪法是最严格意义上的不可更改的法律。而且，在这部法律之下，正如你们所料想的，权力会在几个同等机构之间进行分配；[④]不过，相对于各省保留的权力而言，自治领政府和议会所被授予的权力，无疑要大于美国联邦政府被联邦宪法所授予的权力。最值得注意之处，莫过于授予[⑤]自治领政府对省立法的否决之权。[⑥]

① 参见《1867年英属北美法》（维多利亚第30年第3章）第94条。该条赋予自治领议会一项有限的权力，使之（连同某省议会）能够在一定程度上更改《1867年英属北美法》的条款。

② 然而，各省立法机关均有权制定法律，如"对于省宪中除涉及副总督职位之外的任何条款，不管《1867年英属北美法》如何规定，均可时时修改"。参见《1867年英属北美法》第92条。

③ 由一部帝国制定法来对自治领宪法进行修改的例子，可参见《1875年加拿大议会法》。

④《1867年英属北美法》第91、92条。

⑤《1867年英属北美法》第56、90条。

⑥ 布里诺，《加拿大自治领的议会程序与惯例》，第76页。

如此授权可能是为了完全避免使法院成为宪法的解释者；其
实联邦的缔造者似乎认为，“对自治领内诸立法机关各自的权力予 164
以严格限定，会防止中央政府和各地方政府之间发生任何麻烦或危险的权力冲突”。[①] 然而，这是对联邦制性质的一种误解，事实也证明这一愿望不切实际：关于立法是否合宪的问题，产生了两大卷判例集；关于自治领和省议会各自拥有的权力，也存在大量的判决——由自治领真正的最高法院即枢密院司法委员会作出的判决。所以，在加拿大，正如在美国，法院势必会成为宪法的解释者。

（瑞士联邦）

瑞士联邦尽管有些显著变化，但还是再现了联邦政体的基本特征，一如大西洋彼岸的美利坚合众国。宪法乃全国普通适用的法律；联邦或各州立法机构均不得更改；宪法在全国政府和各州政府之间实行权力分配，直接或间接界定和限制宪法下所有机构的权力。如同在美国，瑞士的全国政府设有三个机构：联邦立法
机关，联邦政府（Bundesrath）和联邦法院（Bundesgericht）。 165

瑞士联邦较为独特，许多特征颇为有趣且富于启发，但此处不宜详述。不过就本章的主题而言，瑞士宪法与美国宪法之间的两个极重要的不同点却值得注意。首先，瑞士不像美国和加拿大那样，在行政部门和司法部门之间划出一条精确的界线；行政部门在所谓“行政法”之下，行使着许多具有司法性

① 布里诺，《加拿大自治领的议会程序与惯例》，第694页。

质的职责，[①] 因而，如直到 1893 年，凡与宗教团体的权利相关的问题，实际上都由行政部门来处理。[②] 凡涉及联邦政府和联邦法院各自管辖权的问题，联邦议会都是最终的裁决者。联邦法院的法官由联邦议会选出，他们基本上都是在处理公法（德语为“Staatsrecht”）问题，政治家之老练如杜布斯博士者，都为联邦法院不享有对私法问题的管辖权而感到遗憾。[③] 另外，联邦法院的判决是由联邦政府来执行的，一旦指出这一点，我们立刻就能
166 明白：按照任何一种英国标准，在司法部门和行政部门得以互相分离的问题上，瑞士政治家是失败的，而美国政治家却成功了；而这一失败正是瑞士宪法的严重缺陷所在。其次，瑞士宪法实际上并没有将联邦法院置于与联邦议会绝对平等的地位。对于联邦议会通过的法律或法令，法院无权质疑它们的合宪性。[④] 于是，可能会有人认为，联邦议会不同于美国国会，是一个主权机构，其实不然。之所以对联邦议会的一切法律，联邦法院都必须视之为合宪，其原因就在于，联邦宪法本身基本上排除了联邦立法机构侵犯宪法条款的可能性。不经多数瑞士公民和多数州之同意，不得进行任何法律修改；而联邦议会正式制定的普通法律，一经

① 《瑞士联邦宪法》第 113 条“法律”；1874 年 6 月 27 日，第 59 条；杜布斯（Dubs），《瑞士联邦公法》（*Das öffentliche Rechts der schweizerischen Eidgenésenschaft*），第 2 卷，第 2 版，第 90 页。

② 直到 1893 年，有关这类问题的裁决权还归于联邦委员会领导下的议会，如今则属于联邦法院。参见杜布斯，第 2 卷（第 2 版），第 92—95 页；罗威尔，《欧陆政府与政党》，第 2 卷，第 217、218 页。

③ 《瑞士联邦宪法》第 113 条；及杜布斯，第 2 卷（第 2 版），第 92—95 页。

④ 同上。

全民否决即可合法废除。瑞士议会的权力名义上大于美国国会的
权力，但实际上瑞士立法机构要弱于美国国会。这是因为，虽然
两国的普通立法机关背后都存在着一个立法主权者，从而使普通
立法机关的行动受到立法主权者的支配，但瑞士主权权力的启动
要比在美国容易得多。当主权者能够轻易推行自己的意志时，它
就可以依靠自身行动来维护它的权利；但像在美国那样，当主权
权力很少也很难行使时，法院自然就成为表达于宪法条文中的主 167
权者意志的捍卫者。

五、联邦制与议会主权的比较

关于联邦制政府的共同特征，我们已从法律的视角作了概括论述。由此，关于联邦制与议会主权制各自具有的优点，我们会得出几个非常有说服力的超出纯粹法律范畴的结论。

第一，联邦政府即软弱政府。[①]

① 这种软弱性源自两个不同的方面：一是中央政府和各州政府之间的分权，二是中央政府不同机构（如总统和参议院）之间的分权。第一个原因是联邦制所固有的，而第二个原因至少在逻辑上不为联邦制所固有。在联邦宪制之下，将全国政府的所有权力都集中于一个人或一个团体，这并非不可想象，但我们又可以基本确定的是，事实上各州都担心中央政府侵犯它们的权利，故而会阻止这种权力的集中。

对于联邦政府即软弱政府这一陈述，必须加以限制或平衡。那就是，联邦制有时会使各种不同的共同体联合成一个国家成为可能，否则它们根本不可能联合。联邦的纽带可能是脆弱的，但它或许是当时情况下最强有力的纽带了。

赫尔维蒂共和国（Helvetic Republic）的失败和不幸警告我们，不要企图不顾一切地把几个差不多独立的国家强行联合成一个更大的政治体。

将所有国家权力在几个同等机构之间进行分配，必然会导致任何一个机构都不可能像单一制宪法下的主权者那样，能够行使如此巨大的权力。而且，在一个互相制约与平衡的体制之下，全国政府和各州政府的力量可以说处于直接对立的状态，
168 这显然有些消耗内部力量。所以，一个联邦国家在与同等国力的单一制国家竞争中，总是处于不利的境地。这一结论无论衡诸美国经验还是瑞士经验都是成立的。美国没有强邻环伺，因而无需对外政策。[①] 瑞士周边尽管强国林立，有时甚至敌国环伺，但无关宪法安排的那些情况使它得以保持自己的独立存在。而且，联邦制固有的彼此猜忌明显削弱了瑞士共和国的力量。仅举一例，如政府中每个成员都必须来自不同的州。[②] 这条规则可能会把卓越的政治家挡在政府门外，因而也就削弱了国家力量。对英国人来说，如果规定每个内阁成员都必须来自不同的郡，显然就很荒谬。然而，这种荒谬却是瑞士政治家们不得不接受的，仅此一例就足以说明，公共服务的效率会为了满足联邦情感的要求而被牺牲掉。此外，瑞士正逐步从民主联邦制走向单一制。宪法的每一次修订都使得国家权力增大，而州的独立性减少。这样做的部分理由，无疑是希望加强国防以御外侵。或许也可以归于其他缘由。联邦制界定并限制政府各部门的权力，
169 因而不利于政府的干预或行动。所以，一个联邦政府无法为了国家利益而履行相应的职责（这些职责或许是个人都可以履行

① 相比 1885 年的情形而言，该陈述的后半句在 1908 年或许就不那么准确了。
② 《瑞士联邦宪法》，第 96 条。

的），从而向国家提供服务。这也许正是联邦制的优点所在，却不能博得现代民主主义者的同情；关于一个国家或整个一代人中间所普遍存在的这种矛盾舆论倾向，最令人称奇的例子莫过于：在英国，人们既对联邦制表现出某种欣赏态度，同时又对所谓的“自由放任”学说持更坚决的反对意见。一个力图维持政治现状的制度，与一个适于广泛社会革新的体制是无法兼容的。

（联邦制的保守性）

第二，联邦制易于产生保守性。

导致这种倾向的原因有很多种。正如我们所看到的，一个联邦国家的宪法通常必须是成文宪法，而且还必须是刚性宪法，也就是不能为任何普通立法程序所更改的宪法。如今，联邦制度所固有的这种刚性特征，几乎必然会给公民留下这样一种深刻印象：宪法中的任何条款都不可更改，甚至可以说是神圣的。略微观察一下美国政治即可发现，宪法是不可修改的这种思想，给人们造成多么深刻的影响。宪法难以修改导致保守情感的产生，而国民的保守性反过来又会使宪法修改的难度加倍。英国上议院已存在数个世纪；而美国参议院迄今不过百余年，然而废除或改变上议院，最终可能比修改参议院的组成更容易一些。① 还有一点 170

① 但是，请参见本书第 145 页注释 2（即“然而，应当注意的是，美国的宪法条文曾被 1913 年通过的第 17 条修正案所轻易更改，这一条是关于参议员选举的，自此之后，他们由各州立法机关选举改为各州人民直选。”——译者）。

必须指出，那就是，联邦宪法规定的总是若干一般性原则，这些原则一旦载入宪法，就会逐渐得到一种盲目的尊崇，从而事实上免于修改或批评——尽管理论上并非如此。比如，不得通过有损契约义务的法律这条原则，在美国就已成为一种支配性看法。关于这一原则入宪之后所产生的保守效果，我们或可通过如下推测来进行衡量。在英国，诸如此类的任何一个原则，倘若被承认为对法院具有法律约束力，《爱尔兰土地法》就已然违宪且无效；《1869年爱尔兰教会法》在法律上纯粹就是废纸一张，至少很大程度上是这样；英国议会就非常难以像以前那样，为了大学改革而通过立法。也就是说，美国宪法中所包含的那些原则，英国只要采用其中之一个，就足以让近年来议会立法的巨大努力受到遏制。

（联邦制的法律精神）

第三，联邦制意味着守法主义（legalism），即法院在宪法上占有主导地位，人民也普遍具有守法精神。

在美国这样的联邦国家中，法院成为该国宪法安排运转的枢
171 轴，这是显而易见的。掌握主权的那个团体很少运用它的权力，甚至可以说它只是潜在于背后；全国所有的立法机关都只是一个从属立法机构，严格而言只能制定从属法（bye-laws）；行政机关的权力也受到宪法的限制；宪法的解释者是法官。因此，法官得以而且必须判定政府和立法机关各自的权限；他的判决不可诉；于是，法官不仅是宪法的守护者，在特定时刻还是宪法的掌控

者。[①] 联邦制必然意味着司法机构占据主导地位，这一点现代瑞士 172
历史最能证明。1848 年的政治家希望联邦法院被赋予的权力，要比美国最高法院所拥有的小得多。实际上，他们使得联邦议会在多数情况下成为最终上诉法院——目前在某些情形下依然是如此。但是，对瑞士的政治家而言，现实需要是如此之迫切，以致 1874 年修宪时大大增加了联邦法院的权力。

① “宪法的掌控者”（master of the constitution）这一表述，有人批评过它言过其实（西季威克，《政治学原理》，第 616 页）。然而，这个表述尽管确实有些绝对，但我们认为只要理解得当，还是很有道理的。的确，正如好友西季威克先生所恰当指出的那样，最高法院的行动受到两方面的限制，一是法官有可能因行为不端而受到弹劾，二是害怕引起混乱。此外，还有一种更为有效的限制措施。那就是，国会可以增加最高法院法官数额，而且它对某一案件的判决，作为一个决定性的先例，即便在理论上也不具有英国上院判决所具有的那种约束力；因此，倘若最高法院总是作出一些与美国执政党意见相左的判决，执政党就可以增加与本党信念相一致的法官而改变它的法律行为。——参见戴维斯（Davis），《美国宪法：百年演进之后的三个部门之间的关系》（*American Constitutions; the Relations of the Three Departments as adjusted by a Century*），第 52—54 页。——所以，主张最高法院是美国的主权者是没有意义的，这样的看法绝对不符合事实。但我仍然认为，在某一特定时刻，最高法院对于它受理的某个案件，能够作出一个决定宪法如何运行的判决。例如，在“德雷德·斯科特案”（*Dred Scott Case*）中，法院的判决以及法官在作出判决时所阐明的法律意见，对奴隶主和废奴主义者双方的宪法解释都具有显著的影响。我把法院称为“宪法的掌控者”，目的不是暗示它所运用的是不合法的或革命性的权力。正如上述，最高法院在作出判决时，无疑会因惧怕引发暴力而受到相应的影响。这种恐惧即便对一个绝对专制者来说，也被公认为是对他充分行使其理论上的权力的一个限制。我的目的也绝不是要表明，最高法院这个确实不是美国主权者的机构，在履行职责的时候，不受那些即便对主权者权力都有所限制的约束措施的约束。此外，我们在判断最高法院究竟在多大程度上能够运用理论上属于它的所有权力时，还必须注意一点：我们无法想象，最高法院关于国会权力的宪法限制的看法，不会得到大量美国公民的赞同。简言之，每当最高法院对于宪法的见解与美国总统或国会的见解不一致时，它很可能都能够得到大量民众的支持。

（源于法官地位的危险）

在联邦制度下，法院是整个宪制的要害，由此会产生一种特别的危险，即法院不能承受如此重大的责任。美国创建了一个庄重而威严的联邦法院，其技巧之高超，没有哪个国家比得上。而且，正如上述，美国宪法的监护职责不仅托付给最高法院，还托付给全国所有法官。但是很显然，即便是最高法院也几乎不能承
173 担起加于它的所有职责。没有人会怀疑这一点，即法官的不同判决，不论是法定货币诸案，还是最近以“芒恩诉伊利诺伊州案”为代表的系列案件，都表明即便再正直的法官，终归也只是正直的普通人，当他们着手裁判政策或重大政治问题时，也必然会为政治情感或国家理由所左右。不过，一旦这一倾向变得明显，法院就会丧失其道德权威，那些基于政策理由作出的判决，当被发现不完全是以法律为依据的时候，自然就会激起愤怒和猜疑。其实，已经有一些美国评论家提出：过去和现在都已证明，最高法院根本无力承担它应当承担的责任；只要它与某一州发生冲突，或者不能依靠联邦政府的支持时，立刻就变得无能为力。毫无疑问，这些主张击中了最高法院体制的弱点。至少当它的判决对某一州不利，而总统又拒绝帮助付诸实施的时候，该判决就没有约束力。根据某个通行说法[①]，杰克逊总统曾说道：“约翰·马歇尔既已发布判决，那就让他去执行吧，如果他有这个能耐的话。”果然，这一判决从未得到执行。但是，这些自合众国建国之初即已

① 参见 W. G. 萨姆纳（W. G. Sumner），《安德鲁·杰克逊传（美国政治家丛书）》（*Andrew Jackson*），第 182 页。

反复出现的批评，其重要性很容易被高估。[①]外行也易于误解，把司法审慎的增加错当成司法软弱的标志。此外，外国评论家应该 174
意识到，在一个联邦国家中，既然有某些因素让一个最高法院之类的机构得以存在，它们也就能够给该机构提供极大的权力。最高法院及其类似的机构是联邦协议的保护者；该协议的有效性，从长远来看就是各州权利的保证。联邦法院的判决应受尊重，这符合每一个希望联邦宪法得到遵守的人的利益。由此，我们可以做一个不算大胆的假定：只要美国人民想要维持联邦的平衡体制，他们最终就会迫使中央政府支持联邦法院的权威。这样，最高法院的批评者几乎要被迫坚持说，美国人对各州权利漠不关心。此说正确与否，非英国评论家所能定论。但对联邦法院运行方式的那些指责，如果不过是为了证实一个几乎不证自明的命题，那么关于这一制度基本上什么也没说，这个命题是：联邦法院只有在合众国实际上不再是联邦的时候，才是无用的和多余的。在单一制共和国中，联邦式法院无用武之地。

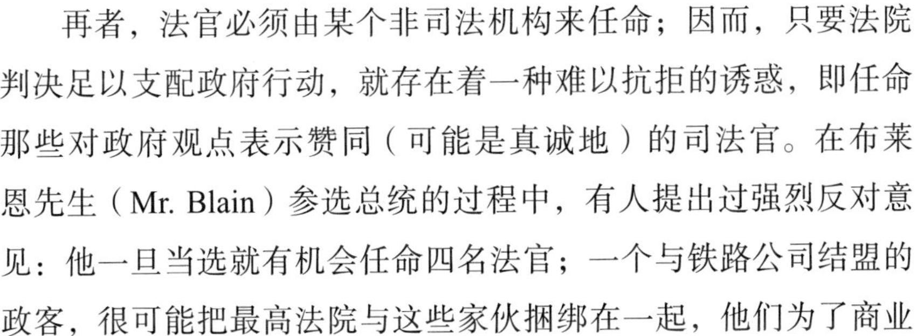

再者，法官必须由某个非司法机构来任命；因而，只要法院判决足以支配政府行动，就存在着一种难以抗拒的诱惑，即任命那些对政府观点表示赞同（可能是真诚地）的司法官。在布莱
恩先生（Mr. Blain）参选总统的过程中，有人提出过强烈反对意 175
见：他一旦当选就有机会任命四名法官；一个与铁路公司结盟的政客，很可能把最高法院与这些家伙捆绑在一起，他们为了商业

① 参见戴维斯，《美国宪法：百年演进之后的三个部门之间的关系》。戴维斯先生的观点很明确：不论合众国还是各州，它们的法院所享有的权力，自联邦建立以来就一直在不断地增大。参见戴维斯，《美国宪法》，第55—57页。

公司的利益而必然曲解法律。这种指责或许没有根据；但有一件事却足以显示法官任命中的巨大弊端，那就是：竟然连“共和党人”都宣布，从此以往，不应再将“民主党人”排除在联邦法院之外——本来早应如此宣布。这一弊端会抵消因法院而非立法机关成为宪法的仲裁者而带来的确切无疑的好处。

（无法律精神之处联邦制不可行）

无论作出怎样的政治推断，有一点是可以肯定的，那就是，联邦制只有在充满法律精神且被塑造得对法律满怀崇敬的社会才能成功实行。这是因为，联邦制以诉讼取代立法，而只有一个畏法（law-fearing）的民族才倾向于把一个诉讼判决等同于法律制定。美国联邦制之所以无比成功，其主要原因在于，美国人民受到法律思想的影响比其他任何已知民族都更加深刻。因各州宪法或联邦宪法条款而起的宪法问题，每天都在发生，也始终是由法院来解决。因此，美国公民遂成为一个宪政主义者的民族；那些
176 能够激起大众最强烈情感的事务，如中国人定居于美国的权利，都是由法官来判定，而法官的判决均得到民众默认。这种默认或者服从应归于美国人继承了普通法的法律理念——普通法可是世间“最有法度的法律体系”（如果可以这样称的话）。托克维尔早就说过，在崇敬法律和正义方面，瑞士人远不及美国人。[①] 从过去六十年的经历来看，他或许低估了瑞士人对法律的服从程度。但是，瑞士所习惯的法律不仅认可行政部门作出的广泛裁量权，而

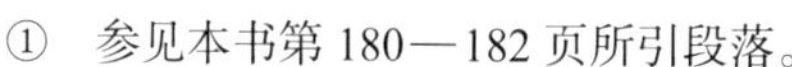

① 参见本书第180—182页所引段落。

且从未将法官和政府的各自职责完全区别开。因此，瑞士联邦制不免有所失败，其失败之处恰如人们所料，在于它没有维护一个理想联邦制所必需的那种绝对法院权威。不过，瑞士人虽然不像美国人那样尊重司法判决，但仍是一个崇法的民族。我们大可以怀疑，是否存在许多这样的国家，其多数民众会赋予法院如此大的政治影响力。然而，任何一个民族，只要它不能默认判决的终局性——即便该判决是错误的，它几乎就不配成为一个联邦国家的国民。①

① 参见本书附录八“瑞士的联邦制”。

第二篇

法　　治

第四章　法治的性质及其一般应用 179

一、法治

自诺曼征服以来，英国的政治制度始终具有两大特征。

第一个特征是，中央政府在整个国家中拥有无限权力，或者说具有无可争辩的最高地位。国家或者国族的这个权力，在我们历史的早期阶段是由王权来代表的。国王是法律的来源，是秩序的维护者。法院的那句格言，即“一切都通过他形成并且最初都出自于他”[①]，起初表达的是一个确切无疑的事实。但现在，这个王权至上已逐渐变成议会主权。而议会主权正是本书前三章的主题。[②]

第二个特征与第一个密切相关，即法律统治或法律至上。关于我国政体的这一特性，民间流传的一句法院的格言表达得最为清楚：“法律是国王拥有的最大遗产；他本人和他的所有臣民 180

---

① 《判例年鉴》（*Year Books*），爱德华三世第24卷；引自格奈斯特（Gneist），《英国行政法》（*Englische Verwaltungsrecht*），第1卷，第454页。

② 参见本书第一篇。

都受法律统治，如果没有法律，那就不会有国王，也就无遗产可言。”[①]

法律的这种至上性，或者说，从各个角度来看，在英国宪法下，个人的诸项权利都得到保护，构成本书第二篇的主题。

二、外国评论家所提到的英国法治

一些观察英国风俗的外国评论家，如伏尔泰、德·洛尔默、托克维尔和格奈斯特等，对于这一事实：即英国绝不同于欧洲其他任何国家，是一个受法治原则统治的国家，深受触动，其程度甚至远超过英国人自身；对英国人依法办事的习性与意识，他们大为惊讶和赞叹，这种情绪在托克维尔的著作中显露得最为充分。他在比较瑞士和1836年的英国时，就两国法律和风俗中所贯穿的精神，作出了如下颇不寻常的评论：

（托克维尔论瑞士不够尊重法律，并与英国相比较）

我要拿来对比瑞士[②]的不是合众国，而是大不列颠。当你仔细地观察这两个国家，或者即便只是经过两国，在我看来，你都会意识到两者之间让人十分惊讶的差别。总体来说，英

① 《判例年鉴》，亨利六世第19卷；引自格奈斯特，《英国行政法》，第1卷，第455页。

② 托克维尔的许多评论不适用于1902年的瑞士；而只适用于1848年瑞士联邦宪法创建之前的一段时期。

国似乎比赫尔维蒂共和国（Helvetic Republic）[*]更富共和的精神。这些重大差别，体现在两国的种种制度上，尤其是在各种习俗之中。

1. 在瑞士几乎所有州之中，新闻自由是相当晚近的事。

2. 在几乎所有州之中，个人自由绝没有得到充分保证，一 181
个人可被行政机关逮捕并关进监狱，而不履行相关法律手续。

3. 一般而言，法院没有绝对独立的地位。

4. 所有州之中都不存在陪审团审判。

5. 有若干州的人民在38年前毫无政治权利可言。阿尔高、图尔高、提契诺和沃州，以及苏黎世和伯尔尼州的某些地区，就属于这种情况。

上述评论，用于习俗较之用于制度更为恰当。

1. 在瑞士的许多州中，大多数公民完全没有自治的兴趣或欲望，因而也没有养成这种习惯。尽管在危急关头，他们也关心自己的私事，但你在他们身上，看不到任何对政治权利的渴望，以及参与公共事务的愿望。而公共事务，是英国人一生都摆脱不掉的。

2. 由于新闻自由是一种新近的自由，瑞士人往往滥用这项权利，瑞士报纸较之英国报纸，有更多的革命色彩，而没那么切合实际。

3. 瑞士人对结社的看法，似乎和法国人一样，仍把它看成一种革命的工具，而不是一个矫正错误的缓慢而可靠的手

* 赫尔维蒂共和国是法国大革命期间在瑞士联邦的领域上建立的一个自治共和国（1798—1803年）。——译者

段。关于结社的方法和运用结社权的技巧，瑞士人似乎还没有掌握。

182 4. 瑞士人未表现出对正义的热爱，这可是英国人一个非常明显的特征。瑞士法院在国家的政治安排中没有地位，对公众舆论也不能施加任何影响。热爱正义，让法官以和平和法律的方式介入政治领域，或许是一个自由民族最为持久的特点。

5. 最后对其余各点作一总括，那就是，瑞士人根本没有表现出对正义的尊重，对法律的热爱，以及对暴力的厌恶。做不到这几点，一个自由国家就无从存在；英国人做到了，故而让外国人深受震撼。

我简要总结一下上述看法。

凡是游历美国的人，都会不由自主地和本能地感受到，充满自由精神和对自由的喜爱，已经成了美国人的生活习性，因而他无法想象，美国人会选择共和政府之外的其他政体。同样也难以想象，英国人在自由政府之外的其他政体中生活是一种怎样的情形。但瑞士则不同，如果大多数州的共和制度被暴力摧毁，我们实在不敢断定，瑞士人民经过短暂过渡之后，不会习惯于那种失去自由的状态。在美国和英国，人民习俗中的自由似乎多于法律中的自由；在瑞士则相反，国家法律中的自由似乎比习俗中的更多。[①]

① 参见《托克维尔全集》，第 8 卷，第 455—457 页。

（托克维尔关于法治含义的评论的意义）

托克维尔的上述文字与我们当前的主题具有双重关联：第一，
它们非常明确地指出，法律的统治、支配或者至上，是英国种种 183
制度的可辨识性特征；第二，它们使我们注意到英国国民性的一个特点，该特点颇为重要，但是却非常模糊，难以描述。我们发现，托克维尔能够迅速理解英国人具有某种生活方式，但是，对于如何界定它的特征，他却充满困惑；因此他把自治的习性、对秩序的热爱，对正义的尊重和法律秉性混淆在一起。所有这些情感都紧密相连，但它们绝不是一回事，不可混同。然而，对于英国人生活的一个最显著特征，敏锐如托克维尔的评论家，尚且感到难以描述，那我们就可以有把握地断定，每当我们谈到英国人所热爱的法律统治或者法律至上是英国宪法的一个特征时，我们自己就在使用一些虽具有真实含义但对大多数运用它们的人来说却模糊不清的词语。因此，倘若我们想要充分理解“法律统治、法律至上或法律支配”这些短语所表示的意义，首先就必须搞清楚，它们在用于英国宪法之时究竟是什么意思。

三、法治概念的三层含义

当我们说，法律至上或者法律统治是英国宪法的一个特征时，这个短语中一般至少包含三层相关却有区别的含义。

（政府没有专断权力）

首先，我们的意思是指，任何一个人，除非在王国普通法院，

依照普通的法律方式证实确已违反了法律，否则不能受到惩罚，
184 或者不能遭受合法的身体伤害或财产损害。在这个意义上，法治与一切建立在由掌权者来行使宽泛恣意或不受限制的强权基础之上的政体形成对照。

（英国与当前欧陆的对比）

现代英国人刚开始可能感到诧异：上文所界定的“法治”竟然被视为英国制度的一个特性，因为在如今，法治与其说是某一个国家的属性，似乎还不如说是为一切文明有序国家所共有的特征。然而，即便仅仅观察当前欧洲的状况，我们也很快就会确信，甚至连这种狭义上的“法治”，也只是为英国所特有，或者为美利坚合众国一类的继承了英国传统的那些国家所特有。在几乎所有的欧陆社会中，行政部门在逮捕、临时监禁和驱除出境等事情上所运用的裁量权，较之英国政府法律上所拥有的或者实践中所运用的权力，要宽泛得多；研究一下欧洲政治，有时就会使英国读者想起这么一个道理：凡有裁量权的地方，就有专断的空间，而且在共和制中也与君主制中一样，政府享有裁量权，就一定意味着臣民的法律自由没有保障。

（英国与18世纪欧陆的对比）

尽管如此，如果只是观察20世纪的欧洲，我们很可能会说，在大多数欧陆国家，现在已基本上像在英国那样，法治被牢固确
185 立起来，至少那些不介入政治的普通人，只要他们遵守法律，就无需惧怕政府或其他人；所以，我们可能会感到有些难以理解，

为什么对某些外国人来说，英国国王、行政部门和其他所有官方机构都没有专断权力，一直似乎只是英国宪法的显著特征（几乎可以说是本质特征）呢？①

不过，只要我们回想一下英国宪法开始被外国思想家批评和赞赏的那个年代，上述困惑就可以完全消除。在 18 世纪，许多欧陆政府还远谈不上暴虐，但没有一个欧陆国家的人民可以免受强权之害。英国的独特之处，与其说是宽厚仁慈，不如说是它的政府守法。当伏尔泰来到英国时——他代表了他那个时代的看法——他最强烈的感受显然是，他已从专制王国离开，到了一个新的国度，这里的法律虽然严厉，但人们却只受治于法律，而不受治于人性好恶。② 他完全能够了解二者的差别。1717 年，伏尔泰 186
因一首诗而被投入巴士底狱。可这首诗不是他写的，而且他不知道作者是谁，也不赞同诗中所表达的情感。让英国人感到更加奇怪的是，摄政者把这件事当成一个恶作剧，就是说要“戏弄”一下讽刺诗“我已发现”的假定作者，叫他去见识一回“未曾发现”

① 孟德斯鸠说：“自由是做法律所许可的一切事情的权利；倘若一个公民可以做法律所禁止的事情，那就没有自由可言了，因为，其他人同样也有这个权力。”参见孟德斯鸠，《论法的精神》，第十一章第三节。他又说：“世界上还有一个国家，其政治体制的直接目的就是政治自由。”参见同上，第五节。这个国家就是英国。

② “个人所处的遭遇，使得伏尔泰不得不寻求庇护。每到一个地方，他极留意于当地制度。如果遇到某地没有专断权力，必然会流连不舍，备感爱慕。在英国时，他曾经自言自语道：‘这里思想很自由，没有任何限制。’英国人在国内尽可以昂首阔步，不用顾虑他人会动他一根汗毛，更不用害怕国王下令将其逮捕放逐或无辜监禁。外来人不但可以自由呼吸空气，而且可以与本国人一样同受保护”。参见德努瓦勒泰（Desnoiresterres），《伏尔泰传》（*Voltaire*），第 1 卷，第 365 页。

的监狱。[1]1725 年，伏尔泰这位法国当时的大文豪，被几个男仆从一位公爵的餐桌引诱开，当着这位高贵主人的面鞭打了一顿；可是，他却无法获得法律的或体面的救济，不仅如此，因为他不能容忍这种羞辱，他又被再次投入监狱。其实，这是他最后一次被关进法国监狱的高墙之内，但他一生都在与强权作不懈斗争，只不过，他的声望和机敏、过人才智，以及他的财富，使他得以免除比临时监禁更严厉的惩罚。但是伏尔泰为挽救其财产和生命付出了代价：最终被迫去国外流亡。任何人想要知道，18 世纪英国所存在的法律至上现象到底有多么特殊，他都应该读一下莫利（Morley）所著的《狄德罗传》一书。法国所有杰出文学家为了表达自己的思想，使《百科全书》最后得以出版，其间作出了 22 年
187 的不懈斗争。这件事，不论就其艰难过程，还是最后的结果而言，都极有力地证明了法国政府的恣意和专断。

君主不受法律约束这一点，非路易十五这样特别令人憎恶的国王所独有，而是法国行政体系所固有。现在这种看法很普遍，即至少路易十六绝对不是残暴的统治者，所以他也不是一个专制者。但是，如果认为在 1789 年之前，法国君主制中一直都存在法律至上这种东西，那是一个错误。骑士迪昂（Chevalier D'Eon）的那些愚行、冤屈和秘密，在一个多世纪以前所引起的喧嚣，几乎就和今日请求权人的欺诈所引起的嘈杂声一样。但这些事情本身尚不值得追忆。真正应当记住的是，在 1778 年，在约翰逊、亚当·史密斯、吉本、柯珀、柏克和曼斯菲尔德的那个时代，在美

① 参见德努瓦勒泰，《伏尔泰传》，第 1 卷，第 344—364 页。

国独立战争的进行过程中，以及在三级会议召开前的那十一年里，竟然有一名勇敢的军官和卓越的外交官，因为某些迄今都不知道的罪行，在尚未审判和定罪的情况下，被要求公开忏悔并蒙受羞辱；这种惩罚，即便是东方专制国家做出的荒诞无常的折磨都无从相比。[1]

然而，不要因此以为，18 世纪下半叶的法国政府比其他任何国家都更为专制。如此猜想，是对欧陆情况的彻底误解。在法 188
国，较之在西班牙，意大利各小国，或者德意志各公国，法律和公众舆论要重要得多。虽然说，在像法国那样的大王国中，专制统治的所有恶行举世瞩目，但其他国家的专制恶行有过之而无不及，正因为如此，后者反而较少为世人所关注。法国君主的权力所受到的批评，之所以比二十来个小暴君的无法状态所受到的批评更加严厉，倒不是因为法国国王比其他君主更为专制，而是因为从法兰西民族的卓越性而言，该民族似乎对自由有特别的要求，而且还因为古法兰西王国是专制政府的典型代表。这就可以解释，为什么巴士底狱陷落时，整个欧洲都为之欢呼雀跃。当堡垒被攻克的时候，狱内犯人不足十人；而此刻的英国监狱里，衰弱憔悴者成百上千。然而，那时全英国都在为法国民众的胜利热烈欢呼，这种情形，20 世纪的英国人乍看起来是难以理解的。但只要思考一下，就能明白何以整个文明世界都怀有这种感情。巴士底狱是

① 读者须注意，即便是在三级会议召开之后，国王似乎都还不愿意完全放弃签发“监禁令”（lettres de cachet）的权力。参见“王命诰”（Déclaration des intentions du Roi），第 15 条；普劳德（Plouard），《法国宪法》（*Les Constitutions Françaises*），第 10 页。

不法权力可见的外在标志。所以，人们真切地感受到，它的陷落预示着法治这个在英国早已存在的事物，在欧洲的其他地方也即将来临。[①]

189 **（任何人都必须遵守普通法院所实施的普通法律）**

当我们把“法治”作为英国的一个特征来谈论时，第二层含义[②]不仅是指我们当中没有人能够凌驾于法律之上，而且是指（这是另一回事）在这里，不论其地位或身份怎样，每个人都必须遵守王国的普通法律，并且服从普通法院的司法管辖。

在英国，法律平等的思想，或者说，所有阶层的人都受制于普通法院所实施的同一种法律的思想，已推行到极限。在我们这里，所有官员，上自首相下至警察或税吏，只要他们的行为没有法律依据，就会与任何其他公民一样承担相同的责任。《判例汇编》中有许多这样的案例，即一些官员所为，虽然是在执行公务但是却超越了法律权限，他们也要受到审判，并以个人身份接受

① 关于英国人对法国人奴役状态的感想，请参见戈德史密斯（Goldsmith），《世界公民》（*Citizen of the World*），第 3 卷，第 4 封信；英国的费勒斯勋爵（Lord Ferrers）被执行死刑，而一个法国的贵族虽然犯了谋杀罪但因其与王族之间的关系而免于处罚，有关这两者之间的对比，参见同上，第 37 封信，第 143 页；关于全欧洲总的情感状态，请参见《托克维尔全集》，第 8 卷，第 57—72 页。法治思想这时意味着（至少与下面这点紧密相关），国王及其仆人均不享有任何豁免权。参见《权利法案》，序一；斯塔布斯，《宪章选录》（*Select Charters*），第 2 版，第 523 页。比较“米勒诉诺克斯案”（*Miller v. Knox*），载《斯科奇民事诉讼判例汇编》（*Scott*），第 6 卷第 1 页起；“总检察长诉基桑案”（*Attorney-General v. Kissane*），《爱尔兰判例汇编》（*L. R. Ir.*），第 32 卷，第 220 页起。

② 关于法治概念的第一层含义，参见本书第 183 页。

惩罚，或者支付赔偿金。例如，殖民地总督[1]、政府主管大臣[2]、军官[3]，以及所有下属，在执行上级命令的过程中，只要其所作所为没有法律依据，一律要像任何没有公职的私人那样承担责任。当
然，公职人员，比如军人[4]、英国或其他国家国教会的牧师等，所 190
服从的法律的确对国家中的其他人不起作用，而且在某些情况下，他们所服从的法院对他们的同胞也无管辖权；也就是说，公职人员在某种程度上受到一种可称之为公职人员法的法律支配。然而，该事实与下列原则绝不矛盾，即在英国所有人都受制于王国法律；这是因为，尽管一名军人或者牧师因其特殊地位而负有其他人无需负担的法律责任，但一般来讲，他并没有因此免除作为一个普通公民应尽的义务。

（英国和法国在这一点上的区别）

一个英国人不免有一种想象，以为我们当前所讨论的法治，是一切文明社会共有的特征。但这是一个错误的猜想。的确，到 18 世纪末，多数欧陆国家早已经过了那个贵族、牧师和其他人均

① “莫斯廷诉法布雷加斯案”（*Mostyn v. Fabregas*），载《库珀英格兰王座法庭判例汇编》，第 161 页起；“马斯格雷夫诉普利多案”（*Musgrave v. Pulido*），载《判例汇编上诉案例集》，第 5 卷，第 102 页起；“沃尔总督案”（*Governor Wall's Case*），载《豪威尔国家审判》，第 28 卷，第 51 页起。

② “恩迪克诉卡林顿案”（*Entick v. Carrington*），载《豪威尔国家审判》，第 19 卷，第 1030 页起。

③ “菲利普斯诉艾尔案”（*Phillips v. Eyre*），载《英国判例汇编》；《王座法庭判例汇编》，第 4 卷，第 225 页起。

④ 关于军人的法律地位，参见本书第八、九章。

可公然违抗法律的发展阶段——英国的这一阶段出现在16世纪末之前。但是，即便到了现在，我们也绝不能说，在欧陆国家，所有人都受制于完全相同的法律，或者说，法院在国家中具有最高地位。如果把法国作为欧陆国家的代表，我们可以断定，公职人员（该术语包括一切为国家所雇佣并服务于国家的人员）以其公
191 职身份，从某种程度上说，一直不用服从普通法律，不受普通法院的管辖，而在某些方面只受制于官方机构所实施的公职法。[①]

（宪法的一般性规则形成于国家的普通法律）

当我们把“法治”或者法律精神的支配说成英国制度的特有属性时，它还有第三层不同的意思。之所以说宪法充满着法治精神，是因为宪法的一般原则（如人身自由权或者公众集会权），在我们这里是司法判决所导致的结果，而这些判决要对法院所受理的各个案件中的私人权利进行判定；[②]然而在许多外国宪法之中，个人权利所受到的保障（也不过如此）则源于（或者似乎是源于）宪法的一般原则。

这层含义至少部分符合事实，即如同那句流传广泛但有误导性的格言所隐约暗示的：“英宪不是人为建造的，而是自然生成

① 关于法治与外国行政法的对比，参见本书第十二章。

② 比较“卡尔文案”（*Calvin's Case*），载《柯克英格兰王座法庭判例汇编》，第7卷，第1页起；“坎贝尔诉霍尔案”，载《库珀英格兰王座法庭判例汇编》，第204页起；“威尔克斯诉伍德案”（*Wilkes v. Wood*），载《豪威尔国家审判》，第19卷，第1153页起；“莫斯廷诉法布雷加斯案”，载《库珀英格兰王座法庭判例汇编》，第161页起。议会的法律宣言，如《权利请愿书》和《权利法案》，在某种程度上类似于司法判决。

的。”但是，这句格言如果只从字面来理解是很荒谬的。“政治制度（尽管该命题有时被忽略）是人为的产物；其起源及整个存在均取决于人类意志。人们不会在某个夏天的早晨睡醒之后，发现它们已经突然长出来了。它们也不像树木那样，一旦种下去，当
你‘在睡大觉’，它们也‘在生长’。在其存在的每一个阶段，它 192
们都是人类的意志力作用的结果。”①

即便如此，如下信条，即政府形式是一种自然生长的结果，它与一个民族的生活息息相关，因而绝不能将它视为人类意志和力量的产物，确实让我们看到了这一事实——尽管该信条表达的方式不够准确：某些政体，尤其是英国宪法，并非一蹴而就，也绝非立法之结果（该立法是就其通常意义而言的），而是为了维护个人权利而在法院中相互斗争的产物。简言之，我们的宪法为法官所造，因而其外部带有法官造法的一切优良或低劣特征。

四、英国宪法与外国宪法的对比

这样，在英国宪法与多数外国宪法之间，就有若干显著区别。

英国宪法之中，不存在外国立宪主义者所珍视的各种权利宣告或者规定。而且，正如你在英国宪法中所发现的，宪法的这些原则，就像一切为司法立法所确立的准则那样，仅仅是对法官判决或附带意见的概括，或者仅仅是对为解决具体冤情而通过的、与司法判决极为类似的制定法的归纳，它们实际上就是上议院上

① 密尔，《论代议制政府》，第 4 页。

诉法庭*所宣告的判决。换言之，关于个人权利和宪法原则之间的
193 关系，十分不同于比利时之类的国家，因为它们的宪法是立法行为的产物，而在英国，宪法本身则建立在法律判决的基础之上。我们可以把比利时看成是一个典型的特意通过立法来创制宪法的国家，因此，你可以客观地说，在比利时，每个人的人身自由权都来自于宪法，或者说由宪法加以确保。反之在英国，个人自由权是宪法的组成部分，因为它是由法院的判决来确保，事实上也为几部《人身保护法》所扩展或者确认。如果可以用逻辑学的公式来表达法律问题的话，那么，英国、比利时宪法在这个问题上的差别就可以描述为：在比利时，个人权利由宪法原则演绎而来，而英国所谓的宪法原则，则是从法院就特定个体权利而作的各个判决中归纳或概括而来。

当然，这个区别仅仅是形式上的。如果自由在比利时得到的保障，如同在英国一样充分，而且只要能够做到这一点，至于如何保障的则无关紧要：我们可以说，个人能够免于恣意逮捕的一切危险，是因为人身自由有宪法上的保证；也可以说，人身自由权或者免于恣意逮捕的权利之所以构成宪法的一部分，是因为它由国家普通法律来确保。然而，这个纯粹形式上的差别本身虽然不重要——前提当然是个人权利的确得到了保障，但是，人身自
194 由权或信仰自由权究竟是否安全的这个问题，确实主要取决于以下问题的答案，即那些有意无意制定国家宪法的人，究竟是以权

* “High Court of Parliament”，即上议院的上诉法庭，为英国历史上的“最高法院”。《2005 年宪制改革法》通过之后，它的职能为新成立（2009 年 10 月 1 日）的英国最高法院所取代。——译者

利规定或宣告开始，还是以发明使权利得以实现或确保的救济方法为起点。如今，多数外国制宪者均从权利宣告着手。但他们绝没有因此而常常受到责备。他们这样做，往往是别无选择，要么是出于情势所迫，要么是因为制宪者自己考虑到，规定一般法律原则是立法者的天职所在。但是，了解一下历史即可发现，外国立宪主义者忙于规定权利，却没太意识到为权利提供完备的救济方法的绝对必要性，只有借助这些方法，他们所宣告的权利才能够实现。例如，法国1791年宪法规定了宗教信仰自由、出版自由、公众集会权和政府官员的责任。[①] 但是，自人类有历史记载以来，绝没有哪个时期像法国大革命的鼎盛时期那样，所有这些权利都是如此之不牢靠，以至于几乎可以说它们完全不存在。评论家也很可能会怀疑，即便到了现在，许多这样的自由和权利，是否在法兰西共和国中得到了充分的保护，正如在英吉利君主国中的情形那样。但是，在英国宪法中，要实现的权利和实现该权利的手段之间是分不开的，二者之间的不可分割性，正是司法立法的优点所在。就此而言，那句格言“有权利便有救济”绝不只是 195
一个同义反复的命题。从它与宪法的关系来看，这句格言意味着，英国人在费力地逐步制定出复杂的法律和制度体系（我们把它称为宪法）的过程中，更关注的是如何为具体权利之实现提供救济，或者说，如何避免特定的不法行为，而不是关注人权或英国人权利的宣告。各《人身保护法》都没有宣告任何原则，也没有规定任何权利，但它们的价值，实际上相当于宪法中上百条保障个人

① 参见普劳德，《法国宪法》，第14—16页；狄骥与莫尼埃，《法国宪法》，第2版，第4、5页。

自由的条款。权利和救济之间的这种关联，取决于英国制度中所贯穿的法律精神，但也不要以为，它与成文宪法格格不入，或者甚至与宪法上的权利宣告不相容。比如，美国宪法及其各州宪法
196 就载于成文的或刊印的文件之上，并且进行了权利宣告。[①]不过美国政治家以非凡的技巧为这些权利提供了法律上的保障措施。法治也是美国的一个显著特征，一如英国之情形。

此外，在英国之外的许多国家中，人身自由之类的个人自由取决于宪法；而在英国，宪法则不过是对个人从法院获得之权利的概括。这一事实具有一个重大的后果，即宪法保障的一般权利有可能被暂时剥夺，这在外国时常发生。它们外在于且独立于普通法律进程。比利时宪法宣布：个人权利是有“保障的”，这无意中表明，比利时的制宪者看待个人权利的方式，颇不同于英国的律师和法官。我们英国人绝不能说，某一权利比其他权利更有保障。不论是免于恣意逮捕的自由或享有个人财产的权利，还是在所有问题上表达个人观点的权利，在所有的英国人看来，都建立在相同的基础之上，即王国的法律——当然，如果观点表达构成

① 可以这样讲，《权利请愿书》《权利法案》和《美国人权宣言》都宣告了一般性原则，因此它们和外国立宪主义者所熟知的权利宣言，尤其是著名的1789年《法国人权宣言》很相似。但是，英美的那些宣言和外国人的权利宣言尽管非常相似，可从根本上来说，二者间的差异要大于它们的相似性。《权利请愿书》和《权利法案》与其说是外国意义上的“权利宣言”，不如说是对国王要求或行为的法律谴责：国王的行为被宣布为非法。你会发现，这两个著名文件中的几乎每一个条款，都是在反对一些明确的代表着君主特权的主张和行为。当然，包含在美国诸宪法中的那些宣言和欧陆的权利宣言十分相似。美国的权利宣言也是18世纪思想的产物；但是，在我看来，它们较之欧陆权利宣言有着不同的目的，那就是希望通过宪法条文来依法控制立法机关的行动。

诽谤，则须承担赔偿责任；如果其言论煽动叛乱或亵渎神灵，则须受到惩罚。如果说“宪法保障”某一类权利甚于其他权利，英国人听了，会觉得这是一句反常的或者无意义的话。在比利时宪 197
法中，所谓“宪法保障”有一个很确切的含义。那就是，除非修改宪法，否则不能制定任何侵犯个人自由的法律；而宪法的修改，须以特殊方式进行；唯有如此，宪法的改变或修改才是合法的。但是，这一点还不是我们首要关注的问题。真正需要注意的是，凡是在个人自由权由宪法原则演绎而来的地方，都容易产生一种想法，即权利可以被暂停保护或剥夺；相比之下，凡是在个人自由权为国内普通法律所固有，因而是宪法的组成部分的地方，若非对国家的制度及风俗来一个彻底革命，权利就几乎不可摧毁。诚然，所谓的“中止《人身保护法》”与外国所谓的“中止宪法保障”具有某种相似性。但是，一部中止《人身保护法》的制定法，毕竟与它的表面含义相去甚远；实际上，它中止的不过是保护人身自由的一种具体救济措施而已——尽管这已经非常严重了。《人身保护法》可以中止，但英国人仍可享有几乎所有的公民权利。原因在于，英国宪法建立在法治基础之上，这就可以想见，宪法被中止不亚于一场革命。

五、法治含义的总结 198

综上所述，“法治”构成英国宪法的基本原则，它具有三层含义，或者说可以从三个不同的角度来认识。

首先，与专断权力的支配形成对照，“法治”意指普通法律的绝对至上或者绝对支配，因而排除恣意、特权甚或政府宽泛的裁量权的存在。英国人受且只受法律的统治；在我们的观念中，任何人可以因违法而受到惩罚，但不能因其他任何事情而受到惩罚。

其次，“法治”意味着法律面前的平等，或者各个阶层都平等地服从于普通法院所实施的普通法律；在这个意义上，“法治”排除以下思想的存在，即官员或其他人，可免于服从统治普通公民的法律，或者免于普通法院的管辖；英国不可能存在真正相当于法国“行政法”（droit administratif）或“行政裁判所”（tribunaux administratifs）的事物。[①] 为外国所熟知的“行政法”有一个根本思想，即有关政府及其雇员的事务或纠纷，不属于民事法院的管辖范围，应由专门的和有点官方的机构来处理。这种思想绝对不会存在于英国的法律，实际上也与我们的传统与习俗根本不相容。

199 再次，“法治”是一项准则，可用以表达如下事实：我们这里的宪法，即在外国必然组成宪法典的那些规则，非但不是个人权利的来源，而是由法院所界定和实施的个人权利的结果；简言之，在我们看来，通过法院和议会的行动，私法的各个原则得以扩展，以便确定君主及其雇员的法律地位；故宪法是英格兰普通法律运行的结果。

六、“法治”对重要宪法规定的影响

但是，关于法治性质的上述一般命题，尚不足以使我们透彻理解它。倘若我们要从各方面、各阶段去理解这一原则的真实含

① 参见本书第十二章。

义，就必须设法探究它在某些主要宪法规定之中的影响。为此，最佳的办法莫过于仔细分析英国法是如何处理下列主题的：人身自由权、[①]言论自由权、[②]公众集会权、[③]戒严法的运用、[④]陆军的权利和义务、[⑤]国家财政的征收和支出、[⑥]大臣责任。[⑦]此外，为了阐明英国法治的真正性质，还要把它与许多欧陆国家所盛行的行政法思想进行对比。[⑧]这些主题会在下文逐一论及。但需要读者注意的是， 200
本书的目的，不是要详细讨论《人身保护法》或保护臣民自由的其他法律的各种细节；而只是要证明，上面所列举的那些重要宪法主题——也可以说是宪法“条款”，不但受到下列原则的支配，同时也为这一原则提供了具体例证，即王国法律在整个英国制度中居于最高地位。[⑨]倘若将来有一天，宪法竟被法典化，上面提及的那些主题都会是法典条款所要涉及的内容。事实上，这些主题有许多都为外国成文宪法，尤其是比利时的宪法条文所涉及。正

① 参见本书第五章。

② 参见本书第六章。

③ 参见本书第七章。

④ 参见本书第八章。

⑤ 参见本书第九章。

⑥ 参见本书第十章。

⑦ 参见本书第十一章。

⑧ 参见本书第十二章。

⑨ 相同法律的统治，目前在英国正面临着新的危机。波洛克爵士写道：“立法机关曾认为这样做是合适的，即通过《1906 年劳资纠纷法》，授予雇主团体、工人团体，某种程度上还包括代表他们利益行事的人以非比寻常的豁免权。法律科学与此类有关政治团体的剧烈实验，显然是关系不大，我只希望海外殖民地法院在其管辖权内，进一步在司法上考虑我们的法院一直尽力解决的法律正义原则问题（而且我认为，在一定程度上也不无成功之处）。”参见波洛克，《侵权法》（第 8 版），第 5 页。

如上述，比利时宪法极好总结了英国宪政的主要原理。因此，在阐明我们的主题时，通常有一个很便利的办法，那就是，先摘取比利时或其他国家宪法中与当前主题相关的条文，如人身自由权，然后考察其中所体现的原则究竟在多大程度上得到英国法的承认；
201 若被承认的话，英国法院又以何种方式来维护和实施它。英国宪法之所以没有得到很好地理解，有一个原因就是，我们很少把它与其他国家的宪法条文进行对比。在此处一如在别处，比较对于认识而言是必要的。

第五章　人身自由权 202

一、［比利时宪法与英国宪法的比较］

（比利时宪法对人身自由的保护）

《比利时宪法》第 7 条在本国确立了一些早已盛行于英国的原则。比较奇怪的是，这些条款在相互对照之下，竟能说明英国宪法的某些显著特征，因此，应当将原文征引如下：

> 第 7 条　人身自由应受保障。
>
> 任何人只有在法律规定的情况下依法律规定的形式才受起诉。
>
> 任何人只有在法官签发说明理由的命令的情况下才受逮捕，但现行犯除外。该命令应在逮捕时出示，或者至迟应在逮捕后二十四小时内出示。*

---

* 《比利时宪法》第 7 条［作者在这里及其他地方所引用的《比利时宪法》是指 1830 年《比利时宪法》；比利时的现行宪法是 1994 年 2 月 17 日由参众两院通过的新宪法——这是比利时自 1831 年以来第一次对宪法进行重大修改，该宪法从原来

（英国对人身自由如何保护）

一个英国人的人身自由所受到的保护，实际上并不赖于或源于任何书面文件中的某一般性规定。我们的《制定法汇编》中，与《比利时宪法》第七条的表述最为接近的是著名的《大宪章》第39条：

> 203 第39条　任何自由人，非经其平等人士之合法裁决或通过英格兰法之判决，不得被逮捕、监禁、没收财产、剥夺法律保护、流放，或以其他任何方式受到伤害，吾等亦不得对之施加暴力或派人对之施加暴力。[①]

这一条须与《权利请愿书》的宣告对照起来理解。而且，这些法律（如果可以这样称的话）是对已有权利的记录，而不是授予新的权利。此外，正如上面所指出的那样，“保障”这个词极为重要；因为它表明的是这样一种观念，即人身自由是比利时人所享有的、由某个高于国家普通法律的权力加以确保的一种特殊权益。这种思想，完全不同于英国人的思考方式，因为在我们看来，人身自由并不是一项特殊权益，而是法院实施我国普通法律的结果。简言之，关于人身自由的问题，可以说就是在具体情形之中适用该一般性原则的问题，即在我们这里，个人权利非但不是宪

的140条增至198条，保留了原宪法有关基本自由、权力分享和国家民主的三分之二条款，并于2012年3月29日最新修正。参见《世界各国宪法》编辑委员会编译，《世界各国宪法》（欧洲卷），中国检察出版社2012年版，第122页；及比利时现行宪法第12条]。——译者

① 参见斯塔布斯，《大宪章》（*Charters*），第2版，第31页。

法保障的结果，反而是宪法产生的基础。

在宪法或宪章中宣告人身自由权，当然也包括任何其他权利，这自然只给予权利以微小的保护，因而权利只不过是名义上的存在。学者们若要了解人身自由权究竟在多大程度上是宪法的组成部分，就必须思考以下两个问题：第一，权利的含义是什么？第二，法律上以什么方式来保证权利的行使？第二个问题甚至比第一个更为重要。

英国所理解的人身自由权，究其实质，是指一个人所享有的、 204
无正当法律理由，不受监禁、逮捕或其他身体强迫的权利。任何人遭受身体限制，这在英国显然非法的，但非常宽泛地说，可以基于两点而正当化：要么是因为犯人或受身体限制的人被控犯下某罪，须起诉到法院接受审判；要么是因为他已被正式判定有罪，须接受相应惩罚。如今，这个意义上的人身自由在英国受到保护，不仅仅是因为严格遵守了如下原则：除非以正当法律程序，即（也是非常宽泛地说）非经某种合法授权，任何人均不受逮捕或监禁，[①] 更重要的是因为具有充分的法律手段来保证该原则得以实施。这里所谓的手段是指：[②] 其一，若受非法逮捕或监禁，则可通过刑事或民事诉讼来获得救济；其二，若被非法监禁，则可通过人身保护令来获释。让我们对这两种救济的一般性特征逐一进行分析。

① 关于逮捕，参见斯蒂芬，《新英国法释义》，第 4 卷，第 14 版，第 303—312 页。

② 另外，还有一种手段可用以保护人身自由权或其他权利，那就是允许一个人以武力来捍卫他的权利，而且，对侵害者造成伤害无需承担法律责任。在一定的界限内，英国法容许所谓的“自卫”——更准确地说是“运用一个人自身的武力来维护他的法律权利”，至于界限在哪里，则是英国法律中最难回答的问题。参见本书附录四“论自卫权”。

二、针对非法逮捕的诉讼程序

（一）对逮捕的救济

若是在宽泛的意义上使用“救济”一词，我们则可以说，一
205 个遭受不法侵害的人，如果使侵害者受到惩罚，或者本人得到了因该不法侵害而应得的赔偿，那么这个人就获得了救济。

在英国，这两种救济方式，凡人身自由受到非法干预者均能采用。比如，甲毫无法律理由地攻击乙，将乙击倒在地，或者剥夺乙的自由——以法律术语讲，就是将乙“监禁”——不论监禁时间之长短，哪怕只有五分钟；这时，有两种方式可供乙获得救济。他可以使甲被判有罪并因此受到相应惩罚；也可以对甲提起侵害之诉，如果得到陪审团认同的话，他就能得到因甲的不法侵害而应得的赔偿。又如，当初 1725 年之时，如果伏尔泰居于伦敦而不是巴黎，是在一个英国贵族的挑动之下受到羞辱，那么他获得救济，就无需仰仗朋友的善意或官员的关照。上述两种方式，他可以采用其中一种：可以通过正规程序，使所有攻击者接受审判并被定罪；如果他愿意，也可以将这些人全部提起诉讼：使他受鞭的贵族、鞭打他的男仆、把他投进监狱的警察，以及监狱看守或主管中尉。不过，有一点特别要注意，那就是，伏尔泰本可求助的侵害之诉，是可以针对王国中的任何一个人提出的，或用法律术语来讲，是“受支持的”（lies）诉讼。侵权之诉既可针对殖民地总督和政府主管大臣，
206 以及对不受军法管辖的人进行军事审判的军官，也可以针对一切职位的公职人员。在此，我们接触到了“法治”的另一个面向。如果

伏尔泰是在英国受到伤害，其对手中，无一能够以执行公务或服从上级命令为由而推卸责任，[①]也无一能够说，他们是否犯罪以及罪行大小，无论怎样都应当由某个特殊法院来判定——它们差不多都是公务法院（official Court）。申言之，如果伏尔泰在英国，他能够把每一个攻击者，包括监禁他的官员在内，都起诉到普通法院以接受审判，而法官和陪审员根本不可能认为，对公务的热忱或者上级命令可以成为违法的法律或道德理由。

正如上述，凡人身自由受到非法干预者，均能得到法院相应的救济。但在离开这一主题之前，我们最好还是关注一下法官在这种或其他情况下所严格坚持的两大准则或原则。这两大准则构成整个宪法的基础，正是对它们的坚持，才非常有效地保证了王国法律至上，并最终控制了国王恣意。第一个准则是，凡违法者，只要参与了不法或不当行为，就要对此以个人身份承担责任，也就是说，如果行为本身是非法的，他就不能在答辩时称，他是在执行主人或上 207
级命令。再以伏尔泰为例，如果他是在英国被捕，他就能使所有凌辱他的人都为其不法行为以个人身份承担责任。现在，该个人责任原则就是如下法律教义的真正根据：国王本人的命令不能成为一个不当或不法行为的正当理由。因此，这个一般规则，即每个违法者都要为其不法行为以个人身份承担责任，就是大臣责任制这一重要宪法原则的根据。第二个值得注意的准则是，如果一项权利受到侵害，不论损害大小，法院都要为之提供救济。对伏尔泰的殴打和拘禁是严重不法行为；但如果因此以为，只有在人身自由受到严重妨碍的时候，才能提起侵权之诉或非法拘禁之诉，那是一个错误——

① 比较《法国刑法典》第 114 条。

不了解法院实践者常犯的错误。其实 99% 的侵权之诉或非法拘禁之诉，所涉及的损害本身都是微不足道的。比如，一名歹徒殴打他人，或一名警察非法进行逮捕，或校长把一个学生关了半小时不让他回家，[①] 总之，如果甲非法妨碍了乙的人身自由，不论其程度多么轻微，那么违法者都会面临被法院审判的危险，而受害者若能博得
208 陪审团的同情，他所受到的严重损害还可以按照其实际或推定损害程度得到赔偿。所以，英国法保护人身自由权以及所有其他法律权利不受任何的侵害，同时也会为极轻微或极严重的人身自由侵害提供相同种类的救济（当然我不是指给违法者施加相同程度的处罚或刑罚）。这一点，对我们而言似乎是不言自明的，故而几乎不被人察觉，但我们可以由此认为，我们的法律体系中，最能维护法律权威的一个特点就是：凡违法行为，不分大小，均由同一类法院按同一类原则来处理。如今的英国法中，不存在一些须由特别法院来惩罚的特殊违法行为。[②]

一个人如果受到非法拘禁，他可以使得压迫者受到审判并被定罪，或者通过诉讼来获得对他所遭受不法损害的金钱赔偿，进而恢复自由。但是，这一权利远不足以保护人身自由。比如，甲将乙监禁，乙也知道若能重获自由，即可惩处甲并从中获得罚金，但正因为他没有自由，所以即便明知也无济于事。现在，乙所需

---

① “亨特诉约翰森案”（*Hunter v. Johnson*），载《王座法庭判例汇编》，第 13 卷，第 225 页起。

② 在古代法国君主制中，为惩处有权势的刑事犯，采取的是非常规的救济措施。有关英法救济措施之比较，请参见弗雷谢（Fléchier），《有关 1665—1666 年克莱芒“大审判期”的回忆》（*Mémoires sur les Grand-Jours tenues à Clermont en 1665-66*）。

要的是自由之恢复，而且，唯有如此，对剥夺其自由的仇敌进行
惩罚才有所指望。即便当初伏尔泰知道，他若能走出巴士底狱，
便可从仇敌那里获得补偿，那也无多大裨益。相反，正是由于他 209
一旦重获自由，就很可能针对施之于他的不法行为寻求救济，这
非但对他不利，反而使得他被判为终身监禁。可见，除了对所有
妨碍他人合法自由的行为进行惩罚之外，法律还要提供充分的保
护措施，以使每一个遭受非法监禁的人都有可能获得自由，否则
自由就是不稳固的。这种措施就是由著名的人身保护令和《人身
保护法》来提供的。

（人身保护令）

（二）人身保护令[①]

就本书的主题而言，人身保护令的历史，以及与之相关的立法细节不在讨论之列。若要了解有关人身保护令和《人身保护法》的详情，读者应当查阅普通的法律教科书。我的目的仅在于笼统解释英国法是如何保护人身自由权的，因此，接下来我会讨论四个问题：（一）人身保护令的性质；（二）所谓的《人身保护法》的效果；（三）所谓（不太确切的）“中止人身保护法”的实际后果；（四）某一暂停实施《人身保护法》的法律与“豁免法”之间的关系。这些问题，每一个都与宪法有着密切关联。

---

① 参见斯蒂芬，《新英国法释义》，第 14 版，第 3 卷，第 697—707 页；查理一世第 16 年第 10 章；查理二世第 31 年第 2 章；乔治三世第 56 年第 100 章。福赛斯（Forsyth），《关于宪法的法官判决意见书》（*Opinions*），第 436—452、481 页。

（令状的性质）

1. 令状的性质

通常而言，法律文件最能解释和阐明法律原则。因此，我们最好是引用某个人身保护令的原文，然后仔细分析之：

210 承蒙天恩，大不列颠及爱尔兰联合王国女王维多利亚、护教者，致泽西岛泽西监狱的看守人 J. K.，及泽西岛的 J. C. 子爵以问候。

据称，C. C. W. 被关押在我国监狱，并由你们看守，现令你们务于下一个 1 月 18 日以前，将此人身体移交我们威斯敏斯特法院处理，并说明此人被拘押的日期和理由，不管对此人如何称谓。本院将全权接管此案，彻查全部事实，并立即进行审查。特签此令。见证人，托马斯·登曼勋爵，于威斯敏斯特，今君主在位第 8 年 12 月 23 日。

法院奉命签发

罗宾逊[①]

应当事人 C. C. W. 请求

R. M. R.

伦敦格雷律师会馆7号，当事人C. C. W. 的代理人W. A. L.

① “卡鲁斯·威尔森案”（*Carus Wilson's Case*），载《王座法庭判例汇编》，第 7 卷，第 984 页起，第 988 页。在本案中，该令状要求监狱看守人在某特定日期将囚犯移送法院。但通常的情形是，令状要求看守人“在收到令状后立即”将囚犯移送法院。

表面上看，该文件具有特许状的性质。它是在特定情形下，由王座法庭签发的一道命令，其对象是一个被指称将某一囚犯予以监禁的人，内容是要求他把该囚犯带到法院——“人身保护” 211
原意为“拥有他的人身”——以让法院知道该囚犯究竟因何而被监禁，这样就给予法院一个机会，对该囚犯进行依法处理。如此办理，其实质在于，法院能够通过人身保护令，使得任何一个被监禁的人都真正被带到法院，以了解此人被监禁的理由；这样法院便拥有他的人身，或者将其立即释放，或者按照法律要求的方式处理，如对其迅速审判。

令状可基于三类人的申请而签发，一是囚犯本人，二是他的代理人，三是在囚犯没有行动能力的情况下，任何一个相信他已被非法监禁的人。令状由高等法院签发，若处于休庭期，则由其中任一法官签发；只要申请人宣誓证明，有理由认为某囚犯已被非法剥夺自由，法院或法官就应当也一定会签发令状。如果认为存在非法监禁之情形，就必须具有一定的根据，所以你不能很绝对地说，令状签发乃“理所当然”之事。但是，授予令状却是“权利使然”，也就是说，只要有代理人初步证明某人被非法剥夺自由，法院就一定会签发令状。令状或法院的命令可向任何人发出，只要他拘禁（或被认为已拘禁）了他人，不管他是公职人员还是没有公职的私人，均无不可。若有不服从令状者，会被即刻处以藐视法庭罪，[1] 在许多情况下还会被施 212

① 见“国王诉温顿案”（*Rex v. Winton*），《税收判例汇编》，第 5 卷，第 89 页起，并参照乔治三世第 56 年第 100 章第 2 条；另见科纳（Corner），《王座法庭国王一方的做法》（*Practice of the Crown Side of the Court of Queen's Bench*）。

以重罚，并让受害一方当事人从中获得损害赔偿。[①] 综上，可以将人身保护令的性质概括如下：正如组成高等法院的各法庭曾经有过的那样，高等法院有权通过人身保护令将任何一个被称为受到非法监禁的人带至法院。这样法院便能调查此人被拘禁的缘由，并在适当情况下将其立即释放。不论何时，只要某一个申请人能够有根据地认为，在英国有人被非法剥夺自由，法院就一定会行使这种权力。

（《人身保护法》）

2.《人身保护法》

申请人身保护令的权利，在著名的1679年《人身保护法》（查理二世第31年第2章）[②] 通过之前，普通法中就早已存在，但你可能会感到惊讶，这部以及后来的那部法律（乔治三世第56年第100章），何以被视为或实际上被恰当地视为英国人享有人身自由的法律基础。可以这样来解释，在1679年以前，申请人身保护令的权利基于各种理由和借口，通常没有起到作用。所以这两部《人身保护法》的目的，就是排除令状运行的一切障碍，使得法官
213 和相关人员不能回避令状的效力：法官应当签发令状，必要时还应将囚犯释放；监狱看守人或其他人则应当将被监禁者移交出去。这两部法律中，查理二世时期通过者适用于因刑事指控而被监禁

① 查理二世第31年第2章，第4条。

② 也请参见查理一世第16年第10章，第6条。

之人，乔治三世时期通过者则适用于因非刑事指控的其他理由而被剥夺自由的人。

下面将分别考察这两类情况。

（1679年《人身保护法》，查理二世第31年第2章）

第一类人是因刑事指控而遭监禁。如果他是在没有任何法律逮捕令的情况下被监禁，他就有权要求恢复人身自由。反之，如果是有法律逮捕令，将他监禁的目的就是确保对他进行审判。此时，他的处境就因被指控的罪行性质之不同而不同。如果犯下的罪行较轻，即通常所谓轻罪，一般来讲，[①]他只要提供某种担保，保证他会及时接受监管，并且，如果针对他所犯罪行提出公诉的话，按照该公诉书的要求及时到庭接受审判，他就有权获得自由，或用法律术语来讲，有权获准保释。但是，如果犯下的罪行较重，如重罪或叛国罪，他一旦被收监就无权要求保释；在这种情况下，囚犯的权利仅限于迅速受审。可见，若出现以下情况，人身保护令的效力就得以规避：一是法院不审查囚犯被监禁时所依据的逮

捕令是否有效，或经审查逮捕令无效却又不释放他；二是法院虽 214
已查明监禁合法有据，但又不根据相关情况将他保释，或者对他进行迅速审判。

① 参见斯蒂芬（Stephen），《刑事程序法汇编》（*Digest of the Law of Criminal Procedure*），第276条，注1；第136条，第89页注1。另请比较1848年《可公诉的犯罪行为法》（*the Indictable Offences Act*）（维多利亚第11和12年，第42章），第23条。

所有这些可能存在的不正义情形，这部法律都加以禁止。关于因刑事指控而被监禁的人的法律，结合了普通法和制定法规则，它们实际上是以如下方式来实施的。法院要求监狱看守人将囚犯移送法院时，看守人必须移送并说明囚犯被收监的真正理由。如果理由不充分，囚犯当然要被释放；如果理由充分，则又要分两种情况：一种是囚犯被控犯下轻罪，他通常能够要求保释候审；另一种是被控犯下某种叛国罪或重罪，他能够要求在被收监后的第一个开庭期受审，如不能受审，他即可要求保释，但为君主作证的证人不能到庭者除外。如果在他被收禁之后的第二个开庭期还未受审，他即可要求不交保获释。所以，最终结果似乎是，只要《人身保护法》生效，所有因刑事指控而被监禁的人，均不能被长时间监禁，因为他具有若干法律手段，或者要求交保释放，或者要求迅速开审。

（1816年《人身保护法》，乔治三世第56年第100章）

第二类人则是因刑事指控之外的理由而遭监禁。他们需要某
215 种手段，以迅速获得针对被收监之合法性的法律裁定，并得到立即释放——如果他依法有权享有自由的话。人身保护令就是这样一种法律手段。无论何时，只要有人称某英国人或外国人被非法剥夺人身自由，法院就会签发令状，把受侵害者带到法院，如果他有权享有自由，法院就会将他释放。因此，如果一个小孩被强制带离父母，[①]或一个男人被当成精神病人而错误拘禁，或有人

① 参见“女王诉纳什案”（*The Queen v. Nash*），载《王座法庭判例汇编》（《上诉案例汇编》），第10卷，第454页起；比较“雷·阿加-埃利斯案”（*Re Agar-Ellis*），

称一个修女被阻止离开女修道院——简言之，如果有人基于明显充分的理由称，某个男人、女人或小孩被剥夺了自由，法院就一定会向监禁者发出人身保护令，以将受害者带至法院，经审查发现，如果对他的监禁没有任何法律根据，法院就会将其释放。然而，直到1816年，即乔治三世第56年，较之受刑事指控者，那些非受刑事指控者，获得人身保护令的方法并不完备，[①]而且，乔治三世第56年第100章法所产生的效果，实际上源于它就把伟大的查理二世第31年第2章法的方法适用到了非刑事案件 216
之中。

因此，目前的英国法律竭其所能，对人身自由予以充分保护。

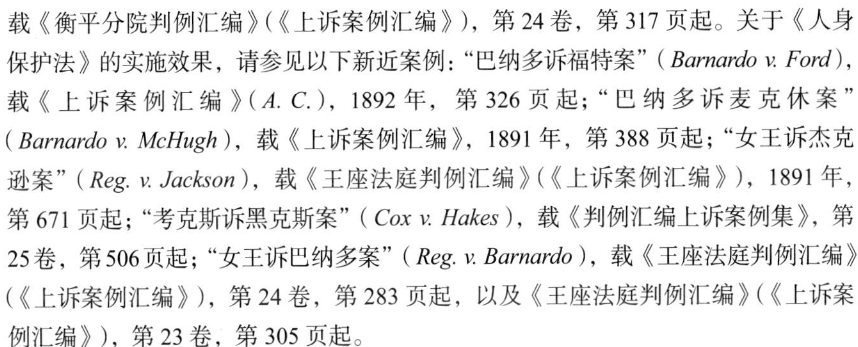

载《衡平分院判例汇编》(《上诉案例汇编》)，第24卷，第317页起。关于《人身保护法》的实施效果，请参见以下新近案例："巴纳多诉福特案"(*Barnardo v. Ford*)，载《上诉案例汇编》(*A. C.*)，1892年，第326页起；"巴纳多诉麦克休案"(*Barnardo v. McHugh*)，载《上诉案例汇编》，1891年，第388页起；"女王诉杰克逊案"(*Reg. v. Jackson*)，载《王座法庭判例汇编》(《上诉案例汇编》)，1891年，第671页起；"考克斯诉黑克斯案"(*Cox v. Hakes*)，载《判例汇编上诉案例集》，第25卷，第506页起；"女王诉巴纳多案"(*Reg. v. Barnardo*)，载《王座法庭判例汇编》(《上诉案例汇编》)，第24卷，第283页起，以及《王座法庭判例汇编》(《上诉案例汇编》)，第23卷，第305页起。

关于衡平法院独立于《人身保护法》所享有的保护儿童的权力，参见1893年"女王诉金吉尔案"(*Reg. v. Gyngall*)，载《王座法庭判例汇编》(《上诉案例汇编》)，第2卷，第232页。关于上诉至枢密院的情况，请参见1873年"香港总检察长诉郭爱松案"(*Att. Gen. for Hong Kong v. Kwok-A-Sing*)，载《英国枢密院上诉案件判例汇编》(*L. R. 5 P. C.*)，第5卷，第179页起。

① 这一最终得到1816年《人身保护法》补救的缺陷，实际上也不是很大，因为法官将1679年《人身保护法》的精神扩展到所有非法监禁的案件之中，并强制当事人立即服从人身保护令，即便这令状不是根据制定法而是根据法院的普通法权威签发的，也是如此。参见布莱克斯通，《英国法释义》(第3卷)，第138页。

英国人享有人身自由的权利是绝对得到承认的。任何对权利的侵犯，都必然使侵害者遭受监禁或者罚款；无论何人，也无论他是否受刑事指控，只要涉嫌被非法监禁，而且有某个人愿意站出来为他申冤，他就一定能让案件得到公正调查，如果确属冤枉，即可恢复人身自由。回想一下我们前面所举的例子吧。假设伏尔泰所遭遇的事情发生在伦敦，而不是在巴黎，他绝对很快就能恢复人身自由。当然，1726 年的法律程序不如现在“乔治三世法”的程序那样简便，但即便是在那个时候，他的任何一位朋友都有权启动该法律程序。至少可以说，1726 年释放伏尔泰，就如 1772 年詹姆斯·萨默塞特通过人身保护令获得自由一样容易。萨默塞特者，一位戴着脚镣手铐、被监禁在泰晤士河中一艘开往牙买加的船上的奴隶也。[1]

人身保护令的整个历史表明，英国宪法主要关注的是“救济方法”，即用以确保法律权利得到尊重、名义权利得以转化为实
217 在权利的诉讼程序。所以，这两部《人身保护法》本质上都是程序法，目的仅仅在于改进法律机制，以使公认的人身自由权得到落实。通常情况下，法律都是在律师和法官的影响下制定的，这两部法律也一样，其目的就是为了解决现实中的实际困难。因此，查理二世统治时期的那部《人身保护法》，是一件不完美的或极为有限的立法作品，直到近一个半世纪（1679—1816 年）以后，英国人才具有一部彻底保护人身自由不受非法监禁的法律。

---

① “萨默塞特案”（*Sommersett's Case*），载《豪威尔国家审判》，第 20 卷，第 1 页起。

然而，这种处理根本权利的司法模式，虽有诸多缺陷，但至少具有一个重大优点，那就是，立法直接指向权利这一核心问题。宣告人身自由权存在不是什么难事，不过通常也没什么用处。真正困难的是确保权利实现。那两部《人身保护法》就达到了这一目的，因而比任何权利宣言都更加能够确保英国人的自由。人们甚至可以大胆地说，这两部法律不仅较之外国通常提出的一般性《人权宣言》，甚至较之本国《权利请愿书》或《权利法案》等颇具司法性质的文件，实际上都更为重要——尽管这些著名的法律几乎和《人身保护法》一样，都表明英国宪法实质上是法官创制的法。[①]

（根据法官权威而产生的人身保护令效果） 218

每一位宪法评论家都会注意到《人身保护法》在保护臣民自 299
由上的效果；但非常重要的一点却很少受到关注，那就是，签发人身保护令的权利在得到制定法的强化之后，究竟是如何来支配司法机构和行政部门的关系的。强制令状被服从的权力，正是这样一种权力：将任何一个在法院看来被非法剥夺自由的人予以释放，从而实质上是终结或阻止国王及其公务人员试图施加有悖于法官所解释的法治的惩罚。所以，法官实际上有权——尽管名义上无权——采取措施，以约束或监督政府的整个行政行为，如果

① 比较法国 1804 年《帝国宪法》第 60—63 条。根据这些规定，元老院中的一个委员会，有权采取措施终止政府的非法逮捕。参见普劳德，《法国宪法》，第 161 页。

有任何做法没有遵照法律的字面意义，法官还可以立即予以否决。这项权力并未废而不用，相反，它不仅用得很频繁，而且还在极重要的事情上使用；而且，知晓这一权力的存在，即足以约束行政行为。为表明“法官”（借用一个方便的美式术语）[*]是如何通过人身保护令来控制行政部门的行为的，最好是举出一两个例证。比如，1839 年，几个加拿大叛乱分子，被判在当地犯有叛国罪并处流放，他们在被官差押往澳洲的范戴曼岛（Van Dieman’s Land）途中，到达英国的利物浦时，罪犯的同情者就质疑本案判决的合
219 法性。于是，这些罪犯就以人身保护令被移送至财税法庭。法院审查了全部案情之后，最终裁定监禁合法。不过，要是法院持相反观点，那几个加拿大人就会被立即释放。[1] 又如，1859 年，一个在印度服役的英国军官，依法被判以非预谋杀人罪，并处四年监禁——他被军方押回英国服刑。严格来讲，带他回国的命令是不合规定的；该罪犯以人身保护令被带至王座法庭之后，基于这个纯粹法律上的理由而被释放。[2] 另外，关于法院在典型行政事务上的权威，还有一个著名的案例：在该案中，若干被强征服役的人以人身保护令被带到法院，法院反复审查强征的合法性，以及强征权的界限问题；即便说法官在本案中（附带提一下，基本上也就这一次）支持了君主的专断权力，那也是将该权力严格限定在

* 引号中的原文为“judiciary”，是对一国法官的总称；在英国常用“judge”一词；故作者在这里有“借用一个方便的美式术语”一说。——译者

① “加拿大囚犯案”（*The Case of the Canadian Prisoners*），载《米森和韦尔斯比英国财税法院判例汇编》（*M. & W.*），第 5 卷，第 32 页起。

② “关于艾伦案”（*In re Allen*），载《法官法判例汇编》（《王座法庭判例汇编》）［*L. J.*（*Q. B.*）］，第 30 卷，第 38 页起。

惯例或制定法所允许的范围之内。[①] 而且正如上述，民事法庭的权 220
威，纵然事实上没有运用，也照样可以规制政府行为。1854年，一批没有任何可靠生活来源的俄罗斯水手在英国吉尔福德大街上闲逛，被一个俄罗斯海军军官认了出来，证明他们确系一群逃兵，是从一艘驶入某英国港口的俄罗斯军舰上逃出来的。于是，这些逃兵在该军官的指令下，由警察负责人协助，被解送至英国的朴次茅斯，以便带回俄罗斯军舰。此时，有人质疑整个行动的合法性，并向法官咨询。法官答复如下："把俄罗斯水手交给海军中尉并让警察协助押送，以把他们带回俄罗斯军舰，这是违法的。"[②] 可以推测，这些水手后来被释放了；当然，他们只能在申请到法院签发的人身保护令之后，才被法院释放。由此可见，法官实际上限制了行政部门的行动，而且所涉事项，在多数国家看来属于行政或政策性事务，司法部门是不应介入的。然而，法官对行政活动最强有力的干预，当属他们依据各《引渡法》所作的判决。不论国王，还是国王的任何臣仆，均无权将一个外国罪犯驱除出
境，或将他交由其本国政府审判。[③] 例如，一个法国的伪造者、抢 221

① 参见"强征水手案"（*Case of Pressing Mariners*），载《豪威尔国家审判》，第18卷，第1323页；斯蒂芬，《新英国法释义》，第2卷，第14版，第574页；关于适用于被强征水手的人身保护令格式，参见科纳（Corner），《王座法庭国王一方的令状格式》（*Forms of Writs on Crown Side of Court of Queen's Bench*）。

② 参见福赛斯，《关于宪法的法官判决意见书》，第468页。

③ 但有人认为，国王对于外国罪犯享有普通法上的引渡权，参见下列案件："国王诉伦迪案"（*Rex v. Lundy*），载《文特雷斯英国王座法庭判例汇编》（*Ventris*），第2卷，第314页起；"国王诉金伯莉案"（*Rex v. Kimberley*），载《斯特兰奇王座法庭判例汇编》（*Stra.*），第2卷，第848页起；"东印度公司诉坎贝尔案"（*East India Company v. Campbell*），载《英国大法官法院高级判例汇编》（*Ves. Senr.*），第1卷，

劫者或谋杀者，若从法国逃到英国，除非有制定法依据，否则无法将他送回母国审判或处罚。国王无权将外国刑事犯交回本国政府，这会造成很大的麻烦，于是，最近有几部《引渡法》授权国王与外国政府订立条约，以相互引渡已决犯或受刑事指控的人。但是，这项权力既然只是基于制定法而存在，它的行使就要受到该法所施加的限制。所以，通常会出现如下情况：一个违法者依某政府主管大臣的命令被逮捕，并即将移交其本国政府，此时他认为，基于某种理由，他的情况严格而言并不符合任何一部《引渡法》的规定。于是，他申请人身保护令，然后被移送高等法院，
222 继而尽可能地提出法律理由，法院也一一细加审查；[①] 如果有某种

第 246 页起；"缪尔诉凯耶案"（*Mure v. Kaye*），载《汤顿英格兰民事诉讼判例汇编》（*Taunt.*），第 4 卷，第 34 页起；奇蒂（Chitty），《刑法》（*Criminal Law*），1826 年，第 14、16 页。

这种观点有可能曾经是正确的——但是，请比较首席大法官坎贝尔的观点："女王诉伯纳德案"（*Reg. v. Bernard*），载 1858 年《社科年鉴》（*Annual Register*），第 328 页，引自 C. 拉塞尔爵士（Sir C. Russell）的评议：1891 年"关于卡斯蒂奥尼案"（*In re Castioni*），载《王座法庭判例汇编》，第 1 卷，第 149 页起，第 153 页。

但是，用一位法学权威的话来说，不管怎样，"这些案例现在已不能作为法律依据。若某一地方行政官依然据此逮捕他人，则监禁的合法性必然受到质疑。而且若无专门立法规定，囚犯只要向任何一个上级法院申请，就肯定会被释放"。见克拉克（Clarke），《引渡》（*Extradition*），第 3 版，第 27 页。

另外，还有一个案例可资参考。它不仅确立了一个原则，即一个外国人无权（指可在诉讼中予以执行的权利）进入英国境内，而且还隐约表明国王可能享有一项普通法上的权利，即将一个外国人从不列颠驱逐出境；参见 1891 年"穆斯格雷夫诉春·迪翁·托伊案"（*Musgrove v. Chun Teeong Toy*），载《上诉案件判例汇编》，第 272 页起。

① 1891年"关于贝伦孔特案"（*In re Bellencontre*），载《王座法庭判例汇编》，第 2 卷，第 122 页起。

证据证明，《引渡法》的条款并未严格遵守，或者对他的逮捕和移交没有法律依据，那么他当然要被立即释放。[①] 这就不难理解，法官的权力必然是用以维护严格的法律统治，从而削减国王的自由裁量权。法官通常还采取预防措施，以防政府遇到公共危险，这在任何一个欧陆国家，都必然是行政部门的事情。举例而言，假设一批外国无政府主义者来到英国，警察有充分证据怀疑他们正在策划一个阴谋，如炸毁议会大厦；同时假设并未完全证实这一阴谋的存在。此时，如果一个英国大臣不打算让这些阴谋者接受审判，他就没有办法逮捕他们，或者将他们驱逐出境。[②] 如果被逮捕或监禁，他们就会立即根据人身保护令而被移送高等法院，除非有某种明确的法律依据拘留他们，否则他们会被立即释放。出于政治（或外国所说的“行政”）的考虑，逮捕或驱逐一个外国难民可能是非常有利的，但法官却不会理睬；至于各种托词，如，逮捕他是奉主管大臣的命令行事；监禁他属于纯粹的行政行为；首相或内政大臣正准备立下宣誓书，保证逮捕是出于极为紧迫的 223
公共安全之需要，或正打算向法院保证，整个事件属于一项涉及国家利益的重大政策；所有这一切，对于根据人身保护令提出的自由之要求，均不能作为答辩理由。这时候，任何一位法官可能都只追究一个问题，即普通法或制定法的规则当中，是否已授权

① “关于科平案”（*In re Coppin*），载《衡平分院判例汇编》（*L. R. 2 Ch.*），第2卷，第47页起；“女王诉威尔逊案”（*The Queen v. Wilson*），载《王座法庭判例汇编》，第3卷，第42页起。

② 比较路易·菲利普政府在1833年对贝里公爵夫人（Duchesse De Berry）的处理方式，对此参见格里瓦（Grégoire），《法国史》（*Histoire de France*），第1卷，第356—361页。

对一个外国人的人身自由进行干预。如果找不到这样的规则，申请人就一定会获得自由。一个不争的事实是，法官有权控制行政部门的行政行为，这必然会阻止我们国家发展出任何相当于欧陆国家“行政法”体系。法官的这项权力，从根本上摧毁了有关行政行为性质和“权力分立”的理论——正如下文即将讨论的那样，这些理论正是法国“行政法”才得以发展的根据；[①] 同时它也剥夺了君主（现今是政府）的一切自由裁量权。简言之，法院的介入主要是通过人身保护令来进行，不论是已成事实还只是一种可能性，它都把政府行为严格限定在法律的字面意义之内；在我们看来，国家可以惩罚犯罪，却难以预防犯罪。

（17 世纪关于法官地位的斗争）

由此我们就可以理解，为何 17 世纪的激烈政治斗争往往围绕
224 法官的地位而展开，以及为何这场斗争还开启了一个如此技术性的问题，即如何真正地恢复人身保护令。[②] 原因就在于，我国制度的外观及其运行，均有赖于法官的权威大小和独立程度。一方面，那些支持特权的人，如培根之流，通常是开拓者或者改革者，对他们来说，司法独立似乎既意味着行政虚弱，又意味着保守的守法主义在全国居于主导——柯克就是这种思想的代表。另一方面，

① 参见本书第 12 章（有学者认为，“separation of powers”当译为“权力分离”，而不是约定俗成的“权力分立”，因为“separation”一词的本意是“分开、分离”；而汉语的“分立”一词很容易被理解为“各自为政，互不相干”。参见许明龙：“小议孟德斯鸠的三权分立之本意”，载《史学理论研究》2002 年第 3 期；当然该议论首先是针对孟德斯鸠的著作而言的，但仍可作参考。——译者）。

② “达内尔案”（*Darnel's Case*），载《豪威尔国家审判》，第 3 卷，第 1 页起。

议会领袖们差不多都清楚地看到，唯有法官独立，才能维护普通法，而普通法不过是已确立的只能由议会法加以修改的习惯法；为法官权力而斗争的柯克，是在坚持国民的权利；或许他们还看到（尽管这一点不太确定），维护严格的合法性，尽管有时证明是不合时宜，却是通往议会主权的必由之路。[①]

（《人身保护法》的中止）

3.《人身保护法》的中止

法院享有的这一权力或者义务，即签发人身保护令从而使受刑事指控者得以迅速审判或释放，如果是在政治骚动时期，就会给政府权力带来不便或者对它施加危险限制。因此，某一类制定法出台的时机就出现了，即民众所谓“中止人身保护法”。之所以说是“民众所谓”，是因为这类法律中，你任取一部观察，如乔 225
治三世第 34 年第 54 章[②]，就会发现它简直是名不副实。原来，这

① 参见加德纳，《英国史》，第 2 卷，第 22 章。该书中精彩地陈述了对法官地位的不同看法。

② 该法第一条规定：“任何一人或数人，在大不列颠王国内，自本法获得御准之日起，如由国王陛下最尊贵的枢密院发出逮捕令，并由该枢密院的六个成员签署，或由国王陛下的任何一位主管大臣签署，以重叛逆罪、涉嫌重叛逆罪或叛国罪被逮捕后，可被严密看管，不准保释，看管期间以迟至 1795 年 2 月 1 日为限；在这期间内，任何法官或治安法官，若无国王陛下的枢密院下达命令，并由上述枢密院的六个成员签署，不得将这些囚犯保释，或对他们进行审判；即使有任何相反的普通法或制定法规定，也不得反对本法的效力。”

这里依据乔治三世第 34 年第 54 章之类的制定法而产生的所谓“《人身保护法》之中止”，大不同于对所有《人身保护法》的全面废除。在《人身保护法》中止期

部法律甚至连《人身保护法》都未提及，它的全部效果在于，使得任何一个因被指控犯有重叛逆罪或涉嫌犯有重叛逆罪而被主管大臣下令监禁的人，无法要求获释或受审。这无疑会大大减损各
226《人身保护法》所保障的人身自由；但它远不是对申请人身保护令的权利的全面中止；也绝不会影响任何一个非因重叛逆罪而被监禁的人的特有权利；也没有将“中止法”通过之前的任何一种非法逮捕、监禁或惩罚予以合法化；它无论如何都不涉及要求给予人身保护令的权利，这可是一切非因犯罪而被监禁的人，包括男人、女人和小孩都拥有的一种权利。乔治三世第34年第54章这部法律——我相信英国所有其他的“中止人身保护法”也一样，它们都是年度法律，因此若要持续有效，必须逐年更新。因此，《人身保护法》被中止，所立即产生的唯一直接效果就是：在“中止法”生效期间，政府时常延迟审判那些因叛国罪而被监禁的人。这样，对行政权力的增加不可谓不大，但与某些外国所谓的“中止宪法保障”或法国的“戒严状态之宣告”程序相去甚远。[①]事

间，任何人，实际上只要由政府宣布犯叛逆罪或涉嫌叛国，政府就能将其逮捕或监禁，而且他们没有办法获释或受审。然而，所谓中止，其实对于那些不是因为涉嫌叛国罪而被监禁拘押的人而言，其法律地位不受影响。因此，它也并不涉及普通公民的一般自由问题。不过，《人身保护法》的废除，的确会使每一个在英国被错误监禁的人丧失一种保护措施，但即便如此，因为法官如今依然拥有不可置疑的权威，可以根据普通法签发人身保护令并强制当事人服从，所以只要法官尽职尽责，政府监禁涉嫌叛国者的权力就不会因此而增加，任何一类英国人的自由也不会因此而有实质性的减损。比较布莱克斯通，《英国法释义》，第3卷，第138页。

① 参见狄骥（Duguit），《宪法学教程》（*Manuel de Droit Constitutionnel*），第510—513页，以及谢吕（Chéruel）所编《法国组织机构历史词典》（第6版）中“戒严状态”（État de Siège）词条。

实上，较之许多所谓的“强制法”（Coercion Acts），“中止法”所
增加的政府专断权力要小得多。此言不假，简单列举一下较为晚
近的立法授予爱尔兰政府的重要特权即可知道。根据 1881 年法律 227
（维多利亚第 44 年第 4 章），爱尔兰政府获得了任意和预防性逮
捕的绝对权力，而且在该法的整个有效期间，还能够将任何一个
因受怀疑而被逮捕的人予以合法监禁。诚然，爱尔兰总督只能逮
捕那些涉嫌叛国或有碍法律和秩序之维护的人。然而，总督依据
该法签发逮捕令本身，就是其中一切事情的确证，因此（尤其是）
可以断定，被捕者或“嫌疑犯”被怀疑犯有叛国罪是合理的，从
而应当被逮捕。其结果显然是，总督及其奉命行事的官员，他们
的逮捕行为，只要在格式上符合该法的字面规定，不论多么无据
或多么恶意，均不可能遭受任何法律惩罚。也就是说，只要逮捕
令是按照该法规定的格式签发，其指控符合该法的要求，爱尔兰
政府就能逮捕任何一个在总督看来适合被监禁的人。例如，根据
1882 年《（爱尔兰）预防犯罪法》，即维多利亚第 45 和 46 年第 25
章，爱尔兰政府取得了以下特别权力（当然还包括其他权力）：政
府可以针对某些罪行[①] 废除由陪审团审判的权利，[②] 可以逮捕夜间在 228
户外活动、形迹可疑的陌生人，[③] 也可以没收任何一份在总督看来
带有煽动叛国或暴乱信息的报纸，[④] 还可以禁止任何一个据总督认

① 这些罪行包括：一、叛国罪或叛国重罪；二、谋杀罪或非预谋杀人罪；三、谋杀未遂罪；四、严重暴力侵犯他人罪；五、纵火罪（不论依据普通法或制定法）；六、侵袭住宅罪。

② 参见该法第 1 条。

③ 参见该法第 12 条。

④ 参见该法第 13 条。

为会危及社会安宁或公共安全的公众集会。此外，1882 年《预防犯罪法》可谓偶然地重新颁布了 1848 年《外国人法》，进而赋予不列颠内阁一种权力，以将本法通过之前尚未在英国居住满三年的所有外国人驱逐出联合王国。[①] 但是，这些特别权力中的任何一个权力，都不是直接因为仅仅中止《人身保护法》而产生；事实上，在“中止人身保护法”失效之前，它几乎总是结合另一部完全不同性质的法律即“豁免法”来产生效果，这一点极为有力地证明，上述所谓中止的法律效果是非常有限的。

（“豁免法”）

4.“豁免法”

在上文中，“豁免法”是作为议会主权的最重要例证而被提及的。[②] 它们都是溯及既往的法律，不仅可以免除违法者的法律责任，还可以使原本非法的行为合法化。由此不难发现“中止人身保护法”和“豁免法”之间的关联。正如上述，“中止法”并不会免除
229 任何人因违法而产生的民事或刑事责任。假设某主管大臣或他的下属在《人身保护法》中止期间，毫无理由地逮捕和监禁了一个完全无辜的人——除非（多半）认为，某一个人，就像威尔克斯、福克斯或奥康内尔这样的有影响的政党领袖，应当在某种危机时刻被监禁并消除其影响，这样才对公共安全有益。又假设，根据

① 参见该法第 15 条。

② 参见本书第 47、48 页。

政府命令而作出的逮捕，伴有非法侵入私人住宅或破坏私人财产之类的事件发生。在这两个情形之下——不难想见，还有许多其他情形，下令逮捕的主管大臣或者执行命令的官员均违反了法律。他们的行为或许是出于善意，认为这是维持秩序的需要，因而是合理合法的。但无论《人身保护法》是否中止，这本身并不能免除逮捕执行者因违法而导致的刑事和民事责任。实际上，《人身保护法》的中止，可能阻止被逮捕者当时提起任何诉讼，以对抗主管大臣或奉命行事的官员。这是因为，受害者显然是因被指控犯有重叛逆罪或因涉嫌犯有叛逆罪而被监禁的，因而在《人身保护法》中止期间没有办法让自己释放。但自“中止法”有效期届满
之日起，他当然就能申请人身保护令，并一定能通过受审或其他 230
方式，来结束这种专断的监禁状态。在上述假定情形中，被监禁者在法律上并未犯罪。那位大臣及其下属反倒违反了法律。其结果是，他们自“中止法”有效期届满之日起，就可能因其违法行为而被提起民事或刑事诉讼，而且还无法仅仅基于如下事实而抗辩，即在作出非法逮捕时，《人身保护法》已失效，至少是部分失效。但有一点几乎可以确定，那就是《人身保护法》的中止，使得政府可以把犯罪嫌疑人监禁一段时间，不让他接受审判，这个时候，即便不是大臣们自身，至少他们的代表也多少会做出一些违法行为。不仅如此，我们或许可以进一步断定：“中止人身保护法”有一个秘而不宣的目的，那就是让政府能够做出政治上得当但完全违法的行为。《人身保护法》乃个人自由的主要保障，摧毁它的议会必定会持如下观点（无论明智与否）：个人自由之所以须让位于国家利益，是因为有某种危机发生。事实上，要让“中

止法”实现它的主要目的，就必须让官员们确信，他们只要善意执行相关政策——法律即是其可见标志，并且不受恶意或腐败动机的影响，其行为就不致遭受处罚。这是因为，那些行为尽管严
231 格而言是违法的，但不过是为了公益而自由运用裁量权而已，而这一权力是“中止人身保护法”有意授予行政部门的。这种信赖源于一种期待，即“中止法”失效之前，议会将制定一部“豁免法”，保护所有根据“中止法”授予政府的权力行事或打算以此行事的人。这种期待从未落空。一部中止《人身保护法》的法律，无论它存续多长时间，随后始终伴有一部“豁免法”。例如，上文提到的那部法律，即乔治三世第34年第54章，因为从1794—1801年，议会每年都重新颁布，所以七年来它一直有效。但在最后一年，议会出台了一部法律，即乔治第41年第66章，“赦免自1793年2月1日以来，将涉嫌重叛逆罪或有叛国行为的人在大不列颠予以逮捕、监禁或关押的一切人员。”无可争议的是，所谓《人身保护法》的中止——每个人都知道很可能有一部“豁免法”伴随其后，对人身自由的妨碍，较之对被指控犯有叛国罪者要求迅速受审的权利的中止，其实要严重得多，因为从纯粹法律的视角来看，后者的效果是非常有限的。所以，“中止法”加之对制定一部“豁免法”的预期，的确给予行政部门若干专断权力。然而，有那么一两个因素限制了这部预料之中的“豁免法”所能被
232 公正赋予的实际意义。“豁免法”提供的只是一种预期的和不确定的救济。只要公众怀疑公职人员严重滥用了手中的权力，就难以让议会通过免责法案，免除他们在《人身保护法》中止期间的行为责任。此外，那些犯有不合常规的、非法的、压迫性的或残酷

的罪行的人，若要得到“豁免法”的保护，完全取决于该法的条款。它的条款可宽可严。比如，1801 年的“豁免法”给予违法公职人员的保护就非常有限。实际上，它只是保护下列行为不被提起民事或刑事诉讼或控诉，即在大不列颠为了逮捕、监禁或关押被指控犯有重叛逆罪或叛国行为的人而作出的，或者在上级的命令、指挥、引导或建议下作出的一切行为。很显然，这种保护包括任何一种违规行为或者仅仅在形式上违法的行为，但完全可以想见，打着“中止法”的幌子而作出的那些恶意行为或勒索行为，一定会让违法者面临被提起民事或刑事诉讼的危险，而且还不能以“豁免法”条款来抗辩。在 1793 年至 1801 年间，如果对政治犯恣意虐待——对他们任意惩罚或处决就更是如此，纵有“豁免法”存在，与犯罪有关的所有人都要受到惩处。无论是谁，只要想要理解帝国议会通过的普通“豁免法”所具有的温和特性，就应该把乔治三世第 41 年第 66 章一类的法律与牙买加议会通过的
那部法律作一个对比——牙买加议会试图通过这部法律来庇护艾 233
尔（Eyre）总督，使他在镇压 1866 年叛乱中的非法行为不受任何追究。最后，“豁免法”虽然使非法行为合法化，但需注意的是，它本身也是一部法律。所以就其本质特征而言，“豁免法”颇不同于戒严法之宣告、戒严状态之确立，或政府自身任意中止王国法律的任何其他程序。它无疑是对专断的主权权力的运用；但是，在法律主权者是议会的情况下，连国家行为都是以常规立法的形式作出，而这一事实本身在很大程度上维护了法律真正的——更不要说表面上的——至上性。

234 # 第六章　言论自由权

一、［法国宪法、比利时宪法与英国宪法的比较］

（言论自由）

法国《人权宣言》[①]和《1791年宪法》均宣告了言论自由和出版自由，有关这两种自由的条款，现今教科书[②]仍在引用，认为它们体现了法国法学的基本原理。

（外国宪法规定的诸原则）

> 第 11 条　自由交流思想和意见是人类最宝贵的权利之一；因此，每个公民都有说话、写作和出版的自由，但应在法律

① 狄骥与莫尼埃，《法国宪法》，第 1 页。

② 布吉尼翁（Bourguignon），《法国立法概论》（*Éléments Généraux de Législation Française*），第 468 页。

> 规定的情况下对滥用此项自由承担责任。[①]
>
> 第一编　宪法保障下列自然权利和公民权利……每个人都有说话、写作、出版和发表其思想的自由，著作在出版之前不受任何审查。[②]

此外，比利时法律亦将出版自由视为宪法的一个根本条款：

> 第 18 条　出版应有自由；不得建立审查制度。不得要求 235
> 作者、编辑或印刷者缴纳保证金。
>
> 如果作者已知并居住在比利时，不得起诉编辑、印刷者或发行者。[③]

（言论自由原则不受英国法承认）

法国的革命者和比利时的立宪者，他们有关意见自由和出版自由的思想，都是从英国借鉴而来，而关于英国法，多数人都形成了模糊的认识，以为英国所盛行的思想本身，即自由表达意见的权利，尤其是以“出版自由”著称的那种权利形式，就是英国法的基本原则，正如它们是短命的《1791 年宪法》的组成部分，或者仍然为比利时的现行宪法条文所记载一样；进而以为我国法院承认，尤其是在社会、政治或宗教问题上，每个人都享有按照自己的意愿说话和写作的权利，而无需惧怕任何法律惩罚。然而，

① 法国《人权宣言》第 11 条；普劳德，第 16 页；狄骥与莫尼埃，第 2 页。

② 法国《1791 年宪法》第一编；普劳德，第 18 页；狄骥与莫尼埃，第 4 页。

③ 《比利时宪法》第 18 条（参见比利时现行宪法第 25 条。——译者）。

这一观念尽管一定程度上为现代英国人的生活习性所证实，但本质上仍是错误的，它向学生们掩盖了英国法对于所谓“思想自由”（更确切地说是“自由表达意见的权利”）的真实态度。正如每个律师都知道的，《制定法汇编》的任何一处或普通法的诸项原则中，难得找到“言论自由”或“出版自由”这两个短语。[①] 作为专
236 门术语，它们其实完全不为我国法院所知。英国从未宣告过思想自由权或言论自由权。最能道出此中实情的，莫过于下面这段有关诽谤法的精彩论述：

（英国法唯一能确保的是，除非证明其违法，否则任何人都不得受处罚）

> 我国现行法律准许任何一个人按照自己意愿说话、写作和发表意见；但是如果他滥用这一自由，就必然会受到惩罚。如果他不公正地抨击他人，被诽谤者就可以向法院要求他赔偿损失；但如果是以书面的形式进行诽谤，或因此而反复灌输叛逆的或不道德的思想，违法者就会以刑事起诉书或大陪审团起诉书被起诉并判处轻罪。[②]

由此可见，任何人都可以按照自己意愿说话和写作，但是，

---

① 但是，它们曾出现在一部法律的序言之中，即《1843 年坎贝尔勋爵法》（*Lord Campbell's Act*），维多利亚第 6 和 7 年第 96 章。

② 奥杰斯（Odgers），《书面诽谤与口头诽谤》（*Libel and Slander*），导言，第 3 版，第 12 页（戴雪在本章中似乎没有区分口头诽谤和书面诽谤，因为他在好几处都采用了“以口头或其他方式”这样的说法。——译者）。

如果他公开发表其法律上无权发表的言论，不论是以口头、书面或出版物的形式，他都会面临遭受严厉惩罚的危险。至于法律范围内的言论，英国法没有制定出既有理论依据又在实践中经常加以执行的规则，以专门支持自由讲话或者自由写作。最重要的是，它通常不承认“出版物”这方面的特殊权益，此所谓“出版物”，是就其日常用法而言的，即一般是指定期刊物，尤其是报纸。实际上，《制定法汇编》中几乎没有一部堪称“出版法”的法律。[①]
在我们这里，出版法只是诽谤法的一部分，因此，我们完全应当 237
仔细描述出诽谤法施加于“出版自由”的那些限制，而“出版自由”这个词，是指一个人享有的按照自己的意愿在书本上或报纸上发表任何言论的权利。

二、［诽谤法］

（诽谤个人）

有许多针对个人的言论，是任何人都无权以文字或印刷物形式发表的；因此，如果蓄意发表任何不真实的言论，以致损害他

① 关于例外情形，参见维多利亚第 8 和 9 年第 75 章；维多利亚第 44 和 45 年第 60 章第 2 条。但是，确如我的其中一位批评者所指出的那样，“一种独特的出版法正逐渐发展出来”。——参见费希尔和斯特拉恩（Fisher & Strahan），《出版法》，第 2 版，第 3 页。最近出版立法有一种趋势，即在某种程度上使报纸所有者免于承担他人在公众集会等场合因善意发表诽谤性言论而应承担的全部责任。尤其参见《1888 年诽谤法修正案》（维多利亚第 51 和 52 年第 64 章）第四条。至于这种对普通法原理的背离是否对公众有利，则是一个悬而未决的问题，唯有通过经验才能解答。

人的利益、品质或名誉，通常就构成诽谤。凡直接或间接公布，或者按照法律术语来讲，“发表”这种言论者，即为传播诽谤性文字，可能会被起诉并赔偿损失。具体而言，制造诽谤言论并授权他人书面发表者、书写者、销售出版者、印刷者以及散布该言论的贩卖者，每一个都有违法发表行为，因而可能被分别起诉。这一违法行为的诉讼理由在于对诽谤性文字的公布而非书写，如果有人读过诽谤性文字后，将它转送一位好友，此人便是诽谤者；如果有人明知是诽谤性文字仍将它朗读出来，此人似乎也要被起诉。每个相关的违法者，都要分别承担责任，这一点正如上述，
238 是英国法的一个非常显著的特征。而且，诽谤者的正直信念或善意，都不能作为他法律上的抗辩事由。即使他能证明，他完全有理由认为他所做出的错误陈述是真实的，那也无济于事。常常有人因为传播不仅不算谬论而且还有理由相信它是真实的言论，而必须支配巨额的损害赔偿金。比如，对一个被判处重罪但刑满释放的人发布如下言论，即他“是一个已被判刑的重罪犯”，这一行为也构成诽谤。又如，某甲公开宣称，某乙告诉他银行已停付某丙的款项，如果这一传闻结果证明是错误的，即便这件事实际上是某乙告诉某甲的，而某甲又相信它的真实性，那某甲的行为也构成诽谤。此外，如果发表的意见对他人造成伤害，那该意见的发表者也一定会面临被起诉的危险。人们常说，一个“公正的”评论不构成诽谤，但要是因此认为，评论者有权在出版物中或其他地方发表自认为正确的任何评论，那就大错特错了。每个人都有权发表公正而坦率的评论，但“一个评论家应固守评论的界限，绝不能以评论为幌子进行人身攻击，也不允许他仅仅因为热衷于

运用揭发权而对他人进行轻率和不公正的攻击”。[①] 一个出版物的作者和一个其表演受到批评的艺术家或者演员，对于“公正评论”和“人身指责”之间的界限，往往持有非常不同的看法。对此，当评论者和受害者之间的观点不一致时，怎样才算公正这一棘手的问题，就必须最后由陪审团来解答，但结果可能会对自由表达 239
批评意见大加限制。我们也不要以为，仅仅是“真实性”本身就足以保护言论发表者不受惩罚。这是因为，固然可以用言论的真实性这一点来抗辩对他的诽谤指控，但一个人发表的言论即便完全真实，但伤害了他人却又无益于公众，他就可能受到刑事处罚。例如，某甲知道某乙多年前犯有不道德行为，然后将它据实写出，这就很有可能使作者甲面临被提起刑事诉讼的危险，而他在接受审判的时候，不仅要证明某乙的确犯有那些可归咎于他的过错，还必须证明知道某乙的不端行为对公众是有益的。倘若某甲做不到这一点，他就会发现，期望中的言论自由权或对出版自由的尊重，经英国法官审理后，不会保护他不被判处轻罪并送进监狱。

（诽谤政府）

到目前为止，关于诽谤法对言论自由的限制，我们作了一个非常概括的分析，但这些言论涉及的是个人声誉。现在让我们转向政府，观察一下对于批评政府行为的权利，诽谤法至少在理论上是如何限制的。

---

① “惠斯勒诉巴斯金案”（*Whistler v. Buskin*），《泰晤士报》，1878 年 11 月 27 日，作者为 B. 赫德尔斯顿（Huddleston, B.）。

无论何人，只要以口头或其他方式发表具有煽动意图的任何言论或文献，就犯下轻罪。这里的煽动意图是指，蓄意激起人们
240 对国王或者联合王国依法建立的政府与宪制，上下两院或司法活动的仇恨、蔑视和不忠；或激发不列颠臣民企图不通过法律手段而改变教会或国家中依法确立的任何事务；或使得不同阶级之间产生怨恨或敌对情绪。[①] 如果此类言论是以书面文件或印刷物发表，出版者也犯有发表煽动性诽谤文字罪。诚然，如果发表者出于自身法律救济之目的，或者为了建议以法律手段对教会或国家事务进行改变，而仅仅是要证明国王被误导，或政府犯有错误，或者只是要指出政府或宪法中的现有缺陷，法律是准许这类言论发表的；简言之，如果发表者善意地建议以合法手段对现行宪法进行变革，法律就准许对公共事务发表评论。但是，任何人都会立即发现，煽动性诽谤文字的法律定义，很容易用以对通常视为允许发表的大量言论进行限制，而且如果严格执行的话，它还会与正在盛行的各种政治运动相冲突。

（对宗教或道德问题表达意见）

对宗教或道德问题自由表达意见，差不多也是方才讨论的情况。[②] 近年来的形势让我们回想起本已忘却的渎神法。但是，让大多数人感到惊奇的是，根据某一种法律观点，无论何人，只要
241 发表了否认基督教普遍真理或上帝存在的言论，不论其措辞是否

① 参见斯蒂芬（Stephen），《刑法汇编》（*Digest of the Criminal Law*），第6版，第96、97、98条。

② 同上书，第179—183条。

得体，他都犯有发表渎神性诽谤文字之轻罪，应受监禁；但根据另一种法律观点，无论何人，只要发表了意在伤害人类感情的有关上帝、耶稣基督或《英国国教祈祷书》的言论，或引发对国教会的蔑视，或提倡不道德行为，他都犯有发表渎神性诽谤文字罪；但是，至少容易让人很怀疑的是，那些因此而伤害了人类感情的出版物，在多大程度上能够因为它们旨在善意传播发表者自认为真实的观点而不构成渎神？[①] 同样让大多数人感到惊讶的是，凡是在英国受过基督教教育或以传播基督教教义为业的人，通过“写作、印刷、教授或劝告”等方式来否认基督教真理或《圣经》权威，根据制定法均构成犯罪，要受到极为严厉的惩罚。[②] 尽管如此，一旦真正理解了普通法原则，或者仍然收录于《制定法汇编》中成文法规的效力，就没有人能够主张，英国法承认任何一种类似于自由交流思想和意见的自然权利，如法国在一百多年前那样，242
把它作为最重要的人权之一予以宣告。此外，有一点是很清楚的，那就是，不论所发表的意见是针对个人还是公共事务，抑或只是理论思考，英国法的效力完全取决于以下问题的答案，即由谁来判定某个发表行为是否构成诽谤。正如我们所知，这类事务实际上是由陪审团来判定。换句话说，某一特定案件中，某人的行为

① 尤其要参见斯蒂芬，《刑法汇编》，第 6 版，第 179 条；比较奥杰斯，第 3 版，第 475—490 页，在该书中，奥杰斯所持的法律观点不同于詹姆斯·菲茨詹姆斯·斯蒂芬爵士（Sir J. F. Stephen）。

② 参见威廉三世第 9 和 10 年第 35 章，该法后来为乔治三世第 53 年第 160 章所修改；另见斯蒂芬的《刑法汇编》第 181 条；同时参照林德利法官（Lindley, L. J.）在以下案件中的判决：“总检察长诉布拉德洛案”，载《王座法庭判例汇编》（《上诉案件汇编》），第 14 卷，第 667 页起，第 719 页。

是否构成诽谤，完全取决于陪审团的判决，他们必须对真实性、公正性和意图之类的问题作出判定，从而确定所发表的言论具有何种法律性质。[①]

因此，在英国言论自由不过是指，每个人都有权写出或讲出在一个由十二名店主组成的陪审团看来得当的任何事情。这种“自由”随时期而改变，有时毫无拘束，有时则非常受限。英国过去两个世纪的历史经验表明，诽谤法之下的意见表达界限，实际上会因公众情感状况而有巨大变化。而且，直到最近法律都还不承认任何的出版特权。如果书信中或卡片上的言论构成诽谤或渎
243 神，其性质与书本或报纸上的完全一样。比利时宪法给予报纸的编辑、印刷者或销售者以特别保护，就相当于承认该报纸相关人员享有特别权利，这非常不符合英国法的一般理论。就此而言，说出版自由不为英国所认可亦不为过。

三、为何认为出版自由是英国所特有的

那么，为何长期以来把出版自由看成是英国制度的一个特点呢？

这个问题可从两个层面来解答。其一，约两个世纪以来，英

① “将言辞中的修饰语去掉，事情的真相便一目了然，是一个具有常识的人都可轻易懂得的。真相不过是这样：一个人可以发表在他的十二个同胞看来无可责备的任何言论，但如果他发表的言论应受责备（即他的十二个同胞认为应受责备），他就要受到惩罚。以常识判断，这就是前述该问题的实质所在。”参见“国王诉卡特比尔案”（*Rex v. Cutbill*），载《豪威尔国家审判》，第27卷，第642页起，第675页。

国政府和出版物之间的关系，其全部特征可归结为上文所说的法律“统治”或法律“至上”；其二，正因为如此，而非因为英国法对言论自由表示支持，才使得我们这里的出版、尤其是报纸出版实际上享有一种欧陆国家近几年才出现的自由。任何一个人，只要仔细分析一下现代英国的出版状况，并与法国出版法或英国十六、十七世纪的出版状况作个对比，就能明白此言不虚。

英国出版界的当前状况具有两个特征。

第一，如曼斯菲尔德法官（Lord Mansfield）所言：“出版自由在于事先未经许可即可印刷，但事后须依法承担后果。”[①] 又如埃伦 244
伯勒法官（Lord Ellenborough）所说：“英国法是一种自由的法律，我们有了这种自由，就一直没有所谓的‘出版许可’；也就不必获得这种事先许可；但是，如果一个人发行的报纸违法了法律，正如他在所有其他违法情况下一样，就面临遭受刑事处罚的危险。”[②]

从法官的这些个人意见中，我们立刻会发现，所谓出版自由不过是对一般原则的应用，即除非明显违法，否则任何人不受惩罚。[③] 该原则与任何一种许可制度或审查制度都是根本冲突的，因为此类制度会妨碍一个人写出或印出任何自认为恰当的内容；它甚至与法院的权利难以相容，因为至少要等到出版者被定罪之后，法院才有权对诽谤性文字的传播进行限制。此外，这一原则在精

① “国王诉圣阿瑟夫教长案”（*Rex v. Dean of St. Asaph*），《税收判例汇编》，第3卷，第431页注释。

② “国王诉科贝特案”（*Rex v. Cobbett*），载《豪威尔国家审判》，第29卷，第49页；参见奥杰斯，《书面诽谤和口头诽谤》，第3版，第10页。

③ 参见同上书，第183页。

神上也与下列规定相冲突：它们要求报纸发行者预先交付一笔保证金，以确保报纸只能由具有偿债能力的人来发行，或是为了确保一旦报纸上含有诽谤性文字，即可从报纸所有者那获得损害赔偿金。任何有判断力的人都不会认为，要求报纸所有者预付保证金，或对期刊出版权施加其他限制，必然就是不适当或不公正的。
245 这里只是想要强调，这种限制或预防性措施与英国法的那个普遍原则相矛盾，即只有当人们已经做出某种明确的、可指定的违法行为时，而不是因为他们可能或将要违法，他们才会受到干预或者惩罚。所以，我们这里不存在印刷许可、出版审查或政治报纸审查一类的事物，但有一种源自其他法律体系的古怪残存物除外。[①] 无论政府或任何其他权力机构，都不能因为一个出版商的仓库中存有在他们看来具有煽动性或诽谤性的材料而将其没收或销毁。事实上，就连法院自身，也只有在极为特殊的情况下，完全出于保护某人不受伤害的目的，同时，相关材料已提交陪审团裁断，且最后证实所指控的文字是诽谤性的，才能禁止诽谤性文字发表或再发表，或限制其销售。[②] 总之，出版物作者，正如所有其他人一样，只受制于王国法律，而非其他任何东西。不论政府或法院，一般而言都无权妨碍或监督一份报纸的出版，恰如它们无权妨碍或监督一封书信的写作或邮寄一样。实际上，要概括说明出版物作者的处境，最简单的方式莫过于说，他们与写信者的处

① 即表演许可。参见《1843 年戏剧法》，维多利亚第 6 和 7 年第 68 章；斯蒂芬，《新英国法释义》，第 14 版，第 3 卷，第 227 页。

② 参见奥杰斯，《书面诽谤与口头诽谤》，第 3 版，第 13 章，尤其是第 388—399 页；应将其中论点与该书第 1 版第 13—16 页中的观点作个比较。

境本质上是一样的。譬如，一个人把渎神文字乱涂在大门上[①]，和
他把这种文字印在报纸或书本上，其性质完全一样，都是违法行 246
为，在英国也以相同原则来处理。可见，报纸文章的作者和报纸的所有者都不享有免于追责的特别权利，更确切地说，直到最近都还不享有这种特别权利。[②]所以无论从哪方面来看，英国所理解的出版自由的主要特征都是：出版物——当然是指出版物中的作者——只受制于王国普通法律。

（普通法院所处理的出版罪行）

第二，出版罪行——如果根据英国法能够使用这一短语的话，只能由国家普通法院、即法官和陪审团来审判和处罚。[③]

自王政复辟[④]以来，通过报纸而犯的罪行，或者说，在报纸上

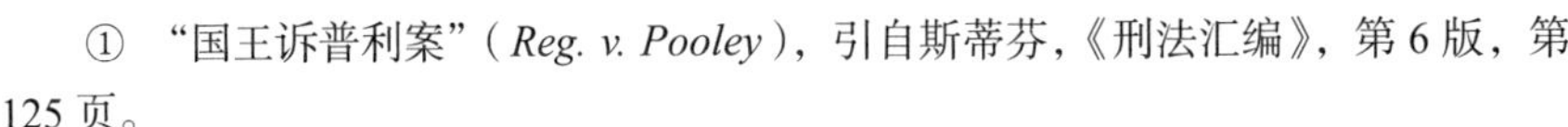

① “国王诉普利案”（*Reg. v. Pooley*），引自斯蒂芬，《刑法汇编》，第 6 版，第 125 页。

② 鉴于下列法律规定，即 1843 年《诽谤法》（*the Libel Act*），维多利亚第 6 和 7 年第 96 章，和 1882 年《报纸诽谤和注册法》（*the Newspaper Libel and Registration Act*），维多利亚第 44 和 45 年第 60 章，以及 1888 年《诽谤法修正案》（*the Law of Libel Amendment Act*），维多利亚第 52 和 52 年第 64 章，这一表述在某种程度上必须受到限定，因为它们的确给予某些善意的新闻报道（如关于公众集会）一定程度的特殊保护。

③ 但是，由于刑事起诉程序的存在，以及“真实性”不能作为辩护理由的这一规则存在，所以导致 18 世纪的煽动性诽谤罪几乎也变成一种出版罪行，它即便不是由特别法庭来处理，至少也是按照由特定程序执行的特殊规则来处理（所谓刑事起诉，是指由总检察长或刑事部的主事法官作为起诉人，不经大陪审团作出报告或公诉书，在高等法院王座分庭提起的刑事控诉。1967 年的《刑法》彻底废除了这一程序。见《元照英美法词典》。——译者）。

④ 关于共和国时期出版物的情况，请参见马森（Masson），《弥尔顿传》（*Life of Milton*），第 3 卷，第 265—297 页。实质上，由特别法庭来审判出版罪行的可能性，随着 1641 年星室法庭的废除（查理一世第 16 年第 10 章）而不复存在。

发表诽谤性的、煽动性的或渎神性文字，从未由任何特别法庭进行审理。这在英国人看来再正常不过了。但实际上，没有什么比这点更有助于使期刊免受任何控制。关于某一发表行为是否构成
247 诽谤的问题，如果判断标准是掌握在陪审团手中，而且一个人可以发表在他的十二个同胞看来无可责备的任何言论，那么，除非大多数普通公民完全反对抨击政府（其实时有发生），否则国王和政府就不可能对出版物上的文字进行任何严格控制。一旦掌权者想要对公众的过激行为进行制止，他们对于政府的敌对情绪必将汹涌而来。但在这种情况下，就事物的本性而言，必定存在着某种可能性——这种机会至少是正反各半，使得理应宣告发表者犯有印刷诽谤性文字罪的陪审团，可能会支持在政府官员看来应受惩罚的言论，从而可能会裁定被控为诽谤的谴责行为，是对公职人员所犯错误的公正而值得赞赏的批评。至于当管理机构的情感与陪审员所在阶层的普遍情绪不一致时，十二个普通英国人的裁断对于意见表达的间接控制，今天是否如同一个世纪前所证实的那样，即便对政治问题而言，也一定构成对意见自由表述的一种有力保护，是一个很有意思的问题，但在此无须深究。所能确定的是，英国人实际上享有的出版自由，大半源自陪审团在我们这里对“出版罪行”的审判，正如对所有其他诽谤罪的审判一样。

可见在英国，出版自由不过是王国法律具有普遍支配地位的
248 一个结果。像“出版自由”“出版罪行”“出版审查”一类的术语，简直不为英国律师和法官所知，这纯粹是因为，通过出版而作出的任何违法行为都是某种类型的诽谤，实质上都由普通的诽谤法来调整。

如今，这些事情对我们似乎是很自然的，几乎难以察觉；但是，还是让我们——正如我提示的那样——稍微论及大革命前后的法国出版法，以及约17世纪末以前的英国出版状况。这种考察会向我们证明，现代英国对通过报纸所犯罪行的处理，就是一个独特而突出的例子，说明现在英国宪法的各个部分都充满着法律精神。

四、与法国出版法的比较

凡查阅法国权威典籍的英国人，都会被这两个事实所震动：其一，在某种程度上，出版法[①]长期以来一直是，且现在依然是法国法律的一个特别部门；其二，在法国实行的每一种政体下，出
版罪行基本上都是一种特殊的犯罪。从伊丽莎白女王时代至今， 249 325
英国通过的有关出版的法律，从数量上而言，不及法国同一时期同一主题的1/10，甚至1/20。如果我们比较一下自18世纪初以来

① 目前法国的出版活动由1881年7月29至30日通过的《出版自由法》所调整。这部法律废除了早期与出版相关的所有规定，包括法令、政令、法律和条例等。就在该法通过之前，当时生效的法律法规就有30多部，用来管理法国的出版活动，对构成犯罪的出版物作者予以惩罚。这还不算，达洛（Dalloz）书中涉及出版法的内容竟密密麻麻印有300来页，而且他还证实，当时法兰西共和国中依然生效的法律法规，较之早期印刷业兴起以来一直到1881年的所有管理办法、条例、政令和法律，不啻为九牛之一毛——它们都是由法国统治者签发，以控制书面表达意见和思想的。参见达洛，《立法汇编》（*Repertoire*），第36编，“论出版”，第384—776页，尤其是第1篇，第1章，及第2篇，第4章；罗杰和索列尔（Roger et Sorel），《常用法典与法律》（*Codes et Loi Usuelles*），“论出版”，第637—652页；狄骥，《宪法学教程》，第575—582页。

两国的不同情况，但为了避免夸大，把法国从那个时期以来直到1881年仍然有效的法律，与英国自1700年以来通过的不论是否已废除的所有法律进行对比，差别就会更加明显。由此我们发现，法国自现今共和国建立之后，它有关出版法的汇编中共有30多部法律，而英国自20世纪初以来所通过的有关出版的议会法不超过12部，而且它们还几乎不涉及作者的自由问题。

这种差别的原因在于，对于国家与文学之间，确切说是国家与通过印刷品进行的意见表达之间的适当关系，两国抱持截然相反的观点。

英国自1700年以来实际上就盛行一个原则，即政府与舆论引导问题没有关系；国家的唯一职责在于惩罚通过手写或印刷品进行的各种诽谤行为。所以，政府通常对印刷品不会予以专门控制，如果说有出版法存在的话，它也不过是诽谤法的一个分支或对是它的应用。

250 在法国，数世纪以来印刷品就一直被认为与国家特别相关。从法国当前立法之中，我们可以总结出一个原则，该原则过去盛行，某种程度上现在依然盛行，那就是，行政机关的职责不仅在于惩罚侮辱、诽谤或渎神，而且在于引导舆论方向，至少需要采取预防性措施，以防范通过印刷品来传播错误或危险学说。所以，法国存在大量性质特殊的具有压迫性的出版法。

直到大革命时期，法国所有印刷品都受到国家的公然控制。任何书籍或出版物的印刷或销售权利，都被视为是某些图书馆的特权或垄断权。1723年的（部分直到最近依然有效[①]）和1767年的

① 参见达格，《立法汇编》，第36编，“论出版”，第1篇，第1章；比较罗杰和索列尔，《常用法典与法律》，“论出版”，第637—652页。

《管理办法》（*règlements*）对该事项予以限定：唯有得到正式许可的图书馆管理员才享有销售和印刷的权利，违者处以重罚[①]。不仅如此，发表权也受到极为严厉的审查——部分出自大学（完全是一个基督教教会），部分出自议会，还有部分则出自国王。倘有印刷或销售禁书者，时常会被以颈手枷示众、被罚去划桨，或处以死刑。这些惩罚固然经常得以避免，可它们就在大革命前夕都还有真正的威慑力。法国那些最有名望的著作都发表于国外。如，孟德斯鸠《论法的精神》面世于日内瓦，伏尔泰的《亨利亚德》 251
（*Henriade*）付印于英国；此外，伏尔泰和卢梭最卓越的作品要么发表在伦敦，要么是在日内瓦或阿姆斯特丹。1775年，一部题为《自然哲学》（*Philosophie de la Nature*）的著作被法国议会下令销毁，其作者被判犯有背叛上帝和人类罪，若被成功逮捕定会被烧死。1781年，也就是三级会议召开的前八年，雷纳尔（Raynal）因著有《印度历史》（*Histoire des Indes*）一书，被议会宣告犯有渎神罪。[②] 但是，这里要注意的一点，与其说是“旧制度”之下，为禁止异端或错误信念表达所用的严厉惩罚，不如说是直到1789年，国家为指导国民创作所严守的权利和义务。还需注意的是，直到那个时候，政府都没有将期刊和其他作品明确区分开来。在一个连《哲学通信》（*Lettres Philosophiques*）都要被刽子手烧毁，连《亨利亚德》和《百科全书》的发表都需要国王欣然同意的时代，的确没有必要再对报纸施加专门的限制。况且，在三级会议召开

① 参见达格，《立法汇编》，第36编，“论出版”，第1篇，第1章；比较罗杰和索列尔，《常用法典与法律》，“论出版”，第637—652页。

② 同上。

之前，法国几乎不存在什么日报或周刊。[1]

252 可以认为，大革命终结了对出版的限制。《人权宣言》曾宣告：每个公民都有发表和出版其思想的权利；法国《1791 年宪法》引用了这一条，以保障每个人都享有的说话、出版和发表其思想的自然权利，而且著作在发表之前不受任何审查或检查。[2] 但《人权宣言》和这个保证实质上毫无意义。他们不过是宣告了一个与法国各个政府多年来的实际行动完全相悖的理论。

法国国民议会没有建立审查制，但以防止传播诽谤性著作为借口，通过了压制意见表达自由的 1793 年 3 月 29 日法。后来督政府效仿国民议会的做法。再到法兰西第一帝国时期，报纸干脆收归政府所有，书籍的销售、印刷和出版完全由皇帝控制和审查。[3]

我们可以认为，1789—1815 年间是一个革命的时代，这就促使国家采取特殊干预措施或以此为借口。但是，无论何人，只要想了解以下这种观念，即政府应当以某种方式来控制本国国民写作，在多大程度上符合长期支配着法国法律和习惯的那种思
253 想，都应当仔细观察自波旁王朝复辟迄至今日的立法进程。政府其实正在慢慢放弃控制书籍出版的企图，但历次政府竟不约而同地都先宣告自由，继而又控制报纸发行。例如，1814—1830 年

① 参见洛昆（Rocquain），《大革命之前的革命精神》（*L'Esprit Révolutionnaire avant la Révolution*），从中可见到一个自 1715—1789 年的完整“禁书”目录。这本书充分披露了路易十五和路易十六统治时期法国政府的专制统治。

② 参见本书第 234 页。

③ 参见达洛，《立法汇编》，第 36 编，“论出版”，第 1 篇，第 1 章。

间，审查制度实质上已建立起来（1814 年 10 月 21 日），随后被
部分废除，至 1819 年而全然废止，第二年又重新建立并扩展适
用，最后在 1828 年时又再次全部废除。[①] 两年后，即 1830 年，
七月革命爆发，起因就是政府试图破坏出版自由。接着颁布宪
章，废除审查制度，至此名义上不再有任何审查制度的存在。但
是，对于报纸，1852 年 2 月 17 日的那条著名政令施加了诸多限
制，其程度之严厉，非拿破仑一世下台后的历次政府以“审查”
名义所施加的限制所能比。依据此令，政府除享有其他裁量权
外，还自我授权禁止任何报纸发行，而无需证明报纸所有者或哪
个专栏作者犯有某种罪行。[②] 而且有了这条政令，未经官方准许，
无人再敢办报。形式多样的这些审查制度，还不是对出版自由的
唯一限制。比如，此前在 1848 年共和国时期就通过许多法律，
它们与帝国法律共同实施之后，限制出版自由者尤甚：强制报纸
文章作者署名；[③] 要求欲办报者交付大笔保证金；[④] 收回陪审团对所 254
有出版罪行的审判权；[⑤] 重建或重申《1723 年管理办法》之规定，
据此，任何人未经许可不得从事图书管理或印刷这一职业。实
际上，可以非常客观地说，1852—1870 年间，法国政府对报纸
的控制如同 1789 年前对各种著作的控制一样严厉，而且第二帝

---

① 参见狄骥，《宪法论》，第 1 卷，第 91、92 页。

② 1852 年 2 月 17 日政令第 32 条，罗杰和索列尔，《常用法典与法律》，第 648 页。

③ 罗杰和索列尔，《常用法典与法律》，第 646 页。1850 年 7 月 16 日法。

④ 同上。

⑤ 1851 年 12 月 31 日法。

国还出现了向“旧制度”下专制原则倒退的趋势。第三共和国[①]的确废除了第二帝国时期及其以前所逐渐形成的限制性规定。然而，在过去27年间，即便说法国统治者支持自由或许可出版，
255 但有一点是非常清楚的，那就是，出版罪行是一种应由特别法院以特别方式来审理和处罚的特殊犯罪的观念，直到最近还为法国各党派所接受。这是一个极为重要的理论问题。因为它表明：所有违法行为都应由国内普通法律来处理的思想与法国人的观念是多么的格格不入。即便粗略考察一下法国有关著作的立法——本书也只能粗略考察而已——我们就可以确定两点：第一，自有出版业起乃至于今日，应当由政府所代表的国家来指导或控制意见表达的这种思想一直牢不可破；第二，这种控制通过官方的审查制度来实施：首先对书籍印刷和销售权施加限制，其次让有关出版的违法行为由特别法庭运用特别法律来处理。此类限制偶有放宽，这一点固然重要，但与限制的暂时取消相比，其一再恢复施

① 有件事极为清楚，应予注意。按照现代英国法中所贯穿的有关出版的精神，法兰西第三共和国的出版立法，直到1881年都不过是王政复辟时期和帝国的法律。“出版法”仍是法国法的一个特殊部门，“出版罪”仍是一种特殊犯罪，而且，法国法中至少有两部（或许更多）法律与英国所理解的出版自由原则相冲突。其中一部在共和国时期通过（1871年7月6日；见罗杰和索列尔，《常用法典与法律》，第652页），它再次强制要求报纸所有者基于某些恰当理由交付大笔保证金，以担保报社能够支付因经营引起的罚款或损害赔偿金；稍后的那部法律（即1875年12月29日法第5条，见罗杰和索列尔，《常用法典与法律》，第652页），尽管将部分出版罪行交由陪审团审判，却规定另外部分的审判不能有陪审团参与。1881年7月29日法确立了出版自由。毫无疑问，法国最近的立法表现出对所有限制出版自由行为的强烈反对，但对该自由的极力争取，恰恰表明如下观念的存在，即因出版所犯罪行应以某种的特别方式来处理。

行就更加关系重大。[①]

五、与17世纪英国的出版状况的比较

现在让我们转向对十六、十七世纪英国出版状况的考察。

最初，君主将所有的出版物都控制在自己手中，除非经过特许，否则任何人不得刊印，而且，所有的出版物都要服从于星室 256
法庭凭借君主特权所制定的管理制度：排他性出版特权就这样被授予97个伦敦出版商及其继承者，他们设立了一个行会，名为书籍出版业公会，有权查封行外人发行的所有出版物；其后，牛津和剑桥大学最终通过星室法庭的法令而取得印刷出版的权利。

在限制刊印的同时——这些措施似已近于失效——与之并行的一种许可制度逐渐发展起来，它是一种名副其实的审查制度。[②]

出版罪构成一种特殊犯罪，只能由一个特别法庭即星室法庭来审判，该法庭审理时不采用陪审团，施以的惩罚也很严厉。[③] 星室法庭其实在1641年就被关闭，此后也没再恢复，但审查制度却比共和国的存在时间还长，而且到了王政复辟时期（即1662年），

① 请留意1881年以来通过的为限制各种出版自由之滥用的数部法律。如1882年8月2日法，该法于1898年3月16日修改和完善，目的在于禁止出版物违反道德原则（outrages aux bonnes mœurs）；1894年7月28日法，该法是为了禁止出版物倡导无政府主义原则；1893年3月16日法，该法授予法国政府特别权力，以处理有关外国报纸或以外文发行的报纸事宜。参见狄骥，《宪法学教程》，第582页。

② 关于1695年之前对出版物的控制，参见奥杰斯，《书面诽谤与口头诽谤》，第3版，第10—13页。

③ 参见加德纳，《英国史》，第6卷，第51、130页；及第8卷，第225、234页。

它从一部制定法（即查理二世第13和14年第33章）中获得了真正的法律依据，这部法律随后又被多部法律赋予效力，直到1695年才停止生效。[①]

（英法两国出版法最初的相似性与随后的相异性）

总之，法国为控制出版而曾经采用，甚至于今日依然盛行的所有方法，都存在于十六、十七世纪的英国。在英国就像在欧陆一样，图书出版是个垄断行业，审查制度非常严苛，作者
257 和印刷者所犯罪行被视为特殊犯罪，要受到特别法庭的严惩。在有关著作问题上，英法两国政府最初所持有的各项原则，是如此相似乃至相同，这一点令人印象深刻。但对照一下两国后来的立法史，会让人更加震惊。在法国——正如我们业已看到的——审查制度被频繁废除，但也几乎是被频繁恢复。而在英国，许可制度这一变相的审查制度，是在1695年被终止而不是被废除。下院拒绝为《许可法》延期，肯定不是因为它怀有任何有关思想自由的不变热情。1695年的英国政治家，既未公开宣称也未抱有如下信念，即"自由交流思想和意见是人类最宝贵的权利之一"。[②]他们拒绝为《许可法》延期，从而也就确立了出版自由，但不知道此中所具有的重要性。我们如此断言是有根据的，因为下院在送交上院的一份文件中，说明了他们拒绝为该法延期的诸项理由。

① 参见麦考莱（Macaulay），《英国史》（*History of England*），第4卷，第19、21章。

② 参见法国《人权宣言》，第十一条，本书第234页。

> 该文件证明，下院当初通过的决议完全正确。但同时也证明，他们不知道自己在做什么，通过了一个什么样的决议，
> 以及产生了怎样的影响力。他们简洁、明确而有力地指出了 258
> 这部即将到期的法律所具有的种种荒谬与不公，有时还带有一种并非不恰当的严重讽刺意味。但我们发现，所有这些反对理由都只是针对细节而言的，至于重大原则问题，以及不经许可的出版自由对社会而言大体是福是祸的问题，他们却只字未提。《许可法》之所以受到谴责，并非因为它本质就很邪恶，而是因为它附带许多恶果，如委屈怨恨、强征勒索、偷窃抢劫、商业限制、住宅搜查等。换言之，它之所以被宣告有害，是因为它使书籍出版业公会得以从出版商强取钱财，授权政府代表根据一般逮捕令即可搜查他人住宅，把外国图书交易限制在伦敦港，以及把整包的贵重书籍扣留在海关直到书页发霉。不仅如此，下院还表达了下列不满：第一，许可证签发者要求缴纳的费用金额不固定；第二，除非有一个出版审查人员在场，海关官员不得打开入关书箱，否则要受处罚。但问题明显在于，海关官员不开箱又如何知道里面装的是书呢？这些理由，弥尔顿的《论出版自由》从未提出过。[①]

废除审查制度的政治家们，在两年之后又提出一项议案，以禁止未经审查的新闻出版，尽管该议案从未通过，但由此可见他

① 麦考莱，《英国史》，第4卷，第541、542页。

259 们有关出版自由原则的观念是多么的淡薄。[①]然而，法国国民议会在1789年对自由表达思想权利的庄严宣告，仍然是一纸具文，至多也不过是法国法学的基本原理，虽不是毫无作用，也是经常被法国实际的法律所破坏；与此同时，英国议会在1695年拒绝为《许可法》延期，确实在国内永久确立了出版自由。英国随后50年是一个革命和不安的年代，足可与法国王政复辟时期相比。但是，审查制度一旦在英国废除，就绝不会死灰复燃；除了诽谤法中的限制性规定，凡有关限制出版自由的思想长期不为英国人所知，以致对绝大多数人来说，我国法律中残存的那种稀有观念，即著作应由国家来控制，似乎是一些让人费解的畸形物，之所以还能容忍它们，也不过是因为它们几乎没有造成什么不便，其存在已被忽略罢了。

六、由英法两国出版法最初相似与最终相异所想到的问题

每一个学生，在总体考察英法两国有关出版自由的历史之后，都会想到两个问题。第一，直到17世纪末，英法两国国王实质上赞同相同的原则，这是怎么一回事？第二，自18世纪初以来，这两个国家中支配出版法的各项原则本质上是不同的，而且这种不
260 同还会持续下去，这又如何解释？不论相似还是相异，初看起来都让人困惑。然而，这两者都是可以解释的，也应该对这表面上

① 麦考莱，《英国史》，第4卷，第771、772页。

的自相矛盾作出解答，因为它与本篇主题密切相关，即，守法精神居支配地位构成英国宪法的特征。

（最初相似的原因）

英法两国出版法之所以在16世纪初至18世纪初间具有相似性，是因为在那段时期，两国政府（若非两国人民的话）在行政和有关国家与个人间关系的问题上，受到极为相似的思想的影响。此外，在英国，正如在所有欧陆国家，盛行着一种看法，即国王须对臣民的宗教信仰负责。这也就意味着需要国王对意见的形成与表达进行管理。但问题是，政府的这种引导或控制，不可能不对出版自由有所妨碍，而出版自由实际上是每个人都享有的权利，由此他可以刊印任何他想传播的意见，除非这种意见表达违反了某个明确的法律原则，否则不会受到惩罚。简言之，在十六、十七世纪，英国国王与法国国王一样，一直都在扩展手中的行政权力；两国国王经过公众意见的授权，确切说是应公众意见的要求，把对著作的控制看成是一种国家事务。类似情形产生类似结果；既然两国盛行的原则相同，对待出版的方式自然也就相同。

（后来相异的原因） 261

那么在近两个世纪里，法国对待出版的原则之所以完全不同于英国一直所赞成的原则，其深层次的原因在于，支配两国法律和惯例的精神不同。

在法国，有一种思想总是很盛行，那就是，作为国家代表的政府，不论是王权制的、帝国制的还是共和制的，均享有对抗个人的权利和权力，它们高于且独立于国内普通法律。这一点，正是整个行政法理论的根基所在，[①]英国人难以真正理解它。此外，大革命前后的绝大多数时间里，中央政府所增加的权力，一直是，或大多数法国人看起来是，消除压迫民众之恶行的工具。这个民族通常对国家权力充满好感，正如英国人在16世纪对君主特权有好感一样。所以，法国政府对著作所施加的各种控制，基本上与它的其他制度相一致。再者，法国存在一套复杂的行政体系，而行政活动从来不受普通法院的控制，在这一体系之下，官方用以监视著作的工具一直被授予一个最高当局。因此，审查制度——限制出版自由的其他方式暂且不论——与法国政府的整体行动基
262 本一致，也大体符合这个民族的普通情感，同时从不缺乏执行审查的适当手段。

毫无疑问，在整个18世纪，以及从那时起一直到现在，对审查制度的强烈反对声，就如对其他行政专制的强烈反对声一样，不绝于耳；在大革命开始及以后的一段时间里，人们为支持言论自由做出了不少努力。于是便有审查制度被废除一事，然而，这种只从某一方面来为限制政府权力的努力，与人们对国家权力的总体尊崇十分不协调。此外，只要法国的整个行政系统依然有效，政府无论由何人掌控，始终都会保留一些手段，一旦公众对压制言论自由有片刻的赞同，就着手实施对出版的控制。所以，审查制度或者那些虽不用“审查制度”之恶名但比任何《许可法》都更严厉的限制措施，在废除之后又屡次被恢复。简言之，按照英

① 参见本书第12章。

国人对出版自由的理解，这些限制措施一直存在于法国，且到现在都几乎没有被废除，个中缘由在于，政府所享有的预防性和裁量性权力符合法国法的总体精神，而且，由这种精神所创造的行政体制，从过去到现在，都一直把专门用以执行裁量性权力的工具置于行政部门手中。

但是，英国国王在十六、十七世纪为组建一个强大中央政府 263
的努力，尽管因满足了那个时代的某种需要而一度取得成功，但本质上还是与英国的习俗和传统相抵牾；因而，即便是在民众希望王权强大的时代，他们实际上也不喜欢国王运用其强力的方式。

所以，成百上千的英国人，即使厌恶宗教宽容、不关心言论自由，对专制权力也是保持高度警惕，因之决心坚定，只愿受王国法律的统治。[1] 正是这类情感让星室法庭在 1641 年得以撤销，从而使这一可憎的法院即便在狂热忠君的 1660 年亦无重建之可能。但是，星室法庭的撤销，不只是废除了一个不得人心的法庭；它还意味着，由都铎王朝所建立并由斯图亚特王朝所扩张的整个行政体系被连根铲除。可是，推翻一种有违英国人法律习性的行政，与他们那种意见表达不受控制的任何愿望没有直接关系。议会虽然不愿恢复星室法庭或宗教事务高等法院（Court of High Commission）[*]，但是却通过了《许可法》，因此审查制度实际上得

① 参见赛尔登（Selden）对星室法庭法令的非法性的评论，引自加德纳，《英国史》，第 7 卷，第 51 页。

* 宗教事务高等法院，是 16 世纪由王室设立，用以实施有关宗教改革协定的法律以及对教会实行监督的教会法院。该法院与星室法庭和枢密院关系密切，因 1689 年《权利法案》斥之为“非法”和“有害”而被废除。参见《元照英美法词典》。——译者

以确立，正如上述，它在光荣革命发生多年后都一直有效。但是，
264 这部法律的通过，尽管不是宗教宽容的胜利，却是尊法守法的成功。从此以后，许可权不再取决于任何固有行政权的思想，而是取决于制定法。尽管许可权仍由政府掌管，但它要受制定法文字的规制；更重要的是，对违法行为的惩处，只能根据普通法院中的程序来进行。星室法庭的撤销，使政府丧失了行使专断权力的工具。所以，下院在 1695 年拒绝为《许可法》延期，和法国在《人权宣言》中宣告思想自由截然不同，也与法国通过某一法律来废除审查制度迥然有异。在英国，废除政府的控制出版权，就是废除有违法律一般倾向的特殊权力，而且废除是终局性的，因为自此以后，政府便已丧失了对言论实施有效控制的工具。

综上所述，法国的审查制度尽管频繁废除，但也频繁恢复，因为政府所运用的裁量权从古至今，一直都与法国的各种法律和制度相一致。在英国则不然，审查制度的废除是终局性的，因为国王所运用的裁量权，与英国的行政体系和法律思想相抵牾。将英法两国的吊诡之处作个对比，会更加令人印象深刻：法国政治
265 家尽管没有成功地在法国确立出版自由，但他们的确打算将意见自由予以宣告；而英国政治家虽不愿通过《许可法》从而在英国建立出版自由，但他们实际上却持有种种宽容理论——这些理论远没有达到支持不受约束的言论自由的程度。这一对比不但本身引人注目，而且还为英国法治思想提供了最具说服力的例证。

第七章　公众集会权[①] 266

一、[比利时宪法中的规则]

（公众集会权）

比利时法律[②]有关公众集会权的规定，载于《宪法》第19条。这一条大体上是想要复制英国法，现征引如下：

（《比利时宪法》中的规则）

> 第19条　比利时人有权举行和平的和不携带武器的集会，集会须符合法律规定，但无需事先获得批准。

---

① 关于公众集会权的概括，参见斯蒂芬，《新英国法释义》，第2卷，第14版，第174—178页；肯尼（Kenny），《刑法概论》（*Outlines of Criminal Law*），第3版，第280—286页；本书附录五“公众集会权诸问题”。

② 参见《法律季评》（*Law Quarterly Review*），第2卷，第159页；从中亦可参见其他国家有关公众集会权的规定：包括意大利（第78页）、法国（第165页）、瑞士（第169页）和美国的规定（第257页）。至于法国公众集会法的历史，参见狄骥，《宪法学教程》，第554—559页。

前一款不适用于露天集会；露天集会完全受警察法约束。[①]

二、英国法上有关公众集会权的原则

关于举行公众集会的限制，在比利时似乎比在英国要严格一些，因为在我们这里，警察并不享有管理露天集会的特别权力。
267 然而，正如我们基本上不能主张英国法认可出版自由一样，我们也几乎不能说，我国宪法中存在公众集会之类的特殊权利。实际上，英国有关公众集会的规则，是英国宪法如何建立在个人权利基础之上的最佳例证。集会权不过是法院在个人人身自由和言论自由问题上所持看法的一个结果。对此，不存在任何专门法律，以准许甲、乙、丙三人为了某个合法目的而在露天或其他地方集会。但是，甲有权去他想去的地方，而不至于侵害他人，有权对乙说他想说的话，而不至于构成诽谤或煽动；同时乙也享有类似权利，以此类推，丙、丁、戊、己都享有相同的权利，甚至可以无限列举下去，由此可以得出一个结论：甲、乙、丙、丁和其他成千上万个人，一般说来[②]，可以在任何一个地方举行集会，只要这个地方是其中每个人均有权为了合法目的并以合法方式而到达的。例如，甲有权在大街上散步或前往某块公地，乙也享有这个权利，丙和丁及其所有支持者都享有这个权利；换言之，甲、乙、丙、丁和上万个这样的人，有权举行一个公众集会，而且，

① 《比利时宪法》第 19 条（参见比利时现行宪法第 26 条。——译者）。

② 这里讨论的是一般性规则，至于甲、乙、丙三人所商议的集会在特殊情况下是否构成共谋犯罪，则不是我要讨论的内容。

因为甲可以对乙说他认为应该通过一部法律来撤销上院，或上院应当否决任何一个更改该院组成的法案，乙也可以向他的任何一 268
个支持者作出同样的评论，所以，甲和其他成千上万个人可以举行一个公众集会，以拥护政府或支持上院的抵制行为。因此在我们这里，你实际上享有为了政治或其他目的而举行公众集会的权利——该权利在外国通常被视为一种特别权益——行使过程中只受到谨慎的限制。但是，我们虽然主张说，对于甲、乙、丙、丁和其他成千上万个人而言，就因为其中每个人都可以去他想去的地方，说他想说的话，所以他们有权举行集会以讨论政治和其他问题，但这并不必然意味着，这些人在行使集会权的过程中不至于违法。比如，集会的目的是公然暴力犯罪，或以各种方法扰乱治安，这种集会本身就构成非法集会。[①] 又比如，集会的方式使得集会者本身有破坏和平之危险，从而在爱好和平的公民中间引发了适度恐惧，这种集会也是非法的。这两种情况下，集会均可予以合法解散，参与非法行为或者说参与犯罪的集会者，都将面临被逮捕、控诉或惩罚的危险。

（集会不会因为引起非法反对而变成非法的）

一个公众集会，如果从集会者的行为来看，如携带武器游行， 269
或旨在挑起反对者破坏和平[②]，使得爱好和平的公民充满适度恐惧，

① 关于“非法集会”（unlawful assembly）这一术语的含义，参见本书附录五“公众集会权诸问题”。

② 比较“奥凯利诉哈维案”（*O'Kelly v. Harvey*），载《爱尔兰判例汇编》，第14卷，第105页起，“汉弗莱斯诉康纳案”（*Humphries v. Connor*），载《爱尔兰普通法判例汇编》（*Ir. C. L. R.*），第17卷，第1页起，第8、9页，菲茨杰拉德法官（Fitzgerald, J.）的判决。

感到和平即将被破坏，那它就是一个非法集会。但是，如果它在其他方面并不违法，则不能单纯因为它引起非法或暴力对抗，从而间接导致和平被破坏，而变成一个非法集会。[①] 假设有若干救世军成员打算在牛津集会，又假设一个所谓骷髅军成员却宣布要用武力攻击并驱散他们，[*] 还假设爱好和平的公民不愿看到镇里的宁静被扰，更害怕引起暴乱，遂强烈要求治安法官制止救世军集会。乍看起来，这似乎是一个合理的要求，但在我看来，治安法官在法律上不能采取镇民所要求的行动。[②] 就当前法律而言，这是必然的，仔细思考一下就很清楚了。甲到大街上散步的权利，一般说来，[③] 不因辛威胁要打他而消失。的确，甲上街之后可能会导致和
270 平被破坏，但是，说甲导致和平被破坏，无异于说一个人佩戴钟表是钟表遭窃的原因。甲是受害者，并非违法的始作俑者。现在，如果甲到大街上散步的权利不受辛的威胁的影响，那么甲、乙、丙三人到大街上一起游行的权利，亦不因己、庚、辛扬言不允许他们散步而有所减损。而且，如果甲、乙、丙三人称自己为救世

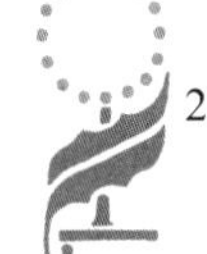

---

① 但是，这一论断必须受到下文所说的限制，参见本书第 273 页。

* 救世军（Salvation Army）是一个基督教的国际救助和慈善组织，1865 年由威廉·布斯（William Booth）建立，主要从事对赤贫的无家可归者提供住所，庇护未婚母亲，帮助酗酒者戒酒等；骷髅军（Skeleton Army）则是 19 世纪英格兰南部的一个松散组织，旨在反对和干扰救世军的露天游行和集会。——译者

② 当然，这里要假定，救世军成员的集会，目的合法，方式和平，也无任何破坏和平或怂恿他人破坏和平的意图（事实上他们的确如此）。但此时，治安法官可要求骷髅军成员，甚至是救世军成员，找一个担保人，以保证他们表现良好或维护和平。比较肯尼，《刑法概论》，第3版，第282、486页；1902年“怀斯诉邓宁案”（*Wise v. Dunning*），载《王座法庭判例汇编》，第 1 卷，第 167 页起。

③ 参见本书第 278 页，并比较“汉弗莱斯诉康纳案”，载《爱尔兰普通法判例汇编》，第 17 卷，第 1 页起。

军，或者己、庚、辛称自己为骷髅军，情形也没什么差别。所以，一个简单的原则就是，甲做出合法行为，即到大街上散步的权利，不因辛威胁要做出一个非法行为即把甲击倒而有所减损。这一原则是由“贝蒂诉吉尔班克斯案”（*Beatty v. Gillbanks*）[①] 所确立的，确切说是由该案所阐明的。案情是：救世军决定在“滨海威斯顿”（Weston-super-Mare）集会，同时也知道必遭骷髅军反对，此时治安法官发布公告，禁止召集此会。但是，救世军成员却如期集会。警察出面干涉，要求他们遵守告示。其中一个成员辛拒绝遵守，遂被逮捕。后来他和其他几个人被治安法官判为参与非法集会。毫无疑问，救世军的集会可能导致骷髅军的攻击，在这个意义上的确使和平被破坏。但是，辛上诉至王座分庭，治安法官的有罪判决被推翻。

菲尔德法官（Field, J.）说：“本案的事实是，一个非法组织 271
（骷髅军）僭称有权阻止上诉人和其他人举行合法集会，而治安法官的判决无异于主张：一个人如果知道他的合法行为可能导致他人做出非法行为，而仍然这样做，他就可能被判有罪。这种主张没有法律依据。”[②]

---

① 载《王座法庭判例汇编》，第 9 卷，第 308 页起。

② “贝蒂诉吉尔班克斯案”，载《王座法庭判例汇编》，第 9 卷，第 308 页起，第 314 页；“贝蒂诉格莱尼斯特案”（*Beatty v. Glenister*），载《判例汇编每周评论》（*W. N.*），1884 年，第 93 页；“女王诉伦敦德里郡法官案”（*Reg. v. Justices of Londonderry*），《爱尔兰判例汇编》，第 28 卷，第 440 页起；并比较 1902 年“怀斯诉邓宁案”，载《王座法庭判例汇编》，第 1 卷，第 167 页起，及爱尔兰法院的三个案件：“汉弗莱斯诉康纳案”，载《爱尔兰普通法判例汇编》，第 17 卷，第 1 页起；“女王诉麦纳顿案”（*Reg. v. M’Naghton*），载《考克斯英国刑事法院判例汇编》，第 14 卷，第 572 页起；“奥凯利诉哈维案”，载《爱尔兰判例汇编》，第 14 卷，第 105 页起。

于是，该案所定下的原则，由一位爱尔兰法官在另一个案件中陈述出来，而那个案件本身又得到了英国高等法院王座分庭的认可。[①]

判决如下：“自‘贝蒂诉吉尔班克斯案’[②]判决后，赞成者或反对者争执不下，理由甚多。关于该案事实，我不确定自己的看法是否与该案法官的看法完全一致，但对于法官们所定下的法律原则，以及将此原则适用于他们所理解的事实，我则深表赞同。在我看来，该案判决的依据是，如果一个行为本身合法、行为者的目的也合法，而且合理地附带履行一项义务，那么不管它是从事
272 商业、合法消遣，还是按常规行使一项法律权利，都不会因为惹起他人破坏和平或做出其他非法行为而有罪。”[③]

由此，当救世军成员要求行使集会权时，一般来说就不能作如下回复：该项权利之行使可能引起违法者破坏和平，故而防止他们违法的最简易的办法便是禁止集会，这是因为“如果行使合法权利会导致破坏和平的危险，那么补救措施应当是以足够的武力来阻止这一结果的发生，而不是在法律上宣告权利行使人有罪”。[④]

需注意的是，高等法院王座分庭对“怀斯诉邓宁案”案作出判决时，并不打算推翻“贝蒂诉吉尔班克斯案”的判决；显然他们认为是在遵从“女王诉伦敦德里郡法官案”的判决。另请参见本书附录五“公众集会权诸问题”。

① 参见“女王诉伦敦德里郡法官案”，载《爱尔兰判例汇编》，第28卷，第440页起；1902年“怀斯诉邓宁案”，载《王座法庭判例汇编》，第1卷，第167页起，第179页，达令法官（Darling, J.）的判决。

② 《王座法庭判例汇编》，第9卷，第308页起。

③ “女王诉伦敦德里郡法官案”，载《爱尔兰判例汇编》，第28卷，第440页起，第461页，霍姆斯法官（Holmes, J.）的判决。

④ “女王诉伦敦德里郡法官案”，载《爱尔兰判例汇编》，第28卷，第440页起，第450页，奥布赖恩法官（O’Brien, J.）的判决。

因此，有人认为如下原则已确立起来：一个在所有方面都是合法而和平的集会，不能仅仅因为违法者的潜在违法行为，即他们想要阻止集会并决心破坏和平而被视为非法集会。[①] 由此而得出一个结论，那就是，通常而言，对于一个在其他方面均属合法的 273
公众集会，治安法官不能单纯因为它可能或容易导致违法者破坏和平而将其禁止或解散。

三、［两个限制或例外］

关于这项原则的应用，存在两个限制或例外。这些限制以维护"国王和平"（the King's peace）[*] 的绝对必要性为基础。

① 参见 1902 年"怀斯诉邓宁案"，载《王座法院判例汇编》，第 1 卷，第 167 页起，确切说是参见该案法官所作的判决，援引它们无疑可以确立一个更宽泛的规则，即一个本身是合法的公众集会，而且其发起人和参与人的行为也完全是和平的，只是因为它自然而然地导致反对者采取破坏和平的非法之举，而可能变成非法集会［参见首席法官阿尔弗斯通（Alverstone, C. J.）的判决，第 175、176 页；达令法官（Darling, J.）的判决，第 178 页；舍乃尔法官（Channell, J.）的判决，第 179、180 页］。但必须指出的是，"怀斯诉邓宁案"所涉及的并不是在什么情况下，一个集会会变成非法集会，而是另外一个问题，即在什么情况下，可以要求一个集会者提供保证人以担保他表现良好（参见肯尼，《刑法概论》，第 486 页）。

* "the King's peace"，又译作"国王安宁"。在中世纪早期的英国法中，特殊的个人或团体，如国王、教会都有自己的和平秩序，针对这种和平所发生的违法行为均被视为是破坏该种和平的行为，并因此要遭受处罚。后来，国王和平不断扩展，直至覆盖了整个英格兰每时每刻，这样，任何违反国王和平者都难逃惩罚。国王力图扩大"破坏国王和平"这一概念的范围，意在增加自己的收入，因为被告人往往因其破坏国王和平的行为要遭受巨额罚金，这些行为后被列入国王之诉（pleas of the Crown）范畴之内。参见《元照英美法词典》。——译者

（当集会中的非法行为导致和平破坏的时候）

第一个限制。如果一个集会的召集人或者向与会者发表演说的人具有非法之举，而且，这些举动必然会挑起反对者破坏和平，那么演讲者和与会者可能会被视为导致破坏和平，因而该集会本身也就变成一个非法集会。比如，一个好争论的新教徒参与众新教徒的集会时，在一个有大量罗马天主教徒的公共场所口出恶言，因而挑起一群罗马天主教徒破坏和平——这些粗言秽语实际上已构成对罗马天主教徒的诽谤，或者根据地方性法规是禁止在大街上使用的，这种情况下，该集会就可能变成一个非法集会。退一步讲，即便集会的方式无有不当，不致引起和平破坏，但只要集会的目的本身完全非法，从而可能挑起反对者破坏和平，其结果是一样。[1]

（当集会本身合法但唯有解散它方能维护和平的时候）

第二个限制。如果一个公众集会的目的和与会者的行为都完
274 全合法，但仍然惹起破坏和平的行为，而且此时除了解散集会，没有其他办法来维护或恢复和平，那么治安法官、警察和其他管理者可以要求集会解散，这种情况下，该集会若不解散就变成一个非法集会。[2]让我们举例说明。假设救世军要在牛津举行集会，而所谓的骷髅军却要聚集起来阻止他们集会，而且除了要求救世

① 比较1902年“怀斯诉邓宁案”，载《王座法庭判例汇编》，第1卷，第167页起，和“奥凯利诉哈维案”，《爱尔兰判例汇编》，第14卷，第105页起。

② 尤其参见“奥凯利诉哈维案”，载《爱尔兰判例汇编》，第14卷，第105页起。

军解散之外，确无其他办法来维护和平。在这种情况下，尽管救世军的集会本身是完全合法的，而且违法者属于骷髅军成员，但如果治安法官找不到其他办法来维护和平，他似乎就可以要求救世军解散，此时救世军成员若不听从命令，那么该集会就变成一个非法集会；也可能是这样：如果治安法官找不到其他办法来维护和平，即不能保护救世军成员免受骷髅军的攻击，他就可以合法地阻止救世军成员举行集会。[①] 但是，阻止救世军行使法律权利的唯一理由是“情势需要”。如果和平维护之目的，无需解散在其他方面均属合法的集会，而只需逮捕违法者（在这个例子中就是 275
骷髅军）即可达到，那么一般认为，治安法官或警察就必须逮捕违法者，以保护救世军成员行使他们的合法权利。[②]

四、[对个人自由的限制及其界限]

但是，有一点容易被忽略，应特别注意。

（对公众集会权的限制实际上就是对个人自由的限制）

基于维护国王和平的绝对需要，对公众集会权的限制或约束，

---

① 特别要注意的是，“奥凯利诉哈维案”（载《爱尔兰判例汇编》，第 14 卷，第 105 页起）极大地扩展了治安法官通过解散合法集会来维护和平的权利。当治安法官辛被当事人以侵害人身为由起诉到法院的时候，辛认为倘若已被解散的集会继续举行的话，就可能导致和平被破坏；而且除非将集会予以制止和解散，否则没有其他办法来防止和平破坏。同上，第 109 页，首席法官劳（Law, C.）的判决。

② 这一点尤其为“奥凯利诉哈维案”所清晰阐明，载《爱尔兰判例汇编》，第 14 卷，第 105 页起。

无论其程度如何，实际上都是出于维护和平的考虑，对个人的普通自由所施加的限制。至于限制的确切界限，则不免有相当疑问。

因此，如果甲，一个好争论的教徒，没有任何拥护者和支持者相伴，独自一人在某地，如利物浦的大街上，向公众发表演讲，出口恶言或肆意诋毁，或者虽无诽谤性质，但使用了地方性法规禁止在大街上使用的语言，那么这个演讲就必然导致一个结果，即挑起反对者破坏和平；这种情况下，即便他本人并没有破坏和平，也没有想要惹起他人破坏和平，但仍可能被判定对其言语引起的非法行为负责——他人的非法行为不构成法律上的抗辩理由。法官无疑可以要求他找人担保，以保证表现良好；警察也可能阻

276 止他继续演讲，以免破坏和平，这是因为“有关破坏和平的先例表明：破坏和平虽然本身就是一个非法行为，但它有可能是由侮辱谩骂之言行所导致的一个必然结果，就此而言，法律所考虑的的确是人性的弱点问题”。[①]

所以，当社会安宁不能以其他方式来维护时，干预某人的合法权利，并阻止他做出本身完全合法的行为，也就可能是合法的。例如，甲，一位狂热的新教徒女士，佩戴教派徽章，即一朵红百合，步行穿过罗马天主教的人群中，这种情况下，她的行为必然会被激怒，事实上也的确激怒了该天主教人群。她的本意并非引起和平破坏，也没有做出本身即为非法的行为，但她自身面临着被侮辱，甚至立刻被群起而攻之的危险。结果暴乱发生了；警察

① 1902年“怀斯诉邓宁案”，载《王座法庭判例汇编》，第1卷，第167页起，第179、180页，舍乃尔法官的判决。

辛找不到其他办法来保护甲或者恢复秩序，遂要求甲把百合取下来。她拒绝了。于是，辛强行将花摘下，但未过度使用暴力，秩序遂得以恢复。很显然，辛的行为是合法的，但他对于警察的这个原本侵犯人身的行为，却找不到起诉的依据。而辛若要在法律上替自己辩护，则不能以甲是违法者或暴乱者正在行使权利为由，而只能以不强制甲取下百合国王和平即得不到恢复为由。[①]

（集会不因官方宣告其非法而非法）

再者，一个在其他方面都不违法的公众集会，不会因某政府 277
主管大臣、治安法官或任何其他官员所发布的公告或告示而变成一个非法集会——除非它以某一部专门议会法为根据。现假设救世军成员向全镇宣布，他们打算在牛津附近租来的一块场地上举行集会，并准备先在圣吉尔斯集合，然后举着旗帜伴着乐团，一起前往做礼拜的目的地。又假设，内政大臣认为，因某种理由，该集会是不受欢迎的，于是向每一位救世军成员或即将前去牛津

① 参见“汉弗莱斯诉康纳案”，载《爱尔兰普通法判例汇编》，第17卷，第1页起。该案非常值得注意，因为它最大限度地承认了治安法官或警察的权利，即为了阻止或终止和平的破坏而干涉甲的合法行为的权利。这种干涉如果完全正当的话，那也只能以需要为由，但有一位杰出的爱尔兰法官质疑，这个案件是否赋予了法官或警察过多的权利。他说：“我不知道其中的界限在哪里。如果辛可以随意从甲身上取下百合，原因是戴着它会让其他人感到不快，那谁来为破坏和平的行为辩护？我们行为的界限又在哪里？在我看来，这样做不是在维护王国法律而是暴民法律的至上地位。一旦警察干涉女王臣民权利的权力得到认可，并完全付诸实施，就可能带来宪法危机。如果能够断言这位女士佩戴徽章之目的，即为了挑起他人破坏和平，那她就是一个违法者，也就可以控告她引起破坏和平的行为。”此系菲茨杰拉德法官的法律意见，参见“汉弗莱斯诉康纳案”，载《爱尔兰普通法判例汇编》，第17卷，第1页起，第8、9页。

指挥所谓“战役”的军官发出正式通知，让集会必须停止。这个通知本身并未改变集会的性质，即便在集会非法的情况下，该通知让被通知者意识到集会的性质，从而影响到与会者所要承担的
278 责任，也是如此。[①] 还假设，如果内政大臣没有发出这个通知的话，该集会是合法的，那它一定不会因为政府主管大臣予以禁止而变成一个非法集会。在这些情况下，内政大臣的公告没有任何法律效力，正如内政部不许我和其他任何人在大街上散步的公告不具法律效力一样。由此，可以得出一个结论，即只要集会表面看来是合法的，即便实际举行后，因为不当的集会方式，而结果证明是非法的，政府也基本上或绝对无权加以阻止。这个突出的例证，足以说明对如下原则的信奉，即国家的固有职责是惩罚而非阻止犯罪，是如何将行政部门的裁量权予以剥夺的。

（集会的举行，即便与公共利益相冲突也可能是合法的）

最后，一个集会，即便任何一个明智的或热心公益的人都不愿举行，也可能是合法的。这是因为，甲、乙、丙三人均有权举行集会，尽管这样做事实上可能导致反对者采用暴力，并引发流血事件。譬如，一位狂热的新教徒，为谴责忏悔室的罪恶，打算举行一个露天集会，便选择某个公共场所，但这个地方处于一个大镇里，镇里居住着罗马天主教的穷人，他们常在那里集会。普遍认为，这个集会是合法的，但也无人怀疑它会激起反对者的暴

---

① 参见“国王诉弗斯案”（*Rex v. Fursey*），载《卡林顿和佩恩初审法院判例汇编》（*C. & P.*），第 6 卷，第 81 页起；《豪威尔国家审判》（新编），第 3 卷，第 543 页起。

乱。但无论如何，我们认为政府或治安法官一般而言不能阻止或禁止集会的举行。在下列情况下，政府和治安法官似乎可以阻止 279
集会，即那位好争论的新教徒及其拥护者，打算做出诽谤谩骂一类的行动，这些行为不仅不合法，而且容易导致和平破坏，或者根据当时的情势，除非集会得以阻止，否则和平无法维护。[①] 但是，我们认为，无论政府或治安法官，都不能单纯因为某个公众集会可能惹起违法者破坏和平，就阻止忠诚的公民为了一个合法的目的而和平集会。我们反对国家最高当局享有非常宽泛的权力而自由采取预防措施，以防止由法律权利的草率行使所可能导致的恶行，至于这种反对得当与否，这里无需讨论。这一点却最值得注意，有关公众集会权的规则何以证明我国制度具有法律精神，以及法院如何通过对个人权利的判决而实际上使得公众集会权成为宪法的组成部分。

① 参见本书第171—172页，并比较“奥凯利诉哈维案”，载《爱尔兰判例汇编》，第14卷，第105页起；“女王诉伦敦德里郡法官案”，载《爱尔兰判例汇编》，第28卷，第440页起；1902年“怀斯诉邓宁案”，载《王座法庭判例汇编》，第1卷，第167页起；“贝蒂诉吉尔班克斯案”，载《王座法庭判例汇编》，第9卷，第308页起。治安法官可以责令集会召集人找人担保，以保证表现良好。法律对这个问题的规定，似乎可以作如下概括：“即便一个人事实上根本没有犯下任何罪行，如果有合理依据，担心他可能犯罪或导致他人犯罪，甚至只是担心他的行为方式容易导致他人（在违背其意愿的情况下）犯罪，他也须按要求找人担保，以保证表现良好或维护和平。”参见肯尼，《刑法概论》，第486页。

280

第八章　戒严法

一、无法在私法或刑法规则与宪法规则之间划出清晰的界限

前面几章所论述的权利，如人身自由权或言论自由权，可以说，根本不属于真正的宪法范畴，但却是严格意义上的私法或普通刑法的组成部分。比如，甲的人身自由权，可以说不过是甲不受辛的攻击或监禁的权利，换言之，不过是甲在遭受辛的攻击之后，对辛提起诉讼或使辛因此受到刑事惩罚的权利。现在看来，这一主张含有一个重要真理，但也毋庸置疑，人身自由权和言论自由权一类的权利，都出现在许多成文宪法的显要位置，事实上，也是公民希望从专制政府向宪政的转变中获得的最大好处。

这个真理就是：这些权利可从两个方面来看待。一方面，它们可视为只是私法，或者也可能只是刑法的组成部分；这样，
281 人身自由权，正如上述，即可视为甲所享有的控制自己身体而不受辛干涉的权利。但另一方面，这些权利在对抗国家管理机构上非常有效，或者说，它们确定了公民个人和行政机构之间

的关系，就此而言，它们是宪法的组成部分，甚至是最为重要的部分。

现在值得注意的一点是，在英国，公民个人之间相互对抗的权利，一般来讲，与公民对抗任何“国王的臣仆”* 的权利是一样的。这就是下列断言的意义所在，即在英国，宪法是国内普通法律的组成部分。政府大臣不能基于国家理由而随意逮捕、监禁或惩罚任何人，当然，《外国人法》或《引渡法》一类的制定法授予他特别权力的情况除外，这一事实不过是下列原则所导致的结果，即政府主管大臣以公职身份所作出的行为，与以私人身份作出的一样，都要受王国普通法律的支配。如果内政大臣一怒之下殴打了反对党领袖，或者他认为政治对手的自由可能危及国家而将其逮捕，不论哪种情况，这位大臣都可能受到起诉，并像犯下侵犯人身罪行的人那样接受应有惩罚。逮捕一位有影响的、其言论可能引发骚乱的政治人物，是一种不折不扣的行政行为，但该大臣或奉命行事的警察却不能以此为由进行抗辩。

本章和其后三章所探讨的主题，无疑属于宪法领域，也没有 282
人想要反对在一部有关宪法的著作中讨论这些问题，尽管它们实际上是私法的组成部分。然而，仔细考虑一下即可发现，正如那些乍看起来属于私法领域的规则其实构成基本的宪法原则一样，那些表面看来明显属于宪法的话题，在我们这里，实质上取决于

* 依照宪法惯例，大臣和文官是有区别的，但是在法律上都是“国王的臣仆”（the servant of the Crown）。——译者

私法或刑法的原则。例如，在英国，军人的法律地位，正如我们即将看到的那样，受到下列原则的支配：一个军人须以军人身份承担特殊责任，但与此同时，他作为一个军人，如同非军人一样，也都要承担一个普通公民应尽的全部责任。所以，从法律角度来看，大臣责任制不过是对英国法中一个普遍原则的应用，[①] 即无人能以上级命令为由，哪怕是国王本身的命令，来为自己原本不具有法律正当性的行为进行辩护。

无论以何种方式来考虑，你终究都要回到我们详述过的那个关键问题，即在外国许多宪法下，个人权利源于或似乎是源于宪法条文，而在英国，宪法非但不是个人权利的来源，还是个人权利所导致的结果。而且，越来越清楚的是，法院因严格坚持以下

283 两个原则而使宪法得到维护：一是“法律面前人人平等”，它反对豁免普通公民的法律责任，也反对免除普通法院的管辖；二是“违法者承担个人责任”，它拒绝接受这种观念，即下级有任何违法行为，可以上级命令为由进行抗辩；至少自爱德华四世时代以来，就存在这样一个法律准则，即无论何人，在没有合法令状的情况下将他人逮捕，都不能免除责任，即便是奉国王之令也不例外，也要因错误监禁行为而受到起诉，这一准则并不是对君主特权的一种特别限制，而只是将整个侵权法中一以贯之的个人责任原则应用于依国王命令而做出的行为而已。[②]

① 参见蒙森（Mommsen），《罗马国家法》（*Romische Staatsrecht*），第 672 页。读者可以看到，在早期罗马法中，似乎存在一个与此相似的原则。

② 参见赫恩，《英国政府》，第 2 版，第 4 章；比较加德纳，《英国史》，第 10 卷，第 144、145 页。

二、戒严法

“戒严法”（martial law）[1] 就其本义而言，意指国内普通法律的中止，全国或部分地区受军事法庭的临时统治，这种法律英国法中从未有过。[2] 我们没有任何相当于法国所谓“戒严状态之宣告”[3] 的法律，经此宣告，民政当局平时用以维护秩序的权力一概移交 284
军事当局。这一点确凿无误地证明，根据我国宪法法律永远至高无上。

然而，我们断定英国政制中没有戒严法一类的法律，尽管毫无疑义，但如果有人不特别注意英国作家在使用“戒严法”这一

① 参见福赛斯，《关于宪法的法官判决意见书》，第 188—216、481—563 页；斯蒂芬（Stephen），《英国刑法史》（*History of the Criminal Law*），第 1 卷，第 201—216 页；“国王诉平尼案”（*Rex v. Pinney*），载《卡林顿和佩恩初审法院判例汇编》，第 5 卷，第 254 页起；《豪威尔国家审判》（新编），第 3 卷，第 11 页起；“女王诉文森特案”（*Reg. v. Vincent*），载《卡林顿和佩恩初审法院判例汇编》，第 9 卷，第 91 页起；《豪威尔国家审判》（新编），第 3 卷，第 1037 页起；“女王诉尼尔案”（*Reg. v. Neale*），载《卡林顿和佩恩初审法院判例汇编》，第 9 卷，第 431 页起。

② 这句话并不适用于英国之外的其他国家，尽管这些国家可能构成大英帝国的组成部分。就英国而言，该表述在和平时期无疑是正确的，至于在战争时期——如果真有戒严法的话，要在多大程度上予以限定，请参见本书附录十“英国战争或叛乱时期的戒严法”。

③ 参见法国 1849 年 8 月 9 日颁布的戒严状态法（Loi sur l'état de siège），见罗杰和索列尔，《常用法典与法律》，第 436 页；另见 1878 年 4 月 3 日法第 1 条，一般性论述请参见狄骥，《宪法学教程》，第 76 节，第 510—513、926 页；还请参见本书第 288 页（关于法国的“戒严状态之宣告”，即“Declaration of the State of Siege”，有学者译为“围困状态之宣告”，参见〔美〕罗斯托，《宪法专政》，孟涛译，华夏出版社 2015 年版，第 93—119 页。——译者）。

术语时所具有的两种完全不同的含义，就会对这一断言产生误解。

（在何种意义上，戒严法受英国法承认）

戒严法有时用以指称国王及其公职人员的一项普通法权利，即在外敌入侵、国内叛乱或暴动，或概括而言在暴力抗法的情况下，以武力击退武力的权利。这一权利或权力，对一个有序政府的存在而言是绝不可少的，因此英国法确实予以充分认可。但它本身与武装力量没有特别关联。国王有权镇压破坏和平的行为。而每一个臣民，无论是平民还是军人，也无论是警察之类的所谓“政府雇员”，还是与行政毫不相干的人，都有权协助镇压破坏和平的行为，而且这还是他的义务所在。[①] 毫无疑问，专门雇以维持秩序的警察或军人，镇压暴乱通常是他们义不容辞的责任，但很显然，所有忠实臣民都有责任参与镇压行动。

285 同样确定的是，一位军人维护秩序的行为，就其本身而论，不能免除法律责任。军官、治安法官、士兵、警察和普通公民，在法律面前全都处于相同的地位；每个人都有义务抵抗和镇压破坏秩序的行为，如暴动和骚乱；为达到这一目的，每个人都有权使用必要之武力以致伤害生命；但如果使用了过度的即不必要的武力，每个人都必须接受陪审团的审判；还要指出的是——因为这点常常被忽略，每个人都应当为自己作为公民在镇压暴乱中的

① 比较“米勒诉诺克斯案”，载《斯科奇民事诉讼判例汇编》，第6卷，第1页起。参见由鲍文法官（Bowen, L. J.）和霍尔丹顾问（R. B. Haldane, Q. C.）等组成的委员会在调查1893年费瑟斯通镇（Featherstone）骚乱之后所发表的意见［C. 7234］；另见本书附录六“军人奉命解散非法集会时所负之义务”。

不作为而接受法院的审判，至少在理论上是如此，当然，在维持秩序过程中，每个人应当如何作为、作为到何种程度，这取决于他的身份，因军官、治安法官、士兵或普通平民之不同而有所不同。谁要怀疑这些命题，谁就应该去研究“国王诉平尼案”[①] 这一重要判例，该案对于布里斯托尔市市长在 1831 年的改革暴乱中所应负的责任，给予了充分考虑。

人们惯于认为，维护和平仅仅是军人或警察的责任，所以，当许多学生从“国王诉平尼案”所确立的原则中发现，治安法官在暴乱时期所负的责任是多么严格，而为了维护法律之需要可使用的武力又是多么无限，他们很可能感到惊讶。此外，学生必须 286
谨防《暴乱治罪法》(*Riot Act*)[②] 文字的误导（很可能如此）。该制定法实质上规定：如果 12 个非法集会扰乱治安者，在治安法官以本法规定的形式向他们宣布解散令后 1 小时内——这一宣布被非常荒谬地称之为“宣读暴乱治罪法”——仍拒不解散，该治安法官即可令军队向他们开火或以刺刀攻击之。[③] 当然，这不是该法原文的意思，但实际效果就是这样。这一来，未被告知的读者，都容易犯一个错误，事实上治安法官和军官也时常（尤其是在 1780 年戈登暴乱时期）犯这种错误，那就是，认为《暴乱治罪法》既有正面的也有负面的效果，从而以为在该法设定的条件未满足之前，不能动用军队。我们现在知道，这个观念是错误的；使用武

---

① 《卡林顿和佩恩初审法院判例汇编》，第 5 卷，第 254 页起；《豪威尔国家审判》（新编），第 3 卷，第 11 页起。

② 乔治一世第 1 年第 2 部制定法第 5 章。

③ 参见斯蒂芬，《英国刑法史》，第 1 卷，第 202—205 页。

力的场合，以及为镇压暴乱而合法使用武力之种类与程度，完全由实际需要所决定。

因此，如果戒严法是指政府或忠实公民有权维持公共秩序，即便造成人身或财产损失亦所不顾，那么它确实是英国法的组成部分。但是，即便就这种戒严法而言，我们也必须记住一点，即
287 所用之武力是否必要或过当的问题，尤其是导致死亡的时候，最终都要由法官和陪审团来判定；[①] 而且，对于什么是必要的武力，法官在暴乱镇压后的平静而安全的氛围中所作的判断，可能会大不同于一个被武装暴徒所包围的将军或治安法官所作的判断，因为后者知道，暴动随时都可能演变成可怕的叛乱，而叛乱不加遏制的话，就会演变成一场成功的革命。

（在何种意义上，戒严法不受英国法承认）

但是，戒严法更多情况下是指，全国或某个地区由基本上取代了法院管辖权的军事法庭来统治。这种意义上的戒严法之宣告，如上所述，几乎就等同于法国和其他外国所通称的“戒严状态”之宣告，它实际上是指一个国家由军事力量进行临时的和公认的

① 这个主张与“马雷依单方申请程序诉讼案”（*Ex parte D. F. Marais*）中的任何判决意见都不冲突，见《上诉案例汇编》，1902 年，第 109 页起；也与枢密院判决中所使用的术语不矛盾，如果这些术语是严格按照如下重要原则解释的话（它也应该如此解释）：第一，“一个案件只能因它实际判决的内容而成为判例”——“奎恩诉利瑟姆案”（*Quinn v. Leathern*），载《上诉案例汇编》，1901 年，第 506 页起，霍尔斯伯里大法官（Halsbury, L. C.）的判决；第二，“每个判决都应理解成可适用于已证明或假定已证明的具体事实，这是因为，从这些事实中总结出来的一些概括性说法，并不是要去解释整个法律，相反，这个概括性要受到具体的案件事实的支配和限定”——同上。

统治。[①] 至于在承认这种戒严法存在的国家中，这种情况究竟产生何种法律效果，最好是部分引用法国目前依然用以规制戒严状态的法律条文来进行解释：

（关于戒严状态的法国法） 288

第7条　戒严状态一经宣告，民政当局用以维护秩序和治安的所有权力一概移交军事当局。但是，军事当局尚未取得这一权力之前，民政当局得继续行使原有权力。

第8条　凡危害共和国安全、违反宪法、扰乱秩序和社会安宁的罪犯，不论主犯从犯，军事法庭均可将其逮捕。

第9条　军事当局享有下列权利：（1）不论白天或晚上进入公民居所搜查；（2）驱逐戒严地区内的惯犯和其他没有住所的人；（3）命令缴出武器和弹药，对未缴出的武器弹药进行调查和撤除；（4）禁止出版可能煽动或引起骚乱的刊物，或禁止举行可能煽动或引起骚乱的集会。[②]

然而，我们可以合理推测，上述法律条文不过略示戒严时期所有情况而已，实际上，如果法国巴黎或其他某个地方发生骚乱或暴动，该地就会宣布进入戒严状态，用某些欧陆国家所通称的一个重要术语来说，就是“宪法保障被中止”。因此，如果我们认

① 参见本书第283页。

② 罗杰和索列尔，《常用法典与法律》，第436、437页。

为，在普通法律中止期间，任何一个人都可能被军事法庭下令逮捕、监禁或处死，而这个法庭是由少数天然具有内战激情的军官
289 所组成，那也不至于有什么大错。然而，不管怎样，在法国有一点可以确信，那就是，即便是在现今的共和政府之下，因宣告戒严状态而中止普通法律，是完全受到宪法认可的，而且看起来很奇怪的是，在戒严期间，军事法庭在共和制时代享有的权力比在路易·菲利普君主制时代的权力要大一些。[①]

如今，这种戒严法在英国绝对不见于宪法。军人可以镇压暴乱，一如抵抗入侵；也可以攻击反叛者，一如对抗外敌；但是，根据法律他们无权对暴乱者或反叛者处以刑罚。在尽力恢复秩序期间，反叛者可以被合法处死，正如在战争中敌人可以被合法屠杀，或囚犯可以被枪击以防其逃跑一样，但是，军事法庭实施的（不受军事法支配的）任何处决行为都是非法的，严格依据法律即为谋杀。即便在革命暴力期间，法官都要维护普通法律的统治，此等高贵力量，没有什么比乌尔夫·托恩案[②]能更好地展示出来。1798 年，爱尔兰反叛者乌尔夫·托恩（Wolfe Tone），参与了法国对爱尔兰的入侵。他所乘坐的军舰被占领，他本人也被都柏林的军事法庭提审，随即被判处绞刑。但实际上，他并没有在英

① 参见“若弗鲁瓦案”（*Geoffroy's Case*），载《法学杂志》（*Journal du Palais*），第 24 卷，第 1218 页，引自福赛斯，《关于宪法的法官判决意见书》，第 483 页。但是，有人主张，戒严期间军事当局的行动受到法国法的种种限制，参见狄骥，《宪法学教程》，第 512、513 页。

② 《豪威尔国家审判》，第 27 卷，第 314 页起（乌尔夫·托恩的英文全名为“Theobald Wolfe Tone”，1763—1789 年，爱尔兰独立运动领袖，被称为爱尔兰共和国之父。——译者）。

军中任职，唯一的军职是法兰西共和国授予的。一天早上，正要 290
对他执行死刑时，一份人身保护令申请书被递向爱尔兰王座法庭。其理由是，乌尔夫·托恩不是军人，不受军事法庭的处罚，这一理由实际上就是说，审判他的军官企图非法实施戒严法。王座法庭立即签发了令状。关于此案，我们所记住的是，乌尔夫·托恩的真实罪行已经得到确认，而该院的法官无不憎恨反叛者，同时1789年的爱尔兰正处于革命的危机之中，但与此同时我们要承认，爱尔兰法官对乌尔夫·托恩的保护，再不好过地证明了法律的至上性。

291 第九章 陆军[①]

一、陆军

就本书的目的而言，英国陆军可从两方面来讨论：其一为常
292 备军，准确说为正规军[②]；其二为本土国防自卫队[③]，它如民兵组织[④]

① 参见斯蒂芬，《新英国法释义》，第 2 卷，第 4 篇，第 8 章；格奈斯特（Gneist），《英国行政法》（*Das Englische Verwaltungsrecht*），第 2 卷，第 952—966 页；《军事法手册》。

关于常备军（Standing Army），参见威廉和玛丽第 1 年第 5 章；《1879 年陆军纪律与管理法》（*the Army Discipline and Regulation Act*），维多利亚第 42 和 43 年第 33 章；以及《陆军法》，即《1881 年陆军法》，维多利亚第 44 和 45 年第 58 章，该法每年修订一次，直到 1907 年为止。

② 《陆军法》第 190 条第 8 款规定："'正规军'（regular forces）和'国王陛下的正规军'这两个术语概指那些接受委任、无论在服兵役期间与否，均有责任为国王陛下在世界各地连续服一段时间兵役的军官和士兵；根据本法上述修订，他们包括皇家海军陆战队（the Royal Marines）、国王陛下的印度驻军（His Majesty's India Forces）、马耳他皇家炮兵部队（Royal Malta Artillery）；而且根据本次修订，受军事法管辖的预备役部队，在此管辖期间亦属正规军之列。"

③ 参见《1907 年本土国防自卫队和预备役部队法》（爱德华七世第 7 年第 9 章），尤其是第 6 条和第 1 条第 6 款；另参见《陆军法》。

④ 民兵组织（The Militia）——《1907 年本土国防自卫队和预备役部队法》并没有废除此前各种各样的《民兵法》。此类法律若不废止，招募正式或地方民兵并编制成军团的法定权力就一直存在（关于调整民兵组织的法律，请参见查理二世

一样，是一支保卫联合王国的本土防卫义勇军。

这些军队每一种都要服从王国的法律。但是，我的目的并不是要论述或者概述有关陆军的法律，而仅仅是要解释这种法律至上得以贯彻于整个陆军的那些法律原则。

在探讨这一问题时，将通行教科书中的次序颠倒过来是适宜的；一般的教科书，对当代的民兵组织和本土国防自卫队有大量介绍，但相对而言，却很少论及正规军，或我们现在所称的“陆军”。其原因是，民兵组织的历史比常备军要古老，而常备军从历史和宪法理论的角度来看，则是一个畸形。于是，在 293
一些权威作家那里，常备军通常被视为一种例外的或次要的论题，可以说是长在通称为民兵组织的全国性和宪法性武装上的一

第 13 年第 2 部制定法第 6 章；查理二世第 14 年第 3 章；查理二世第 15 年第 4 章；《1802 年民兵法》，乔治三世第 2 年第 90 章；《1882 年民兵法》，维多利亚第 45 和 46 年第 49 章；《1881 年军队管理法》，维多利亚第 44 和 45 年第 57 章）。只要民兵组织存在，它在理论上就是一支征募而来的地方性武装，但用抽签来征召兵员的权力已中止了很长一段时间，事实上，民兵都是自愿应募。民兵可编入正规军，但不能要求他们在国外服役。而且，只有在“国家即将发生危险或遇紧急情况”的前提下，并事先告知议会（若议会处于开会期），或事先经枢密院令宣告，才能将民兵合法地编入正规军（参见《1882 年民兵法》第 18 条；斯蒂芬，《新英国法释义》，第 2 卷，第 14 版，第 469 页）。至于民兵入编之后的军纪之维持，则有赖于《陆军（年度）法》的通过，或通俗一点说，有赖于《军纪法》（*the Mutiny Act*）的效力延期（参见本书第 305 页）。

然而，《1907 年本土国防自卫队和预备役部队法》改变了民兵组织的法律地位，其方式如下：第一，按规定，各单位正式民兵将会在短时间内要么转成后备队（据该法第 34 条），要么被遣散；二、按规定，全体正式民兵人员自身很快就不复存在。

但是，在议会法被废除、民兵组织失去存在依据之前，民兵组织的真实法律地位值得注意，因为议会或许会认为，将国王招募民兵的历史性权利保留下来是值得的。

种赘生物。[①] 但事实上，如今常备军才是真正的全国性武装，而本土国防自卫队则居次要地位。

二、常备军；它的存在因年度《军纪法》而与议会政府相容

关于常备军。一种给军人发放薪饷的永久陆军，它的主要义务是绝对服从命令，乍看起来这种制度似乎不合于法治，或者民选或代议制政府的本质，因为后者要求军队服从于对民政当局尤其是法官；事实上，在绝大多数国家，领饷的永久军队经常被认为与所谓的自由政府（此称谓虽易理解却不严谨）不相容——在英国尤其是共和国时期有时也如此认为。[②] 我们的政治家认为常备军对国人的自由而言是灾难性的，实际上，直到 1689 年革命之后很长一段时间，他们都还持有这种信念；然而，革命后不久，日益明显的是，大量领饷士兵的存在，对国家安全来说是必不可少的。

294 的。因此，17 世纪末 18 世纪初的英国人，发现自己陷入了进退维谷之境。养一支常备军的话，他们担心国家不能避免专制；不设

---

① 在 17 世纪，议会为了保卫英格兰，显然想倚重这支从各郡招来并由乡绅指导的全国性军队。参见查理二世第 14 年第 3 章。

② 例如，参见麦考莱，《英国史》，第 3 卷，第 42—47 页。弗思（Firth）说过："在整个（内战和王位空缺）时期，对军官和士兵所犯罪行，军事当局享有绝对排他的管辖权。因而，在这一问题上，非军事的治安法官与军队的指挥官之间不止发生过一次冲突。"见弗思，《克伦威尔的军队》（*Cromwell's Army*），第 301 页；弗思先生还举出若干例子（第 310—312 页），主张或试图证明，即便在军队居支配地位时期，民政当局依然享有权威。

常备军的话，他们又深知国家不免外敌侵略；维护民族自由似乎就要放弃民族独立。但是，英国政治家几乎是偶然地发现了如何在实践中走出这一理论困境的办法，而《军纪法》虽然是一部为了急于解除眼前危险而制定的法律，但它却有能够解决一个似乎难以解决的问题。

在这个实例中，一如在其他实例中，英国人所取得的成功，靠的是所谓解决实际问题的智慧、政治直觉或政治家的老练。但是，对此我们不得不提防两种错误。

一方面，我们不要以为，英国政治家具有某种独特的、非他国政治家所能企及的敏锐洞察力或先见之明，故能有此聪明举动。另一方面，我们更不要以为，英国人得以解决他国人民无法应付的难题，靠的是运气或者机会。其实，所谓政治常识或政治直觉，295
不过是在处理具体问题时所养成的习惯；这种从实践中认识公共事务的做法，有学识的英国人早就擅长，甚至比有学识的法国人或德国人早一到两个世纪；因此，英国早期盛行的统治原则，比其他国家至今所盛行的还要合理。光荣革命的政治家所以成功解决当时的难题，不是因为他们产生了一些非凡的新思想，也不是因为他们交了好运，而是因为英国生长出来的有关法律和政府的思想在许多方面都切于实际，而且 1689 年的政治家用以解决时代难题的那些思想，在当时更富思想的人看来已属稀松平常。事实上，对第一部《军纪法》的制订者而言，军队的法律地位应遵照英国法中的一个根本原则来确定，那就是，一个军人，恰如一个牧师，因其职务关系而负有特定义务，但并不能因此免除他以公民身份承担的普通责任。

1689年的第一部《军纪法》[①] 的立法目的和原则，与《陆军法》[②] 的目的与原则完全相同——现今英国陆军正是依据此法进行治理的。将这两部制定法进行比较，一眼就能看出维护军纪与维护自由（确切说是维护王国法律的至上性）是如何协调起来的。

第一部《军纪法》的序言，除文字略有改动外，均载于后来每一部《军纪法》。它是这样叙述的：“从来任何人都不得被剥夺生命或遭受身体伤害，或不受戒严法或以任何其他方式施加的任何一种惩处，除非其同侪根据本王国已知的和既定的法律作出如
296 是判决；然而于此危急时刻，所招募的这些军队在现在或将来均不可不保留，军纪遂不可不严守；因而凡属军人，若要发动兵变或煽动叛乱，或私自脱离队伍，均应从严从速惩治，其程序简于通常法律之要求。”[③]

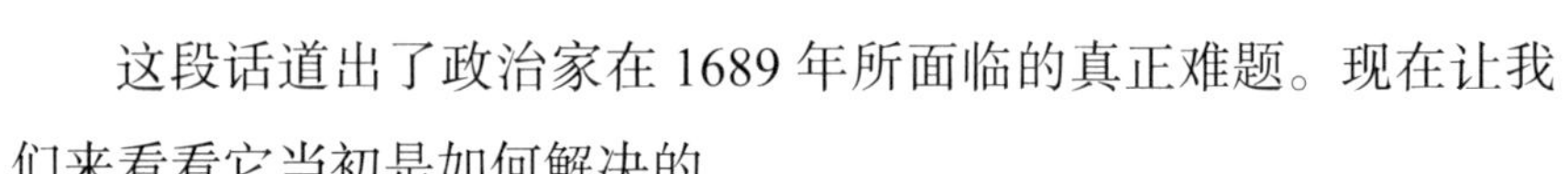

这段话道出了政治家在1689年所面临的真正难题。现在让我们来看看它当初是如何解决的。

常备军中的军人，不论军官或列兵，或用现代《军纪法》中一个更宽泛的表述，“一个受军法管制的人”[④]，处于双重关系之中：

---

① 威廉和玛丽第1年第5章。

② 连同每年通过的《陆军（年度）法》。

③ 参见克洛德（Clode），《国王的武装力量》（*Military Forces of the Grown*），第1卷，第499页。比较维多利亚第47年第8章。现代《军纪法》中的诸多细小变动是很有启发性的。

④ 《陆军法》第五章指出，英国法下凡“受军法管制者”，均应根据本法之规定，就其军事犯罪或某种情况下的非军事犯罪，接受军事法庭的审判或惩罚。

就当前目的而言，这些人似乎可分为三类（至少大致如此）：第一类是正规军（通称常备军）的军人（参见《陆军法》第175条第1款，第190条第8款）；第二类是本土国防自卫队的队员，但以下列条件为限，即一直接受军事训练，与正规

一是在军队外与其同胞的关系；二是在军队中与其他军人的关系，特别是与上级军官的关系；简言之，任何一个受军法管制的人，不但享有军人的权利负有军人的义务，同时也享有公民的权利负有公民的义务。但在任一方面，他的地位在英国法下都要受到一 297
些确定原则的规制。

（军人作为公民的地位）

军人作为公民的地位。英国法中有一个不变的原则，那就是，军人尽管是常备军中的成员，但在英国须承担一个普通公民所应承担的全部义务和责任。第一部《军纪法》如是规定："本法的任何条款，均不得扩展或解释为一个军官或士兵的普通法律责任得以免除。"[①]从这句话中我们可以看出，我国一切有关联合王国所用之常备军的立法富有何种精神。一个军人因其应募入伍的契约，除须担负一个平民所应负的义务外，还须承担许多责任。但是，他不能免于一个普通不列颠臣民所应承担的任何一项义务。

这一原则所产生的效果，在《军纪法》中处处可见。

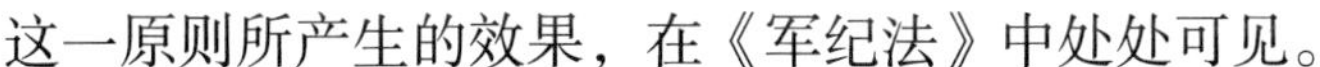

军并肩作战，已编入正规军，且为捍卫国土事实上已被征调去服兵役（参见《陆军法》第176条，第190条第6款a项）；第三类虽不属于正规军，也不属于辅助力量，但由海外作战军队所雇佣的或者追随它们的人员（同上，第176条第9、10款）。正规军包括岸上的皇家海军陆战队和被征调的预备役部队。参见《陆军法》，第175、176条；参照1898年"马克斯诉弗洛伊案"（*Marks v. Frogley*），载《王座法庭判例汇编》（衡平法院上诉案例集），第1卷，第888页起。

① 威廉和玛丽第1年第5章，第6条；参见克洛德，《国王的武装力量》，第1卷，第500页。

（刑事责任）

一个军人须承担与平民一样的刑事责任。[①] 他如果在不列颠的领土之内犯下某种罪行——这种罪行即便不受军法管制也应受到审判——就可由任何一个适格的“民事”（即非军事）法院来审理；而且有一些罪行，比如谋杀，通常必须由非军事法院来审理。[②] 因此，如果一个军人谋杀他的同伴，或对一个住在英国或塔
298 斯马尼亚岛的旅行者实施抢劫，他的军人身份并不能使他免于站上被告席，接受谋杀罪或盗窃罪的指控。

（民事责任）

一个军人不能免于偿还债务之类的民事责任；唯一可豁免的是，他不必被迫出庭；可因债务被捕的时候，欠债不超过 30 英镑的不受逮捕。[③]

任何一个饱受欧陆立法思想熏陶的人，都不会相信（如在法国或普鲁士中），私人的权利竟能不顾公用事业之要求，得以伸张一至于此。

只要军事法院和普通法院[④] 就管辖权问题发生冲突，普通法院的权威必占优势。因此，一个军人若被一家适格的普通法院宣告

---

① 比较《陆军法》，第 41、144、162 条。

② 但请比较《1862 年杀人法》中有关“管辖权”规定，维多利亚第 25 和 26 年第 65 章；克洛德，《国王的武装力量》，第 1 卷，第 206、207 页。

③ 参见《陆军法》，第 144 条。比较克洛德，《国王的武装力量》，第 1 卷，第 207、208 页；“瑟斯顿诉米尔斯案”（*Thurston v. Mills*），载《伊斯特王座法庭判例汇编》，第 16 卷，第 254 页起。

④ 原文用“Civil Court”，即与军事法院相对的民事法院，而非与刑事法院相对的民事法院；为避免混淆，此处以及下文各处均译为“普通法院”。——译者

无罪或判为有罪，就不能因同一罪行而受到军事法庭的审判；[①] 但是，如果他因非预谋杀人或抢劫而被一个军事法庭宣告无罪或判为有罪，该罪行仍可以大陪审团起诉书起诉，并由巡回法庭审判，他不能以军事法庭的判决为由进行辩解。[②]

（受犯罪指控时不能以上级命令为由进行抗辩）

当一个军人在法院接受犯罪指控的时候，服从上级命令本身不能作为抗辩理由。[③]

① 《陆军法》，第 162 条第 1—6 款。

② 《陆军法》，第 162 条第 1—6 款。请比较英法两国中军队的法律地位。法国法中有一个根本的原则——很显然它一直以来就是如此，即一个军人或一个受军法管制的人所犯罪行，必须由军事法庭来审判。参见《军事法典》（*Code de Justice Militaire*），第 55、56、76、77 条，以及勒福雷（Le Faure），《军事法律》（*Les Lois Militaires*），第 167、173 页。

③ 斯蒂芬，《英国刑法史》，第 1 卷，第 204—206 页，比较克洛德，《国王的武装力量》，第 1 卷，第 125—155 页。以下案件特别能说明军人的法律地位。某甲是阿喀琉斯（Achille）军舰上的一位哨兵，轮值时该军舰正在进行反击。"上一位哨兵传给他的军令是，除非来船上有身着军服的军官，或甲板上的军官允许他们靠近，否则所有船只一律不得靠近；他同时领受滑膛枪一支，空弹和实弹各三枚。不久，船只群集，意欲迫近该军舰。某甲再三喝令停止，仍有一艘执意前行，来到军舰下。于是，某甲开火，来船上的一个人应声倒地。案件提交陪审团裁断，以查明哨兵射击时是否出于错觉，以为这就是他的职责所在。结果发现的确如此。然而，事实虽如此，全体法官仍一致判决，某甲犯有谋杀罪。但同时法官们又认为，该行为情有可原应予赦免；而且还认为，如果该行为对保护军舰来说实属必需，仿佛死者正在挑起兵变，那么此哨兵就不应受到惩罚。"参见拉塞尔（Russell），《犯罪与轻罪》（*Crimes and Misdemeanors*），第 4 版，第 1 卷，第 823 页；根据 1816 年伊斯特恩法院开庭期（East, T.）的"国王诉托马斯案"（*Rex v. Thomas*）中贝利法官（Bayley, J.）的判决，载《诉讼文本汇编》（*MS.*）。该判决的日期值得注意，因为任何人都不能认为，1816 年的法官往往会低估国王及其公职人员的权利。法院的这个判决不但取决于普通法中一个无可辩驳的原则，同时也是该原则的一个例证，即一个军人的行为，如果由平民做出即构成犯罪的话，那么他的军人身份和他严格奉命行事的事实本身，均不能使他免于承担刑事责任。

299 这个问题需要解释。

军人有义务服从上级军官下达的任何一个合法命令。但是，军人违法的话，和平民一样不能免于相应责任，不能以善意服从（比如说）总司令的命令为由进行抗辩。因此，军人的地位问题是一个理论难题，在实践中也可能不好处理。正如之前所阐明的，一个军人如果违抗军令，就可能被军事法庭枪决；如果服从命令，又可能被法官和陪审团绞死。关于他的处境和所负义务的限度，从分析下列情况下军人应如何行动中即可得知。

有暴乱发生时，一个军官命令士兵向叛乱者开枪。下令开枪

300 有其正当性，因为非该有效措施不足以镇压骚乱。在这种情况下，不论从法律角度还是从军事角度来说，这些士兵都完全有义务服从他们军官的命令。这是一个合法的命令，而那些执行命令的人是在履行他们作为军人和公民的义务。

在政治骚动之际，一个军官命令士兵当场逮捕并射杀未经审判的民众领袖，但他并未被证实已犯罪，只是被怀疑有叛国之企图。在这种情况下，（据认为）不但是下令的军官，还有服从命令的士兵无疑都犯下谋杀罪，可能会因此在依正当法律程序定罪之后而被绞死。在这种极端情形之下，士兵所负的义务是，就算冒着违抗上级的危险也要服从王国的法律。

一个军官命令士兵向人群开枪，他认为不用枪就不能将其驱散。实际上，秩序尚可以武力相威胁而得到维持，故他要求开枪是没有必要的。因此，下令开枪本身就不合法，也就是说，上校或其他军官下达命令时没有法律依据，他本人会被法院判决对每

一条被枪杀的人命负刑事责任。那么，自法律视角而言，士兵负有何种义务？这个问题从未得到彻底解答。对此，法官斯蒂芬先生给出了一个答案，完全可以认为，这是现有权威著作所能提供的最为正确的答案：

> 但我认为，上级命令本身可以在多大程度上证明军人 301
> 或船员对平民的攻击是正当的这个问题，从未被法院充分考虑且明确判定过。或许正基于此，我们会发现，上级军官的命令可以为执行任何命令的下级提供法律依据，因为后者完全可以假定，上级军官下达命令时是有充分理由的。比如，一个军官命令他的士兵向一个骚乱的人群开枪，尽管他们当时似乎并没有做出危险的暴力行为，士兵们还是可以合理地认为，其军官的命令具有充足理由；但是，如果军官命令士兵朝街道上拥挤的人群一齐射击，且当时并无骚乱发生或察觉不到有任何骚乱，那么士兵们就不能假定他们的军官具有任何正当理由。一名士兵在所有情况下都必须服从上级军官这一原则对军纪本身会是灾难性的，因为这将证明列兵依上尉之令射死上校，或依其直接上级之令在战场上叛逃投敌具有正当理由。我认为作出如下假定也是荒谬的，即认为上级命令会成为军人在和平时期屠杀无害平民，或在叛乱中屠杀妇女、小孩等不人道暴行的正当理由。所以，在我看来，一名军人受上级命令的保护，其唯一的界限就在于，他可以合乎情理地认为军官下令时

> 302 具有充足理由。军人受军法和普通法的双重管辖，而这两种管辖权不可能不互相抵触，这一麻烦是维护法律至上和维护军纪之双重需要所必然导致的结果。[①]

对于军人因此麻烦而陷入的困境，国王可以通过赦免的方式使不公正的有罪判决无效，进而让它在很大程度上得到摆脱。[②] 如果一个军人所服从的命令，任何具有常识的人都诚恳地相信它不至于违法，那么这位军人服从该上级命令不会有多大的风险，尽管如此，他的军事行为绝不会免受普通法院的调查，该行为如果在一般人看来已构成犯罪，他也不能以服从上级命令为由而免于承担责任。[③]

（军人作为军队成员的地位）

303 军人作为军队成员的地位。公民一旦参军就成为“一个受军

---

① 斯蒂芬,《英国刑法史》，第 1 卷，第 205、206 页。比较威尔斯法官（Willes. J.）在“基思利诉贝尔案”（*Keighly v. Bell*）（《福斯特与芬利森英格兰初审法院判例汇编》第 4 卷第 763 页起）中的言论。亦可参见本书附录六“军人奉命解散非法集会时所负之义务”中所引鲍文（Bowen）勋爵的观点。

② 正如英国总检察长有权代表国王在法庭上正式提出撤销告诉。参见斯蒂芬,《英国刑法史》，第 1 卷，第 496 页；阿奇博尔德（Archbold),《刑事案件辩护》（*Pleading in Criminal Cases*），第 22 版，第 125 页。

③ “比龙诉登曼案”（*Buron v. Denman*）（《英国财税法庭判例汇编》第 2 卷第 167 页起）时常被人引用，以证明服从国王令可以作为军官违法后的法律抗辩理由，但是，该案的判决无论如何也不支持这一错误推导的原则。“比龙诉登曼案”的判决只是证明，英国陆军或海军军官为执行国王令在国外对外国人所做的行为，可能是战争行为，但绝不可能构成违法行为，因而不能在英国法院对该军官提起诉讼。比较“费瑟诉女王案”（*Feather v. The Queen*），载《贝斯特和史密斯英国王座法庭判例汇编》（*B. & S.*），第 6 卷，第 257 页起，第 295 页，该案经法庭全体同意。

法管制的人”，负有特定义务。因此，某些行为如侮辱或殴打军官，如果由平民做出，可能根本就不违法或者只构成轻罪，但如果是由军人做出，就构成严重犯罪并受到严惩。而且，军人的违法行为可由军事法庭来审判和惩罚。因此，军人身份使得军人与平民的处境完全不同；他没有平民那样的自由，除了负有作为普通公民应负有的义务之外，还要承担军事法所施加的所有责任；尽管如此，我们却不能由此认为，倘就军人自身的地位而言，普通法律的统治至少在和平时期不及于军队。

其实，关于这一问题的处理有一个一般原则，即法院享有管辖权以判定谁须服从于军法，以及某个被称为依据军法而做出的行动是否真正符合普通法律的要求。普通法律者，统治全军之规则也。

由此一原则，而自然产生四个结论（除了其他结论之外）。

其一，只有普通法院能判定[①]某人是不是“一个受军法管制的人”。[②]

其二，应征入伍即订立合同，[③]据此应征者须受军法管制。入 304
伍是一种民事程序，因而普通法院有时须调查一个人的入伍程序

① 参见“乌尔夫·托恩案”，载《豪威尔国家审判》，第 27 卷，第 614 页起；“道格拉斯案”（*Douglas's Case*），载《王座法庭判例汇编》，第 3 卷，第 825 页起；“弗里诉奥格尔案”（*Fry v. Ogle*），引自《军事法指南》，第七章，第 41 条。

② 参见《陆军法》，第 175—184 条。

③ “军人应征入伍是一种在主权者和军人之间订立的合同，根据通常的法律原则，未经双方同意合同内容不得变更。其结果是：法律中规定的条件，据此某人得以入伍者，非经本人同意不得变更。”引自《军事法指南》，第 10 章，第 18 条。

是否正当，或者调查他是否有资格退伍。[1]

其三，如果军事法庭超越其管辖权，或者一个军官的行为——不论其是否作为军事法庭的法官行动——没有法律依据，那么该军事法庭或者该军官的行为须接受普通法院的监督。“法院监督军事法庭或军官的行为所适用的程序既可是刑事的亦可是民事的。若是刑事程序，则采取大陪审团起诉书的形式来起诉，所控告的行为包括殴打、非法监禁、非预谋杀人，甚至是谋杀行为。而民事程序既可以是预防性的，即阻止侵害行为的发生或者继续存在，也可以是救济性的，即为已经遭受的损害提供救济。宽泛地讲，针对军事法庭，法院一般通过禁止令或调卷令来行使民政事务管辖权；针对军官个人，则通过损害赔偿诉讼来行使管辖权。人身保护令的签发，可以针对任何军官、监狱长或

374 305 其他人——只要受其监禁的人声称他们以军法为借口将其错误监禁。”[2]

其四，常备军自身之存在和军纪，至少在和平时期，取决

① 参见《军事法》第 96 条，该条专门规定了有关未满二十一岁的学徒在应征之后送还师傅的问题。但至少根据现行法律，几乎不可能请求法院判断某人被留在军中服役是否合法的问题。参见《军事法》第 100 条第 2、3 款。但在过去，每当某人被不当强征服役，法院经常加以干预。参见克洛德，《国王的武装力量》，第 2 卷，第 8、587 页。

亦可请求普通法院判定一个受军法管制的人是否有权辞去军职，参见 1892 年的“赫森诉丘吉尔案”（*Hearson v. Churchill*），载《王座法庭判例汇编》（《衡平法院上诉案例集》），第 2 卷，第 144 页起。

② 《军事法指南》，第 8 章，第 8 条。但需注意的是，法院不会处理基于军籍和军规所生的权利问题，至少一般情况下是如此。

于议会通过被称为年度《军纪法》[①]（严格而言是《（年度）陆军法》）的法律。倘若该法不发生效力，军人则不受军法约束。这样，擅离军职至多不过是违约，殴打军官也只构成一般意义上的侵权。

三、本土国防自卫队

关于本土国防自卫队。这种武装力量在许多方面都相当于民兵组织和志愿军。自卫队靠自愿应募才能组织起来，事实上一如后来的民兵组织。不能强迫自卫队到联合王国的领土外服役。从性质上讲，自卫队是一支绝不可能用以推翻议会政府的队伍，这点与民兵组织极为相似。但是，即便对于本土国防自卫队，人们也会保持警惕，以确保它遵从法治。该地方武装的成员一般而言，只有在训练时或被收编后才受制于军事法。[②] 所谓收编，其实就是 306
把本土国防自卫队转变为一支义勇军，尽管是一支不能派到国外服役的军队。

① 实际情况是这样：常备军之军纪取决于《1881年陆军法》（维多利亚第44和45年第58章），根据其中第2条之规定，该法只能在年度议会法规定的期间内继续有效，这一议会法每年通过一次，称为《（年度）陆军法》。这一法案使常备军得以继续存在，并使《陆军法》得以继续有效。因此，严格说来，常备军自身之存在和军纪之有无取决于《（年度）陆军法》的通过。

② 尽管本土国防自卫队通常不受制于军法，但至少在一种情况之下，即该自卫队成员不应命入编，此人就可能受到军事法庭的审判。参见《1907年本土国防自卫队和预备役部队法》第20条；关于军事法庭和简易裁判庭的共同管辖权情形，参见该法第24、25条。

但是，收编非至国家濒临危险或者处于极度紧急情况不可，或者除非情况紧急，非至议会有机会就本土国防自卫队之收编作出呈文不可。关于这一问题的法律产生一个总的效果，那就是，至少当议会存在的时候，除非迫切需要，否则未经议会批准不得收编本土国防自卫队；[①] 此外，自卫队被收编之后，其成员的军纪之维持问题，有赖于《陆军法》和《（年度）陆军法》的继续有效。[②]

① 比较《1907年本土国防自卫队和预备役部队法》第7条，《1882年预备役部队法》第12、13条，《1882年民兵组织法》第18条；并参见本书第291页注释4。

② 受军法约束的人和国教会神职人员这二者的情况相似，给人启发。

首先，国教会中的神职人员，就像国家军队中的军人一样，负有其他英国人不必负有的义务，须服从其他英国人不必服从的法院。神职人员虽然享有本阶层所独有的特权，但也要受到许多限制，不能不受王国法律的约束，这点和军人无异。同一件事情，若俗人所为即构成犯罪或违法，则对神职人员而言也构成犯罪或违法，无论哪种情况，都由普通法院来审理。

其次，因为普通法法院（Common Law Courts）有权确定军事法院管辖权的界限，所以实际上教会法院管辖权的边界也由普通法法院来划定（当然须遵守议会法）。

307 再次，最初让神职人员和俗人受到同样法律约束所遇到的困难，至少与确立民力（civil power，指非教界、非职业军警的力量。——译者）在所有有关军队的事务上的至上性一样大。但对于其中的每一种困难，在英国比其他一些国家都得到更早也更彻底的解决。我们似乎可以合理地推断，法律之所以赢得胜利，是因为王在议会具有世所公认的至上地位，至于王在议会至上本身的原因，则在于与上下两院联合行动的国王，很显然代表着国家，因而能够运用整个国家的道德权威。

第十章　岁入[①] 308

（岁入）

前一章在讨论军队问题时，我仅仅是想指出国家军队和王国法律之间的关系受到何种原则的调整；同样，本章在探讨岁入问题时，我也不打算对国民收入的筹措、征收和支出诸内容作哪怕是概括性的论述，而只是想证明，岁入的征收和支出以及与之相关的所有事情，均受严格的法律规则所支配。本章将关注三个问题：国家财政收入的来源；国家财政支出的根据；正当财政拨款的保障，即严格按法律规定的方式使用岁入的保障。

一、来源

关于国家财政收入的来源。布莱克斯通和其他权威专家曾指出，国家岁入由两部分组成：一是王室的世袭或“日常”收入；

---

① 参见斯蒂芬，《新英国法释义》，第2卷，第4篇，第7章；赫恩，《英国政府》，第2版，第13章，第351—388页；梅，《议会惯例》，第21章；另见《1866年国库与审计署法》（维多利亚第29和30年第39章）以及维多利亚第1和2年第2章，第2条。

309 二是议会通过征税而产生的“特别”收入。从历史上看，这种区分是很有趣的。但就当前目的而言，我们完全不必为第一类收入而犯难，因为源于王室土地和海军特权之类的王室世袭收入只占国家岁入中的微小部分，每年总共不过50万英镑，而且如今它们并非专属于王室，因为在当今国王统治之初，[①] 正如在威廉四世统治初期和维多利亚统治时期那样，世袭收入就被一笔固定的“王室年费”[②] 或每年付以维护王室尊严的经费所取代了。这样，所有的世袭收入现在都要解缴国库，而成为国民收入的一部分。因此，我们可以把世袭收入置之脑后，而仅仅关注“特别”收入——这是一个非常奇怪的称谓，其实这部分才是日常的或议会的国民收入。

常态下，一年的全部财政收入总计约1.44亿英镑，[③] 而且全部是依法课征的税收（如果我们忽略少量的王室世袭收入的话）。因此，国民收入完全取决于法律尤其是制定法；它是议会法的产物。

310 如今已无法想象，税款竟可不通过议会法而征收。不过可以想见，我们中间有许多人对于征税和议会开会的确切关系，持有许多混乱的看法。人们言谈之间，仿佛议会一日不开，税款即一日不能合法征收，因此国库既有充实之需要，议会必得以召开。

① 《1901年王室年费法》，爱德华七世第1年第4章。

② 关于王室年费，参见梅（May），《宪法史》（*Constitutional Hist.*），第1卷，第4章。

③ 财政大臣在1907年4月18日发表的财政预算演说词（载《汉萨德英国议会议事录》第4辑，第172卷，第1180栏）中称，财政署于1906—1907年实收税收1.44814亿英镑。关于后来的税负和税率问题，参见《法律与公共舆论》，第2版，序言，第84—87页。

此种见解，若稽之历史，也并非不实，如在查理一世统治时期，没有议会的频繁干预，国王连必需品都不能依法获得。但是，现如今若仍以为议会不开会即不能合法征税，那就没有根据了。即便议会根本没有召开，也有数以百万计的税款进入国库。这是因为，尽管所有的税收都得依照议会法征取，但绝不是说，现在所有的征税法案都需要年年通过或者临时制定。

依法征税可以通过两种不同的法律来进行：一是长期法；二是年度法。

在1906—1907年度，以长期法所征的税款至少占全年税收的3/4。土地税[①]、货物税[②]和印花税[③]即属此类，到目前为止，它们是国家税收的大头。即便数年不召集议会，这些税也要一直缴纳。举一个众所周知的例子：即使到1910年都不召集议会，依照法律，311
我们所有人都必须购买印花税（贴邮票）之后才能邮寄信件。

其他以年度法征取的税收，尤其是所得税，构成了国民收入的剩余部分。[④]如果碰巧议会在一年之内没有召开，那么任何人都没有法律义务缴纳所得税。

这一区别，即以长期法所征税收和以临时法所征税收，值得注意，不过最需要牢记的是，所有的税都只能根据制定法来课征；

① 乔治三世第38年第5章。

② 参见斯蒂芬，《新英国法释义》，第2卷，第552、553页（“the excise”，既指货物税，也指消费税、营业税或财产转让税等，现在该词的含义可扩大到包括除所得税以外的任何国内财政税。——译者）。

③ 《1891年印花税法》，维多利亚第54和55年第39章。

④ 根据年度议会法课征的税收只有两种：一种是茶叶关税，1906年会计年度（截止1907年3月31日）总值达5 888 288英镑；另一种是所得税，同年总值达31 891 949英镑。这样，议会当年批准的年税收总额为37 780 237英镑。

而且，若不能向法官证明所征之税合乎议会法，则纵然只有一先令，也不得强迫任何人缴纳。

二、支出之根据

关于财政支出的根据。曾经有段时间，税收收入的确是议会两院给予王室的赠款或礼物。当初拨给查理一世或詹姆斯一世的那些赠款是真正给予国王的钱。作为一项道德义务，这些钱就像世袭收入一样，国王必须用以支付政府开销；议会对国王的赠款，如俗话说，绝不能成为“落入国王私囊的钱”。但事实上，国王

312 及其大臣能够自主支配这些款项。英国宪法的一个独特之处在于，作为当时社会状况的产物的那种中世纪观念，即国王财产几乎与国家收入相等同，在社会状况发生变化之后，却依然在英国宪法中残存下来；在乔治三世时期，法官薪俸一类的公共开支，由王室年费来负担，这样就与国王的私人开支相混同了。但是，现今情况有所不同，所有财政收入都被视为公共收入，而非国王的财产；对此，有两个问题需要特别说明。

第一，国家岁入悉数存入英格兰银行[①]的“国王陛下的国库账户”[②]，主要由国内税务局负责执行。税务局只是一个收税机构，税

---

① 或存入爱尔兰银行。参见《1866年国库与审计署法》，维多利亚第29和30年第39章，第10条。

② 同上；及《公共收支的管理与审计》，第7、8页。但最近几年推行了一种援助拨款（appropriations in aid）制度，在这种制度下，有若干款项此前被视为额外收入而纳入国库的，现在不再纳入国库，由收取该款项的机关截留使用，同时议会减少相应拨款。

款每天都存入这个大金库，每天又都会从中取出，然后存到英格兰银行。据我所知，具体程序是这样的：税务局每天会收到大量税款；时至午后，则有两位办事员从银行乘出租马车到达那里，和税务局的专门职员一起仔细亲点当天账目；待至每一项都查验完毕且准确无误之后，他们方才离开；最后，他们带上当天所收 313
全部款项，乘车到英格兰银行把钱存下。

第二，若无某议会法之授权，岁入无一便士可合法支出。

这种授权，既可由长期法作出，如《王室年费法》（维多利亚第1和2年第2章）和《1887年国债和地方公债法》，也可由《拨款法》作出——这是一部年度法，议会以此给某些对象“拨付一笔款项”或规定可支付额（主要是用以供养陆军和海军），这些款项和国债支付款一样，不能由议会长期法来提供。

概括而言，整个事情是这样的。

首先，国家在正常年份[①]通过各种税取得的收入，悉数存于英格兰银行，每年总计近1.44亿英镑。这1.44亿英镑构成国家税收或者“统一基金”。

其次，统一基金中每一便士的支出，都要有议会法的根据，否则就是违法。多数情况下，支付权限由长期法授予；因而根据《1887年国债与地方公债法》之规定，国债利息应全部从统一基金中支付。其他情况下，支付权限的授予或者支付令的下达由年度法即《拨款法》作出，这部法律规定了应当如何使用议会所批准的款项（即尚未由长期法拨付的款项）。不论哪种情况，有一点须 314

① 参见本书第309页注释3。

谨记：即国家税收的支出，须有法律的授权，也就是应根据某议会专门法的指令来进行。

至于议会每年投票拨款的具体方法，议会惯例方面的著作已有详论，[①] 此处不赘述。但需要注意的是，任何一项支出（如支付海陆军工资），如果没有得到某长期法的指令或批准，最后都要由当年的《拨款法》批准，或者在《拨款法》通过之前出于方便考虑，由专门法批准，并在其中明确列举出来。总之，税收的征收与支出，都完全只能依议会立法进行。

三、正当支出的保障

关于正当财政拨款的保障，有人可能会问：如何确保政府根据议会意图来花纳税人的钱？

答案是：完备的管理与审计制度足以确保。在这一制度下，未经某些人（据说完全独立于内阁）的授权或批准，政府一便士的公共资金也不能获得——这些人负责监管国库，保证从中支出
315 的每一笔钱都有法律依据。也就是这批官员，最终会知道依法拨付的款项事实上如何使用，若发现有支出项不合法，或有不合法之嫌疑，都必须向议会报告。

这种议会管理制度的核心人物是总审计长。[②]

总审计长是高级官员，完全独立于内阁，但不能参与政治，

---

① 尤其参见梅，《议会惯例》，第 21 章。

② 《公共收支的管理与审计》，1885 年。

因为他既非下议员，也非上议员。他和下属即副审计长一样，由英王以加盖国玺的文件任命，若品行端正即可终身任职，而且只有经两院共同弹劾方能解职。[①]他是国库与审计署的负责人，一人身兼两职，既是公共资金的监察官，又是公共账目的审计官，这两个职务以前分属不同官员。这就要求他履行两种不同的职责，对此，读者应谨记并仔细区分。

作为监察官，总审计长的职责是在下属的协助下，确保所有国家税收（如上所述一概存于英格兰银行的国库账户）的付出都有法律依据，即遵照某议会法的具体规定。

总审计长之所以能做到这点，是因为财政部（从银行提取公共 316
资金的唯一机构）每当需要为公用事业提款的时候，都要向总审计长提出正式申请，请求批准从银行支出确定数额的公共资金。[②]

正如前述，若是为了严格所谓“统一基金业务”，如偿付公债利息，财政部的支出就必须有某长期法的授权；若是为了严格所谓“给养业务”，如支付陆海军开支，财政部就须得到年度《拨款法》的授权。

不论哪种情况，在审签必要的支票之前，总审计长须确信自己是根据法律规定而签署的。同时，他也必须确信，从银行提取公共资金所需的法律手续均已全部办妥。总审计长除非有这两样确信，否则不应审签所申请的支票，事实上也不会审签；财政部除非获得该支票，否则无法从银行提取所申请的款项。

① 《1866年国库与审计署法》，维多利亚第29和30年第39章，第3条。
② 《公共收支的管理与审计》，1885年，第61—64页，表8—12。

在许多读者看来，获得总审计长的审签，似乎只是一种例行公
317 事；我们可以认为，多数情况下也的确如此。但是，正因为要履行
这道手续，才使得一个不能从违法中获益的人有机会去阻止政府违
法，防止它在支取公共资金的时候做出哪怕极轻微的违规行为。

但很奇怪的是，监察官限制政府支出的权力曾在较为现代的
时期达到极致。1811 年，正值英法大战中，英王精神错乱，《摄
政法案》未获通过，政府急需 100 万英镑海军军费。格伦维尔勋
爵，时任国库审计长——大致相当于现在的总审计长一职，拒绝
作出必要的审签，于是这 100 万英镑的资金，尽管已获议会批准，
仍然无法从银行提取出来。勋爵的拒签理由是，未见国玺或王玺
授权，而所以未获王玺之授权，是因为国王患病不能附上亲笔签
名，于是掌玺人员称，他们觉得既然未附上国王的亲笔签名，便
不能擅自签署用印以完备支付令所需之手续，否则就是违背誓言。
实际情况举世皆知。这笔资金当时已获议会批准，支付令签发中
的不合规也只是个技术问题，然而，法律官们（本身是政府官员）
却提出意见说，格伦维尔勋爵和掌玺人员持之有理。这道手续之
318 不便，以及如现代读者所认为的之不合理，虽体现了法律的严谨，
但很可能掩盖了一系列的政治小动作。倘若格兰维尔勋爵及其支
持者没有急切地想要政府向议会施加压力，迫使后者通过《摄政
法案》，管理国库的官员们或许早已解决这一看似不可克服的技术
性困难，这就不能不让人怀疑，格兰维尔勋爵之表现，不似国库
审计长而似一个党魁之所为。尽管如此，1811 年的辩论[①]的确表

① 参见科贝特的《议会辩论》（*Cobbett's Parl. Debates*），序言第 18 页，第 678、734、787 页。

明，只要总审计长愿意，关于公共资金的任何不合规行为，他都可以立即阻止。

作为审计官，总审计长的职责是审查所有的公共账目，[①]向议会提交上一年的年度审计报告。在每次下院开会之初，总审计长会把依《拨款法》而支出的账目提交给用以审核账目的专门委员会，即下院国家开支账目委员会，并说明议会为应付公共支出而批准的拨款总额。这种审核不是走走形式或做官样文章；看一眼委员会报告即可发现，对于微小开支，哪怕只是一两镑的钱，只要稍有违规之嫌，委员会都会盯住不放而细加审查。审查结果会 319
写入报告并提交议会。

这个管理和审计制度所产生的总体效果是，我国具有很精确的国民开支账目，非其他国家的公共账目可比拟；国家收入中每一便士的支出，都要经过某议会法的批准，并遵照法律的具体规定。[②]

---

① 他审计账目时，要调查公共资金的用途是否合法，对于任何支出，只要合法性有问题，都要在报告中提请议会注意。

② 据权威论述，国民开支的管理和审计制度具有如下主要特征：

“所征税收须尽数缴入国库。

从国库中支出款项须事先获得议会批准，总数不得超过所批准之限额。

国库支出时的审签与账目审计，由总审计长负责。总审计长独立审计，向下院负责，唯有经上下两院之共同表决方能解职。

只有本年度的实际支出才能票决冲抵。

每一项收支款项都必须准确无误。

下列款项须归入国库：当年批准而未用完的所有余款；所有额外收入；用以投票的补助拨款盈余；

每年的账目最后都要接受下院国家开支账目委员会的审核，任何超出议会所批准额的支出，不论何种用途，均须立法许可。”

——《公共收支的管理与审计》，1885 年，第 24、25 页。

对此，外国评论家可能会问：总审计长享有如此权力，如何与公共事务之有序开展相协调？简言之，如何保证 1811 年出现的难题不再经常出现？

320 笼统的回答自然是，英国的高级官员，尤其是不涉政治的官员，不愿或无意于阻碍公共事业之发展；需注意的是，1811 年的国库审计长是一位贵族政治家。更严格的回答是，为防止某一任性的或搞派系斗争的审计长无理拒绝签发公共资金支付令，法律上有两种办法。其一，根据上下两院之呈文，审计长可被解职；其二，也有人提出，高等法院可以签发执行职务令[①]，以强迫审计长严格履行职责。这一建议是由一位出色的法学家提出来的，可行与否尚未验证，可能也不会得到验证。但不管怎样，为获得已由议会批准的资金，行政机关可能不得不求助于法院，这种可能性本身就不同寻常地证明，财政支出受到法律的严密监管，或者说，它高度依赖于法官对议会法含义的解释。

① 参见鲍耶（Bowyer），《宪法释义》（*Commentaries on Constitutional Law*），第 210 页；赫恩，《英国政府》，第 2 版，第 375 页。

第十一章　大臣责任 321

（**大臣责任**）

大臣责任意指两种完全不同的事物。*

就通常用法而言，大臣责任是指大臣们向议会负责，或者说，如果大臣们不能保有下院对他们的信任，他们就会承担失去职位的责任。

这种情况由宪法惯例调整，法律并未直接涉及。

严格而言，大臣责任是指，每位大臣都必须对他所参与的每个国王行为负法律责任。

这种责任作为一个法律问题，它的根据是：尽管在英国法中，一如在多数外国宪法中，找不到这样的明确表述，即君主的行为必须始终通过某位大臣来做出，而且君主的所有命令，当以书面发布时，一般都由某大臣副署；但事实上，这一规则是存在的。

为了让国王的某一行为被承认是他自己意志的表示，因而得以发生法律效力，这一行为通常都必须由为之负责的某个或某些
大臣同意。因为国王意志一般都以如下三种方式来表示：一是枢 322

---

* 这两种责任后来在学理上分别被概括为“集体责任制”和“个人责任制”。——译者

密院令；二是国王亲笔签名的命令、委任状或授权书；三是盖有国玺的公告、令状、特许状、许可证或其他公文。

枢密院令由国王“根据枢密院的建议”发布；所有出席枢密院会议的成员，都为该命令的作出负有责任。国王亲笔签名的授权书或附有签名的其他公文，一般都由一个或数个大臣副署并为之负责；尽管经常是通过某一印章而生效，此时加盖此印章的政府主管大臣就必须为之负责。至于盖有国玺的文件，掌玺大臣要承担责任，甚至可能还有其他人与掌玺大臣一样，要为盖章行为负责。其结果是，国王的任何行为，只要产生了某种法律效力，如授予权利、发布命令或签订条约，必须至少有一位——通常是数位——大臣参与并为之负责。①

以这些方式参与国王意志表达的国王大臣或者公职人员，在法律上就要为他所参与的行为负责，而且他不能以服从国王命令
323 为由请求免责。现假设国王的行为是非法的，参与其中的大臣可能立即被起诉，接受刑事或民事审判。诚然，有时追究大臣的违法行为，在法律上只能采取弹劾的方式。但弹劾本身是一种常规的却不常见的手段，由一个被认可的法庭即上院上诉法庭适用的法律程序。弹劾程序至迟在 1805 年才用过一次，现在可能被认为已废弃不用，但这种实施大臣责任制的方式已基本过时的原因，

① 关于这一主题的完整论述，读者应参阅安森所著《英宪中的法律与惯例》，第 2 卷，国王篇，第 3 版，第 1 章附录，第 50—59 页。据我所知，有关国王意愿的表达形式，以及这些形式之于大臣法律责任之承担所具有的效力，安森给出了迄今最好的和最全面的解释。另见克洛德，《国王的武装力量》，第 2 卷，第 320、321 页；“比龙诉登曼案”，载《英国财税法院判例汇编》，第 2 卷第 167 页起，第 189 页；《1884 年国玺法》，维多利亚第 47 和 48 年，第 30 章。

部分在于如今大臣的处境有所不同，他们很少有机会犯一种需要弹劾才能补救的罪行，甚至都没有这方面的诱因；部分在于弹劾所要达到的目的，现在很多时候能够通过普通诉讼程序而更好地实现。但不管怎样，如下这点不容忽视：国王只能通过大臣来行动，而且只能按规定的方式，即在某位大臣如政府大臣或御前大臣的配合下行动，因而这位大臣必须对他所参与行为的合法性承担道德上和法律上的双重责任，现在这条规则已牢固确立起来。因此可推断说，王国所有公职人员的行为，因而其实也包括国王自身的行为，都受治于至高无上的王国法律。议会责任背后是法律责任，即是说，各大臣的行为，同样，其下属官员的行为，都必须遵守法治。

324 第十二章　法治与行政法的比较[①]

（引言）

在许多欧陆国家，尤其是法国，存在一个行政法制度[②]——法

---

① 关于行政法，请参见：奥科（Aucoc），《行政及行政法讲演录》（*Conferences sur ladministration et te droit administratif*），第3版；贝泰勒米（Berthélemy），《行政法简论》（*Traite Élémentaire de Droit Administratif*），第5版，1908；夏东（Chardon），《法国行政机关及公职人员》（*L'Administration de la France, Les Fonctionnaires*），1908年；狄骥，《宪法学教程》，1907年；狄骥，《宪法论》，1907年；狄骥，《论国家、执政者及其官员》（*L'État, les gouvernants et les agents*），1903年；艾斯曼（Esmein），《宪法原理》（*Elements de Droit Constitutionnel*），1896年；奥里乌（Hauriou），《行政法概论》（*Precis de Droit dministratif*）；雅克朗（Jacquelin），《行政管辖权》（*La Juridiction Administrative*），1899年；热兹（Jèze），《行政法基本原则》（*Les Principes Généraux du Droit Administratif*），1904年；拉菲利埃（Laferriere），《论行政司法》（*Traité de la Juridiction Administrative*），第2卷，第2版，1896年；泰西耶（Teissier），《公共权力的责任》（*La Responsabilité de la Puissance Publique*），1906年。

本章中，我不打算全面讲解行政法。我的目的是对行政法的根本原则与现代英国法治思想的冲突问题进行探讨，尤其是要指出，行政法何以从过去到现在一直给予国家公职人员特殊保护或赋予其特权。但是，我不得不对这一重要法律制度的其他问题有所论述，也不得不讨论最初以旧制度下的君主特权为基础的法国行政法，在近年来是如何通过法国法学家的创造性转化而差不多被“司法化”——如果是这样的话，我便可用它来翻译法语“juridictionnaliser”一词——并构成全国法律之一部分的。

② 行政法一词各国称谓不一，如德国称“Verwaltungsrecht”。较之于德国行政法——参见奥拓·迈耶（Otto Mayer），《德国行政法》（*Le Droit Administratif*

国人通称为“droit administrative”——这种制度所依据的思想，与 325
我国普通法的基本前提，尤其是我们所说的法治格格不入。这一对照，在外国给予国家公职人员或英国所谓国王公职人员以保护中，就特别明显，这些人虽然是奉上级命令行事或善意地执行公务，但做出了就其本身而言是错误的或非法的行为。这种保护的程度在法国（我们主要关注的国家）因时而异。过去几乎是全面保护，但现在较 36 年前范围要小得多。[①] 这虽然只是法国整个行政法体系中的一部分，但它正是我想要在本章中专门提示学生注意的那部分。不过我必须向他们强调的是，整个行政法制度都值得研究，它一直受到欧陆大多数国家的模仿。把它与英国法对比，能够充分阐明王国普通法律的绝对至上性——外国评论家可能会说那是极端的守法主义——我们发现这是英国制度的一个突出特征。通过类比而非对比，它还能阐明英国宪法史上某些阶段的情

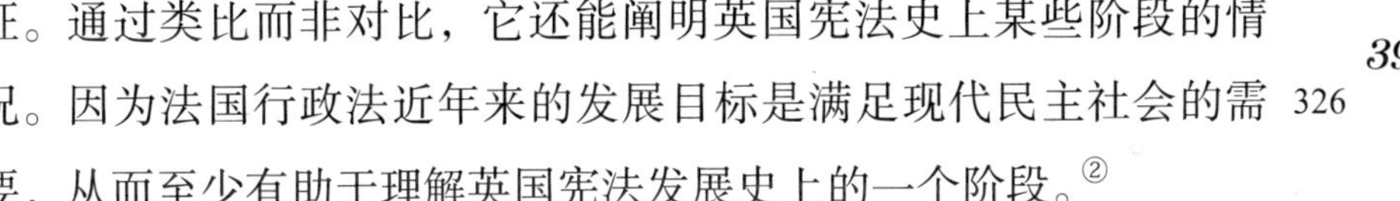

况。因为法国行政法近年来的发展目标是满足现代民主社会的需 326
要，从而至少有助于理解英国宪法发展史上的一个阶段。[②]

本章的主题有两个：一个是法国行政法——特别是其中我们主要关注的那些内容——的性质与历史发展；另一个是在英国法治与法国行政法之间的比较。

Allemand)，第 1 卷（法文译本），第 293 页。——法国行政法更接近英国人理解的法治。在这里一如在别处，所比较的是英法两国的相同和相异。法国军事上的历史荣耀掩盖了一个重要事实，即在欧洲诸大国中，唯有法国和英国不断努力地维护民力的至上性，以防任何阶级公然反对国民的正当主权，尽管两国之努力并非同样成功。

① 或者与整个德意志帝国时期相比仍然如此。参见狄骥，《论国家、执政者及其官员》，第 624 页注释 1。

② 参见本书第 371—378 页。

一、法国行政法

法语中的“droit administrative”，英文中没有恰当的法律词汇与之对应。本来“administrative law”一词是最自然的译文，但它却不为英国法官和律师所知，若无进一步解释，本身是难以理解的。

对于“droit administrative”这一短语，英文中没有任何恰当的对应词，意义非同小可；名称的缺乏说本质上是源于我们对事物本身的不认可。在英国，以及在美国这样的源自英国文明的国家，行政法制度及其所依据的原理其实是不为人所知的。自托克维尔开始，考察美国民主制的特征的那一刻起，他就发现美利坚共和国中，没有任何与法国行政法相对应的制度。1831 年，托克维尔写信给一名经验丰富的法国法官（基层司法官）德·布罗斯维尔

327（De Blosseville）先生，询问他法美两国制度之间在这个问题上为何具有这样的差别，而且请他对支配法国行政法的一般观念作出权威性解释。[①] 托克维尔自己承认，他之所以发问是因为他自己不了解法国法学中的这一特别分支，[②] 而且他还明确提示，这种无知

---

① 托克维尔的文字优美，与此处主题也颇为贴近，值得一引：“我向您承认，法国人对美国法律的这些特点几乎一无所知。在我国，行政法和民法是两个相互分离的体系，两者在今天的关系并不十分和谐，但它们既非朋友也非敌人，只是完整地区别开来，我对其中的一个有过完整的体验，对另一个却知之甚少。我希望在该问题上获取一种统一性的理念，但目前却力不能及，此时，除了向您请教外我已别无他法了。”——《托克维尔全集》，第 7 卷，第 67、68 页。

② 这种知识的贫乏即便不是无可非议的，也是可以解释的。在 1831 年，托克维尔是一个不超过 26 岁的年轻人。当时，为满足法律执业者需求，已有人撰写关于行政法的著作。但是，大量有趣的宪法学著作，就像现在拉菲利埃、奥里乌、狄骥、热兹（Jéze）或贝泰勒米那样，既阐述理论又对法国法中最为特别部门的历史予以追溯的著作，那时尚不存在。

在法国法学家中并非个例。

当我们得知，法学家中天才如托克维尔者，尚需请教行政法背后的“一般观念”，我们就完全可以断定，即便在法国法学家的眼中，这一主题也具有特殊的性质，而且也不必惊讶，英国人感到难以理解这些规则的性质——即公认与英国制度的精神和传统相异的规则，但是，法国现今的行政法（19 世纪绝大部分时间里的行政法更是如此）与现代英国已牢固确立的王国法律面前人人 328
平等的观念形成对照，正是这种对照大体上都值得研究，当然不是指其中的细节，而是指托克维尔所谓的法国行政法的一般观念。我们的目的可以概括为：一是理解行政法的一般特征，以及整个法国行政法体系所依据的原则；二是指出该体系所具有的显著特征；三是弄明白这一点，即一个行政法体系的存在，何以就让法国每一个政府职员的法律地位都与英国国家公职人员的法律地位不相同，并且事实上确立了一种与英国人所认为的王国普通法律应有的至上性根本不相符的情形。

（一）行政法的性质

“Droit administratif” 或者 “administrative law”，依照法国专家的笼统定义，是指“调整行政机构之间或行政机构与普通公民之间关系的规则的总和”。[①] 而奥科在他论行政法的著作中，用非常通俗的语言描述了他的主题：“行政法所界定的是：其一，社会

① 起支配作用的规范作为一个整体，通常被我们定义为：行政部分（或行政权力机关）以及“公民”（citoyens）——奥科，《行政法》，第 1 卷，第 6 节。

329 中各机构的组织及各机构之间的相互关系，这些机构负有认真维护作为公共行政客体的社会利益（intérêts collectifs）的职责，而社会中各机构的含义是指，它们是社会的不同代表，而国家是其中最为重要的代表；其二，行政机构与国家公民之间的关系。”①

这些定义不够精确，但这种含糊性也并非毫无意义。然而，如果说英国人可以大胆地从外国著作中推论出行政法的含义，那么就当前目的而言，我们可以这样恰当地描述法国法中的行政法：它界定三件事：其一，所有国家公职人员的地位和责任；第二，私人与作为国家代表的公职人员发生关系时所具有的民事权利和义务；第三，这些权利和义务得以行使和履行的程序。

需要特别注意的是，英国学生永远不会理解法国法中的这一分支，除非他认真关注它的历史发展，并仔细观察它在1800年至1908年间，尤其是最近三四十年间所经历的那些变化（几乎等同于变革）。观察后他会发现，法国法中的这一部门所依据的根本思想从未改变，只不过它们在不同时期朝不同方向有着不同程度的发展。所以，除非我们仔细指出，我们拿来比较的英法两国法律正处于何种发展阶段，不然任何试图比较法国行政法与我们英国
330 法治的做法都具有迷惑性。例如，如果我们比较1808年时的英国法和法国法，我们可能会以为（在我看来是错误地）：比如说，关于国家及其公职人员与普通公民发生关系时所具有的地位和特权，

① “我个人更愿意这样来定义行政法：其一，作为公共行政客体的社会利益需要一个群体来对其进行承担维护，行政法界定的就是这一群体的机能，包括这种机能的结构和内部比例关系，亦即群体内不同的个体人格，而国家是这些人格中最为重要的一种。其二，行政法还界定行政权力机关和公民之间的关系。”——同上注。

英法两国的法律可能没有本质区别。只有当我们研究更早的法国行政法，如1800年至1805年间的，或者从1830年路易·菲利普即位到1870年法兰西第二帝国崩溃之间的，我们才能准确理解当前英国法治与作为行政法之基础的根本思想之间所具有的本质差别，这不仅是指法国的行政法，还包括任何承认法国这种国家体制或公职人员法体制的国家的行政法。

（二）历史发展

现代法国行政法早在19世纪就已形成，至少是已具备现有的形式，它是一百多年来革命和宪法冲突的产物。[①]行政法的发展可方便地划分为三个时期：一、拿破仑帝国与复辟时期（1800—1830年）；二、奥尔良王朝与第二帝国时期（1830—1870年）；三、第三帝国时期（1870—1908年）。

（拿破仑帝国与复辟时期）

第一个时期：拿破仑帝国与复辟时期（1800—1830年）。

在法国人看来，真正的行政法起源于共和八年（1800年）执政官宪法，它由拿破仑在雾月18日政变之后所创造。但是，不 331
只是历史学家，连法学家[②]也承认，行政法所依据的思想，正如

① 关于行政法的历史，特别要参见拉菲利埃，第1卷，第2版，第一篇，第1—4章，第137—301页。第二共和国（1848—1851年）对法国行政法并没有产生长期性的影响，我把它并入第二个时期。

② “上溯我国历史，自我国正规司法系统形成开始，负责民事和刑事法律执行的司法群体从来就没有在有关公共行政的疑难问题上进行过裁判，在各个时期我们都看不到这样的记录。”——拉菲利埃，第1卷，第139页，并与上注第640页比较。

托克维尔[①]所做的那样，可以恰当地追溯至旧制度。拿破仑政府结构的每个特征都让人想起古代君主制的某些特点；他的国政院（Conseil d’État）恢复了国王参事会（Conseil du Roi），他的省长（Prefects）就是钦派总督（Royal Intendants）的翻版。然而，在这个例子中，公众意见得出的结论是正确的。正是从拿破仑那里，行政法获得了其现代形式。如果拿破仑是旧制度的修复者，那么他也是革命的保护者。无论他从旧法国的传统中借用了什么，他都能使之适应于1800年新法国的新情况。一经拿破仑触及，古代思想即获得新的特征和新的生命。他把君主制的专制传统中最强
332 有力的部分和同样专制的雅各宾主义信条中最强有力的部分融合在一起。这种融合最明显地体现在拿破仑的下列方法中：他的立法和政策，一方面充分表达出旧制度下行政实践所赖以为基的君主特权思想或观念，另一方面加强所有法国人在1800年时所具有的戒备心理，即警惕法院对政府的自由行动进行哪怕极轻微的干预。这种警惕本身，虽在理论上为革命信条所正当化，实则是革命所继承来的君主制的统治术。

① “翻阅行政系统的故纸堆时，我发现行政权力持续不断地干涉司法事务。较之于行政裁判制度，旧制度时期政府内部存在的弊病更加严重，行政法学家们也不断地提醒我们这一点。人们对行政裁判制度既大加抱怨又表示理解。两种心态的区别仅在于，我们认为旧制度首先是被改革，其次才是被模仿。在此之前，我天真地相信所谓行政法官制度乃是拿破仑的创造。实际上，它是一种纯粹的旧制度遗迹，这项制度自身即构成了一项契约，在个人和国家之间，一种明确的义务或合法的占有被规定其中，这成为一项基本原则，尽管大多数现代国家对此还一无所知。同样的道理，旧制度下的总督（intendant）享有不可侵犯的职权，据我所知，我们今天的省长（préfet）也享有类似的地位，甚至还有过之而无不及。”——《托克维尔全集》，第221—222页。

（行政法——两个主要原则）

任何一个人，只要仔细考察法国行政法的性质，或者与此相关的论题，很快就会发现，行政法从根本上说，从过去到现在一直都建立在两个重要的与现代英国人的观念不相容的思想基础之上。

（国家特权）

第一种思想是，政府及其所有职员，作为国民的代表，拥有一整套的特殊权利、特殊利益或特权，以对抗普通公民，而且确定这些权利、特殊利益或特权的范围所依据的原则，不同于确定公民与公民之间的法律权利和义务时所要考虑的因素。根据法国人的观念，一个人与国家打交道时所处的地位，和他与自己的邻居打交道时所处的地位不同。[①]

（权力分立） 333

第二种思想是，维护所谓的“权力分立”是必要的，换言之，防止政府、立法机关和法院之间相互侵蚀是必要的。但是，法国

① “民法规定，个人不能用从自己已经被（企业）剥夺的权利中获取的利益来对企业进行赔偿。同样，行政机关也不能基于已经明显消失的理由来承担赔偿责任。这属于行政司法权的管辖范围。因此，除非有法律明确表示反对，否则我们就可以推知：国家抑或所有公民的集合，以及国库抑或所有纳税人的集合，超越于个别纳税人，对任何一项个别利益都构成抗辩。”——维文（Vivien），《行政研究》（*Études Administratives*），第 1 卷，第 141—142 页。这是一位享有很高权威的法国法学家在 1853 年写的话。其中所包含的特定原则现在已被法国法学家所抛弃。然而，维文的学说虽不再受认可，但它显示出当时法国对个人与国家间的关系所持的普遍看法。维文当时采用这种看法，现在又被人们否定，这表明法国行政法和法国人的观念在过去 55 年来发生了变化。

人用以说明行政机关和法院之间的关系——这里只涉及这两者的关系——的权力分立这个短语，容易引起误解。法国政治家或法律学者口中的“权力分立”，与我们英国人所说的“法官独立”或类似表达具有不同的含义。正如法国的历史、立法和法院判决所揭示的那样，权力分立完全是指坚持如下原则：普通法官不得被免职，从而应当独立于行政机关，同时政府及其公职人员（在执行公务时）应当独立于并在很大程度上免于普通法院的管辖。[①] 梳理有关“权力分立”的整个理论发展史是很古怪的。但很显然，该理论依据的是孟德斯鸠《论法的精神》第十一章第六节的论述，
334 而且可以说是双重误解的产物；孟德斯鸠在这一点上误解了英国宪制的诸项原则与习惯做法，他的学说反过来又被法国大革命的政治家们所夸大和误用（即便不是被误解的话）。政治家们一旦得知法国“高等法院”（parliaments）插手国家事务所带来的不便甚至是严重灾难，并相信这些法院将会反对那些根本而迫切需要的改革（正如它们以前所做的那样），这些政治家的判断就充满偏见。法国的意见领袖不是没有受到传统上某一种欲望的影响，那就是，想要通过限制法院的权威以增加中央政府的权力，在这点上，专制民主主义者的感受和专制国王的感受一样强烈。但是，探讨一个信条在大西洋两岸所经历的不同发展命运，将会极大地偏离当前主题。这里我们只需要注意到，孟德斯鸠的这部分学说对法国及其所有效仿法国的国家施加了非凡的影响，而且如今它在很大程度上仍然构成法兰西共和国的政治法律制度的基础。

① 参见奥科，《行政法》，第 20、24 条。

（特征）

上述两种一般思想加起来，又可推导出法国行政法的四个显著特征。

（1. 国家权利由特殊规则所确定）

第一个特征就是——正如读者马上会意识到的，政府及其公职人员与普通公民之间的关系必须受到大量不同规则的规制，这
些规则实际上就是法律，但与调整普通公民间关系的法律具有重 335
大差异。普通法律与行政法之间的这种区分，自 1800 年以来就在法国得到充分认可，并成为法国公法中不可或缺的部分，正如在任何一个具有真正意义的行政法的国家，它必然构成其公法的组成部分一样。[①]

（2. 对于国家事务和应由行政法院裁决的行政诉讼，普通法院没有管辖权）

第二个特征是，普通法院可解决人与人之间的普通民刑事问题，但一般而言，一定无权过问普通人与国家之间的任何争议问题，即不能过问行政法问题，这些问题，只要已构成行政诉讼（contentieux administratif），就必须交给与政府或行政机关有某种关联的行政法院来裁决。

拿破仑所接受的革命政策或情绪中，没有哪一部分比如下信

① 当然有可能是另一种情况，如在比利时，这个国家有行政法规则，但这些规则只由普通法院实施。

念更让他坚定不移，即绝不允许法官妨碍政府的行动。他以两种不同的方式将这一坚强信念付诸实施。

首先，拿破仑建立或者说重建了两类法院。第一类由“司法”（judicial）法院*构成——或许应该说由“普通法”（common law）法院构成。通常说来，它们履行两种职责。一种是裁决严格
336 意义上的普通公民之间的纠纷，初审法院和上诉法院之类的法院专门负责此事；另一种是审判所有的刑事案件，由诸如刑事法院（Tribunaux Correctionnels）或重罪法院（Cours d’Assises）[①]之类的法院来负责。在所有这些普通法院的最上面，存在一个审监法院（Cour de Cassation），且现在依然存在，它专门负责纠正下级普通法院的法律错误。[②]第二类所谓的法院就是行政法院（过去是，现在也是），如地方官法院（Conseil de Préfecture）[③]和国政院（the Council of State）。这类机构作为一个司法机关（因为它们还履行许多非法律上的义务）来行动时，其职责是裁决行政法问题。这两类法院是相互对立的。一方面，普通法院一般[④]不涉及行政法问题，或者说不审理国家或国家职员的利益存在争议的案件；委托
337 普通法院来裁决一个行政案件，在1800年会被认为是对权力分立

* 在下文中与行政法院对应时，一般译作“普通法院”。——译者

① 重罪法院是法国唯一采用陪审团审理的法院。

② 审监法院并非严格意义上的上诉法院。

③ 英国学生基本上没有必要关心地方官法院。

④ 即便在拿破仑统治时期也有例外情形，而且数量一直在增多，这主要是出于方便计，立法赋权给普通法院，使其裁决一些性质上应归于行政法院管辖的案件，就如同立法偶尔赋权给行政法院，让其审理一些本来归于普通法院管辖的案件。这些例外情形不能归结于任何一个明确的原则，因而就当前目的而言，可不予考虑。

原则的违背——其实现在大多数法国人依然这样看，这种委托会允许下列情况出现，即单单是法官即可对国家或国家职员的利益存在争议的案件进行干预。另一方面，行政法院一般不直接涉及应由普通法院管辖的事务，但是，当我们开始仔细探讨国政院的性质时，我们将会发现，这个在拿破仑时代本身就是政府组成部分的机构，其权力所受到的限制，与施加于普通法院的行动范围的严格限制相比，远没有那么实在。

其次，拿破仑对普通法官表露出体现于革命立法之中的那种蔑视和猜疑心理。1790 年 8 月 16 日至 24 日法[①]就是其中一个违背真正的革命精神的例子。普通法院由此被禁止以任何方式干预立法行为。法律规定，司法职能必须与行政功能分开。法官绝对不能妨碍，或以任何方式干预行政机构的运行，或传唤行政官员出庭，令其解释他们基于行政职责所作出的任何行为，否则要处以剥夺权利（forfeiture）。拿破仑彻底吸收了这些法律的精神。他认为——若干年后，甚至所有与政府有关联的人也都这样认为："法官是国家职员的敌人，完全有理由担心，因为他们的恶意，或者 338
往好了说是鲁莽，他们试图妨害公共利益，或者干预政府的日常事务。"[②]在帝国时代，不管怎样，这种担心肯定没有根据。行政官员没有遇到来自法院的任何抵制。大革命之后，法官表现出无

① 1790 年 8 月 16 日至 24 日法，第二章，第 11—13 条。

② "一种来自政府的偏见已经成为了权威观点，行政部门和大多数行政法学者都受到这种观点的影响，他们认为司法机关天然就是行政机关的敌人。这里始终存在一种恐惧，即司法官试图利用对日常行政行为的审查干预公共事务，这种干预被认为是用心险恶的，至少也是轻率鲁莽的。"——热兹（1904 年版），第 139 页。

底线的谦逊和奴颜婢膝般的恭顺，他们在权力面前战战兢兢且服从傲慢非常的政府命令。[①] 然而，在拿破仑时代，难以看到普通法官——不论其勇气和胆量如何——能够干预政府及其代表的行为。即便到了现在，在关乎国家的事务上，他们一般也没有司法管辖权。比如，在官方文件——如某国务大臣签发给下属或将军签发给下级的信函——出现严重争议时，法官无权裁定它们的含义和法律效力。即便到了现在，在某些情况下，他们依然无权管辖某个普通人与某个政府部门之间的争议问题。在拿破仑时代，[②]
339 如果一个公职人员在履行法定职责时，对普通人做出了违法或犯罪行为，法官未经政府批准，不能受理对该官员提起的刑事或民事诉讼。但是，即便在拿破仑时代，普通法院的无能力也不意味着，一个受到政府代表伤害的人得不到任何救济。他可以向行政法院——事实上就是国政院——申冤并获得救济，或者有犯罪或违法行为被控告时，普通法院在获得政府同意之后也可受理该诉讼。

（3. 管辖权的冲突）

普通法院和行政法院共存，必然产生管辖权问题。比如，甲以乙违约或者我们所称的殴打或错误监禁为由，在某普通法院中向乙索赔，而乙的抗辩事实上是这样：他的行为纯粹是以国家职

① “行政机关表现出难以置信的专横，他们对司法机关的反对意见置若罔闻。而在大革命后，司法机关表现出无底线的谦逊和奴颜婢膝般的恭顺。今天，他们在政府的蛮横命令前只能战战兢兢地选择服从。”——热兹，第 128 页。

② 参见共和八年宪法，第 75 条，本书第 343 页。

员的身份做出的，而且本案引发的是行政法问题，因此只能由行政法院，或者宽泛地说只能由国政院来裁决。简言之，反驳意见无非是：普通法院对本案没有管辖权。这个纠纷如何裁决？英国人自然会认为，这一冲突应由普通法院——也就是普通法官——来解决，因为英国的法官对自身管辖权的界定，是其固有的权力。这个观点，对英国律师和法官而言是很自然的，但却与法国的权力分立观念完全对立，因为这个观点一旦贯彻到底，就必然会使 340
法院侵蚀行政的范围。这与法国法中至今依然有效的一项原则相抵牾，即行政机关行使职能时，绝不受司法机关的任何一种行为的妨碍；[①] 一个回想起有关一般逮捕令[*]案件的英国人，绝不会否认，我们的法官经常干预行政行为。孟德斯鸠学说的价值问题尚可商榷，但如果他的理论是合理的，那么很显然，司法机构对于自身权力的界限问题，就不应该享有最终的发言权。

根据拿破仑立法，裁决这类管辖权问题的权利，理论上保留给国家元首，但实际上由国政院即最高行政法院来行使。在这个问题上，国政院权力的维持过去——现在同样是——有两种方式。如果普通或司法法院中的一个案件明显引发了行政法问题，该法院就有义务把这个问题提交国政院裁决。然而，假设法院越权管辖，或者政府认为其越权管辖，且侵害了行政法院的管辖权，省

① 参见奥科，《行政法》，第 24 条。

* 一般逮捕令（general warrants）：旧时由国务大臣签发的一种逮捕令，不写明被逮捕人的姓名而只指定逮捕对某一行为——如书面诽谤——负责的人，谁应受逮捕则由执行令状的人决定。17 世纪时这种逮捕令非常普遍。1776 年下议院确定其为非法。参见《元照英美法词典》。——译者

长——注意，这是一位纯粹的政府官员——可以提出管辖权冲突异议，即可以采取适当步骤而坚决要求把该管辖权问题提交国政院裁
341 决。可见，法律授予国政院的权力非常之广泛。它有权确定自身权力的界限，实际上也就能够提审普通法院已经受理的案件。①

（4. 对公职人员的保护）

行政法的第四个也是最专制的一个特点是，任何国家职员有过失，尽管是非法的，但只要他的行为是在善意地服从上级命令，且其意图也只是为了执行公务，行政法就倾向于保护②他不受普通法院的监督和控制。

这样的职员从 1800 年到 1872 年享受三重保护。

（国家行为）

第一，他若从事的是国家行为*，则不受任何普通法院或行政法院的管辖。

法国法总是承认一些不明确的行为，即国家行为，因为这些行为涉及大政方针或公共安全事宜，或者涉及外交政策、条约执

① 一直到 1828 年，在民事和刑事案件中都可能提出管辖权冲突异议（élever un conflit）。值得注意的是，为了防止普通法院侵犯行政法院的管辖范围，可以提出管辖权冲突异议，但在拿破仑时代——现在同样是——没有任何法律方法提出管辖权冲突异议，以防止行政法院侵犯普通法院的管辖范围。

② 对公职人员的这种保护可见于法国法的许多法律部门（如《刑法典》第 114 条），严格而言，这些法律不属于行政法范畴，但实际上与整个行政法体系相关联。

* 这里的“国家行为”，作者的用词是“act of State”，但在其后的括号中提供了法文“acte de gouvernement”。——译者

行或对外交往，因而必须由政府不受限制的自由裁量权来处理，342
而且完全不受任何的司法管辖。即使是现在，国家行为的准确定义在法国似乎仍然是一个悬而未决的问题，对此当权者也未完全达成共识。因此，除了法国的法律学者，任何人都不可能确定究竟是什么特性，使得一个原本非法的行为变成一个国家行为，而让任何一个法国法院对这一行为都无权受理。国家行为这一术语很容易用来为专制辩护，近年来，法国的法律学者无疑是倾向于限缩这个模糊术语的含义。但我们可以肯定的是，在拿破仑时代及此后很长一段时期，政府或者它的职员办理任何事务，只要出自善意而且目的是为了增进国家利益或安全，均被视为是国家行为。

（服从命令）

第二，当一个公职人员因妨碍其他公民的个人自由而受到控告，但这一被控告的行为是奉上级命令做出的时候，[①]《法国刑法

① 关于《刑法典》第114条的实际效力，只有法国的刑法学家能够确定无疑地发表意见。但是加松的评论（见加松著《刑法典》，第244—245页）会让英国法律学者认为，一个违法者，只要符合第114条第二款规定的豁免情形，虽然犯下了本该受指控的罪行，但根据刑法第114条或其他条款的规定，就不能因此处罚他；同时还会认为，第114条所保护的公职人员范围非常之广（参见加松，在标题“D”和“E”下的评论，第249—252页；以及“G”部分，第253页，还有第100段的内容，第254页；另见狄骥，《宪法学教程》，第75—77节，尤其是第504、527页；狄骥，《论国家、执政者及其官员》，第615—634页）。

对一个英国人而言，以下这点是难以理解的：根据《刑法》该条的规定，省长、警察或任何其他公职人员，只要是在善意地服从自己真正的上级的命令，就不大可能因为犯下了殴打、非法监禁等罪而受惩罚。

343 典》第 114 条[①] 就会保护他不受刑事处罚，至今亦然。

第三，根据共和八年（即 1800 年）宪法中著名的第 75 条[②] 之规定，对公职人员的任何行为，只要与履行职务相关，未经国政院之许可，均不得提起公诉或其他诉讼。

宪法提供的保护范围很广。第 75 条读起来似乎真的只适用于刑事诉讼，但法院把它解释为包含损害赔偿诉讼。[③] 拿破仑宪法下，任何国家职员，无论是省长、市长还是警察，做出的任何行为，只要是为了履行职务，尽管其本身非法，但在获得政府批准之后，就都不会真正面临被惩罚或赔偿他人损失的风险。

344 行政法的上述四个特征，尤其是宪法为奉上级命令行事的公职人员提供的大量保护，在实践中究竟具有何种效果，主要取决于这个问题的答案：即在某一时间，国政院的性质和组成究竟是

① “第 114 条：公职人员、政府委托人员和政府雇佣人员以命令或直接实施的方式为自由裁量行为（acte arbitraire）时，如果侵犯公民自由，或侵犯一人或多人公民权利，或侵犯基本法规（charte），参照迫害公民罪（la dégradation civique）判处刑罚。

“但上述行为如果是奉上级命令，并按上级指示目的实施，属执行命令行为，不构成犯罪，免于刑事处罚。但此处所说‘上级’，仅限于有权做出相应命令的上级机关。”——《刑法典》第 114 条；加松（Garçon），《刑法典注释研究》（*Code Pénal annoté*），第 245 页。同时参见加松，《刑法典》（*Code Pénal*），第 34、87 条。另请比照《刑事预审法典》（*Code d'instruction criminelle*），第 10 条；狄骥，《宪法学教程》，第 524—527 页；狄骥，《论国家、执政者及其官员》，第五章第十节，第 615—634 页。

② “公务人员及内阁部长不因其履行职务的相关行为受到追诉，此类问题由国政院负责裁决：在此类案件中，国政院的追诉优先于普通法院。”——狄骥与莫尼埃，《法国宪法》，第 12 版，第 127 页。

③ 参见雅克朗，《行政诉讼基本原则》，第 127 页。

什么？换言之，当时在拿破仑统治时期，它是一个以司法方式实施法国某部门法的法院，还是政府中的一个行政部门？答案显而易见。国政院是由拿破仑建立或者恢复的，它是其整个政府结构的枢纽。它由一批拿破仑所招揽的最为杰出的行政人员组成。国政院的组成人员有权且有义务为最高统治者提供建议。国政院或者它的某些委员，参与所有政府事务。毫不夸张地说，这些服从于拿破仑绝对意志的委员组成了政府。他们根据拿破仑的意愿任职。委员们既制定政策、处理行政事务，又实施行政法。在1800年，行政诉讼和政府事务之间的界限可能不是非常清晰。不仅如此，国政院即便在进行司法活动时，也更像是一个政府部门而非法院，而且，即便是作为一个法院而作出判决或提出司法建议，它也没有办法让行政机关执行其裁决。事实上，等 345
当时的行政部门认为应该执行国政院的判决时，有时已过去若干年了，而且直到1872年，法律才承认国政院的裁决是真正意义上的法律判决。此外，正如上文指出的那样，它最初是一个终局性的权限争议法庭。它有权裁定某一案件是否涉及行政法，进而确定应由自己还是普通法院管辖。这样看来，如果说，英国内阁在作为枢密院的组成部分与作为枢密院的司法委员会之间没有或几乎没有差别，又如果说，内阁以司法委员会的身份裁决的是一切起于政府与普通私人之间的纠纷，而且在裁决时确实考虑了公共利益或政治权宜的因素，那么19世纪初的法国所具有的情形与英国的上述情况之间就存在许多相似点。拿破仑倒台后，上述情形也没有发生任何实质性改变。复辟后的君主国急切抓住了帝国先前创造的特权，甚至某种程度上恢复了督政府时期的恣意和专

断。直到 1828 年，也就是查理十世被驱逐的前两年，公众舆论才施加压力，迫使行政当局即政府对侵犯司法法院范围的方法有所限制。

346 这一时期的行政法值得认真研究，主要有两个原因：其一，当今的行政法是在拿破仑所奠定的基础上逐渐形成的；其二，拿破仑创立的法院依然存在，其管辖范围也大抵维持在他规定的界限内。事实上，拿破仑当初设计这个机构，是想加强一个理性绝对主义的（rational absolutism）体制，但随后被精通法律者和改革者用来增进法律自由。但一个永远无法忘记的事实是，法国行政法起源于一些便于政府行使特权从而专门保护国家利益的思想。

（君主制时期）

第二个时期：奥尔良王朝和第二帝国（1830—1870 年）。[①]

这一时期英国学生应特别注意。一方面，拿破仑的帝国主义是专制主义；王朝复辟是一种反动；两者均不可能与现代英国熟知的政府体系作适当对比。另一方面，介于查理十世被放逐与拿破仑三世战败之间的这四十年，尽管有三次显著的暴力变革，即 1848 年革命、1851 年政变和 1870 年第二帝国覆亡，但总体而言形成一个文治（civil order）时期。在这四十年里，除其中至多六个月的时间外，法国都是依照既定的国法治理的。正是这段和平进步时期，让我们有机会对英法两国公法进行有启发性的比较。

① 这部分基本上可以不考虑法兰西第二共和国（1848—1851 年）的情况。因为这一时期短暂而动乱，其间有关行政法的立法改革未能延续下来。

此论尤其适用于路易·菲利普统治时期。因为在英国人眼中，他 347
首先是一个立宪君主。[①]他的议会内阁、贵族院、众议院以及整个
政府结构，尤其是他的政府精神，似乎就是仿效的英国宪制；在
他的统治之下，由普通法院施行的王国普通法律的至上性，正如
英国人所认为的，在法国已然如在英国一样牢固确立。但英国人
惊讶地发现，整个四十年间，很少有（如果有的话）立法或议会
改革[②]触及拿破仑所建立的行政法的本质特征。行政法仍是一个
只由行政法院实施的单独法律部门，一如今日。普通法院对这种
法律也仍然不予过问，亦如同今日。路易·菲利普统治时期，议
会制政府的引进分离了国政院的许多政治职能，但国政院依旧是
一个重要的行政法院，如同今日之情形。它保留了界定普通法院
之管辖权的权利，这点现今已不复存在。[③]国家职员仍然握有拿破 348
仑立法或惯例所赋予他们的所有特权或特殊利益。简言之，直到
1870 年，行政法都保存着其一切本质特征。这一点可明显见于如
下两大因素：

（国政院没有成为一个十足的司法机构）

首先，在我们正探讨的这个时期，国政院绝没有成为一个十足的司法机构。

---

① 路易·菲利普即位得益于 18、19 世纪的法国大革命和 17 世纪的英国革命进程之间的一种明显但完全表面的相似性。据说，他就是英国威廉三世一样的终结革命时代的人物。

② 但是，国政院本着法院的精神行事的这一司法立法过程，在很大程度上就是对行政法的缓慢变革。

③ 参见本书第 360 页有关权限争议法庭的论述。

其实对这点，英国评论家一定会有所保留。他会想到，一个法国人，甚至是一个对英国颇为熟悉的法国人，目前是多么容易曲解英国制度的运行方式，而且会猜测——比如，出于御前大臣和内阁的关系——内阁（御前大臣是其当然成员）能够影响高等法院衡平分庭的诉讼判决；[*] 然而，每个英国人都知道，作为衡平分庭法官的御前大臣受内阁利益或愿望的轻微影响这种事，已经过去了几个世纪。英国评论家还会想到，如今，国政院就像法国的一个法院一样赢得了人们的由衷尊重，在公众眼里，它与审监法院即最高法院处于同等地位，而且自 1830 年以来，国政院的声望年年都在升高。任何一个人在评论非本国制度的运行方式时自然是有所疑虑，但英国的法律学者应该能够断定，1830 年至 1870 年间的国政院，当它作为一个行政法院行动时，尽管有
410 349 逐年司法化的趋势，但在相当程度上仍是一个官僚的或政府的机构，它的成员在履行准司法职能时，也容易受到部长或官员的情绪的支配。如此断言，并非意味着由一批声名显赫、品德高尚的人组成的国政院从未打算或不太主持公道，而是要说，国政院的公正观念不可能与司法的或普通法的法院所持有的公正观念一模一样。

* 御前大臣，即“Lord Chancellor”，又译“大法官”。在英国《2005 年宪法改革法》之前，人们一般认为，御前大臣的职位是立法权、司法权和行政权统一的象征。他既是内阁成员（类似于司法大臣，由首相提名君主任命），同时也是上院议长、枢密院的当然成员、高等法院衡平分庭（Chancery Division of the High Court）庭长。所以，作者才在这里说，法国人容易猜测内阁“能够影响高等法院衡平分庭的诉讼判决”。——译者

（对公职人员的保护没有减少）

其次，公职人员受到的法律保护没有减少。

任何一个人都不得因其从事的国家行为[①]而受任何一个法院的追责。在路易·菲利普的统治下，如同在第二帝国时代，这个含糊不清的术语的外延，在理论上和实践中都是很宽泛的。

1832 年，贝里公爵夫人（Duchesse de Berry）企图在旺代省（La Vendée）引发一场内战，后被捕。国王不敢让她离开法国，也不愿让自己妻子的侄女受审。共和派和正统派双方却都希望她接受法院审判。一方想要“卡罗琳·贝里”被视为一个普通罪犯，另一方却希望把公爵夫人变成一个受欢迎的女英雄。这个案件在议会中进行了反复辩论。于是民众请愿，要求将她释放或者由陪审团审判。但政府均不予采纳。后来她被监禁，直到在民间失去 350
声望和人心。而后她被秘密遣送至西西里。政府（实乃国王）的行为从头至尾都是非法的。内阁借梯也尔先生之口承认当初确实违反了法律。有人认为，众议院可通过一次投票——注意不是一次立法——让上述违法行为完全正当化。[②]这是 1832 年由立宪君主的宪法大臣们归因于国家行为的一种权力。这种可随意变通的解释，似乎是拿破仑三世为处理奥尔良家族的财产所用之借口或托词；甚至迟至 1880 年，尚有针对未经批准的宗教集会的诉讼，

① 参见本书第 341 页。

② “梯也尔先生在出席 6 月 20 日会议期间明确表示，就公爵夫人的逮捕、监禁，及其对其人身自由的处理过程中出现的一系列非法行为，议会已经基于与公共安全相关的特定利益作出决定。即通过一份‘个别命令’（l’ordre du jour）”——格里瓦，《法国史》，第 1 卷，第 364 页；另见同上，第 292—308、356—364 页。

我们相信，其中一些诉讼就是将国家行为置于国法之上的这种精神的例证。

《刑法典》第 114 条[①]保护一个为服从上级命令而犯罪的政府代表免于刑事处罚，尽管不能免于定罪；这条规定在第二时期完全有效（即在今日亦然）。

351 根据共和八年宪法中著名的第 75 条[②]的规定，不可能未经国政院批准而对任何一个违法犯罪的公职人员提起法律诉讼——而在这种情况下，国政院一定是唯当时政府之命是从；这条规定至今未被撤销。

公众舆论不承认国政院是一个普通法院，并谴责它大范围地保护违法的公职人员。关于这点，且看托克维尔是如何评论的：

> 法兰西共和国八年起草了一部宪法，其第 75 条写道：“部长级以下的政府官员因职务关系而犯罪时，只有根据国政院的决定才受追诉[③]；在此情况下，由普通法院进行追诉。”“共和八年宪法”已废除了，但这一条并没有废除，至今依然有效，尽管它遭到国民的公正抗议。我发现总是很难向英国人或美国人解释这一条的含义。一旦我解释，他们马上会认为，法国的国政院是王国中央所设的一个大法院，它在所有的政

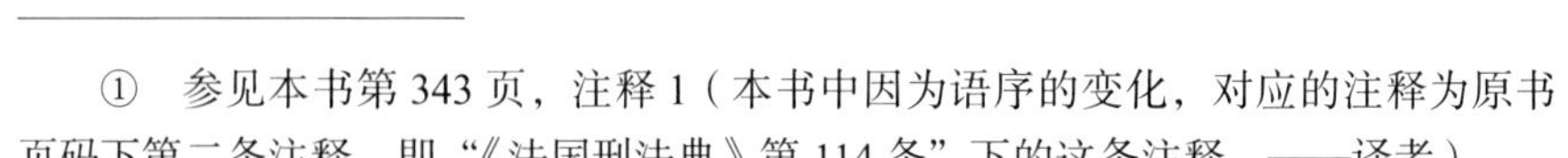

① 参见本书第 343 页，注释 1（本书中因为语序的变化，对应的注释为原书页码下第二条注释，即“《法国刑法典》第 114 条”下的这条注释。——译者）。

② 参见本书第 343 页。

③ 这个术语被法律判决扩展到一切损害赔偿诉讼。参见雅克朗，《行政诉讼基本原则》（*Les Principes Dominants du Contentieux Administratif*），第 127 页。

> 治案件中行使一种初审的和有点儿专断的管辖权。但是，当我告诉他们：国政院不是一个通常所说的司法机构，而是一个由许多从属于国王的人组成的行政委员会，因而国王在命 352
> 令他的一个叫作省长的臣仆作出违法行为之后，有权命令他的另一个叫作国政院的臣仆去使前者免受惩处；当我向他们说明：因君主的命令而受到损害的公民只能向君主本人要求赔偿损失；这些时候他们总是不相信天下竟有如此公然的权力滥用，并忍不住指责我胡说和无知。在大革命以前，往往是由高等法院签发令状逮捕犯罪的公职人员，而有些时候，诉讼会在君主的干涉下被迫终止——君主强迫人民服从它的绝对与专断的意志。令人痛苦的是，我们感到自己已堕落到连我们祖先都不如的状态，因为今天的法国，只依靠暴力而强加于他们的事情，却得到了正义和法律制裁的名义。[①]

上述经典段落引自托克维尔于1835年出版的《论美国的民主》。当时，作者才30岁，他享有的名望，其朋友称可与孟德斯鸠相比拟。他对行政法的评价，直到他晚年出版《旧制度与大革命》这本其最具影响也最成熟的著作时，无疑都没有改变。他说：

> 确实，我们已将司法权逐出行政领域，旧制度将它留在
> 这个领域是非常不妥当的；但是与此同时，正如人们所见，353

---

① 托克维尔:《美国的民主》，第1卷（英译本），第101页;《托克维尔全集》，第174、175页（中译本参见〔法〕托克维尔:《论美国的民主》，董果良译，商务印书馆1989年版，第116—117页。——译者）。

> 政府的权力不断将自身引入法院的天然领域，而我们则听之任之。我们似乎漠视权力混淆的危险。殊不知，以司法混入行政固然危险，但以行政混入司法也同样危险，甚至危险更甚。因为法院干预政府的领域只对行政管理有害，而政府干预司法则使人们堕落，使他们变得兼有革命性和奴性。①

这是一位具有非凡天赋的人的话。他不仅熟晓法国的历史，也很了解法国的现实；他做过几年的议员，至少当过一届阁员；他熟知法国的公共生活，就好比麦考莱熟悉英国的公共生活一样。托克维尔用词可能不无夸张，究其原因，部分是其性情所致，部分则是思路所致——他对于现代民主制的弱点和古代君主制的缺陷之间的关系研之甚深，因而可能对二者关联的密切性有所高估。

354 但不管怎样，他无疑表达了当时有识之士的观点。有一位作者极好地阐明了国政院的许多优点，以及它是通过何种方式使得自己在行政诉讼问题上越来越像一个司法机构的，他敏锐地指出：直到 19 世纪下半叶，最代表民众看法的日常语言中，“法院”（courts of justice）或“法官”（justice）这两个词仅仅是指司法的或普通法

---

① 法文原文如下：“Nous avons, il est vrai, chassé la justice de la sphère administrative où l’ancien régime l’avait laissée s’introduire fort indûment; mais dans le même temps, comme on le voit, le gouvernement s’introduisait sans cesse dans la sphère naturelle de la justice, et nous l’y avons laissé: comme si la confusion des pouvoirs n’était pas aussi dangereuse de ce côte que de l’autre, et même pire; car l’intervention de la justice dans l’administration ne nuit qu’aux affaires, tandis que l’intervention de l’administration dans la justice déprave les hommes et tend à les rendre tout à la fois révolutionnaires et serviles.”——托克维尔，《旧制度与大革命》，第 7 版，第 81 页。

的法院。[①] 还有什么能比这一点更有力地证明托克维尔对至少他那个时代的判断是公允的?

（行政法对于公职人员地位的影响）

现在我们就可以理解，从 1830 年至 1870 年，行政法的存在是如何使得法国公职人员的一切法律地位受到影响并让他们十分不同于英国公职人员的。

受雇于法国政府的那些人，据观察，较英国的所有文官而言，在社会中构成一个更重要的群体，他们在法国的地位在某些方面类似于英国的军人。我们完全可以假设，如果他们违反公职人员的行为准则，会很容易受到各种惩戒。但是，如果他们像英国的军人那样遵守那些准则的话，他们便享有连英国的军人都不享有的权益，即在极大的范围内免受普通法院对其侵犯普通公民的行为进行追责。比如，一位省长或者警察，在过于热心地履行职务 355
过程中因袭击或侵犯他人而违反了法律，他的职位实际上仍是无可撼动的。他可能自我辩护说，他所做的违法行为是一个国家行为。如果这种辩护不奏效，他还可寻求《刑法典》第 114 条的庇护，从而有可能免于处罚——纵然的确不可能判决他的行为合法。可是要知道，如果内阁批准了他的行为，他就无需任何法律抗辩。未经国政院之同意，任何法院都不能要求他对其行为负责。第 75 条就是公职人员特权或无责任的保障。我们不要以为，这种抗辩武器已逐渐生锈，因而事实上弃而不用了。在 1852 年至 1864 年

① 热兹，第 138 页，注释 1。

间，共有264次依第75条对公职人员提起诉讼的申请，结果只有34次被批准，也就是说，还有230次被拒绝了。[①] 这一著名条款的明显不公，很早以前就感受到了。甚至在1815年时，拿破仑就曾承诺要对它进行修改。

第三个时期：第三共和国（1870—1908年）。

第二帝国覆亡之后的两年里，公众舆论坚决要求对法国的行政法或公职人员法进行三项根本性改革。

（1. 废除第75条）

1870年9月19日，第75条被废除了。

这个条款在法兰西第一帝国、复辟王朝、奥尔良王朝、1848年共和国和第二帝国相继建立和覆亡之后，都依然存在。让英国
356 评论家感到惊讶的，甚至不是这一著名条款年代久远，其间顶住了每一次对它的攻击，而是它被废除的日期和方式。它是在1870年9月19日被废除的，当天正是德国军队向巴黎逼近的日子。废除它的政府是通过暴动上台的，除必须防御入侵这个理由之外，它没有资格掌握实际权力或享有道德权威。一个忙于保卫巴黎的临时政府，竟然废除了法国法的一项根本原则，这非常奇怪。一群因革命事件而临时掌权的人，进行了一项至少在表面看来影响法国公职人员的全部地位的法律革新，其背后的动机如何，任何外国评论家都不易断定。但是，我们可以合理推测——其实被后

① 参见雅克朗，《行政诉讼基本原则》，第364页。值得注意的是，第75条所包含的原则，至少在不久以前，受到德意志帝国中不止一个邦国的承认。

续的事件所证实——第 75 条的废除是被草率通过然后得到轻松默认的，因为就像许多法律学者所猜想的那样，它导致的重大改变更多只是形式上的，终究没有真正触及法国公职人员的地位和法国行政管理过程问题。[①]

有一个情况，会让英国的律师感到更为吃惊，那就是，第 75
条之废除，虽然至今尚未经任何立法机构直接确认，但是却继续 357
有效，而成为全国法律的一部分。在这里，我们无意中发现法国宪法的一个公认原则，这是要说，法国的法律和公众舆论授予任何一个实际存在的并得到普遍承认的政府以极大的权力。如 1848 年的临时政府，人们几乎不知道它是如何通过一群暴徒的欢呼而掌权的——这群暴徒中大部分人的名字到现在都不为人知，即便像这样的机构，只要继续当权，就被认为享有极大的立法权。用法国的术语来说，它既是一个立法机构，也是一个制宪机构。它有权颁发命令——准确说叫法令（décrets lois）[②]，这些法令，除非被具有公认立法权的某个人或机构定期废除，否则往往就是国法，

① 有关这一观点的佐证，参见奥科，《行政法》，第 419—426 条；雅克朗，《行政管辖权》，第 427 页；拉菲利埃，第 1 卷，第 3 编，第 7 章。

但是，在第 75 条被废除之后，有一个总的原则得到承认，即不管怎样，公职人员显然要像普通人一样对其非法行为承担责任，正如权威学者们所说，这标志着法国公共舆论已发生重大改变，同时也是人们开始警惕地看待国家权力的标志之一。

② 关于这些法令的法律学说和具体例证，请参见狄骥，《宪法学教程》，第 1037、1038 页；莫罗（Moreau），《论行政规章》（*Le Règlement Administratif*），第 103、104 页。这些法令由三类主体通过：一是 1848 年 2 月 24 日至 5 月 4 日间的临时政府；二是 1851 年 12 月 2 日政变至 1852 年 3 月 29 日间的拿破仑三世，这是一个既违反国法又违背自己不篡夺最高权力的誓言、到那时为止并未获得任何一次全国投票认可的统治者；三是 1870 年 9 月 4 日至 1871 年 2 月 12 日间的国防政府，即严格而言一个可被称为紧急政府的政府。

正如现在的法国国民议会按照极为正规的程序所通过的任何一部法律一样。这种乐意接受政府权力的情形与英国法院和议会对下列法律的看法形成对照，即从 1642 年至 1660 年间通过的未获御准的所有法律。其中有一些是由一个统治者支配下的议会制定的，
358 这个统治者在英格兰和许多外国都被承认为英语国家的元首；而且，护国公奥利弗·克伦威尔平静去世，其子理查德·克伦威尔顺利继承护国公之位。然而，在叛乱爆发与复辟这两个事件之间所通过的所有法律都没有收入英国《制定法汇编》。具有严格守法精神的英国法律人在 1660 年不承认任何议会的权威，除了长期议会——根据查理一世按照常规方式通过与同意的一部法律，该议会非经自身之同意不得解散。学生会在以下两者之间感到无所适从，不知该极力赞赏还是尽力谴责：即一方面是法国人明智地但可能是轻易地默认一个事实政府的实际权力，另一方面是英国人坚持一种甚至到了迂腐而荒唐之程度的守法主义——这些英国人在治理国事上把严格的合法性置于那些几乎等同于公平原则的明显权宜的规则之上。这些讨论看似离题，但实际上与我们的主题很贴近。它向我们展示出：即便在革命时期，法国人和英国人看待法治的角度也是不同的。

有关第 75 条的奇特历史，需要多说两句才能讲清楚。1870 年 9 月 19 日法令，仿佛是让任何被控违法的公职人员必须接受普通法院的管辖。实际上，1870 年至 1872 年间的普通法院和行政法院也都持这种观点。[①] 但是，在法国与在其他国家一样，司法判决虽

① 关于赞成这种观点的论述，参见雅克朗，《行政诉讼基本原则》，第 127—144 页。

不能废除法律但却可以使之无法正常实行。1870年之后，针对各 359
种级别的公职人员的诉讼日益频繁。这个事实值得注意。政府想要保护它的所有公职人员。新组建的权限争议法庭[1]受理了一个案件，该案涉及1870年9月19日法令的效力问题。权限争议法庭的裁决是：未经国政院之同意也可对公职人员提起诉讼，但是权力分立的原则仍须遵从；而某一案件应由普通法院还是行政法院（实际上就是国政院）来管辖，最终由权限争议法庭来裁定。[2]这个判决所确立的原则现已被普遍接受。因此，鉴于权力分立学说包含着传统上对普通法官干预国家事务的警惕心理，一个基于该学说的判决，至少根据一个权威专家的说法，将废除第75条的效果几乎降至为零。狄骥说道："总而言之，现行制度与共和八年宪法下的制度的唯一区别在于：1870年之前控诉国家公职人员须获国政院的授权，在今日则须获得权限争议法庭的授权。"[3]

（2. 国政院的裁决变为判决） 360

根据1872年5月24日法，[4]国政院对有关行政法案件的裁决

[1] 参见本书第360页。

[2] 参见1873年7月26日判决的"佩列蒂耶案"（*Pelletier's Case*）；对于现在已得到普遍赞同的法律解释的支持意见，参见拉菲利埃，第1卷，第637—654页；贝泰勒米，第65页；狄骥，《宪法学教程》，第67节，第463、464页；热兹，第133—135页。

[3] 法文原文如下："Finalement la seule différence entre le système actuel et celui de la constitution de l'an VIII., c'est qu'avant 1870 la poursuite contre les fonctionnaires était subordonné, à l'autorisation du Conseil d'État, et qu'aujourd'hui elle est subordonné à l'autorisation du tribunal des conflits."——参见狄骥，《宪法学教程》，第464页。

[4] 参见第9条。

第一次具有了判决的强制力。正如前述，[①]这些裁决此前在理论上仅仅是给国家元首的建议——从某些角度看甚至在实践中也是如此。

（3. 创设独立的权限争议法庭）

上述这部法律，[②]增强了国政院裁决的权威，也缩小了它的管辖范围。自1800年以来，对于某一案件或某一案件中出现的某个争点是属于普通法院还是行政法院（即国政院自身）管辖的问题，由国政院裁定。在1872年，这项职权或权力转移至一个新组建的独立的权限争议法庭。[③]

该权限争议法庭组建时很慎重，为的是能够平等代表两个法院的权威，即审监法院（法国最高普通法院）和国政院（法国最高行政法院）。它由九个成员组成。其中三名由其同僚从审监法院中选出；还有三名是国政院的成员，也是由同僚选出；另外两名由权限争议法庭的上述六位法官选出。所有这八位法官任职三年，可再任，几乎总是得以连任。司法部长（garde des sceaux）是
361 司法部的成员，目前依职权是权限争议法庭的庭长。但他很少出席。法庭从内部成员中选举一名副庭长主持工作。[④]权限争议法庭接近于一个纯粹的司法机构，据那些最权威的专家说，它赢得了

① 参见本书第344页。

② 即1872年5月24日法，第九章，第25—28条。

③ 这个独立的权限争议法庭创建于1848年至1851年的第二共和国。1851年发生政变后第二共和国终结，权限争议法庭随即被废止。

④ 参见附录十一“法国权限争议法庭的组成”；贝泰勒米（第5版），第880、881页；夏东，第412页。

普遍的信任。但是，该权限争议法庭具有两大缺陷：一是它通过司法部长（即现任庭长，不一定是律师）与政府产生关联，二是它的成员不得终身任职[①]——这可是司法绝对独立的最佳保障。按照最公允的法国法学家的看法，这两个缺陷都应该予以消除，[②]而且只要有这些缺陷存在，权限争议法庭的司法性质就会有所减损。事实上，英国人不得不怀疑，权限争议法庭一定还是一个半官僚的机构，它会时不时地受行政政策的左右，更多情况下会经常受官员或政府思想的影响。如果知道有下列事实存在，这种怀疑就不会消除：迟至 1908 年，一个司法部长为他兼任法庭庭长一职而自我辩护时，提出的理由居然是：法庭中应有一个代表政府利益的人。[③]

（改革源于行政法的演进）

这三项彻底的改革是通过立法行动来实施的。它们显然满足 362
了时代的需求。[④]改革是迅速的，似乎也很突然，但这一表象具有迷惑性。它们实际上源自法国公众舆论缓慢而持续的变革，也是国政院中的法律家百折不挠的结果，这些法律家们在法国的法

---

① 国政院的成员不能以终身委员身份任职，政府可免去他在该院中的职务。但自 1875 年以来，尚无委员被免职。

② 拉菲利埃，第 1 卷，第 24 页；夏东，第 4 页，注释 2；热兹，第 133、134 页。

③ 参见热兹，《公法杂志》（*Revue de Droit public*），1908 年，第 25 卷，第 257 页。

④ 甚至在共和国正式建立之前（1875 年），它们由国民会议默示批准（1870 年 9 月 19 日法令）或颁布（1872 年 5 月 24 日法律）——该国民议会的大多数人远不是什么革命者，甚至连改革者都称不上，所以他们想要复辟君主制。

理与逻辑的指引下，摒弃行政实践的恣意与专断，而发展出一套稳定的、名副其实的行政法体系。为了理解一个多世纪（1800—1908 年）以来的这个行政法演进过程，我们必须对法国法的这一分支的整体发展作一个简要梳理，而且必须以它呈现自身的方式来看待它——与其说是作为一个研究法国的历史学家来看待它，不如说是作为一个从历史角度来研究法国公法发展的法学家来看待它。这样，我们将把行政法在这一百多年的发展分为三期。[①] 具体如下：

第一，隐生时期（Période d'élaboration secrète）：1800 年至 1818 年。

在这一时期，国政院通过司法先例创造了大量的法律原则，而这些原则事实上是国政院在裁决行政争议时得以依照的。

第二，公布时期（Période de divulgation）：1818 年至 1860 年。

363 这 42 年间实行了各种各样的改革，部分是通过立法实行，更多则是通过法官造法实行。国政院的司法职能差不多与行政职能开始分开。行政诉讼在实践中被分配给一个专门委员会（部门）来裁决，不啻如此，这些诉讼是由一个以法院的方式行事的机构来裁决的，即它给予辩护人以陈述机会，听取两造双方的意见，然后在公开辩论之后作出判决。这些判决汇编出来，让一些公众加以关注，最后以英国律师熟知的方式形成一个法律体系。简言之，国政院的判决具有先例的效力。法国的政治革命引起了足够

---

① 参见奥里乌，第 245—268 页。分期并没有与法国编年史上以政治变迁为标志的三个时代一一对应，本书（参见第 330 页）讨论了这三个时代下行政法的发展。

多的关注，而制度的持续生长则很少有人注意，政治革命有时延迟或妨碍了行政法的连续演进，但绝没有阻止它的发展；即便在第二帝国时期，法国法学的这一分支的恣意性越来越少，而日益发展为一个确定而精细的法律规则体系。

第三，系统时期（Période d’organisation）：1860 年至 1908 年。

在最近的这 48 年里，法国相继发生了一些重大事件：帝国变成共和国、德国入侵以及内战，但行政法的发展非常平稳，展现出一种罕见的规律性。突然的革新很少见，也没产生什么效果。364
1870 年 9 月 19 日法令和 1872 年 5 月 24 日法律推行的改革，合起来看是很重大的；但它们实际上只是赋予某些思想以法律效力而已，这些思想自 1800 年以来基本上就一直在支配着国政院和审监法院的司法立法和常规工作。如果英国人把 1800 年以来的法国法律史作为一个整体来看待的话，就会理性地得出以下结论：就行政法院的管辖权而言，在拿破仑一世，甚至是路易·菲利普或拿破仑三世统治时期，行政部门的专断权力即便不是被绝对终结了，也是逐渐得到极大地削减。法国的行政法，尽管实施它的机构或许不是一个严格意义的法院，也尽管其中的规定与现代英国的法治概念不相容，但这时它近乎成为法律，且完全不同于专制者所使用的反复无常的特权。

二、行政法与法治的比较

法国行政法与我们英国法治之间的对照，如果从一个适当角度来看的话，隐含着许多有趣的相似点，正如有许多不同点一样。

（一）相似点。第一点：法国行政法与英国十六、十七世纪流行的思想不冲突

需要注意的是，我们是用“现代”英国的观念来对照法国或其他欧陆国家盛行的行政法思想。如此对照的原因值得注意。在历史上距今不远的一段时期，英国有关国王地位的一些思想——即便当时不具主导性，也是很流行——与法国行政法得以产生的
365 学说非常相似。[①] 此外，类似的信念必然产生类似的结果；有一段时间，我们现在称之为行政法的事物看起来就要永久成为英国制度的一部分。因为自都铎王室即位到斯图亚特王室最终被驱逐的这段时间，国王及其臣仆所持有的那些基本得以成功推行且得到民众不同程度认可的政府观念，本质上类似于法国人一直所接受的各种理论。斯图亚特王室成员自身的缺陷，以及政治和宗教运动结合在一起所引发的混淆，容易遮掩 17 世纪的政治争议所提出的法律和宪法问题的真正性质。一个完全只从法律视角来看问题的律师，不由得断言，政治家们的争论——如培根和文特沃思（Wentworth）与柯克或埃利奥特爵士（Sir John Eliot）之间的争论——其核心问题是：是否应该在英国永久建立欧陆型的强势政府。培根及其培根之流毫无疑问低估了国王权力的增加会导致专制的建立这一危险。但是，为特权辩护的那些人（可以设想）并非是想舍弃自由或者侵犯公民的普通私权利；他们只是对下列问
366 题深有感触，即柯克保守的法律主义存在一些弊端，而且有必要

① 这一点可从以下相似性中得到证明：在英国和欧陆，一度盛行着有关政府和新闻界间关系的类似看法。参见本书第 255—259 页。

使作为国家元首的国王能够对抗有权势的个人和阶级的自私自利。简言之，他们想把行政法原则授予外国行政部门的那种权利赋予本国政府。因此，对于法国行政法的每一个特征，我们都可以在17世纪的刑事律师所提出的主张或者他们所支持的制度中找到某些奇特的类似性。

培根通过各种隐喻提出的那个原则，即君主特权高于普通法律，类似于外国法中的那项原则，即行政机关在大政方针（国家行为）问题上享有不受任何法院控制的自由裁量权。英国法官有一个著名的附带意见，即法官尽管是“狮子”，但应该是“王座之下的狮子，须处处留意不去限制或反对主权权力”，[1] 奇怪的是，这一意见在法国革命政治家巧妙提出下列原则之前预先出现，即法官在任何情况下都不得妨碍行政机关的行动；这个意见如果合乎逻辑地推断的话，将导致每一个行政行为——或用英国的术语来说，每一个声称根据特权作出的行为——都将免于司法管辖。星室法庭和国政院不断增加权力，就是有关君主特权的流行理论在
实践中的体现，因此，把这些实质上属于行政部门之组成部分的 367
法院与法国的国政院和其他行政法庭进行比较，就不是一种怪诞想法。共和八年宪法中著名的第75条在英国也不缺乏类似物，[2] 那就是培根的“未咨询国王不得作出判决令”（De non procedendo Rege inconsulto），他试图用这个令状阻止法官听审任何牵涉国王利益的案件。加德纳先生评论道：

① 加德纳，《英国史》，第3卷，第2页。

② 参见本书第343页。

> 这个令状实行起来——若是培根达成其目标的话——在某种程度上类似于法国的一些宪法中所规定的那个条文：根据这一规定，未经国政院预先批准，政府的任何代理人均不得因职务行为而被法院传唤。虽然英国令状的效力仅限于国王本人被认为受到损害的那些案件，因而它并未像法国的那个条款一样得到如此普遍的适用，但它所依据的原则却同样糟糕。[①]

此外，该原则之适用范围有可能无限扩大，而这一点，补充说一句，培根是意识到了的。他写信给国王说：

> 该令状是英格兰古代法所提供的一个工具，它可以把任何一个涉及国王陛下的利益或权力的案件，从普通法官手中提出来，然后交由御前大臣用他手中日常的和法律的权力对该案进行审理和判决。国王陛下您知道，您的御前大臣曾经是首席顾问、君主制的工具，他直接从属于国王，因而近乎
> 368 王权可靠而温和的守护者。[②]

培根的改革如果成功推行的话，就会正式确立行政法的一个根本教义：即行政问题必须由行政机构来裁决。

现在依然盛行于欧陆的行政法思想[③]与17世纪英国国王所维

① 加德纳，《英国史》，第3卷，第7页，注释2。

② 阿博特，《弗朗西斯·培根》，第234页。

③ 值得注意的是，“行政法”体系虽然在法国比在其他地方都更加充分地司法化，但它却以各种形式存在于大多数的欧陆国家。

护的君主特权观念之间的相似性，非常值得深思。许多法国作家认为，行政法思想源于大革命或第一帝国中政治家的统治之术，但在很大程度上，这些思想却是从法国君主制中的传统和习俗发展而来，这一点不再有疑问；都铎王朝或斯图亚特王朝想要建立一个强大政府的尝试，究竟在多大程度上受到了外国做法的影响？这是一个有趣的问题，不过它留待历史学家来解答。法学家只需注意到以下这点就可以了，那就是，法国的历史有助于解释：英国试图建立一个强行政法体系的努力何以取得部分成功但最后还是失败了。之所以取得部分成功，是因为英国当时的情形使然——它类似于让法国君主们最终变得专制的情况，也就是说，在 16 世纪和 17 世纪的部分时间里，当时的情形使得英国易于增
加国王的权力；之所以最后还是失败了，部分是因为斯图亚特王 369
室成员的自身缺陷，但主要原因还在于，整个行政法体系与法律面前人人平等的习惯相冲突，这些习惯长期以来一直是英国制度的本质特征。

（第二点：行政法是判例法）

法国行政法就其内容而言，完全不同于现代英国法的任何一个分支，但就其发展方式而论，它与英国法的相似程度，较之法典化的法国民法与英国法的相似性要高得多。因为法国行政法就像英国的大多数法律一样，是“判例法”或“法官创制的法”。[1]

---

① 参见戴雪，《法律与公共舆论》，第十一讲，第 359 页，以及附录九，第 481 页。我们或许可以推测，英国的法学家们低估了先例（Jurisprudence）在当前法国法院中的影响。

其行为准则不见于任何法典，而是建基于先例：法国的律师们执着于行政法不能法典化的信念，就像英美的律师们那样，他们基于某些自己都搞不太清楚的理由，坚持认为英国法尤其是普通法不得法典化。这一信条看似不合逻辑，因为它的辩护者不能也不会去解释其信仰的真正理由，但它真正的意义在于，法国行政法的热衷者和英国普通法的热衷者一样，都知道自己所赞赏的法律体系是司法立法的产物，而且害怕这一法律体系在法典化之后会限制——很可能是这样——法国行政法庭或英国法官的本质上属于立法的那种权力。此外，法国所有有关行政法的论著从头至尾
370 都很重视行政诉讼，这让人想起英国的法律书籍赋予程序事项的重要性。两者的原因也是一样的，那就是，法国法学家和英国法学家所探讨的都是一个基于先例的法律体系。

与此相关的一点是，法国行政法，就因为它是建立在法庭所创制或批准的先例基础之上的判例法，所以它与英国法一样，一直受到教科书和释义书作者的深刻影响。英国法的各个分支都已经被一些知名作者的著作简化为几个合乎逻辑的原则。比如，斯蒂芬就把一套主要源于执业律师之经验的诉答规则总结为一个融贯的逻辑体系。而目前英国人所理解的国际私法，先后受到两部著作的影响：斯托里（Story）的《冲突法释义》和韦斯特莱克（Westlake）先生的《国际私法》。这些以及其他杰出作者在英国法的各个领域所产生的影响力，在法国的行政法领域，也同样为一批作者或教师所具有，他们是科尔默南（Cormenin）、马卡雷（Macarel）、维文（Vivien）、拉菲利埃（Laferrière）和奥里乌（Hauriou）。这一现象并非偶然。凡在法院有权形成法律之处，教

科书作者皆可产生影响。还要指出一点，那就是，法官造法的性质本身，使得判例汇编在法国行政法中具有它们在英国法的各个分支中的那种重要性——只不过我们的法律中有极小的一部分已经被法典化了。

（第三点：行政法的演进） 371

法国行政法与英国法都是司法判决的产物，由此产生了许多相似点，但在比较二者的异同时，评论家不应止步于此。其实，在它们各自的历史发展过程中，还存在一个非常奇特的类似之处。法国的国政院通过把它的司法职能交给一些越来越只履行法院职责的委员会（部门）来行使，从而把司法职能与行政职能逐渐分开，这样它自身就从一个行政部门转变成了一个司法的或准司法的机构。这些“司法委员会”（用英国的术语来说）起初只是向国政院或整个行政机构提出建议，尽管很快就达成一种默契，即国政院通常会遵循或批准司法委员会的决定。这让一个研习英国法的学生想到以下事实，即从历史角度看，我们整个司法制度的发展可被视为是这样一个过程：最开始由“御前会议”（King in Council）所行使的权力后来转移至御前会议的某些组成机构；我们可以合理地假定，作为整体的国政院与司法委员会（Comité du contentieux）[①] 之间的那种很不明确的关系，有助于英国学生理解，为何在英国的早期历史中，御前会议所行使的司法权和行政权几乎无法区分；它也能够解释，御前会议的司法职能是如何通过一

① 参见拉菲利埃，第1卷，第236页。

个可能罕有人察觉的自然过程而与行政权力相分离的，以及这一
372 职能的分离是如何最终产生了不再与行政部门有瓜葛的法院的。而且，这一职能分离的过程——在法国和在英国一样，有时借助于立法来完成——在最近几年里把国政院变成了一个真正的行政法庭，这就像在英国，职能分离的过程创造出一个枢密院司法委员会，以对英殖民地的上诉案件作出常规的司法判决。还有一点尽管相对次要，但指出来也并非离题，那就是，直到1872年为止，国政院的所谓判决都不是真正意义上的“判决”，实际上只是国政院就行政法问题向行政首脑提出的建议，而且这个建议也不是行政首脑绝对要遵从的；英国枢密院的情况也是这样，即它的“判决”即便是通过司法委员会作出的，也尽管是真正的判决，但在形式上仍然只是枢密院向国王提出的谦卑建议。这种形式残存至今，因而让我们回想起英国宪法史的早些时期，当时御前会议（即行政部门）干预司法活动，这对法律的至上性——英国自由的保证——的确是一种威胁；令人称奇的是，英国历史上的这个时代，同样可类比于波旁王朝复辟（1815—1830年）之后的这段行政法历史。

如上所述，[①] 那段时期，一如现今之情形，国政院的组成人员可由行政部门随意任免；他们在很大程度上就是一群从事政治的
373 人；没有另外的权限争议法庭；毋宁说国政院自身就是权限争议法庭，或者说就是裁决普通法院和行政法院相互之间（宽泛而言就是国政院自身）的管辖范围的机构。其结果是，国政院用自己

① 参见本书第344页。

的权力把案件从法院中撤回，而这一点是发生在政府公务人员被共和八年宪法第 75 条所充分保护的时代，即保护他们即便超越法律权限做出公务行为也不受法院的审判。然而，正是因为国政院在很大程度上受到法律思想的影响，所以它能够成功抵制受保皇党人的反动精神所驱使的专断权力。国政院对 1789 年至 1814 年间所有国家领土的变卖加以维持；对于所有企图推翻大革命时期或帝国时代行政决定的尝试则加以抵制。或许可以认为，正是由于国政院表现出司法独立的特点，所以国王采取行动，以剥夺作为法院的国政院或国政院司法委员会对行政争议的裁决权，而将其交于国政院中的各个委员，而后者扮演的是行政人员的角色。1814 年和 1817 年的两道法令（Ordinances）授权国王从国政院中撤回“关乎公共利益原则的所有行政争议案”[*]，然后把它们交给部长会议，或者大家所称的内阁会议（Conseil d’en haut），国王的这个权力，加之其他安排，产生了一个总体效果——我们不必深究其中的细节，那就是，行政法问题的裁决只要政府感兴趣，最终 374
甚至不是由一个准司法机构来作出，而是由国王及其大臣在公然偏向于政治考量的情况下作出。[①] 正因为如此，法国在 1828 年坚决要求查理十世对判决程序作出改变，以削弱国政院的专断权力。[②] 不

* 对引号中的话，是作者对这句法文的翻译：“toutes les affaires du contentieux de l’administration qui se lieraient à des vues d’intérêt général”。它原本在正文引号后的括号中，为阅读方便，译者将其放入脚注。——译者

① 参见拉菲利埃，第 1 卷，第 226—234 页；以及科莫朗（Cormenin），《有关国政院法官及司法管辖问题的思考》（*Du Conseil d’État envisagé comme conseil et comme juridiction*），1818 年版。

② 1828 年 6 月 1 日法令。参见拉菲利埃，第 1 卷，第 232 页。

过，没有人会惊讶于这一点，即法国人惧怕专断权力的增加，或者说法国的自由主义者在1830年革命之后要求将行政法和行政法院加以废除。他们对国政院司法权的恐惧，正是十六、十七世纪的英国人对枢密院司法权的那种心理——不论该权力是由枢密院自身行使，还是由星室法庭甚或衡平法院行使。这两个国家都感到有一种危险：君主特权的统治可能取代法律至上。

上述比较在许多方面都富于启发；它让我们明白，英国一度差点儿发展出非常像行政法的那种法律。此外，这种比较大概让我们意识到，这种法律如果以司法精神实施的话，本身是具有许多优点的。它同时还表明，这种法律有一种内在的危险，即根本不成其为真正的法律，但因其与行政部门紧密关联，而仍然是一种超越国家常规法律甚或与之对立的专断权力。可以肯定的是，

375 在十六、十七世纪，枢密院甚至是星室法庭的司法管辖权——尽管后者的名称现在依然让人反感——确实给公众带来许多益处。我们始终要牢记的是，抵制斯图亚特王朝专制统治的那些爱国者，是普通法的狂热支持者，他们如果知道自己该怎么做的话，就会把衡平法院也废除掉，而不仅仅是星室法庭。御前大臣毕竟是国王的臣仆，国王可随时将其免职，他在促进公平正义的幌子之下，破坏的不仅是普通法的形式主义，还有它的确定性。因此，英国17世纪的那些反对枢密院专断权力的清教徒或辉格党人，与法国复辟时期（1815—1830年）的那些抵制国政院专断权力以及行政法扩张的自由主义者，具有非常类似的处境。还可以补充一句，在英法两国，最后都是自由之友取胜。

但有人会说，这种胜利，就我们当前讨论的问题而言，在两

国具有明显不同的效果。在英国，议会得以摧毁——而且是彻底摧毁——星室法庭和枢密院的专断权力；同时，它并未容忍某种行政法院或行政法体系复兴或者发展于英国。而法国的自由主义者在波旁家族被驱逐之后，既没有摧毁行政法院，也没有彻底扫除行政法。

这一区别是很显著的，但任何一个不局限于问题之表面的学 376
生都会发现，即便是在这个明显的不同点之中，也隐藏着一个重要而不寻常的相似点。英国的星室法庭被废除了，枢密院专断的管辖权也消失了，但是，御前大臣的司法权力却既没有被长期议会也没有被 1688 年光荣革命后每年召开的任何议会所减损。导致这种差别的缘由不难寻找。御前大臣所施行的法律，也就是衡平法，起初就含有专断或自由裁量的因素，但它事实上增进了真正的国家利益，人们感到它在许多方面要优于普通法法官所施行的普通法。即便在 1660 年之前，敏锐的观察家就注意到，衡平法正发展成为一个确定的法律体系。衡平法最开始意味着御前大臣的自由干预（虽不能说是恣意干预），它公然宣称的目的，通常也是真实的目的，在于保护某一案件的双方当事人的实质正义，后来它无疑被用以庇护和扩展国王的专制特权。但是，衡平法实际上并不是沿着这条道路发展的，至少从诺丁汉勋爵时代（1673 年）起，它显然逐渐发展成为一个固定的司法体系，尽管它所适用的原则不同于普通法原则。衡平法变成专制工具的危险业已消失，
而英国政治家（其中许多是律师）也不可能破坏存在着有益改革 377
之倾向的法律，尽管它在某种意义上是一种畸形。19 世纪的法国人之于行政法的态度，明显类似于 17 世纪的英国人之于衡平法。

行政法成为众矢之的。不止一位享有盛誉的公法学家倡导废除行政法，或者希望把行政法院所行使的权力移交普通法院或民事法院（tribunaux judiciaires），但对行政法的这些抨击最后被击退了，普通法院和行政法院分开管辖得到维持。之所以是这样，原因同样不难理解。行政法具有的所有特色，连同行政法院的全部缺陷，之所以被允许存在，是因为这一法律体系总体来说在法国人看来是有益的。即便是严厉的批评者也承认，它具有许多重要的实用价值，也符合法国制度的精神。与此同时，行政法的发展不是受到政治家而是律师的影响；在最近的半个多世纪里，它在很大程度上去掉了专制的特点，变成一个基本固定的由真正的法院施行的法律体系；其实，行政法院仍然缺乏某些品质，如绝对独立于政府，而这些品质在英国人和许多法国人看来，是所有法院都应该具有的，但可以肯定的是，这些法院远不是纯粹的行政部门。

378 所以，对于任何一个精通英国司法史的人来说，情形似乎（甚至很可能）是这样：行政法会在律师的指引下，经过不断的演化，而最终完全变成法国法的一个分支（即便我们在最严格的意义上使用“法”这个概念），就像衡平法经过两个多世纪的发展而变成英国法中一个公认的分支一样。

（第四点：判例法的快速生长）

最后，19 世纪行政法的历史有助于解决学生心目中有关英国法早期历史的一个疑团，那就是，只要法院存在并正常运行，它们就能迅速创造或发展出一个法律体系。任何一个人，在阅读波洛克和梅特兰合著的《英国法律史》之后，都会惊讶于王庭

（King’s Court）施行的法律竟如此迅速地变成王国的一般法或普通法。这一法律革命似乎是一个自然结果，由一所享有极大权力的法院积极履行司法职责所致。我们不能断定，这个目标就是法院有意达成的。总的来说，它差不多由两个原因所偶然造成：第一，能干的法官在对各个案件作出判决时总是倾向于参考一般原则，并接受先例的指引；第二，下级法院趋向于追随任何一个享有重大权力和重要地位的法院。总之在这里，对于塔尔德（M. Tarde）在《模仿的法则》（*Lois de l’imitation*）中所阐发的那个原则，我们有其千百个例证中的一个。他的那个原则就是：人类的模仿天性可以解释一个制度或习俗何以先在一个国家最后在整个文明世 379
界普遍推广，并因成功推广或任何其他情形而让这一制度或习俗享有影响力。不过，我们还要强调一句：通过司法的力量来创造一个法律体系需要相当长的一段时间，但英国王庭塑造本国整个法律的速度却是惊人的。有一点是千真万确的，那就是，从 1066 年诺曼征服到 1272 年爱德华一世即位，为期不过二百余年，而到 1272 年时，英国法律的基础已然牢固确立；如果把我们的司法体系的建构时间算在亨利二世即位的 1154 年，我们就可以说，完成一次伟大的法律革命为期不过百余年。正是在这一点上，行政法的历史对比较法的研习者而言是有益的。

不过，在那些强有力的法院所具有的道德影响力或想象力较之人类发展的晚近阶段要大得多的一个时代，法律原则或法律程序得以迅速发展，对这一现象我们毋庸过于惊讶。无论如何，有一点是可以确定的，而且这一事实也非常富有启发，那就是，在现代文明之下，全部的法律规则和原理，以及整个的准司法程序

体系，在一个多世纪的时间里就在法国生长出来。我在这里有意用“生长”一词，因为行政法在1800年至1908年的发展像是一
380 个自然过程。法国法的这个分支就像英国宪制一样，确实“不是人为建造的，而是自然生成的”。

（二）不同点。第一点：行政法不同于英国法的任何一部分

一个聪明的学生很容易看到，行政法所包含的那些规则，是有关政府公职人员的地位、特权和职责的。因而，他认为可以把行政法等同于英国用以确立国王之臣仆或文职人员（军队不计在内）的地位的法律、条例或惯例。这些“公职人员法”不仅存在于法国，而且也以有限的范围存在于英国，于是，把两国的公职人员法联系起来并加以比较，当然就是可能的。但我们进一步探究后发现，这样理解的公职人员法虽然可以构成行政法的一部分，但毕竟与行政法是大为不同的。英国的这种法律，无论你怎样称谓它，所调整的是文职人员的特权或无能力，因而是某一类人的法律，正如军事法只是某一类人即军人的法律一样。但是，行政法却不是某一类人的法律——实际情况完全相反——而是一批在特定情形下可能影响到每个法国公民的权利的法律，譬如，某甲在普通法院中起诉某乙，但在审理中发现，甲乙双方的权利须视某个行政行为而定，而这个行政行为又必须由行政法院来进行解释。事实上，行政法不是文职人员的法律，而是法国公法的其中
381 一部分，这部分涉及每一个与公共行政机构（作为国家的代表）行为有关的法国人。其实，法国行政法与普通法律之间的关系，

与之形成恰当对比的不是英国调整特定人群的法律（如军事法）与一般法律之间的关系，而是英国的衡平法与普通法之间的关系。这两者的相似之处在于——尽管它们在其他方面的相似性微不足道——法国的行政法与英国的衡平法都与本国的普通法律不同，而且在某些情况下，均可改变每个公民的普通民事权利。

当我们的学生发现行政法不等同于文职人员的法律时，他自然就会认为，行政法可视为是这样一些法律的总和，即所有授予行政机构特殊权力和科予其特别义务的法律，也就是所有规定政府职责的法律。这些法律，尽管应当在每一个国家都存在，但直到最近几乎都没有存在于英国，这仅仅是因为，在英国直到最近五六十年的时间里，国家的行动范围都受到极大的限制。但即便在英国，规定政府公职人员特殊职责的法律也一直存在，近年来数量也大幅增加；这样的例子有很多，工厂立法即是其中一例，它主要是在 19 世纪下半叶生长成的，在有关工场车间的检查和管理问题上，它授予政府及其职员广泛的权利，同时也科予他们很大的义务。此外，如果行政法不过是指所有规定公职 382
人员职责的法律的总和，那么行政法就其一般性质而言，可以等同于英国的“与政府有关的法律”*。认为如此等同是合理的这样

* 作者在论述英国法治与法国行政法的异同时，常使用两个词来指称法国行政法在英国的对应物，即“official law”和“governmental law”，分别指英国“有关公职人员的地位的法律”和“有关公职人员的职责的法律”——参见：J. W. F. Allison, *A Continental Distinction in the Common Law: A Historical and Comparative Perspective on English Public Law*, Oxford : Clarendon Press, 1996, p. 20。前者使用较为普遍。为简便起见，这两个词可分别译为“公职人员法”和“与政府有关的法律”。顺便提一句，雷宾南先生的译本中将其分别译为“官法”和“政府法”。——译者

一个想法，可以从法国权威作家和英国作者那里得到支持，前者将“droit administrative”界定得很宽泛，[1]而后者偶尔会使用模糊的“administrative law”一词。但在这里，将二者等同的尝试仍然是失败的。存在于法国的行政法，并非是行政机构所享有的权力或所履行的职责之和，而是规范作为个体的法国公民与作为国家代表的行政机构之间的关系的原则之和。在这一点上，我们涉及英法两国思想之间的根本区别。在英国，国王及其臣仆的权力时不时会增加，尽管也可能会减少。但不论增加还是减少，这些权力都必须根据一般的普通法原则——即规范英国人相互之间关系的原则——来行使。譬如，一个工厂检查员享有一些议会法所授予的特别权力，但如果因执行上级命令而超越法律所授予的权限，他立刻就要对其不法行为负责，而且不能以严格服从上级命令为由进行抗辩；不仅如此，对于他所犯的侵权行为，他还要接
383 受普通法院的审判。但是在法国，行政机构所掌握的权力可能会减少，但我们始终认为，调整公民个人与国家间关系的原则不同于调整法国公民与公民之间关系的原则。简言之，行政法依据两个绝对不适宜于英国法的思想：一个是我上文解释过的，[2]即规范个人与国家间关系的原则，本质上不同于那些界定私人对其邻人的权利的私法规则；另一个是，关于这些原则的适用问题，不属于普通法院的管辖范畴。这个本质区别使得行政法不可能等同于英国法中的任何一个分支。因此，法国法学家所探究的那些真问

---

① 参见奥科，《行政法》，第1卷，第6节；奥里乌，《行政法概论》，第3版，第242页，以及第6版，第391、392页；拉菲利埃，第1卷，第1—8页。

② 参见本书第332页。

题，在英国法中就毫无意义。比如，“行政争议”的准确定义是什么？“管理行为”（actes de gestion）和“公权力行为”（actes de puissance publique）[*]之间的确切区别又是什么？以及一般而言，普通法院的管辖权和行政法院的管辖权之间的界限在哪里？

（**第二点：行政法事实上并未引入英国法**）

近年来，行政法是否以任何形式被引入英国法中？

这个问题是一些著名的论者提出来的，[①]也造成了一些困惑。384
我们可以给出一个明确而否定的回答。

英国政府的权力在最近约六十年的时间里大幅增加；国家承担了许多新的职能，如根据工厂法管理工人，根据教育法监管公共教育等。即便考虑到国家权力在很多情况下是由郡议会之类的地方机构来行使，国家活动范围的扩大也具有重要意义。然而，虽然授予那些直接或间接代表国家的个人或机构的权力在许多方

* 前者指个人基于私法而管理自身权利范围的行为，后者是指行政主体基于行政法而实施的指挥和命令行为。法语的“administration”既指一般管理又指行政，为了把行政从一般管理里面区分出来，发明了这对概念。——译者

① 参见拉菲利埃，第1卷，第97—106页。把诸如《1893年公共机构保护法》——附带提一下，该法不过是对以前条款的概括，这些条款存在于1601年至1900年间的大量议会法——之类的法律当作英国存在行政法的例证，在我看来似乎就是玩文字游戏。该法认为每个人均可合法做出法律要求他做的事。它还赋予一个履行法律义务如遵守议会法的人以时间方面的特权，即针对他在履行职责过程中做出的任何不法行为提起的诉讼，必须在规定的时间内提出；但是，该法完全没有规定，上级官员的命令会保护一个公职人员（如警察）做出的任何不法行为不受追究。

其实有那么一两个例子表明，受害者除非控告事实上的不法行为者，否则不能因一个国王臣仆的行为造成的损害而获得任何法律救济。这些例子实际上并不重要。参见附录十二“针对君主的诉讼”。

面都大为增加，但英国法中并未有意引入行政法的基本原则。任何一个超越法律之授权的公职人员，都要对其不法行为承担普通法上的责任；他应服从于普通法院的权力，而普通法院自身有权
385 裁定其法律权力的界限，以及他行动时所依据的命令是否合法有效。因此，法院确实有效限制和干预了（最宽泛意义上的）“行政”活动。比如，伦敦学校委员会声称有权向地方纳税人征税，以维持一种比该委员会所普遍提供的小学教育更高级的教育，事实上它也行使了这项权利；但高等法院裁定这项权利不存在。又如，一两年前，一些公职人员在海军部的明确命令之下，占有了据称属于国王的某块土地，在国王的产权有争议的情况下，一所普通法法院判决这些公职人员属于侵权人。在这两个案件中，都提出了精微的且有争议的法律要点，但没有一个英国律师，不论他对法院的判决持何种观点，曾质疑过高等法院的这个司法管辖权，即对学校委员会或国王的权利是什么进行判定。

所以，行政法在英国没有取得立足点，但是，正如某些外国评论家所指出的那样，最近的立法为了特定的目的，偶尔赋予公职人员某种类似于司法权的权力。在这些情况下——当然是罕见的情况——我们可以发现法国行政法在英国的少量类似物，但是之所以提出这些新的举措，仅仅是出于实用之目的，并不足以表明英国的政治家们有修改英国法的基本原则之意图。总之，英国
386 不存在真正的行政法。

尽管如此，一个英国律师，在明白了英国法中没有任何一个分支类似于外国的行政法这一点之后，还必须提防自己陷入一种错误认识，即认为现代法国的行政法根本不是英国人所说的“法

律”，而只是对一类行为准则的称谓，即指导行政部门行使一种即便不是专断的也是自由裁量的权力的准则。这种想法是错误的，我希望所有读者此时都能十分清楚。但是，这种错误观念的存在，实有某种可原谅之处，甚至有一定的正当理由。

法国政府事实上的确在行使一种宽泛的不受任何法院所控制的自由裁量权，尤其是针对外国人。行政部门或者它的职员不会因一个国家行为而接受任何法院的审判，不论这法院是普通法院还是行政法院。权威专家对国家行为[①]的定义其实存在严重分歧。[②]对于一个连法国法学家都有分歧的法国法问题，一个英国法律学者是不能发表意见的；但是，他或许可以推测，在骚乱时期，法国政府可以运用自由裁量权，而无需担忧来自普通法院的干预；而行政法院一旦介入，很可能就会支持那种对于国家行为的概念作出有利于行政 387
部门的解释。不管事实上怎样，但在英国人的心目中，法国行政部门握有大量特权这一点，很容易与法国行政法的性质相混淆，这种法律是由行政官员（至少部分是）组成的法院所实施。

此外，法国法对普通法院的管辖权施加限制，由此普通法院不得妨碍行政部门及其职员的行动，这在一个英国人看来——他已习惯于法院自行确定其管辖权界限的这样一种体制——似乎就等于把所有关乎国家权力的事务交给享有裁量权的行政部门来决定。这种观念也是错误的，但它是由一种可称之为偶然的情形所凑成。行政法的性质及其存在，第一次展现在许多英国人面前

① 请比较拉菲利埃（第2卷，第4篇，第2章，第32页）、奥里乌（第282—287页）和雅克朗（第438—447页）的论述。

② 参见本书第342页。

（对笔者而言肯定是这样），是通过托克维尔的著作，他的著作在19世纪英国的影响，相当于孟德斯鸠的著作在18世纪英国的影响。当时，托克维尔坦承自己对于他那个时代的行政法状况几乎一无所知。[1]他的学识在后来无疑增长了，但他晚年仍是以一个旧制度的历史学家而非执业律师的眼光来看待行政法的，即便是作为一
388 个历史学家，他看待问题的角度也极为独特，因为《旧制度与大革命》的目的是要建立这样一个信条，即现代法国的制度就其精神而言，在许多方面与古代君主国的制度是一致的；托克维尔想要捍卫一个在当时听起来似乎是悖论的历史理论——但也主要因为他的努力，这个理论现已成为一个普遍接受的真理——受这种想法的驱动，他对于大革命时代、帝国时代以至共和国时代的法国与旧制度的法国之间的相似性，不免言之过甚。这种倾向在他探讨行政法问题时体现得最为明显。他解释说，行政法背后的思想早在1789年之前就被法国的律师和政治家们所接受；他指出了君主制下行政法所具有的恣意性；他不仅强调旧制度下行政与司法之间的关联，而且还强烈反对这种关联，于是他断定，19世纪的行政法差不多就像十七、十八世纪的行政法那样，与专断权力的运用密切相关。

托克维尔没有认识到，行政法的性质在当时正静悄悄地发生改变。他也绝对无法预料到在他死后约半个世纪里所发生的那些变革。这也难怪，对法国制度的了解最初是从托克维尔那里获得
389 的英国律师，就不会注意到行政法的司法化现象——这是法国法律史上最意想不到却又最值得关注的现象之一。

① 《托克维尔全集》，第66页。

（三）优缺点

把英国法治与法国行政法各自的优缺点作一个比较，是很有启发的。

（法治的优点）

我们的刚性法治具有极大的和无可否认的优点。因此个人自由在英国比在任何其他欧洲国家都保护得更为彻底，更加地不受政府压制；两部《人身保护法》[①] 不仅保护英国臣民的自由，也保护外国人的自由；戒严法[②] 本身被控制在极有限的范围内，且必须接受法院的监督；司法权的扩展让权力分立的信条化为乌有，碰巧又有司法独立，其效果就是对法官的尊重。所以在英国，代表国家或（按照英国法的术语）君主的威严和尊贵者，是法官而不是政府。陪审团审判不免常受指责；法国一个杰出思想家的如下评论或许是对的：把困难的事实问题交给十二个顶多只有中等知识和智力的人来裁判，这种习惯不久就会被视为像决斗式神判一样荒诞不经。它在英国的成功，完全要归于民众对法官的信任，
也是这种信任的最显著标志。法官既是陪审员的同事，也是他们 390
乐意接受的指导者。下议院能够表达选民的意愿，把选举诉讼交给高等法院审理。一旦发生特殊情况，正如 1866 年在谢菲尔德那样，需要调查某个特殊人物却又几乎不可能通过法院的常规程序来执行，全国民众唯有盼望从法院中挑出法官而审理之。资方和

---

① 参见本书第 212 页。

② 参见本书第 280 页。

劳方发生冲突并有激烈争议时，雇主和工人都经常会把他们的分歧交给那些曾是高等法院法官的人来仲裁。总而言之，据我们对英国的观察，人们对法律至上的尊重，从最好的一面来看，与对法官的尊重互为因果。

（缺点）

法治固然赐福于国家，但也有一些不太明显却无可否认的弊端。法院一旦变成政府的工具，就有极大的危险。在这种情况下，法治就不构成所以创设法院之目的；在历史上的任何一个时期或任何一个国家，没有对法律和法院的尊崇，法治尤其不适宜。[①] 另外，尊重法律容易退化为守法主义，极其僵化的守法主义会对国民造成巨大伤害。比如，法治会抵制这样一种思想：从法律的视

391 角视之，国家代理人或者职员的地位区别于任何其他雇主的雇员的地位，或者说，他们负有的义务和享有的豁免权不同于普通公民；这固然可以使英国不发展出君主专制特权，但同时也多方面有害于国家公职。

譬如，法律确实是慢慢才认识到，公职人员违反义务可能具有重要影响，因而较之一个普通雇主的代理人所做出的同样行为，他应该受到更严重的惩罚。几年前，一个担任公职的抄写员向报纸泄露了一份极为重要的外交文件。我们想象不出还有比这更明目张胆的玩忽职守了，但当时似乎没有办法来惩罚这一刑事被告

① 在革命激情时期，陪审团审判也不能确保正义得到尊重。比如，倘若杰弗里（Jeffreys）在西部各郡的陪审员和自有土地保有人中找不到同谋的话，他在“血腥审判”（the Blood Assize）中犯下的罪恶行为是不可能发生的。

人。如果能够证明，他从办公室拿走了那份写有国家信息的文件，可以想见，他会以偷盗罪而接受审判。[①] 但是，一个因某个的确无辜的行为而被审判的刑事被告人，由于他的行为虽然存在巨大的道德过错，但不构成犯罪，所以他有望被无罪开释。《1889 年公务秘密法》[②] 的确使得在 1878 年不可能受处罚的某一罪行现在成为轻罪，但是，这部法案就像英国的其他立法一样，没有确立这样一个一般原则：违反公职信托即犯罪。因此，很可能是这样，即同 392
样是公职人员玩忽职守，在外国会遭受严厉惩罚，但在英国至今仍不会接受法律处罚。

下面这种情况对公众而言，也并非完全有益：一个政府职员在履行职责的过程中，侵犯了最普通之人的法律权利，此时，他不能以善意服从上级命令为由进行抗辩；或者说，公职人员与其他所有人一样，应就其行为向普通法院负责，而且这类法院中的裁断，上面曾提到，是由陪审团作出的。

就此而言，最富启发者，莫过于分析那些起诉贸易委员会官员阻止船只出海的诉讼。根据 1876 年以来的系列《商船法》规定，凡遇船只不适于航海，委员会都必须予以阻止，以避免严重危及人身安全。[③] 大多数人会认为，只要委员会的官员试图诚实地、无恶意且无腐败动机地执行法律规定，他们就会免于船主提起的诉

① 参见《社科年鉴》(*Annual Register*)，1878 年，“编年史”，第 71 页。

② 该法已被《1911 年公务秘密法》(乔治五世第 1 和 2 年第 28 章)废除和取代，1911 年的这部法律是一部被称为“对《1889 年公务秘密法》进行修正并使其再度生效的法律”。

③ 《1894 年商船法》(维多利亚第 57 和 58 年第 60 章)，第 459 条。

讼。然而，事实并非如此。委员会及其官员已多次被成功起诉。[①]他们受到指控，绝不是因为恶意或者过失，而是因为，委员会作
393 为行政机构而行动的这一事实，还不足以为自身提供保护，它的职员在诉讼中也不能以仅仅服从委员会的指示来答辩。此外，任何不严格遵守法律条款的行为，如只是忽略无关紧要的法律形式，都会让一切与阻留船只相关的人——不论职位高低——成为违法人。这里有一个问题，即阻留船只是否具有正当理由？该问题的答案在每一种情况下都会最终成为判决的依据；而这个问题是由陪审团来回答的，他们对于船主因其海船可能被不当阻留而蒙受的损失，比对于检查员急于履行职务和防止伤亡过程中的热忱，富有更加强烈的同情心。据说，结果已使得系列《商船法》中有关阻留不适航船只的那些条款归于无效。陪审团往往对政府怀有偏见。一个专业问题应当由对这一问题有所了解且无偏见的人来裁决，现在却交给一些既无知又有成见的人。此外，政府本来只关心公共利益，现在却被错置于当事人地位，而谋求自身之利益。诸如此类的问题，应当予以注意，因为它们能够解释——如果不是证明其有理的话——政治家们何以如此固执，就像托克维尔偏爱英国的政府思想那样，坚信行政问题应交由行政法院来裁决。

（行政法的优点）

以现代法国行政法为代表的行政法所具有的优点，确切说，它最有价值的那一面，尚未引起英国立宪主义者的注意，也未得

---

① 参见“汤姆森诉法雷尔案”（*Thomson v. Farrer*），载《衡平法院上诉案例集》[*Q. B. D.*（*C. A.*）]，第9卷，第372页。

到他们的恰当评价。[①] 国政院作为一个行政法院，其权力和管辖范 394
围逐年扩大，已经对于各种滥用权力的行为找到了新的救济办法，而这些行为似乎不为国内普通法律所触及，其中的技巧性，任何一个法学家都不能不赞赏。例如，国政院为个人创设了一项权力，并且扩大了它的适用范围：任何一个行政当局（在非常宽泛的意义上使用该术语）的任何一个行为，只要做出该行为的人或机构超越了法律赋予的权限，几乎每一个人都有权质疑它，并导致它被宣布无效。比如，一个省长发出的指示，或者一个法人制定的章程，如果超越了该省长或该法人的法律权力，那么，任何人只要对这一问题感兴趣，都可以提出申请，一旦提出申请，出于原告及所有人之利益的考虑，上述指示或者章程就可被彻底废除或宣布无效，即便原告自身并没有因被指控的行为而遭受任何的金钱损失，情况也是如此。此外，国政院巧妙地区分了两种损害，[②]

① 其中即有一点，而且并非无关紧要的一点，那就是：向作为行政法院的国政院起诉很容易，诉讼费用也不贵。

② 法国法对损害作出了两种重大区分：一种是行政或政府的越权行为（faute de service）对私人造成的损害——即便下属公务人员如警察根据官方指示行动时遵循了指示要求，至少是没有任何重大过错；另一种是此类下属公务人员执行官方指示时——该指示本身可能完全合法——因过失或恶意（faute personelle）而对私人造成的损害。前一种情况下，警察无需承担任何责任，受害者必须以某种方式向行政法院起诉国家；后一种情况下，警察要承担个人责任，受害者必须向普通法院对他提起诉讼（参见奥里乌，第170、171页；拉菲利埃，第1卷，第652页），此时显然不能起诉国家。

对于区分“个人过错”（faute personelle）和“公务过错”（faute de service）的确切标准，法国权威学者持有不同的看法，他们倾向于认为，一个公务人员，如警察，在善意地执行公务的过程中，是没有任何个人过错的。参见狄骥，《论国家、执政者及其官员》，第638—640页（另见狄骥，《宪法论》，第1卷，第553—559页）。

395 并把它阐释得越来越精细：一种是个人过错造成的损害，即一个官员，如省长或市长，在执行官方指示过程中因恶意、暴力或过失等个人过错而造成的损害，另一种是公务过错造成的损害，即一个自己没有任何过错的官员，在执行官方指示的过程中，因该指示本身非法或不公正而造成的损害。近年来，这一区分为受害于官员权力滥用的人提供了有效救济，而且，从某个角度而来说，它也扩大了官员的责任，或者确保他对于严格说来属于个人行动的非法行为承担责任，一种可由普通法院强制执行的责任。国政院施行的这种法官创制的法律，似乎在如下情形中最能体现它的优势——我基本上也是在最近一段时间才考虑到这一点：一个政府行为，可能被认为具有严格的合法性，但事实上这一行为中含有权力的非法使用情形，也就是说，法律授予政府或某政府机构权力，本来是用于某种目的，但实际却用于其他目的，即异于法律设想之目的，在这种情况下，个人也从该政府行为中获得了赔偿。有一个例子可以解释我要表达的意思。国家在 1872 年，一如当今，拥有火柴专卖权。法律授权政府以某种强买的方式取得现有火柴工厂的所有权。一位机
396 敏的大臣想到，待售的工厂越少，国家需要支付的价款就越少。而省长，即直接隶属于政府的官员，当时有权基于公共卫生理由关闭工厂。于是，该省长在前述大臣的命令下，假公共卫生之名，关闭了一家属于某甲的工厂，但真实意图却是为了减少国家在维持垄断过程中需要购买的工厂数。这种情况下，省长自身没有个人过错。因而某甲不能成功地向普通法院[1]起诉他——可以加上一句，向行

① 达洛，1875 年，第 1 卷，第 495 页。

政法院[1]也一样。但是，某甲向国政院提出异议，质疑该行为本身的有效性，使得省长的指示被宣布无效，最终通过国政院获得了一笔两千多英镑的国家赔偿金，即国家因非法关闭工厂而造成的损害，这还不包括国家为占有该工厂而支付的价款。[2]

（缺点）

国政院作为最高行政法院，其司法管辖权飞速增长，对此，没有一个英国人会感到不可思议；国政院权力的扩展，能够消除实际冤情，满足普通公民的需要，正如英国衡平法的生长曾经所起到的作用。然而，对于一个满怀这种坚定不移的信念的英国人来说，即王国的普通法律应由普通法院实施，而且保持普通法律的至上性至关重要，现代法国的行政法容易受到一些严厉批评。

他会猜测，国政院握有重权且权力不断增长，一定会减损普 397 449
通法院的威严。“多者愈增愈多，少者愈减愈少。”这句西班牙谚语具有深邃智慧，并得以广泛运用。英国历史上有段时间，御前大臣的司法权力，事实上与君主特权密切相关，它可能已让普通法法院黯然失色，而普通法法院保护的是英国的传统自由和英国人的个人自由。我们自然会认为，国政院管辖权的扩张，直接效果或许是有益的，但也可能会削弱普通法院的权力。不止一位论者指出——这些人的看法，应当可以代表有学识的法国人：如果说，国政院的成员缺乏终身职位的绝对保障——这可是

① 达洛，1878 年，第 3 卷，第 13 页。

② 达洛，1880 年，第 3 卷，第 41 页。

世所公认的司法独立的最佳保证，那么，目前不能免职的法官尽管可以拒绝解职，但也始终存在晋升的压力，[①]并不比国政院的成员更独立于政府，因为法官期待得到政府的晋升，而国政院的成员即便被依法撤职，但依照惯例他们基本上还是可以身居高位。

我们得知，陪审团审判成为一个笑柄，而且就公共利益而言，还是一个很糟糕的笑柄。[②]检察官和罪犯都宁愿选择刑事法院，而不是重罪法院，因为前者没有陪审团审判，而后者由一位法官主
398 持庭审，由陪审团作出裁决。检察官知道，在刑事法院，证明有罪就会定罪。罪犯也知道，尽管他在低级法院或许没有机会让本性温厚的或感情用事的陪审员宣告无罪，但也不可能遭受严厉的惩罚。有两个事实是确凿的。其一，法官在 1881 年被剥夺了向陪审团作出指示的权力；重罪法院审理的案件数量逐年递减。其二，普通法院的诉讼程序，不论民事的还是刑事的，陈旧而烦琐。大行政法院的诉讼程序建立在现代观念的基础之上，简单、便宜而有效。普通法院中的审监法院尚能赢得尊重，但其他法院几乎不用怀疑，其地位已然下降。这些法院的法官既没有英国高等法院法官的权力，也不具备他们那样的道德权威。

不仅如此，英国人很难相信行政法院出于本性，至少在有关政治的问题上，会像英国的法院那样，给予个人自由以大量保护，这种个人自由，是每一个英国公民甚至每一个定居在英国的外国

① 参见夏东，第 326—328 页。

② 同上。

人都能获得的。但不管怎样，有一点是可以确定的，那就是，普通法律和行政法（再加上法国法学家迄今所解释的权力分立原则）之间的区分，隐含着一个总的信念：政府代理人善意地执行公务时，需要免受普通法院的支配。这一点可得到许多事实的证明。保护国家公职人员的这种愿望，推动了《刑法典》第 114 条的出 399
台。这一愿望还使得共和八年宪法第 75 条存续了七年。它甚至还影响到废除第 75 条的那些人，因为在表达废除本身所用言辞中，含有要为政府代理人提供某种特殊保护的意图。此外，它还影响到法院的判决，这些判决基本上已让 1870 年 12 月 19 日法归于无效——按照人们最初对这部法律的理解，如果公职人员在履行法定职责的过程中，做出了涉嫌违法的行为，该法已规定普通法院才是唯一裁判者，即判决该公职人员应受何种惩罚或承担何种赔偿责任。非常奇怪的是，行政法院成功扩大了私人的权利，使其有权从国家本身获得赔偿，而损害却是国家职员的非法或有害行为造成的；英国评论家一定会认为，这种做法，似乎是在为奉命行事的政府代理人提供一种新的保护。如果受害者能够从政府（也即是国家自身）获得赔偿，肯定不再有动力起诉下级官员，因为他的过错仅在于执行上级的不当或非法命令。[①] 但是，任你如何
考虑这个问题，公职人员的个人豁免——尽管自身没有其他过错， 400

① 也请考虑下列原则为每个国家职员提供的扩大保护，即对于按照法定职责的精神行事时所犯下的任何过错，他不应承担任何个人责任。该原则至少由一位权威学者所阐述：“由于公职人员的行为是在其公共职能的支配下做出的，这就意味着追诉的实际目标将是设定了这些公共职能的国家，因此面对个人，公职人员不适宜承担相应责任，即便他们实施了错误的行为；而与国家相比，他们也不适宜承担相应责任。”——狄骥，《论国家、执政者及其官员》，第 638 页。

但他们参与了违法行为——都是与英国普通法的基本思想相冲突的，即便它甚至与现代法国的行政法相兼容。这种根本对立，曾为法国的一位杰出法学家所精彩阐释。

奥里乌写道："在所有法律体系中，对公职人员以职务身份对个人实施的违法行为提起诉讼的权利，以各种各样的形式存在；该权利符合每一个受害于不法行为的人的本能，即倾向于向直接侵权人寻求赔偿。但是，在这点上，不同国家的法律具有完全不同的趋向。有的国家，如英国或美国，想方设法地追究公职人员的个人责任而非国家责任。而其他一些国家，则尽一切努力地追究国家本身的责任，而非公职人员的个人责任，从而使其免受因执行国家公务所犯过错而导致的不利后果；中央集权国家的法律，尤其是法国法律，就属于这种类型。在那里，你会发现所谓的公职保护（garantie des fonctionnaries）。"①

① 法文原文如下："Ce principe est admis par toutes les législations, la poursuite du fonctionnaire existe partout, d'autant qu'elle répond à un mouvement instinctif qui est, pour la victime d'un méfait, de s'en prendre à l'anteur immédiatement visible. Mais les législations obéissent à deux tendances bien opposées: il en est qui s'efforçent d'abriter l'État derrière le fonctionnaire, il en est d'autres, au contraire, qui s'efforçent de faire couvrir le fonctionnaire par l'État, de le protéger, de le rassurer centre les conséquences fâcheuses de sea erreurs. Les législations des pays centralisés et notamment celle de la France sont de ce dernier type; il y a ce que l'on appelle une garantie des fonctionnaires."——奥里乌，《行政法概论》，第三版，第170、171页（作者实际上在正文中用英文翻译了这段法文，故这里保留原法文。——译者）。

第十三章　议会主权与法治的关系 402

议会主权和王国法律至上——贯穿于整个英国宪制的两项原则——似乎是相互对立的，或者至多也只是两个相互平衡的力量。但这不过是一种假象；议会主权与其他最高权力不同，它有助于法律至上，与此同时，虽然严格的守法精神在我们的整个制度中占居支配地位，但它会引起议会行使和增加它的主权权力。

一、议会主权有助于法治

议会主权有助于王国法律的至上性。

之所以会是这样，主要是因为它具有两个足以区别其他最高权力的特征或特质。

第一个特征是，议会（如上所述，由君主、上院和下院组成）的命令，只有通过它的三个组成部分的联合行动才能发布，从而必须始终采用正式而慎重的立法形式发布。简言之，议会的意志[①] 403

① 在赞成所谓“两院制”的主张中，有一种强有力（即便不是最有说服力）的观点，那就是认为，两个立法机构共存，就足以防止将法律与任何一院的决议混同起来，也足以防止立法机构用它的专断意志来代替国家的普通法律。但是，谁要极力支持这一论点，就应该认真思考一下有关法国国民大会和英国长期议会的历史。

只能通过一部议会法来表达。

这不仅仅是形式问题；它还具有很重要的实际作用。它可以防止对王国法律的这类侵害：一个专制君主，如路易十四、拿破仑一世或拿破仑三世，可能通过条令或法令而造成的侵害，或者法国的各种制宪会议，尤其是著名的国民议会，当初通过突然的决议而实施的侵害。议会只能通过一部议会法来表达意见这一原则，可以大大增加法官的权威。因为一个议案通过成为法律之后，会立即受制于司法解释，而英国法官对一部议会法的解释，始终只参照它的文字来进行，至少原则上如此。一个英国法官不会理睬上院或下院的决议，或者议会辩论阶段通过的任何决定（法官对此并无正式管辖权），甚至也不会理睬某个议案从首次提交议会到最后获得御准期间的任何变更。所有这一切，在英国律师眼里都是很自然的事情，但可能会让许多外国律师感到非常惊讶，毫无疑问，法官也会经常
404 做出某种程度的狭义解释。但无论如何（正如上述），这个特征非常有助于树立法官的权威，维护法律的稳定。[①]

第二个特征是，除非在革命时期，英国议会本身从未直接行使过行政权，也从未任命过政府的行政官员。

的确，现代下院实际上取得了选派和任命首相及内阁成员的权利。但从历史的角度来讲，这项权利是近来才取得的，而且它的行使方式也非常间接；它的存在并不影响“上下两院不直接任免国家公务员”这一论断的真实性；即便到现在，无论上院、下

① 此处讨论的这项原则，即最高立法机关只能通过议会法这一特定形式来发布命令，当然有其历史根源；它源于这样一个事实，即议会法在过去实际上是（形式上更是）“由国王经上议员和下议员的建议与同意在本届召集的议会中制定的”。

院，还是两者的联合，都不能直接向军官、警官或税务员发布命令；国家公务员过去实际上是“国王的臣仆”，如今在名义上仍然如此；还有一点要特别注意，那就是，议会对政府官员的态度，最初形成于它在某一时期所具有的意见和看法，在这个时期，“国王的臣仆”隶属于君主，即一个必然引起议会猜忌和警惕的掌权者。

因此，几个结果都趋向于间接支持法律至上。议会尽管拥有 405
最高权力，但它却不像至高无上的君主那样，既是一个立法者又是一个管理者（即政府的行政首脑），可以用政府权力来干预常规的法律进程——迄今为止，议会从未这样做过；[①] 更重要的是，对于官员的一切豁免权，即免于承担普通公民的一般责任，或免于普通法院的一般管辖，议会均持反感和猜忌的态度；议会主权一直是“行政法”生长的重大障碍。值得注意的是，议会对司法独立的维护，事实上做得恰到好处。所以，严格说来法官并不是终身的；他们可基于上下两院的呈文而被解职；换言之，议会一直使他们独立于除了议会自身之外的其他任何一种国家权力。

（支持法治的这种趋势，通常未见于国外的代议机构）

有一种想法可能会浮现在读者眼前，那就是，我刚才详细阐述的有关英国议会的那些特征或者特性，一定为欧陆国家的大多数代议机构所共有。例如，法国国民议会表面上看来就和我们自己的议会极为相似。但它实际上是由一种不同的精神所支配；因 406
为它在许多方面都是波旁王朝和拿破仑帝国的产物。它显然具有

① 与这种方式形成对照的是，甚至到 18 世纪末，法国国王还在干预法院的诉讼。

干预具体行政事务的倾向，尽管对这个问题的判断，一个外国人必有所顾虑。法国国民议会对普通法官的独立和权威并无特别好感；也没有对“行政法”体系表示不赞成——法国人很有可能认为这种法律很适合他们，而且，较之英国议会曾经授予国王或他的臣仆的权力，该议会无疑允许政府保有更宽泛的行政权甚至是立法权。不但在法国如此，在其他许多欧陆国家，如瑞士或普鲁士，也是如此，只不过方式有所不同。英国发展出来的议会主权支持法律的至上性，但是可以肯定，并非目前所有实行代议制或议会制政府的国家都是这样。

二、法治有助于议会主权

法律的至上性需要议会主权的行使。

法律的刚性始终对政府行动构成束缚（有时还会给民众带来巨大伤害），政府若要规避由法官解释的严规峻法，只有通过议会所授予的自由裁量权才能进行——这种权力王国的法律不会给予君主。要特别注意的是，政府需要自由裁量权这一点是如
407 何导致它不得不求助于例外立法的。现代复杂的生活条件决定了，没有一个政府在动乱或者战争时期，能够不临时运用专断权力而维护国内治安或抵御外强入侵。比如，在社会骚乱时期，你不仅需要惩罚反叛者，还需要逮捕被合理怀疑搞阴谋的人；如果得知外国革命者正在境内到处煽动叛乱，行政当局就必需将外国人予以驱逐，否则不足以维护社会秩序。又如，有两个外国正在交战，或者某个友好的国家中有两股势力正在分裂国家，此

时对英国来说，除非君主有权当即制止国人偏袒任何一方，否则便不能严守中立的义务。再者，如果每一个外国无赖在本国犯罪之后，都可以逃到英国而确保自己不受刑事处罚，虽曾盗窃杀人亦能幸免——简言之，如果这些国家的整个刑法都被削弱，它们就会感到权利受到侵害。但是，除非英国的行政部门有权将法国或德国罪犯交给本国政府，这种后果必将接踵而至。因此英国的行政部门需要行使自由裁量权，但至少在危及个人自由的时候，法院必将阻止政府运用任何自由裁量权。除非有制定法授权，否则君主是不能将任何一个外国人[①]加以驱逐的，哪怕这个人是杀人凶手，在法国布伦港残忍杀害全家老小之后，当天横渡海峡到了英国的多佛尔，手上还沾满受害者的鲜血。这种情况下，行政部门就必须请求议会协助，当然也总能如愿。例 408
如，一部《外国人法》使得政府能够在动乱时期将任何一个外国人驱除出境；一部《国外服役法》使得政府能够制止本国人介入外国的国内斗争或为外国交战双方提供军火；系列《引渡法》曾授权给政府，目的有二：一是防止英国成为外国罪犯的庇护城，二是与外国政府合作，共同遏制关乎整个文明世界的犯罪。法律的刚性需要议会的干预，例子不胜枚举。在发生内乱或外侵之时，为了合法性本身，法律规则必须被违反。这时候政府应采取何种措施就再清楚不过了，那就是，政府必须违反法律，然后期望于一部“豁免法”的事后保护。正如上述，[②]“豁免法”这种制定法是议会运用主权的最后和最高形式。它将非法行

① 但是，请参见本书第 220 页，注释 2。

② 参见本书第 47、48 页，第 228—233 页。

为合法化；同时，它切实可行地解决了一个让十六、十七世纪的政治家无法解决的难题，那就是：每个文明国家的行政部门都必须在紧急关头自由运用某种形式的裁量权或特权，但是如何做到在运用这种权力的同时，还能使上下两院的权威和法律得到维护？

这种解决方案，可能被某些评论家视为只是一种形式上的，
409 或者最多不过是用议会专制代替了君主特权。但这种想法是错误的。事实上，英国行政部门的哪怕是极专断的权力，也必须始终根据议会法的授权来行使，这就使得政府即便拥有最为宽泛的权力，也仍然处于（可以说是）法院的监督之下。为制定法所赋予或批准的权力，无论多么特殊，都绝非真正不受限制，因为它们不仅受到法律文字本身的限制，而且还要受到法官的法律解释的限制。议会固然是最高立法者，但自它作为一个法律制定者表达出自己的意志的那一刻起，该意志就受制于王国法官的解释；而法官受治安法官的感情的影响，不亚于受普通法的总体精神的影响，因而他们对于作为普通法原则之例外的制定法的解释，往往以一种不受欢迎的方式进行，即不受大量官员的欢迎，或不受上下两院的欢迎——如果要求议会对自己的法律进行解释的话。在外国，尤其是在法国，行政法思想（源自君主专制传统的观念）限制了法官的权力，某种程度上也支配了法官的思想。但在英国，却是司法观念改变了行政部门的行动，支配了行政部门的思想。不论从哪个角度而言，我们都会得出同一个结论，那就是：议会主权有助于法治，而王国法律的至上性，不仅引起议会主权的行使，而且还使得它的行使按照一种守法的精神来进行。

宪法性法律与宪法惯例的关联

第十四章　宪法惯例的性质 413

（待解决的问题）

在本书的开头，[1]我强调了“宪法性法律”和“宪法惯例”之间的本质区别。前者实际上包括法院实施或认可的规则，由大量的严格意义上的“法律”组成，而后者事实上包括法院不予实施或认可的习惯、常规、原理或准则，由大量的非法律，即宪法道德或政治道德组成；上文还特别指出，是宪法性法律，而非宪法道德才构成法律研究的真正对象。[2]按照这种看法，到目前为止我让读者所关注的，完全只是贯穿于宪法性法律的两大原则，即只是关注议会主权[3]和法治[4]的含义及其应用。

但是，一个法学家如果不对宪法默契（understandings）的性质有所关注——它们一定会吸引历史学家或政治家的兴趣，他连英国宪制中的法律部分也不能理解。他至少必须弄清楚，宪法性 414
法律与宪法惯例是如何发生关联的——如果有的话；一旦着手这

① 参见本书第 22—30 页。

② 参见本书第 29—31 页。

③ 参见本书第一篇。

④ 参见本书第二篇。

一工作，他很快就会发现，自己所做的只是进一步阐述之前讲过的道理，继续找出法律至上（此乃英国政体的全部特征之所在）剩下的和最显著的例证。

因此，在本书最后两章中，我的目的是解释或弄清英宪中法律和惯例这两部分的关系或者关联，并指出正确地评价这种关联是如何让宪法中的若干次要问题或难题得以理解的。

如果能够回答以下两个问题，上述目的即可达成：第一，宪法惯例或宪法默契的性质是什么？第二，宪法惯例得以强制遵守，所依靠的力量或者（用法学术语来讲）“约束力”（sanction）是什么？这两个问题的答案本身将有助于理解我所提及的次要问题。

一、宪法默契的性质

现代英国的宪法道德由默契构成，对于这些默契的突出特征，也可以说是它们的外在形态，没有人比弗里曼先生的这段描述更精彩：

> 我们现在有一整套的政治道德，即指导公职人员行事的一整套准则，这些准则不见于任何一个制定法条文或普通法
> 415 判例，但它们在实践中受到的尊重程度，几乎一点都不亚于《大宪章》或《权利请愿书》中的任何一个原则。简言之，在我们的成文法*旁边，生长出一部不成文的或惯例性的宪法。

---

* 原文在这里使用了“our written Law”这样的说法，其中“Law”的首字母是大写，无非是想强调“作为整体的法律”，而不是指具体的法律，或者“成文法”性质。——译者

> 当一个英国人谈及某公职人员的行为合宪或违宪时，他的意思完全不同于说某个行为合法或非法。下议院曾在一个伟大政治家的动议下，投票通过了一个著名的表决，宣告当时的众国王大臣已失去下院的信任，因而他们继续任职不符合宪法精神。按照公职人员几个世代以来所遵循的传统原则，这一主张的真实性毋庸置疑；但是，寻遍英国成文法的任何一个条文，都找不到这些原则的踪迹。提出那个动议的人不是要指控现任政府有任何非法行为，即任何能够向下级法院起诉或受到议会自身弹劾的行为。他的意思不是说，按国王之意而任命的那些大臣，在国王认为解除其职务是恰当的时候，仍然不离开自己的职位，从而犯下了“法律”能够确认的违反“法律”的行为。他的意思是指，他们的政策的总体方向，在下院多数看来，似乎并不明智或者于国民无益，因而根据 416
> 一项与成文法本身一样得到充分理解且一样有效的惯例准则，当下院认为他们不宜继续任职时，他们就必须辞职。[①]

弗里曼对我们的惯例宪法的生动描绘，有一个不足之处，那就是将其中的“成文法”(written law)与“不成文宪法”(unwritten constitution)加以对比；正如已经指出的那样，真正形成对照的是这两者：一边是严格意义上的法律，不管成文与否，另一边是默契或常规，尽管得到普遍遵守，但根本不是真正意义上的法律。不过，这仅仅是语词上的错误。我们可以欣然接受弗

① 弗里曼，《英国宪法的生长》，第1版，第109—110页。

里曼的描述，把它作为我们研究的起点，以探究构成我们宪法道德之主体的那些行为准则具有什么性质或共性。

（宪法默契的例证）

以下是弗里曼先生提到的行为准则的例子，[①] 它们属于实际约束（或理应约束）英国公共生活的规则。譬如：“政府在下院中遭多数票反对，在许多情况下必须辞职。”“内阁在重大问题上遭下院多数票反对，可解散一次议会而诉诸国民。”“如果诉诸选民后仍对政府不利，全体部长都必须引退，不得再次解散议会。”“内
417 阁就其所有事务集体向议会负责。”“而且，对于各部成员作出的任命，或者更确切地说，对于国王基于内阁成员的建议而作出的任命，内阁也要在一定范围内——尽管具体范围不是非常明确——集体向议会负责。”“暂时赢得下院多数席位的政党，（通常）有权让本党的领导人担任政府职务。”“其中最具影响的领导人（一般）应当成为首相，或者说内阁首脑。”这些准则都与内阁的地位和组成有关。但是，也很容易找到涉及其他问题的宪法准则。比如：“缔结条约无需任何一部议会法授权；但国王（其实是代表国王的政府）不得缔结任何一个不会得到议会批准的条约。”“制定国家外交政策、宣战与媾和应当由国王（确切说应当由国王的臣仆）进行。但对于外交事务，如同国内事务，上下两院的意愿或者（当两院意见不一致时）下院的意愿必须得到遵从。”“如果一个政府公然无视议会的意愿，竟然采取有关宣战与

① 更多的例证，参见本书第 25、26 页。

媾和的行动，这种行动就构成严重违宪。”“如果上下两院的意见产生分歧，上院在某一时刻（不能明确界定）必须让步，要是上院竟然不予让步，而下院又继续得到国民的信任，此时，国王或者为之负责的建议者就有义务册封或者威胁要册封足够多的新贵 418
族，以使上院的反对派处于下风，从而使立法机关的两个分支保持一致。”[①]“为迅速处理事务，议会应当至少每年召集一次。”“如果突发紧急情况，如爆发内乱或外敌入侵，政府如果需要另外授权的话，就必须让议会立即召开，以获取为保卫国家所需的一切权力。与此同时，大臣们即便是冒着违法的风险，也要采取一切必要措施以恢复秩序或抵御攻击，在这个过程中若是违反了王国的法律，就只能指望议会通过一部‘豁免法’来加以庇护。”

（宪法默契的共性）

这些规则——我有意用零散而通俗的方式来叙述它们，加之其他许多同类规则，构成今日的宪法道德。它们全都一直是行动的依据，但因为不能被任何法院所实施，所以不应被视为法律。它们的种类很多，就如同初看起来的那样，不但在重要性上而且在一般特征与范围上各不相同。不过，仔细研究之后，你会发现它们具有一个共同的特性；它们全都是（至少大部分是）为了确定国王（或者作为国王仆人的大臣）应当如何行使其自由裁量权的一些规则；而这个特征经研究之后发现，不仅为已经列举的所有规则所共有，而且为绝大部分（尽管并非全部）宪法惯例所共 419

① 不同的观点，参见赫恩，《英国政府》，第2版，第178页。

有。然而，要准确理解这一点，尚需进一步解释。

（宪法惯例主要是规范君主特权行使的规则）

政府的自由裁量权意味着，国王或国王的臣仆可以合法地采取任何一种行动，而无需向议会申请另外的法定权力。于是，国王解散或召集议会、媾和或开战、册封新贵族、解除大臣职务或任命新的大臣，都不需要制定法的授权。所有这些事情，至少在法律上都属于国王的裁量权范畴，从而也都属于政府的裁量权范畴。这种权力很可能源于议会法，少数情况下也的确源于议会法。例如，《1870 年入籍法》授予政府大臣一项权利，即在特定情形下把一个外国人转变为大英的归化臣民；《1870 年引渡法》授权给一位政府大臣，使他能够（在法定情况下）无视国内的普通法律，把一个外国人交给本国政府审判。然而，对于议会法授予国王或国王臣仆的这种裁量权，我们基本上不必关注。因为，这种裁量权的行使方式，议会法本身规定得（或者说也许）比较明确，通常也受到极大的限制，以至于事实上成为法律裁判的对象，从而

420 让一个宪法道德问题变成一个真正的法律问题。一般说来，国王的裁量权不是源于议会法，而是“特权”——宪法中没有哪个词语比这一术语更让学生们感到困惑。“特权”无论从历史上看还是就事实而言，似乎都不过是裁量权或专断权的剩余部分，而裁量权或专断权在任何一个时候都合法地掌握在国王手中。国王最初是（现在名义上仍然是）名副其实的“主权者”，即便不是法学家眼中严格意义上的“主权者”，至少也是主权权力中最强有力的部分。1791 年，下议院全然不顾大臣们的反对，强迫当时的政府把

里弗斯先生（Mr. Reeves）交付审判，因为这位饱学之士在《英国法史》一书中所表达的观点，含有赞扬君主特权而藐视下院权力的意思。这本书有很多观点都受到指控，包括其中很长的一段文字，它把宪法比作一棵大橡树，国王是树干，其他机构则是树枝和树叶。作者这样对比是为了得出结论说：国王是所有法律权力的源泉，因而摧毁王权无异于砍倒参天橡树，英国人正是在它的庇荫之下，才免遭雅各宾激进风暴的摧残，下院及其他机构不过 421
是树的枝叶，剪除枝叶不会对树本身造成严重损害。[1] 里弗斯先生在民众骚动时期发表这种见解，或许是不明智的。幸好陪审团最后裁断，该行为不构成煽动罪；因为就史实而言，他的观点确实是有合理根据。

事实上，国王的权力先于下院的权力存在。自诺曼征服时起，直至 1688 年光荣革命，王权其实具有主权的诸多特征。“特权”一词是指国王原初权力的剩余部分，因而正如上文所说，它是指国王随时都掌握在手中的裁量权的剩余部分，而不论这种裁量权实际上由是国王本人行使，还是由他的大臣行使。行政部门的每一个行为，虽未经议会法授权但仍不至于违法，都是因为有这种特权的存在。因此，如果为了便于讨论，把议会法授权给国王或国王臣仆的情况（如《外国人法》的例子）忽略不计，我们就可以把“特权”等同于行政部门的自由裁量权，而且我们还可以断定，宪法惯例主要是一些确定特权以何种方式和精神来行使的准则，或者说（其实完全是一回事），它们是这样一些准则，即确定

---

① 参见《豪威尔国家审判》，第 26 卷，第 530—534 页。

任何一个可以凭借君主特权而合法作出的行为（如宣布战争与和
422 平）应该按何种方式来实行。这个说法，应当注意的是，适用于行政部门所行使的一切自由裁量权，当然，制定法授权的情况除外；具体而言，它不仅适用于国王根据个人意愿由本人亲自作出的行为，以及国王及其大臣实际参与的行为（这类行为出现的频率，比现代宪政主义者所愿意承认的要高），而且还适用于非常大量的且不断增多的一类行为，即名义上由国王作出实际上却全部由大臣们来完成的行为。简言之，宪法惯例是一些用以规制国王的所有剩余裁量权应当如何行使的规则，不论这些权力由国王本人行使还是由大臣们来行使。这一点，可从下面这种情况看出来，即这些惯例可以轻易地且法律上很准确地表述为一些关于特权的规则（regulations）。比如，说内阁在某个重大问题上遭下院多数票反对一般都必须辞职，就相当于断言：国王按自己的意志解除大臣职务的特权，必须根据上下两院的意愿来行使；又如，大臣不得缔结任何一个不会得到上下两院批准的条约这个说法，意思就是指：国王有关缔约的特权——美国人称之为“缔约权”——不得在违背议会意志的情况下行使；再如，议会必须至少每年召开一次的规则，其实就是这样一个规则：国王随意召集议会的法
423 律权利或特权，必须按照“议会每年召开一次”的方式来行使。

（某些宪法惯例涉及议会特权的行使）

对宪法默契的这种分析，容易受到一个合理的批评，那就是，这种分析本身没有问题，但内容明显有遗漏；因为还有少数宪法习惯与王权运用问题无关。比如，有一默契（即便在最好的

情况下也非常模糊）即是如此：如果上下两院的意见不断发生冲突，上院在某一时刻必须对下院作出让步。还有一些做法或默契也是（至少过去是）如此，如上院的司法职能只能由司法上议员*来履行；《离婚法》不被视为立法的记录而是司法的记录。诸如此类的习惯，实质上是一些用以确定两院或其中一院应当如何行使它们的裁量权（或者用过去的一个术语，即“议会特权”**）的规则。使用“议会特权”这一个词，基本上足以向我们展示如何只用一个概念来涵盖所有的宪法惯例。“君主特权”和“议会特权”之间有一个高度类似之处：前者在历史上用来指称国王的裁量权，而后者在历史上用来指称上院或下院的裁量权。因此，对特权行使予以规制的默契，确定了（或旨在确定）主权机构的其中一部
分（即国王）所以行使其裁量权的方式；而对议会特权行使予以 424
规制的默契，确定了（或旨在确定）主权机构的另外两部分所以行使各自裁量权的方式。其结果是，宪法惯例从整体上看是关于主权立法机构（可能还记得它就是“王在议会”[①]）的若干组成部分各自应该以何种方式行使其裁量权的习惯或者默契，不论这种裁

* “Law Lords”，又译为法律贵族或者法律勋爵，因其身份为议员但又专职司法之故，故译为“司法上议员”。2009 年英国最高法院成立之后，这些司法上议员成为英国最高法院法官，同时失去在上议院发言和投票的权利。——译者

** “Privilege”，是赋予上下两院、委员会及议员的一种权力，其实叫“公共利益豁免权”更为合适；它是上述机构或人员在达成自己任务时所必须拥有的、免于外界介入或法律追诉的保障。主要由两部分组成：言论自由和两院管制自身事务的权利。参见〔英〕罗伯特 · 罗杰斯、罗德里 · 瓦斯特:《议会如何工作》，谷意译，广西师范大学出版社 2017 年版，第 469 页。该词直译即为“特权”，若不加限定词会与“君主特权”（Prerogative）相混淆，所以译为“议会特权”。——译者

① 参见本书第 37 页。

量权被称为君主特权还是议会特权。然而，我们的宪法惯例中数量最多、意义最大的，实质上是关于特权行使的那部分，所以出于简洁明确之故，下文关于宪法惯例的讨论，只涉及这样一些规则或者习惯，即确定行政部门应当（即国民要求）如何行使其裁量权（准确而言是特权）的规则或者习惯。

二、宪法默契的目的

宪法惯例主要是确定特权如何行使的规则，搞清楚这一点之后，我们便可进一步分析它们的性质。它们的目的在于，确保议会或者由议会间接任命的内阁最终贯彻那些有势力的人的意志，这些人在现代英国是真正的政治主权者，即多数选民或者国民（后者是一个通俗但不大准确的用语）。

425 在此刻，上文所强调的“法律”主权和“政治”主权之间的区分，[①] 就完全凸显出它的意义了。从纯粹的法律视角来看，议会是大英帝国的绝对主权者，这是因为，每一部议会法对于帝国疆域内的所有法院都具有约束力，而且，任何一个规则，不论是道德的还是法律的，只要与一部议会法相冲突，就对整个王国的所有法院都没有约束力。但是，如果说议会是法律上的最高立法机关，那么代议制政府的本质则在于，立法机关必须代表或贯彻政治主权者的意志，即选民群体或国民的意志。立法机关各组成部分的行为须受到一定规则的约束，以确保法律主权者的行为符合

① 参见本书第 68—73 页。

政治主权者的愿望，这一点总体而言是有充分根据的。如果英国真正的统治者或者政治主权者就如过去的情形一样是国王，那么立法就可以按照国王的意志以下列方式进行：如，国王本人可以王室公告或法令的形式立法；或者，其他机构，如国务会议*或议会自身，可以在遵照国王意志的前提下立法。若采用第一种方案，宪法惯例则无存在之余地与必要；若采用第二种方案，所有的立法活动都必然受到某种规则的约束，以保证立法机关的法律不与国王的意志相冲突。其实，选民才是英国的主权者。这个群体自 426
身的性质决定了它不能自己立法，因而主要出于历史原因，就产生了一个理论上最高的立法机关。这种情况的结果自然是，立法机关的行为虽然（据假设）不受法律的限制，但是应该受到默契的约束，而默契的目的则是为了确保议会遵从国民的意志。这就是历史事实。如今宪法惯例由诸多的习惯组成，不论其历史来源如何，目的都是为了确保下院的至上性，而最终是为了确保国民通过选举产生的下院享有至上地位。我们现代的宪法道德准则——尽管以一种间接的方式——使外国所谓的“人民主权”原则得以牢固确立。

如果我们从这些准则中抽出一两条主要规则，对其效果详加分析，这一点就变得相当明显。比如，有一条规则，即国王的权力必须由大臣代为行使，且大臣须为上议员或下议员并“赢得下院的信任”，它的意思实际上就是，立法机关中由选举产生的那部

---

* “Council of State”，英国历史上的机构，存在于1649—1660年，代替国王和枢密院履行政府职能。——译者

分，不仅事实上能够（尽管以一种间接的方式）委任政府行政部门；而且国王或者政府最终必须贯彻，至少是不得违背下院的意愿。但是，代议过程不过是一种方式，据此，代议机构或者下院
427 的意志得以与国民的意志相一致，由此可以断定，把对政府的委任和监督主要交给下院的这条规则，本质上就是把对行政部门的选任和最终监督交给国民这样一个规则。这一点同样适用于这样一个默契或习惯：在一切有重大政治争议的问题上，上院被期望于在某一时刻对下院的意志作出让步，因为下院代表着国民的慎重决定；或者另外一个惯例——尽管它的产生相对较晚，却构成现代宪法道德的一个基本规则：假若上院贵族最后不接受下院的决定，国王就被期待于授予新的贵族爵位以使上院的抵制无效。[①]也许有人会问：所谓的"时刻"如何确定？也就是说，如果两院发生冲突，上院必须在哪一时刻让步，或者，倘若上院不予让步，国王又应当在哪一时刻行使册封新贵族的特权？这个问题很有价值，因为它的答案非常有助于我们理解，构成我们的惯例准则的各条规则具有何种性质和目的。回答如下：上院必须让步或者国王必须干预的"时刻"，由一切能够表明下院在所争议事项上确实代表着国民的慎重决定的事情所适当确定。这一回答符合事实，
428 几乎不会有人质疑。不过，承认选民的慎重决定是关键因素，其实就相当于承认：与上院或国王行动有关的那些默契，就是我们此前所发现的，是一些旨在确保真正的政治主权者（或者说选民

① 赫恩先生认为这一规则或默契不存在，参见赫恩，《英国政府》第 2 版，第 178 页。不过，在我看来，他的理由似乎不够充分。

群体）最终享有至上地位的规则。[①]

（有关议会解散的规则）

在所有的宪法惯例中，有一个惯例非常引人注目，它初看起来似乎构成宪法道德的一般原则的显著例外，其实却是一个真正意义上的惯例。政府如果在下院表决中处于少数派，根据公认的原则，即有权要求解散议会。但另一方面，确实有某种机缘巧合的时候，使得国王有权解散赢得议会多数票的政府，进而解散支持政府的议会。简言之，解散议会的特权可“合乎宪法地”用以推翻代议机构（或通常所谓“人民议会”）的意志。初看起来，这好像是说，在某些情况下特权可用以蔑视国民的意志。但事实远非如此。国王的裁量权偶尔可以——根据“宪法先例”有时也应当——用来剥夺现存下院的权力。但是，下院之所以能够“根据宪法”[*]而被剥夺权力和被解散，是因为出现了某种情形，使得人们有正当理由认为，下院的意见不再是选民的意见。解散议会就其本质而言，是从诉诸法律主权者转向诉诸政治主权者。可见，当 429
立法机关的意愿不同于——或者可合理地推断它不同于——国民的意愿时，解散议会不但是允许的，而且是必要的。

① 比较白芝浩，《英国宪法》，第 25—27 页。

* 这段话中的三个词值得注意，即“合乎宪法地”（constitutionally）、“宪法先例”（constitutional precedents）和“根据宪法”（in accordance with the constitution），这三个词显然不是从真正的宪法（constitutional law）角度而言的。换言之，这三个词中的“宪法”应当是指宪法惯例；故在译文中特意加上引号，以提示读者注意。——译者

（1784年和1834年的议会解散）

这个原则因1784年和1834年的两次著名斗争而确立。在这两次斗争中，国王解散的政府都赢得了下院的信任，也都存在通过解散议会来诉诸国民的情形。1784年的结果是，选民坚决支持皮特（Pitt）及其同僚；他们当初上台执政，是出于国王的独断，而有违下院的意志。1834年的结果则有所不同，这次国民坚决反对皮尔（Peel）和威灵顿（Wellington）；他们当初上台执政，同样是出于国王的独断，而违背下院的意愿。需注意，这里的重点在于，这两次斗争实际上都确认了一个原则，即最终确定内阁是否具有继续执政的权利或（政治学上完全是一回事）权力的，是政治主权者也即国民的判断。

关于1784年或1834年的议会解散是否合宪的问题，争论不断，或以演说，或以文字。[①] 这些争论一定程度上是语词之争，因而孰是孰非，取决于“合宪”一词的含义。如果“合宪”的意思是指“合法”，那么没有人会反对这个说法，即乔治三世和他的儿子能够在不违反法律的情况下解散议会。如果“合宪”的意思
430 是指“照常”（usual），那么就没有人否认这一点，即这两个国王解散赢得下院多数支持的政府，均属“非常”之举。如果“合宪”的意思是指“符合宪法的基本原则”，我们就要毫不犹豫地宣布乔治三世的行为合宪，即符合我们现在所理解的宪法原则。当时，乔治三世认为国民不赞成下院所实行的政策。他这样认为也并无错误。现代立宪主义者都会同意，下院所以享有权力，是因

① 参见本书附录七“‘违宪’法律的含义”。

为它代表国民的意志；解散议会的主要目的，在于查明议会的意志是否与国民的意志相符。乔治三世当时正是为了实现特权存在之目的，而行使了解散议会的特权。因此，根据现代宪法理论，他解散议会的行为，在最严格的意义上都是合宪的。但是，国王在1784年的行为，根据当时的流行学说，是否真的是一个有益的创举，则是有疑问的。任何人，只要研究一下与约翰·威尔克斯（John Wilkes）* 有关的问题，或者英国与美洲殖民地之间的争议，他就会发现，乔治三世及其绝大多数政治家，直到1784年都还拥护使议会成为真正意义上的主权者的议会主权理论。查尔斯·詹姆士·福克斯（Charles James Fox）** 无论是年轻时作为一名托利党人，还是晚年时作为一名辉格党人，始终都没有放弃这一理论。查塔姆父子*** 的伟大之处在于，他们意识到在国王背后、各个革命家庭 431
背后，以及议会自身背后，还存在着查塔姆所称的"大众"，即现在所说的国民，而且他们还认识到，议会权力来源于国民的意志。1784年的乔治三世在紧急时刻，不得不听从查塔姆父子的意见。

* 约翰·威尔克斯（1725—1797年），英国政治改革家，因发表攻击乔治三世的文章和支持美洲殖民地开拓者的权利而著名。——译者

** 查尔斯·詹姆士·福克斯（1749—1806年），1768年当选为议会议员，成为辉格党下院领袖，以杰出的口才强烈反对英国的美洲殖民地政策。福克斯似乎总是处于反对派的地位，长期反对乔治三世，后来成为皮特的政敌。他作为自由的捍卫者而名留青史。——译者

*** 即皮特父子。其中，老皮特（1708—1778年，第一代查塔姆伯爵）为英国政治家领袖和演讲家，在七年战争（1756—1763年）时曾指挥其国内战事；小皮特（1759—1806年，第二代查塔姆伯爵）曾任英国首相（1783—1801年和1804—1806年）。他完成了爱尔兰和大不列颠之间的联合法案（1800年），但在1801年他的解放天主教徒的提案被否决后辞职。——译者

对于议会主权，乔治三世一生都积极拥护，而对于人民主权，他从来都感到憎恶，但很奇怪的是，他却从诉诸议会主权转向诉诸人民主权。他诉诸人民主权，属于合宪还是革命，现在看来其实并不重要；重要的是，此举最终证实了我们现行宪法中的一项基本原则，即从政治上讲，是国民而非议会才是国家的最高统治者。正是基于这一理由，在其职业生涯的所有时期都反对民主改革的柏克，一以贯之地谴责那次所谓“应受惩罚的”（penal）解散；而其政治信条中混有绝对议会主权学说和与之矛盾的人民主权教义的福克斯，对那次解散的谴责则远不如柏克那样始终如一。

至于威廉四世的行动，则难以定论。1834 年的解散从宪法的视角而言，是一次误会；它的正当理由在于（如果真要辩护的话），当时国王坚信下院没有代表国民的意志。这一信念本身最后证明是错误的，但是，皮尔获得的大量少数票，和辉格党影响力的快速下降，证明国王虽然错估了公众的态度，但不是没有恰当
432 理由认为，议会已不再代表国民的意见。这一来，如果说当下院真的不再代表选民时，国王从诉诸议会转向诉诸选民，从宪法上而言是正确的，那么，仅仅因为国王诉诸选民而选民最后却支持其代表的意见，就主张国王的解散行为不合宪，这是极不妥当的。承认选民是一国的政治主权者，自然就得出一个结论：只要有合理根据地认为，选民在议会中的代理人不再代表他们的意愿，国王通过解散议会而诉诸选民就是合宪的。因此，1834 年的解散是否合宪，从根本上取决于至今仍有争议的一个事实问题，即国王及其建议者认为改革后的下院已失去国民的信任，是否具有合理依据。不管历史学家对这个问题得出何种结论，1784 年和 1834 年

的先例是很明确的；它们确立了国王行使解散议会的特权所应遵循的原则，同时也证明，现代有关议会解散的规则，就像其他宪法惯例一样，目的在于确保作为一国真正的政治主权者的选民最终享有至上地位；简言之，宪法准则的效力要低于并从属于人民主权这个根本原则。

（**解散议会的权利和议会主权的关系**）

解散议会的必要性与议会主权的存在具有密切关联。在立法
机关不是主权者的情况下，如在美国那样，解散的权利自不必存 433
在；联邦宪法自身保证了对宪法的任何重大改变都必须诉诸人民，否则不可能实现；立法机构的性质可通过定期改选全部或部分议员来加以改变，这就确保立法机关的意见和公众的看法最终相一致。但是，在议会是至高无上的情况下，就有必要寻求其他保障来达到这种一致性，这就是国王解散议会的权利，它使得国王或政府能够从诉诸议会转向诉诸国民。这一保障其实并非尽善尽美。可以想见，国王、内阁和议会有可能支持那些证明不被选民认可的宪法改革。比如，《七年任期法》和《与爱尔兰联合法》都是法律上的革命，假设这两次革命当初必须诉诸选民才能进行，英格兰议会就不会通过《七年任期法》，通常有人断言，爱尔兰议会也不会通过《与爱尔兰联合法》。在这一点上，正如在其他问题上，美国宪政证明是一种比英国宪政更有刚性的宪政。然而，在现代政治生活条件下，我们这里所存在的有关解散议会权利的默契，就像美国各个宪法对立法权力施加的限制一样，都充分保证了立法机关的行动符合人民的意志——两者的作用即便不能相当，

那也是差不多的。在这种情况下，正如在其他情况下，美国各州
434 宪法以及联邦宪法本身中所明确陈述的原则，隐含于英国政治制度的运行过程之中。总之，解散议会的权利就是诉诸人民的权利，从而构成所有这些宪法惯例的基础：它们的目的是以各种方式把法律主权者和政治主权者协调起来。

第十五章　宪法惯例得以实施的约束力 435

迫使宪法惯例实际上得到遵守的那个约束力是什么?

一、有待解决的问题

这是宪法研究中最令人困惑的一个理论问题。佩利(Paley)有句名言:把一个人们所意识到的难题解释明白固然不易,但让人们看到该难题的存在往往更加不易;让我们记住这句话,然后首先设法弄清楚,这个大多数学生都模模糊糊地认识到其存在的难题,它的确切性质是什么。

宪法默契公认为不是法律;也就是说,它们不是法院将会实施的规则。举一个例子,假设首相在下院通过不信任投票之后,仍不离职,而且他还(就像帕麦斯顿勋爵在类似情况下所做的那样)解散议会(准确说是说服国王解散议会),但不同于帕麦斯顿勋爵的是,再次选举产生的下院仍通过不信任投票,这一切发生之后,他居然还继续担任政府首脑——谁也不能否认,该首相的 436
行为已经违宪。然而,没有法院会理睬他的行为。另举一例,假设对于上下两院已经通过的一部重要法案,国王竟拒绝同意,或者(用通俗的话说)加以“否决”。这时就存在严重违反惯例的情形，但英国法中却没有任何一种程序可用以将该问题交于法官审判。再举一例，假设议会一年多了还没有召集开会处理政务。这种举动，属于最严重的违宪。但在这片土地上，却没有一个法院供你控诉，说议会没有及时召集。[①]然而，宪法中的惯例性规则虽然不是法律，但正如不断有人主张的那样，它几乎像法律一样具有约束力——尽管不具有相当于法律的约束力。它们和大多数成文法则一样得到遵守，或者看起来和它们一样得到遵守。这里让人困惑的是：背后没有法院强制力支撑的那些规则，是什么力量迫使它们得到习惯性的服从？

二、［不正确的答案］

（不完整的答案，关于宪法默契经常被违反）

如果我们注意到，宪法默契始终得到遵守这一现象本身几乎是虚构的，那么眼前的这个难题不说被完全解答，至少也能得到
437 部分回答。惯例准则中的个别规则事实上经常被违反。比如，一位大臣在他依照宪法应当辞职（如同反对派宣称的那样）的时候，有时会拒绝辞职；就在数年前，因为当时在野党的反对（尽管理由并不是非常充分），议会宣布政府违反了《权利法案》中的一条规则；1784 年，下院坚持认为——不止口头辩论而已，还再三付

① 参见爱德华三世第 4 年第 14 章；查理二世第 16 年第 1 章；以及威廉和玛丽第 1 年第 2 个会期第 2 章。读者可将这些法律与已废止的查理一世第 16 年第 1 章相比较，后者把议会召集问题定性为法律问题。

诸投票——皮特公然违反了多项宪法准则，1834 年的辉格党人也对威灵顿和皮尔提出了类似指控。可以肯定的是，任何人在查阅《汉萨德议事录》* 的记载后，都会发现其他一些例子，即存在已久且非常著名的宪法准则受到轻视的例子。对宪法惯例的遵从具有不确定性，但这个特点被一种通行说法所掩盖——它把对一个宪法规则的成功违反，看成是这一规则事实上不是宪法的组成部分的证据。如果一个可以受到轻视的习惯或准则，就因为它受到轻视而证明它不是宪法道德的一部分，那就相当于说，真正的宪法规则是从不会被违反的。

（但是，遵从国民意志的原则始终得到遵守）

尽管这一现象，即公共生活中的各个惯例或准则得到了应有的服从，在一定程度上是一种幻象，但是，它们几乎具有法律的力量这个主张，也并非毫无意义。有少数宪法惯例，得到了严格遵守。比如，议会逐年召开，非常规律，仿佛年年开会为自然法则所定；更重要的是，尽管个别默契的约束力不确定，但有一个 438
最重要的原则，是君主或者君主的任何一个臣仆都不曾拒绝遵守的，正如已经表明的那样，这个原则构成所有宪法惯例的基础：即政府必须根据下院的意志来运行，而最终必须根据通过下院表达出来的选民意志来运行。这个原则不是法律；它既未存在于《制定法汇编》，也不是一个普通法准则；它不会被任何一个普通

* 即《英国议会议事录》，逐字逐句记录英国议会辩论的官方报告，因在相当长历史时期内为汉萨德（Hansard）家族所编辑而得名。——译者

的司法机构所实施。那么，这个原则，正如某些与之紧密相关的惯例或默契，为何具有法律的力量？这个高度简化的问题，正是我们必须解答的难题。它亟需回答。然而，许多权威作者，主要由于没有从法律视角来研究宪法，所以几乎意识不到这一亟待解决的难题到底有多难。他们要么予以回避，要么似乎是对下面两个答案的其中一个予以默认。这两个答案有一定的真实成分，但对于一个不想三言两语就把问题打发掉的研究者而言，还不足以解除其心中的困惑。

（不充分的答案。弹劾）

第一个答案虽没有人明确阐释过，但经常有人间接提出来：对宪法惯例的服从，最终是出于对弹劾的恐惧。

如果这个观点站得住脚的话，我们就可以说，这些惯例根本
439 就不是“默契”，而是最真正意义上的“法律”，其唯一的独特性在于，对于违反它们的行为，只能通过一所特别法庭即上院上诉法庭来处罚。尽管大可以承认服从宪法的习惯最初由弹劾所产生，也由弹劾所确认——这本身是一个极重要的事实，但是，主张这样一种观点，即现代政治家对于伦敦塔或断头台的恐惧对他们的行为施加了重大影响，具有不可克服的困难。对违宪行为的弹劾，一个半世纪以来从未发生过——因为就目前的主题而言，我们可以不考虑对麦克莱斯菲尔德勋爵（Lord Macclesfield）、沃伦·黑斯廷斯（Warren Hastings）和梅尔维尔勋爵（Lord Melville）采用的程序。至于那个迫使一个处于无望的少数派的现代首相辞职的程序，早就被淘汰了。这件武器曾用以击退对自由的攻击，现已

废弃生锈，搁在了宪法的古董堆中，可以料想，它也永无出鞘之日。个中原因其实在于，弹劾作为一种强制服从宪法道德的手段，始终摆脱不掉一个重大缺陷。动用弹劾程序的这种可能性，会提醒政治家——如果不是激励的话——做出一个严重违反政治惯例的行为；一个惧怕弹劾的大臣自然会建议国王不召集议会，因为议会是唯一能够对他进行弹劾的法院。说一个大臣因害怕议会召开之后的弹劾而不得不建议国王召集议会，有种明显的自相矛盾。如果对议会惩罚的恐惧是违宪的唯一障碍，那么我们可以肯定，440
如今一个大胆的政党领袖，正如数世纪前所做的那样，有时会提出不应召开议会。

（公共舆论的力量）

对于正在考虑的这个问题，第二个流行的答案是：对于宪法中的惯例性准则的服从，由公共舆论的力量所保障。

由于这个主张在某种意义上是正确的，所以经得起以往的质疑。国民期待议会将年年召集；国民期待一个不能保留下院信任的大臣将会离职，也没有一个首相甚至会想到要让这些期望落空。因此，公共舆论赋予政治生活中公认的行为准则以效力，这个说法是正确的。但它的缺陷在于，如果不作进一步解释，它只不过是在重复我们正要解决的问题。因为，有待回答的问题正是：为什么公众舆论是（至少看起来是）一种充分的迫使宪法惯例得以服从的约束力？对这个问题，显然不能回答说：这些惯例是由公共舆论来强制实施的。还要注意的是，许多为公共舆论所充分支持的行为规则，每一天都有人违反。公共舆论责令守信而谴责犯

罪，但国民关于诺言应当遵守的坚定信念，无法阻止商人被宣告
441 破产，公众对歹徒行凶杀人的憎恨，也不能防止谋杀行为。公众舆论确在一定程度上遏制了放纵和犯罪，这当然是正确的，但舆论要发挥作用，得求助于法律，最终还得求助于国家所掌握的武力。在警察的协助下，公众舆论的作用有限，这很难解释舆论在实施规则上的巨大作用——这些规则可以被违反，而违法者不必面临受法院审判的风险。认为宪法默契的强制力仅仅是源于公众的赞同，无异于提出这样一个类似主张，即国际法惯例全靠道德力量来施行。每一个人，除了少数空想家，都会认为对国际道德的尊重，很大程度上归因于以陆海军形式呈现的武力，而非道德的力量——舆论的要求在很多情况下通过这种武力来推行；我们自然会推测，至少对英国而言，宪法惯例得以维持和施行，所依靠的是强于公众认可的某种力量，或者说除了公众认可之外的某种力量。

三、正确的答案：对惯例的服从，受到法律力量的强制

那么，所谓“某种力量”究竟是什么？我的回答是：无非是法律的力量。对弹劾的恐惧可能使得政治道德的普遍原则被认可，公众舆论对它们的确立肯定也发挥了作用。但是，能够约束最大
442 胆的政治冒险家，迫使他们遵守宪法的基本原则以及体现这些原则的惯例的，是这样一个事实：对这些原则和惯例的违反，几乎就让犯事者直接陷入与法院和王国法律相冲突的境地。

这才是对我前面提出的那个问题的正确回答，不过，这个答案确实需要加以解释和申辩。

（解释）

前面说，那些被广泛接受的宪法准则得到王国法律的支持，这句话的含义及其所依据的理由，只要考虑一下这个问题就很清楚了：即违反某些毋庸置疑的宪法准则之后，必然会导致怎样的法律后果。

（议会每年召开一次）

所有的宪法惯例中，有一条规则最为确定，即议会必须至少每年召开一次。正如前述，这项准则肯定不是源于普通法，也不是基于任何成文法。现假设议会休会超过一年，而且一再延期，使得在长达两年的时间里，议会都没有在威斯敏斯特开会。在这种情况下，我们即有明显违反宪法常规或默契的例证，却没有违反法律的例证。然而，随之而来的后果是什么？一般说来，后果便是：当时鼓励或容忍这种违宪行为的任何一位大臣，以及与政府有关联的每一个人，都会直接与王国的法律发生冲突。

我们稍加思考，便知结果会是这样。首先，《（年度）陆军法》
会到期。因而作为维持陆军军纪之依据的《陆军法》就会失效。[1] 443
但随之而来的后果是，所有用以控制军队的手段，在法律上都不

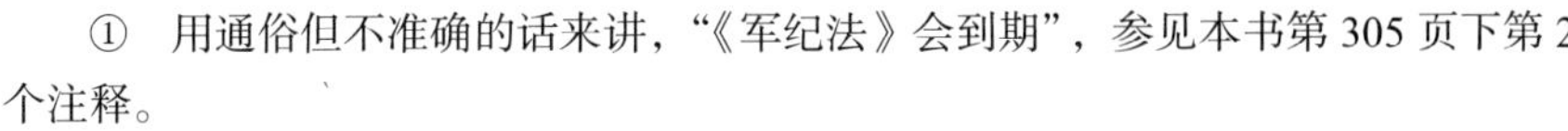

① 用通俗但不准确的话来讲，“《军纪法》会到期”，参见本书第 305 页下第 2 个注释。

复存在。此时，要么必须解散陆军，这样的话，用以维护法律与秩序的手段就会消失，要么必须在没有法律依据的情况下维持军队与军纪。无论采用哪种办法，所有人，包括总司令和其他参与指挥军队的军官，以及每一个执行上级命令的士兵，都会发现自己没有一天不处在这种境地之中：即因指挥或奉命行为而让自己有可能站上刑事被告席。其次，尽管多数税收仍能缴入国库，但大部分岁入都不再有法律依据，在法律上也就不能够被征收，与此同时，每一个征税的公职人员，都会有被提起民事或刑事诉讼的危险。而且，缴入国库的那部分岁入，也不能合法地用于政府开支。如果政府大臣取到了这些税款，他们会发现自己不可避免地触犯明确的法律，因而不得不接受法院的审判。但是，假设政府大臣甘愿藐视法律，这种冒险精神也不会让其如愿以偿；他们要取得税款，若无许多人的纵容或协助，是无法办到的。这些人有的就是行政官员，但还有的，如总审计长和英格兰银行主管一

444 类的人，与行政机关没有隶属关系。要注意的是，这些公职人员，没有一个能够得到政府或君主的庇护，以免除法律责任；任何一个用武力来执行政府政策的人，如总司令或兵团上校，都有可能受到为法院所支持的反抗。这是因为，法律（我们要始终牢记这一点）是以两个不同的方式来发挥作用的：一个是对违法者施以处罚甚至刑罚，而另一个同等重要，即使守法公民能够拒绝服从非法命令。它使得消极抵抗合法化。在英国，法律的这种对抗作用因为以下原因而大为增加：不存在某种类似于法国行政法的法律，[①] 或

① 参见本书第十二章。

者说，不存在所有欧陆政府都享有的那种宽泛的自由裁量权。其结果是，一个使议会无需每年召开一次的政府，连自身的公职人员对它的服从都无法保证；而且，除非政府确实打算违反王国确切无疑的法律，否则会发现自己不仅遭到公民反抗，而且还无能为力。

可见，议会必须每年召开一次这条规则，虽然严格说来只是一个宪法惯例，而不是可由法院强制实施的法律，但结果证明却是一个不容轻视的默契，不然，会让成百上千的人——其中有许多人绝不会轻易受到政府的控制——参与做出明显非法的行为，从而受到国家法院的审判。所以，这个宪法惯例事实上不仅以王 445
国的法律为基础，而且还由王国的法律保障实施。

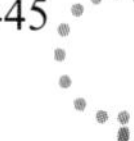

这无疑是一个特别简单的情况。我之所以详加解释，不仅因为它是一个特别简单的例证，还因为对它的充分理解，能够给我们提供一些线索，以分析宪法惯例所具有的强制力实际建立于何种原则之上。

（政府失去下院的信任必须辞职）

为了证实这一点，让我们现在来想想，政府违反宪法道德中一个纯惯例性的准则之后，会产生怎样的后果。这个准则（或者规则）就是：政府* 被议会投不信任票之后必须辞职。假设现代的某

* 作者有时交替使用“Ministry”和“Cabinet”，其实严格而言，“Ministry”的词义范围比“Cabinet”要大，它包括随同首相进退的所有公职官员，而现代内阁成员一般只有 22—23 人。另外，“Ministry”一词本身就指“全体部长”；所以译者一般把“Ministry”译作“政府”。——译者

一届政府，在下院投不信任票之后，仍效仿皮特于1783年之所为，不顾下院的谴责而继续执政。这是再明显不过的违反宪法道德的行为。接下来必然发生什么，一望而知。如果政府希望保持合宪的状态，它就会宣布打算诉诸选民，而下院很可能会配合政府而快速解散。这样，一切违法行为即得以避免，但得以避免的理由，却是内阁的行为没有违反宪法道德；因为得承认，真正的宪法规则，并不是：政府被下院投不信任票之后不得继续执政，而是：政府在这种情况下，除非通过诉诸国民来赢得议会选举，即产生一个新的支持政府的下院，否则不得继续执政。再假设，在我刚
446 才所设想的那种情况下，政府没有建议国王解散议会，或者在议会解散之后，改选产生的议会再次对政府投不信任票，此时政府还是不辞职。这种情形下，宪法默契已经被违反，这是一清二楚的。但同样清楚的是，下院将利用自己手中的权力，最终迫使政府要么遵守惯例，要么违反法律。需要通过《(年度)陆军法》和《拨款法》的那一刻迟早要到来，所以下院只要拒绝通过其中的法案，就会让内阁陷入无法摆脱的困境，遭遇我已经指出过的，因议会超过一年不开会而直接导致的一切麻烦事情。因此，违反一个纯惯例性的规则，即违反一个绝对不见于英国法理论、事实上还与之相悖的行为准则，最终会使违反者直接与王国确切无疑的法律相冲突。那么，我们有理由断定：最终强迫遵守宪法道德的那个力量，无非就是法律自身的力量。宪法惯例虽然不是法律，但实际上具有约束力，就此而言，它们是因这样一个事实而获得约束力：任何人只要违反了宪法惯例，最终一定会违反法律，从而受到法律的惩罚。

四、反对意见

对于宪法道德的约束力源于法律本身这个命题，可能有人极 447
力反对，而且似乎还有一定的合理性，因此有必要对那几个反对意见进行辩驳。

（法律有可能以武力推翻）

有时会有人说，政府可以实施武力政变，从而违抗王国法律。

此说不假，但完全不切题。任何宪法都不能绝对免于革命或政变的冲击；但是，法律可能遭暴力违抗这一事实，不足以驳倒宪法默契以法律为后盾这个命题，或者与之无关。宪法默契的确不比法律本身更有力量。一个大臣，就像1851年的法国总统那样，既然能够无视法律，当然就能够推翻宪法。前述理论仅仅是想证明，鉴于宪法默契几乎像法律一样具有约束力，它们是因这样一个事实而获得力量：默契的违反必然导致法律的违反。没有人想要证明，事实上也绝对无法证明，法律绝不可能遭违抗，或宪法绝不可能被推翻。

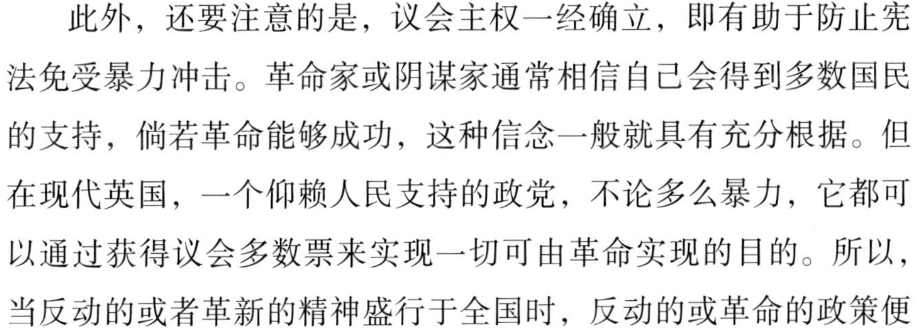

此外，还要注意的是，议会主权一经确立，即有助于防止宪法免受暴力冲击。革命家或阴谋家通常相信自己会得到多数国民的支持，倘若革命能够成功，这种信念一般就具有充分根据。但在现代英国，一个仰赖人民支持的政党，不论多么暴力，它都可以通过获得议会多数票来实现一切可由革命实现的目的。所以，
当反动的或者革新的精神盛行于全国时，反动的或革命的政策便 448

可由议会来实施，而无需任何政党动用暴力。比如，17 世纪复辟时期的压迫性立法，以及托利党自法国大革命爆发至乔治三世末年通过的反革命立法，就使得宪法免于成为被攻击的对象。可见，立法精神的转变，避免了政府形式的改造；而宪法的柔性反而显示出它的力量。

（议会从未拒绝通过《军纪法》）

关于这一点，可能有人问——听起来似乎还有些道理：如果政治道德的维持真的有赖于议会的一种权利，即拒绝通过《（年度）陆军法》一类的对于秩序维护甚至社会本身的存在而言都是必不可少的法律，那么，英国议会怎么会从来没有用过这种极端手段，以强迫人们服从宪法惯例 * ？

对于这个异议，真正的反驳似乎是，所有宪法规则中有一条最重要，也最根本的规则，即议会必须每年召开一次，对这条规则的遵守，根本无需议会采取行动，《军纪法》的临时性本身即足以保证；议会为了使自己的意志得到服从，有权拒绝该法通过，所以仅仅是这一权力的存在就足够了，而无需真的使用它。事实上，自 1689 年光荣革命以来，没有哪个政府部门曾公然违抗下院的意志，除非内阁可以相信它会得到国民的支持，或者说，可
449 以指望它的政策会得到改选的下院的支持。不过，我们必须补充一句，也有大臣违抗议会意志的极少数例证，在这种情况下，议

* 作者在这里的用词是“the constitution”，但并非是指政体或制度意义上的“宪制”，而是指宪制运行过程中的具体规则——准确而言，即惯例性规则——也就是宪法惯例。——译者

会就会考虑行使拒绝权，不让《军纪法》通过，或者以此相威胁。经常有人用皮特战胜联合政府一事，来证明议会无法拒绝为军队提供补给，或者说，无法拒绝通过一部为维持军纪所必需的法律。然而，任何人只要仔细研究一下著名的“联合政府案”，就会发现实际情况并不能证实这一独断的主张。福克斯及其支持者的确威胁并打算竭力运用下院的一切法律权力。他们之所以未让意图付诸实施，仅仅是因为他们后来意识到，议会多数派已不能代表国民的意志。所以，该“重要判例”真正能证明的是，如果下院失去选民的支持，有国王支持的内阁即有权解散议会，因而能够对抗下院的意志。在这里，我们开始理解现代宪政的一个根本信条，即：议会的法律主权从属于国民的政治主权。这一结果事实上确立于 1784 年的系列事件。皮特当时所以敢无视宪法惯例，是因为他遵守了宪法原则。他违背了公认的宪法默契，却未损害他的权力或名誉；他很可能在必要时违背法律本身而不受惩罚。这是因为，要是联合政府最大限度地行使了它的法律权利，1784 年改选的议会就很可能通过一部“豁免法”，让非法行为合法化——这些非法行为乃不得已而为之，因为某个不得人心的小集团企图将
一位受国王、贵族和国民支持的大臣赶下台。不管实际情况如何， 450
皮特和福克斯之间的著名冲突事件，并不支持这一观点，即：得到国民支持的下院，当某大臣违抗它的命令时，不会让他被迫选择辞职或者革命，以实施宪法道德。①

① 而且，现代政治家并非不知道拒绝提供给养这一手段。1868 年，为迫使议会提前解散，这种对给养的拒绝就被用为威胁的手段；1886 年，在议会被解散之前，给养并未得到全部批准，而且所批准的那部分也只能维持一段有限时期。

五、次要的问题

学生和评注家在真正理解了宪法惯例和王国法律之间的确切关系之后，自然就能领会此前感到困惑的若干次要问题。

（弹劾为何被废弃了？）

那些用以维护议会权威的古老方法，诸如弹劾和正式拒绝补给之类，为何到了现代却被废弃了？

答案是，这些方法之所以不再使用，是因为所有现代宪政的一个根本原则，无非就是服从经议会表达的国民意志，而最终对这一原则的遵守，又与王国的法律密切相关，以至于违背了这一原则，就必然会违背普通的法律。因此，对于贯彻国民的审议意见而言很有必要的那些非常救济措施，已经变得不再必要，以致废而不用了。即使这些措施没有被彻底废除，那也部分是因为英
451 国人具有保守倾向，部分是因为人们有一种正当的考虑：现在仍然偶尔会发生的某些犯罪，国内的普通法律几乎不能给予应有的惩罚，这种情况下就可以由上院上诉法庭来处理。

（宪法默契何以易变？）

为何宪法默契自身都具有一种突出的模糊性和易变性？

对于这种模糊性和易变性，可用几个明确的例子来说明：比如，为何没有人能够精确界定在什么情况下首相必须辞职？为何没有人能够确定在哪一时刻上院对下院意志的抵抗就变成违宪

的？又如，上院曾经阻止立法通过，现在通常都认为这是明显的违反宪法道德的行为，但过去何以不是？在位君主可以正当地对公共事务施加一定影响，但无人能够描述正当与否的确切界限，其中的原因是什么？较之维多利亚女王曾试图对国家事务施加的个人影响，乔治三世甚至乔治四世以个人好恶或怪念头对国家政策施加的影响，从方式和程度上说都如此之不同，这是怎么发生的？

对于这一类的疑问，笼统地回答就是：宪法的一个根本原则是：所有人首先都服从下院的审议意见，从而最终服从经议会表达的国民意见。正如已经指出的那样，惯例性的政治道德规则不 452
过是一些用以保障这一原则得到遵守的行为准则。其中的某些准则，如议会必须至少每年召开一次，实际上与对议会或国民权力的应有尊重密切相关，以至于任何人只要不想扮演革命者的角色，就绝不会忽视它们的存在；这些规则毫无疑问已得到国民的认可，并且它们的遵守是通过如下事实来保证的：无论是谁，只要本人或者协助他人违反了这些规则，几乎都会直接陷入违法的境地。而其他的宪法准则与这一类相比，则处于非常不同的地位。它们的维护，在某种程度上有助于确立议会的至上性，但它们自身是模糊的，没有人能够指出，在什么程度上议会或国民要求它们得到严格的遵守；所以，它们只能获得一种变化的和不确定的服从。

（下院收回信任）

例如，政府失去下院的信任必须辞职这条规则就很明确，它的精神不能受到长期忽视，否则就与议会制政府的要求完全不符，并最终让违反它的大臣陷入毋庸置疑的违法境地。但是，如果你要问：你以什么证据判断下院已收回它对政府的信任——是否某个重要的政府政策被否决，或者政府在议会中的多数票缩小就是政府必须辞职的确凿证据？——你问的这个问题，不可
453 能有确切的答案。[1]唯一可以确定的是，当下院表达出希望内阁辞职的意思之后，内阁就不应当继续执政——当然，上文业已详述的那个例外情形除外。[2]所以，如果下院的不信任票得以通过，某个大臣或某届政府当然就应该辞职。然而，有无数的议会不赞成的迹象，它们根据具体情形，可以或者不可以算作是对某个大臣必须放弃职位的充分告知。关键在于，政府必须服从作为国民之代表的下院。但是，下院是否已经暗示内阁应该辞职的问题，是不能以任何明确原则加以确定的。所以，我们现在难以确定在何种时刻，一个首相及其同僚确已失去下院的信任，恰如上世纪的政治家通常难以确定在何种时刻，一位大臣确已失去当时君主的必要信任一样。比如，纽卡斯尔公爵任财政部长时，比特勋爵（Lord Bute）已非常明显地暗示他，辞职的时候到了，但他还是可笑地继续任职；这就好像晚近的某些内
454 阁，在议会多次暗示想要更换政府之后，仍然不光彩地继续执政一样。只要是主人没有直接解雇仆人，主人的行为是否透露出想要仆人预先通知解除协议的愿望，自然成为问题，会引发诸多疑

① 参见赫恩，《英国政府》，第九章。该作者试图对政府是否应该辞职的情形进行界定。另参见1905年7月24日的下院辩论，以供了解并参照有关政府失去下院信任之后应该辞职的先例——《议会辩论集》（*Parl. Deb.*），第4辑，第150卷，第50列（col.）。

② 参见本书第428—434页。

惑和讨论。如果说有时难以确定议会的意志是什么的话，确定国民的意志是什么，或者大多数选民的意志是什么，必然就更加困难。

（上院应于何时让步于下院）

上院在立法事务上最终必须让步于下院这个一般规则，是现代宪法道德中最被广泛接受的准则之一。但是，如果有人问：如何确定上院让步于下院的具体时刻？对这个问题，即便是一个接近于真相的答案也无法给出，我们只能非常笼统地回答说：无论何时，只要下院的意愿确被证明代表着国民的审慎意见，上院就必须让步。不消说，证明的性质会随情形的不同而有所不同。

一旦明白了其中的真实状况，现代内阁和上院之间的关系就很容易理解了，本来这种关系，根据任何枯燥的宪法理论，解释起来是很困难的。可以肯定的是，五十多年以来，各届政府尽管没有赢得上院的信任，但它们却可以继续存在；而且，这些政府 455
大体上实施了一种不为上院所赞同的政策，但并未受到上院的极力阻挠。同样可以肯定的是，虽然上院贵族被迫通过许多他们不喜欢的法案，但他们对于立法过程，经常施加各种各样的巨大影响。比如，在1834年至1840年间，上院在林德赫斯特勋爵（Lord Lyndhurst）的带领下，屡次成功反对已获下院通过的内阁议案。多年以来，犹太人仅仅因为上院不打算接受他们就无法当选为议员。如果你要寻求其中的真正缘由，你就会发现它不过是这样一个事实，即对于正在讨论的这个问题，选民不准备支持内阁采取必要措施，以迫使上院屈服，只是这一事实常常掩盖在政党斗

争中的欺骗性话语之中。也就是说，只要选民下定了决心，无论对于什么问题，首相作为下院的真正代表，都有办法强迫上院屈服，即建议国王册封贵族。但实际上，像在英国这样的国家，凡事很少走入极端。知道一项权力能够被行使，时常会防止它的实际行使。这个道理甚至可适用于私人生活；多数人都不会被起诉到法院之后才偿还债务，但如果你认为，法院和郡长的潜在强制与偿还债务的规律性之间没有多大关系，则是很荒谬的。上院贵
456 族所以默许他们不赞同的法案，实质上是源于这一事实：在现行宪法下，国民握有一种权力，即通过极为笨拙的办法来强迫上院贵族服从一个惯例性规则——上院的意愿最终必须让步于下院的决定。不过，由于国民的意愿往往没有明确表达，而且在这一事项和在其他事项上一样，国民意愿本身也容易发生变化，所以这一规则本身是模糊的，它获得的服从程度也各不相同。现代英国的宪法安排运行得非常顺畅，这一点很可能会（它通常如此）掩盖宪法体系得以不断运行的动力，如果是这样的话，我们可以用英殖民地的历史来说明问题。在各殖民地中，最能展示一个代议机构最终是如何迫使上院屈服的，莫过于 1878 年和 1879 年期间的维多利亚——当时在那里，立法机构的两院之间发生了一系列的激烈冲突。起先，上院否决了下院的一个法案，而下院则把该法案的实质内容插入《拨款法案》之中，企图迫使上院通过。但上院反过来又否决了该拨款案。于是，政府把那些它不再能够支付薪俸的公职人员、治安法官、郡法院法官和其他相关人员通通免职，而且还打算凭借下院单独通过的决议，从财政部领取经费。但在这一点上，政府已与议会法相冲突，即与王国的法律相冲突。

上下两院的斗争以不同的形式延续下来，直到公共舆论发生变化，457
并最终导致改选出可与上院合作的下院。至于斗争的结果，我们并不关心。但是，有三点值得注意：第一，两院冲突最终是根据选民的明确意愿来化解的；第二，双方在斗争过程中所动用的宪法权力，在英国本土几乎不曾使用过；第三，因为那里的上院也是由选举产生，所以政府不能通过增设上院席位来使得两院和谐一致。毫无疑问，如果总督能够任命上议员，上院就会服从于下院的意志，就像英国本土的上院最终都会屈服于下院的意志那样。

（君主的个人影响何以不确定？）

此外，所有应规范君主本人与政府的实际工作间的关系的默契，何以都具有极大的模糊性和不确定性？

对于这个问题的解释，我们至少在一定程度上，可以采用在上院和政府间关系中所采用的思路。政治回忆录的披露和对现代公共生活的观察，让我们弄清楚了两点——它们奇怪地隐藏在老式做法之中，而这些做法又遮蔽了我国制度的实际运行方式。这两点就是：第一，每一个国家行为都以君主的名义作出，但英国的实际执行部门却是内阁；第二，尽管对于大量以君主名义作出
的行为，君主本人并没有真正参与，但是，我们可以认为，不论 458
是任何前代君王，还是在位君王本人，都不曾按照或佯装按照梯也尔（Louis Adolphe Thiers）* 发明的原则行事，即“君主统而不

* 即路易·阿道夫·梯也尔（1797—1877 年），法国政治家和历史学家，是拿破仑三世下台后建立的共和国的第一任总统（1871—1873 年）。——译者

治”。其实，乔治三世在行政事务中起主导作用；他的两个儿子，各自在不同程度上以不同方式，使他们的个人意志和偏好对英国的统治产生影响。没有人真的会认为，国王的个人意志在宪法下具有重大影响的这样一个领域，哪怕是一个界限模糊的领域，是不存在的。这种情况的奇怪之处在于——更确切地说，对于任何一个并非自小就熟悉英国宪政的秘密和形式主义的人来说，它的奇怪性大概在于：规范君主个人行动的那些规则或惯例，完全是模糊的和不明确的。但是，对于阅读了上文各章的读者而言，个中缘由是显而易见的。君主的个人影响力所以存在，倒不是因为国家行为在形式上都必须以君主名义作出，而是因为法律上的主权者即议会，和政治上的主权者即国民，都不希望在位君主在本国的统治之中毫无个人影响力。规制或控制君主个人影响的惯例或默契之所以是模糊的和不明确的，原因有两个：其一，在政治家看来，这个问题难以用精确的规则来处理；其二，没有人知道，国民究竟希望在位君主应当发挥多大程度的影响力。唯一可以断
459 定的是，在这个问题上，君主的做法和国民的愿望不时改变。比如，威廉三世屡次使用的所谓君主否决权，乔治三世就一次也未曾用过；但他却多次在重大事务上坚决推行自己的意志。不过，在乔治三世的继承者中，没有一位效仿乔治三世，使君主的个人意志在一般性的政策措施上具有决定作用。不论在大事小事上，我们都可以看出一个趋势，即从前由国王实际行使的权力逐渐转移至内阁。比如，珍妮·迪恩斯（Jeanie Deans）和卡罗琳王后（Queen Caroline）之间的那场戏，是对现实生活中的事件的真实刻画——这一事件也许发生在乔治二世时代；又如，由于乔治三世

的坚持，多德博士（Dr. Dodd）被执行死刑。如今，赦免权事实上属于内政部长。要是珍妮·迪恩斯生于现代，她必定归内政部处置；一个受欢迎的牧师是否应该抵罪的问题，现在也是由内阁而非国王来回答，尽管这对于国家而言并无多大好处。

（残存的君主特权所产生的效果）

最后一个问题：特权残存下来，产生了怎样的实际效果？

在这里，我们必须把两个不同的事情区分开来：一是特权的存在是如何影响国王本人的支配力的？二是它的存在是如何影响政府的行政权力的？

一切重要的国家行为均以国王的名义作出，且多数情况下也为国王所认可；国王的许多行为，如法官任命、主教增设和外交 460
谈判之类，均不受议会的直接控制或监督；这些情况下，在位君主即有机会对国家事务发挥重要作用。白芝浩以他一贯的敏锐性，清晰地指出了国王发挥作用的方式，即大臣必须与国王协商并为他提供信息这一点，为一个立宪君主施以合法的影响力提供了广大空间。

低估形式上的王权授予国王以真正权力的范围，是一个很大的错误，但更重要的事情却是，需注意特权的残存是如何影响内阁地位的。有大量的君主特权，处在首相及其同僚的掌控之中，运用起来可以经常不受议会的控制。在外交事务中尤其如此。虽然议会可以谴责政府在国家外交政策上的不当行为，但是由国王缔结的（事实上是由内阁缔结的）条约，不待议会授权或批准即生效力；更有甚者，连行政部门的缔约权在某些情况下是否可以

461 无视王国的法律，也成了一个疑问。[1] 但不管怎样，不是议会，而是政府负责国家的外交事务，在所有事关战争与和平的事情上，其实都是内阁说了算。对于英国宪法留给行政部门的这种自由度，美利坚合众国的缔造者们已有充分认识，所以他们在创制美国宪法时，对此作了一个重大改进。他们把缔约权赋予总统和参议院，让两者共同行使，而非总统一人独揽；此外，他们还赋予参议院一项否决总统所任命职务的权力。这些制度安排很好地说明了，对特权的限制是如何变成对行政裁量权的束缚的。假设英国上院被制定法授予美国参议院所享有的那些权力，我们的制度就会发生改变，用严格的法律术语来讲，就是在缔结条约和任命职务方面，君主的特权会受到限制。但这种宪法改革的实际效果，就是在法律上遏制内阁的自由裁量权。

特权残存下来，确实赋予内阁以广泛裁量权，它含有一个时常不为人察觉的后果：它极大地增加了下院的权力，并最终大大
462 增加了选出下院的选民的权力。大臣们在行使一切自由裁量权时，必须服从国家中最具支配性的权力。当国王是主权团体中的首要成员时，大臣不论在名义上还是实质上，都是国王的仆人。在我

---

① 参见“比利时议会号案”（*the Parlement Beige*），《遗嘱检验、离婚及海商分院判例汇编》（*P. D.*），第4卷，第129页起；《遗嘱检验、离婚及海商分院判例汇编》（《上诉案例汇编》），第5卷，第197页起。“（国王强迫臣民服从某条约内容）的权力是否存在于和平条约？如果是这样的话，它是否同样存在于与和平条约相类似的条约？或者在这两种或其中某一种情况下，对私人权利的干预可否由立法机关之外的其他机关来授权？对于这些重大问题，诸位大人认为没有必要发表意见。”——“沃克诉贝尔德案”（*Walker v. Baird*），载《上诉案例汇编》（*A. C.*），1892年，第491页起，第497页，枢密院的判决。

们历史上的某段时期，上院是本国最具权势的机构时，政府的行为或多或少都表现出忠诚于贵族的意愿。既然下院已成为主权团体中最为重要的分支机构，那么政府在所有具有裁量权的事务上，都会贯彻（或倾向于贯彻）下院的意志。然而，因为内阁只能根据议会立法来行动，所以其他因素就开始起作用。法律的通过，需要上院的批准。任何政府都不得在未获上院批准的情况下增加其法定权力。于是，一部得以通过的议会法，所代表的并非是纯粹的下院意愿，而是在上院的影响之下修改过后的意愿。毫无疑问，上院贵族最终会顺从选民的意愿。但是，上院的贵族可能会认为，某个获得下院同意的议案，选民不会赞成，至少是不置可否。因此，内阁凭特权做出的一切行为，实际上都处于代议机关的直接控制之下——尽管名义上并非如此；然而，所有只能根据制定法行使的权力，它们的产生都或多或少地受制于上院的意志，

而且在实际运用之时，还要受制于法院的干预。晚近历史中有一个例子，可以说明这种区别所产生的实际效果。[①] 在 1872 年，当 463
时的政府使一个废除陆军军职购买制度的议案获得下院通过。但是该议案遭到上院的否决。内阁后来发现，只需依据王室供货许可证（Royal warrant），一种甚似于运用特权的凭证，即可将这一制度废除。[②] 于是，该制度立即被废除。人们多半会承认，这次变

① 关于这个问题，斯蒂芬在《福西特传》（*life of Fawcett*）一书中的评论颇有参考价值，参见原书第 271、272 页。

② 其实，军职购买制度并非是由通常法律意义上的“特权”而废除的。曾有一部制定法规定：禁止购买公职，但以王室供货许可证授权购买军职者除外。因此，授权购买军职的许可证一旦被撤销，该制定法即发生效力。

革不仅获得了下院的认可，而且也得到了选民的同意；但同时也会承认，假设变革需要制定法的授权，军职购买制度就会直到今天都依然有效。特权的存在，使政府得以在这种特殊情况下立即贯彻选民的意愿；而这种结果，是在现代政治之下因特权的继续存在而随时随地都会造成的。君主的特权现已变成人民的特殊权益（privileges），随着下院越来越成为真正主权者的直接代表，可以想见，这些特殊权益就会越发广泛。何以如此？任何人只要想得到答案，都应仔细斟酌白芝浩的话，他说某些权力是国王无需征求议会意见而仍可合法行使的；同时也都应该记住，这些权力现在是由内阁来行使，但内阁实际上不再是国王的仆人，而是一
464 个代表机关的仆人，而这个代表机关反过来又要遵守选民的命令。白芝浩的言论征引如下：

> 在本书中我曾说过，倘若人们知道，有许多事情是女王不用征求议会意见就可以做出的，他们定会大吃一惊。事实也的确如此，当女王（在上院否决废除军职购买制度的法案之后）运用特权废除这一制度时，人们普遍十分惊愕。
>
> 但是，相比于女王在法律上不用征求议会意见即可做出的诸多事情，这一点其实不算什么。且不说别的，以下这些例子就足以说明问题了：她可以解散军队（依照法律，她雇佣的士兵不能超过一定数量，但也可以一个士兵都不雇佣）；可以将总司令以下的所有军官解职；也可以将所有海军士兵解职；可以抛售全国所有战舰及所有海军补给品；可以为媾和而牺牲康沃尔郡，为征服布列塔尼半岛而开战；她可以把

> 联合王国所有男女公民全都册封为贵族；可以把全国所有教区都改造为“大学”；可以解雇大多数公务员；还可以赦免所有罪犯。一言以蔽之，女王可以运用特权而搅乱政府的一切内政事务，可以发动糟糕的战争或缔结屈辱的条约而使国家蒙受耻辱；可以解散全国海陆军队而使我们对外国毫无防御之力。[①]

如果议会制政府有一天转变为下院制政府，可以猜想，这种 465
转变将是运用君主特权所致。

六、结论

至此，我们从法律视角概览英国宪法的工作就要结束，让我们简单回顾一下从中得出的结论。

英国宪法若以法律的视角来看，就不再像是“一种迷宫”；可以看到，它由两个不同的部分组成；其中一部分包括默契、习惯或惯例，它们不由法院实施，因而并不是真正意义上的法律；另一部分则由法院所实施的规则构成，不管这些规则是否载于制定法，它们都是严格意义上的法律，因而构成真正的宪法性法律。

我们还发现，宪法性法律这部分才是英国政体赖以存在的真正基础，尽管表面看来与之相反；而且，它实际上还赋予宪法中

① 白芝浩:《英国宪法》，第二版导言，第 35—36 页。

的惯例部分以力量，使之获得国民的普遍服从。[①]

此外，宪法性法律是两大指导原则在宪法的所有分支机构中实行的结果，而这两大原则是英国历代政治家和律师经过不懈地努力，有意无意地逐渐发展出来的。

第一个原则是议会主权。该原则实际上意味着，统治权力逐
466 渐从国王手中转移至一个日益代表国民的机构。[②]这一颇不寻常的过程——在这一过程中，国王的个人权力渐渐变成王在议会的主权——产生了两个效果：其一，它终结了君主的专断权力；其二，它保持国家的最高权力完整无缺，而又未被削弱。

第二个原则就是我所称的“法治”，或者，王国的普通法律在我们的所有制度之中都居于至上地位。这种法治实质上是指，不论何人做出的违法行为，法院都有权进行处罚，它正是英国制度

① 参见本书第435—450页。

② 关于这种转移得以完成的方式，或许应该补充说明几句。率领英国人民与王权作斗争的领袖们，除在暴力革命时代以外，从未想要破坏或摧毁国王作为国家元首的权力。数百年来，他们的策略是，一方面维持国王的权力不变，但另一方面，又用一定的程序来束缚国王的实际行动，国王真能遵守这些程序的话，法律至上以及最终意义上的国民至上就得以确保。比如，司法上承认国王是最高法官，但早就规定：国王的司法活动只能由他的法院来进行；立法上承认国王是唯一的立法者，但除非作为“议会中的国王”而立法，否则无效；行政上，尽管国王握有一切特权，但经过长期斗争之后规定：这些权力他只能通过御前会议中的大臣才能合法行使，而且这些大臣要为国王的行为承担责任。于是，所谓国王的个人意志，其含义逐渐发生改变，最后等同于国王依法表达的意志。这种转变形成于法律拟制的不断运用，而法律拟制表面上看是法律人的创造。若要寻找根据，观察法国历史即可。18世纪末，法国“诸高等法院”就试图用拟制来遏制法国君主制下高度发达的专制统治，这段历史让人想到早些时期英国立宪主义者的技艺，他们靠这套技艺，名义上限制了君主特权的侵害行为，而实际上缩小了君主特权的范围。参见洛昆，《大革命之前的革命精神》。

的精髓之所在。如果说议会主权赋予我们的宪法以形式，那么王国的法律至上则决定了它的实质。简言之，英国宪法从某种角度 467
来看，似乎只是常规做法或者习惯的大杂烩，但是如果从法律的视角来看的话，它结果是除美国宪法之外，[1] 比世界上其他任何一个国家的政体都更实在地建基于国家的法律。

当我们看到真正作为英国政体基础的原则是什么时，我们同时会理解，那些或多或少都想仿制英国宪法的外国政治家，却极少遵循这些原则。议会主权这一概念与那些支配刚性宪法的观念根本不相容，而刚性宪法则存在于实行某种代议制政府的最具影响力的国家。“法治”概念确实在美国得到发展，甚至已超越了英国；但是它与其说是不为法国的制宪者，以及仿效法国的其他欧陆国家的制宪者所知，不如说是被他们故意抵制。因为王国法律至上* 的意思就是，法官最终有权控制行政部门，而法国人所解释的

① 颇值一提的是，美国宪法其实在相当大程度上建基于法官创制的法。马歇尔首席大法官，作为“宪法的解释者”，即便算不上美国政体的缔造者之一，差不多也可算作是它的建造者之一。参见马歇尔有关宪法问题的判决集：《美国已故首席大法官约翰·马歇尔有关联邦宪法的文集》（*The Writings of John Marshall, late Chief Justice of the United States, on the Federal Constitution*）。

* “王国法律至上”在本书中是一个核心概念，相当于“法律至上”，或者“法治”。这里要注意的是“王国法律”（the law of the land）的用法：“the law of the land”，本意是指“这片土地之法”，“这片土地”最初是指的“英格兰”，如《大宪章》第 39 条中就有“through the law of the land”的说法，因此，有译者将其译为“英格兰法”。——参见《大宪章》，陈国华译，商务印书馆 2016 年版，第 45 页及注释 3。

但是，本书中的“the law of the land”，除了指英格兰法之外，有时指《美国宪法》（原文第 159、161 页）和《瑞士宪法》（原文第 164 页）——这种情况下，它首先强调的并不是国别，而是法律的普遍适用性，即适用于全国的法律；有时还指

权力分立则是指，政府有权控制法官。所以，英国人所理解的普
468 通法法院的权力与盛行于法国的行政法体系几乎无法共存。我们甚至还可以说，凡与外国人所称的“行政机关”真正类似的官僚机构，英国的守法主义几乎都无法与之共存。这样说并非是宣称外国的政府形式必然劣于英国宪法，或不适于一个文明而自由的民族。从我们对英国制度的分析，以及将它与外国制度的对比中，必然得出的全部结论是：英国宪法至今仍然具有显著特征，而且比人们通常所设想的还要显著得多；英国宪法所独有的这些特征可概括为议会主权和法治的结合。

总体意义上的法国法（原文第 350、357 页等）。实际上，这个词组中的“the land”本身含有“全国普遍适用”之意。所以，当“the law of the land”是指“英格兰法”时，一般译为“王国法律”或“王国的法律”；当它指《美国宪法》或《瑞士宪法》时，则译为“全国普遍适用的法律”；当它指法国法时，根据语境分别译为“全国法律”或“国法”。——译者

附录一　法国宪法的刚性 469

自1789年三级会议召开以来，法国制宪者一共拟定了12部宪法。[①]

考察一下这些宪法中有关宪法修改的规定（如果有的话），我们会得到许多有意思的结论。

第一，除其中两部宪法之外，所有法国宪法都具有“刚性”的特点。所以，法国人不论持何种政治见解均一致认为，国家的政治基础绝不能为普通立法机关所更改，即便真能更改，也必须经过非常严格的程序，而且一般说来，还须等国民对所提出来的改革措施反复深入考虑之后方可进行。

就这点而言，1791年君主宪法值得注意。这部宪法设立的是一院制立法机关，但没有赋予该院以修改宪法的任何权力。享有

---

① 即：1.《1792年君主宪法》；2.《1793年共和宪法》；3.《1795年共和三年果月五日宪法》（督政府时代）；4.《共和八年执政宪法》（1799年）；5.《1804年帝国宪法》；6.《1814年元老院与临时政府颁行的宪法》；7.复辟时代制定的《1814年宪章》；8.《1815年帝国宪法》补充条款；9.《1830年宪章》（颁行于路易·菲利普时代）；10.《1848年共和国宪法》；11.《1852年第二帝国宪法》；12.《1870—1875年现行宪法》。主要参见：埃利（Hélie），《法国宪法》（*Les Constitutions de la France*）；及狄骥与莫尼埃，《1789年以来的法国宪法》（第2版）。

需说明的是，法国宪法究竟有多少部，这清单上的数量可以增加也可以减少，全依论者对国家变革程度及新旧宪法异同的看法而定。

这项权力的唯一机关是修宪会议（Assemblée de Révision），而且
470 宪法想方设法地限制修宪会议的召集和它的行动。为此，宪法实质上规定了若干条款：普通立法机关由人民选出，任期两年；对宪法某个条文的修改，除非经过连续三届立法院的一致同意，否则不得进行；宪法修改案由连续三届立法院或议会通过之后，下届立法院在原定人数基础上增加 249 人，以此构成修宪会议。

宪法尽可能地对修宪会议进行限制，该会议只能讨论前三届立法院提交的修改案。因此，修宪会议只能对宪法进行局部修改。一旦修改完成，新增的 249 人即须引退，修宪会议也就自行解散，复归普通立法机关。如果 1791 年宪法一直有效，在任何情况下，六年之内都不可能发生条文变动。但在制宪者看来，这些限制轻率立法的措施仍不足以防止微小变革。[①] 他们还特地加上一种限制，即新修的宪法公布之后，下两届立法院甚至不得提议修改此宪法的任何条文。制宪者的目的是，至少在十年之内（1791—1801），法国政府的基础不应变动，亦不能变动。[②]

让普通立法机关无权触及国本这一点，1793 年的共和主义者持有与 1791 年的立宪主义者相同的看法，但采用了不同于后者的修宪方式。1793 年宪法下，修宪并非由普通立法院来启动，而是人民自行启动。全国半数以上行政区中，倘有 1/10 的初级会议（primary assemblies）要求修改宪法，立法机关就必须召集全国所有的初级会议，以开会讨论是否召开修宪国民大会的问题。可见，

① 当时有人提议（但未获通过），宪法条文 30 年之内不得变更。参见埃利，《法国宪法》，第 302 页。

② 参见《1791 年宪法》第七编。

是否召开修宪大会由前述初级会议投票决定，在此基础上，再行决定修宪案应否通过。471

假设这些初级会议同意修宪，就必须立刻召集国民大会，会议代表依普通立法机关代表选举程序选出。大会所讨论的修宪内容，以动议召开大会时提出的议题为限。简言之，修宪动议由大多数公民明确提出，而修宪大会的权力有限，只能修改宪法的某些条文。[①]

1795 年的共和与督政宪法，像前两部宪法一样，建立在这个假定之上，即使宪法难以修改极为重要；同时它也认识到，再创设一个与臭名昭著的国民大会（Convention）相类似的专制主权议会相当危险。

为了防止草率变革和修宪会议实行专制，督政宪法特意把立法院设计为两院制，即元老院和五百人院。凡宪法修改案，均由元老院提出，再由五百人院批准。议案按照这种方式九年内提出三次，且每次至少间隔三年，修宪会议方可召开。这种会议就是美国人现在所称的修宪会议（constitutional convention），是一种经选举产生的专门机构，召集此会绝不会中止政府和普通立法院的权力。它的职权仅限于修改立法院所提交讨论的那些条文。任何情况下，修宪会议的召开时间不得超过三个月，唯一的任务是制定一个改革方案，以供全国各地初级会议讨论。一旦任务完成，修宪会议自行解散。该宪法不仅专门规定，修宪会议不得参与政府工作和普通立法事宜，而且还规定，除非修宪会议的修宪案得到人民认可，否则现行宪法依然有效。

① 参见共和三年果月五日宪法，第 336—350 条；埃利，第 436、463、464 页。

472 执政宪法和帝国宪法基本上都明确规定，宪法修改动议必须由元老院的决议提出，然后经人民投票或全民公投批准。[①]这可以说是拿破仑体制下的常规修宪程序。依照这一程序，凡宪法修改，均由一个实际上为政府所任命的机构启动，并经人民投票批准，而投票人对修改案只能否决或赞成，就当时实际情况而言，政府所提出的议案通常都为人民所通过。换言之，人民对于修改案，没有机会辩论和修改。我们可以认为，即便是在 1815 年 4 月 23 日帝国宪法补充条款所粗略设计的议会帝国主义形式之下，制宪者也持同样想法，即宪法修改要看元老院的意愿并经人民批准。不过，这个补充条款有一点值得注意。它规定，任何议案，只要是旨在复辟波旁王朝，或恢复封建权利，或再征十一税，或重定国教，或者以任何方式撤销土地出售行为（即变更法国土地所有人的权利），一概绝对禁止。这是试图确立一些根本原则，不仅普通立法不可更改，而且修宪时也不得变更。英国学生知道这点后，定会想到本国历史上的 1653 年克伦威尔宪法，依当时护国公的主张，宪法中的某些“根本原则”，不仅议会不能更改，而且其他任何国家机构都不能修改。

1848 年共和宪法再次明确区分了修法与修宪。这就是说，法律可由普通立法机关依普通立法职权修改，而宪法条文的修改，只能由以修宪为目的且专门选举产生的大会，依照严格的法律程序进行。修宪程序规定得详尽而复杂。按规定，普通立法机关选出后任期三年，但该机关本身不能对宪法作任何修改。到了第三年，它可以作出希望对宪法进行全部或部分修改的决议，但该决

① 参见埃利,《法国宪法》，第 696—698 页。

议只有满足三个要件才会生效：第一，分别在三次会议中3次投票通过，且每次会议须至少相隔1个月；第二，出席议员须满500人；第三，经出席者3/4的多数确认。

宪法修改决议一旦依法通过，应立即选举产生修宪会议。修宪会议任期仅有3个月，议员人数多于普通立法机关，任务当然 473
只是讨论宪法修改，但必要时可通过普通法律。因此，按规定这是一个可以取代普通立法机关的修宪机构。[①]

第二帝国实质上恢复了第一帝国的立法体制，而宪法修改也回到了原来的体制，即取决于元老院的决议并经人民投票批准。[②]

较之法国政治家此前所创造的所有政体，当今共和国有许多不同之处。宪法条文没有规定在一个文件之中，而是散见于1871年国民议会制定的若干宪法性法律。但是，这些法律不能由普通立法机关（即参议院和众议院）依普通立法程序修改。若要按非常规程序修改宪法，两院首先必须各自作出希望修宪的决议。决议分别通过之后，两院召集在一起，共同构成一个国民议会或大会，如此方可对宪法性法律的某部分进行修改，而有些条文也的确是按这种程序修改的。[③]

在这十二部宪法之中，我略过了由路易十八批准的1814年宪章，以及为路易·菲利普所接受的1830年宪章。此乃有意为之。这两部文件对修宪均未作专门规定。对此，英国人会猜想，

① 参见《1848年宪法》第111条。

② 参见《1848年宪法》第111条;《1852年宪法》第31、32条；埃利，第1170页。

③ 参见《1875年宪法》第8条。

宪章的条文可经普通立法程序废除或修改。如此推测并非毫无根据。1814 年和 1830 年的立宪者的确想要建立一个英国式的立宪君主制，因而打算让君主和参众两院共同组成议会。然而，正如上文所述，[①] 这种推测也并非确切。路易十八的想法可能是，既然宪章由国王批准，宪法条文便可只根据批准者的意愿来修改。而路易·菲利普当然希望，他建立的政府体制的根本原则法律上永不可变更。但不管怎样，有一点是很清楚的，那就是，法国立宪者一般会坚定地认为，宪法的根本原则不应由普通立法机关的意志草率更改。

474 第二，法国政治家从未充分认识到，宪法过于刚性会带来许多不便甚至危险。申言之，他们几乎没有意识到，少数人利用宪法中的权力遏制国民的改革愿望，长久下去，国民就有了革命的借口或理由。

在这方面，当今共和国的缔造者汲取了过去的经验。他们其实仍然把宪法和普通法律相区分，但宪法中只列入了少量条文，而且修宪程序也规定得非常简易，以致现行参众两院几乎就成为一个主权者议会。这种做法究竟是否可取，此时颇不宜评判。但我们在这里可以断定，现代法国人已经意识到，宪法若太过刚性，用起来会有不便甚至危险。[②]

第三，一位英国评论家，见法国努力让宪法不可更改，结果每

---

① 参见本书第 118—120 页。

② 关于影响法国现行宪法的性质的那些因素，参见罗威尔，《欧陆政府与政党》，第 1 卷，第 7—14 页；还需指出的是，自 1789 年以来，现行宪法已经比法国历史上任何一部宪法的寿命都要长。

部宪法的平均寿命仍不过十年，不免对这种徒劳之举感到好笑。他心想，第一次国民议会所创设的刚性宪法倘若一直存在的话，在法律上直到 1801 年它都不能被更改，可事实上，此前已有三部宪法先后被破坏，而拿破仑正在建立一个专制帝国。倘若 1795 年的共和与督政宪法一直存在的话，直到 1804 年它也不能被丝毫修改，可那时帝国已处于全盛时期。

但命运的嘲弄并不足以证明它的受害者就是愚蠢的；如果我们看看法国开始从事制宪实验时整个世界的状态，我们就知道，一个国家的各种根本法律只应当缓慢地改变这种思想，或者法国的种种制度不需要频繁地变更这种期待，这没有什么荒谬之处。英国宪法的整个构架——如果我们不把英格兰和苏格兰的联合包括在内的话——就外国人所能观察到的情形而言，历时百年而未有变更；即使英国议会在理论上能够更改任何一个机构，但乔治三世时期的议会几乎不可能去改变任何一个可被视之为宪法性的法律，正如一个现代议会几乎不可能去废除君主一样。事实上，直至法国国民议会召开后近四十年（即 1829 年），英国的政府形 475
式从未有任何重大变动。一个世纪前，在法国或英国没有一个人能预见到如今温和革命的状况；对这种状况，现代英国人已司空见惯，不足为奇了。新建立的美国宪法显示出一切稳定的迹象，它持续了一个多世纪，没有经历任何形式上的重大变化。由此看来，对于 1789 年的人来说，一个完好的宪法在很长时间内都不需要修修补补，是非常合乎情理的。

第四，从已发生的事情来看，法国立宪主义者主要犯了两个错误。首先，法国人一直不明白，新通过的法律表面上没有改变

宪法的条文，实际上却可能违背宪法的原则，因此，他们没有像美国宪法的缔造者那样，为阻止违宪的法律得以实行，而采取某些必要的防范措施。其次，法国人有时候对召集修宪会议（constituent assembly）的危险性有所低估，因为修宪会议一旦召开，常设的立法机关和行政机关便中止活动，这样修宪会议就可能转变成一个革命会议。

第五，从理论上来看，法国展示其制宪技艺的过程中，1795 年督政宪法所做的尝试最为有趣。该宪法的制定者认识到以往革命运动的危险，所以他们巧妙地设计出一些制度，以减少修宪所带来的风险。一方面，他们把修宪任务委托给一个选举产生的专门用来修宪的会议，另一方面，该修宪会议无权干预或中止现有立法机关或行政机关的活动。就此而言，他们真正创设了一个美国人所称的“修宪会议”，[①] 从大西洋彼岸的经验来看，这种会议是迄今所发明的最为明智的修改刚性成文宪法的方法。而且，他们还创立了一项原则：修宪会议投票通过的所有宪法修正案，必须提交人民表决，换言之，修正案不经人民同意不得生效。该原则预示公民复决制的出现，而公民复决制如今已在瑞士确立，将来也可能以各种形式确立于所有民主政体之中，成为民主政体公认
476 的组成部分。1795 年的制宪者可谓匠心独运，这点应引起读者的重视：这不仅是因为他们的足智多谋极能反衬法国多数立宪者的愚钝平庸，还因为督政府时代行政管理上的无能，掩盖了督政宪法的制定者所展示出来的立宪才华和技巧。

① 关于美国人所称的“会议”（convention）一词，参见《美国科学百科全书》；另见布赖斯，《美利坚共和国》，第 1 卷（第三版）附录“论修宪会议”，第 667 页。

附录二　联邦国家中的分权

任何一个学生，若要理解某特定的联邦制下，国家或中央政府与各州之间有关权力划分的原则是什么，都必须研究以下四个问题：第一，究竟是联邦政府还是各州政府仅仅享有“限定的”权力，即宪法所明确分配给它的权力？第二，联邦立法机关的法律能否被法院或其他机构所废除或宣告无效？第三，联邦政府在何种程度上可以限制各州的立法？第四，若存在修宪机构，该机构的性质是什么？

比较一下五个不同的联邦制对上述问题的规定，是很有趣的。

一、美利坚合众国

（一）联邦宪法授予合众国的权力是严格“限定的”，或者说界限分明；而保留给各州的权力则“无明确限定”，或者说界限模糊。《美国宪法》规定：“本宪法所未授予合众国或未禁止各州行使之权力，皆由各州或人民保留之。”[①] 由此可见，对于宪法未明示或默示授予合众国的权力，合众国（即联邦政府）不得要求享有之；

① 《美国宪法》修正案第 10 条。

而合众国各州作为一个独立国家所享有的一切权力，只要未被宪法明示或默示剥夺，各州皆可要求行使之。

477 （二）联邦立法与各州立法一样，其效力均在合众国宪法之下。所以，联邦国会或州立法机关的法律，凡与合众国宪法相抵触者，一律无效，法院均得宣告之。

（三）联邦政府无权废除或否决州的立法。各州宪法并非联邦政府创造，亦无需联邦政府批准。但是，合众国宪法须保证各州均实行共和政体，因而一般认为，联邦政府对于任何非“共和”宪法，均有权或有义务予以摧毁——不管“共和”的确切含义究竟是什么。

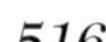

（四）联邦宪法的修正，须经四分之三之州批准方能成立。从宪法条文看来，无论何州，未经其同意，不得剥夺其在参议院之平等投票权。[①]

二、瑞士联邦

（一）联邦政府的权力或联邦权力是限定的，而各州的权力则无明确限定。[②]

（二）对于联邦立法，法院不得宣告其无效。但联邦议会通过的法律，若有 3 万公民或 8 个州要求复决，则必须交由人民投票同意或否决。从条文看来，对于违反联邦宪法的州法，联邦法院得宣告其无效。

① 见《美国宪法》第 5 条。

② 参见《瑞士联邦宪法》第 3 条。

（三）联邦当局无权否决或废除州的法律。但各州宪法及其修正案，需要联邦的保障。如果州宪法的条文与联邦宪法相抵触，联邦则不会给予保障；而且根据我的理解，州宪法的修正案除非得到联邦保障，否则不得生效。

（四）联邦宪法的修正，须由多数瑞士公民和多数州联合提出，方可进行。依据宪法，修正案未经多数州之同意，不得生效。

三、加拿大自治领

（一）自治领政府或联邦政府的权力无明确限定，或者说界限模糊；而各州或各省的权力则是限定的，或者说界限分明，而且限定的范围还很狭窄。[1]

从联邦的角度来看，自治领宪法与美国宪法或瑞士宪法之间 478
具有重大差别。 517

一方面，凡各省立法机关未享有排他性立法权的所有事务，自治领议会皆有权立法，而各省或各州立法机关的立法权则只限于宪法专门规定的那些事务；另一方面，美国国会或瑞士联邦议会只能对宪法明确规定的事务立法，而各州则保留宪法未特地削夺的其他所有立法权。

（二）联邦或自治领议会的立法，与各省立法一样，其效力均在宪法（即《1867年英属北美法》）之下。自治领议会和各省立法机关制定的法律，凡与宪法相抵触者，一律无效，法院均得宣告之。

（三）自治领政府有权否决省立法机关通过的法律，即便对于

① 参见《1867年英属北美法》，第91、92条。

那些合宪的省级立法——即该法律是省立法机关根据宪法授予它的权力制定的，自治领政府也可以行使这种否决权。[①]

（四）自治领宪法的效力源于帝国制定法，因而除非该制定法自身有相应规定，该宪法只能通过帝国议会法加以变更。自治领议会自身不能改变加拿大宪法的任何部分。但是，为了使自治领各省的法律具有一致性，自治领议会可与某省立法机关联合行动，在非常有限的范围内修改宪法。[②]

但是，省立法机关可根据《1867年英属北美法》第92条第1款之规定，修改省宪。但是，修改省宪的立法，与其他省级立法一样，自治领政府得否决之。

四、澳大利亚联邦

（一）联邦政府的权力是限定的；各州权力属于州议会，无明确限定。[③]

（二）联邦立法（即联邦议会的立法）与州议会的立法一样，
479 其效力均在宪法之下。联邦议会和州立法机关的制定法，凡与联邦宪法相抵触者，一律无效，法院均得宣告之。

（三）联邦政府无权直接或间接废除或否决各州议会的立法。

（四）联邦宪法的修正案，可由联邦议会通过议案提出，在某

---

① 参见《1867年英属北美法》，第90条；另见布里诺，《加拿大自治领的议会程序与惯例》，第76—81页。

② 《1867年英属北美法》，第94条。

③ 《澳大利亚联邦宪法法》，第51、52、106、107条。

些情况下，也可由联邦议会之其中一院提出；可由全国选民之多数批准，也可由全国各州之多数批准。[①]

但是，有两点必须注意：第一，宪法中的许多条文，根据宪法本身的规定，可通过联邦议会的普通法律予以变更；[②]第二，联邦宪法实际上只是帝国议会通过的一部法律，因而帝国议会也可以通过另一部法律加以修改或废除。

五、德意志帝国

（一）根据帝国（联邦）宪法，帝国（联邦）政府的权力是限定的，或者说界限分明，而联邦各州的权力则无明确限定，或者说界限模糊。

但是，对这个表述必须加上两个限制：第一，宪法授予帝国政府的权力非常宽泛；第二，帝国立法机关能够变更宪法。[③]

（二）无论如何，帝国通过正当程序制定的法律，显然不可能发生“违宪”问题；[④]但是，各州立法如果与帝国宪法或法律相冲突，看来是无效的。[⑤]

① 《澳大利亚联邦宪法法》，第128条。

② 同上书，第7、10条。

③ 参见《俾斯麦帝国宪法》，第2、78条。

④ 至于帝国议会制定的法律，帝国最高法院和其他法院一般能否宣告违宪，则是一个悬而未决的问题。对此，请参见罗威尔，《欧陆政府与政党》，第1卷，第282—284页。

⑤ 参见《俾斯麦帝国宪法》，第2条；及拉班德（Laband），《德意志帝国国家法》（*Staatsrecht des Deutschen Reiches*），第十节（s. 10）。

（三）对于各州制定的法律，帝国政府是否有权以违宪为由加以废除，并不十分明确，但以一个外国人的眼光来看，帝国宪法未曾授予这样的权力。至于各州内部所产生的宪法上的冲突问题，某些情况下，最终可由帝国政府来解决。[①]

（四）宪法可经帝国（联邦）立法机关以普通立法的形式加以
480 改变。但是，如果联邦参议院（Bundesrath）中有 14 票加以反对，修改宪法的法律即不能获得通过。这实际上就赋予普鲁士和其他联合起来的若干州以修宪“否决权”。

此外，根据宪法规定，若干州保有的某些权利，非经本州之同意，不得更易。[②]

① 《俾斯麦帝国宪法》，第 76 条。

② 南非联邦——有人说得好，南非联邦宪法“坦率地讲并没有实行真正意义上的联邦制”。建造南非联邦的英帝国议会法“对于南非议会修改南非联邦宪法条文的权力并没有给予实质限制。但是该法第 152 条明确规定，议会可以通过法律修改或废除宪法中的任何条文，但是，如果宪法规定了条文的具体实行期限，在该期限届满前，任何条文不得修改或废除。依据此条之规定，对本条文本身的修改或废除，或者在宪法颁行十年之前或立法机关的总人数达到 150 人之前，对第 33、34 条关于立法机关人数的规定的修改或废除，或者对第 35 条关于议会选民资格的规定的修改或废除，或者对第 137 条关于语言文字使用的规定的修改或废除，均属无效；除非修宪议案经议会两院联合通过，且三读会时，出席人数不少于两院议员总数的三分之二。此条规定得再清楚不过，企图通过修改该条本身来规避其中所蕴含的精神实不可行”。参见基思（Keith）所著论文《南非联邦》（*South African Union*），第 50、51 页，该文初载于《比较立法会会刊》，后印成单行本；另见布兰德（Brand），《南非联邦》（*The Union of South Africa*），尤其是第 11 章（因作者在第 8 版中未对正文进行改动，但 1909 年英国议会制定了《南非法》，亦即《南非联邦宪法》；故作者在此插入一段注释。——译者）。

附录三　议会制政府与非议会制政府之间的区别

现在，代议制政府以各种形式存在于大多数欧洲国家，以及欧洲之外所有受其思想影响的国家；在世界上的文明国家中，很少有一个国家的立法权不是由一个大体上具有大众或代议性质的选举机构来行使，至于选举的普及程度姑且不论。但是，代议制政府的具体形式并非在各个国家都一模一样。从立法机关和行政部门的不同关系来看，总体上可分为两种形式或类型。第一种代议制形式，是立法机关（可能是其民选部分）能够任免行政官员，而且在这种情况下，行政官员一般都是从立法机构的人员中选出。这种类型的政府，我们可恰当地称之为“议会制政府” 481
（parliamentary executive）。第二种代议制形式，是行政官员——不论是皇帝及其大臣，还是总统及其阁员——都不是由立法机关任命。这种类型的政府，我们可恰当地称之为“非议会制政府”（non-parliamentary executive）。关于代议制政府的上述区别，近来已受到一些名家的关注，但有关英国宪法理论或实践的论著，对此却几乎未给予足够的重视。关于这些区别，有几点是值得注意的。

第一，从上述区别中，产生了一个有关宪法分类的新原则，两大类宪法之间由此彰显出新的相似点和相异点。比如，若以政府中行政部门的性质来衡量政体的特点，我们就会发现，英国、比利时、意大利和当今法兰西共和国的宪法，实质上都属于同一种类型，因为在这些国家的宪制中，都存在一个议会制政府；相较之下，美国、德意志帝国和第二共和国时期的法国宪法，则属于另一种不同的类型，因为在这些国家的宪制中，都存在一个非议会制政府。这种区分代议制政府的方法，无疑有它的长处。意识到下面这一点是很有启发的，即美国的民主共和制和德意志的帝国体制至少具有一个重要的共同点，而这个共同点将美德两国的体制与英国的立宪君主制及法国的民主共和制区别开来。

第二，一个立法部门或议会所实际享有的权力，极大地取决于其任命和解散行政部门的能力；英国下院之所以能自然获得今日之权威，至少有一半是源于拥有这项权力。实际上，我们完全可以断言：只有在议会能够随时任命政府的组成人员时，真正意义上的议会制政府才会存在；而且只有当他们的任期确实是由议会来决定时，议会制政府才得到充分发展，并变成议会主治的政府。尽管如此，这点同样是真实的，即实行议会制政府的宪法与实行非议会制政府的宪法之间的区别，不同于我在本书正文中所强调
482 的，存在主权议会的宪法和不存在主权议会的宪法之间的区别。英国议会确实是一个主权者，而英国真正的行政部门（即内阁），是名副其实的议会制政府。但是，一个国家既具有议会主权，又实行议会制政府，则是一种偶然情况。比如，英国议会成为一个主权者的时间长达数个世纪，但至少自 1689 年光荣革命以来，英

国政府就掌握在一个非议会制的行政部门手中。而对于德意志的情况，我们至少可以认为，联邦参议院和联邦议院共同构成一个主权立法机关。[①]但是鉴于当前发生的系列事件，无人会断言，德意志帝国由议会制政府统治。在这个问题上，一如其他问题，我们可以从研究爱尔兰议会制政府的历史中获得启示。在现代，无论是爱尔兰宪法的批评者，还是它的仰慕者——这部宪法存在于1782年至1800年间，即人们通常以格拉顿（Grattan）[*]的名字来命名的那部宪法——都不免对爱尔兰议会的地位感到有些奇怪与困惑。它的古怪之处主要在于，自1782年以来，爱尔兰议会是一个公认的主权立法机关，爱尔兰所有政党很可能都会认为，爱尔兰的议会两院在为爱尔兰立法时，不受国王否决权的限制，正如英国议会两院不受其限制一样，但是，爱尔兰的行政部门，就其与爱尔兰议会的关系而言，绝不是一个议会制的行政部门，因为它实际上是由英国内阁予以任命和解散；对于这一点，我们理解起来比格拉顿及其同代人要容易得多。如果有人认为，仅仅是宪法机制中的这些缺陷本身，导致格拉顿谋求爱尔兰议会独立的努力归于失败，或者如果对宪法进行最为精巧的设计，就会让格拉顿避免以失败告终，那都是无稽之谈。但是，宪法批评者可能会认为，在1782年，主权议会和非议会制政府的结合，几乎必然使得格拉顿宪法要么进行大改，要么归于失败，这种主张也并非荒谬。不过，就当前讨论的主题而言，我们所需要注意的是，这种结合

① 参见《德意志帝国宪法》，第2、78条。

* 即格拉顿·亨利（1746—1820年），爱尔兰政治家和演说家，他支持赋予天主教徒选举权，反对爱尔兰与英国的联合（1800年）。——译者

虽然让现代批评者感到奇怪，但实际上存在于爱尔兰议会独立的整个期间。一个主权议会的存在，并没有使议会制政府的存在成为必需；所以，议会制政府经常与非主权议会共存。这一点体现在
483 比利时宪法和所有实行代议制和责任制政府的英殖民地宪法之中。

此外，议会制政府与非议会制政府之间的区别，也不同于（尽管可以涵盖）白芝浩反复强调的、内阁制政府与总统制政府之间的区别。[①] 白芝浩和多数作者笔下的内阁制政府，是议会制政府中最常见的一种形式，而白芝浩心目中的美国总统制政府，虽然肯定不是非议会制政府的唯一形式，但的确是其中的一种形式。不过，设想出一种未实行内阁制的议会制政府，并不是难事。可以说，梯也尔先生和麦克马洪元帅相继由法国国民议会选为行政首脑的那段时期，法国实行的实际上就是这类政府形式。[②] 同样，肯定也存在一种与总统制政府不同的非议会制政府。比如，当前德意志帝国政府就属于这种形式。帝国皇帝是真正的政府首脑，但他不是总统；他本人和他所任命的大臣，均不是由一个可称为联邦议会的机构所任免。

第三，据我们目前的了解，英国宪法在这个以及其他问题上呈现出若干矛盾现象。就真实情况而言，内阁属于议会制政府，因为它确实是由下院选任（尽管是通过一个非常间接的过程）和解散，而且，内阁成员总是从议会上院或下院的议员中选出。但是，从表面上和名义上看，现在的内阁与刚开始时一样，属于非

① 参见白芝浩，《英国宪法》（1878 年版），第 16 页以下。

② 埃利，《法国宪法》，第 1360、1397 页。

议会制政府，因为所有大臣都是国王的臣仆，形式上由国王任免，而非由下院或上院任免。

现在的英国内阁是否正在演进，其性质正在发生不为人察觉的变化，由此逐渐从一个议会制政府转变为非议会制政府，这是一个饶有兴味的问题。不过，当前选民的权力日益增加，这种改变的可能性是存在的。即便就目前情势而言，大选的目的实际上也就是民众把某个政治家选到首相的位置上去，尽管表面上看并非如此。所以，我们完全可以想见，即便英国宪法的所有形式都不变，有一天，英国首相也有可能与美国总统一样，真正由人民
直接选举产生。不要忘记了，美国总统理论上是由绝不能行使个 484
人选择权的选举人选举产生的，而事实上则是由那些根据宪法的字面意思无权选举总统的公民选举产生的，恰如英国首相事实上也是由无权选举首相的选民选举产生的一样。

第四，两种政府各有某些明显的优缺点。

议会制政府（为简便计，我们可用内阁来指代）几乎不可能与立法机关发生冲突，至少是不会与立法机关中任命内阁、让内阁掌权的下院相冲突。内阁政府使得英国的行政权和立法权之间没有发生美国或法国式的冲突：在美国，这种冲突妨碍了公共事务的适当进行，而在法国和其他一些国家，这种冲突则导致了暴力与革命。

议会制内阁对议会意见的变化（就事情的必要性而言）必须高度敏感，也必须予以服从，不论在立法事务还是在行政事务上，内阁都必须随时顾及产生它的机构的意愿甚至古怪念头。英国宪法的“柔性”，至少是整个英国政府体系的“柔性”，实际上是由

内阁的性质来决定的，也就是由英国议会的法律主权来决定的。但是，内阁制政府的优点，从反面来说，也必然是一种缺陷。议会制政府，就自然法则而言，必须服从或倾向于服从议会的领导。因此，实行内阁制政府就意味着，大小行政事务，往往反映的是议会多数的长期意志和临时意志，甚至是其反复无常的激情和空想，或者反映的是选民的意志、激情和空想——议会多数的权力正是来自于选民的善意。简言之，议会制政府容易变成其创建者即议会的傀儡，因而，尽管形式上有所改良，但也容易带有一个选举会议的统治所固有的那些弱点。

非议会制政府的优缺点与议会制政府的优缺点正好相反。此之所长，正乃彼之所短，反之亦然。非议会制政府的优点，在于它的相对独立性。只要实行代议制政府，行政首脑，不论皇帝还是总
485 统，自然都愿意与立法机构保持良好关系而获得其支持。但是，德意志皇帝不必绝对服从帝国议会的意愿，而美国总统只要他愿意，就可以与国会意见相左。正因为如此，如果皇帝或总统是一个性格坚强、意志坚定的人物，作为行政首脑，他在很多方面都可以按照自己的想法实施合理的政策，尽管这样做暂时会冒犯立法机关和选民。不可否认，非议会制的行政首脑，因其独立性，有时会给国家带来极大的好处。比如，很多德国人现在都承认，正是因为普鲁士的行政部门，不论按照何种宪法理论，事实上都属于非议会制政府，所以，普鲁士国王和俾斯麦首相所施行的一种政策，尽管屡遭普鲁士国会反对，但的确奠定了德意志帝国的基础。又如，林肯总统曾不顾当时的反对意见，根据自己对政策的合理判断与确信而采取行动，结果大有福于美国——这种情况至少是存在的，很可能还

不止一种情况。但是，无需议会支持即可掌权的政府，显然会经常与议会发生冲突。法兰西第二共和国的短暂历史，自路易·拿破仑当选为总统起，至 1851 年 12 月 2 日政变止，就是一段法国政府与法国议会的斗争史。这种斗争由路易·拿破仑的独特地位引起，因为他既是共和国的总统，同时又是拿破仑王朝的继承人。然而，非议会制政府与立法机关的冲突，也可能在无王位继承问题且比法国人更尊重国法的民族中发生，美国的安德鲁·约翰逊总统与国会之间的斗争，即是其中一例。

第五，制宪者历来想要创造一个统治机构，使之结合议会制政府和非议会制政府两者的特点，并且希望吸收二者长处的同时，又能避免二者的短处。为了达到这一目的，他们采用的方式不外乎是，把行政部门（尽管具体形式不一）设计成由立法机关创造，

但不能由立法机关解散的机构。这就是一种半议会制政府的形式。486

制宪者的努力虽然总体上未获得成功，却值得仔细研究。

1795—1799 年的五人督政团（the Directory）实际上构成了法兰西共和国的政府。在一种非常复杂的选举体系下，五位督政官由组成共和国立法机关或议会的上下两院选出。每年至少须有一位督政官退职。后世学者评价说：“督政宪法具有先见之明，它既阻止了民众暴乱、权力越界，又防止了大革命时期的所有危险得以重现。如果说在那一时期（1795 年）有一部宪法被牢固建立的话，那就是督政宪法。”[①] 但是，这部宪法只存续了四年。而且，在该宪法颁行两年内，大多数督政官与立法机关公开决裂。其结果

① 米涅（Mignet），《法国革命史》（*French Revolution*），英译本，第 303 页。

是，督政官一方以政变取胜，随后立法机关中的反对派被流放。

或许有人说，当时，革命力量与反革命力量相争，互有胜负，唯有功之将军凭其威权方可建立秩序，此外并无其他力量能给予法国以宪法自由，故督政宪法从未有适当之机会，以资实验。此言并非不实。1875 年，法国又一次着手创建宪法，尽力创造一个既不与立法机关为敌，又不完全依赖于它的行政部门。于是，总统制政府得以建立，且在名义上一直延续至今。共和国总统由国民议会即参议院和众议院（用英国政治术语来说就是议会两院）联合选出。总统的固定任期为七年，可连任；他拥有相当大的权力，至少名义上如此；可以任命内阁，并不定时出席内阁会议；征得参议院同意，可解散众议院。众所周知，法兰西第三共和国宪法迄今已存续 38 年，当前的总统制宪法也已存在了 33 年。因此，有人可能会推测，共和国可能会一直延续下去。然而，设立半议会制政府的有趣尝试，可以说已宣告失败。麦克马
487 洪元帅与议会之间的危险冲突，以元帅辞职而告终，对此我们无需赘述；但可以客观地讲，这次冲突是保守主义者阻止共和国建立的最后挣扎。不过，我们所关心的这一实验的失败，是源于麦克马洪辞职之后所发生的系列事件。如今，法国政府已逐渐演变成一个严格意义上的议会制政府。不论格雷维（Grévy）总统还是卡诺（Carnot）总统，都没有打算成为真正的行政首脑，而福尔（Faure）总统和卢贝（Loubet）总统均效法之。这几位总统都没有担任或没有打算担任美国意义上的总统职责，而是只扮演了一个立宪君主的角色。本来，只要总统的任期事实上是独立于国民议会之意志，我们就有理由期待，一个有声望且精干的政治家

担任总统，会让这个职位获得好名声，总统也就会变成真正的共和国元首，一如梯也尔和麦克马洪之所为。然而，无论是格雷维总统的倒台，还是卡西米尔·佩里埃（Casimir Périer）的辞职，都表明法国总统恰如内阁大臣，终须获得议会支持方足以保住职位。解除总统职务固然要比更换内阁难得多，但不管怎样，总统事实上终究能够被立法机关解职。现在，法国真正的行政部门是内阁，从表面迹象来看，法国内阁相比于英国内阁，更加彻底地受到议会中民选院的控制。共和国的缔造者本想建造一个半议会制政府，不料想结果变成一个非常极端的议会制政府。此乃不争之事实。

1848 年，瑞士政治家建立了瑞士联邦结构，看起来，他们似乎是在天才的法国政治家至少两次犯难的事情上取得了成功。瑞士联邦委员会[①]是内阁或者政府，由每届联邦议会选举产生，但不能由其罢免。为选举之目的，国民院（National Council）和联邦院（Council of States）共同开会。国民院任期三年。瑞士政府由每届联邦议会选出，任期三年，自选出之日起一直任职，直至下一届联邦议会第一次会议为止。* 这种制度的运行颇值得注意。瑞士政府是由选举产生的，但因为它由每届议会选出，所以得以避免 488
总统选举所产生的混乱，而且每一届新的议会与行政部门关系融洽。联邦委员会确实不能被立法机关解散，也不能解散立法机关。但是，尚未发现瑞士政府和议会之间有过什么冲突。瑞士是欧洲

① 关于瑞士联邦委员会的性质，参见罗威尔，《欧陆政府与政党》，第 2 卷，第 191—208 页。

* 瑞士现行宪法（1999 年 4 月 18 日由公民投票通过，2000 年 1 月 1 日生效）规定，国民院由两百名人民代表组成，任期四年；联邦院由各州代表四十六人组成，任期因州而异，最长四年；联邦委员会成员任期为四年。——译者

最民主的国家，人们通常（不无理由地）认为民主政体善变，但瑞士政府的权力却具有持久性和稳定性，不具有议会制内阁的一般特点。比如，就现代历史而言，一个英国内阁的在职时间通常不会超过一届议会任期；而路易·菲利普时代的内阁，平均只能维持约三年时间，法兰西共和国时期政府的寿命更是以月计。瑞士的内阁（如果可以用这一术语的话）成员只能选任三年，但可以连选连任，且连任是常规做法而非例外情形。换言之，瑞士行政机构的组成人员很少变更。据说，只要细心观察，就会发现联邦委员会中有好几位政治家的任职时间已达十五六年之久。委员会成员之所以能够长期任职，似乎并不是因为某些领导人特别受大众欢迎，也不是因为他们拥有巨大的政治影响力，而是因为，在瑞士的体制下，联邦议会没有理由不让值得信赖的行政人员再次当选，正如英国一家股份公司没有理由不再次任命股东所信任的董事长一样。瑞士联邦委员会——倘若一个局外人敢于对本来只有瑞士公民才适于判断的事情表达意见的话——其实并非英国意义上的政府或者内阁。我们可以把它描述成一个董事会，它的职责是根据宪法条文且通常按照联邦议会的意愿来管理联邦事务。因此，政务是由经营国事的代理人进行管理，这些人不是政治家——政治家像内阁那样，既是议会多数的仆人，又是它的领导者。然而，据了解瑞士的评论家称，这种体制肯定会走向终结。改革者正在谋求委员会任命方式的改变，想把选举权交予公民之手。这种变革如果真的发生的话，应该注意，它所创造的也将是一种非议会制政府，而不是议会制政府。[①]

① 参见亚当斯（Adams），《瑞士联邦》（*Swiss Confederation*），第 4 章。

附录四　自卫权 489

一个人对于非法暴力袭击，究竟在多大程度上有权捍卫自己的人身、自由或财产？或者说，根据英国法，规范自卫权（此所谓“自卫”比通常之义更广）的原则是什么？[①]

对这个问题自认只能给出模糊不清的答案，也不可能有一个非常精确的回答。然而，这种不确定性也不足怪，因为有关自卫权界限的规则，就事务的本性而言，一定是两种需要的折中：一方面，有允许所有公民维护其对抗不法者的权利之需要，另一方面，又有抑制私人间以暴制暴之需要。如果私力救济受到阻止，忠实的臣民便会沦为暴徒之奴，而自作主张受到过分激励，又会舍弃法院的裁决，代之以刀枪决断。

让我们再补充一句：天赋的自卫权，即便得到法律认可，“也不意味着暴力攻击之权，因为对于已经或即将发生的伤害，人们不需要相互攻击，只需诉诸专门的司法裁判即可”。[②]

---

① 《1879年刑法典起草委员会报告》（*Report of Criminal Code Commission*），第43—46页［*C. 2345*］，评注一和评注二（Notes A and B）；斯蒂芬，《刑法汇编》（第6版），第221条；《伊斯特国王之诉判例汇编》（*East, P. C.*），第1卷，第271—294页；福斯特（Foster），《论杀人（第二篇）》（*Discourse* Ⅱ.），第2节和第3节，第270、271页。

② 斯蒂芬，《新英国法释义》（第8版），第4卷，第53、54页。

方今有一种流行意见，即一个人为了保护其法律权利，只要为保护所必要且不超过必要限度，即可合法使用任意程度的武力，为这种意见的辩护，可见于法官不严谨的附随意见和法律教科书的含混言论之中。[①] 但这种意见无论如何流行，都是错误的。按此说之逻辑，就会得出一个结论：有时枪杀入侵者是正当的，而一个九岁男孩刺伤一个企图揪他耳朵的十八岁大块头坏蛋就是合法
490 的。约七十年前，可敬的莫尔上尉（Captain Moir）就在实践中运用此说，遂招致极其严重的后果。事情是这样：莫尔的土地遭大批入侵者践踏，他先是发出警告，说有人再敢侵入，必将枪弹伺候；岂知一个小伙子毫不顾忌，于是，莫尔在威胁且合理警告之后，开枪射击并伤其手臂；伤者事后得到细心护理，医药费由上尉承担，不料医治无效死亡；结果上尉以谋杀罪被起诉，陪审团宣布其有罪，法官判以死刑，上尉于随后的星期一被刽子手绞死。他看起来是个充满善意的人，只不过满脑子严苛的有关权威的观念。他死于对法律的无知。所以，莫尔的命运，对那些赞同如下异端法律学说的理论家是个警示：一切权利，只要是出于保护之需要，均可合法以武力捍卫之。

关于合法使用必要武力以保护或维护一个人的权利问题，站得住脚的理论，或者说上述问题的可接受的答案，你会发现有且只有两个。

第一种理论。一个人为捍卫本人自由、人身或财产起见，在

---

① 据刑法典起草委员会委员在1879年的报告中称，该学说由圣伦纳德勋爵（Lord St. Leonards）所倡导。但在我看来，圣伦纳德勋爵本人是否真的持有这种学说，颇值得怀疑。参见《刑法典起草委员会报告》[*C. 2345*]，第44页，评注二。

满足如下两个条件下，可以合法使用任意程度的武力：一、武力是“必要的”，即止于目的之达成；二、武力是“合理的”或“成比例的”，即对不法者造成的损害与该武力意欲阻止的损害是成比例的。反言之，无人可以在捍卫其权利时，使用不必要或不合理之武力。

这个“必要且合理之武力的合法性”原则，曾被刑法典起草委员会委员采用。其具体内容最好是用委员们的原话来表述：

> 我们把普通法上的一项重大原则解释（委员们表述）如下：普通法鼓励人对抗非法暴力，以捍卫其人身、自由和财产，允许人运用武力以遏制犯罪、维护社会安宁，让罪犯归案受审。但是，其中有个限制条件，即武力之使用确属必要。这就是说，非用此等暴力手段，不足以阻止损害发生；而且，使用武力所实际造成的损害或可合理预见造成的损害，应与试图阻止的伤害或损害相称。这项原则能够解释和证明本草案中的许多建议为什么是合理的。但是，该原则似乎并没有得到普遍认可，因而我们认为应该指出，为什么须承认它不但是未来的法律，还是当前的法律。[①]

这里应指出，引文中“必要”一词的用法有些独特，因为它
包含了必要性和合理性两层意思。鉴于此，委员们所陈意见（如 491
引文所述）即可表述为：一个人可合法使用适当之武力以捍卫自

① 《刑法典起草委员会报告》，第 11 页。

己的权利，只要该武力为权利保护所必要，而且相对于试图防止的伤害（如果从另一个角度来说，就是所要保护的权利的价值）而言，没有施加完全不成比例的损害或施加此等损害之危险。这个原则无疑是很合理的。这让我们想起，本国最杰出的四位权威法官曾向议会推荐过这一原则。它肯定也与英国现行法中的原则颇为接近。但至少有一些理由认为，第二个更简洁的观点才更准确地代表着本国法学权威的学说。

第二种理论。任何人为抵制他人对本人人身或自由的不法暴力侵害，法律上可以对加害者使用为击退侵害所必需的武力，即为自卫所必需的武力，哪怕导致加害人死亡亦可不论，但是，对不法者所造成的严重身体伤害或死亡，通常只有在为自卫所必需，即为保护生命、肢体或永久自由所必需的前提下才是正当的。①

我们可以把该理论称为“为自卫所必需之武力的合法性”原则。这项原则的核心是：对不法者造成严重身体伤害或死亡的权利，源于同时也限于下述权利，即每一个忠实的臣民均有权采取必要的方式来避免其生命或肢体受到严重伤害，或其人身自由受

① 参见斯蒂芬，《新英国法释义》（第 14 版），第 1 卷，第 79 页；第 4 卷，第 267 页；第 4 卷，第 42—46 页。另外，福斯特曾说过：“在正当防卫的情况下，受害人为保护本人人身、居所或财产，可以采取以暴制暴的方式，来击退明显企图以暴力或袭击方式犯已知重罪的加害人。前述情况下，受害人不但没有躲避的义务，而且还可以追击对方，直至自身危险消除，如果在双方冲突过程中竟至杀害加害人，这一杀人行为也是正当的。……一个人若遇他人试图以已知重罪行为加害，不论抢劫或谋杀，被袭击者此时可以暴制暴，甚至是其左右仆人或其他任何在场者，均可介入以阻止伤害发生，如果竟至加害人死亡，介入者的行为也是正当的。在这种情况下，乃本性和社会义务共同使然。”——福斯特，《论杀人（第二篇）》，第 3 章，第 273、274 页。

到严重妨碍。

“必要且合理之武力的合法性”原则和“为自卫所必需之武力的合法性”原则，虽然立论不同，但在多数情况下，所导致的实际效果却是相同的。

依据任何一种理论，我们都可以说：若某甲遭某乙袭击，且 492
危及生命，则某甲在无其他办法可阻止或避免侵害的情况下，可将某乙打击致死。根据第一种理论，某甲使用的武力既必要且合理；而根据第二种理论，某甲运用武力属于严格意义上的自卫。但根据任何一种理论，某甲因某乙故意入侵其土地，而枪击某乙都是不正当的。因为某甲对某乙造成的损害（即某乙生命所遭受的危险），是不合理的，即完全与某甲因其土地被侵害而造成的损害不成比例，而且，某甲枪击侵权人时，所使用的武力明显不是为了自卫，而是为了保护其财产。此外，这两种理论和下列复杂的和得到公认的规则是一致的，即限制伤害或杀害他人的权利，即便他是为了保护自己的生命或肢体。[①] 这些规则的宗旨是，除非

① 参见斯蒂芬，《刑法汇编》（第 6 版），第 221 条；但请比较《新英国法释义》（第 8 版），第 4 卷，第 54—56 页，以及《黑尔英国刑诉法院判例汇编》（*Hale, P. C.*），第 1 卷，第 479 页。对于某甲在尽力躲避之前是否有权伤害某乙的问题，这些专家并未完全达成一致。不过，其中的一般原理看来是很明确的。总之，受攻击者必须躲避，是一条应遵循的规则，而世所公认，阻止重罪行为发生又是人人都享有的权利和义务，此外，一个人保护其房子与保护其人身，在法律上的性质几乎是相同的，此乃实情；所以，在考虑某甲是否有权利伤害某乙时，必须始终对上述规则、权利义务和实际情况予以综合考虑。是故，黑尔（Hale）有言：“如果一个窃贼攻击一个善民（true man），不论在屋外还是屋内，也不论是抢劫还是杀害，该善民不但没有退却的义务，而且还可以杀死攻击者，且不构成重罪。”见《黑尔英国刑诉法院判例汇编》，第 1 卷，第 481 页。关于房屋保护问题，参见《黑尔英国刑诉法院判例汇编》，第 1 卷，第 287 页。

已全力避免使用极端武力（但最终唯有使用武力方可自卫），否则禁止任何人杀害或严重伤害他人。比如，某甲被暴徒乙攻击，而某甲口袋中刚好有把左轮手枪；这种情况下，某甲不能向某乙开枪，必须首先尽力躲避，以免犯罪。但是，如果某乙紧追不放，以致某甲无路可逃，此时（也唯有此时），某甲若无其他办法击退某乙，便可正当地向他开枪。当然，这些细微的规定，即如前述例证所示，关于何种条件下一个受暴徒攻击的人可以突然对抗攻击者的规定，是过去社会才有的，已经过时了，但是，这些规定所依据的原则仍非常明确而且重要。这个原则就是：一个人受到哪怕是不法者的攻击，自卫时也不可运用不“必要”的武力；而如果受攻击者躲避一下即可避免以武力还击，则该武力是不必要的；换言之，如果受攻击者能够暂时放弃自己站在某个地方（例

如，在法律上他有权站立的公共广场上的某一特定场所）的法律权利，即可避免以武力还击，则该武力是不必要的。[①] 简言之，这两种理论所涉及的是武力使用的“必要”性问题，两者均不赞成

493 使用任何就其目的而言不必要的武力。所以，如果某乙企图伤害某甲，而某甲只要关上门即可确保自身安全，那么无论根据哪种理论，某甲杀害或伤害某乙都是不正当的。两种理论均能有力地解释，为什么随着非法攻击的强度增加，自卫的武力强度亦可合

---

① 斯蒂芬，《新英国法释义》（第 14 版），第 4 卷，第 42—46 页；比较《黑尔英国刑诉法院判例汇编》，第 1 卷，第 481、482 页；斯蒂芬，《刑法汇编》，第 222 条；福斯特，《论杀人（第二篇）》，第 3 章。需要指出的是，如下规则，即要求一个人遭他人攻击首先应该躲避而不是使用武力，似乎只适用于造成他人严重身体伤害或死亡的武力使用情形。

法增加；以及为什么保护一个人的财产尤其是房屋的合法占有权，可轻易地转化为合法保卫一个人的人身。故曰：“在捍卫占有权的过程中，殴打他人之所以是正当的，是因为它虽然源于保护占有权，但最终是为了保护人身。”[①]这句话切中整个问题的要害，不过，我们必须同时重视布莱克斯通的警告，即自卫的权利不能用作攻击他人的借口。[②]

两种理论在可预见的情形中是否会导致不同的结果，是一个饶有兴趣的理论问题，但在通常会诉至法院的具体案件中，则无关宏旨。实践中，一般需要确定的是，一个人究竟在多大程度上可以合法使用为抵制侵犯所必需的一切武力，至于判定合法武力的标准是“合理性”还是“自卫的性质”，就不那么重要了。不过，如果一个英国律师非要在两种理论之间作出选择的话，最稳妥的办法莫过于假定：只有出于严格自卫之目的，使用通常所谓“极端”武力——造成或可能造成他人严重身体伤害或死亡的武力——才是正当的。

可能有人反对说，这种有关自卫权的观点，把一个公民保护其不受非法侵害的权力限制得太死了。

该异议看似有力，其实不然，且看如下两点分析。

第一，为增进公共正义（public justice），所有人在法律上均有权使用武力，并且实际上通常也负有使用武力的义务，即便某些情况下该武力可能导致他人死亡，亦可不计。

① 《罗尔判例汇编·侵害之诉》（*Rolle's Ab. Trespass*），G 章第 8 节。

② 布莱克斯通，《英国法释义》，第 4 卷，第 183、184 页。

因此，一个忠实的公民如果发现眼前有破坏和平的行为发生，在法律上他完全可以进行干预并制止，为此，他还可以使用必要且合理之武力。[①] 不仅如此，任何一个普通公民在重罪行为发生现场，均负有逮捕重罪犯的法律义务，若一时疏忽，竟让罪犯脱
494 逃，则要承担被罚款或监禁的后果。[②] “在罪犯犯下重罪且正要逃避惩罚之际或有人严重受伤之时，任何人都应该尽最大努力阻止罪犯脱逃。如果在追捕过程中，无法赶上他，以致不得不将其击毙，此乃法律所保护的杀人行为。因为追逃不仅为法律所允许，而且还为法律所要求，倘有故意不作为者，还要遭受法律制裁。”[③] 当然，使用此等极端武力，只有在重罪行为发生或是为了阻止暴力犯罪时，才是正当的。“……根据现有的王国法律，此类为制止某种残暴犯罪的杀人行为均属正当。若有人企图抢劫、谋杀他人，或是企图夜间破户入室，而被人杀死，不管杀人者是受害者、房屋主人或者他们的仆从，还是任何站出来阻止伤害发生的其他人，都不会承担任何法律责任。但是，扒窃一类的无暴力犯罪情况，或者白天破户入室的情况除外——除非入室过程中伴有试图抢劫、

① 参见“蒂莫西诉辛普森案”（*Timothy v. Simpson*），载《康普屯、梅森、洛斯孔英国财税法院判例汇编》（*C. M. & R.*），第1卷，第757页起。

② 斯蒂芬，《新英国法释义》（第14版），第4卷，第309页；霍金斯（Hawkins），《论国王之诉》（*P. C.*），第2卷，第12章。

③ 福斯特，《论杀人（第二篇）》，第271、272页，并比较该书第273、274页。按照斯蒂芬的观点：“任何人为了逮捕叛徒、重罪犯或海盗，或者为了将本处于监禁状态但已脱逃或即将脱逃的叛徒、重罪犯或海盗重新合法收监，将其故意加害致死不构成犯罪，即便该叛徒、重罪犯或海盗没有对任何人施以暴力，亦可不论。”——斯蒂芬，《刑法汇编》（第6版），第222条。

放火或谋杀之类的行为。”[①] 因此，某些行为，如果是为了阻止犯罪发生或逮捕重罪犯而做出的，作为达到前述目的之必要手段，通常说来在法律上是正当的。例如，假使一帮夜盗进入某甲的房屋抢劫，之后携带劫得的珠宝，正欲从某甲的花园围墙逃离；某甲追之，并喝令站住，此时某甲并无生命危险，但是没有别的办法阻止他们脱逃，不得已将其中的某乙击倒而亡；如果福斯特引用的材料可信的话，那么这种场合之下，某甲看起来不但无罪，而且还履行了公共职责。[②]

让我们补充一句：当某甲可以对某乙合法施加严重身体伤害
（例如，在逮捕的过程中）的时候，若某乙进行反抗，则属非法，495
如果因此给某甲带来伤害，还需承担相应责任。[③]

第二，任何人只要是在行使其法律权利，其行为就是合法的，而且他还可以适度地运用武力，如果这种武力只是在行使权利的过程中运用的话。

比如，某甲走在一条回家的公共道路上，而某乙试图阻止他；某甲将某乙推开，某乙因而摔伤。这种场合，某甲并不违法，他

① 斯蒂芬，《新英国法释义》（第 8 版），第 4 卷，第 49、50 页，并比较该书第 14 版，第 40 页。

② 有人讲述了一则他亲耳所闻的故事，内容涉及威尔斯（Willes）先生，一位才能出众、学富五车的法官。有人问威尔斯法官先生：“倘若我从里屋往客厅望去，看见一个窃贼正卷起我家挂钟，但他本人没看到我，此时，我该如何是好？”威尔斯尽可能地给予了答复：“作为一个普通人、一个律师和一个英国法官，我的建议是：在如此场合之下，这就是你有权做的事情，而且我还认为这就是你的义务，即拿起双管枪，小心地装上两管子弹，悄悄地瞄准他的心脏，然后一枪毙命。”参见《周六评论》（*Saturday Review*），1893 年 11 月，第 534 页。

③ 福斯特，《论杀人（第二篇）》，第 272 页。

仅仅是在自我防卫，反抗他人对其在公共道路上自由行动的干预。某乙随即拔刀刺向某甲。很显然，如果某甲没有其他办法保护自己，如逃走或将某乙击倒，他可以适当运用为自卫所必需的武力，比如说，可以将某乙打晕或向他开枪。

但是，这就产生了一个非常难以回答的问题：在上述场合下，某甲享有沿大路行走的权利，但在何种程度上，他必需放弃行使自身之权利，而不必冒着将某乙重伤或杀死的风险？

比如，某甲明明知道，某乙声称其有权封闭某一条小路，但他实际上没有任何法律依据，同时还知道，他要是换条路的话也能回家，只是路程稍远些，但可以避免被某乙伤害，也可以避免在所谓自卫的过程中不得已对某乙造成严重的身体伤害。

某甲何以有权运用任何必要之武力，以达到自己的目的，其理由显然可以这样来陈述：某甲有权把某乙推开，若某乙的暴力升级，某甲便可进一步反抗；于是，某甲与某乙打起来，起初是为了保护通行权，后来变成是为了捍卫生命权。但是，这样看问题是荒谬的。某甲若要证明枪击或刺伤某乙是正当的，就必须明确表明其行为至少符合两大原则中的其中一个原则，即能够证明运用极端武力来反抗攻击者是合理的。但是，如果某甲绕开几步
496 即可躲避某乙的暴力，那么无论根据哪个原则，都不能证明其行为合理。之所以说某甲枪击某乙“不合理”，是因为枪击行为给某乙造成的伤害，其程度完全超出了某甲想要避免的损害——即被迫稍微绕开原回家路线。再则，之所以说某甲枪击某乙并非严格的自卫，是因为某甲换条路即可完全避免伤害。某甲使用武力之目的，不是为了保护自己的生命，而只是主张自己在某条路上的

通行权而已。这种有关某甲法律处境的看法是准确的，英国法的古老规则也非常清楚地证明了这一点：任何一个被他人攻击的人，必须首先尽力躲避，而不是给予攻击者严重伤害。

迟至 1858 年所判决的一个案件，即“女王诉休利特案”（*Reg. v. Hewlett*），也含有相同的原则。案情是：某甲被某乙殴打，于是他拔刀刺伤某乙。法官对此作出判决：“除非被告（某甲）意识到遇上抢劫或类似违法行为，以致生命有危险，或身体有严重危险（而不只是即将被打倒），否则，他拔刀自卫是没有正当理由的。”[①] 该判决的实质在于，尽管某甲用武力避开了可能遭受的伤害——即被打倒的危险，但该武力对于保护他的生命、身体或财产而言，并非必要，所以某甲所使用的武力是不正当的。该案特别具有说服力，因为某乙并非是在宣称一项所谓的权利，而仅仅是一个违法者。

让我们把前述案件稍作改动。假设某乙并非暴徒，而是一位正在执行警长命令的警察，他试图阻止某甲由大理石拱门进入海德公园。又假设警长错误地下达了命令，因而某乙试图阻止某甲由特定通道进入海德公园，在法律上没有正当依据。在这种情况下，某乙的行为属于非法，而某甲似乎可以推开某乙。[②] 但是，我们可以说如果某甲因不能推开某乙，便能使用某种必要之武力如

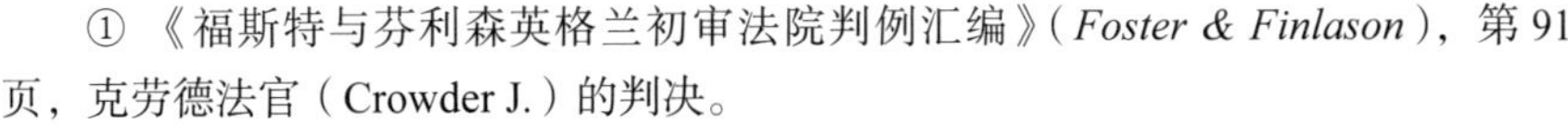

① 《福斯特与芬利森英格兰初审法院判例汇编》（*Foster & Finlason*），第 91 页，克劳德法官（Crowder J.）的判决。

② 当然，这个假想的案件应有一个前提，那就是：议会实际上不曾通过法律授予警长权力，使其能够对公民进入公园的行为进行管理。但是，讨论诸《都市警察法》的实施，或者对警长的权力表达某种看法，并非我的目的。

持刀杀人，以达到进入公园的目的吗？显然不可以。持刀杀人不仅是不合理地运用武力，而且是非自卫性地运用武力。

简言之，关于法律权利的争议，必须由法院来裁决，“因为国
497 王及其法院是不法行为之复仇者（vindices injuriarum），将会给予蒙受冤屈者应有的赔偿”[①]；任何人，倘要以武力来主张和维护自己有争议的权利，当为法律所不许。换言之，法律争议不能以拳头解决。曾在18世纪，有一位主教想通过暴动和袭击的手段，来达到解除某副登记官职务的目的，此举受到法官的警告，提醒他错误地理解了法律，最后只是借由厄斯金（Erskine）的巧言谬论，才让他得以免于陪审团的定罪。[②]

因此，关于自卫权的问题，不论从哪一角度来看，我们最后都能得出一个相同的结论：一个人为主张权利而运用极端武力，其唯一不容置疑的理由，只能是在前述例外或限制条件下，武力为严格自卫所必需且没有超过必要之限度。

① 斯蒂芬，《新英国法释义》（第14版），第4卷，第44页。

② “班戈主教案”（*The Bishop of Bangor's Case*），载《豪威尔国家审判》，第26卷，第463页。

附录五　公众集会权诸问题

关于公众集会权，有四个重要问题需要考虑。

这四个问题是：一、在公众场所是否存在一般集会权？二、“非法集会”这个概念是什么意思？三、国王或其臣仆在处理非法集会问题时享有什么权利？四、当以武力干预或解散合法集会时，集会成员享有什么权利？

为了准确地理解上述问题，有必要深刻领会两个虽无可争议却常被人忽略的评论，了解其中的真理性及其相互关系。

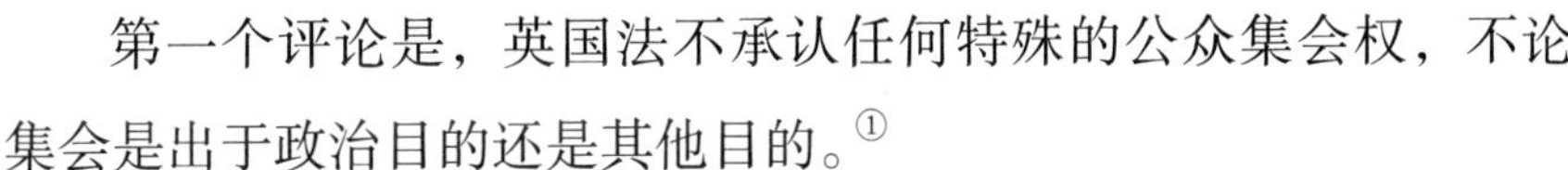

第一个评论是，英国法不承认任何特殊的公众集会权，不论集会是出于政治目的还是其他目的。[①]

集会权不过是源于英国法院所持有的有关个人人身自由和言论自由的观点。

因此，干预合法集会并非是对公众权利（public right）的侵 498
犯，而是对某甲或某乙个人权利的侵害，因而一般说来，必须把干预公众集会分解成对于特定个体也就是各集会成员的若干次侵犯。对于一个驱散人群的侵权行为人，不会以破坏集会为由起诉他，而可能会以侵犯人群中的某一特定成员如某甲而控告或起诉

① 参见本书第七章。

（如果真要起诉的话）他。[1] 因此，对于进一步的问题，即参与合法集会的人，究竟在多大程度上可以抵抗试图解散集会的行为，其答案实际上取决于法院对以下问题的判决：某公民甲在反抗或严厉对待攻击行为时依法应当采取何种方法。

第二个初步的评论是，关于公众集会的法律之所以非常难于理解，是因为一个公民依照法律究竟在多大程度上可以运用武力来保护其人身、自由或财产，这是一个难以确定的问题，或者说，是因为关于规范自卫权的实际原则，具有不确定性——如果我们可以在极为宽泛的意义上使用“自卫”一词的话。[2]

上述引言中的评论，与本文探讨的问题密切相关，这点将在下文中变得明显起来。

一、在公众场所是否存在某种一般集会权？

答案很简单：英国法中不存在这项权利。

诚然，英国人出于政治目的和其他目的，经常在公园、公地和其他可自由出入的露天场所集会；同样，在英国如同在比利时这样的国家，举行露天集会是不受任何特殊限制的。也就是说，民众在公众场所集会，不论其目的是为了娱乐，看杂技演员进

① 参见“雷德福德诉伯利案”（*Redford v. Birley*），载《豪威尔国家审判》（新编），第1卷，第1017页起。

② 参见本书附录四。

行空翻表演，还是为了开讨论会，听一个政治家对他的矛盾言词进行解释，两者在法律性质上，都与在政府大厅或自家客厅基于这些目的而集会一样。简言之，如果集会的目的合法，地点是集会人员有权占用的，而方式也是和平的，并未激起有理性之人的恐惧，那么所举行的集会，无论是在埃克塞特大楼前、哈特菲尔德或布莱尼姆的场地上，还是在伦敦的公园里，皆为合法。对于该集会，任何人都无权干预；而集会参加人，也都不会受到法律处罚。

不过，虽然法律并没有禁止露天集会，但一般而言，也没有 499
规定应该存在一些场地，以供民众为商讨政事或娱乐举行露天集会。当然，实际上存在那么一些特殊场所，根据制定法、习惯或其他规定是用于公众集会的。但总的来说，法院并未认可某些场地是供公众集会之用的。就此而言，再说一遍，上千人的群体较之某单独的个人，两者的法律地位是相同的。如果某甲想做一场讲座、发表一次演说，或办一个展览会，他就必须拥有一个房间或一块场地，可合法用于讲座、演说或展览。但是，他绝不能侵犯他人的私有财产权，如侵入他人土地，也绝不能有碍公众便利，即造成妨害（nuisance）。

有人认为存在一个公众场所集会权，这种观念是由某些混淆想法或错误假定所导致的，是把公众集会权与另一项完全不同且错误主张的权利混为一谈。前者是指所有人为了一个合法的目的，尤其是为了商讨政事，在一个他们可以合法集合的场地上聚集在一起的权利，后者则是指每一个人都可以用来在某个对公众完全开放的场地上举行集会的权利。这两项权利的确都存在，但性质

上却完全不同，在许多国家也是由完全不同的规则来调整的。此外，有人假定，既然广场、街道或公路可供所有人合法使用，那么也一定可用以集会。这一假设是错误的。一群人若堵塞了公共道路，有可能就构成通常意义上和法律意义上的妨害，因为他们妨碍了普通公民按照法律所许可的方式使用该场地的权利。公共道路本来是专为公共用途而设，但必须以用于通行为限，[1]这一法定用途意味着，法律不许政治家将公共道路用作公共集会场地，也不允许演员将其变成露天剧场。凡参加集会者，以及不论出于何种目的召集众人在大街上集会的人，均构成妨害。[2]这些想要以任意人数在任意一段时间内集会的人，其持续集会的权利主张“有损其他人的同等权利，在性质上与自由通行权是不相容的，故

500 据我们所知，此项主张没有任何权威根据”。[3]即便是在一块公地上，普通公众亦不能主张享有集会的权利。[4]公众之所以误以为其享有在露天场所集会的权利，从根本上说是因为：人们普遍认为法律支持他们为了政治商议或政治煽动而举行集会，加之人们推

---

① “达沃斯顿诉佩恩案”（*Dovaston v. Payne*），载《亨利·布莱克斯通英国最高民事法院判例汇编》（*Hy. Bl.*），第 2 卷，第 527 页。

② “国王诉卡莱尔案”（*Rex v. Carlile*），载《卡林顿和佩恩初审法院判例汇编》（*C. & P.*），第 6 卷，第 628 页起，第 636 页；“电车轨道案”（*the Tramways Case*），《泰晤士报》，1888 年 9 月 7 日。

③ “刘易斯依单方申请程序诉讼案”（*Ex parte Lewis*），载《王座法庭判例汇编》，第 21 卷，第 191 页起，第 197 页，由法庭全体同意。

④ “贝利诉威廉森案”（*Bailey v. Williamson*），载《王座法庭判例汇编》（*L. R. Q. B.*），第 8 卷，第 118 页起；“德·摩根诉都市工作委员会案”（*De Morgan v. Metropolitan Board of Works*），载《女王座法院判例汇编》，第 5 卷，第 155 页起。

定，只要法律承认了一项权利，也就必然规定了该权利之行使方式。其实，此类观念毫无根据。相对于举行公共音乐会，英国法并未给予举行政治集会以特别的支持或规定。人人有权倾听演说，如同有权观看乐队表演或啖食甜点一样，但每项权利的行使，都必须服从法律规定，不得侵害他人权利，不得构成妨害，亦不得偷窃。

有人可能会说，若没有通常所称的公众集会场所，成千上万的受敬重公民便无法合法地集体表达他们的政治愿望。这一观点倒是符合实情，不过自律师视之不免离题。譬如，人人都有权观看木偶戏，但如果木偶戏是在剧院中收费表演，那么买不起门票的人便无从观看。又如，人人都有权观看乐队表演，但如果乐队除非妨害他人权利，否则便无法找到表演场所，那么数以千计的优秀公民就只得放弃听音乐的权利。再如，人人都有权以自己的方式来崇拜上帝，但如果教区的全部土地所有人都不愿让卖土地，因而无法建造卫斯理教堂，那么教民就必须放弃进入卫理公会教徒举行崇拜仪式的场所的权利。

二、“非法集会”这个概念是什么意思？

“非法集会”这个短语并非是某个目的非法之集会。比如，有五个骗子在房间里聚会，谋划一宗欺诈案，或撰写诽谤文字，或伪造纸币，或设计一套伪证陈述，这种情况下，他们出于非法之目的而集会，但不能说他们构成了“非法集会”。英国法上，“非法集会”是一个专门术语，其含义通常是明确限定的，不同权威

501 人士有时会加以不同程度的精确界定。[①] 此类定义的差异，多数情况下，与其说是实质含义的差异，不如说是语词上的差异。不过，这些差异的存在，本身就很能说明问题：第一，一个集会在何种条件下构成非法集会并不是非常确定，因而一些关于非法集会之必要特征的重要问题，尚待讨论；第二，界定公众集会权的规则是法官造法的产物，而所造的法律又有可能被法官进一步发展，所以，任何下定决心想要弄清某一集会性质的律师，都必须认真研究判例汇编中各判决的意图及字词含义。

无论怎样定义一个非法集会，任何人只要不带偏见地研究权威著作，都会发现非法集会的总体特征是非常明显的。一个集会，如果集会人企图破坏治安或已实施破坏治安行为，或者导致他人陷入一种治安将受集会破坏的合理恐惧之中，就是非法集会。治安实际上被破坏或处于被破坏的危险境地，可以说就是“非法集会”这一概念所隐含的本质特征或者“属性”。不过，对于“非法

① 参见霍金斯，《论国王之诉》，第1卷，第65章，第9、11节；布莱克斯通，《英国法释义》，第4卷，第146页；斯蒂芬，《新英国法释义》（第14版），第4卷，第174页；斯蒂芬，《刑法汇编》，第75条；刑法典起草委员会，《刑法草案》，第84条，第80页；“国王诉平尼案”，载《卡林顿和佩恩初审法院判例汇编》，第5卷，第254页起；“国王诉亨特案”（*Rex v. Hunt*），载《豪威尔国家审判》（新编），第1卷，第171页起；“雷德福德诉伯利案”，载《豪威尔国家审判》（新编），第1卷，第1017页起；“国王诉莫里斯案”（*Rex v. Morris*），载《豪威尔国家审判》（新编），第1卷，第521页起；“女王诉文森特案”，载《豪威尔国家审判》（新编），第3卷，第1037页起，第1082页；“贝蒂诉吉尔班克斯案”，载《王座法庭判例汇编》，第9卷，第308页起；“女王诉（爱尔兰）麦诺顿案”[*Reg. v. M'Naughton*（*Irish*）]，载《考克斯英国刑法判例汇编》（*Cox, C. C.*），第14卷，第576页起；爱尔兰“奥凯利诉哈维案”[*O'Kelly v. Harvey*（*Irish*）]，载《考克斯英国刑法判例汇编》，第15卷，第435页起。

集会”，我们如果仔细考察一下那些被普遍认可的说明或定义，以及詹姆斯·斯蒂芬爵士在《刑法汇编》中或刑法典起草委员会在《刑法草案》中的权威陈述，就能够总结出一个比较精确的定义。

根据这些主张，我们可以这样界定：凡三人或三人以上之集会，有下列行为之一者，皆构成“非法集会”：

（一）为破坏治安而集会，或者集会时实施了破坏治安行为；

（二）集会的目的是为了以武力破坏治安；

（三）为任何普通目的集会，不论该目的合法与否，但让周边坚强勇敢的居民因集会而产生治安即将被破坏的合理恐惧；

［（四）集会的目的是为了煽动国王臣民的不满情绪，使之轻视依法确立的王国宪法与政府，以致公众实行或准备实行谋反。］[①]

对上述定义，需要注意以下几点： 502

第一，凡集会扰乱治安或者让周边理性居民产生治安即将被集会破坏的恐惧，皆构成非法集会。

因此，在判断某一集会是否属于非法集会时，周边公众的情感状态、集会者人数和阶层情况、集会方式（如是否携带武器）、集会地点（如是否在露天公地上或人口众多的都市里），以及其他各种因素，都必须纳入考虑范围。

---

① 中括号中的文字引自“奥凯利诉（爱尔兰）哈维案”（载《考古斯英国刑法判例汇编》，第 15 卷，第 435 页起）。上述定义中的第四项在英国或许不能成为定论——但请参见“女王诉欧内斯特·琼斯案”（*Reg. v. Ernest Jones*），载《豪威尔国家审判》（新编），第 6 卷，第 783 页起，第 816、817 页；以及“女王诉富塞尔案”，同上，第 723 页起，第 764 页；参见首席大法官王尔德（Wilde）在这两个案件中的总结——不过，我们认为，在某些情况下，如果集会中煽动判乱的活动即将威胁公共秩序，该项定义在英国也应适用。

第二，一个非法集会，不会因为集会的目的合法而性质改变。

比如，一群人聚集起来，请愿要求释放某囚犯或观看杂技表演，尽管该集会的目的是合法的，但很容易转变成一个非法集会。数千人的集会，其目的之合法性的确会影响到害怕秩序即将被破坏之合理性，但目的之合法性本身并不会使集会合法。

第三，如前所述，一个出于非法目的之集会，并不必然是非法集会。

集会性质的检验标准是：某次集会是否有运用非法武力之倾向，或是否会让他人产生即将运用非法武力（也就是王国安宁即将被破坏）的合理恐惧。

第四，有权威人士认为，如果集会的目的是传播煽动性言论，或激起阶级间的冲突，或使国家的宪法受到轻视，那么该集会本身就是一个非法集会；① 而且，即便集会并没有直接导致治安受破坏之危险，但却在推动一种具有公共性质的非法阴谋活动，该集会也是一个非法集会。

503 但是，对这种观点应持非常审慎之态度，除非由英国法院对其作出公正判断，否则不能下结论。真正的规则可能是：凡集会

---

① 参见“雷德福德诉伯利案”，载《豪威尔国家审判》（新编），第1卷，第1017页起；“国王诉亨特案”，同上，第171页起；“国王诉莫里斯案”，同上，第521页起；爱尔兰“女王诉麦诺顿案”，载《考克斯英国刑法判例汇编》（*Cox, C. C.*），第14卷，第572页起；爱尔兰“奥凯利诉哈维案”，载《考克斯英国刑法判例汇编》，第15卷，第435页起；“女王诉伯恩斯案”（*Reg. v. Burns*），载《考克斯英国刑法判例汇编》，第16卷，第355页起；“女王诉欧内斯特·琼斯案”，载《豪威尔国家审判》（新编），第6卷，第783页起；“女王诉富塞尔案”，同上，第723页起。

所要达到的目的，不仅与犯罪有关，而且该目的实现之后会引起秩序的破坏，该集会本身就是一个非法集会。

第五，有两个问题肯定是没有定论的。

（一）如果某个集会本身是非常和平的，但它会激起对王国秩序即将被扰乱的合理恐惧，比如，政治领袖向集会民众发表演讲，但人们有理由认为该集会解散之后会引发叛乱，那么，这种集会是非法集会吗？

这个问题无法确切回答。[①]

（二）更进一步，破坏秩序或者对秩序被破坏的恐惧使得集会具有非法的性质，但这种秩序的破坏必须是由集会成员引起的吗？

这个问题，我在本书正文中已经作了回答。[②]

该答案大致有两层意思：一方面，如果就集会目的和集会者行为而言，某集会是完全合法的，那么，该集会不会仅仅因为它有可能导致某些讨厌这一集会的不法者破坏秩序而变成非法的；[③]

① 参见“国王诉亨特案”，载《豪威尔国家审判》（新编），第1卷，第171页起；“国王诉杜赫斯特案”（*Rex v. Dewhurst*），同上，第530页起，第599页。贝利法官（Bailey J.）说：“关于恐惧的问题，情况有可能是这样：仅从集会的一般迹象来看，它在解散之前不至引起有立即产生伤害的恐惧；我倾向于认为，为了让所指控的我提示你注意的第二个罪项有理有据，必须是集会解散之前可能直接引起恐惧。但是，如果你采用的证据确实能够证明，现在已经引起对即将发生叛乱的恐惧，而即将发生的叛乱会让周边居民惊慌，我希望你用特别裁决（special verdict）的形式来作出裁决。”亦可参见“女王诉欧内斯特·琼斯案”，载《豪威尔国家审判》（新编），第6卷，第783页起；“女王诉富塞尔案”，同上，第723页起。

② 参见本书第七章。

③ 参见“贝蒂诉吉尔班克斯案”，载《王座法庭判例汇编》，第9卷，第308页起；“女王诉伦敦德里郡法官案”，载《爱尔兰判例汇编》，第28卷，第440页起，第461、462页，霍姆斯法官的判决。

但另一方面，如果某集会严格说来，或许并不算非法，但确实因为集会目的或集会者行为有几分非法，故而引发反对者破坏秩序，那么，该集会就可能变成一个非法集会，[①] 如果某集会从各个方面而言都完全合法，但事实上却导致某些讨厌这一集会的不法者将
504 要破坏秩序，假设又没有其他手段来恢复秩序，那么治安法官或其他官员就有可能要求集会解散，若集会者拒绝解散，该集会便成为一个非法集会。[②]

三、国王或其臣仆在处理非法集会问题时享有什么权利？

（一）每一个参与非法集会的人都犯有轻罪，因此，国王可以因其罪行起诉每一个这样的人。

不过，某甲是否因为在集会上出现，就因此犯下“参与”非法集会的罪行，是一个需要根据事实来判断的问题。

假设某甲虽然出现于某一集会，但可能本身不是集会的成员；他的出现可能是出于偶然；也可能不知道该集会的性质；刚开始民众可能出于合法目的而集会；诸如使用武器或突发暴动等使之成为非法集会的情况，可能是在集会开始之后才发生的，某甲或许也没有参与这些行为。这种情况下，由政府主管大臣或治安法官作出的集会是出于犯罪目的而举行的官方通告就很重要。一个

---

① 1902年“怀斯诉邓宁案”，载《王座法庭判例汇编》，第1卷，第167页起。

② 关于这一点，尤其要参见“汉弗莱斯诉康纳案”，载《爱尔兰普通法判例汇编》，第17卷，第1页起。

公民在读过通告或公告之后仍去集会，就有违法的危险。如果事实证明该集会是非法的，那么当他被指控参与该集会时，就不能以不知集会性质而抗辩。[①]

（二）治安法官、警察以及所有忠实的公民，不仅有权解散非法集会，而且这样做也是他们的义务，必要时还可使用武力；有人认为，必须等暴动发生之后，或者《暴乱治罪法》宣读之后，他们才能这样做，这是一个巨大的误解。[②]这个错觉的流行，导致在戈登暴乱（Gordon Riots）期间，伦敦陷入暴民之手数日。因此，解散一个非法集会的方式，及合理使用武力的程度，根据案件的不同情形而有所不同。

（三）如果一个集会变成一次暴动（如开始发生骚乱以致扰乱了秩序），此时治安法官得知有 12 人或 12 人以上非法骚乱地聚集在一起扰乱公共治安，那么他就有义务发布一个通常称之为“宣读暴乱治罪法”的简短法定公告。[③]

此后产生如下后果：首先，任有 12 人，如果自该公告发布起 505
一小时内仍不予解散，便犯下重罪；其次，治安法官及其随从可以使用必要程度的武力，以逮捕暴乱者或驱散集会，即使在这个

---

① “国王诉弗斯案”，载《卡林顿和佩恩初审法院判例汇编》（*C. & P.*），第 6 卷，第 81 页起；《豪威尔国家审判》（新编），第 3 卷，第 543 页起。

② “女王诉尼尔案”（*Reg. v. Neale*），载《卡林顿和佩恩初审法院判例汇编》，第 9 卷，第 431 页起；“伯德特诉阿博特案”（*Burdett v. Abbot*），载《汤顿英格兰民事诉讼判例汇编》（*Taunt.*），第 4 卷，第 401 页起，第 449 页。参见本书第 285、286 页。

③ 乔治一世一年法案二（*1 Geo. I. stat. 2*），第 5 章第 2 节。

过程中导致人员伤亡亦不必承担责任。简言之,《暴乱治罪法》授权治安法官宣读公告，继而执行之，倘若一小时后仍有人违抗，治安法官可以命令军警向暴乱者开枪射击，或拿剑攻击他们。[①]特别要注意的是,《暴乱治罪法》授于治安法官制止暴动的权力，决不会减损治安法官（实际上是所有公民）为阻止治安破坏而解散非法集会的普通法权利。[②]

四、当用武力干预或解散合法集会时，集会成员享有什么权利?

比如，救世军出于合法之目的（即听牧师布道），在某个其有权集会的场地（如一块所有权人有权处置的空旷地）开会。有些人认为该集会令人反感或者非法，故试图武力破坏之。这种情况下，去听牧师布道的救世军成员享有何种权利?这是一个以具体例子提出的问题，亟需考虑。[③]

试图解散一个合法集会，无论成功与否，都需要对集会者（如某甲、某乙和某丙）进行不同程度的暴力攻击。因此，正如上

---

① 参见斯蒂芬:《英国刑法史》，第1卷，第203页；刑法典起草委员会,《刑法草案》，第88、99条。

② “国王诉弗斯案”，载《卡林顿和佩恩初审法院判例汇编》(*C. & P.*)，第6卷，第81页起;《豪威尔国家审判》(新编)，第3卷，第543页起。

③ 为方便起见，我把救世军集会当作是一个典型的合法公共集会。但是，读者需谨记，救世军成员的权利，既不多于也不少于任何其他合法集会（如听音乐会）者的权利。

文所述，攻击者的不法行为，并非针对该集会——因为这是一个法律上不享有任何集体权利的群体——而是针对某甲、某乙或某丙，即针对被推搡、被殴打或被攻击的个人。

因此，需要回答的问题实际上便成为：当集会成员如某甲被非法攻击时，他享有什么权利？而这个问题反过来又包括两个问题，为清晰起见，必须将这两个问题仔细区分开来。

第一，对于本人受到的不法攻击，某甲可以获得什么救济？ 506

答案很简单。某甲有权针对攻击他的任何人提起民事或刑事诉讼（刑事诉讼要受到一个限制），无论这人是军官、士兵、警长、治安法官、警察还是普通的暴徒，都要为其行为承担责任。而且，如果某甲被杀，导致其死亡的某人或某些人，在某些情况下，会被控告以非预谋杀人或谋杀。

上述关于某甲的权利或攻击某甲者所负之责任（这两者实属一回事，角度不同而已）的说法，需有所保留。那就是，有时候士兵（也可能是警察）奉上级命令行事（如逮捕或枪击某甲），其所作所为表面上看并不是非法的，但结果证明确属非法，只不过当时的情形，下级因为自身之身份而无法判断，比如，某个集会从法律上严格来讲并不是一个非法集会，或者下令的军官在一定程度上超越了自身的权限；这种时候，这些士兵或警察所负责任之程度与种类，就是相当不确定的。

【威尔斯法官说】上级军官的命令在多大程度上可以作为下属违法的抗辩理由？对这个难题，我倒是希望我根本不必作出裁判。如果我必须这样做的话，我很可能会裁定：

> 有真正的战争发生之时，上级命令绝对是一个抗辩理由——不管怎样，针对敌人或外国人的战争是如此——我想甚至针对出生于英国的臣民也是如此，但命令本身确属违法者除外。我认为，更恰当的主张应该是：除非上级命令当然或明显违法，否则，奉命行事的军官或士兵均得以命令为抗辩理由。[①]

法官威尔斯先生的这个附随意见，比多数深思熟虑的判决更有分量，若有批评者对该意见提出质疑，那是很轻率的。而且，这些话所阐明的原则，本身就非常合情合理。假设有人予以否认，所致结果不但不公平而且很荒唐：法律上的某些小问题，即便是经验丰富的律师经过漫长的讨论，也仍然会拿不准，可是每一个士兵都必须瞬间作出判断；上级命令一位普通士兵去镇压一场暴乱，如果他不服从，他就会面临被军事法庭下令枪决的危险；若
507 服从了，又会面临被法官判以绞刑的危险。我们还要特别注意的是，法官威尔斯先生的原则——已受到刑法典起草委员会的认可[②]——似乎只适用于刑事责任。这个士兵或警察在没有充分法律根据的情况下伤害或逮捕某甲，即便是奉命行事，（一般认为）也要承担完全的民事责任。

第二，某甲为抵抗所有攻击者，在多大程度上能够以武力来

---

① 原文见于“基思利诉贝尔案”（《福斯特与芬利森英格兰初审法院判例汇编》，第4卷，第763页起，第790页）。亦可参见下文评论六“军人奉命解散非法集会时所负之义务”。

② 参见刑法典起草委员会，《刑法草案》，第49—53条。

捍卫其参与合法公共集会的权利？或者说，某甲有权为了一个就其本身而言合法的目的，如聆听救世军领袖演讲，站立于一块其可合法站立的场地（如土地所有者向某甲开放的土地），对于这项权利，他在多大程度上可以武力捍卫之？

为了得到一个正确答案，我们不仅要谨记规制自卫权的原则，[①] 还要考虑即便无法律授权亦可解散救世军集会的不同情形。实际上，攻击集会或者某甲的人，可能是一般的不法行为者，也可能是（错误地）认为自己在行使法律权利或履行法律义务的人。这两种情况我们要分开考虑。

首先让我们假设，救世军成员包括某甲受到所谓的骷髅军或其他暴徒的攻击，又进一步假设，攻击者的目的仅仅是破坏集会，而某甲和其他集会者因而被迫解散，这样他们的生命或身体就没有被伤害的危险。

看起来，某甲及其同伴仍可合法地站在那里，而且可以使用适度之武力来维护其待在原地的权利。不仅如此，某甲及其同伴还能以破坏秩序为由将骷髅军中的各个成员关押起来。但当时的情况有可能是暴徒人数众多且来势汹汹，以至于救世军成员不使用枪炮或其他武器就不足以坚守阵地。从某个角度来说，这种武力是必要的，否则救世军成员就不能保证集会的正常进行。但是，使用这种武力是合法的吗？赞成某甲及其同伴最强有力的理由是，他们向反对者开枪，是在以武力阻止对秩序的破坏。但总体而言，508
我认为有一点是肯定的，即使用枪炮或其他致命武器来维护集会

① 参见本书附录四，第 489 页。

权，在法律上没有任何正当理由。依照自卫原则，除非被攻击者已尽力躲避，否则为抵抗非法攻击而采取极端自卫行为是不正当的。该原则不仅适用于某甲一个人，而且也适用于某乙、某丙和某丁，等等。况且，在上述假定情形中，每个救世军成员所保护的还不是自己的生命，而只是站立于一小块土地上的权利。

其次我们假设，试图驱散救世军成员的，不是骷髅军而是执行治安法官命令的警察，而且警察善意地认为（尽管属误解[①]），因内政部已通告禁止救世军集会，故该集会是一个非法集会。

在上述情况下，警察很显然是错误的。因此，一个警察若殴打某甲、某乙或某丙便不会获得法律认可。有人主张，警察作为国王的臣仆，意欲履行职责这一事实本身就让某甲有义务离开会场，这个主张不能成立。

尽管如此，较之一般的暴徒，警察的地位有两点不同。其一，警察某辛要求某甲离开会场，或者强迫他离开会场，不会置某甲的生命或身体于危险，因为某甲明明知道，只要他离开会场，就不会再受警察骚扰，或者说只要他甘受逮捕，他就没什么可害怕的，无非是被临时监禁起来，然后被送到治安法官那里，由后者对他的权利问题进行依法处理。其二，警察某辛善意认为，自己在法律上有权要求某甲撤离会场，因为他认为某甲无权站在那里，这时某辛和某甲之间关于法律问题就存在争议。就这种情况而言，
509 至少如下主张是公正的：某甲、某乙和某丙有权仅仅以防御姿态

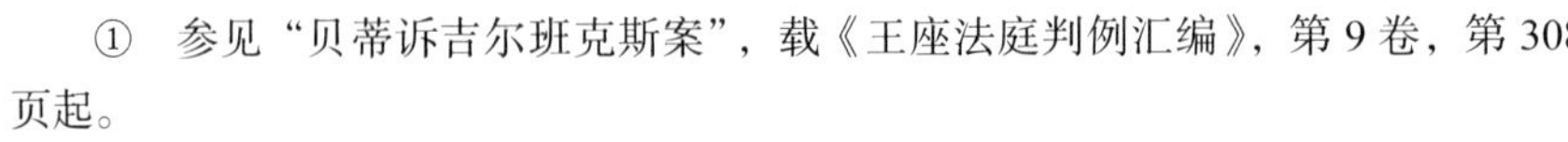

① 参见“贝蒂诉吉尔班克斯案”，载《王座法庭判例汇编》，第9卷，第308页起。

站在那，[1]他们只要不对某辛或其他警察造成严重身体伤害，就有权继续待在原地。现假设——有可能事实就是这样——在大批警察的压力之下，救世军成员不使用短棒、刀剑或手枪之类的武器就不能继续开会。但很显然，他们无权使用这类武力，因为某甲及其同伴并无生命危险，而且为保护某甲站在某个地方的权利而杀死一个警察，这样导致的损害与某甲希望避免的损害相比太不成比例。[2]所以，如果某甲把某辛刺伤或打昏过去，没有任何理论可供他为自卫权辩护。正如已经指出的那样，某甲和某辛更多的是在法律权利问题上存在分歧，但是，这个问题不能通过武力解决，而只能通过法律诉讼来解决。

让我们进一步指出：上述假定情形可谓对警察不利至极。其实，他们即便妨碍了一个结果证明是合法的集会，但其处境很可能要比一般攻击者的处境好得多。比如，警察接到命令之后，可

① 但是，对警察即便是这种程度的抵抗，其合法性也存在争议。首席法官王尔德总结道："有人在警察赶去驱散某个集会的时候，竟建议集会者肩并肩地站在原地不动，若此举意在对抗警察，或许并非是要以暴力相抗，但毕竟是想以此对抗警察且不予解散，那么该建议是非法的。在这种情况下，如果警察对集会者予以干预，后者则无权抵抗，应依法自行解散，解散之后再就不当干预行为向法院寻求救济……这些警察在法律上要对他们的行为负责，而给他们下达命令的人则负有维护公共秩序的重任，且要对命令负责；接到命令的警察有权解散集会，如果他们不当妨碍这类公共职责之行使，都会让下令者承担重大法律责任……诸位，如果温和的公民肩并肩站立不动，他们不是在履行义务，而且当警察来到会场要求集会者解散，他们置之不理，仍待在原地，那他们并不是在和平地行使权利或履行义务，相反，从那一刻起，该集会就变成一个非法集会。"——"女王诉欧内斯特·琼斯案"，载《豪威尔国家审判》(新编)，第6卷，第783页起，第811页。

② "国王诉弗斯案"，载《卡林顿和佩恩初审法院判例汇编》(*C. & P.*)，第6卷，第81页起；《豪威尔国家审判》(新编)，第3卷，第543页起。

以抢在救世军成员之前完全占据后者所要使用的场地。这样，救世军成员到达后就会发现没有可供集会的场地了。他们除非使用武力，而且是极端武力，否则不足以将警察赶走。但救世军不能使用这种武力，真要使用了，他们就不是用暴力以自卫，而是取得某块土地的占有权。他们所能采取的唯一正确方式，就是在法院中通过诉讼来维护自己的权利。

有一些更古老的案件，涉及类似问题：一个司法官员在无正当权力的情况下进行逮捕，被捕者在多大程度上可以暴力抵抗；但这些案件很难用以阐明目前讨论的问题，[①] 因为这些案件所讨论的问题，似乎通常不是某甲的抵抗是否正当，而是该行为构成谋杀罪还是只构成非预谋杀人罪的问题。不过，晚近有一两个判决，

510 的确涉及公共集会成员对于企图驱散该集会的行为进行暴力抵抗的权利。但这些案件，真正说来，与我们从一般原理中推出的结论基本上是不一致的。“女王诉休利特案”[②] 确立了一个原则：某甲除非是严格意义上的自卫，否则即便某辛系不法者，亦不能严重伤害其身体，这个原则非常重要。1833 年判决的“国王诉弗斯案”[③] 就是直接关于集会权的。当年在伦敦举行一个公共集会，某

---

① 参见如：“迪克森案”（*Dixon's Case*），载《伊斯特国王之诉判例汇编》（*East, P. C.*），第 1 卷，第 313 页起；“博思威克案”（*Borthwick's Case*），同上；“威瑟案”（*Wither's Case*），载《伊斯特国王之诉判例汇编》，第 1 卷，第 233 页起，第 309 页；“图利案”（*Tooley's Case*），载《雷蒙德法官判例汇编》（*Lord Raymond*），第 2 卷，第 1296 页起。

② 载《福斯特与芬利森英格兰初审法院判例汇编》，第 1 卷，第 91 页。

③ 《豪威尔国家审判》（新编），第 3 卷，第 543 页起；比较《刑法典起草委员会报告》，第 43、44 页。

甲携带美国国旗参加，警察某辛将国旗夺走，于是某甲将某辛刺伤。随后根据乔治一世第9年第31章法案第12条，某甲被提起公诉，而法官在该案中看来好像是确立了以下原则：若该会是一个合法集会，某辛则无权从某甲手中夺走国旗，但即便如此，如果某辛医治无效死亡，那么某甲就犯下非预谋杀人罪，甚至很有可能犯下谋杀罪。与“女王诉休利特案”一致的是最近所判决的“女王诉哈里森案”（*Reg. v. Harrison*）[①]。就新闻报道的简短记录来看，精通法律的法官在判决中的某些措辞或许容易受到批评，但涉及被告有罪的那个原则于理于法都颇为精当：一个暴徒不能通过打晕或打死一个警察或一个协助警察的善良公民来维护其所谓的沿某条街道行走的权利。[②]

用手枪或短棒来维护法律权利的主张，也不能从下面两个案件的判决中得到支持，尽管它们时而被用来支持这一主张。

第一个是“贝蒂诉吉尔班克斯案”[③]。该案只是表明：一个合法集会不会仅仅因为有暴徒试图搞破坏就变成一个非法集会，简言之，因秩序被破坏而使集会变成非法的情况，一般[④]必须是集会成员本身搞破坏，而不是希望阻止集会进行的不法者搞破坏。[⑤] 561

① 载于《泰晤士报》，1887年12月18日。

② 首席法官王尔德总结道：“嗯，倘若在【警察】命令集会解散而拒绝解散之前【之后？】，有几人的头被打伤了，那么打人者会发现，当他们被起诉的时候，自己的头亦处于极不利之局面。陪审团必断之有罪，法官必给予惩罚。”——“女王诉欧内斯特·琼斯案”，载《豪威尔国家审判》（新编），第6卷，第783页起，第811、812页。

③ 《王座法庭判例汇编》，第9卷，第308页。

④ 参见本书第502页。

⑤ 如上所述，“贝蒂诉吉尔班克斯案”中所主张的原则本身容易受到批评。

第二个是“麦·克莱纳根诉沃特斯案”（*M'Clenaghan v.*
511 *Waters*）[①]。该案的确可以解释成确立了以下原则：当警察受命去解散一个合法集会时，他并非是在“执行公务”，因而集会成员可以不顾警察反对而坚持集会。该原则是否非常合理，本身尚待讨论。但不管怎样，该原则仍不过是指，一个人行使权利时，甚至可以对企图妨碍其权利行使的人使用适度之武力。可以肯定，“麦·克莱纳根诉沃特斯案”从未判决说：一个合法集会的成员为防止集会被解散，可以使用任意程度的武力，也绝不会为一个打死警察而不放弃所谓公共集会权的救世军成员提供法律上的正当理由。但该案是否真正支持以下原则，即为防止合法集会被解散，适度反抗警察是正当的，则是有疑问的。该案旨在遵循“贝蒂诉吉尔班克斯案”，因此，我们不能认为法院有意背离贝蒂案中所确立的原则。况且，法院在“麦·克莱纳根诉沃特斯案”中所要解决的问题是：“根据上诉书中陈述的事实，警察被上诉人（救世军成员）攻击的时候，是否可依法阻止其列队行进？”换言之，救世军成员的集会是否属于合法集会？面对“贝蒂诉吉尔班克斯案”，这个问题只可能有一个答案。法院给出了答案：“上诉人参与游行的行为严格而言是合法的，即便事实上此举被认为容易导致他人犯法，该事实也不成其为干涉游行的正当理由。”至于法院的意思是否不止于此，至少是容易受到质疑的，但如果法院确实如有人所宣称的那样，判决说反抗警察所用的那些武力是合法的，那么就最低限度而言，该判决与法院对犯罪行为（如因犯哈里森所为）的严

① 载于《泰晤士报》，1882 年 7 月 18 日。

惩也并不致发生冲突。

但是，无人能否认，一个人行使权利的时候，用强制的方式排除妨碍与不当攻击妨碍其权利行使的人，这两者之间只具有细微的差别，因此，合法集会成员对那些企图破坏集会的人究竟可以反抗到什么程度，这类棘手的问题至今仍无法解答。未来或许
有一个爱国者或暴徒在放弃公共集会权与杀死或打伤警察之间，512
宁愿选择后者，从纯理论的角度而言，这可以被视为是一个很有价值的法律实验，其结果定会让法学家们产生浓厚的兴趣。只不过这个实验几乎必然要付出代价，即根据他的行为强度，付出自由或生命的代价。[①]

① 首席法官王尔德在“女王诉欧内斯特·琼斯案”［载《豪威尔国家审判》（新编），第6卷，第783页起，第807—816页］中对全文的总结特别值得注意。他的判决说服力极强，如果把该判决视为是对法律的精准阐释的话，那么它否定了暴力反抗警察的权利——根据该判决，当警察善意执行公务时，要解散一个可能最终证明不是非法集会的集会，集会者亦无权暴力反抗警察。

附录六　军人奉命解散非法集会时所负之义务

1893年9月7日，贝克上尉率一小队士兵驻守阿克顿煤矿，以防御暴民袭击。当日果然有一群暴民携带棍棒进入煤场，威胁士兵，要求他们撤退。随后暴民人数不断增加，有人打破了军队住所的窗户，并向里面扔石头。他们还企图烧毁房屋，房子也确实着火了。士兵们意图躲避，但最后还是被两千暴民围困起来。上尉要求人群解散，并宣读了《暴乱治罪法》。那些人却变本加厉，继续向士兵们猛扔石头，但煤矿又不能弃而不顾。最终，在《暴乱治罪法》被宣读后不到一个小时，且在暴民拒不解散的情况下，上尉下令开枪。暴民被驱散，但有一两个没有主动参与暴动的旁观者却被杀死了。于是，成立了一个包括上诉法院法官鲍恩在内的调查委员会，这些委员们奉命在鲍恩法官的领导下对军队行为进行调查。下面几段文字就引自调查委员会的报告，差不多就是司法上关于军人奉命解散暴民时所负义务之法律的陈述：

接下来，我们要考虑一个至关重要的问题，即军队向人群开枪是否正当？为了明确回答这一问题，简要阐明与此有

关的法律是什么，是非常必要的。根据本国的法律，所有人 513
都负有协助镇压暴民集会的义务。但是，镇压所用武力在何种程度上是合法的问题，则取决于每一次暴动的性质，因为武力使用必须适度，且与当时的情形和所要达到的目的相称。

剥夺他人生命，只有在以下三种情形下才是正当的：其一，需要保护人身或财产免遭各种暴力犯罪的侵害；其二，需要解散一群危险的暴民；其三，有人不遵守《暴乱治罪法》之规定，实施了具有重罪性质的行为，且拒不解散或接受逮捕。本案中，阿克顿煤矿的那群暴民具有危险性，因为他们明确表示要凶狠地烧毁房屋，严重损坏煤矿财产，为了达到这一目的，还要攻击在场的士兵。所以，这群人有严重侵害他人财产和人身即犯下重罪的危险，此时一切爱好和平的臣民均应帮忙阻止。因必须防止这种对人身和财产的严重侵害，所以在维护秩序过程中对暴民使用致命武器就是正当的。

关于这项法律原则，军官与士兵不享有任何特殊权利，也不负有任何特殊义务。一名维护社会秩序的军人，也就是一个携带某种武器的公民。不能因为他是一名军人，就免除其非必要时剥夺他人生命的责任。治安法官和治安官是否应该召集军队以协助平定暴乱，也要依据同样的原则，看当时情形是否有必要。军人只能以所带武器展开行动，而武器必是致命的。武器一旦使用，必然危及生命和身体，在步枪已改进、武器性能已提高的时代，也少不了要对远离现场的甚至是无辜的旁观者造成伤害。非军事当局为制服暴徒，当然只能在万不得已的情况下，才能请求在这种严重事态下方可

介入的那些人的协助。但是，军人一旦被请求协助，而且依照当时的情形，也有协助之必要，他们如果拒不协助，在法律上就构成轻罪。

军人此时的一切行动，都必须始终遵循下列原则：其行动是出于阻止严重犯罪之绝对必要——如此才无后顾之忧，而且在行动时履行了应有的谨慎和注意义务。法律规则不可能对所有的情形进行规制，或者说不可能预先界定所有的紧急情况。一个有益的做法是，治安法官必须随军行动。出现在这些场合并非一个治安法官的法定义务，但是却极为重要。
514 军人可能从远处调来，所以未必了解地方事务或具体情况。他们是突然进入某个行动领域的，因而需要当地治安法官提供意见，而后者可能对具体情况更为熟悉。但是，尽管治安法官在场极为重要，但不在场也不会使军人的义务有所改变，也大概不会因此使得军人无法行动，而只是使得他在行动时加倍小心、措施得当。如果军官仅仅因为地方治安法官不在场，而袖手旁观、放任重罪性质的侵害行为发生，是绝对不会受英国法认可的。

关于在某一场合向一群暴民开枪的时机是否完全得当的问题，如前所述，取决于当时的情形是否必要。要想使开枪行为合乎法律，就本案之类的暴动而言，必须是该行为乃阻止上文所提及的严重暴力犯罪所必需，且无轻率或疏忽之举。若确有这个必要，军人的义务就是，开枪时须十分谨慎，且在充分保护人身或财产的前提下，不造成更大的损害。依照军事规章制度，必须等在场治安法官下令后方可开枪，遵循

这种做法，完全是审慎而明智的。但是，治安法官的命令不产生任何法律效力。这就是说，如果治安法官错误下令，命令本身不会让枪击行为正当化；如果需要开枪，纵使没有治安法官的命令，军官拒绝开枪也不能免除责任。

对英国法中的上述原则，《暴乱治罪法》并没有干预。《暴乱治罪法》的效力仅限于此：凡在该法被宣读一小时之后，集会人群仍不予解散，这群人即犯下重罪；这种情况下，该重罪性质的聚会应予解散，虽至伤及性命，亦为法律所允许。在阿克顿煤矿案中，虽然已经进行了通常所谓的“宣读《暴乱治罪法》”程序，但宣读之后未过一小时，军队即已开枪。因此，按照《暴乱治罪法》的条款本身，他们的开枪行为没有正当理由，对本案而言，其实就没有必要进一步考察该法的条文。不过，《暴乱治罪法》被宣读不到一小时这一事实，当有暴行必须被阻止的时候，并未让军队丧失行动资格。他们作为公民和军人的所有普通法义务都仍然存在。贝克上尉及其士兵的行动是否正当，完全取决于普通法。要考虑的问题是：为阻止重罪发生，他们的行动是必要的且没有超过必要限度吗？为避免无必要之损害，他们是否尽可能地履行了通常标准的注意与谨慎义务？

如果对这两个问题都作了肯定回答，即便无辜者受到伤害，军人也不会因之承担法律责任。在这种情况下，若犯罪头目被杀死，则死当其罪；若无辜者被杀死，且无疏忽情节，则属意外事件。其中的法律理由，并非是无辜者出了事只能怪他自己，因为可以想象（尽管通常不会发生），他也许没有

意识到任何危险存在，而且对自身的轻率言行充满无知；真正的理由是，开枪的军人只是在履行其绝对法律义务。

对于阿克顿煤矿一案，现在以事后的证据来衡量其中的确切需要时，我们已形成一个很明确的观点，那就是，军队当时处于一个极其为难的状态。当时，他们原有军力已有一半撤到诺斯特尔煤矿，留守者为数甚少，以致难以在夜间有效保护煤矿房屋。那群人肇事前数小时就已了解到有军队守备，但依然蔑视其存在。想要和解的一切努力均归于失败，而且夜晚即将来临，此时，贝克上尉难以估计攻击者的确切人数，或者难以判断他被围困的实际情况。虽经治安法官六七次要求，他们仍不解散；《暴乱治罪法》已经宣读，也无效果；军队甚至进攻过一次，事态亦未平息。煤矿的贵重财产有许多已被焚烧，那些携带棍棒的暴民不仅不予解散，还试图强行进入煤矿房屋，投掷石头阻止消防车靠近，不停地乱投乱砸，军队已难以将其控制。为防止煤矿被侵占及自身被包围，军队必须尽力紧守格林莱恩入口。否则，暴徒们就会在夜幕笼罩下强行进入。如果军队此时撤退，如同刚才提示的那样，就等于放弃煤矿办事处，任其被焚毁砸烂。除非使暴徒面临受到严重伤害或武力被削弱的风险，否则军队要维持局面是不可能的。我们认为，贝克上尉及其部属当时在受到全方位攻击的情况下，已经别无选择，只得开枪；在我们看来，哈特利先生不得不要求他们这样做。

不过，聚集在格林莱恩大道但没有积极参与暴动的那些民众，我们不能要求他们也应该认可这种观点。这些人当时

确实无法判断军队和煤矿所面临的危险，但是，不管我们对受伤的旁观者多么同情，对于费瑟斯通的军力薄弱且治安法官长期不在场以致事态如此恶化感到多么遗憾，下面这个事实也仍然不能被掩盖，那就是，就当时军人在关键时刻开枪的情形而言，他们的行动是必要的。我们认为，对于军人在那种情况下的沉着与守纪，应该表达出我们的理解。我们找不出任何理由说，即便开枪事实上是必要的，但军人也没有尽到合理的注意与谨慎义务。黑夜之中，他们已经足够小心，实在难以将不法者和守法者区别开来；况且在听到第一阵枪声之后，民众也不可能还完全无动于衷而不予撤退。如果对于这些问题我们得出的结论是对的——正如我们所认为的那 516
样——那么本案军人的行为在法律上实属正当。[①]

① 摘自《1893 年 9 月 7 日费瑟斯通暴乱案特别委员会调查报告》【C. - 7234】。

附录七 “违宪”法律的含义

“违宪”一词，当它用来形容某部法律的时候，至少具有三种不同的含义；这些含义会随着该词所涉之宪法的性质变化而变化：

第一，该词用以形容英国议会的法律时，仅仅是指在说话者看来，前述法律（如《1869年爱尔兰教会法》）违背了英国宪法的精神，而不是指它违反了法律或者说它无效。

第二，该词用以形容法国议会通过的法律时，就是指诸如延长总统任职期限之类的法律违背了法国宪法的条文。但它并不必然意味着前述法律是无效的，因为绝不能说一个法国法院会因为该法违宪而拒绝执行之。法国人在使用这个词的时候，很可能是含有谴责之意（尽管并非必然如此）。

第三，该词用以形容美国国会的法律时，仅仅是指该法律因超越国会权限而无效。在这种情况下，这个词不一定含有任何谴责之意。一个美国人可能会说，某国会法是一部良法，即在他看来于国有利，但不幸的是，它“违宪”了，也就是说它因越权而无效；他这样说并非自相矛盾。

附录八　瑞士的联邦制[①] 517

在一个肤浅的观察者看来，瑞士联邦宪法似乎是一个复制品，是美国宪法的一个缩影；的确，1848 年的瑞士政治家在一两个问题上，尤其是在联邦院或参议院的组成上，是在有意模仿美国宪法。尽管如此，瑞士联邦制是从本国历史中自然长成的，具有独特的性质，因而值得仔细研究。

现代的瑞士制度有三个思想作为根据。

第一个是国民享有无可争议的直接主权。

在瑞士，人民的意志以宪法规定的方式表达时，当然是至高无上的。这种至上性，任何政党或共同体中的任何一个团体都不会质疑。无人想要去动摇国家制度的民主根基。瑞士也不存在法国反动主义者一类的派系，企图颠覆共和国。整个共同体中，也不存在像奥地利的波西米亚人或阿尔萨斯的法国人一样的团体，对中央政府不忠或有不忠之嫌疑。在瑞士，不仅是国民的至上性，还包括国民直接行使权力这一点，在理论上和实践中，都是得到

① 参见罗威尔，《欧陆政府与政党》，第 2 卷，瑞士，第 180—336 页；欧列里（Orelli），《瑞士联邦国家法》（*Das Staatsrecht der Schweizerischen Eidgenossenschaft*）；以及马卡德森（Marquardsen）所编《现代公法手册》（*Handbuch des Oeffentlichen Rechts*），第 4 卷，第 1 章，第 2 节。

普遍认可的。政府与人民对立的旧思想在这消失了。政府的所有组成部分，包括行政机构和立法机构在内，都是国民所承认的代理人，而且人民可以直接干预一切重要的立法活动。简言之，在瑞士，国民是主权者，恰如在欧陆君主处于主宰地位的时期，一个强大的国王或女王是主权者一样；瑞士人民所享有的地位，较之英国伊丽莎白女王所享有的地位，并无不同——考虑到这一点，我们将最大限度地理解瑞士国民对于其代表的态度，不论这些代表是在行政机构还是在立法机构之中。英国女王不管享有多大的
518 权力，她都不是一个专制君主，但她终究能真正统治全国，而她的大臣不过是她的仆人，负责政策执行而已。女王不直接立法，却凭借手中的否决权或其他方式控制了一切重要立法。大体而言，这就是瑞士人民所有的地位。联邦行政机构和联邦议会贯彻人民所同意的方针政策。人民曾以公民复决的名义，否决立法机关通过的法律；近年来，人民还试图以公民立法创议权的名义，近乎直接地进行立法。不管如何评价瑞士制度的优劣，支配这些制度的思想都是显而易见的。在瑞士，人民就是最高统治者，行政人员和立法人员不过是人民的代理人或者大臣。

瑞士制度所反映出来的第二个思想是，政治是一种日常事务。瑞士的政府体系有条不紊。政事由执行国民意志的能人办理。

第三个思想，也是瑞士人最具原创性的思想，是为成长在其他宪制中的外国人所不易理解的，那就是：一国虽有政党存在，却并不一定要实行政党政府。

这就是瑞士制度中所体现的原则或者思想；它们相互之间是紧密相连的，而且，它们贯穿于整个瑞士宪法，也在很大程度上

解释了宪法的不同组成部分是如何运行的。诚然，瑞士宪法的许多特征为一切联邦政府所共有，但有一些特征却是为瑞士所独有的，此乃上文指出的三种思想占据主导地位所致。如果我们仔细分析瑞士宪法的不同组成部分，就会发现此言不虚。

一、联邦委员会

该机构若在英国应被称为内阁，它由七个委员组成，此七人由瑞士联邦议会或国会两院一起专门召开的第一次会议选举产生。委员任期三年，而联邦议会的任期亦为三年，直到新的选举进行之后，下一次联邦议会召开；联邦议会召开第一次会议，联邦委员会委员即被改选。委员不必从联邦议会成员中选出，但事实上却是从中选出。尽管委员当选之后即失去议员资格，但由于可以

参与议会两院的辩论，所以事实上有可能仍被视为议员。委员会 519

被授予的权力是很大的。委员会是瑞士联邦的行政机构，因而享有中央政府应有的一切权力。不过可能让英国人或美国人感到奇怪的是，它还履行许多司法职责。所以，常常有许多“行政法”问题以及一些英国人或美国人所认为的真正法律问题提交给委员会裁定。比如，若干年以前，委员会实际上就裁定过救世军是否有权举行公共集会的问题，以及各州是否或在多大程度上可以通过立法禁止或规制此集会的问题。又如，各州新制定的宪法或宪法修正案，须由委员会批准，在批准前委员会有权裁定这些宪法条款是否与联邦宪法条文相一致。委员会实际上就是整个联邦体制的中枢，具体而言，各州与联邦或中央政府之间的良好关系需

要它来保持，秩序一般需要它来维护，法律施行于全国最终也需要它来督促。不仅如此，一切外交事务皆由委员会来监管，盖因外交事宜，在当前形势下，一直是政府最为重要也最难以履行的职责。

尽管委员由选举产生，他们却不受议会罢免，就此而言，委员会可被看作是一个独立的机构；但从另一个角度来说，委员会又没有独立性。委员会理应执行议会的政策，并最终执行国民的政策——事实上也是这样做的，恰如一个合格的代理人，理应执行其雇主的指令一样。有许多事实上由委员会决定的事务，在宪法上应由议会自身来决定，只不过议会通常将其交于委员会来办理。但是，委员会应向议会报告工作，任何一个议题，只有在议会对其做出明确决议之后才会生效。委员会或者其中一个或多个委员，不能因其提交给议会的提案或法案被否决，或者其赞成且获两院通过的法律交人民复决后被否决而离职。再者，尽管委员会由联邦议会从议员中选举产生，一般而言也必须与议会的意见一致，但它并不像英国或法国内阁那样代表议会多数。各委员的
520 任期虽然只有三年，但可以再次当选，通常也会再次当选。其结果是，一个委员可以任职长达十六年，甚至更长的时间，因而委员会的性质不会迅速发生改变；据说，在议会多数属于一个政党，而委员会多数属于另一个政党的情况下，议会和政府之间的这种按一般政治观点来看的不和谐局面，不会导致不便。事实上，委员会不是内阁，而是一个从事管理的董事会，每年从委员会委员中选出的所谓联邦主席（President），仅仅是董事长（chairman）而已。我们完全可以将委员会比之于一个由大股份公司成员选举

产生的董事会。在某种意义上，董事会没有独立的权力。多数股东如果愿意的话，总能控制董事会的行动，或者改变董事会的决策。但从另一个层面来讲，众所周知，董事会几乎又是不受控制的。只要董事会善于管理，或者说管理尚可，股东就无心干预，事实上也无权干预。因为股东很清楚，他们的知识和经验不及董事，如果干预董事会的管理，就有可能导致公司利益受损。这对联邦委员会而言也是如此。委员会的依赖性是其力量的源泉。委员会不会与议会发生冲突，因而它是一个固定的机构，一个从事公共事务管理而且还管理得颇为成功的机构。简言之，它是一个由管理国家事务的实干家组成的机构。

关于瑞士委员会的组成及性质，我们有必要多说几句，因为这种行政机构既不同于英国或法国的内阁制政府，也不同于美国的总统制政府。委员会与英国内阁不一样，绝不会直接代表占据支配地位的政党。它在任何时候都不可能被赶下台。各委员的在任时间，长于英国内阁或美国总统所能任职的最长期限。不过，委员会虽然与内阁十分不同，但仍然是一个议会制或半议会制的行政机构。[①]它不像美国总统那样，自身即拥有一种独立权力，因为该权力源于总统大选，从而可以超越甚至对抗立法权。自1848
年以来，瑞士宪政史上从未出现过行政机构与立法机构相冲突的 521
事件，而在美国这种事件却发生了多次。瑞士委员会的地位，若要比诸历史上的机构，则与克伦威尔《政府约法》下的政务会（Council of State）的地位相似，要是《政府约法》按照议会反对派的要求加以修改，允许议会经常重新选举政务会成员的话，委

① 参见本书附录三，第480页。

员会基本上就是历史上的政务会。[①] 如果我们要寻找一个现代的类似制度，那么英国的文官制可与之相比。委员会的各个委员，就像英国政府职位中的常务次长一样，可以永久任职，他们是严格意义上的国家公务员；他们理应执行——事实上也执行了——那些自己有可能并未参与起草的法案，或者那些自己有可能并不同意的政策。瑞士没有复杂的文官制度，但委员会的各个委员实际上履行的是永久任职的文官而不是大臣的职责，在这个意义上，将瑞士委员会的各委员与英国文官相比就更有启发性。

二、联邦议会

该议会确实有不少模仿美国国会的地方。但是，议会两院常出于各种目的而一起开会。其中之一就是上文所说的，为了选举联邦委员会或政府。此外，该议会与英国人所熟悉的任何一种代议机构都不相同，它还是某些行政诉讼的最终上诉法院，受理联邦委员会裁决之后的上诉案件。尽管如此，议会最主要的职责是听取委员会的报告和立法。它每年的会期很短，故讨论事项仅限于事务处理。它所通过的法律，有可能在提交人民复决后被否决。议员再次当选的现象十分常见。该议会显然是世界上最有序、最高效的议会之一。

议会由两院组成。

---

① 参见《护国政府第一届议会宪法草案》(*Constitutional Bill of the First Parliament of the Protectorate*)，第 39 章；加德纳，《清教革命时代的宪法文件》(*Constitutional Documents of the Puritan Revolution*)，第 366、367 页。

其中，联邦院或者我们更习惯称之的参议院，代表各州，每个州一般派两名代表参加。

而国民院就像美国的众议院一样，直接代表公民。议员数量 522
随着人口的增长而有所变化。每个州的代表数与该州人口成正比。

联邦议会与美国国会有一个重大的不同点。在美国，到目前为止参议院比众议院更有影响力。瑞士的制宪者曾希望联邦院行使美国参议院式的权力，可这个希望最终落空了。联邦院在宪法运行中扮演着次要角色，它所享有的权力也比国民院少得多。其中的原因是多方面的。一是联邦院的议员由其代表的各州付薪；二是他们任职的期限由各州控制，而且一般都很短；三是联邦院没有美国参议院那样的特殊职能，这总体上就导致重要的政治家都在国民院而非在联邦院谋求职位。此外，制宪者的希望之所以落空，还有一个似乎不为瑞士人所注意的原因。那就是：联邦委员会的地位和职能，它的永久性，以及它与联邦议会的关系，都使得代表各州的联邦院不可能扮演美国参议院所扮演的那种角色。瑞士联邦院居于次要地位这点值得注意。它是受外国经验的影响而设立的一个宪法机构，正是出于这个原因，我们或许可以认为，它与瑞士本土制度是不相兼容的。

三、联邦法院[①]

该法院由领略美国联邦最高法院之力量和权威的政治家所设

① 罗威尔，第2卷，第214页；欧列里，第38—44页。

立，但它一开始就和美国最高法院迥异，权力也要小得多，至今如此。它由十四名法官组成，任期六年，期满之后，新任法官由联邦议会选出；院中设正、副院长各一名，任期两年，亦由联邦议会选派。联邦法院对于重叛逆罪案件以及我们所称的严重犯罪和轻罪案件，享有刑事管辖权，只是它很少行使这种权力。它有
523 权管辖联邦与各州的诉讼、各州之间的诉讼，以及一般说来有联邦或某州作为一方当事人的所有诉讼。它还有权裁定所有公法案件。实际上，它已逐渐成为一个最高上诉法院，受理各州法院裁决的对联邦法律有争议，且争议数额超过三千法郎的所有案件。此外，对于侵犯公民宪法权利的民事诉讼，该院亦有管辖权，而不管当事人所声称被侵犯的权利是受到联邦宪法的保障还是某州宪法的保障。联邦法院设立的主要目的，是裁决关于公法本身的争议，更确切地说，是对此类争议作出司法宣告。它的民事管辖权，因迫于客观形势而扩大，已超过制宪者当初所设定的界限。尽管如此，虽然联邦法院的管辖权非常广泛且模糊不定，但它绝没有美国最高法院那样的权力。比如，所有关乎“行政法”的争议，它就没有管辖权，这类争议由联邦委员会管辖，并最终保留给联邦议会，[①] 而且“行政争议”这个概念被赋予了非常宽泛的含义，以至于联邦法院“在一系列问题上都被剥夺了管辖的权限，如从事贸易权、商业谈判、消费税、捕猎法、职业资格证、工厂法、纸币、度量衡、公立小学、卫生警察、各州选举的效力等”[②]，

① 参见《瑞士宪法》，第 85 条第 12 款和第 113 条。

② 罗威尔，第 218 页。

而这些问题表面上看，联邦法院似乎是有权管辖的。再者，尽管联邦法院能够宣布各州法律违宪因而无效，但根据宪法，它必须把所有联邦立法都视为是有效的。[①]

联邦法院法官由联邦议会任命，任期很短。该院系独立机关，并非全国司法机关的领导机关。此外，联邦法院没有设置用以执行判决的官员。该院判决首先由各州地方当局负责执行，若地方当局不作为，最后就由联邦委员会执行。[②] 而且，对于联邦官员的行为，联邦法院的影响力也很弱。任何公民均有权起诉官员，但如上所述，对于行政争议，联邦法院是无权管辖权的，假使联邦 524
委员会和联邦法院之间发生管辖权冲突，须由联邦议会而非联邦法院来裁决，可以想见，裁决结果肯定有利于委员会。联邦法院对于此类争议，不管怎样都无法守护自身的权力范围。[③] 由此看来，联邦法院的权力小于美国最高法院的权力也就不足为怪了。不过，让人略感惊讶的是，联邦法院尽管处于种种不利之环境，但从联邦制的性质这一点来看，其管辖权却在逐年扩大。比如，1893 年之前，有关宗教自由和各教派权利的问题，都是由联邦议会来裁定，但在这之后，这些问题已转由联邦法院管辖。这种管辖权的转移，以及联邦法院、联邦委员会和联邦议会各自与那些在英国或美国必然由法院来裁定的问题之间的整体关联，都足以让读者注意到：英国所理解的“法治”和许多欧陆国家所理解的分权，

① 参见《瑞士宪法》，第 113 条；布林顿·考克斯（Brinton Coxe），《司法权力与违宪立法》（*Judicial Power and Unconstitutional Legislation*），第 86 页。

② 参见亚当斯（Adams）：《瑞士联邦》（*Swiss Confederation*），第 74、75 页。

③ 参见罗威尔，第 220 页。

在瑞士均未得到完全的承认。[①]

四、公民复决[②]

如果在联邦法院和联邦院的组织上，我们还能找到瑞士效仿美国的痕迹，那么，公民复决在瑞士则是一个本土制度，这一制度在瑞士比在其他任何国家都发展得更为充分和广泛。如果我们忽略所有细节，就瑞士联邦宪法下实际存在的公民复决而言的话，我们可以将其描述成这样一种制度：在公民复决制下，任何宪法修正案，以及任何一部在大量瑞士公民看来很重要的联邦法律，除非交由公民投票，且获得实际投票的多数公民批准，否则不能发生最后的效力。此外，我们还可以补充一句，如此交由人民批准的宪法修正案，除非同时经投票公民之多数同意和多数州的同意，否则不能发生效力。此外，还必须指出的是，除了其中一个州，其他所有的州都存在各种形式的公民复决，这一点现在可视
525 为是瑞士宪政的一个基本特征。因此，公民复决其实就是全民否决。它赋予瑞士公民的这种权力，就是英国君主过去（如在伊丽莎白女王时代）实际享有且在理论上至今依然享有的阻止立法的权力。在英国，每一个法案都必须获得君主的同意，否则不能成

① 罗威尔，第218、219页。

② 参见罗威尔，第2卷，第12章；亚当斯，《瑞士联邦》，第6章。美利坚合众国之各州中就存在用于多种目的的公民复决制度，只是名称不同而已。但是，这一制度或类似制度，并不见于合众国宪法。请比较奥伯霍尔策（Oberholtzer），《公民复决在美国》（*Referendum in America*）。

为最终的法律。通俗地说，如果君主不予同意，就可以说他（或她）否决了该法案。如果用更准确的语言来描述君主的行为，那就是：国王拒绝通过法案，恰如上院或下院拒绝通过法案一样。英国君主的这种地位，实际上就是瑞士公民在一部法律获联邦议会通过，然后交人民批准或否决时所享有的地位。倘若他们表示同意，那么该法案就成为国家法律，倘若他们拒绝同意，该法案就被否决，或者更确切地说，法案就未获通过，即实际上未成为法律。

可见，公民复决具有一种纯否定的效果。所以，在许多州宪法中，以及某种意义上在联邦宪法中，它为一种所谓“公民立法创议权”的形式所补充——即一定数量的公民可以提出法律案，然后交由人民表决，即便立法机关不采纳他们的观点，亦可不计。[1] 不过，公民立法创议权至少在联邦宪法中至今很少被运用。它是否在任何情况下都堪称一种成功的立法方式，也许令人怀疑。这里只需要注意一点，那就是：尽管公民立法创议权的引入，不管从理论上还是事实上来说，都不是维护公民复决制的必然结果，但是，这两种制度是瑞士公民如何直接参与立法的两个实例。

我们认为，如果结合宪法中的其他规定和瑞士宪政的总体特征来考虑，公民复决制会产生两种效果。

首先，它改变了立法机关和行政机关的地位。联邦议会和联邦委员会在复决制下显然变成了瑞士人民的代理人。这种情况下，瑞士政治家的权力被减少，但他们的自由也许会增加。比如，一

① 罗威尔，第280页。

个联邦委员会委员或者委员会本身提出一个法律案，然后立法机关予以通过。假设该法律交付人民批准时被否决了——而这种情
526 况经常发生。这时，委员会和议会就顺从于人民的决定，而不致丧失自己的声誉。委员和议员不必因此而辞职；选民虽然不同意联邦议会交付其投票的某些法律，但也会让那些通过人民所不同意的法律的议员再次当选，这也是常有的事。不仅如此，对各个政治家而言，正因为他们无需因法案未成为法律而辞职或被迫下台，所以得以继续为某些法案辩护；他们依然可以公开表达自己的政治观点，即便这些观点与人民的意见不一致。其次，公民复决制限制了政党政治的发展。选民并不认为，联邦委员会甚或是联邦议会完全代表一个政党的利益是必需的。鉴于公民自身可以否决他们不赞成的法律，他们的某些代表所持有的观点当时能否赢得多数选民的支持，相对而言就无关紧要了。而且，瑞士公民所养成的参与立法的习惯，很可能使得他们对任何一个法案的价值都经常要或多或少地考虑一下。无论如何，较之绝大多数国家的选民而言，他们更不易于支持某个政党的政纲——不可能每一条政纲都获得每一个选民的同意。当然，也许会有人认为，正是由于瑞士的政党政治不发达，所以公民复决制才得以采用。但不管怎样，有一点是没有疑问的：瑞士特有的各种制度，是与瑞士的政党状况密切相关的。

如上所述，瑞士联邦制受到美国联邦制的极大影响。对于这两个分别在欧洲和新大陆运行得最为成功的民主联邦政府，一个聪明的学生不加以比较几乎是不可能的；因为这两国的历史和制度，无论就相同点还是不同点，都能激起人们比较的兴趣。

美国和瑞士都是天然的联邦国家；若是没有联邦宪法，两国显然都不可能繁荣昌盛；时至今日，两国也都是天然的民主国家。在这两个国家中，州都是先于联邦而存在；而且“爱州之心”起初都要远盛于国家统一的情感。在美国和瑞士，国家统一都是出 527
于必要才生成的。也很可能是这样：统一的情感一旦被唤起，最终将战胜对州权或州主权的感情。而且，在两国可称为联邦历史的二者之间，大致说来也有某些相似之处。两个国家在迈向统一的过程中，长期存在着一些阻碍国家统一的因素，甚至有最终破坏国家统一的危险。美国的奴隶制，至少和瑞士历史上的宗教分裂一样，严重阻碍了国家统一。在美国和瑞士，有少数较为贫困好战，但较为团结的州，长期阻碍那些较为富裕文明，但较少合作的州的进步。美国有关奴隶制之地域界限的持久争论，至少与瑞士有关共有领地的争论是很类似的——这些公共领地一度把信奉天主教的州和信奉新教的州区隔开来。在美国发生脱离联邦行动之前，瑞士发生过天主教分离运动；格兰特将军（Grant）取得了全面胜利，而杜福尔统帅（Dufour）也是彻底打败了分离主义者联盟。我们也绝不能说，美国人的军事才能超过了瑞士统帅的军事天赋。此外，两国的独立战争还有一个共同点：它们都彻底终结了导致战争的争议，结果都让胜败双方很快变成了同一个共和国的忠实公民。最后，两国今日的繁荣昌盛，可大抵归为制度的作用，而两国的这些制度，就其总体特征而言，又具有明显的相似性。

尽管如此，两种联邦制之间的不同点也同样值得注意。美国是最大的联邦国家，而瑞士却是最小的；论面积和人口，比整个

瑞士联邦都要大要多的州在美国还不止一个。无论从哪个方面来说，美国都是一个现代国家；瑞士的英雄时代（就以武力为荣而言）结束之后，才有欧洲人踏上美洲大陆，而且在美国作为一个政治共同体存在的一个多世纪之前，瑞士的独立就为欧洲所承认。美国制度是英国思想的直接产物，而且主要是英国 17 世纪民主运动时期所盛行的思想，因而美国社会从未受封建主义的影响。瑞士的民主制却在很多方面都浸透着欧陆国家的政府观念，直到法
528 国大革命为止，瑞士社会充满着源于封建思想的不平等现象。美国诸州一直习惯于实行代议制，瑞士诸州通常主要实行非代议制的贵族或民主政体。在这些情况下，我们当然可以认为，像美国和瑞士这样两个差异巨大的国家，其制度尽管形式上很相似，但也有本质的区别。

这些区别可粗略概括为：美国联邦制之所强，乃瑞士联邦制之所弱；反之亦然。

美国的参议院和司法机构，较之宪法中的其他任何机构，理所当然地更加引人羡慕。它们在某种程度上，都为现存瑞士共和国的建国者所模仿，但都不十分成功。瑞士联邦院没有美国参议院那样的权威，瑞士联邦法院的权力似在增加，但与美国最高法院仍不可相提并论。至少在一个外国评论家看来，瑞士的司法制度是该国所有制度中最不尽如人意的，而且，联邦委员会和联邦议会享有司法权这一点，不合于现代有关正当司法的思想。

但是，就连那些称许美国制度的评论家，对其中许多方面，即便事实上不会予以谴责，也不会毫无保留地表示赞同。比如，总统的选举方式、政府与国会两院的关系、政党组织的恶性发展，

以及由于党魁或幕后操纵者居主导地位后所造成的浪费或腐败。

而瑞士联邦委员会，则像世界上任何一个国家所拥有的行政机构一样优良。在一个外国观察者看来，它似乎完美结合了议会制政府和非议会制政府的优点（尽管在这个问题上外国的评论家们极易陷入错觉）。但不管怎样，委员会与人民选举的代表颇为融洽，因为委员会虽由立法机关任命，但却可以永久任职，这是议会内阁或选举产生的总统所不能的。再者，尽管瑞士也存在政党，529
党争有时还很激烈，但并不必然形成政党政府。因而政党政府所具有的弊端，不管怎么说，都大为减少或得以完全避免。秘密会议和“核心人物”在瑞士是不存在的。因一次总统选举，甚至是一次大选（如英国决定由哪个政党执政的大选）而引起的病态亢奋，在瑞士也不会出现。瑞士政治中没有分赃的观念，似乎连腐败的迹象都没有。

附录九　澳大利亚的联邦制[①]

澳大利亚政治家在起草联邦宪法时，力求将两种外来思想结合起来，一是照搬自美国（也可以说瑞士）的联邦共和宪政主义，二是源自英国的单一制[②]君主立宪主义。此外，他们一方面为联邦本身建立起多年来一直存在于英国和各澳大利亚自治殖民地之间的那种关系，另一方面让其中若干州保留了这种关系。

因此，澳大利亚联邦呈现出四个主要特征：第一，联邦政府形式；第二，议会制政府；第三，有效的修宪方法；第四，联合王国和自治殖民地之间的关系得到维持。

一、联邦政府

澳大利亚实行严格意义上的联邦制。该联邦之所以产生，一是因为整个澳大利亚人都希望国家统一，二是因为有若干殖民地在
530 加入联邦、认同澳大利亚民族的同时，坚决要保留尽可能多的独

---

① 《澳大利亚联邦宪法》（维多利亚第 63 和 64 年，第 12 章）；奎克和加兰，《澳大利亚联邦宪法注疏》；摩尔，《澳大利亚联邦》；布赖斯，《历史与法学研究》，第 1 卷，第 8 篇。

② 参见本书第 135 页。

立性。[1]而这个真正的联邦政府得以成功创造，主要是因为制宪者遵循了美国联邦制的一些根本原则，但又没有一味盲从。就像在美国一样，澳大利亚联邦宪法（当然受制于帝国议会的主权权力）是本国的最高法；[2]澳大利亚联邦宪法本身，也像美国宪法一样，分别确定和限制了联邦政府和州政府的权力范围，而且在确定范围时遵循了下述原则：全国或联邦政府（此处“政府”一词包括联邦行政机构和联邦议会）的权力尽管很广泛，却很明确而有限，而各州的权力则无明确限定，因此宪法未授予联邦政府的任何权力则由各州保留，准确说由各州议会保留。[3]在这点上，澳大利亚政治家模仿的是美国和瑞士，而非加拿大。此外，把联邦政府和各州政府分别限定在适当范围内，所用之方法也主要受美国经验的影响。联邦议会按如下方式组成，就是为了在合理范围内确保州权得到维护：众议院代表人口数，参议院代表各州，而且，最开始的州不论其面积大小和人口多少，每个州都有权选派相同数量的参议员。[4]不仅如此，制宪者设计宪法时，就是要确保参议院获得尊重；参议员不仅较众议员的任期更长，而且是轮流更换，一般来说能够防止其被全体解散，而众议院的任期无论如何不会超过三年，且在三年之内它完全可能被解散，这样参议院的存续时间就更长，经验也更丰富，参议员依现行宪法也就能代

① 参见本书第136—139页。

② 《澳大利亚联邦宪法》，第51、108条。

③ 同上书，第106、107条。

④ 同上书，第7条。不过，据说以过去八年所发生的事情来看，参议院对州权之维护极为反对，其态度远较众议院坚决。

531 表选派其进参议院的那个州的利益。[①] 从联邦与州的关系来看，所有州都享有很大程度的立法独立性。比如对维多利亚州议会的立法，不论联邦行政机构或者联邦议会，都不能直接或间接地加以否决。最后，法院尤其是联邦最高法院，如同在美国那样，是宪法的守护者，因为在法院受理的任何案件中，如果当事人请求对某联邦议会法或者州（如维多利亚）议会法的合宪性或者有效性问题作出裁决，那么，法院得依宪法判决之。法院所负有的这一职责，其实未明定于联邦宪法，正如该职责亦未明定于美国宪法一样；但法院（最终是联邦最高法院）有意要被做成宪法的解释者，因而也就是宪法的保护者，这是任何英国律师都不能加以怀疑的。应当指出，澳大利亚联邦法院与瑞士联邦法院不同，因为前者绝不是必须假定联邦立法机关所通过的法律是合宪的，而后者则必须如此。

可见，澳大利亚联邦的缔造者主要受美国经验的影响，而创造了一个真正的联邦制国家；但我们将会看到，他们在确保实行联邦制的前提下，又加入了借鉴自（更确切地说是继受自）英国的宪法思想。这点尤其体现在议会制政府上。

二、议会制政府

澳大利亚的行政机构是一种议会制内阁，类似于长期存在于英国的，或者现在存在于英国所有自治殖民地的那种制度。诚然，

① 《澳大利亚联邦宪法》，第 7 条。

澳大利亚宪法的起草者从未使用“内阁”一词，正如英国人本身
也很少提及内阁一样；他们甚至没有在宪法中明确规定：行政机
构有一批向联邦议会负责的大臣组成；但是，只要对英国宪法史
或者澳大利亚自治殖民地宪法的运行稍有了解的人，都不会怀疑，
联邦行政机构实际上就是要被做成一个议会制内阁，这个内阁名
义上由总督任命，实际上却要获得议会多数的支持才能掌权，因
此，宽泛地说，该内阁通常由当时权力最大的议会政党的各位领
袖组成。它具有英国内阁最独特的一个特征，即有权解散议会，532
至少在许多情况下是如此，从而绕开创造内阁的机构而直接诉诸
澳大利亚人民或者选民。这里我们必须注意的是，澳大利亚行政
机构的权力在某一方面大于英国内阁的权力，因为英国内阁通常
可以解散下院，但绝不能解散上院，而澳大利亚内阁却可以在某
些情况下——至少是间接地——导致参议院被解散。这项解散议
会的权利或权力，我们在真正研究澳大利亚宪法的时候，必须给
予特别的注意。美国总统或者瑞士联邦委员会不享有这种权力，
虽然当今的法兰西共和国宪法授予了法国总统这种权力，但也只
能在非常有限的范围内行使，因此，即便法国总统在确有参议院
同意的情况下可以解散下议院，但也无人敢断言，该权力必须应
内阁的要求而行使。[①]有一点要特别注意，那就是，澳大利亚的联
邦主义者把行政权力置于议会内阁手中，几乎是理所当然的；他
们既没有采用总统由选举产生的美国方案——由此行政事务被置
于非议会制政府手中，也没有采用创造出半议会制政府的瑞士政

① 埃斯曼，《宪法原理》，第555—563页。

制——这种政制中的行政机构由联邦议会选举产生却不能被联邦议会所解散。的确，如果澳大利亚实行非议会制或半议会制的行政机构，则难以协调其与英国内阁或帝国议会之间的关系。但这个难题并非一定是不可克服的。澳大利亚之所以决然实行内阁政府制度，真正的原因在于，议会内阁是英国或澳大利亚政治家所唯一熟悉的政府形式。其实，澳大利亚政府在有一点上比英国内阁更具议会制的色彩，那就是，一个英国政治家即便不是上议员或下议员，至少在理论上仍可能成为阁员，但是一个澳大利亚的大臣，除非成为参议员或众议员，否则其作为阁员的任职时间不
533 得超过三个月。[①] 但是，在这个问题上，澳大利亚政治家遵照的是英国宪法中的惯例而非法律，因为事实上凡进入英国内阁者，都是或即将是上议员或下议员。但要注意的是，澳大利亚宪法在很多情况下都背离了英国宪法，但这一背离恰是希望遵循现代英国宪政的精神所致。比如，澳大利亚宪法为避免议会两院因分歧而陷入僵局，设计了一个复杂而精巧的解决方案，那就是要确保选民的意见得到遵从，[②] 该方案虽未见于英国法律，却是帝国议会两院所长期遵循的宪法惯例。

三、宪法的修改

一个联邦国家的宪法必须是“刚性”宪法，但是，每个澳大利亚自治殖民地（如维多利亚）的宪法实质上都是“柔性的”，因

① 《澳大利亚联邦宪法》，第 64 条。

② 同上书，第 57 条。

而自治殖民地的议会改变宪法几乎就像改变任何其他法律一样容易。我们有理由认为，澳大利亚人民现在不愿舍弃柔性宪法的优点，而采用美国式的不易被修改的宪法，或者采用加拿大自治领式的只有通过帝国议会才能修改的宪法。因此，澳大利亚联邦主义者就面临一个两难困境：一方面因一个联邦政府的性质所在，而必须赋予联邦宪法以应有的刚性，另一方面因要确保澳大利亚人民能够自由行使立法权，甚至是确保其改变宪法的权利，而必须赋予联邦宪法以应有的柔性。

他们的解决方法可谓别出心裁。

联邦宪法从整体上看属于刚性宪法，因为它不能通过普通的议会立法方式来加以根本改变。

但是，制宪者用三个方法来减弱宪法的这种刚性。

第一，联邦议会被赋予非常宽泛的立法权，从而能够就许多议题进行立法，这些议题若放在美国或者加拿大自治领，其国会或者议会则无权过问。[①] 这里应注意的是，对于许多议题，联邦立 534
法机关和各州立法机关均享有立法权，如此，则联邦的法律和州的法律极有可能发生冲突，这时如果联邦议会没有越权，则联邦法的效力高于州法，联邦法的这种优位性，容易让联邦议会扩大自身的立法权。[②]

第二，宪法中有大量条文的效力受制于一个但书条款，即“议会另有规定者除外”。因此，这些条文就如普通法律一般，能

① 请比较《澳大利亚联邦宪法》第 51、第 52 条与《美国宪法》第 1 条第 1、8 款及《1687 年英属北美法》（维多利亚第 30 年和 31 年，第 3 章）第 91、92 条。

② 参见《澳大利亚联邦宪法》，第 109 条。

够被议会以普通方式加以修改，换言之，宪法就其许多条文而言是柔性的。[①]

第三，宪法规定了对自身的修改方式，[②]并含有那个被称为公民复决的瑞士制度的原则，尽管该名称未见于宪法。修宪的程序通常是这样的：修宪的法案必须先由议会两院绝对多数通过，然后提交联邦选民批准；如果在多数州中，各有多数选民赞成，且赞成者在全国选民中亦占多数，它还必须送交总督以求英王同意，应有的同意一经取得，即如任何其他议案一样成为议会法。整个修宪程序的原则可以概括为：先经联邦议会表决通过，然后经多数州及全国多数选民批准，联邦宪法即可修改。

但必须注意的是，在某些情况下，一部修宪的法案只获得议会其中一院的绝对多数通过，然后被另一院否决或者未获另一院的绝对多数通过，此时该法案就必须提交选民批准，如果它以上述方式得到批准，并取得英王应给予的同意，即成为议会法。

除此之外，还有少数宪法修改，如减少上院或下院中任何一州
535 的代表比例，除非获得该州投票选民之多数同意，否则不能生效。[③]

至于新的制度运行效果如何，无人敢于预断，但宪法评论家可以怀抱一种期望，即澳大利亚联邦宪制已为政治家所成功创造，故而能够兼采刚性宪法和柔性宪法二者之优点，使其不能被草率改变的同时，又能在选民提出审慎的变革要求之后，很容易地加以修改。

---

① 《澳大利亚联邦宪法》，第 51 条第 36 款；比较该法第 3、29、31 条等。

② 同上书，第 128 条。

③ 同上书，第 28 条。

四、与联合王国关系的维持

普遍认为，澳大利亚联邦的缔造者同时受到两种情感的影响：一是逐渐生长的澳大利亚民族意识，二是对母国持久的甚至是逐渐增长的忠诚。第一种情感通过把各殖民地统一于一个联邦政府而得到满足，联邦政府不仅确保澳大利亚人民享有完全的自治权，同时又满足殖民地想继续成为英帝国组成部分的愿望。第二种情感则通过两方面来满足：一方面把联邦本身置于母国的殖民地之列，另一方面又不破坏联邦各州与联合王国的原有关系，同时又不至让联邦利益受损。这两种影响都值得注意。

首先，澳大利亚联邦本身，对于英王与帝国议会，只不过是一个大的自治殖民地。因此，总督由英王（也即英政府）任命，其地位实质上与联邦建立之前的殖民地（如维多利亚）总督所居地位一样。联邦议会通过的法案，不管它是普通法案还是因涉及宪法变更而必须提交选民批准的法案，都需要取得英王的同意，否则不能成为法律，[①] 而且，英王有权否决联邦议会通过的法案，如同过去（现在仍有权）否决殖民地（如维多利亚）议会通过的法案一样。不仅如此，帝国议会还享有一项公认的权利，即为澳大利亚立法，甚至是修改澳大利亚联邦宪法，不过此项权利罕有使用，除非澳大利亚人民有如此要求。另外，对于绝大多数问题， 536
当事人若不服联邦最高法院的判决，均可上诉至英国枢密院，纵

① 《澳大利亚联邦宪法》，第 1、58、59、128 条。

使这类上诉关乎联邦宪法问题，上诉权本已受到限制，但这些限制本身又受制于某些限制，因而当事人仍可在某些条件下予以上诉。[①] 其结果因而可概况如下：澳大利亚不因组建联邦而断绝其与联合王国的联系，故帝国议会主权亦未受损。

其次，联邦任何一州之于联合王国的地位，仍与从前仅仅是一个自治殖民地（如维多利亚）的地位几乎完全相同。一如过去之情形，维多利亚总督现在仍由英王（也即英政府）任命。维多利亚议会通过的议案，仍然只有在取得英王的同意之后方才成为法律。而联邦政府反而无权否决维多利亚议会通过的法案。在司法方面，当事人对于维多利亚法院的判决，一如《澳大利亚联邦法》通过之前的情形，仍享有上诉至英国枢密院的权利，至少在大多数情况下是这样。其实，当事人现在多了一个选择，即还可上诉至澳大利亚联邦高等法院，因为“联邦宪法授予澳大利亚人民一项自州法院向高等法院上诉的新权利的同时，却没有剥夺他们自州法院向枢密院上诉的现有权利，因此现有权利并未受损”。[②]

① 《澳大利亚联邦宪法》，第 71、73、74 条。

② 奎克和加兰，《宪法注疏》，第 738 页。因此，当事人可以将州各级法院的判决上诉至该州最高法院，若仍不服，还可以上诉至英国枢密院；当事人是否有权上诉须根据此前组建各级法院的若干法律文件之规定；而且向枢密院上诉须一律取得该院之许可。这条规则适用于州各级法院行使任何的管辖权（无论州的还是联邦的），但是，州各级法院没有完全的联邦管辖权。比如，涉及各州自身之间的关系，以及各州与联邦之间的关系的所有案件，他们均无权管辖。

当事人根据联邦议会于 1903 年制定的《司法法》的规定，对于州或联邦事务，还可自州各级法院上诉至澳大利亚高等法院。究竟上诉至何处，上诉人当然有权选择。没有什么能够阻止来自于州各级法院的上诉人请求联邦高等法院裁定某一案件是否符合宪法第 74 条的规定。也没有什么能够防止联邦高等法院作出相互矛盾的判决——除了以下这些不能上诉至枢密院的问题，即产生于联邦的各项宪法权力之间

若欲明白澳大利亚联邦制的独特性，莫如将加拿大自治领宪 537
法[①]与澳大利亚联邦宪法加以比较。

较之澳大利亚联邦，加拿大自治领从某种角度上来说，较多地受到帝国议会的直接控制，但从另一个角度而言，它又较少地受到帝国议会控制。自治领之所以相对联邦而言受到较多的控制，是因为加拿大宪法的大部分内容只能通过帝国议会法才能修改，[②]而澳大利亚宪法却可以由其人民修改。不过，这里得补充一句：这个区别实际上没有表面看起来的那么大，因为我们可以很肯定地说，帝国议会所提出的任何自治领宪法修正案，无不与自治领之多数人民和多数省的计划和愿望相符。但是，从另一角度来说，自治领较之联邦却又较少受到帝国议会的控制，这是因为自治领各省相比联邦各州而言，与帝国政府及议会之间在某种意义上较少直接发生关系。

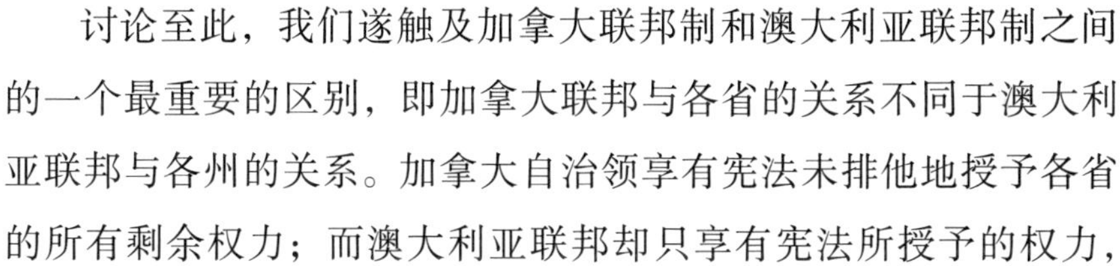

讨论至此，我们遂触及加拿大联邦制和澳大利亚联邦制之间的一个最重要的区别，即加拿大联邦与各省的关系不同于澳大利亚联邦与各州的关系。加拿大自治领享有宪法未排他地授予各省的所有剩余权力；而澳大利亚联邦却只享有宪法所授予的权力，

的界限，或者某一个或某些州各项宪法权力之间的界限，或者任意两个州或多个州的各项宪法权力之间的界限的问题。而且，联邦高等法院对英国枢密院的裁决，并不是必须将其作为上级法院的裁决而接受，但下列案件除外，即枢密院的裁决不是针对州法院的判决，而是针对联邦高等法院的判决。

① 参见芒罗（Munro），《加拿大宪法》（*Constitution of Canada*）。

② 但是，宪法本身即《1867 年英属北美法》授予了自治领议会和各省立法机关一些尽管有限却很重要的权力，使之有时能够修改自治领宪法和各省宪法，参见芒罗，《加拿大宪法》，第 229 页；另见《1687 年英属北美法》，第 35、41、45、78、83、84 条。

至于宪法未授予联邦的所有其他权力则归属于各州。

此外，自治领政府能够对各省的立法和行政活动行使相当大的控制权，能够在所有情况下否决各省议会通过的法律，能够任命省法院的法官，而且还能够任命某省的副总督和解除其职务——因而副总督既非帝国官员也非某个省的官员，而是自治领的官员。凡此种种权利，澳大利亚联邦政府均不享有。

附录十　英国战争或者叛乱时期的戒严法[①] 538

我们在本篇要讨论的问题是：当侵略军或国内反叛者武力反抗君主权威时，英国君主及其臣仆或者忠实的公民，为应付内忧或外患而采取举措，其行为若就平时的法律而论是违法的，但在战争或者叛乱时期是否具有法律上的正当性？如果有，依据何种原理？又有何限制条件？

① 参见《法律季评》(*Law Quarterly Review*)，第 18 期；霍尔兹沃思 (Holdsworth)，《历史视野下的戒严法》(*Martial Law Historically Considered*)，第 117—132 页；理查兹 (Richards)，《戒严法》(*Martial Law*)，同上，第 133—142 页；波洛克，《什么是戒严法？》(*What is Martial Law?*)，同上，第 152—158 页；多德 (Dodd)，“马雷案”(*The Case of Marais*)，同上，第 143—151 页；“船费案”，载《豪威尔国家审判》，第 3 卷，第 826 页起；“沃尔案”(*Wall's Case*)，载《豪威尔国家审判》，第 28 卷，第 51 页起；“马雷依单方申请程序诉讼案”(*Ex parte D. F. Marais*)，载《上诉案例汇编》，1902 年，第 109 页起；福赛斯，《关于宪法的法官判决意见书》，第 6 章，第 188 页；克洛德，《国王的武装力量》，第 2 卷，第 18 章。

“(美国)米利根依单方申请程序诉讼案”(*Ex parte Milligan*(*Am.*))，载《华莱士判例汇编》(*Wall.*)，第 4 卷，第 2 页起；塞耶 (Thayer)，《宪法案例》(*Cases on Constitutional Law*)，第 2 卷，第 2376 页。该案及美国其他有关戒严法的案例，尽管英国法院不能引证为判案根据，却随处都有对关乎戒严法问题的普通法解释，因而非常值得注意。

另参见上文附录四“自卫权”；附录五“公众集会权诸问题”；附录六“军人奉命解散非法集会时所负之义务”。

在着手讨论这个问题之前，我们必须谨记两项前提。

第一，本篇不会探讨通常包含在戒严法这一模糊术语之中的那些主题。具体而言，本篇不会涉及军事法，即陆军法和军法条例中管理军队及所有“受军法管制的人”的规则；不会涉及那些规范英国将军及其士兵在外国作战或者在国内防御外敌入侵时的行为的法律；也不会涉及英格兰境外之事务或者其他任何国家的法律，如不会涉及苏格兰法或者泽西岛法。

第二，在讨论本篇所涉主题时，我们必须始终将英国法中的一项普遍而根本的原则牢记在心，那就是，必须假定任何英国臣民随时都享有其日常的普通法权利，尤其是人身自由权，除非有确切证据证明（时常有可能），这些权利已在某些情况下被议会法
539 或者某个长久确立的法律原则所剥夺。有利于合法性的这一假定，是法治[①]的本质所在，而法治又是英国制度的主要特征。因此，若有人宣称，在战争时期，英国人所有普通法上的权利应一概被剥夺，比如，建立戒严状态或者使军官免于普通民事法院的管辖，那么，提出该主张的这个人，显然就负有证明之义务。

本篇题目可分三层来考虑：一、戒严法的性质；二、从戒严法的性质所得之推论；三、与本文论点不一致的某些戒严法学说。

一、戒严法的性质

这里所使用的“戒严法”一词，是指国王及其臣仆（或者说

① 参见本书第四章。

政府）为了维持公共秩序（法律上的用语则为国王和平）之目的并出于确切需要而不惜牺牲生命或损害财产时的权力、权利或义务。因此，戒严法是在外敌入侵或国内叛乱之时，由于当时那种场合下不能通过普通手段来维护国王和平，因而出于紧急而迫切的需要才出现的。[①]这一出于维护和平之确切需要而使用大量武力的权力，有时被称作君主特权，但是，准确说来，这一权力并非必定只由君主享有，而是为一切为维护或者恢复国王和平的忠实公民所享有的权力、权利或义务。换言之，在外敌入侵、国内叛乱或者一般意义上的暴力抗法之时，凡忠实公民出于维护或者恢复国王和平之需要，皆有权力、权利或义务运用大量武力来达到其目的。该权力或者权利因事情本身的性质而产生。无论何人，不管其对特权的限制持何种看法，都不会否认，协助国王并在国王指挥下采取一切必要之措施以抵抗侵略军，是每个忠实臣民的
义务。[②]也都不会否认，出于抵抗侵略者的需要而做出的行为，除 540
非构成侵权，否则都是合法的。[③]

> 当敌人攻至海岸时，任何人都可以到我比邻该海岸的土地上，挖战壕或筑堡垒，以保卫国家，因为所有人都会从中受益。因此，爱德华四世第 8 年第 23 章法律规定，根据普通

① 参见肯特，《宪法评注》，第 1 卷，第 341 页，及约翰·坎贝尔爵士（Sir John Campbell）和罗尔夫爵士（Sir R. M. Rolfe）的法律意见，载福赛斯所编《关于宪法的法官判决意见书》，第 198、199 页。

② 尤其参见“船费案”，载《豪威尔国家审判》，第 3 卷，第 860 页起，第 905、974、975、1011—1013、1134、1149、1162、1214 页。

③ 参见《戴尔英格兰王座法庭判例汇编》（*Dyer*），第 1 卷，第 36 章 b 节。

> 法，人人都可以到我的土地上保卫国家。在如此危急情形下，他们可以挖掘沙砾以构筑堡垒，因为这是为了公共利益，所有人都会从中受益……本案中，有一条规则可以适用，即君王和国家可以基于正当理由而剥夺一人之财产。[①]

“船费案”的被告律师也以此旨进行辩护。

> 诸位法官，在战争状态下，我以为不仅国王陛下，而且所有人在其力之所及，都可以夺取国内的任何财物、摧毁房屋或者焚烧谷物，以断敌人给养，还可以做出其他一切有助于王国安全的事情，而无需尊重任何人的财产权。[②]

上述这些权威意见值得注意，尽管它们只涉及财产权而非人身自由的妨害，且这两者之间实存在重大区别，但我们还是可以推断出：在外敌入侵之时，一位将军及其士兵在国王的授权之下，只要是出于军事行动的需要，做出的任何行为都是合法的，这些行为在平时必是违法行为，而且构成对人身自由的妨害，甚至很有可能导致英国臣民死亡。需要记住的一点是，这种运用戒严法的权力，被美国法院不无恰当地称作为“战争权”，它始于某一情

---

① 《判例汇编》，第 12 卷，第 12 页起。

② “船费案”，载《豪威尔国家审判》，第 3 卷，第 826 页起，第 906 页。尤其要将该案第 975 页中霍伯恩（Holborne）的意见和“英国整铸双面型板制造厂诉梅雷迪思案”（*British Cast Plate Manufacturers v. Meredith*）［载《特纳与拉塞尔英格兰衡平法院判例汇编》，第 4 卷，第 797 页］中布勒法官（Buller, J.）的意见加以比较。

形之需要，因而也受限于这一需要。[①]

在这个问题上，约翰·坎贝尔爵士和 R. M. 罗尔夫爵士的意见值得注意："戒严法仅仅只是因需要而停止实施所有的国内法，正是因为它为情势所迫切要求，所以也就是正当的。"[②] 此语不仅指出了戒严法存在的理由，也暗含着该法运行的界限。对此，詹姆 541
斯·麦金托什爵士（Sir James Mackintosh）给予了正确说明，尽管其法律上的理由并非十分精确。

> 英国法允许所谓戒严法存在，根据的唯一原则就是需要；它只能因为需要而出现；同样，它也只能根据需要而延续；倘若它所唯一依据的需要消失，它就片刻也不能存续，否则立即变成只是对非法暴力的使用。若外敌入侵或者发生内战，法院就不可能正常开庭或者执行判决，这时就必需寻找粗暴的替代手段，以致动用军队，因为社会中只剩下军队这种力量了。武器一发声，法律即缄默，此时，武装力量领导人就必须尽可能公正地惩罚那些威胁其自身安全和社会安全的犯罪；但需要一消失，此类行动即不复存在。[③]

结合普通法上关于忠实臣民义务的规则，如此解释的戒严法

① 尤其参见亨利（Henley）和约克（Yorke）的意见，载福赛斯书，第 188、189 页；哈格雷夫（Hargrave）的意见，同上书，第 189、190 页；约翰·坎贝尔爵士和罗尔夫爵士的意见，同上书，第 198、199 页。

② 福赛斯书，第 201 页。

③ 引自克洛德，《国王的武装力量》，第 2 卷，第 486 页。

就赋予所有英国人以非常广泛的权力，尤其是抵抗侵略的将军。他统帅着完全由其控制的受军法管制的武装力量，[①]也统帅着尽管并非真正意义上的军人却同样受军法管制的所有公民；在这方面，必须记住的是，国王及其臣仆有权号召所有忠实臣民来协助他们抵抗侵略，[②]于是，受军法管制的人的数量即大为增加，甚至几乎是无限地增加。此外，一位将军出于军事行动之目的，显然有权使用或占领任何土地，如果他认为合适，还可以在该土地上建造防御工事，而且一般而言，只要是为作战所需要，他还有权使用土地或其他任何财产。不啻于此，对于协助敌人的内奸，或者完全可以为英国军队提供帮助而拒不帮助的人，假设情势需要，这位将军还有权当即对这些人加以惩罚，有必要的话甚至可以将其处死。其实难以想象，英国正在激烈交战之时，一位将军在丝毫不违反普通法律的情况下，即可采取任何正当的军事行动。还需注意的是，此不独将军为然，根据具体情况而取得相

542 应权力的所有忠实臣民亦然，比如，对下级军官、治安法官甚至是协助抵抗侵略的普通公民而言，也是这样。这种情况下，若确为情势所迫切需要，就不得不做出平时构成不法或者犯罪的行为，而且这一需要还能赋予该行为以正当性。但还得考虑一种为许多出色作家所力主考虑的因素，即由于现代战争条件的变化，如电报机的出现，使得发生在南部城市（如伦敦）的某些行为可能会影响到东北城市（如诺森伯兰郡）的军事行动，所以需要的

① 参见本书第八章和第九章。

② 参见“船费案”，载《豪威尔国家审判》，第3卷，第826页起，第975页。

地域范围为之大大扩展，因此可以想见，当英国北部发生战争或武装暴动，不经法律程序而立即干涉伦敦居民或者西南部的布里斯托尔市居民的人身自由就是法律所允许的了。尽管如此，赋予所谓戒严法之使用以正当性的需要，是否确实存在得视具体情形而定。

在战争或者叛乱时期运用戒严法，或者暂时中止英国公民的普通权利，其唯一根据就是需要，这一事实本身对国王或者其臣仆法外使用武力确确实实施加了一个限制。若在英国北部有外敌出现或者发生暴动，那么可想而知，它会对整个国家产生影响，所以在全英国境内使用法外武力都是正当的。但是，并非是在某一个地区一发生战争或暴动，就必然使得另一个地区的法律活动被中止。比如，王位觊觎者进军英国中部城市德比并取得节节胜利，但伦敦公民所享有的任何普通权利并未因此而被剥夺。无人曾主张，一个英国人，既已被军事法庭认定在泰伯恩*这个地方犯有叛国罪，就应当即刻当场处决。又如，对于1745年的情形，也不应该认为，一个被囚禁在伦敦的被控犯有重叛逆罪的英国人，可以被带到当时正激烈交战的地方，目的是让他可以被军事法庭审判并处决；这是违反英国法的。[①] 即便是考虑到，对一个其罪行本可

* “Tyburn”，旧时为伦敦刑场（即泰伯恩刑场），现为海德公园所在地。——译者

① 如果引用“女王诉艾尔案”（*Reg. v. Eyre*）中（第84页）布莱克本法官（Blackburn J.）的指示来证明这种行为是合法的，那么我们必须记住：布莱克本为艾尔总督以假设方式所作的辩护，实际上是以牙买加立法机关通过的某些制定法为根据的；而且“女王诉尼尔森案”（*Reg. v. Nelson*）中的首席法官科伯恩（Cockburn）的指示，均意在证明对戈登（Gordon）的处决是非法的。

由普通法律程序加以处罚的反叛者即刻处决，或许能够遏制叛国行为之蔓延，也不能证明这种处决就是必要或者是合法的。而且，
543 上述评论不一定限于处以刑罚的情况。不难设想在有些情况下，逮捕和监禁一些没有犯罪或者不能证明其确已犯罪的嫌疑人，或许是有益的和适宜的，但是，这种逮捕或者监禁除非真是基于需要，否则在法律上也是不正当的。[①] 如果有人极力主张，对英国的普通法律给予应有的尊重，会带来许多限制，因而不便于甚至是有害于国王及其臣仆行使其权力，那么这种观点也可以说是符合事实。但是，还是要作出如下两个回应：第一，公民法律权利之维护，本身是一个极其有利的事情；第二，当国家有难，即便不是出于绝对必要，也是出于政治权宜之计，需要违反法律，那么不管违法者是一位将军，还是国王的其他任何仆人，只要是行为出于善意且仅仅是为了公共利益之目的，就确实可以求庇于“豁免法”。

在此，有必要指出两种权利之间的显著相似性：一种是一个人在自卫过程中运用武力以致他人死亡的权利，另一种是将军或者其他忠实公民运用为保卫国家所需的一切武力的权利。这两种权利都是源自需要而产生。一个人可以运用大量必要之武力，以避免被不法者杀死或者造成严重的身体伤害，[②] 但是如果他将暴徒杀死，为了证明该行为正当，他就必须证明自卫所用武力是必需的。同理，一位将军根据戒严法在英国囚禁或杀死臣民，如果他

① 尤其参见“船费案”中霍伯恩的意见，载《豪威尔国家审判》，第3卷，第975页起。

② 参见本书附录四“自卫权”。

要免除惩罚，就必须以此行为的必要性来证明其正当性。两者之间的相似性自然不是绝对的，却引人深思，富于启发。

另外，要注意的是，确定戒严法之界限的原则，也适用于治安法官、警察和忠实公民通常奉命去解散、阻止非法集会，或者镇压暴动时的权利和义务。就权力之大小及所涉地域之广狭而论，一位将军抵抗侵略军时所使用的权力，自然要比一位市长、治安法官或者警察奉命去恢复被暴动破坏的市镇秩序时所使用的权力大得多且广得多，但是，这两种权力虽然程度不同，目的却
相同，来源也相同。它们都是用于维护国王和平，也都是因需要 544
而正当。正因为如此，当你要确定戒严法的界限时，你就必须研究“国王诉平尼案”，[①] 该案不涉及统帅士兵的将军应有什么权力或是否有法律根据，而是涉及布里斯托尔市市长在镇压暴动时负有何种义务。

总括而言，凡涉及用武力来维护国王和平之法律权利或者义务的案件，都存在两个共同特点。第一,一个将军或者市长超越王国普通法律的权利，总是与该行为过程中其所负之法律义务相互依存；第二，当武力之使用不再必要，这种权利或义务也必然随之不复存在。戒严法仅于战时存在；市长武力镇压暴动的权利随秩序恢复而终止，犹如其仅因秩序受威胁或已遭破坏而产生。可见，在英国使用非常（或者称之为法外）权力的理由和依据，必然在于维护或者恢复国王和平的需要。

---

① 该案载于《豪威尔国家审判》（新编），第 3 卷，第 11 页；比较布莱克本法官在“女王诉艾尔案”中的指示，第 58、59 页。

二、推论

我们可以从戒严法的性质中[1]推出以下四个结论：

第一，戒严法不能在和平时期存在。

此义已得到公认。[2]

但是，根据何种标准来确定英国某地区（如伦敦）在某时间是否存在和平状态？

答案是：无法找到确切的判断标准；和平状态存在与否是一个事实问题，总是由法院来裁定，如同裁定类似的其他任何问题一样。[3]

实际上，根据一些古老的和可接受的判例，当普通法院正常工作之时，和在其能够正常工作的地区，战争状态即不存在，或者和平状态即存在。但是，我们似乎不能认为这是一个绝对的法
545 律原则，因为有时候出于某种考虑，法院被允许在某个已宣告施行戒严法的地区继续施行其普通法律程序，但该事实不能成为此处无战事的确凿证据。[4]尽管如此，这一古老原则虽不能成为一条刚性规则，但依然不妨视之为合理。若在某个时间和某个地点，普通法院得以正常工作，且能够完全地与自由地行使其普通管辖权，则可以推定和平状态存在；和平既能存在，戒严法即不应施行。

---

① 见科伯恩法官在“女王诉尼尔森案”（第85页）中的指示。

② 比较“马雷依单方申请程序诉讼案”，载《上诉案例汇编》，1902年，第109页起；“（美国）米利根依单方申请程序诉讼案”，载《华莱士判例汇编》，第4卷，第2页起。

③ 对于战争状态存在与否，法院可否予以承认和接受（司法认知）？

④ “马雷依单方申请程序诉讼案”，载《上诉案例汇编》，1902年，第109页起。

如果发生外侵或内战，法院事实上已关闭，故不可能根据法律来实施刑事司法，那么在战争正在进行的地区，就需要有一个能够替代已被推翻的民政当局的权威，以保护军队和社会的安全。此时因只有军事力量存在，故戒严法的统治就是允许的，直至法律恢复正常运行。戒严法之产生源于需要，其持续之长短也据需要而定；若法院恢复正常，军政当局仍在位，则属严重篡权。当法院得以正常工作，且能真正地和无阻碍地行使管辖权，戒严法就绝不能存在。申言之，戒严法只能于实际开战的地区存在。[①]

第二，戒严法之存在不必取决于戒严法之宣告。

除非有法定依据，否则戒严法之宣告并不会增加政府本身即具有的用武力镇压叛乱或抵抗侵略的权力或者权利，也不会赋予政府在戒严法宣告之前不具有的其他任何权力。宣告的目的与效果，仅仅是向居民通告，政府将于何处实施戒严，以及为保卫国家或者恢复宁静而不得不采取何种行动。

第三，法院至少在和平恢复之后，对于军政当局及其他人在战争状态下做出的行为具有管辖权。[②]

① “（美国）米利根依单方申请程序诉讼案”，载《华莱士判例汇编》，第4卷，第2页起；塞耶，《宪法案例》，第4卷，第2390页。

② 参见科伯恩法官在“女王诉尼尔森案”中的指示；布莱克本法官在“女王诉艾尔案”中的指示；“米利根依单方申请程序诉讼案”；比较“沃尔案”（载《豪威尔国家审判》，第28卷，第51页起），“赖特诉菲茨杰拉德案”（*Wright v. Fitzgerald*）（载《豪威尔国家审判》，第27卷，第750页起）。

> 546 战争状态下所做出的某一行为是否正当，最终都在普通法院的审查范围之内，至于某时某地是否存在战争状态，则是一个事实问题。[①]

这一法律陈述的真实性几乎不证自明。假如，某甲向高等法院起诉某乙侵犯人身和非法监禁；某乙对该指控进行辩护：某甲所指控的行为乃某乙任团长一职时所为，而某甲所谓的侵犯人身，其实是某乙在战争进行之际且戒严法宣告之后，奉上级（如总司令）之令将某甲逮捕并监禁。此辩护成立与否，姑且不论，但可以肯定的是，法院至少在和平恢复之后，有权对该案之事实进行调查，其中要查清的一个问题是，某甲被逮捕的时候，战争状态是否存在，尽管对于战争状态存在与否，很可能只是法院予以司法认知的事实问题。其实，枢密院在最近一个判决[②]中的用语，如果单独来看的话，似乎是在主张，普通法院对于军政当局的战时行为没有管辖权。但是，枢密院在“马莱依单方申请程序诉讼案”中的措辞尚有言外之意，这提醒我们上述结论只适用于原案件的特殊情形。该判决无非是认为（对于英国的事情也只能作如是主张）：法院不愿（其实严格讲是不能）干预正在进行的军事行动，或者当战争激烈进行时，受理指控军人或其他人在所谓戒严法下所做行为的诉讼。简言之，枢密院的这一判决，不管其原则如何

① 波洛克爵士，“什么是戒严法？”，载《法律季评》，第 18 期，第 156、157 页。

② 参见“马莱依单方申请程序诉讼案”中枢密院的判决，载《上诉案例汇编》，1902 年，第 109 页起，第 114、115 页。

在英国适用，它对于法院在和平恢复之后是否可以管辖战时行为的问题，绝未提及。而且，曾有杰出律师主张，即便是战时，普通法院也只是事实上不能行使管辖权，而非管辖权被取代了。

> 绝不可能……提出这样的问题：戒严法生效之时能够在多大程度上取代普通法院的问题。按照黑尔法官（Lord Hale）所论，戒严法不是真正的法律，而只是一种与其说被承认为法律不如说被勉强算作法律的事物，之所以容忍其存在，是由于公开的叛乱使得其他任何法律之实施变得不可能。因此，戒严法的存在，仅仅是因为这些法院事实上已经被取代了，就此严格而言，不能认为戒严法的目的就是要取代普通法院。[1]

第四，军人或者其他人在战争期间出于善意和维护国家利益 547
之目的而做出的行为，一旦被指控为非法，可受到“豁免法”的保护。[2]

“豁免法”是这样一种制定法：其目的是为了使原本非法的行为合法化，或者免除原本违法但可受该法保护的人的法律责任。这种类型的法律，几乎总是在内战或者骚乱期（如1715年和1745年的叛乱[3]）结束之后予以通过，其目的正是为了对军官和其

---

① 约翰·坎贝尔爵士和罗尔夫爵士的联合意见，载福赛斯书，第199页。

② 参见本书第47、228页。

③ 参见克洛德，《国王的武装力量》，第2卷，第164、165页；乔治三世第1年法案三第39章（*1 Geo. I. St. 2, c. 39*）及乔治二世第19年第20章。

他人提供保护，这些人在国家陷于危险时出于维护国家利益之目的做出了一系列非法行为，如监禁了其本无权监禁的公民。就目前所讨论的主题而言，理解豁免法的确切性质非常有必要。这种法律无论如何不适用于尽管残酷却极为合法的行为。比如，一个治安法官在某些情况下武力解散某非法集会，或者一名军官在某些情况下命令部下向一群暴民开枪，以迫使其解散，有部分暴民因此被打伤或者杀死，这两人都不需要事后通过法律来豁免。他们使用武力都是出于履职之需要，而且所用之武力都没有超过为维护国王和平所需之限度，因此，普通法足以为其提供保护。但是，一位将军、军官、治安法官或警察，不论战争时期或者和平时期，在无明确法律理由支持下，做出了损害英国人财产或者干预其自由的行为，就会招致一切违法者都应遭受的惩罚。违法者的动机可能是出于高度爱国之心，其行为在政治上可能富于远见，对公众也可能极为有利，但所有这一切，在无法律理由的情况下，都不能使其免于承担法律责任甚至刑事责任；这种时候他就需要豁免法的保护。关于这一点，请注意一位极具声望的法官的观点，须知这位法官绝不是一位有意贬低国王及其臣仆权威的人物。

548 若要问，一位军官是否因为越权行事而犯下轻罪，其原则与“国王诉平尼案”中所确立的原则高度一致，更确切地说，是对该案所确立原则的补充。如果这位官员所作的某个行为，已完全超出了法律所授予的权限，因而这种行为无论在何种情况下都不属于其职责所在，他就会根据该行为之性质而负相应之法律责任。即便该非法行为之目的是为了避免

> 国家利益受损，而且事后立法机关很可能有充分理由通过豁免法，这仍无法阻止当事人依法对其提起刑事诉讼。这就是说，如果他的确越权行事，他就必须承担相应之责任。但是，如果这位官员所做出的行为，是他在某种恰当情形下有权做出的，以至于在极端情况下，根据“国王诉平尼案”所确立的原则，他可能会因不作为而受到刑事惩罚，那么，情况就变得非常之不同。[①]

这段话出自布莱克本法官的指示，它进一步恰当地回答了反对者有时针对本文有关戒严法的论点所提出的异议。

有人可能会问：一个人做了他有义务做的事（如武力驱散暴民），有可能受到惩罚，因而需要豁免法的保护，但是不作为又会遭受严重惩罚，这怎么能是合理的呢？

我的回答是，这种假设的难题或者困境不会真的出现。法律上这种表面的不合理性，是由义务一词的多义性所致，即源于对一个人“法律义务”和“道德义务”的混淆。一方面，一个人不履行其法律义务，就必然受到惩罚，但是如果履行了该法律义务，他就无需豁免法的保护；另一方面，如果他在履行任何非法律义务的道德义务过程中，侵犯了同胞的权利，毫无疑问就要受到这样或那样的惩罚，因而可能需要豁免法的保护，以免除其因违法所应负之责任，尽管就特定情形而言该行为在道德上是正确的。不过，一个人只是不履行其道德上的义务，就不会有任何受罚之

① 布莱克本法官在“女王诉艾尔案”中的指示，见该案第 58 页。

危险。举例而言，如果布里斯托尔市市长不作为，即没有以必要之武力来镇压叛乱，无疑就会有遭受惩罚之危险，因为他没有履行其法律义务；但是，如果他确实履行了义务，即以适当之武力
549 镇压叛乱，他就不会招致任何的法律责任，因此也就不需要任何豁免法的保护。但是，假设在外侵或内乱的危险即将来临之际，一个治安法官在无任何法律权力的情况下，因怀疑一些人对国家不忠而将其逮捕并监禁，他就可能是在履行其道德义务，若事后证明他对形势的判断无误，他还会给予国家以巨大帮助；但可以肯定的是，他需要豁免法的保护，以免除错误监禁的责任。尽管如此，我们需注意一点，假设这位治安法官做事审慎，不贸然行事，因而并未逮捕“据推测”他无权逮捕的人，他的行为就可能招致爱国者的谴责，但无人能因此将其诉至法院。简言之，一个人可能会因没有履行其应履行的法律义务而遭受惩罚，但是如果履行了该义务，就不需要豁免法提供保护；另一方面，一个人在履行其并非法律义务的道德义务的过程中，违反了法律，就一定需要豁免法的保护，但无论如何，他不会仅仅因为没有履行道德上的义务而遭受惩罚。

三、有关戒严法的其他学说

本文所主张的有关戒严法的观点，可简化为“迫切需要说”，对此，反对者提出了其他三种学说。第一种学说以君主特权为戒严法的使用根据；第二种学说以军人的身份为根据，认为军人对其军事行动中善意做出的任何行为，都免于向普通法院负责，而

是向军事法院负责；第三种学说（将“需要”一词的含义大为扩展）以政治需要或者政治权宜为戒严法的使用根据。

（一）特权学说

间或有人主张或者间接表示，君主凭借其特权可以在战时宣告戒严法，并中止或者废除国家普通法律，这种观点被认为可从下述考量中得到支持，即《权利请愿书》并未禁止战时运用戒严法。

君主及其臣仆的确拥有一项公认的权利，即可以运用适当之武力以维护和平或者抵御侵略，但该学说之主张却不止于此，就此而言，它的致命弱点是严重缺乏法律根据。至于究竟可以从《权利请愿书》文本中推出什么结论，没有什么比布莱克本法官的 550
话更能回答这一问题：“仅仅因为《权利请愿书》没有对战时戒严法予以禁止，就假定它认可它，这是一个极大的错误。”不过，他还谨慎地补充一句：“《权利请愿书》确未明文禁止战时戒严法。”[①]

（二）豁免学说[②]

我认为，该学说可表述如下。一个率领部下抵抗侵略者的军官，在军事行动过程中，必然会弃普通的财产权或者人身自由权于不顾。他可以合法地侵犯财产权，比如，他有权做出实质上属

① 布莱克本法官在“女王诉艾尔案”中的指示，见该案第 73 页，但这段话须结合第 69—73 页内容来理解，因为后者解释了《权利请愿书》的制定者为何在该法中没有提到战时戒严法问题。

② 对此处所批评的理论的精彩阐述，参见厄尔·理查德（H. Erle Richards）所著《戒严法》一文，载《法律季评》，第 18 期，第 133 页。

于侵权的行为，而不必承担任何法律责任。对于该学说，可以提出一些明确的法律根据。[①]但是，所有的法律权利都处在同一层面上；也就是说，既然一个军官可以合法地占有英国人的土地，或者毁坏其财产，他在善意地从事战争行为以抵抗人民公敌时，也就可以合法地对英国人实施监禁或者加以处罚，甚至是剥夺其生命，一句话，只要为军事行动所需，即可合法地对英国人的一切权利实施干预。论者主张，这一观点可从两个方面得到证实。第一，不可否认，普通法院没有能力对军事职责之适当履行与否作出判断；第二，在战争期间，法院不会或者说事实上不能干预一个将军如何指挥作战，或者不能干预该将军及其部属的任何行为，按照论者之主张，由此可以推断，作战过程中的所有善意行为，不但在战时，而且在和平恢复之后，均不在普通法院的管辖之列。[②]在我看来，此豁免学说之要旨可概括为：至少对率部抵抗侵略的军官而言，战争之爆发，即可视为国家普通法律之中止。根据这一观点，军官在作战时所处之地位，类似于法官在履行其司法职责时所处之地位，故不能在普通法的法院中对军官在作战过程中的善意行为提起诉讼，恰如不能对法官的公务行为提起诉讼一样。

551 但依我看，此豁免学说容易引起强烈反对。这个学说，或者具体而言，一个将军在抵抗侵略时随意使用英国人土地或者其他财产的权利，所依据的大多数无可置疑的事实，仅仅是对下述原

① 参见本书第540、541页。

② 参见《法律季评》，第18期，第140页。

则的应用：一个忠实的公民，可以做出为维护国王和平，尤其是击败侵略军所需的任何行为。但是，基于这一事实或者类似事实而作出的其他宽泛推论，似乎都没有充分的根据。

这一豁免学说，在法律判决中找不到任何直接根据，看起来，它不仅与科伯恩首席法官在“女王诉尼尔森”中的指示完全不一致，而且与布莱克本法官在“女王诉艾尔案”的指示中所确立的原则或提出的假定截然相反。此外，该学说其实也与经常制定豁免法这一事实相矛盾，豁免法的目的正是要保护内战或者镇压叛乱过程中的行为。此说中还有一种推理也是站不住脚的，即如果法院无权干预一个将军或者其部属战争期间的行为，那么法院在和平恢复后也无权受理针对此类行为的诉讼案。这种推理至少与法律史上某些广为人知的事实明显不符。不但英国法院，还有美国法院，对于自身的审查权（即审查初看起来违法的战时行为属于何种性质），从未有过丝毫之怀疑。

（三）政治需要或者政治权宜学说[①]

一些杰出的律师（其意见颇值得尊重）曾主张，一旦战争或者侵略出现，使用通常所称的戒严法即为正当，以至于可以说，一个将军、市长、治安法官或者任何忠实的公民，只要能够让陪审团确信，他在抵抗侵略时之所为，尽管初看起来属于侵权或者犯罪，但却是出于善意维护公共利益之目的，并且具有正当理由，这些行为就都是合法的。这个学说，为讨论方便计，我将其称之

① 波洛克，《什么是戒严法？》，载《法律季评》，第 18 期，第 162 页。

为政治权宜的学说，从法律角度而言，它显然赋予许多非出于迫切需要的行为以正当性。为了准确理解这一学说所涉及的范围，我特意引用一位博学多才的辩护者弗里德里希·波洛克爵士的原文来加以说明：

> 552 敌军已强行在北方登岸，而且正要向约克郡行进。当时南方的伦敦和布里斯托尔市尚处于和平之中，法院也能正常办案。据悉，有邪恶之徒已约定在其他几个港口登陆，目的是为了加入敌军，为其提供重要帮助与情报。布里斯托尔恰是此类港口之一。这种情况下，布里斯托尔市市长该怎么办？我以为，他作为一位善良之公民，采取下列举措显然是其道德义务所在（严格法律问题姑且勿论）：阻止嫌疑人登陆；对已登陆者予以逮捕并关押；控制铁路交通，以禁止不良乘客北上；严格检查信件和电报。凡此种种行动，本身属于侵权（禁止外国人登陆可以除外）；其中某些行动可能根据邮政大臣的法定权力作出，因而是正当的，但通过阻止行动而对权利予以即时限制，则必须由普通法上的权力（该权力因需要而产生）来提供正当理由。请注意，我在这里并未提及审判或者惩罚。大众通常（有时也包括官方）认为，戒严法必然意味着军事法庭的审判，这种观念引起了许多混乱。即刻处罚或许必要，也或许不必要。在上述情况下，市长所具有的权力类似于船长的权力。
>
> 现假设布里斯托尔的市长没有采取上述行动，他一定会陷自己于前任（平尼先生）在布里斯托尔暴动案中所陷入的

> 困境。依我看，即便他自我辩解道：布里斯托尔当时和平尚存、法院仍能正常办案，因而他认为自己无权在普通法律程序之外采取行动，如此辩护也没有什么效果。如果他还辩解说，他一直在等待枢密院令，只是此令从未签发或者他从未见到，这种辩解也于事无补。至多不过是稍微减轻处罚而已。[①]

这种观点与我所称的“迫切需要说”具有根本差异。对此可反驳如下：该理论除了“国王诉平尼案”[②]之外，几乎没有其他法律根据；即便是平尼案，在考察该案原委后发现，也不支持波洛克先生明显是基于此案而推出的结论。实质上，对平尼先生的指控是这样的：身为专门负责维护布里斯托尔市秩序的地方行政长官，他竟然玩忽职守，不采取适当措施以阻止暴乱发生，不仅如 553 617
此，在国王和平被暴民公然破坏、监狱被砸开、主教宅邸和其他房屋被焚毁之后，他也没有采取有效措施逮捕暴徒或者恢复秩序。不能想象还有其他什么情况，是如此紧迫而急切地需要使用武力来恢复秩序。如果国王提出的指控能够得到证实，平尼先生显然就犯下了任何一个身居高位的公职人员所可能犯下的玩忽职守罪。平尼软弱无能，这是毫无疑问的；然而，他仍被陪审团裁定为无罪，法官也明确表示同意。但尤其要注意的是，在平尼案中，对于这一方面的问题，即一个地方行政官超越其日常权力而做出的

① 波洛克，《什么是戒严法？》，载《法律季评》，第 18 期，第 155、156 页。
② 该案载于《豪威尔国家审判》（新编），第 3 卷，第 11 页。

初看起来构成侵权、实际上却有公共利益之合理根据的行为是否正当，未尝加以讨论。简言之，平尼案至多不过确立了以下原则，即一个地方行政官未尽应有之力量以维护和平即构成犯罪；但是，在波洛克所假设的案情中，布里斯托尔市市长因为国家已遭入侵，就认为有权利或义务在一个和平尚存的市镇中，推翻普通法上的所有日常规则，所以，许多法学家都难以理解，平尼案究竟是如何被波洛克用以证明市长行为之正当性的。让他们更难以理解的是，在波洛克所生动描述的情景中，市长何以担忧若不当机立断即会面临平尼先生当初所面临的法律指控。如果连平尼案都不足以用来支持政治权宜学说，我就不知道还有其他什么案件能够起到这一作用。

不仅如此，该学说还容易遭受进一步的反对，即它不能解释豁免法之存在。对此，该学说的杰出倡导者也深知这一反对意见的力量。所以，波洛克爵士写道："可能有人反对说，若这里所主张的观点正确，豁免法即为多余。其实不然。豁免法在某种程度上是一种审慎与恩惠。所以，它的作用不是于事后赋予非法行为以正当理由，而是消除疑虑，补偿无辜者的损失，因为这些损失由某些正当行为引起且不可避免，但当事人又不能依法申请赔偿。"[①]

554 这一回应可谓别出心裁，但因为它很不完整地描述了豁免法而缺乏解释力。这种制定法某种程度上固然是一种审慎与恩惠，但通常说来并不止于此。我认为，豁免法的宗旨均在于使某些人

① 波洛克，《什么是戒严法？》，载《法律季评》，第18期，第157页。

的违法行为免于处罚。比如，为免除不从国教者因有意违反系列《宗教信仰考查和市政法人法》而可能受到的处罚，英国议会约一个世纪以来每年通过一部豁免法（不论其正式名称如何）；英国议会分别在1715年和1745年叛乱之后各通过一部豁免法；爱尔兰议会在1798年叛乱之后通过了豁免法，只是该法适用范围过窄，不足以为菲茨杰拉德先生（Mr. T. Judkin Fitzgerald）[①] 在镇压叛乱过程中的残酷行为提供保护，于是最后又通过一部适用范围明显较宽从而足以保护菲茨杰拉德先生免受处罚的豁免法；牙买加立法机关通过类似法律，"菲利普斯诉艾尔案"（*Phillips v. Eyre*）的被告据此答辩，遂胜诉。简言之，正如本文始终强调的那样，豁免法使非法行为得以合法化，其目的一直是保护那些为了履行政治义务或者在这一过程中违反了王国法律的人免受法律处罚。这一点应该引起高度重视，因为判断"迫切需要说"与"政治权宜说"哪一个更为有理，取决于豁免法的真正性质是什么。如果这种法律本质上是使非法行为合法化，我以为政治需要说或者政治权宜说遂不攻自破。

有两种情况让政治权宜说看起来具有一定的说服力，但也仅仅是看起来而已。第一，如下论点，即为了国家利益而行动，可能合乎道德却不合于法律，是一个悖论，因此豁免法的目的正在于解决这一悖论。但是，如前所述，这种悖论只是表面上的，实

① "赖特诉菲茨杰拉德案"，载《豪威尔国家审判》，第27卷，第759页起；莱基（Lecky），《18世纪英国史》（*History of England in Eighteenth Century*），第8卷，第22—27页。

际上它不过是主张：一个人在法律界限内活动是其日常义务所在，但是，有时为了维护公共利益竟被迫超越这些界限，他就必须取得主权权力即王在议会的宽恕。第二，当前流行一种观念，即当国家面临重大危机，你必须尽力挺身而出。但是，这种观念属于
555 大众的错觉。因为上百的市长们一旦扮演起热心公益的专制者角色，小题大做，引起的灾难与危险要十倍于敌人入侵之所致。

附录十一　法国权限争议法庭的组成[①]

法国权限争议法庭由下列人员组成：

一、庭长一人，由司法部长兼任。[②]尽管他可以出席庭审，主持法庭工作，并拥有投票权，但实际上却很少出席。

二、法官八人，皆由选举产生：

（一）审监法院的法官从其同僚中选出三人，任期三年；

（二）国政院的参事[③]从其同僚中选出三人，任期三年；

（三）另外两人由上述六人从审监法院和国政院的其他法官或者参事中共同选出，此两人严格来讲不应出自同一院，通常是审监法院一人、国政院一人。

以上八人可连任，通常也得以连任。所以，包括司法部长在内，权限争议法庭由九人组成。

此外，尚有两位替补法官，由上述第（一）项和（二）项中的法官分别从两院中选出，当且仅当权限争议法庭中有一位法官

① 参见贝泰勒米，《行政法简论》，第5版，第880、881页；夏东，《法国行政机关及公职人员》，第411页。

② 副庭长由权限争议法庭中的八位法官从中选出一人担任，主持法庭工作。

③ 参事（Conseillers d'état en service ordinaire）属于国政院的固定成员，而参议（Conseillers en service extraordinaire）则是国政院的临时成员，因办理特殊事务时方才设立。参见贝泰勒米之书，第126页。

不能工作时，予以替补。

另外，还有所谓政府委员（Commissaires du Gouvernement）[①]
556 两人，由共和国总统委任，任期一年；其中一人出自国政院的申诉官（Maîtres des requêtes），另一人出自审监法院的公诉人（avocats généraux à la Cour de Cassation）。

① “政府委员”的称谓可能引起误解。据说，委员们绝对不受政府干预。他们是法律的代表，但又不是严格意义上的法官。当政府代表（即地方最高行政长官）提出管辖权冲突问题（如普通法院对于某个行政法问题是否超越其管辖权）时，委员们的意见通常与该代表的意见不一致。

附录十二　针对君主的诉讼

严格说来，在英国法上不可能提起对君主的诉讼，其中的原因通常认为在于“国王无过”这一原则。因此，熟悉英国宪法的外国评论家，甚至包括许多英国人在内，通常会认为，对于君主（即政府）因下列事项给个人造成的损害，法律上其实没有救济措施：

（一）君主或某政府部门违反了其与个人订立的契约；

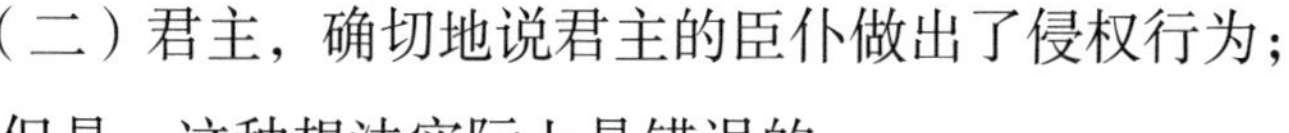

（二）君主，确切地说君主的臣仆做出了侵权行为；

但是，这种想法实际上是错误的。

一、关于违约行为

如果政府部门违反了其以君主名义订立的契约，对方当事人一般可依据《权利请愿书》寻求救济。尽管在形式上这只是一种请愿，而且还需要总检察长的批准（总检察长从来不会拒绝），但实际上就等同于诉讼。

有许多政府部门，如负责管理公共建筑的公共工程专员署，属于法人团体，因此可被作为法人团体而起诉。

各政府部门或者其代理人订立契约，不论基于明示或者默示，均须从议会批准的款项中予以支付，但是，议会不予批准该款项的风险，不是对方当事人所要考虑的因素。

二、关于侵权行为

如果君主的臣仆做出侵权行为，受害者不能因此而起诉君主或者向君主请愿。

557 对于君主的臣仆在履行公务过程中所造成的伤害，受害者可以对侵害者本人或者参与侵害的人提起诉讼。但是，一般不会因此造成不公，因为君主（即政府）通常都会对国家职员在履行公务过程中的损失给予补偿。比如，英国皇家海军军官因过失碰撞商船而致其受损，受害方就会起诉该军官并请求赔偿，这种诉讼经常发生。但军官应给付的赔偿金，基本上均由海军部支付。

在法律未明确修改以前，当事人不能因君主臣仆在履行公务过程中做出侵权行为，而以权利请愿的方式起诉君主。但是，君主关于这类侵权行为依法所享有的豁免权，不会引起公愤，实际上也几乎不会造成不公。

此外，我们还应该记住一点，即许多事务在外国是由作为国家职员的个人来处理的，但在英国却是由诸如铁路公司和市政法人之类的法人团体来处理，这些法人团体在法律上必须对其代理人所订立的契约，或者对其职员或雇员在履行职务过程中的侵权行为承担全部责任。

附录十三　1911 年议会法*

（乔治五世第 1 和 2 年，第 13 章）

一部对上议院权力和下议院权力之间的关系作出规定，并限制议会任期的法律。

（1911 年 8 月 18 日）

鉴于需要对议会两院之间的关系作出规定；

鉴于想要用一个建立在民众基础上而不是世袭基础上的第二院来代替现有的上议院，而此种代替又不能立即付诸实行；

鉴于需要议会以后在实行此种代替的法律中对新的第二院的权力作出限制和规定，但宜于在本法中作出限制上议院现有权力的规定；

因此，最尊贵的国王陛下，根据上议院的神职议员、世俗议 558
员和下议院中平民代表们的建议，并征得他们的同意，在本届召

---

* 《1911 年议会法》译文参照了蓬勃的译本，并核校英文原文作成。参见〔英〕埃弗尔·詹宁斯:《英国议会》附录五“1911 年的议会法”，蓬勃译，商务印书馆 1959 年版，第 553—555 页。但是，该附录五中所谓“1911 年的议会法”实质上是经 1949 年议会法修正之后的“1949 年的议会法”。——译者

集的议会中，以上述权威，制定如下法律：

第一条

第一款 如果一个已经由下议院通过并于距会期结束至少一个月前送达上议院的财税法案*，在送达该院后一个月内未经修正且未获通过，除非下议院有相反的指示，否则应将该法案呈送国王陛下，并在国王签字批准后成为一部议会法，纵使上议院未予同意亦可不计。

第二款 所谓财税法案是一个公法案**，按照下议院议长的意见，它只包括下列全部或任何一个议题的规定，即赋税的征收、废止、减免、变更或管理；为了清偿债务或其他财政上的目的，在统一基金或议会所准备的款项中作出开支，或是变更或撤销此类开支；供给；公款的划拨、收进、监管、签发或其账目的审计；任何贷款的借入、担保或偿还；或由上述所有或其中任何一个议题引起的附带事项。本款所称“赋税”“公款”和“贷款”，均不包括由地方政府或机构在处理地方事务时所征收的赋税以及筹措的公款和贷款在内。

第三款 在每一个送往上议院和呈送国王批准的财税法案中，应由下议院议长签字证明其为财税法案。在签字证明之前，

* “Money Bill”，雷宾南译为“财用法案”，台湾地区多译作“金钱法案”，此处采用《元照英美法词典》的译法。——译者

** “Public bill”，由政府或者无公职议员提出的，涉及国家政策、社会利益的议案，分政府公法案和议员个人议案两类；与“private bill”即私法案相对，私法案是指议会之外的私人或者组织提出的涉及特定个人、地方或者团体利益的法案。英国议会每年通过的法案，约三分之二以上是公法案。——译者

如若可行，议长必须咨询由遴选委员会于每次会议之初从主席团名单*中所指定的两个议员。

第二条

第一款　如果任何一个公法案（除了财税法案或含有任何将议会最高任期延长至五年以上之条款的法案）由下议院在连续三次会期（不论属于同一届议会与否）之内通过，并于每次会期结束前至少一个月送达上议院，而上议院在每次会期中均将其否决，559
那么在上议院第三次否决之后，除非下议院有相反的指示，否则应将该法案呈送国王陛下，并在国王签字批准后成为一部议会法，纵使上议院未予同意亦可不计。但是，除非该法案在下议院第一次会期中进行二读之日，与该法案于下议院第三次会期通过之日，其间相隔已达两年，否则本款不予生效。

第二款　当一个法案根据前款之规定呈送国王批准时，下议院议长须在该法案上签字证明：本条所有规定确已全部遵守。

第三款　一个法案如果上议院未予修正且未予通过，或者作出了只有经过两院同意方能作出的修正时，应视为已被上议院否决。

第四款　在下列情况下，一个法案应视为与在上一次会期中送达上议院的法案相同：送达上议院时，与上一法案完全相同；或者经下议院议长证明，该法案只是自上一法案诞生之日起因时

* 主席团名单（Chairmen’s Panel）由下院议长于每次会议之初任命的议员组成，其人数不少于十人，他们以公法案委员会（负责审察公法案的细节问题）主席的身份活动。——译者

间消逝而作必要之修正；或者经下议院议长证明，该法案的修正只是相当于上议院在上一次会期中对上一法案所作的修正，且经议长证明，所有修正均由上议院于第三次会期内作出，并获下议院同意，因此应插入原法案，以按本条之规定呈送国王批准之。

但是，当一个法案在第二次或第三次会期内于下议院通过时，如果下议院认为合适，他们可以建议进一步的任何修正，而不把这种修正插入原法案之内，这样提出的任何修正均应由上议院予以考虑。如果上议院同意，该修正应视为由上议院作出并获下议院同意；若上议院加以否决，下议院对这种权力的行使，并不影响本条规定的实施。

第三条

下议院议长根据本法所作的任何证明，在一切场合下都是终局性的，不得在任何法院中提出质疑。

第四条

第一款　根据本法上述各条之规定，每一个呈送国王陛下的
560 法案中均应使用如下立法用语：

“最尊贵的国王陛下，根据在本届召集的议会中平民代表们的建议，并征得他们的同意，依照《1911 年议会法》之规定，以上述权威，制定如下法律。”

第二款　为实施本条规定而对一个法案所作的任何必要修正，均不应视作是对于该法案的修正案。

第五条

在本法中，“公法案”一词不包括为批准一个临时命令而通过的任何法案。

第六条

下议院的现有权利及特权，不因本法之成立而有任何减损或受限。

第七条

《1715 年七年任期法》中所规定的议会最高任期七年，应改为五年。

第八条

本法在引用时可称为《1911 年议会法》。

索　引

（索引中所涉页码均为原书页码，即本书边码）

Act of Settlement, the《王位继承法》 27；The descent of the Crown under 依据《王位继承法》进行的王位继承　41，42

Acts，*Bankruptcy Act*, 1883 《1883 年破产法》 xxviii；the Commonwealth of *Australia Constitution Act* 《澳大利亚联邦宪法法》 113 页注释，150 页注释，附录九，529—537；*Deceased Husband's Brother Act*，1900（New Zealand）（新西兰）《1900 年与亡夫兄弟婚姻法》 115 页注释；*Immigrants' Restriction Act*，1907（Transvaal）（德兰士瓦）《1907 年限制移民法》 116 页注释；of Congress, 24th September 1789　1789 年 9 月 24 日国会法 157；the Supreme Court of the United States and　美国最高法院　157，159；the foundations of　美国最高法院的成立　160；instances of unconstitutional　违宪的例子　161；*British North America Act*, 1867 《1867 年英属北美法》 161—163 页及注释；Canadian Provincial　加拿大各省的　163；the Extradition, position of foreign criminals under　外国罪犯在《引渡法》下的处境　220 页及注释；*the Alien, of 1848* 《1848 年外国人法》 228；*the Press Licensing Act*, Discontinued　拒绝延期《出版许可法》，257；*the Mutiny*, 1689 《1689 年军纪法》 294；preamble of《军纪法》的序言　295；*the Army Act*, 1881 《1881 年陆军法》 295，296 页注释　298 页注释；the Revenue Under　税收　309；relating to Taxation　关于征税　310；*the National Debt and Local Loans Act*, 1887 《1887 年国债与地方公债法》 313；The Appropriation Act《拨款法》 313；*Public Authorities Protection Act*, 1893 《1893 年公共机构保护法》 384；*the Merchant Shipping Act*, 1876 《1876 年商船法》 392；the Alien　外国人　408；Foreign Enlistment　国外服役　408；Extradition　引渡　408；Naturalization　入籍　419；*the Septennial* 《七年任期法》 433；*Parliament Act*, 1911 《1911 年议会法》 557

Acts, *Local and Private* 《地方和私人法》 47

Acts of Indemnity, objects of 豁免法的目的 47，51，547—549，553，554；in connection with the Habeas Corpus Suspension Act 与中止人身保护法相关的豁免法 228，231—233

Acts of Parliament, rules of the Privy Council under 根据议会法制定的枢密院细则 50；as opposed to moral or international Law 与道德准则或者国际法抵触的议会法 59；power of Parliament in regard to preceding 与前述议会法相关的议会权力 61；Railway Companies subject to 从属于议会法的铁路公司 91；Practical importance of 议会法的实际作用 403

Acts of Union, the (Great Britain) 《联合法》(大不列颠) 62；the fifth Article of 《联合法》第五条 64；As subject to repeal 易被废除的《联合法》 141

Administrative Law, in England and France 英国和法国的行政法 24，325，374；Characteristics of, in France 法国行政法的特征 334 及以下；foundations of, in France laid by Napoleon 由拿破仑奠定的法国行政法的基础 346

Alien Act of 1848, power of the Ministry under 《1848 年外国人法》，政府依据《1848 年外国人法》享有的权力 228，408

Aliens, case of arrest of 逮捕外国人的案例 206，220；position of, in England 外国人在英国的地位 220 页及注释；Act of 1848 relating to 与外国人相关的 1848 年法律 228；position of, in England 外国人在英国的地位 407

America, the Constitution of the United States of 美利坚合众国宪法 4；the *Commentaries* of Kent and Story on 肯特与斯托利的《美国宪法评注》 4 *American Commonwealth*, The, Bryce 《美利坚共和国》，布赖斯 134 页注释

American Union, the treaty-making power in the hands of the President and Senate 美国联邦，总统和参议院手中的缔约权 461

Ancien Régime, the, literature under 旧制度下的著作 251 页及注释；*Droit Administratif* And 法国行政法与旧制度 331

Anne, Queen, and creation of peers　安妮女王册封贵族　lii

Anson, Sir William, *Law and Custom of the Constitution* referred to　对威廉・安森爵士《英宪中的法律与惯例》的参考　34 页注释

Appeal to precedent, frequency of, in English history　英国历史上频繁地诉诸先例　18

Appropriation Act, the　《拨款法》 313；payments Under　根据《拨款法》的支出　314

Armed Rebellion　武力反抗　xliii

Army, the, under the Rule of Law　法治下的陆军　291；liability of soldiers as citizens　军人作为公民的义务　282，296；the forces of　武装力量　291；in relation to English law　与英国法相关的武装力量　292；the Standing Army　常备军　293；The soldier under civil and military Law 普通法律与军法之下的军人　302，303；the Territorial Force　本土国防自卫队　305—307；abolition of purchase in　军职购买制度的废除　463 页及注释

Army Act, the, 1881　《1881 年陆军法》 295，296 页注释，298 页注释；in relation to the annual meeting of Parliament　与议会每年一次会议相关的《1881 年陆军法》 442—443

Arrest, redress for　对逮捕的救济　204；instance in case of aliens 外国人被逮捕的例子　206，220；Maxims relating to　与逮捕相关的准则　206；under the *Habeas Corpus* Suspension Act　中止人身保护法下的逮捕　229

Article 75 of the Constitution of the Year VIII., Tocqueville on　托克维尔论共和八年宪法第 75 条　351—352；abolition of　共和八年宪法第 75 条的废除　355

Asquith, Mr　阿斯奎斯先生　33；on the Empire　阿斯奎斯先生关于帝国的演说　lxxxi 页注释 1；and the Parliament and Government of the United Kingdom　阿斯奎斯先生与联合王国的议会和政府　lxxxv

Aucoc on Droit Administratif　奥科论行政法　328 页及注释

Austin, theory of Parliamentary Sovereignty 奥斯丁的议会主权理论 68—70，72

Australia, Western 西澳大利亚 xxiv 页注释 1

Australian Commonwealth, powers of the Parliament in regard to changes in the Articles of the Constitution 澳大利亚联邦中议会对于改变宪法条款的权力 106 页注释，633—535；*the Immigration Act*, 1901 《1901 年移民法》 114 页注释；in relation to the Imperial Parliament 关于帝国议会 117，535—537；an example of Federalism 联邦制的例子 134 页注释；its main characteristics 联邦制的主要特征 附录九，529—537

Bacon 培根 16；on the attempt of a Parliament to bind its successors 培根论议会曾试图约束其继任者的尝试 62 页注释；on the judges and the Prerogative 培根论法官与君主特权 366；introduction of the writ *De non procedendo Rege inconsulto by* 培根所采用的"未咨询国王不得作出判决令" 367

Bagehot 白芝浩 lxxiv，lxxvi，6；*English Constitution*《英国宪法》 lxix 页注释 1，civ 页注释 1，quotation from 出自《英国宪法》的引文 cii；as a political theorist 作为政治理论家的白芝浩 19；*English Constitution* by 白芝浩的《英国宪法》 19；on powers legally exercised by the Crown 白芝浩论君主依法行使的权力 463；on Cabinet and Presidential Governments 白芝浩论内阁与总统制政府 483

Bankruptcy Act, 1883 《1883 年破产法》 28

Beaconsfield, Lord 贝肯斯菲尔德勋爵 xlix，第 1 页注释 1

Belgium, Constitution of, in comparison with the English 比利时宪法与英国宪法的比较 4，86，122 页注释，124，131；the Courts of, and Parliamentary enactments 比利时法院与比利时议会的制定法 153；rights of individuals in 比利时人所享有的个人权利 192，196；articles of the Constitution 比利时的宪法条款 200；personal freedom under 比利时宪法下的人身自由 202；the law of, in relation to the liberty of the Press 比利时有关出版自由的规定 234，243；rules of the Constitution as to right of public meeting 比利时宪法中有关公众集会权的规则 266；administrative law in 比利时的行政法 335 页注释

Bentham and Benthamites 边沁与边沁主义者 lxii

Bill of Rights, the 《权利法案》 27

Bills, procedure with regard to 关于法案的程序 xxi，xxii；difficulty of amending, under *Parliament Act* 《议会法》下修改法案所具有的难度 xxii

Blackburn on martial law 布莱克本法官论戒严法 547—548

Blackleg, the 工贼 xl

Blackstone 布莱克斯通 5，6；Constitutional law not defined by 布莱克斯通从未界定的"宪法" 7；on the royal prerogative 布莱克斯通论君主特权 7；on moral law 布莱克斯通论道德法 59

Blackstone's *Commentaries*, confusion of terms in 布莱克斯通《英国法释义》中含混的术语 7；Misstatements in 布莱克斯通《英国法释义》中的错误说明 9；*quoted* on the authority of Parliament 对布莱克斯通《英国法释义》中有关议会权力的引述 39

Board of Trade, the, under *the Merchant Shipping Act*, 1876 《1876 年商船法》中规定的贸易委员会 392，393

Boutmy, Mons., *Études de Droit Constitutionnel* 布特米先生的《宪法研究》 6 页注释 1 Division of the English constitutional law by 布特米先生对英国宪法的分类 第 6 页注释

Bradlaugh, Charles, actions in connection with 与查尔斯·布拉德洛相关的系列诉讼案 32

Brand, *The Union of South Africa* 布兰德的《南非联邦》 480 页注释 1

Bright 布赖特 lvi

British Empire, benefits conferred By 大英帝国带来的好处 xxxv

British North America Act, 1867 《1867 年英属北美法》 161—163 页及注释

British Rule and Jurisdiction beyond the Seas, Sir H. Jenkyns　H. 詹金斯爵士的《英国在海外的统治与权限》51 页注释，100 页注释

British subjects, political rights of　大英臣民的政治权利　xxxvii 页注释 1

Bryce, Professor　布赖斯教授　87　*American Commonwealth* by　布赖斯教授的《美利坚共和国》 134 页注释，151 页注释

Budget, effect of House of Lords' rejection　上院否决预算案的后果　lviii

Burke　柏克　liii，lxvi；*Letter to the Sheriffs of Bristol*　柏克"致布里斯托尔郡长书"　xxiii 页注释 1；*Conciliation with America*　柏克"论与美洲的和解"　xxvi 页注释 1；*Correspondence*　柏克的《通信集》 lxvi 页注释 1；on the necessity of the study of the English Constitution　柏克论研究英国宪法的必要性　1，3；on the House of Commons　柏克论下院　82；opposition of, to Democracy　柏克对民主的反对　431

Bute, Lord　比特勋爵　453

Butler, *The Passing of the Great Reform Bill*　巴特勒的《大改革法案的通过》，lxi 页注释 1

Cabinet, the English　英国内阁　8；power of, increased by *Parliament Act*　因《议会法》而增加的内阁权力　lv；subject to the will of the House of Commons　服从于下院意志的内阁　152；position of, as affected by the survival of the Prerogative 君主特权的残存如何影响内阁的地位　459；a parliamentary executive　一种议会制政府　481，482；merits and defects of　内阁政府的优缺点　483，484；Possibility of a change in character of　内阁性质改变的可能性　483

Cabinet Government and Presidential Government, forms of　内阁制政府与总统制政府的形式　483

Cabinet members and partisanship　阁员与党派偏见　lvii 页注释 1

Campbell, Sir J., on martial law　坎贝尔爵士有关戒严法的意见　540，546

Canada, the Dominion of 加拿大自治领 94；Position of the Parliament in regard to changes in the Constitution 加拿大自治领议会在宪法修改问题上所具有的地位 106页注释；instances of Veto on Acts passed in 对加拿大自治领议会通过的法律予以否决的例子 114；in relation to the Imperial Parliament 与帝国议会相关的加拿大自治领议会 117；the Dominion of, an example of Federalism 加拿大自治领，联邦制的例子 134，148页注释；*The British North America Act*, 1867《1867年英属北美法》161—163页及注释；the Constitution of 加拿大宪法 162及注释；compared with that of the Australian Commonwealth 与澳大利亚联邦宪法相比较下的加拿大宪法 537；power of Dominion Government 自治领政府的权力 163，164；"Case-law" or "judge-made law" "判例法""法官创制的法" 369；rapid growth of 判例法的快速生长 378

Caste in India, reason for tolerating 印度容许种姓制度存在的理由 lx

Censorship of the Press, absence of, in England 英国不存在出版审查制度 244，248；in France 法国的出版审查制度 252，253，261，262，264；Under the Star Chamber, the Commonwealth, and the Restoration 星室法庭、共和国及王政复辟时期的出版审查制度 256；discontinuance of *the Licensing Act*《许可法》的终止 257，259；the contrast between England and France as to 英法两国出版审查制度的比较 264，265

Censure, the Vote of, action of the Ministry under 政府被投不信任票之后的行为 435，445

Channel Islands, the, and Acts of the Imperial Parliament 海峡群岛与帝国议会法 51页注释

Charles I 查理一世 16 the personal and the legal will of the King 国王的个人意志与法律意志 16

Charles II., Rhode Island under charter of 受查理二世特许状统治的罗德岛 161

Chatham, Lord, attempt of, to legislate by Proclamation 查塔姆勋爵以公告的方式立法的尝试 51，430，431

Church, the, and *the Act of Union* 教会与《联合法》63；*the Irish Church Act*,

1869《1869 年爱尔兰教会法》 64；position of the clergy with regard to the Courts 神职人员之于法院的地位 306 页注释

Citizens, duty of, in cases of riot 暴乱事件中公民所负之义务 284

Citizenship of British subjects throughout the Empire 大英臣民在整个帝国境内的公民身份 xxviii，xxxvi，xxxvii，lxxxi 页注释 1，lxxxv，xci 页注释 1

Civil servants and the Law Courts 公职人员与普通法院 xlviii

Clergy, the, and lawlessness 神职人员与抗法 xli；as subject to the Courts, 须服从于法院的神职人员 306 页注释

Closure, the 终止辩论程序 li

Coalition, Pitt and the 皮特与联合政府 449

Cobden 科布登 lvi；and the Free Traders 科布登与自由贸易者 lxxi

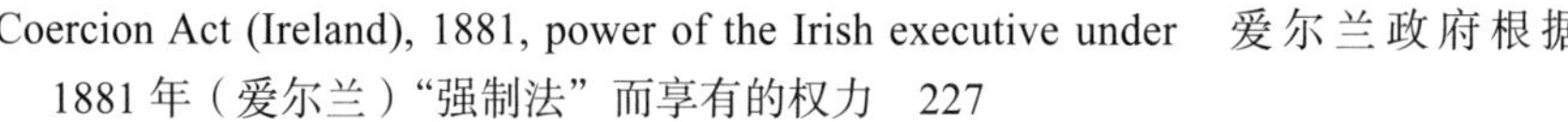

Coercion Act (Ireland), 1881, power of the Irish executive under 爱尔兰政府根据 1881 年（爱尔兰）“强制法”而享有的权力 227

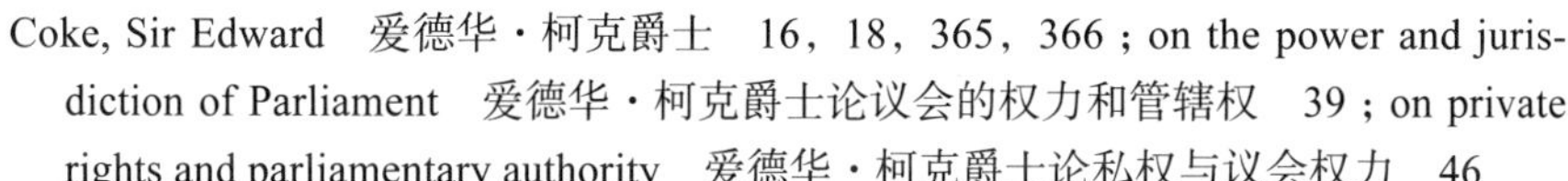

Coke, Sir Edward 爱德华·柯克爵士 16，18，365，366；on the power and jurisdiction of Parliament 爱德华·柯克爵士论议会的权力和管辖权 39；on private rights and parliamentary authority 爱德华·柯克爵士论私权与议会权力 46

Colonial Acts, the sanction of the Crown to 国王对各殖民地法的批准 99；limit to powers of 对殖民地立法权的限制 99 页注释，117

Colonial Bills, the right of Veto, as exercised by a Governor 总督所行使的殖民地法案否决权 111；“*Colonial Laws Validity Act*, 1865,” the text of 《1865 年殖民地法律效力法》的条文 101，105

Colonial legislatures, and the right of Veto 殖民地立法机关与对殖民地法律的否决权 109，111 页及注释，112，113

Colonial Parliaments, limit to powers of 对殖民地议会权力的限制 99 及注释; as "constituent bodies" 作为"立宪机构"的殖民地议会 105 ; authority of, in regard to changes in Articles of Constitutions 殖民地议会享有的改变宪法条款的权力 106 页注释; Controlled by the Imperial Parliament 受帝国议会限制的殖民地议会 108 ; the liberty of, in relation to Imperial Sovereignty 殖民地议会之于帝国主权的自由 108 ; power of the Governor as to assent to Bills 总督关于同意殖民地议会法案的权力 111

Colonial policy in 1914 1914 年的殖民政策 xxxii

Colonies, the, in 1884 1884 年的殖民地 xxxiv ; and growth of Imperialism 帝国主义的生成 xxxiv ; Act limiting right of Parliament to tax, 1778 1778 年限制议会向殖民地征税的权利的法律 64, 78 ; power of, as to Treaties 殖民地有关缔约的权力 115 ; policy of the Imperial Government toward 帝国政府对于殖民地的政策 115

Colonies, Laws relating to, Tarring 塔灵的《关于殖民地的法律》 104 页注释

Commitment for contempt, instance of Parliamentary 议会判处藐视罪的案例 54, 56 页注释

Common, or "unwritten" law 普通法或不成文法 27

Commons, the House of, resolutions of, not law 下院的决议不是法律 52 ; Mr. Justice Stephen on 法官斯蒂芬先生关于下院决议的意见 53 ; power of 下院的权力 54

Commonwealth Act 《联邦法》 xviii 页注释 8

Comptroller and Auditor General, position and powers of 总审计长的地位与权力 315 ; instance of the power in 1811 总审计长在 1811 年行使权力的例子 317

Conciliation with America "论与美洲的和解" xxvi 页注释 1

Confederation, the Articles of 《十三州邦联宪法》 15

Conferences with Dominions　英国与各自治领之间的帝国会议　xxxi

Conflict Court, the, in France　法国权限争议法庭　xliv，xlv，360，附录十一（555—556）

Congress, Acts of　国会法　146；powers of, compared with powers of English railway companies　国会权力与英国铁路公司权力的比较　147；Limited power of　国会的有限权力　148；Act of 24th September 1789　1789年9月24日的国会法　157；The Supreme Courts of the United States and　美国最高法院与国会　157，159

Conscientious objectors and lawlessness　出于宗教或道义原因的反对者与抗法　xli

Conseil d'État　国政院　xliv，331；the functions of　国政院的职能　371；a real tribunal of *Droit Administratif*　一个真正的行政法庭　372

Conservatism, tendency of Federalism to　联邦制易于产生保守性　169

Consolidated Fund, the　统一基金　313

Constitution, the, the division of, between history and law　宪法中属于历史的部分与法律的部分　22；rights part of the law of　宪法性法律中的权利部分　25；Rules belonging to the conventions of　属于宪法惯例的规则　26；the law of the, three principles of the study of　对宪法的三个原则的研究　34；Federal States subject to　联邦中服从于宪法的各个州　140，142页注释；the fifth Article of the United States　美国宪法第五条　143；Federal Governments under　宪法之下的联邦政府　143及注释；Federal, legislature under　联邦宪法之下的立法机关　145，147，165

Constitution, the, the Law of, and the Conventions of　宪法性法律与宪法惯例　xlviii　413；probable changes in　宪法中很可能发生的改变　xlviii；The legal and the conventional elements in　宪法中的法律部分与惯例部分　414；based on the law of the land　建立在王国法律基础上的宪法　466

Constitution of Commonwealth of Australia　澳大利亚联邦宪法　135页注释，136页注释，148页注释，150页注释，附录九，529—537；Amendment of　澳大利亚

联邦宪法的修改 533

Constitution of France 法国宪法 118；Tocqueville on 托克维尔论法国宪法 118；rigidity of 法国宪法的刚性 122；revolutionary instances in 法国革命宪法 129；the existing 法国现行宪法 129

Constitution of the German Empire 德意志帝国宪法 143 页注释，144 页注释

Constitution of the United States，the Articles of 美国宪法的条款 4；in comparison with the English 美国宪法与英国宪法的比较 4，134；Kent's and Story's work on 肯特与斯托里有关美国宪法的著作 5；Preamble of 美国宪法序言 139；the judges in relation to 与美国宪法有关的法官 154；in comparison with the Canadian 美国宪法与加拿大宪法的比较 162 及注释

Constitutional freedom, confusion as to the origin of 有关宪法自由之起源的混乱认识 17

Constitutional historians, in contrast with legal constitutionalists 与宪法学家形成对照的宪法史家 15

Constitutional history, research in, in relation to modern constitutional law 宪法史研究与现代宪法的关系 14

Constitutional idea, development of new 新宪法思想的发展 lviii

Constitutional Law, the true nature of 宪法的真正性质 1；modern origin of the term 宪法概念的现代起源 6；Mons. Boutmy's division of the English, 布特米先生对英国宪法的分类 6 页注释; sources of work in, 宪法著作的资料来源 6；as considered by Blackstone, 布莱克斯通所认为的宪法 7；study of the constitutional historians in connection with, 宪法史家有关宪法的研究 11；antiquarian study unnecessary to the study of, 对宪法研究无用的考古式研究 14；indefiniteness of, 宪法的含混性 21；Character of rules of 宪法规则的特征 23；rules of, as enforced 作为被强制实施的宪法规则 23；rules as conventions 作为惯例的规则 23；the legal and conventional elements of 宪法中的法律部分与惯例部分 27，28；Importance of, to the lawyer 宪法之于律师的重要性 29；Different character of rules of 宪法规则的不同特征 30；In general the result of

ordinary laws 宪法总体上形成于普通法律 191

Constitutional laws 宪法性法律 84；no legal distinction between, and other laws 宪法性法律与普通法律之间没有法律差异 87

Constitutional maxims, the observance of 对宪法原则的遵守 451

Constitutional Monarchy, of Louis Philippe 路易·菲利普的立宪君主制 118

Constitutional understandings 宪法默契 414；Freeman's *Growth of the English Constitution*, quoted as to 对弗里曼《英国宪法的生长》中有关宪法默契的引述 414；examples of 宪法默契的例证 416；common characteristics of 宪法默契的共性 418；the aim of 目标 424；not rules enforced by the Courts 非由法院实施的规则 435；how disobeyed 宪法默契是如何被违反的 436；variability of 宪法默契的易变性 451

Constitutionalism, difference between English and French 英国宪政与法国宪政之间的区别 121 页注释；comparison necessary to the study of 对于宪政研究而言很有必要的比较分析 201

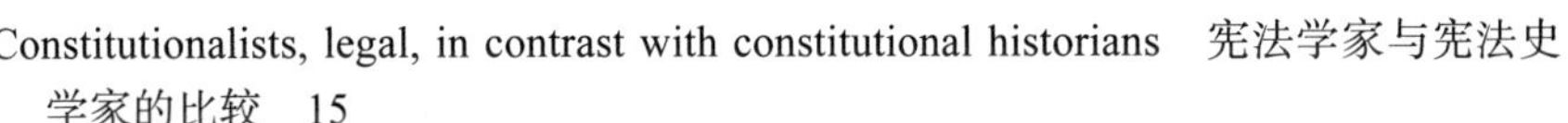

Constitutionalists, legal, in contrast with constitutional historians 宪法学家与宪法史学家的比较 15

Constitutions, Burke and Hallam on the study of the English 柏克与哈勒姆有关英国宪法研究的看法 1；Past ideas and views of 过去的宪法思想与看法 2；Modern view and study of 现代宪法观与宪法研究 3；Difficulties in the study of 宪法研究中的困难 4，6；Difference between the state of the government and the theory 政府的实际状况与理论之间的反差 9 页注释；Of England, contrasted with that of France 与法国宪法形成对照的英国宪法 4，118，186；Flexible 柔性宪法 122；Rigid 刚性宪法 123，124 及注释，169；the formation of foreign 外国宪法的创制 192；of the United States 美国宪法 195 页及注释；main provisions of the English 英国宪法的主要条款 199；rigidity of the French 法国宪法的刚性 附录一，469—476；classification of 宪法的分类 480

Constitutions, of Belgium, in comparison with the English 比利时宪法与英国宪法的

比较 4；In contrast with the English 与英国宪法形成对照的比利时宪法 86；flexible and rigid 柔性宪法与刚性宪法 87，123 页注释

Constitutions, the Swiss and the "guaranteed" rights of 瑞士宪法及其"保障的"权利 150

Contracts, law in relation to 有关合同的法律 21

Conventions of the Constitution 宪法惯例 48；recent important changes in 宪法惯例近来发生的重要改变 xlviii；the lawyer in relation to 有关宪法惯例的法律学者 29；and the Ministry 宪法惯例与政府 30；Ministers under 根据宪法惯例行事的各部大臣 321；and Law of the Constitution 宪法惯例与宪法性法律 413；nature of Conventions 惯例的性质 413；and exercises of the prerogative 宪法惯例与君主特权的行使 419；and Parliamentary privilege 宪法惯例与议会特权 423；those strictly obeyed 得到严格遵守的宪法惯例 437；how obedience ensured to 如何保证宪法惯例被遵守 440；obedience to, enforced by law 对惯例的服从受到法律力量的强制 441

Conventions, enacted, 法定的惯例 l；necessity for Parliament observing 议会遵守惯例的必要性 lvii

Conventions, "mere" "纯粹的"惯例 xlix；as affecting Disraeli, Gladstone, and Peel 对迪斯雷利、格拉斯顿和皮尔有影响的惯例 xlix；effect on parties and officials 惯例对政党和公职人员的影响 l；inconvenience and danger of violating 违反惯例之后的麻烦与危险 lviii

Corporations, as non-sovereign lawmaking bodies 作为非主权立法机构的法人 90；Municipal 市政法人 147 页注释

Correspondence, Burke's 柏克的《通信集》 lxvi 页注释 1

Courts, the, and Acts of Parliament 法院与议会法 38；and Parliamentary resolutions 法院与议会决议 52；Mr. Justice Stephen on 法官斯蒂芬先生关于下院决议的意见 53；and Parliamentary authority 法院与议会权力 58—61；and the electors 法院与选民 71；and the bye-laws of Railway Companies 法院与铁路公司的章程 92；and Colonial Acts 法院与殖民地法 104；under the Imperial Parliament and under Federalism　帝国议会下的法院和联邦制下的法院　152；the authority of　法院的权威　153；the Belgian and French　比利时法院与法国法院　153；of the United States　美国法院　154，155，157；Canadian　加拿大法院　164；Swiss　瑞士法院　165；of the United States 美国法院　170，171 页注释，172；position of officials under　法院下公职人员的地位　189；as the foundation of the English Constitution　作为英国宪法之基础的法院　193；and *the Habeas Corpus Act*　法院与《人身保护法》212，215，218，219，224；and the Press　法院与出版物　246；and the right of public meeting　法院与公众集会权　271，272，274 页注释；and Courts-martial　法院与军事法庭　298；and military law　法院与军法　303，544—547；and State matters in France　法院与法国国家事务　335，359—361；and *Droit Administratif*　法院与行政法　347，395，399；English Crown servants as subject to 服从于法院的英王公职人员　391，392；and Parliament　法院与议会　405 页及注释

Courts, Federal　联邦法院　148

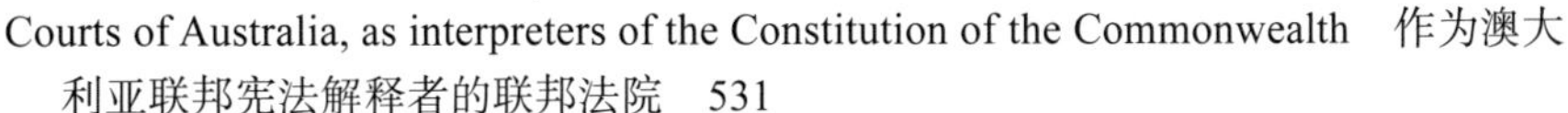

Courts of Australia, as interpreters of the Constitution of the Commonwealth　作为澳大利亚联邦宪法解释者的联邦法院　531

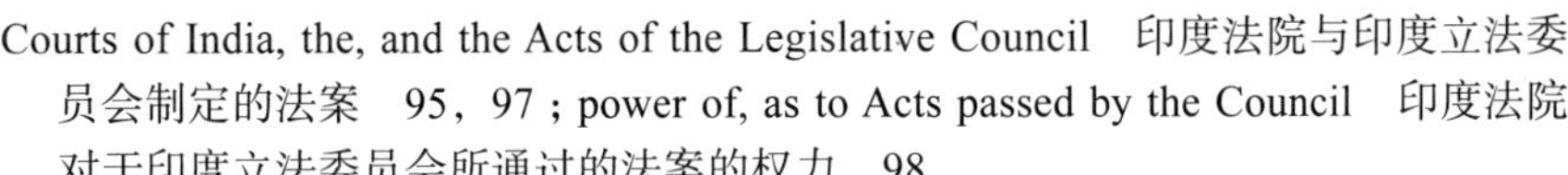

Courts of India, the, and the Acts of the Legislative Council　印度法院与印度立法委员会制定的法案　95，97；power of, as to Acts passed by the Council　印度法院对于印度立法委员会所通过的法案的权力　98

Courts of Justice, Blackstone's statement as to Royal power in connection with 布莱克斯通关于与法院有关的王权的说法　9

Courts-martial, and the Civil Courts　军事法庭与非军事法庭　298，303，304

Crisis of Liberalism, The《自由主义的危机》xci 页注释 2

Criticism, fair and libellous　批评，公正的与诽谤性的　238

Crown, the, power of veto in Dominion affairs　君主在自治领事务上的否决权　xxx；Moral influence of　君主的道德影响　ci；theory of the prerogative of 1785　1785 年的君主特权理论　9 页注释；unreality of expressions in connection with　关于君主的不真实表述　11；and responsibility of Ministers　君主与大臣责任　24；

law regulating the descent of 规制王位继承的法律 27；the descent of, fixed under *the Act of Settlement*,《王位继承法》所确立的王位继承规则 41；legislation by proclamations under 君主以公告形式进行的立法 48；in relation to proclamations 涉及公告问题的君主 51；sanction of, to Colonial Acts 君主对于殖民地法案的批准 100；and the right of Veto 君主与否决权 110页及注释；hereditary revenue of 君主的世袭收入 308；responsibility of Ministers as to Acts of 大臣对于君主行为的责任 321；prerogative of, as anterior to the power of the House of Commons 先于下院权力的君主特权 421；position of, in case of a conflict between the Lords and the Commons 上院与下院冲突时君主的地位 427；the personal influence of, uncertain 君主不确定的个人影响 457；the survival of the prerogatives of 君主特权的残存 459；Bagehot on powers legally exercised by 白芝浩关于君主所合法行使之权力的论述 463；proceedings against the 对君主提起的诉讼 附录十二，556—557

Crown servants in England, powers of 英王公职人员的权力 382

Davis, *American Constitutions* 戴维斯的《美国宪法》173页注释

De Berry, Duchesse, and her attempt to raise civil war in La Vendée 贝里公爵夫人引发旺代省内战的企图 349

De Blosseville 德·布罗斯维尔 326

Decentralisation par service 部门分权 xlvi；as affecting the Post Office 对邮政部有影响的部门分权 xlvi

D'Eon, the Chevalier 骑士迪昂 187

De Lolme on the limit of English Parliamentary power 德·洛尔默关于英国议会权力之限制的表述 41，83

Declaration of the Rights of Man, freedom of discussion and liberty of the press under 《人权宣言》中规定的言论自由与出版自由 234

"Declaration of the State of Siege," the "戒严状态之宣告" 283；French law as to 有关"戒严状态之宣告"的法国法 288；under the Republic of France 法

兰西共和国之下的“戒严状态之宣告” 289

Dentists Act, the 《牙科医生法》 141

Despotism, instances of 专制统治的实例 188 页及注释

Discussion, the Right to Freedom of 言论自由权 234；under foreign constitutions 外国宪法中的言论自由权 234；under English law 英国宪法中言论自由权 235，242 页及注释

Dissolution of Parliament, the rules as to 有关议会解散的规则 428；of 1784 and 1834 1784 年和 1834 年的议会解散 429；right of, in relation to Parliamentary sovereignty 与议会主权相关的议会解散权 433；the right of, as the right of appeal to the people 作为诉诸人民的权利的议会解散权 434，452

Documents, Public, necessary signatures to 必需签名的公文 322

Dodd, Dr., execution of 多德博士被执行死刑 459

“Dominions,” meaning of term “自治领”一词的含义 xxiv，xxv；each a self-governing colony 每一个自治殖民地 xxiv；and Acts of Imperial Parliament 帝国议会法 xxix；and treaties 自治领与条约 xxix；and war 自治领与战争 xxix；powers to legislate 自治领的立法权 xxix；extent of independence 自治领独立的范围 xxx；right to raise military and naval forces 自治领招募海陆军的权利 xxx；right of appeal 自治领的上诉权 xxxi；conferences with the Mother Country a moral right 自治领与母国一道召开帝国会议的道德权利 xxxi；relations of England and the, in1884 and 1914 在 1884 年和 1914 年时自治领与英格兰之间的关系 xxxii；and England in early Victorian era 维多利亚时代早期的自治领与英格兰 xxxii，xxxiii；willingness to share cost of defence of the Empire 自治领分担帝国国防费用的意愿 xxxvi

Droit Administratif, compared with present official law of England 行政法与英国现行公职人员法的比较 xliii；critical examination of 对行政法的批判性考察 xlvi；contrasted with the Rule of Law 行政法与法治的比较 324；the term “行政法”概念 326；Tocqueville on 托克维尔论行政法 326，327 页及注释 352，353 页注释；definition of 行政法的定义 328；position of

officials and others under 行政法下公职人员和其他人的地位 329，337—344，349—352，354，380；fundamental ideas permanent 行政法的根本思想从未改变 329；historical development 行政法的历史发展 330；leading principles 行政法的主要原则 332；Vivien on 维文论行政法 332页注释；characteristics 行政法的特征 334；foundations laid by Napoleon 由拿破仑奠定的法国行政法的基础 335—337；conflicts of jurisdiction 管辖权冲突 339；protection of officials 对公职人员的保护 341，342，343；the Council of State under Napoleon 拿破仑统治下的国政院 344；during the Monarchical period (1830—1870) 君主制时期（1830—1870）的行政法 346；and the Third Republic 行政法与第三共和国 355；decisions of the Council of State become judgments 国政院的裁决变为判决 360；creation of independent Conflict-court 创设独立的权限争议法庭 360；evolution of 行政法的演进 362—364，371；comparison between, and the Rule of Law 行政法与法治的比较 364；not opposed to English ideas current in the sixteenth and seventeenth centuries 与英国十六七世纪流行的思想不冲突的行政法 364；"caselaw" or "judge-made law" 判例法或法官创制的法 369，378；the *Conseil d'Etat* a real tribunal of 国政院变成了一个真正的行政法庭 372；felt by Frenchmen to be beneficial 法国人认为有益的行政法 377；development of, between 1800 and 1908 1800年到1908年间的行政法发展 379；not to be identified with any part of the law of England 不同于英国法的任何一部分的行政法 380；not the law of the Civil Service 行政法不是文职人员的法律 380，381；compared with the law of Equity 行政法与衡平法的比较 381；rests upon ideas foreign to English law 行政法建立在不适宜于英国法的思想基础之上 383；not in reality introduced into the law of England 行政法事实上并未引入英国法 383；no foothold in England 行政法在英国没有立足点 385；its merits 行政法的优点 389，393； defects 行政法的缺点 389，396

Dubs, Dr., on the Swiss Federal Court 杜布斯博士论瑞士联邦法院 165

Duguit, *Traité de Droit Constitutionnel* 狄骥的《宪法论》 xlv页注释1，xlvi页注释3，253；*Manuel de Droit Public Français* 狄骥的《法国公法指南》 50页注释，119页注释；on the position of officials under *Droit Administratif* 狄骥论行政法下公职人员的地位 399页注释

Edward VI., repeal of the Statute of Proclamations in the reign of 爱德华六世时期对公告立法的废止 49

Electorate, the true sovereign power 选民是真正的主权者 xlix ; power of the 选民的权力 lv ; as the political power of the State 作为一国政治主权者的选民 423 424 ; in relation to dissolution of Parliament 选民与议会解散的关系 428

Electors, position of, in the United States 美国选民的地位 28 ; Parliamentary, position of 议会选民的地位 67 ; the Courts and 法院与选民 71 ; power of, politically 选民在政治上的权力 73

Elizabeth, Queen 伊丽莎白女王 xcii

Ellenborough in England 英国的埃伦伯勒 244

Empire, British, benefits conferred by 大英帝国带来的好处 xxxv ; citizenship of British subjects throughout 大英臣民在整个帝国境内的公民身份 xxvii，xxxvi，xxxvii，lxxxi 页注释 1，lxxxv，xci 注释 1 ; secures peace to Britain and the colonies, 帝国维护不列颠和各殖民地的和平 lxxx ; and cost of Imperial defence, 帝国与帝国国防开支 lxxx ; pride in, 以帝国为傲 lxxxi

England, the King of, Blackstone on the power of 布莱克斯通论英国国王的权力 7，9

England, Tocqueville on the respect for law in, as compared with Switzerland in 1836 托克维尔论英国对法律的尊重，并将其与瑞士的情况相比较 180 ; the Press laws of 英国的出版法 236，243，247，248 ; law of, as to right of public meeting 英国有关公众集会权的法律 266

English Cabinet, the 英国内阁 8

English Constitution 《英国宪法》 lxix 页注释 1，civ 页注释 1，cii

English Constitution, the, Burke and Hallam on the study of 柏克与哈勒姆有关英国宪法研究的看法 1 ; past views and ideas of 过去的观点与看法 2 ; Modern view and study of 现代宪法观与宪法研究 3 ; Difficulties in the study of 宪法研究中的困难 ; Paley quoted, on actual state and theory of government 对佩利有关政府的实际状况与理论的观点的引述 9 页注释; Tocqueville on 托克维

尔论英国宪法　21，84；unwritten character of　英国宪法的不成文特征　86；ideas of the Royal prerogative in the seventeenth century　十七世纪的君主特权思想　365

English Constitutional law　英国宪法　6；Mons. Boutmy's division of, 布特米先生对英国宪法的分类　6 页注释；sources of work in,　英国宪法著作的资料来源　6；as treated by Blackstone　被布莱克斯通视为英国宪法的问题　7，141

English Parliament, the, characteristic of　英国议会的特征　402，403 页注释；the appointment of the Prime Minister　英国首相的任命　404

English Prime Minister, as head of the English Cabinet　作为英国内阁领导人的首相　8，404；Enlistment, power of the Civil Courts as to　普通法院有关应征入伍的权力　303，304 及注释；*the Foreign Act*　《外国人法》 408

Equity, the law of, in England　英国衡平法　376，378；compared with *Droit Administratif*　衡平法与行政法的比较　381

Essays in Jurisprudence, and Ethics, Pollock　波洛克的《法理学和伦理学论文集》 38 页注释

Études de Droit Constitutionnel, Mons. Boutmy　布特米先生的《宪法研究》 6 页注释

Executive, distinction between a parliamentary and a non-parliamentary　议会制政府与非议会制政府之间的区别　附录三，480—488

Extradition Acts, foreign criminals under 《引渡法》下的外国罪犯，220 页及注释；　powers under　根据《引渡法》所享有的权力　408

Eyre, Governor, and the Jamaica rebellion, 1866　艾尔总督与牙买加叛乱　233，542 页注释

Factory legislation in England　英国的工厂立法　381；Featherstone Commission, Report of　费瑟斯通委员会报告　284 页注释，附录六，512—516

Federal Assemblies, the Swiss　瑞士联邦议会　57

Federal Constitution, legislature under　联邦宪法下立法机关　145，147，165

Federal government, leading characteristics of　联邦政府的主要特征　lxxv；requirements for success　联邦政府成功运行的条件　lxxv；In the United States　美国的联邦政府　lxxvi；in Switzerland　瑞士的联邦政府　lxxvi；what it means　联邦政府的含义　lxxix；in relation to Imperial Federation　联邦政府与帝国联邦的关系　lxxx；characteristics of, in relation to Home Rule all round, 联邦政府与全面自治的关系　lxxxvii；instances of　联邦政府的实例　134；aims of　联邦政府的目的　136；necessary conditions to the formation of　建立联邦政府必须具备的条件　136 页及注释

Federal States, division of Powers in　联邦国家中的分权　附录二，476—480

Federalism　联邦制　lxxiii；and nationalism　联邦制与民族主义　lxxvi；a weak form of government 联邦制是一种虚弱的政府形式　lxxvii；incompatible with English ideas　联邦制与英国思想不相容　lxxviii；divides allegiance　联邦制造成效忠分化　lxxviii；not to be confounded with nationalism　不可把联邦主义与民族主义混同起来　lxxix；the dream of many Englishmen　联邦制是许多英国人的梦想　lxxx；objections to the creed of　对联邦主义的种种异议　lxxxi；a peril to the British Empire　联邦制对大英帝国而言是一种危险　lxxxii；difficulties in the United States　美国联邦制创建时的困难　lxxxii；its effect if applied to India　将联邦制适用于印度将会产生的效果　lxxxiii，lxxxv；what would become of the old Imperial Parliament　大英帝国实行联邦制之后，旧的帝国议会将何去何从　lxxxiv；new prestige gained by　联邦制赢得新的声望　lxxxvii；of United Kingdom and divided allegiance　联合王国的联邦化与忠诚感的分化　xc；foreign to English constitutionalism　联邦制不适宜于英国宪政　xc；would affect loyalty of colonies　联邦制会对殖民地的忠诚产生影响　xci 页注释 1；and Parliamentary sovereignty　联邦制与议会主权　134 页及注释；Swiss　瑞士联邦制　135 页注释，附录八，465—467；the foundations of　联邦制的建立　136；the sentiment of　对联邦制的情感　137；the aim of　联邦制的目的　139；of the United States, 美国的联邦制　139　the leading characteristics of　联邦制的主要特征　140；in relation to Constitution　联邦制与宪法的关系　140；sovereignty under　联邦制下的主权　144；distribution of powers under　联邦制下的权力分配　147；limitations under　联邦制下的权力限定　148 页及注释　149；

in comparison with Unitarian government 联邦制政府与单一制政府的比较 151 页及注释; the Law Courts under 联邦制下的法院 152 ; the meaning of 联邦制的含义 153 ; individual character of Swiss 瑞士联邦制的独有特征 164 ; in comparison with Parliamentary sovereignty 联邦制与议会主权的比较 167 ; weakness of Swiss 瑞士联邦的软弱性 167 页及注释 176 ; and Conservatism 联邦制与保守主义 169 ; the legal spirit of 联邦制的法律精神 170 ; success of, in the United States 联邦制在美国的成功 175 ; Australian 澳大利亚的联邦制 附录九，529—537 ; distinction between Canadian and Australian 加拿大联邦与澳大利亚联邦之间的区别 537

Field, J., on the right of public meeting 菲尔德法官关于公众集会权的意见 271

Firth, *Cromwell's Army* 弗思的《克伦威尔的军队》 293 页注释

“Flexible” Constitutions, the English, an example of 英国宪法是“柔性”宪法的典型 122，123 页注释

Foreign Enlistment Act, powers of the Ministry under 政府依据《国外服役法》所享有的权力 408

Foreign Legislatures, non-sovereign 外国的立法机关是非主权立法机关 117

Fox, support of Parliamentary sovereignty by 福克斯支持议会主权 430

France, Constitution of, in comparison with the English 法国宪法与英国宪法的比较 4 ; Tocqueville on the constitution of 托克维尔论法国宪法 118 ; the Republic of 1848 1848 年法兰西共和国 120 ; the authority of the present Republic 现今共和国所拥有的权力 120 ; the Coup d'Etat of 1851 1851 年政变 125，485 ; the Revolutionary constitutions of 法国的革命宪法 129 ; the existing constitution of 法国现行宪法 129 ; the Courts of, in relation to the National Assembly 法国法院与国民议会的关系 153 ; lawlessness in past administrations 过去的行政活动中的抗法 187 页及注释; the Press law of 法国出版法 248 页注释; literature under the Ancien Regime 旧制度下的著作 251 ; under the Revolution 革命时代的法国 252 ; under the First Empire and the Republic 第一帝国时代与共和国时代的法国 252，264 页注释; the law of, as to the “Declaration of he State of Siege,” 有关“戒严状态之宣告”的法国法 287，

288；*Droit Administratif* in 法国行政法 324 页及以下；the "Separation of powers" "权力分立" 333；limit of jurisdiction of law courts 普通法院管辖权的界限 335；judicial and administrative courts constituted by Napoleon 拿破仑建立的普通法院与行政法院 335，336 及注释；acts of State 国家行为 341，386；officials under Art. 75 of Constitution of Year VIII. 共和八年宪法第 75 条之下的公职人员 343，351；*Tribunal des Conflits*，权限争议法庭 359，附录十一，556—657；the Conseil d'État 国政院 371，372；the National Assembly 国民议会 405，486，487；Directorial Constitution of 法国督政宪法 485，486；President of Republic, election and power of 共和国总统的选举与权力 486，487；in relation to National Assembly 共和国总统与国民议会的关系 487

Frederick the Great 腓特烈大帝 80

Free Traders 自由贸易者 lxxi

Freeman, E. A. 弗里曼 6，16；*Growth of the English Constitution* by 弗里曼的《英国宪法的生长》 12；quoted on constitutional understandings 对弗里曼《英国宪法的生长》中有关宪法默契的引述 414；on appeal to precedent 诉诸先例 18

French in Canada, their loyalty 加拿大自治领中的法国人对大英帝国的忠诚 lxxix

French Constitutions, Rigidity of 法国宪法的刚性 附录一，469—476

French National Assembly of 1871 1871 年的法国国民议会 76

French Republic, the, officials under Act. 75, Year VIII 法兰西共和八年宪法第 75 条之下的公职人员 343，351

Fundamental laws and constitutional laws 根本性的法律与宪法性的法律 85，141 页及注释

Garcon, *Code Pénal* 加松的《刑法典》 343 页注释

Gardiner, Mr. 加德纳先生 16；on Bacon's writ De non procedendo Rege inconsulto 加德纳先生对"未咨询国王不得作出判决令"的评论 367

George II.　乔治二世　459

George III.　乔治三世　1，2，9；public expenses as charged in the reign of　乔治三世时期所负担的公共开支　312；dissolution of Parliament by, as a constitutional act　乔治三世解散议会是一种“合宪”的行为　429；view of Parliamentary sovereignty　乔治三世的议会主权观　431；exercise of personal will in matters of policy　乔治三世在政策问题上运用个人意志　458

George V. and creation of peers　乔治五世与册封贵族，　lii

German Emperor, real head of executive　德意志帝国皇帝是真正的政府首脑　483；independent action of　德意志皇帝的独立行动　485

German Empire, the, Constitution of　德意志帝国宪法　143 页注释，144 页注释，429；an example of federal government　联邦制政府的例子　134；executive of　德意志帝国的首脑　482，483

Gladstone, Mr.　格拉斯顿　xlix，l 页注释 1

Gneist　格奈斯特　83

Goldsmith's *Citizen of the World*　戈德史密斯的《世界公民》 2 页注释

Gordon Riots, the, 1780　1780 年戈登暴乱　286

Governance of England, The 《英国的统治》 lv 页注释 1，xci 页注释 2

Government, position of publishers of libel on　发布诽谤政府的言论的人所具有的处境　239；in relation to the Press　政府与出版物之间的关系　243；and the right of public meeting　政府与公众集会权　277

Government of England 《英国政府》 lv 页注释 1，xci 页注释 2，c 页注释 1

Government of Ireland Act and Home Rule 《爱尔兰政府法》与地方自治　lxxxvii 页注释 1

Grant, General, third candidature of, as President　格兰特将军第三次成为总统候选人　28

Grattan's Constitution　格拉顿宪法　482

Great Reform Act《大改革法》 xx

Gregoire *quoted*　对格里瓦的引述　350 页注释

Grenville, Lord, action of, in opposition to Parliament, 1811　格兰维尔勋爵 1811 年反对议会的行为　317

Growth of the English Constitution, Freeman, in relation to constitutional law　弗里曼《英国宪法的生长》与宪法　12；*quoted*　出自《英国宪法的生长》的引文　17

"Guaranteed" rights of the Swiss Constitution　瑞士宪法"保障的"权利　150

Guillotine, the　审议截止程序　li

Habeas Corpus Acts, the 《人身保护法》 27，193，195；suspension of, in comparison with foreign "suspension of constitutional guarantees"　中止《人身保护法》与外国"中止宪法保障"的比较　197，200；the Writ of　人身保护令　209；the issue of the Writ of　人身保护令的签发　211；power of the Courts as to　法院关于《人身保护法》的权力　212；the Acts of Charles II. and George III.　查理二世与乔治三世制定的《人身保护法》 212；rights of the individual under 《人身保护法》下的个人权利　213；provisions of 《人身保护法》的规定　214，216；the authority of the judges under Writ of　人身保护令制度下法官的权力　218；case of aliens under《人身保护法》适用于外国人的案例　220；the suspension of《人身保护法》的中止　224 页及其注释；charge of High Treason under《人身保护法》下对重叛逆罪的指控　225 页及其注释；the Suspension Act, as an Annual Act　作为年度法律的中止人身保护法　226；the Ministry and　政府与中止人身保护法　226；and Act of Indemnity　中止人身保护法与豁免法　228，232；position of official under　中止人身保护法下公职人员的处境　229；arrest under　中止人身保护法下作出的逮捕　229

Hallam, *Middle Ages*　哈勒姆的《中世纪》 2 页注释

Hallam, on the prosperity of England traceable to its laws　哈勒姆关于英国的繁荣可归因于它的法律的论述　1，3，6，12；on *the Septennial Act*　哈勒姆论《七年任期法》 43

Hamilton, opinions of, in relation to the constitutional articles of the United States　汉密尔顿关于美国宪法条款的观点　15

Hastings, Warren　沃伦·黑斯廷斯　439

Hauriou, on the position of officials under *Droit Administratif*　奥里乌论行政法下公职人员的地位　400 页及注释

Hearn, Professor　赫恩教授　6；*Government of England* by, referred to　对赫恩教授《英国政府》的参考　18，25，427 页注释；as a political theorist　作为政治理论家的赫恩教授　19

Henry VIII., the Statute of Proclamations in the reign of　亨利八世统治时期的公告立法　48

High Treason, charges of, under *the Habeas Corpus Acts*　《人身保护法》下被指控的重叛逆罪　225 页及注释　under *the Coercion Act (Ireland)*　（爱尔兰）强制法下的重叛逆罪　227

Historians compared with lawyers　历史学家与法学家的比较　16

Hobson, J. A., *The Crisis of Liberalism*　霍布森的《自由主义的危机》 xci 页注释 2

Holland's *Jurisprudence*　霍兰的《法理学》 22 页注释

Home Rule, what has stimulated interest in　是什么激发了人们对于地方自治的兴趣　lxxxvii；why not a benefit if applied all round　实行全面自治何以没有好处　lxxxviii

Home Rule Bill, history of 《地方自治法案》的历史　xxii；as viewed by the electors　选民对《地方自治法案》的看法　liii

House of Commons, the, its powers 下院的权力 xx，xxii；jealousy of judicial interference 下院对司法干预的警惕 xxxix；and obstruction 下院与障碍 li；and freedom of discussion 下院与讨论自由 lvi；not a debating society 下院不是一个辩论会 lxix；parties in 下院中的党派 lxxi；Burke on 柏克论下院 82；powers of, in relation to the Ministry 下院的权力与政府 152，429；and *the Licensing Act* 下院与《许可法》 257；in relation to the House of Lords 下院与上院的关系 454

House of Lords, its powers 上院的权力 xx，xxi，xx 页注释 1，注释 2，xxiv；and Money Bills 上院与财税法案 xx；veto of 上院对财税法案的否决 xx；legislation delayed by 被上院拖延的立法 xx；xxi；in relation to the House of Commons 上院与下院的关系 427，454；instances of opposition to the Commons 上院反对下院的例子 454，455

How France is Governed 《法国是如何统治的》 xliv 页注释 3

Hume on Sovereign power 休谟论主权权力 75

Humphreys, *Proportional Representation* 汉弗莱斯的《比例代表制》 lxvi 页注释 2

Immigrants Restriction Act, 1907(Transvaal) （南非德兰士瓦）《1907 年限制移民法》 116 页注释

Impeachment 弹劾 438；disuse of 弹劾的废弃 450

Imperial Government, the, right of, to veto Colonial Bills 帝国政府否决殖民地议案的权利 113；action of, toward the Colonies 帝国政府对于各殖民地的行动 115

Imperial Parliament, and self-governing colonies 帝国议会及自治殖民地 xxv；and taxes 帝国议会与税收 xxvi；advantages of powers of legislation by 帝国议会的立法权所带来的好处 xxvii；relation of, to self-governing colonies in 1884 1884 年帝国议会与自治殖民地的关系 xxvii；in 1914 1914 年帝国议会与自治殖民地的关系 xxix；and Isle of Man 帝国议会与马恩岛 xxvii 页注释；and New Zealand 帝国议会与新西兰 xxvii

Imperialism, growth of, in colonies 帝国主义在殖民地的生成 xxxiv；definition of

term　对帝国主义这一术语的界定　xxxiv；advantages of　帝国主义所带来的好处　xxxvi；disappointments in connection with 对于帝国主义的失望　xxxvii

Imperialists, what they aim at　帝国主义者的目标　lxxxii；what they ought to keep in view　帝国主义者应该密切关注的目标　lxxxvi

Income Tax, the, Act as to, annual　关于所得税的年度议会法　311

Indemnity, Acts of, objects of　豁免法的目的　47，547—549，553，554；an instance of Parliamentary power　颁布豁免法是议会行使其主权的例证　51；and the Habeas Corpus Suspension Act　豁免法与人身保护中止法　228，230，231；officials under the Act of 1801　1801 年豁免法下公职人员　232；the Ministry under Act of　豁免法下的政府　408

India, British, the Legislative Council subordinate to the British Parliament　从属于不列颠议会的英属印度立法委员会　95；the Acts of the Council and the Courts of India　印度立法委员会制定的法律与印度法院　96，97，98；Inland Revenue Office, the daily routine of, as to receipts　国内税务局有关税款的日常工作　312

International law, Acts of Parliament and　议会法与国际法，　59；Ireland, and the *Act of Union* relating to the United Church　爱尔兰以及与联合教会相关的《联合法》　63；the Coercion Act of 1881　1881 年的强制法　227；*the Prevention of Crime Act*, 1882　《1882 年预防犯罪法》　227

Irish Church Act, 1869, the　《1869 年爱尔兰教会法》　64，170

Irish Parliament of 1782, an admittedly sovereign legislature　1782 年的爱尔兰议会是一个公认的主权立法机关　482；power of English ministry over executive　英国政府对于爱尔兰政府的权力　482

Jackson, President　杰克逊总统　173

Jamaica, the rebellion of, 1866　1866 年的牙买加叛乱　233

James II. as an instance of the limit of sovereign power　作为主权权力限制之例证的詹姆斯二世　76

Jenks's *Government of Victoria* 詹克斯的《维多利亚政府》 106 页注释

Jenkyns, Sir H., *British rule and Jurisdiction beyond the Seas* H. 詹金斯爵士的《英国在海外的统治与权限》 51 页注释，100 页注释

Johnson, Dr. 约翰逊博士 lxxxix

Judge, primary duty of 法官的主要职责 xxxix

"Judge-made law" "法官创制的法" 369，370

Judges, English, in relation to the Imperial Parliament 英国法官与帝国议会的关系 152；Belgian and French 比利时法官与法国法官 153；of the United States in relation to the Constitution 美国法官与宪法 154，155，174；and the Writ of Habeas Corpus 法官与人身保护令 218；position of, in the seventeenth century 十七世纪法官的地位 223，224 页注释；instance of the power of, in the case of Wolfe Tone 法官的权力在沃尔夫·托恩案中体现 289，290；salaries of, under George III. 乔治三世时期法官的薪俸 312；position of, in France, as to matters of the State 法国法官在国家事务上的地位 335；in relation to English Acts of Parliament 法官与英国议会法 403；in relation to the Houses of Parliament 法官与议会两院 405；and Parliamentary laws 法院与议会制定的法律 409

Judges and Courts, public distrust of 公众对于法官与法院的不信任 xl；and Trade Unions 法官、法院与工会 xl

Kangaroo the 跳议法 51

Keith, *Responsible Government in the Dominions* 基思的《自治领中的责任制政府》 xxix 页注释 2，xxx 页注释 1，注释 2；on South African Union 基思论南非联邦 480

Kenny, *Outlines of Criminal Law* 肯尼的《刑法概论》 279 页注释

Kent, *Commentaries* of, on the Constitution of the United States 肯特《美国宪法评注》中对美国宪法的评论 4；lines of work 肯特的研究方法 5

King, the　国王　8；loyalty to and imperial position of　对国王的忠诚与国王在帝国中的地位　xxv，xci 页注释 1，ci；veto of　国王否决权　xxii 页注释 1；the recognised representative of the whole Empire　国王是整个帝国被认可的代表　li；Blackstone on the authority of　布莱克斯通论国王的权力　7，9；ordinances and proclamations of　国王的法令与公告　48；and the ministry　国王与政府　422，483；the personal will and influence of　国王的个人意志与影响　458，459

"King in Parliament," the　"王在议会"　37，424

King's speech　国王的演讲　1 页注释 2

Kitchener, Lord, declaration on taking office　基奇纳勋爵的就职声明　lvii 页注释 1

Landesgemeinden of Uri, the　乌利邦民大会　14

Law, the Rule of　法治　xxxvii；decline in reverence for　对法治的尊崇减弱　xxxviii

Law as the basis of English civilisation　作为英国文明之根基的法律　18

Law, constitutional　宪法　21；rules of　法律规则　23；an "unconstitutional," meaning of　"违宪"法律的含义　附录七，516

Law of the Constitution, position of a Ministry in regard to　就宪法性法律而言一个政府所具有的地位　30；the three principles of　宪法的三个原则　34；and Conventions of the Constitution　宪法性法律与宪法惯例　413

Law Courts, authority of, diminished by recent Acts　最近的立法削弱了法院的权力　xxxviii；and civil servants　法院与公职人员　xlviii；and the powers of the Premier　法院与首相的权力　20；and Acts of Parliament　法院与议会法　38

Law of the Press, Fisher and Strahan　费希尔和斯特拉恩的《出版法》236 页注释

Lawlessness　抗法　xli；new doctrine as to 关于抗法的新学说　xli；English clergy and　英国神职人员与抗法　xli；passive resisters and　消极抵抗者与抗法　xli；conscientious objectors　出于宗教或道义原因的反对者　xli；militant suffragettes and 激进的妇女参政权论者与抗法 xli；explanation of zeal for 对抗法热情的解释 xli；democratic sentiment and 民主情感与抗法 xlii

Laws, and contracts 法律与合同 21；constitutional and fundamental 宪法性的法律与根本性的法律 85；fundamental 根本法 141 页及注释

Lawyers, in comparison with historians 法学家与历史学家的比较 16；and the rules of constitutional law 法学家与宪法规则 30

Lee, General 李将军 lxxix

Legal authority liable to prosecution in cases of excess 越权行事时可能被起诉的法律责任 33

Legal constitutionalists in contrast with constitutional historians 宪法学家与宪法史家的比较 15

Legal rules of constitutional law 宪法中的法律规则 30；the Peers and Commons under 宪法规则下的上院与下院 30—31

Legal sovereignty, limit of 法律主权的限制 76；and political sovereignty, the distinction between 法律主权与政治主权以及对两者的区分 425

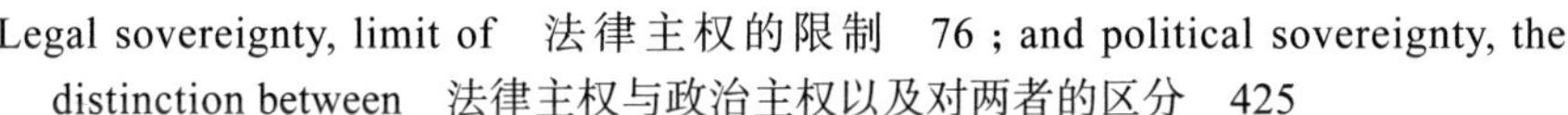

Legalism, Federalism as 意味着守法主义的联邦制 170

Legislation, what it must aim at 立法所应达成的目标 lx；judicial, and the supremacy of Parliament 司法立法与议会至上 58；safeguards against unconstitutional 防止违宪立法的措施 126

Legislative authority, of Parliament 议会的立法权 48，67，68；in France 法国的立法权 50 页及注释

Legislative bodies, limited power of, in the United States 在美国限制立法机构的权力 132

Legislatures，Foreign non-sovereign 爱国的非主权立法机关 117

Letter to the Sheriffs of Bristol 柏克“致布里斯托尔郡长书” xxiii 页注释 1；

Libel, the law of 诽谤法 236 页及注释; position of individuals under 诽谤法下个人的地位 236—239；as to Government 有关政府的诽谤法 239；blasphemy under 诽谤法下的渎神言行 240；in England 英国的诽谤法 241；under the Belgian Constitution 比利时宪法下的诽谤法 243

Liberty of individuals, in England 英国的个人自由 193，196；in Belgium 比利时的个人自由 193，196

Liberty of the Press, foreign and English ideas as to 外国和英国有关出版自由的思想 235；the law of libel 诽谤法 236，247；control of, under French Governments 法国政府对出版自由的限制 251

Licensing Act, the, of the Press 出版许可法 257；reasons for the discontinuance of 《许可法》终止的原因 257，264

Limitations on right of Public Meeting 对公众集会权的限制 273；really limitations on individual freedom 实际上是对个人自由的限制 275

Limitations on sovereignty of Parliament, alleged 对议会主权的所谓限制 58，59 页注释，68；in the Colonies 殖民地中对议会主权的限制 64；Todd on 托德论议会主权的限制 65 页及注释; actual 议会主权的实际限制 69，74；external 议会主权的外在限制 74，75，79；internal 议会主权的内在限制 77，79；Leslie Stephen on 莱斯利·斯蒂芬论议会主权的限制 78

Limitations under Federalism 联邦制下的各种限制 147，149

Literature, in England and France 英国和法国的著述 249，250；penalties connected with the production of forbidden works 对于制造禁书的处罚 250；under the *Ancien Régime* 旧制度下的著作 251 页及注释; under the Republic of 1848 1848 年共和国时期的著作 253；license and punishment under the Star Chamber 星室法庭下的许可与惩罚 256

Local and Private Acts 《地方与私人法》 47

Louis XIV. an instance of the limit of sovereign power 路易十四作为一个主权权力限制的例子 76，78

Louis XV. 路易十五 187

Louis XVI. 路易十六 187

Louis Philippe, the Constitutional monarchy of 路易·菲利普的立宪君主制 118，125，347

Louis Napoleon 路易·拿破仑 80，125，485

Low, *The Governance of England* 洛的《英国的统治》 lv 页注释 1，xci 页注释 2

Lowell, *Public Opinion and Popular Government* 罗威尔的《公共舆论与民众政府》 xlii 页注释 1，lxvi 页注释 2，xci 页注释 2，c 页注释 1；*Government of England* 《英国政府》lv 页注释 1，xc 页注释 2，c 页注释 1

Lyndhurst, Lord, in opposition to measures of the House of Commons 林德赫斯特勋爵反对下院通过的议案 455

Macaulay on the Press Licensing Act 麦考莱论出版许可法 257—258

Macclesfield, Lord 麦克莱斯菲尔德勋爵 439

Mackintosh, Sir James, on martial law 詹姆斯·麦金托什爵士论戒严法 541

Maine, Sir Henry 亨利·梅因爵士 lxxiv；on democracy 亨利·梅因爵士论民主 xcv；*Popular Government* 《民众政府》 lxxiv，xcv 页注释 1

Mansfield, Lord, on the liberty of the Press 曼斯菲尔德法官论出版自由 243

Martial law 戒严法 32 页注释，280；liability of soldiers as citizens 军人作为公民应尽的责任 282；and the "Declaration of the State of Siege" 戒严法与"戒严状态之宣告" 283；how recognised in England 戒严法如何受到英国的承

认 284；the proclamation of 戒严法之宣告 287；trial of Wolfe Tone 对乌尔夫·托恩的审判 289，290；in England during time of war or insurrection 英国战争或者叛乱时期的戒严法 附录七，538—555

Maxims belonging to the Conventions of the Constitution 属于宪法惯例的准则 25，26 页及注释；not "laws" 属于宪法惯例的准则不是"法律" 26；constitutional 属于宪法惯例的宪法准则 452

May, Sir Thomas as a constitutional historian 作为宪法史家的托马斯·梅爵士 12

Melville, Lord 梅尔维尔勋爵 439

Members of Parliament, increase in number of speakers among 议员中演讲者人数的增加 lvi；authority of 议员的权力 lvi

Merchant Shipping Act, 1876 , the 《1876年商船法》 392，393

Mignet, *French Revolution* quoted 对米涅《法国革命史》的引述 486

Militia, the 民兵组织 291；in comparison with the standing army 民兵组织与常备军的比较 292

Mill 密尔 lxiii，lxix；quoted, on political institutions 对密尔关于政治制度的论述的引述 191

Ministers, responsibility of, under the Rule of Law 法治下的大臣责任 321；as subject to the Rule of Law 遵守法治的大臣 323

Ministry, the, position of, under defeat 选举中被打败的政府的处境 30；power of, regarding the *Habeas Corpus* Act 政府与《人身保护法》 226；powers of, under *the Alien Act*, 1848 《1848年外国人法》下政府的权力 228；action of, in case of tumult or invasion 发生内乱或外侵之时政府的行动 408；dismissal of, by the King 国王解散的政府 429，431；resignation of, under Vote of Censure 不信任投票之后的政府辞职 435，445；and *the Mutiny Act* 政府与《军纪法》 448；the withdrawal of confidence in 收回对政府的信任 452

Money Bills　财税法案　xx，xxi

Montesquieu, *Esprit des Lois* referred to　对孟德斯鸠《论法的精神》的参考，185，333

Moral law, Acts of Parliament in relation to　与议会法相关的道德法　59；Blackstone on　布莱克斯通论道德法　59；and libel　道德法与诽谤　240

Moral Philosophy, Paley, quoted　对佩利《道德哲学》的引述　9 页注释，22 页注释

Morley's *Life of Diderot*　莫利的《狄德罗传》186

Muir, Ramsay 拉姆齐・缪尔　lv；*Peers and Bureaucrats*《贵族与官僚》xxxviii 页注释 2，xliii 页注释 2，lv 页注释 2

Municipal corporations　市政法人　147 页注释

Mutiny Act the, 1689, preamble of《1689 年军纪法》序言　295；an annual Act　年度法案　305；in relation to the annual meeting of Parliament《军纪法》与议会年度会议　443 页注释

Napoleon Bonaparte, the foundations of modern *Droit Administratif* laid by　由拿破仑・波拿巴奠定的现代行政法的基础　330，335—337；and ordinary judges　拿破仑・波拿巴与普通法官　337；Council of State under　拿破仑・波拿巴治下的国政院　344

Napoleon, Louis　拿破仑・路易　80，125，485

Natal 纳塔尔　xxiv 页注释 1

National danger the test of national greatness　民族危险是对民族伟大性的检验　civ

National Debt and Local Loans Act, 1887《1887 年国债与地方公债法》313；the interest on　国债利息　313

National Insurance Acts 《国民保险法》 xviii 页注释 8

National Revenue, the 国家岁入 309

Naturalization Act, 1870, the 《1870 年入籍法》 419

Newcastle, the Duke of 纽卡斯尔的公爵 453

Newspapers, position of publishers and writers 报纸出版者与报纸文章作者的处境 244 ; offences treated by the ordinary Courts 普通法院所处理的出版罪行 246 页及注释; under the First Empire （法兰西）第一帝国下的报纸 252 ; under the Republic of 1848 1848 年共和国下的报纸 253

New Zealand, the Supreme Court and *the Foreign Offenders Apprehension Act*, 1863 新西兰的最高法院与《1863 年外国刑事犯逮捕法》 100 页注释; *the Deceased Husband's Brother Act*, 1900 新西兰《1900 年与亡夫兄弟婚姻法》115 页注释

New Zealand Parliament 新西兰议会 99 页及注释; a non-sovereign legislating body 一个非主权立法机构 100 页及注释; liable to the authority of the Courts and the Imperial Parliament 应受限于法院与帝国议会的权力 100 ; laws of, opposed to English common law 与英国普通法相冲突的新西兰法律 103 页及注释; valid and invalid acts 有效法律与无效法律 103，104 ; laws of, as affecting other colonies 对其他殖民地产生影响的新西兰议会法 104 ; authority of, to change Articles in the Constitution 改变宪法条款的权力 106 页及注释，163 ; power of the Governor to assent to Bills 总督批准议案的权力 111，112

Nightingale, Florence 弗洛伦斯·南丁格尔 lxv

Non-sovereign law-making bodies, in contrast with legislative bodies 与至高无上的立法机构形成对照的非主权立法机构 83 ; characteristics of 非主权立法机构的特征 87 ; meaning of the term 非主权立法机构的含义 88 页及注释; the Indian Council 印度委员会 95 ; the New Zealand Parliament 新西兰议会 105—107 ; Foreign 外国的非主权立法机关 117 ; the French Chamber 法国的参议院或众议院 120，121

Nottingham, Lord　诺丁汉勋爵　376

O'Connell and the Repealers　奥康内尔与联合撤销派　lxx，lxxi 页注释 1；and Federalism　奥康内尔与联邦制　xc

Odgers, *Libel and Slander*, quoted　对奥杰斯《书面诽谤与口头诽谤》的引述　236

Official Secrets Act, 1889　《1889 年公务秘密法》 391

Officials, State, duty of　国家公职人员的义务　xxxix；position of, under the *Habeas Corpus* Suspension Act　人身保护中止法下公职人员的处境　229；protected by Act of Indemnity　受豁免法的保护　230—232；limited protection of, under the Act of 1801　1801 年法案下的有限保护　232；position of, under ordinary law　公职人员在普通法中的地位　281；position of, under *Droit Administratif*　公职人员在行政法中的地位　329，337—344，349—352，354；powers of the English Crown　英国君主的权力　382；appointment of the Prime Minister and the Cabinet of England　英国首相及内阁的任命　404

Ordinances, Royal　王室法令　48

Orton, Arthur　亚瑟・奥顿　lxxii

Paley's *Moral Philosophy*, the actual state and theory of government considered in　佩利《道德哲学》中所论述的政府的实际状况与理论　9 页注释；*quoted*　对佩利《道德哲学》中有关政府的实际状况与理论的观点的引述　22 页注释

Palmer, Roundell　朗德尔・帕尔默　lvi

Palmerston, Lord　帕麦斯顿勋爵　1；career of　帕麦斯顿勋爵的经历　ci；action of, under vote of censure　被投不信任票之后的行为　435

Parliament, sovereignty of　议会主权　xvii，c；what constitutes　哪些机构组成议会　xviii；powers of　议会的权力　xvii，xix；under the legal rules of constitutional law　宪法中法律规则之下的议会　30；the constitution of　议会的组成　37；lawmaking power of　议会的立法权　38；Acts of, and the Law Courts　议会法与法院　38；unlimited legislative authority of　议会的无限立法

权 39；De Lolme on the limit of power of 德·洛尔默论议会权力的限制 41；*the passing of the Septennial Act*《七年任期法》的通过 42；position of, in regard to private rights 在个人权利上议会所具有的地位 46；rules under Acts of 议会法之下的规则 50页及注释；the Courts in relation to the Resolutions of 法院与议会的决议 52；the legislative authority of 议会的立法权 58；and preceding Acts 议会与前届议会法 62；and *the Acts of Union* 议会与《联合法》62；and the Colonies 议会与殖民地 78；power of, to change any law 变更任何法律的权力 84；other bodies in relation to 与议会相关的其他机构 87；the Legislative Council of India subject to 从属于议会的印度立法委员会 95；the Colonial, of New Zealand 新西兰殖民地议会 99；powers of 议会的权力 99；the sanction of the Crown in Acts of 君主对议会法的批准 100；*the "Colonial Laws Validity Act*, 1865"《1865年殖民地法律效力法》101；valid and invalid Acts 有效法律与无效法律 103；the legal supremacy of, as to Colonial legislation 对于殖民地立法而言，议会在法律上具有至上性 108；the Imperial, compared with the National Assembly of France 帝国议会与法国国民议会的比较 120；the Courts in relation to 法院与议会 152；the Ministry subject to the will of the House of Commons 服从于下院意志的政府 152；rules as to the dissolution of 有关议会解散的规则 428；the dissolutions of 1784 and 1834 1784年与1834年的议会解散 429；non-assembly of, a breach of constitutional practice （超过一年的时间）不召开议会违反宪法常规 442；*the Army Act* in relation to the annual meeting of 与议会年度会议相关的《陆军法》442；the refusal of supplies 拒绝提供给养 450页注释；the Victorian, conflict between the Upper and Lower Houses, 1878 and 1879 1878年和1879年期间维多利亚议会上院与下院之间的冲突 456；a sovereign body 一个主权机构 482

Parliament, French, duration of 法国议会的存续期间 liii

Parliament Act《议会法》xix页注释3，附录十三，557；state of things before passing of 通过之前的情况 xx；direct effects of《议会法》的直接效果 xxi-xxiv；indirect effects of《议会法》的间接效果 li；as introducing written constitution 相当于引入成文宪法 li；as abolishing necessity for emergency creation of peers 废除紧急时刻册封贵族的必要性 lii；and the duration of Parliament 议会存续期间 lii；enables House of Parliament to overrule will of electors 使得议会能够否决选民的意志 liii；effect on Speaker 对议长的影响 xxxviii，liv；increases power of the majority and the Cabinets 增加议会多数和内阁的权力 lv

Parliamentary authority, instanced in *the Septennial Act* 议会权力在《七年任期法》中获得例证 44，45；and the power of the Courts 议会权力与法院权力 59，60

Parliamentary executive and a non parliamentary executive, distinction between 议会制政府与非议会制政府之间的区别 附录三，480—488

Parliamentary leaders, powers of 议会领袖的权力 lv

Parliamentary power, exemplified by Acts of Indemnity 豁免法是议会权力的例证 51；in relation to the Law Courts 议会权力与法院 54；electors in connection with 选民与议会权力 57

Parliamentary privilege and constitutional conventions 议会特权与宪法惯例 423

Parliamentary procedure, as conventional law 作为惯例性的法的议会程序 27

Parliamentary sovereignty, the nature of 议会主权的性质 37；recognised by the law 为法律所承认的议会主权 39；and *the Act of Settlement* 议会主权与《王位继承法》 41；*the Septennial Act* a proof of 《七年任期法》是议会主权的一个证据 45，73，433；and the Law Courts 议会主权与法院 58；limitations on 议会主权的限制 58；the Irish Church Act, 1869 《1869 年爱尔兰教会法》 64；limitation of, in respect to the Colonies 来自于殖民地方面的限制 64，65 页及注释；Austin on 奥斯丁论议会主权 68；political and legal sense of 议会主权的政治意义与法律意义 70；external limit on exercise of 议会主权行使的外在限制 75，79；internal limit on 议会主权行使的内在限制 77，79；the two limitations of 议会主权的两种限制 81；characteristics of 议会主权的特征 83，85；Tocqueville on 托克维尔论议会主权 84，85；and Federalism 议会主权与联邦制 134 页注释；in comparison with Federalism 议会主权与联邦制的比较 167；and the Rule of Law 议会主权与法治 402，406；George the Third's view of 乔治三世对议会主权的看法 430；relation of the right of dissolution to 解散议会的权利与议会主权的关系 433

Parnell and "Ireland a Nation" 帕内尔与"爱尔兰自成一民族" xc

Party government, disadvantages of 政党政府的缺陷 xciii

Party system in England　英国的政党制度　lv

Passing of the Great Reform Bill, The 《大改革法案的通过》 lxi 页注释 1

Passive resisters and lawlessness　消极抵抗者与抗法　xli

Payment of M. P. 's, effect of　支付议员薪水的影响　liii

Peel　皮尔　1；and the Dissolution of 1834　皮尔与 1834 年的议会解散　429

Peers, emergency creation of　紧急时刻册封贵族　lii；the House of, resolutions of, not law 上院的决议不是法律　52；powers of　上院的权力　54；the creation of new, in case of conflict of the Lords and Commons　上下两院发生冲突时册封新贵族　427

Peers and Bureaucrats 《贵族与官僚》 xxxviii 页注释 2，xliii 页注释 2，lv 页注释 1

Personal Freedom, the Right to　人身自由权　202；under the Belgian Constitution　比利时宪法中的人身自由　202；as secured in England　英国所保护的人身自由　202；redress for arrest　对逮捕的救济　204；wrongful imprisonment　非法拘禁　208；the *Habeas Corpus* Acts 《人身保护法》 209；the securities for　对人身自由的保护　216

Pitt　皮特　1；and the Dissolution of 1784　皮特与 1784 年的议会解散　429；the Vote of Censure, 1783　1783 年的不信任投票　445；and the Coalition　皮特与联合政府　449—450

Pitt, Life of 《皮特传》 2 页注释 2

Poincaré, *How France is Governed*　庞加莱的《法国是如何统治的》 xliv 页注释 3

Political Sovereignty and Legal Sovereignty, the distinction between　政治主权与法律主权的区分　425

Political theorists, Bagehot and Professor Hearn as　作为政治理论家的白芝浩与赫恩教授　19；questions for　有待政治理论家考虑的问题　20

Pollock's *Essays in Jurisprudence and Ethics* 波洛克的《法理学和伦理学论文集》 38 页注释; *Science of Case Law* referred to 所提及的《案例法科学》 58

Pollock, Sir F., on martial law 波洛克爵士论戒严法 46，52，553

Poor Law of 1834 《1834 年济贫法》 lxi

Pope, the, in relation to reforms 教皇与改革 78

Popular Government 《民众政府》 lxxiv xcv 页注释 1

Precedent, frequency of appeal to, in English history 英国历史上频繁地诉诸先例 18

Premier, the, power of, to dissolve Parliament 首相解散议会的权力 liii；power of, to curtail freedom of discussion 首相缩短议员自由讨论时间的权力 lvi；and the Courts of Law 首相与法院 20

Prerogative of the Crown 君主特权 61；the term 术语 420；as anterior to the power of the House of Commons 先于下院权力的君主特权 421；survival of 君主特权的残存 459；in relation to the Cabinet 与内阁相关的君主特权 460；as increasing the authority of the Commons 增加下院权力的君主特权 461

President of the United States, the, election of 美国总统的选举 28，175，483；position of the Federal Judiciary in connection with 与总统有关的联邦法院所具有的地位 152；independent action of 总统的独立行动 485

President of French Republic, election and powers of 法兰西共和国总统的选举与权力 486，487；in relation to National Assembly 总统与国民议会 487

Presidential Government and Cabinet Government, forms of 总统制政府与内阁制政府的形式 482；the former nominally still existing in France 总统制政府名义上依然存在于法国 486

Press, the, *Prevention of Crime Act* (Ireland), 1882, in relation to 与出版相关的《1882

年（爱尔兰）预防犯罪法》228；liberty of, under *the Declaration of the Rights of Man* 《人权宣言》规定的出版自由 234；Belgian law as to 有关出版的比利时法律 234；the law of libel 诽谤法 236；the Government in relation to 政府与出版物的关系 243；present position in England 英国出版界的当前状况 243；absence of censorship in England 英国没有出版审查制度 244；the Courts and 法院与出版界 246；under the Commonwealth 共和国时期的出版物 246 页注释；the law of, in France, in comparison with that of England 与英国出版法相比较的法国出版法 248；under the laws of France 法国法下的出版 250；in England in the sixteenth and seventeenth centuries 十六、十七世纪英国的出版状况 255；of England, under the Star Chamber 星室法庭时期的英国出版 256；law of England and of France in contrast 英国出版法与法国出版法的对比 257，259；end of *the Licensing Act* 《许可法》的终结 257

Prevention of Crime Act (Ireland), 1882 《1882 年（爱尔兰）预防犯罪法》 227；powers of the Irish Executive under 《1882 年（爱尔兰）预防犯罪法》下爱尔兰政府的权力 227

Priestley, opinion of, on *the Septennial Act* 普里斯特利有关《七年任期法》的观点 45

Prime Minister, the, as head of the English Cabinet 作为英国内阁领导人的首相 8；the appointment of 首相的任命 404

Printing-presses, the control of the Star Chamber over 星室法庭对印刷出版的控制 256；the University 大学 256

Private member, impatience of, to carry Bill 无公职议员使自己的议案得以通过的渴望 lvi

Private Rights, Parliament in regard to 议会之于私权 46；Coke on 柯克论私权 46

Privy Council, the, power of, in relation to Acts of Parliament 与议会法相关的枢密院的权力 50 页及注释；jurisdiction of, in the sixteenth and seventeenth centuries 枢密院在十六、十七世纪的司法权 374，375

Proclamations, the Statute of 公告令 48；repeal of 公告令的废止 49；Royal, in relation to common law 王室公告与普通法 51；modern instances of 公告的现代例证 51 页及注释

Proportional representation, the case for 支持比例代表制的理由 lxvi；fosters log-rolling 助长互投赞成票的恶习 lxx，lxxii；in 1870 and 1914 1870 年和 1914 年的比例代表制 lxxiii 页注释 1

Proportional Representation and British Politics《比例代表制与英国政治》 lxvi 页注释 2，lxvii 页注释 1，2

Proportionalists, object of 比例代表制主张者的目标 lxxi

Public Accounts Committee, the 国家开支账目委员会 318

Public Authorities Protection Act, 1893 《1893 年公共机构保护法》 384 页注释

Public Bill 公法案 xxi

Public Documents, the formality of signing 公文签署的法律形式 322

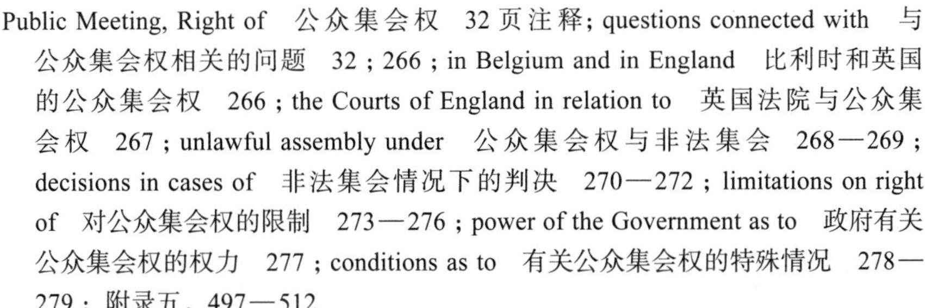

Public Meeting, Right of 公众集会权 32 页注释；questions connected with 与公众集会权相关的问题 32；266；in Belgium and in England 比利时和英国的公众集会权 266；the Courts of England in relation to 英国法院与公众集会权 267；unlawful assembly under 公众集会权与非法集会 268—269；decisions in cases of 非法集会情况下的判决 270—272；limitations on right of 对公众集会权的限制 273—276；power of the Government as to 政府有关公众集会权的权力 277；conditions as to 有关公众集会权的特殊情况 278—279；附录五，497—512

Public Opinion and Popular Government《公众舆论与民众政府》 xlii 页注释 1，xlvi 页注释 2，xci 页注释 2，c 页注释 1

Publishers of libel, position of 发布诽谤性言论的人的处境 238；on Government 对政府发布诽谤性言论的人 239

Railway Companies, as non-sovereign law - making bodies 作为非主权立法机构的铁路公司 90；power of, to make bye-laws 制定公司章程的权力 91；functions of the Courts with regard to 法院对于铁路公司的职责 92；instances of illegal bye-laws 非法章程的例子 93

Rebellion, armed 武力反抗 xliii

Reeves, author of *History of English Law*, trial of 对《英国法史》的作者里弗斯的审判 420

Referendum, the 公民复决 xci；definition as applied to England 适用于英国的"公民复决"的定义 xci；the "people's veto" "人民否决" 92；what it may be applied to 公民复决制可适用的对象 xcii 页注释 1；causes of demand for 要求实行公民复决的原因 xcii；main argument against 反对公民复决的主要理由 xciv；as viewed by Socialists 社会主义者所认为的公民复决 xcv；power of veto might work for ill as well as good 否决权运用起来可能有好有坏 xcvi；main argument in favour of 赞成公民复决的主要理由 xcvii；the strength of 公民复决制的力量 xcvii；its tendency to lessen the evils of the party system 其减少政党制度缺陷的趋势 xcviii

Reform Bill, the, of 1832 《1832 年改革法案》 lvi，126

Reform Riots, the, of 1831 《1831 年暴乱治罪法》 285

Religion, the law of libel in relation to 与宗教相关的诽谤法 240

Representation, proportional 比例代表制 lxvi

Representative government, causes leading to the foundation of 促使代议制政府成立的原因 81；two different forms of 两种不同的代议制政府形式 480

Republic, the, of France 法兰西共和国 120；position of the President 总统的地位 120；the existing constitutions of 法国现行宪法 129；Art. 75 of the Year VIII. 共和八年宪法第 75 条 351

Republican electors, in the United States 美国共和党的选民 28

Resignation of Ministry, how enforced　有关政府辞职的惯例如何实施　446

Resolutions of Parliament, Mr. Justice Stephen on　法官斯蒂芬先生有关议会决议的意见　53

Responsible Government in the Dominions 《自治领中的责任制政府》 xxix 页注释 2，xxx 页注释 1，3

Revenue, the　岁入　308；source of the public　国家财政收入的来源　308；hereditary, of the Crown　王室世袭收入　309；under permanent and annual Acts　长期法与年度法下的岁入　310；the authority for expenditure　支出之根据　311，312；the "Consolidated Fund"　"统一基金"　313；security for the proper expenditure of　正当支出的保障　314，315；position of the Comptroller General with regard to　总审计长在岁入问题上的地位　316；Lord Grenville in opposition to the Parliament in matter of, 1811　1811 年格伦维尔勋爵在岁入问题上反对议会　317；the Public Accounts Committee　国家开支账目委员会　318；main features of control and audit　管理与审计制度的主要特征　319 页注释; as governed by law　财政支出受到法律的监管　320

Revolution of 1830　1830 年革命　253

Rhode Island, under charter of Charles II.　查理二世特许状统治下的罗德岛，　161

Right of Public Meeting, the, questions connected with　公众集会权诸问题　附录五，497—512

Right of Self-defence, the　自卫权　附录四，489—497

"Rigid" Constitution, Belgium and France examples of　比利时宪法与法国宪法是"刚性"宪法的典型　123 页及注释，124，142，169

Rigidity of French Constitutions　法国宪法的刚性　附录一，469—476；of Constitution of Australian Commonwealth　澳大利亚联邦宪法的刚性　533

Riot Act, the, substance of 《暴乱治罪法》的基本内容　286

Riots, duties of citizens in cases of 公民在暴乱事件中的义务 284；the Reform, of 1831 1831 年改革 285；the Gordon, 1780 1780 年戈登暴乱 286

Roebuck 罗巴克 lvi

Roland, Madame 罗兰夫人 lxii 页注释 3

Relfe, Sir R. M., on martial law R. M. 罗尔夫爵士有关戒严法的意见 540，546

Roman Empire and Greece 罗马帝国与希腊 lxxxix

Royal Prerogative, ideas as to, in the seventeenth century 十七世纪有关君主特权的思想 365，368

Royal Proclamations, in relation to common law and Acts of Parliament 王室公告与普通法及议会法 51；modern instances of 王室公告的现代例证 51 页及注释

Royalty, English, in sympathy with British people 英王室与不列颠人民一致的道德感 1

Rule of Law, the nature and applications of 法治的性质及其一般应用 179—201；Tocqueville's comparison of Switzerland and England under 托克维尔对瑞士法治与法国法治的比较 180；three meanings of 法治的三层含义 183；personal security under 法治下的人身安全 183；Continental authority under 对比于法治下的欧陆政府 184，185 页及注释；as a characteristic of England 法治作为英国的一个特征 189；England and France in contrast 英国与法国的比较 190；in the United States 美国的法治 195；equality under 法治下的平等 198；and the leading provisions of Constitution 法治与宪法的主要条款 199；Right to Personal Freedom 人身自由权 202—233；Right to Freedom of Discussion 言论自由权 234—265；Right of Public Meeting 公众集会权 266—279；Martial Law 戒严法 280—290；the Army 陆军 291—307；the Revenue 岁入 308—320；responsibility of Ministers 大臣责任 321—323；Ministers as subject to 遵守法治的大臣 323；in contrast with *Droit Administratif* 法治与行政法的比较 324—401；its merits 法治的优点 389；defects 法治的缺陷 390；relation between Parliamentary sovereignty and 议会主权与法治的关系 402—409；tendency of foreign assemblies to support 国外代议机构支持法

治的趋势　405

Rules, legal, of Constitutional law　宪法中的法律规则　30；as enforced 由法院实施的规则　23；as conventions　惯例性规则　23，25

Russell, Lord John　约翰·罗素勋爵　1

Scotch Universities in relation to *the Act of Union*　《与苏格兰联合法》中规定的苏格兰的大学　63

Scotsmen, their objection to use of term England for Great Britain　苏格兰人反对以英格兰指称大不列颠　lxxxix

Scott, General　斯科特将军　lxxix

Scott, Sir Walter　沃尔特·斯科特爵士　lxxx

Seals necessary to the completion of Acts　法案完成所必需的印章　322

Secretary of State, the, position of, under ordinary law　政府主管大臣在普通法律下的地位　281

Self-defence, the Right of　自卫权　附录四，489—497

Septennial Act, the　《七年任期法》 42；Hallam and Lord Stanhope on　哈勒姆和斯坦诺普勋爵论《七年任期法》 43；opinion of Priestley and others on　普里斯特利及其他人有关《七年任期法》的观点　45；a proof of Parliamentary sovereignty 议会主权的一个证据　46，73，433

Sidgwick, Prof., *Elements of Politics*　西奇威克教授的《政治学原理》 68 页注释，171 页注释

Slavery, the War of Secession in relation to the abolition of　与废除奴隶制相关的南北战争　79

Soldiers, liability of, as citizens 军人作为公民应尽的义务 282；under *the Mutiny Act*《军纪法》下的军人 294；rights of, as citizens 作为公民的权利 295；civil liability of 军人的民事责任 297 298；under charges for crime 受犯罪指控时的军人 298 页及注释; Mr. Justice Stephen on, in relation to their officers 法官斯蒂芬先生关于军人与上级军官关系的意见 300；liabilities under military law 军法下的责任 302；duty of, when called upon to disperse unlawful assembly 军人奉命解散非法集会时所负之义务 附录六，512—516

Sommersett, James, case of, referred to 所提及的詹姆斯·萨默塞特案 216

South Africa, wars in 南非战争 xxxvi

South African Union, Keith on 基思论南非联邦 480

Sovereign power, Hume on 休谟论主权权力 75；limits to, in the case of absolute rulers 对专制统治者而言的主权权力限制 75，77；illustrations of the limit of 主权权力限制的例证 75；under Federalism 联邦制下的主权权力 145

Sovereignty, the limit of legal 法律主权的限制 76；legal, of the United States 美国的法律主权 145；legal and political, the distinction between 法律主权与政治主权之间的区分 425

Sovereignty of Parliament 议会主权 xviii，37—176，58 页注释; modification of 议会主权的改变 xix；and of King 议会及国王的主权 xxiv；change in the area of 议会主权的地域范围的改变 xxiv；in relation to Colonial Acts 议会主权与殖民地法 100—104，113，465 页注释

Speaker of House of Commons, as affected by *Parliament Act* 受《议会法》影响的下院议长 xxxviii，liv；not the servant of a party 并非某一政党的仆从 liv

Speaker of U. S. House of Representatives 美国众议院议长 lv

Standing Army, the, of England, in comparison with the Militia 英国常备军与民兵组织的比较 292； the institution of 常备军制度 292；legislation as to 有关常备军的立法 297

Stanhope, Lord, *Life of Pitt* 斯坦诺普勋爵的《皮特传》 2 页注释 2；on the *Septennial Act* 斯坦诺普论《七年任期法》 43

Star Chamber, the, control of printing-presses held by 印刷出版受到星室法庭的控制 256；abolition of, 1641 1641 年星室法庭的撤销 263，375

State officials, position of, under the *Habeas Corpus Suspension Act* 人身保护中止法下国家公职人员的地位 229，230；under the Indemnity Act of 1801 1801 年豁免法下的国家公职人员 231， 232

Statesmen as affected by mere conventions 受纯粹惯例影响的政治家 1

Stationers' Company, the, formation of 书籍出版业公会的设立 256

Statute or "written law" 制定法或成文法 27

Statute of Proclamations, legislation under 以公告令立法 48；repeal of 公告令的废止 49

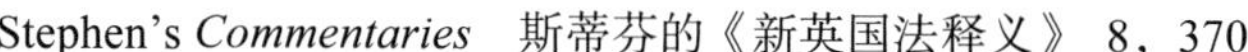

Stephen's *Commentaries* 斯蒂芬的《新英国法释义》 8，370

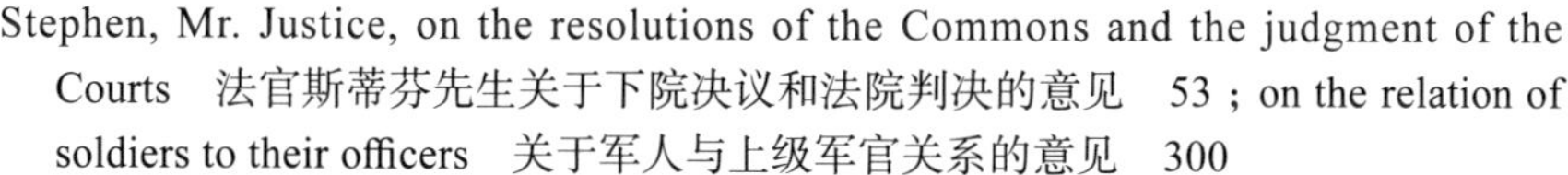

Stephen, Mr. Justice, on the resolutions of the Commons and the judgment of the Courts 法官斯蒂芬先生关于下院决议和法院判决的意见 53；on the relation of soldiers to their officers 关于军人与上级军官关系的意见 300

Stephen, Leslie, on the limitations of Parliament 莱斯利 · 斯蒂芬论对议会的限制 78；*Life of Fawcett* 《福西特传》 463 页注释

Story, *Commentaries* of, on the Constitution of the United States 斯托里《美国宪法评注》中对美国宪法的评论 4；lines of work 斯托里的研究方法 5；*Commentaries on the Conflict of Laws* 《冲突法释义》 370

Stubbs, Dr. (Bishop of Oxford), as a constitutional historian 作为宪法史家的斯塔布斯博士（牛津主教） 12，16

Suffragettes and lawlessness 妇女参政权论者与抗法 xli

Supplies, the refusal of　拒绝提供给养　450 页及注释

Supreme Court, the, of the United States, American reverence for　美国人对美国最高法院的尊重　lxxviii；formation and power of　美国最高法院的创设与权力　154—158；case of *Marbury v. Madison* decided by　最高法院所判决的“马伯里诉麦迪逊”案　161；as “master of the Constitution”　作为“宪法的掌控者”171 页注释；restraints on 对最高法院的限制　171 页注释；case of *Munn v. Illinois*　“芒恩诉伊利诺伊州案”　173；alleged weakness of　最高法院所谓的软弱　173；source of power of　权力的来源　174

Suttee 殉夫自焚　lx

Swiss Confederation, the　瑞士联邦　71 页注释；an example of Federalism　联邦制的例子　134，135 页注释，164，165；description of　对瑞士联邦的描述　487，488

Swiss Constitution, the　瑞士宪法　140，148 页注释；“guaranteed” rights of　“保障的”权利　150；serious flaw in　严重缺陷　166

Swiss Federalism　瑞士的联邦制　附录八，517—529

Switzerland, the electorate of　瑞士选民　57；the Federal Assembly in relation to the Courts　联邦议会与法院　165，172；weakness of Federalism　联邦制的软弱性　167，168，176；Tocqueville’s comparison of law of, with that of England in 1836　托克维尔在 1836 年对瑞士法律与英国法律的比较　180；Federal Council of　联邦委员会　487

Tarde’s *Lois de l’imitation* referred to 所提及的塔尔德的《模仿的法则》 378

Tarring, *Laws relating to the Colonies*　塔灵的《关于殖民地的法律》 104 页注释

Taxation, how levied　税收，如何征收　310；permanent and annual Acts of　长期法与年度法　310；Income tax　所得税　311

Territorial Force　本土国防自卫队　305—307

Thiers, M. 梯也尔 350

Tocqueville, A. de, on the English Constitution 托克维尔论英国宪法 21；on the English Parliament 论英国议会 84，85；on the Constitution of France 论法国宪法 118，119 页及注释；on the influence of law in Switzerland and England 瑞士法律与英国法律所产生的影响 176，180；on *Droit Administratif* and the institutions of the Union 论行政法与合众国的制度 327 页及注释，331 页及注释，352，353 页注释，387，388；on Art. 75, Year VIII. of the Republic 共和八年宪法第 75 条 351—352

Todd, on Parliamentary power 托德论议会的权力 65；on the passing of Colonial Bills 论殖民地法案的通过 112

Tone, Wolfe, the trial of, 1798 1798 年乌尔夫·托恩审判 289，290

Tories and Whigs 托利党与辉格党 lxx

Trade, the Board of, under the Merchant Shipping Act, 1876 1876 年中规定的贸易委员会 392

Trade Unions and judges 工会与法官 xl；and "peaceful picketing" 工会与和平纠察 xl

Traité de Droit Constitutional 《宪法论》 45 页注释 1，46 页注释 3，253

Transvaal Legislature, *Immigrants Restriction Act*, 1907 德兰士瓦立法机关于 1907 年制定的《限制移民法》 116 页注释

Treaties, power of the Colonies as to 殖民地有关缔约的权力 115

Trial by Jury 陪审团审判 397

Tribunal des Conflits, the, the functions of 权限争议法庭的职责 359，360，附录十一，555—556

"Unconstitutional" Law, meaning of an "违宪"法律的含义 附录七，516

Union, the Acts of 各《联合法》 42 ; the Scotch Universities and 苏格兰的大学与《联合法》 63 ; the fifth Article of (Ireland) 《与爱尔兰联合法》第五条 64, 433

Union, the Act of 《联合法》 lxi ; as subject to repeal (Scotland) 易被废除的《与苏格兰联合法》 141

Union of South Africa, The 《南非联邦》 480 页注释 1

Unitarian government, and Federalism 单一制政府与联邦制政府 151 页及注释; the meaning of 内涵 153

Unitarianism in contrast with Federalism 与联邦制形成对照的单一制 144

United States, the, Constitution of, in comparison with the English 美国宪法与英国宪法的对比 4 ; Kent and Story's *Commentaries* on 肯特与斯托里的《美国宪法评注》4 ; an instance of relationship of constitutional historians and legal constitutionalists 宪法史家与宪法学家关系的一个实例 15 ; law of the constitution and conventional rules in 美国的宪法与惯例性规则 28 ; position of electors in 选民的地位 28 ; Constitution of 美国宪法 71 页注释; the abolition of slavery 奴隶制的废除 79 ; limited power of legislative bodies in 立法机关的有限权力 132 ; the Federalism of 美国的联邦制 134 页及注释; the constitution in comparison with the English 美国宪法与英国宪法的比较 135 ; the union of ideas as to institutions in, and in England 英美两国制度思想的一致性 136 ; preamble of the Constitution of 美国宪法序言 139 ; the supremacy of the Constitution 宪法至上 140 ; the War of Secession 南北战争 142 页及注释; the fifth Article of the Constitution of 宪法第五条 143 ; the legal sovereignty of 美国的法律主权 145 ; legislature of 立法机关 146 ; Acts of Congress 国会法 146, 157 ; the President of 总统 148 ; the Federal Courts of 联邦法院 148 ; limit of power in individual states 各州权力的限制 149 ; the authority of the Courts of 法院的权威 154, 170 ; the Supreme Court of 最高法院 155—158, 172, 173 ; the Constitution of, in comparison with that of Canada 美国宪法与加拿大宪法的比较 162 ; success of the Federal system in 美国联邦制的成功 175 ; the Constitution of 美国宪法 195 页及注释; rule of law in 美国的法治 196 ; institutions of, in contrast with *Droit Administratif* 与行政法形成对照的美国制度 326 ; the President in relation to the Senate 与参议院

相关的总统　461；the Constitution of　美国宪法　467 页及注释；the rule of law in　美国的法治　467

Universities, the, legislation of Parliament as to　有关大学的议会立法　170；establishment of printing-presses at　大学印刷出版权利的确立　256

Unlawful assembly　非法集会　269，272 页注释，273，274；duty of soldiers when called upon to disperse　军人奉命解散非法集会时所负之义务　附录六，512—516

Veto, of Crown and Colonial legislation　君主否决与殖民地立法　xxviii，xxx；the meaning of　“否决”的含义　25 页注释；the right of, in connection with the Crown and Colonial legislatures 与君主及殖民地立法机关相联系的否决权　110—113 页及注释；instances of, in Canada and Australia　在加拿大与澳大利亚的例子　114；non-existent in the French Chamber　法国众议院中不存在否决的问题　120

Victoria, Queen　维多利亚女王　1，451

Victorian (Colonial) Parliament, the, and laws altering the constitution　维多利亚（殖民地）议会与改变宪法的法律　106 页注释；the struggle between the Upper and Lower Houses of, 1878 and 1879　1878 年与 1879 年上院与下院之间的冲突　456

Vindication of the Bights of Women　《为女权辩护》　lxii 页注释 3

Vivien, on *Droit Administratif*　维文论行政法　332

Voltaire, impressions of England　伏尔泰对英国印象　180；imprisonment and exile of　监禁与流放　185，186

Vote of Censure, action of the Ministry under　内阁被投不信任票之后的行为　435，445

Vox populi vox Dei, revival of faith in　对“人民的声音即上帝的声音”的信念之复兴　lxii

Walpole and the passing of *the Septennial Act* 沃波尔与《七年任期法》的通过 45

War of Secession, the, and the abolition of slavery 南北战争与奴隶制的废除 79；the plea for 为南北战争辩护 142

Ward, Sir Joseph, and his plan for Imperial Council 约瑟夫·沃德爵士及其帝国委员会的方案 lxxxiv 页注释 1

Washington, in connection with the constitutional articles of the United States 与美国宪法条款相关的华盛顿 15

Wellington and the Dissolution of 1834 威灵顿与 1834 年的议会解散 429

Westlake's *Private International Law* referred to 所提及的韦斯特莱克的《国际私法》 370

Whigs and Tories 辉格党与托立党 lxx

Wilkes, John 约翰·威尔克斯 32，430

William III. 威廉三世 459

William IV. and creation of peers 威廉四世与册封贵族 52；and the Dissolution of 1834 与 1834 年的议会解散 431

Williams, Fischer, *Proportional Representation and British Politics* 费希尔·威廉姆斯的《比例代表制与英国政治》 lxvi 页注释 2，lxviii 页注释 1，2

Witenagemót, the 贤人会议 14

Wollstonecraft, Mary, *Vindication of the Bights of Women* 玛丽·沃斯通克拉夫特的《为女权辩护》 lxii 页注释 3

Woman suffrage 妇女选举权 lxii；woman's claim to a vote 妇女对于选举权的要求 lxii；causes of strength of the movement 该运动具有影响力的原因 lxiii；

arguments for and against 支持与反对的理由 lxiv ; and proportional representation 与比例代表制 lxvi ; John Mill's argument for 约翰·密尔的说理 lxix

Writ of *Habeas Corpus*, the 人身保护令 209，210 页及注释; the issue of 人身保护令的签发 210 ; instance of power under 人身保护令下权力如何行使的例子 216 ; authority of the Judges under 人身保护令下法官的权威 218 ; case of aliens under 外国人受人身保护令保护的案例 220

译 后 记

一、关于版本

戴雪的这本名著，此前实际上有两个中文译本。大家熟知的是雷宾南先生的本子，即《英宪精义》，由商务印书馆于1930年首次刊行，中国法制出版社先后于2001年和2017年再版（以下简称“雷本”）。

但在雷本之前，其实还有一个鲜为人知的节译本，即谢无量先生所译之《宪法论》，于1914年9月1日由上海右文社出版发行（以下简称“谢本”）。谢本所据底本为1908年第七版，内容只有“本书概要”（宪法的真正性质）与第一编“议会主权”两部分，约占原书三分之一的篇幅；这些内容是作为《宪法论》的卷一出版的，谢本在“凡例”中交代，“余即次第印行”，扉页中也印出了第二、三编以及附录的信息，并标明“嗣出”字样。但不知何故，我们并未见到“嗣出”内容。谢本虽以文言和白话夹杂，但贴近原文的语序与含义。译者交代，若遇“原书语义偶有未昭”处，即“略加识语”，并且明言，因虑原文注释累及中文读者，故“省其什一”。无论如何，谢本实质上是一个残缺版。

雷本则是足本，根据1915年第八版译出。雷先生对原文的理解是非常深入的，除了语言和专业能力之外，很重要的一个原因，可能是译者有机会与其英国导师共读原书一遍（见雷本“译者序”）。但理解是一回事，表达却是另一回事。用戚渊教授（雷本再版校者）的话说，译文“艰奥、迂曲”，“须细嚼慢咽，始能求得甚解”。因此，坦率讲，雷本其中许多内容，若是不对照英文，很难抓住原作者的重点；译文中某些表达，现代读者甚至需要借助中文词典才能弄懂。

之所以如此，除了遣词造句方面的因素外，主要是因为雷先生往往将翻译与解读杂糅起来，他要么添入作者没有直接表达的信息，要么简化或删去原文已有的文字，而这些文字往往并非无关紧要。总之，在本译者看来，雷本最大的问题是不够“贴近”原文。

没有一个译本是完美的，本译者也绝不敢声称自己的译文没有错误，或者断定自己的译本已经完成了超越——我相信，每一个着手重译工作的译者，都会假定自己的译作会在某些方面超越前人，但也只是假定而已，事实怎样，则应留待读者评判。只是，作为全新译本的译者，自觉有义务向读者解释该译本“新”在何处，对一些熟悉术语（包括现有中文书名）的改动，理由何在？原文在第八版之后，又经历了怎样的发展？等等。

该书初稿是作者给牛津大学法律系学生上课用的讲稿，所以第一版的书名叫《宪法研究入门讲义》（1885年），内容也由“八讲”（而非“八章”）组成；第二版实际上只是重印本，因为内容并未作实质修改；直到第三版，作者才将“讲”改为“章”，体例也才确定下来，沿用至今。所以，原文是比较浅显的，可读性很强，甚至还带有“一些口语化表述”；内容也不深奥，因为作者的初衷是给学生提供一本指南（见第一版“序言”）。对其后各版，作者只进行了少量修改。但到了 1914 年，第八版修订之际，79 岁高龄的作者似乎感到，自己已经无力对正文内容进行全面修订；于是，在这一版（也是作者生前的最后一版）中，他只是撰写了一个长篇导言置于正文之前，以对英国过去 30 年间的宪法发展作一个历史回顾。

后来英文版第九版（1939 年）和第十版（1959 年）的编辑者，宪法学家 E.C.S. 韦德也延续了这种做法，没有改动正文，仅仅对新版添加了一些注释，撰写了一篇编者自己的导言，以替代第八版戴雪的导言，并更换了原书所有附录（第十版有三篇附录）。也就是说，正文的内容自 1885 年第一版起，除第三版增加了两章内容之外，一直基本维持不变。而自 1885 年以来的宪法发展，都反映在编者的导言之中；对一个文本而言，这样做的好处是很明显的：读者可以将原作者与编辑者的观点区分开来，更重要的是，能够清楚地看到原作者身后的部分情况。长期以来，英国公法学者普遍使用的是第十版。

尽管如此，剑桥大学的公法学者约翰·艾利森博士（Dr. J. W. F. Allison）却认为第十版（正文与第八版同）存在缺陷：一是了解不到戴雪原作的写作背景；二是看不到戴雪本人思想的变化；三是无法认识戴雪的思想得到认同的过程。所以在艾利森博士看来，有必要编辑一个更好的版本，于是就有了“戴雪牛津版”（2013

年）。该版分上下两卷：下卷名为《比较宪政》（*Comparative Constitutionalism*），是对戴雪关于比较宪法研究手稿的整理，书中绝大部分内容，在英语世界也是第一次面世（因下卷与本书内容没有直接关联，故不赘述）；上卷名为《宪法》（*The Law of the Constitution*），内容与本书基本相同，但体例则大为不同。简单说，编者以原书第一版为基础，以出版时间为序，将其后各版增加的内容（主要涉及序言、附录、第四章和第十二章）顺次编排。熟悉第八版和第十版的读者，第一眼看到牛津版，可能会觉得内容很混乱。但正如上述，它的确能够反映作者的写作时代与背景，并且能够有助于认识一个经典作品的诞生过程。

读者目前看到的这个中文译本，和雷本一样，是根据第八版译出的，正如上述，该版本正文内容与其后各版并无实质差别。本来，比较理想的情况是效仿 E.C.S. 韦德，对 1885 年至当下的英国宪法发展作一个回顾，然后当作新版的译者导言。但这个工作无法在短期内完成，所以这个回顾的工作，也只有留待译者后期的研究探索，再不断补充修订了。

二、书名及术语

原书自第三版之后，书名就定为“*Introduction to the Study of the Law of the Constitution*”。英国学者在引用时，就译者目力所及，大多简称为“*The Law of the Constitution*”；上述牛津版就直接使用了这个简称。所以书名的翻译，最关键的是如何理解和翻译“The Law of the Constitution”这个短语。

该短语目前有多种译法:“英宪之法”“宪法律”“宪律”“宪法法律”“关于宪法的法律”“宪法性法律”等。鉴于戴雪将它与“宪法惯例”(The Conventions of the Constitution)对举，译作“宪法性法律”似乎是比较可靠和准确的——这也是目前较为通行的译法。但是，这个译法至少有两个问题。

其一，不够简洁。戴雪所谓“宪法性法律”，其实就是法教义学意义上的“宪法”，即法院所解释和适用的、律师公会和法学院中所教授和研讨的宪法，也就是后来英国公法学界所普遍使用的“Constitutional Law”一词所表达的内容。戴雪之所以用“The Law of the Constitution”，而不用“Constitutional Law”，主要是为了突出“英宪中的法律”，他要以律师的视角研究名副其实的宪法(见“本书概要”)。所以，戴雪一定要强调，他的研究不是泛泛论“宪”，而是探讨其中的“法律”——与“法律”相对的是“惯例”。

其二，会引起误解。戴雪在本书中所讨论的对象，不止是议会制定法(statute)，还包括判例法(case law)，后者的分量甚至更重，这也是研究作为普通法的英国法的应有之义，若译成“宪法性法律”，很容易造成一种戴雪只研究制定法(如《王位继承法》等)的错误印象。可见，就谈论英国法而言，“宪法性法律”的表述是有歧义的。较好的做法是，要么说“宪法”，要么说“宪法性制定法”或“宪法判例”。至于哪些法构成“宪法性的”则是另一回事。但需要说明的是，在正文中，为了兼顾“宪法惯例”这个表述，有时也译作“宪法性法律”；在此说明，希望不致引起读者的误解和混淆。

明白了这两点，就知道书名的意思是“宪法研究导论”。

但戴雪阐述的不是一般宪法原理，而是“英国”的宪法原则，故加上“英国”的限定语是必要的。最后定为《英国宪法研究导论》。这里要特别感谢中国人民大学法学院的张翔教授和业师赵明先生，关于书名，我曾专门请教过这两位专家；此前举棋不定，听取他们的意见之后，我才比较有把握。

至于“导论”是否属于雷宾南先生所说的“不但是不信，而且是不雅”，则可商榷。一来原书名如此，而且戴雪本人在序言和正文中都强调过，他的工作是对“英国宪法”进行“综述”（surveying）和“概述”（outline）；二来他阐述的只是英国宪法的“两三条指导性原则”，并非像后来的许多教科书那样，对宪法予以详细讲解或逐条释义，因此对于理解英国宪法而言，该书只能是名副其实的“导论”或者“入门”——尽管这一“导论”的影响力和地位非同一般。

正文中其他术语的翻译，大多都遵循了当前的通行译法；有不一样选择的，都尽量加了译者注，给出译者的依据和理由。如“王在议会”（King in Parliament）和“国王无过”（The king can do no wrong），等等。

另有三个术语，有必要在这里简要提及。

一是“实施”（enforce）。这个词对于理解法律和惯例的关系非常重要，因为戴雪正是通过这个词来对二者进行区分的。戴雪说，某一个规则属于法律还是惯例，关键看它是否属于“由法院实施的规则”，如果是，则是法律；如果否，则是惯例。可是，在汉语中，我们一般不说“由法院实施”，而说“由法院适用”或者

“由法院强制执行”。“enforce”的确也有“强制执行”的意思，但它在原文中的意思，显然比汉语中的“强制执行”含义更广，至少包括“认可”“适用”和“执行”三层意思；所以，最后选择“实施”这个词。至于“实施”一词的模糊性和由此造成的分歧，则可以另行专门讨论。

二是“普通法律”（ordinary law）。读者切不可与专有名词“普通法”（common law）相混淆。作者强调这个词，是为了区分两类法律：作为根本大法的“宪法”和作为特别法的“行政法”；戴雪认为后两者在英国都不存在。所以，英国法治原则的一个重要含义就是“任何人都必须遵守普通法院所实施的普通法律”。这一点，对于理解第二篇“法治”（尤其是第十二章）至关重要。

三是“默契”（understandings）。戴雪基本上是在与“惯例”同义的意义上来使用这个词的。英文“understandings”不仅有“不成文规定”或“非正式协议”之义，还有“心照不宣”和“心领神会”的意思在里面，即没有明确说出而彼此有一致的了解和期待。这就是汉语中所说的“默契”。“宪法默契”一词，听起来有点别扭，但是却精确地表达出惯例在默契中运行的这样一个特点。

全书还有许多术语值得拿出来讨论，但无法在后记里一一交代了。最后要说明的是，第十二章中的大量法语人名、书名，以及少量引文，幸赖好友杜苏博士襄助，我才能顺利译出，在此致谢。

本书的翻译时断时续，历时约七年时间。其间许多师友都给予鼓励和支持，多年前就对此书的出版表示期待，这无形中增加了译者的动力；谨此致以真诚的谢意。最后，要特别感谢商务印书馆的编辑王曦女士，是她的宽容，让我感觉拥有无限的时间以慢腾腾地完成这本译作；编辑吴婧女士，她的敬业精神和专业素养让我避免了很多错误，也让译文增色不少。

何永红

2019 年 4 月

图书在版编目(CIP)数据

英国宪法研究导论/(英)A. V. 戴雪著;何永红译. —北京:商务印书馆,2024
(汉译世界学术名著丛书:120年纪念版:珍藏本:增订本)
ISBN 978-7-100-23730-7

Ⅰ. ①英… Ⅱ. ①A…②何… Ⅲ. ①宪法—研究—英国
Ⅳ. ①D956.11

中国国家版本馆 CIP 数据核字(2024)第 077534 号

汉译世界学术名著丛书
(120 年纪念版·珍藏本·增订本)
英国宪法研究导论
〔英〕A. V. 戴雪 著
何永红 译

商 务 印 书 馆 出 版
(北京王府井大街 36 号 邮政编码 100710)
商 务 印 书 馆 发 行
北京市十月印刷有限公司印刷
ISBN 978-7-100-23730-7

2024 年 5 月第 1 版 开本 710×1000 1/16
2024 年 5 月北京第 1 次印刷 印张 43¾
定价:230.00 元